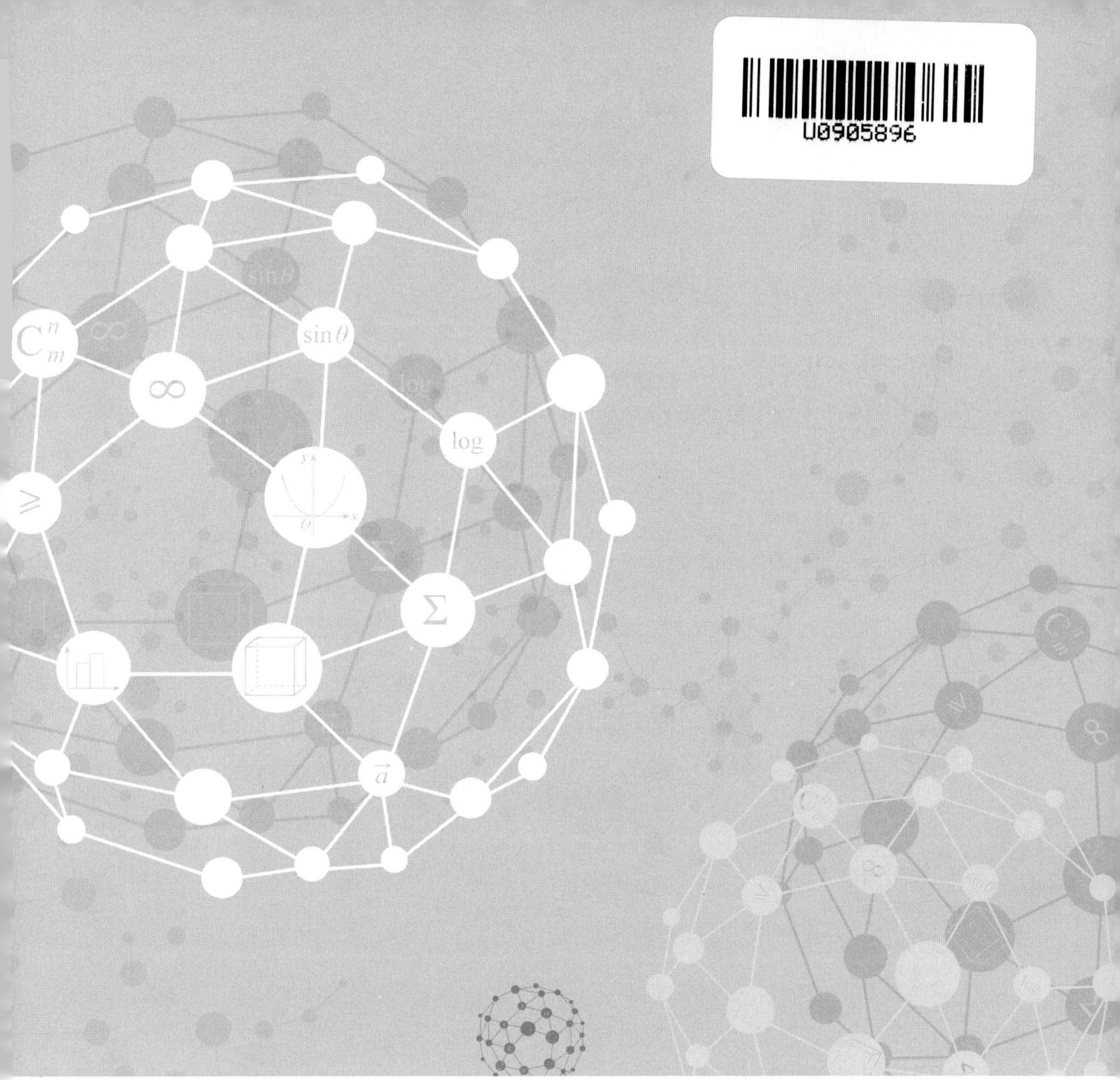

高中数学核心知识的认知与教学策略

王 华 任升录 主编

图书在版编目（CIP）数据

高中数学核心知识的认知与教学策略 / 王华, 任升录主编.
— 上海:上海教育出版社, 2020.9
ISBN 978-7-5720-0145-1

Ⅰ.①高… Ⅱ.①王… ②任… Ⅲ.①中学数学课－教学研究－高中 Ⅳ.①G633.602

中国版本图书馆CIP数据核字(2020)第184775号

责任编辑　张莹莹
封面设计　周　吉

高中数学核心知识的认知与教学策略
王　华　任升录　主编

出版发行　上海教育出版社有限公司
官　　网　www.seph.com.cn
地　　址　上海市永福路123号
邮　　编　200031
印　　刷　上海新华印刷有限公司
开　　本　787×1092　1/16　印张 29.5
字　　数　570 千字
版　　次　2020年10月第1版
印　　次　2020年10月第1次印刷
书　　号　ISBN 978-7-5720-0145-1/G·0110
定　　价　98.00 元

如发现质量问题，读者可向本社调换　电话：021-64377165

序　言

《普通高中数学课程标准(2017 年版)》(以下简称《课程标准(2017)》)的修订工作早在 2014 年末就已经启动了.这一轮课程改革有两个特点：一是数学家的深度参与,这在很大程度上提高了高中数学课程的数学“品味”,突出了数学的本质特点与核心知识;二是把数学核心素养作为课程的主线,从认知的层面去统领数学的知识领域.因此,如何在数学新课程的实施,特别是数学课堂教学中反映这两个特点就成为数学教学研究的一个重点.可以说,本书是应运而生.

一、关于数学核心知识

著名数学家 F.克莱因(F. C. Klein)在其名著《高观点下的初等数学》中,把数学比作一棵不断生长的大树.作为一棵树来说,有根系、主干,也有分支、树叶,而初等数学中的许多核心知识都处于这棵大树的根系与主干中,其蕴含的思想方法可以为整棵大树提供营养.随着信息时代的到来,新知识的不断产生,使得中小学课程留给数学的时空也在缩小,如何在有限的时间使学生领悟数学的本质,学会数学的思想方法,就成为世界各国数学课程改革的一个核心问题.

解决上述问题有两条主要的思路：

一是梳理中小学数学内容的主线并加以现代地处理.《课程标准(2017)》采用的就是这条思路.新课程摒弃了原有的模块拼盘式结构,凸显了高中数学课程中的三条主线：函数、几何与代数、概率与统计.这样,不仅可以使学生经历每条主线的来龙去脉与发生发展过程,也更好地与初中数学课程及高等数学相衔接.

二是聚焦数学核心素养,凸显数学知识主干中的数学精神.数学作为一种思维科学,不仅为其他学科领域提供了通用、简约、高效的语言与思想方法,也对培养学生的理性精神、学会合理思考具有重要的、不可替代的教育价值.《课程标准(2017)》除了保留传统的数学课程内容标准外,增加了数学学业质量标准,其目的就是用数学核心素养去凝聚数学知识,形成良好的数学认知结构,避免知识教学的碎片化.

从本书的结构上来看，我觉得作者很好地理解了《课程标准(2017)》的意图，并细化了新课程的基本理念.

二、关于数学认知理论

数学是一门思维科学，因此，可以把数学核心素养理解为数学思维品质与关键能力，这样就需要从认知理论的角度来分析数学核心素养.

认知理论作为学习理论的核心成分，进入 21 世纪以来，随着脑科学与认知科学的发展，已经有了许多可用于教育领域的研究成果.从知识的分类，到认知和元认知过程的神经机制，到问题解决的数学建模；从认知结构的同化与顺应，到认知潜能的开发，到高层次思维能力的培养等，数学认知理论已经成为合理规划教学过程、提高教学效率的重要途径.

从目前的教学现状来看，虽然“以学定教”的口号已经深入人心，但学情分析仍是教学设计与教研活动中的短板.其原因在一定程度上是缺乏认知分析的意识、知识与工具.令人欣慰的是，本书在这方面做了许多有益的工作.例如，在第二章中，作者不仅系统地讨论了数学知识的分类、获得过程、表现形式，还从认知环节、认知策略与认知模型等方面探讨了数学核心知识的教学，其中许多典型案例都具有很好的启发性与操作性.

三、关于数学教学策略

数学教学策略是本书的精华所在.数学教师作为一个专业的群体，其专业素养在一定程度上就反映在课堂教学的有效策略上.

数学教学策略大体上可以分为宏观、中观与微观三个层面.一般的教育专家及数学教育的理论工作者往往比较关注宏观层面，致力于提出一些“放之四海而皆准”的教育原则与理论.令人遗憾的是，这样的原则与理论有时候却很难解决数学课堂中的实际问题；一些经验丰富的数学教师面对教学中的具体问题，可以做到应对自如，但这种个人化、情境化的经验又常常难以推广或被他人借鉴.因此，中观层面的教学策略就成为联结理论与实践，提升实践经验，形成解决一类问题的模型的重要环节.而这正是本书的写作意图.

本书对数学教学策略的梳理是从纵、横两个方向展开的.纵向围绕的是高中数学课程的三条主线：函数、几何与代数、概率与统计.横向讨论的是高中数学知识的单元规划与教学设计.

单元教学设计是近年来中学数学各界颇为推崇的教学理念：一方面是为了克服目前实际教学中普遍存在的知识碎片化的现象，使得课堂教学聚焦数学的核心知识与大观念(big ideas)；另一方面，也是数学核心素养的教学需要.数学核心素养作为一种中长期的课程目标，应该把教学的重点放在单元设计上，通过梳理单元的核心知识及其来龙去脉与发生发展过程，把数学核心素养从隐性的状态变为显性的、可以操作的认知与教学主线.

本书对高中数学新教材的单元规划与教学设计进行了比较系统的梳理.作者不仅提炼了单元知识规划的基本原则与具体建议，而且通过具体的案例给出了单元核心知识的设计思路.对高中数学教师理解新课程、理解单元教学都有很好的参考价值.

如何合理地运用现代技术辅助数学核心知识的学习，是当前数学教学策略研究的一个重要方向.本书为此独立成章进行了深入的探讨.作者把现代技术定位在教学辅助功能上，旨在解决传统教学媒介存在的缺陷，希望通过现代信息技术有效地突破“不好想”，跨越“不好算”，促成“想得深”，帮助“说得清”，使学生理解数学的本质与思维方式.作者给出的案例非常丰富，也十分精彩，相信会受到广大读者的喜爱.

四、关于研究与实践的关系

关于教育研究与实践之间的关系有许多比喻，如“粘不到一块的两张皮”“单向的管道”“墙上的风景画”等.我个人比较喜欢的隐喻是“边界地带”，意思是说在研究与实践之间有一个边界地带，有一群从事边界“贸易”的人.这个跨界的人群不仅对边界的双方都十分重要，对自身也有一些特殊的要求.他们既要了解实践的需求，也需要关注研究的方法与前沿；既要具备理论素养，知道各种理论的用处，也拥有实践的经验.按照华东师范大学已故张奠宙先生的说法，就是要“上通理论，下达课堂”.

在中国，处于理论与实践之间的“边界人群”的主要来源是教研员与专家教师，这也是中国的数学基础教育在国际上有优势的主要原因.很少有国家的一线教师能够像我国的中小学数学教师那样对教学研究具有如此大的热情.本书的出版就是一个很好的例证.

本书的一个重要特点就是联结理论与实践.其中，特别是通过对《课程标准(2017)》与新教材的研究以及已有实践经验的梳理，将课程理念具体化为可以操作的教学案例，这对于处于新课程启动阶段的教师来说，是一个有益的向导.

记得2000年我在参与全国第一个数学课程标准起草的时候，曾在一次座谈会上听到过一位资深教研员讲的一段话.他说：“我相信这是一颗好苗子(指当时还在起草阶段的 2001 版义务教育数学课程标准)，但她能否茁壮成长，取决于两个重要的因素：一是要有适合她生长的土地，二是懂她的园丁.”后来的我国课程实践及国际课程改革教训都证明了他这段话中的道理，也即课程改革不是发生在文件中，也不是发生在大学的研究所里，而是发生在课堂上，影响课堂的重要因素是教师，所以教师事关重大.

我希望有更多的一线数学教师像本书的作者一样，参与到新课程标准、新教材的研究行列，通过自己的研究更好地理解新的理念，改进自己的教学.

五、关于本书的作者

本书的主编是我的两位老朋友，也是上海高中数学新教材编写组的核心成员，我们有过多年的合作研究.其他的编写成员也是以上海市数学特级教师、高级教师为主，具有十多年数学课堂教学发展性评价研究的合作经验.其中，许多人的文章我都读过，也听过他们的一些公开课.无论是著书还是上课，他们给我的印象是做事认真、很有思想，不仅具有丰富的教学经验，在教学研究上也有很强的功底.因此，当两位主编邀我为本书作序时，我当然是很愿意的.只是担心不能很好地理解本书的精华，成为“添足”之笔.

鲍建生

华东师范大学数学科学学院

前　言

2018年年初，教育部颁布了《普通高中数学课程标准(2017年版)》，2018年4月，上海市按照国家课程标准开始编写高中数学新教材，预示着上海乃至全国数学基础教育进入了一个崭新时代.标志性事件为：2014年开始的新一轮高考招生制度改革，上海高考数学文理不再分科设置试卷；数学学科核心素养写入课程标准.5G时代对公民的数学素养提出了更高的要求，数学教育的意义和价值越来越被人们认可！新时代彰显着数学学习的重要性，新理念引领着数学教育的新发展.

高中教育阶段，数学历来是重要的基础学科，课程设置、社会反响、师生感受历来备受关注.文理不再分科，基础知识进一步强化，新型知识大量进入，这些无形中会导致数学学习要求更新，数学教学的科学性更强！如何顺应新的变革，需要我们深刻理解课程标准要求，领会新教材编写意图，从认知数学知识学习规律和把握课程核心知识入手，强化数学学习的研究.

本书正是试图为适应新的要求而编写.我们从教育学、心理学中寻求理论指导，从多年的教学经历和教学研究中总结经验、归纳思想，从数学教学课例研究中获得实证和检验，不断地思考数学学习的意义、数学学习的方法，思考如何将有意义的知识用符合认知规律的、有效的方法去理解与掌握.

本书从数学的“核心知识”入手，介绍高中数学“必不可少”的核心内容和学习策略，力图遵循新课标的理念和要求、新教材的内容编排与设计风格，反映新课标教学的基本思想，特别侧重对新增内容的认知与训练的编写.本书试图帮助教师与学生理解概念的“本质属性”，掌握概念的“基本模型”，通过“变式训练”强化概念本质与“模型”意识；用符合认知规律的学习策略，形成最根本的数学概念学习习惯，掌握最基本的解题方法；了解数学名师对核心知识的理解与训练，获得有效的学习方法与途径，为教师与学生提供学习数学的辅助材料.

本书的编写队伍以上海市数学特级教师、高级教师为主体，以主编十多年数学课堂教学发展性评价研究成果为基础，以接受了国家课程标准的培训、参与了上海新教材编写经历为先导.从 2018 年 10 月开始，本书编写组组织作者认真学习理解国家课程标准的新理念，了解新教材基本的编写思路与教学要求，先后观摩了曾容先生"函数的概念""解析几何初始""充分必要条件"等课堂教学实录，探讨数学核心内容概念教学的"本质属性"，统一认识；另外，又安排作者进行"椭圆标准方程""二面角""函数的单调性"等课例的研究，进一步检验数学概念"本质属性""基本模型""变式练习"三步认知策略的可行性与有效性，取得一定的效果.以此为基础，划分高中数学知识单元，确认每一单元的"核心知识"，研讨关键内容的"本质属性""基本模型"，讨论深刻理解概念、熟练模型的问题设计.经过一年多的学习、研讨、磨稿、反复修改，形成书稿.

本书各章的作者分别为：第一章沈中宇，第二章王华，第三章任升录，第四章师前，第五章宋荷娟、黄继红、陈彦娟、朱燕，第六章刘庆敏、李莹，第七章郭天翔、师前，第八章季永华、师前，第九章李莹、缪寿红，第十章陆斌等.

在这里要真诚感谢华东师范大学鲍建生教授对我们理解国家课程标准及上海高中数学新教材编写给予的指导，感谢上海教育出版社编辑张莹莹对于编辑、出版本书做出的努力，特别要感谢上海市晋元高级中学的资助及季洪旭校长对本书的编写、出版工作的关心与支持.

撰写书稿期间，遭遇了新冠肺炎疫情，所有作者克服种种困难，边教学、边研究，反复琢磨，潜心创作，不断完善.由于这期间我们只能通过网络交流、沟通，编写工作受到一定影响，再加之我们水平有限，难免会有瑕疵，希望广大读者对其中的问题不吝赐教，给予批评与指正，以利于更好地修订.

再次谢谢大家！

作　者

2020 年 4 月

目　录

第一章　核心知识理解 …… 1

第一节　核心知识 …… 1

第二节　数学核心知识的文献研究 …… 6

第二章　高中数学核心知识的认知 …… 15

第一节　数学知识分类 …… 15

第二节　高中数学核心知识的认知策略 …… 19

第三节　高中数学核心知识认知策略方法 …… 28

第三章　高中数学知识单元规划与教学设计 …… 34

第一节　高中数学知识单元规划 …… 34

第二节　高中数学单元教学设计 …… 42

第四章　现代技术辅助数学核心知识学习 …… 50

第一节　信息技术与数学教、学 …… 50

第二节　信息技术促进数学核心知识学习案例解析 …… 67

第三节　拓展使用空间　规避使用误区 …… 90

第五章　预备知识与函数(必修)核心知识的认知与教学 …… 92

第一节　集合与逻辑 …… 92

第二节　常见初等函数及性质 …… 128

第三节　三角函数 …… 158

第六章　几何与代数(必修)核心知识的认知与教学 …… 194
第一节　向量与复数 …… 194
第二节　立体几何 …… 228

第七章　概率与统计及建模核心知识的认知与教学 …… 258
第一节　概率与统计(必修) …… 258
第二节　概率与统计(选择性必修) …… 286
第三节　数学建模(必修与选择性必修) …… 324

第八章　函数(选择性必修)核心知识的认知与教学 …… 334
第一节　数列 …… 334
第二节　一元函数的导数及其应用 …… 353

第九章　几何与代数(选择性必修)核心知识的认知与教学 …… 375
第一节　空间向量及其应用 …… 375
第二节　解析几何 …… 390

第十章　高中数学核心知识的评价 …… 427
第一节　高中数学核心知识学习水平划分 …… 427
第二节　高中数学核心知识考查要求 …… 454

第一章
核心知识理解

知识在教学中有着重要的价值，早期的教育家、哲学家已经认识到教师需要在教学中突出知识的“核心部分”.历史上，核心知识在教育学领域的研究可以追溯到20世纪90年代美国的核心知识课程(Core Knowledge Curriculum)改革.到了当代，也不断有教育研究者呼吁在课堂中实施核心知识的教学.基于已有研究，在对数学核心知识进行定义的时候，要综合考虑一般核心知识的基础性、主干性和生长性等.

第一节　核 心 知 识

一、核心知识的研究背景

“知识”这一术语在教育界被广泛使用.在《现代汉语词典》中，“知识”的定义是“人们在改造世界的实践中获得的认识和经验的总和”.在《教育大辞典》中，知识被定义为“人对事物的属性与联系的认识，即个体通过与其环境相互作用后获得的信息及其组织”.知识可以依据不同标准分类：按反映深度，可分为反映事物外部属性的感性知识和反映事物本质属性的理性知识；按反映内容，可分为自然的、社会的和思维的知识；按其来源，可分为间接知识和直接知识；从信息加工的角度，美国认知心理学家安德森(J. R. Anderson)把知识分为陈述性知识和程序性知识；根据知识的存在形态，英国学者波兰尼(M. Polanyi)将知识分为显性知识和隐性知识.

(一) 核心知识研究的历史背景

知识在教学中是必不可少的，它对于学生和社会都有着重要的价值.这就导致了在教学实践中，教师把知识的传授放在了非常重要的位置.然而，在实际教学中往往存在教师对知识的选择和讲授没有突出核心部分以及教学形式烦琐等问题.

早期的教育家、哲学家、社会学家和心理学家就已经意识到这一问题的存在，并做出了相关的论述.

捷克教育学家夸美纽斯(J. A. Comenius)在《大教学论》中指出“离开学校的人很少有人受到彻底的教育，大多数人保留下来的只是徒有其表，只有真正知识的阴影.而补救办法包括只学真正有用的学科；在教细节以前先彻底地把基础训练做好；一切后来的学习都建立在这个基础训练之上而不以别的什么为基础”.

德国教育家第斯多惠(F. Diesterweg)在《德国教师培养指南》中提到“在基础教材上教师要是马马虎虎，浮皮潦草，将会造成严重的恶果.因此，我们要求教师对基础教材应反复讲解，让学生反复练习；否则就不能保证学生的进步，学生也会因此无所适从，从而盲目学习，将会对作业和教师失去信心，最后丧失了学习兴趣”.

英国哲学家、社会学家、教育家斯宾塞(H. Spencer)在《什么知识最有价值》中首次提出了“什么知识最有价值”这个问题.由此学者们开始意识到科学知识对于社会发展的巨大作用.斯宾塞提出，“人们总认为只要提出某门科目给了他们某些益处就够了，而完全忘了那些益处是否充分，还应该加以判断.”“必须记住我们学习的时间是有限的，我们应该力求把我们所有的时间用去做最有益的事情.”“在能够制定一个合理课程之前，我们必须确定最需要的知识是什么东西.”

美国教育心理学家布鲁纳(J. Bruner)在《教育过程》中提出“一门学科的课程应该决定于对能达到的、给那门学科以结构的根本原理的最基本的理解.教专门的课题或技能而没有把它们在知识领域更广博的基本结构中的脉络弄清楚，这在几个深远的意义上说来，是不经济的”.

苏联教育家巴班斯基(Бабанский)在《论教学过程最优化》中指出“在课堂教学的内容方面，应该划出最重要和最基本的成分，使学生的注意力集中到这些成分上去.抓住课题的主要内容有助于防止学生死记硬背、生吞活剥地学习知识，有助于预防学生出现过重的家庭作业负担.总之，内容上具有综合的目的，划出其中的重点和选择数量最合理的练习，这都是课堂教学内容最优化的重要标志”.

可见，虽然不同的教育家、哲学家、社会学家和心理学家对于教师如何选择有价值的知识提出了不同的观点，但是对于教师需要在教学中突出核心知识方面则达成了一定的共识.

(二) 核心知识研究的现实意义

在我国，“教学是学校的中心工作”及“课堂是学生成长的主阵地”是植根于人们内心深处的公理.课堂教学的探索、实验、改革，从来都是教育改革的重要内容，也是教育改革的最终落脚点.如何以较少的投入成就高质量的教育，实现让所有学生都能享受优质教育的理想，是新时代社会主义中国教育的基本问题，也是学校教学的重要任务.因此，“减负”“增效”和“提质”，成为课堂教学改革的基本立场和重要目的.(郭华，2019)

新中国成立初期，我们曾学习苏联的教育经验，探索社会主义教育规律，那时的教学内容与教学要求与我国学生的学习基础有差异，在一定程度上造成了学生课业负担过重的问题.国家对此高度重视，1951 年政务院颁布《关于改善各级各类学校学生健康状况的决定》，切实关注学生身体健康，以此为开端，拉开了我国减负政策的序幕.(姚佳胜，方媛，2019)自改革开放以来，我国减负政策的演进历程主要可以划分为四个时期：片面追求升学率纠正时期(1978—1992 年)、素质教育推进时期(1993—2000 年)、基础教育新课程改革时期(2001—2009 年)、全方位减负时期(2010 年至今).(王毓珣，刘健，2018)

2019 年 6 月，中共中央、国务院发布《关于深化教育教学改革全面提高义务教育质量的意见》.其中，提到教师需要发挥主导作用，深入理解学科特点、知识结构、思想方法，科学把握学生认知规律，上好每一节课；各地加强监测和督导，坚决防止学生学业负担过重；在课堂教学方面，教师课上要讲清重难点、知识体系，引导学生主动思考、积极提问、自主探究.

可见，在课堂教学中“减负”“增效”始终是我国课堂教学改革的重要内容.明确教学的核心知识，并以此深刻认识学科教学的本质，带动整个学科知识的学习与理解，应该是解决学生课业负担过重、提高课堂教学效能的重要方法.

二、核心知识的研究历史

由于核心知识对于认识人类心理认知过程的重要性，以及核心知识在教育教学过程中的特殊地位，心理学与教育学都将核心知识作为重要的研究对象.

(一) 核心知识的心理学研究

在当代心理学研究中，大量的实验研究表明，婴儿和灵长类动物拥有某些(可能是先天的)认知功能模块，这些认知功能模块是对特定类别的、具有重要生态学意义的实体和事件加以表征和进行推理的机制，它们可以称作核心知识系统.目前为止，研究发现 4 类核心知识系统：可操作的物体和物体的运动；人和人的动作；欧几里得空间中点的位置和点之间的几何关系；数量和数量关系.每个核心知识系统都具有领域特殊性、任务特殊性和封装性.不同的核心知识系统在认知发展过程中不仅能够独立发挥作用，还可以通过互相组合构建出一系列复杂的认知技能.核心知识系统可以

看作人类认知能力的基本功能单元.(孙宇浩，傅小兰，2003)

(二) 核心知识的教育学研究

核心知识在教育学领域的研究，可以追溯到20世纪90年代美国的核心知识课程改革.自1983年美国的《国家在危机中：教育改革势在必行》报告问世以后，美国有关教育改革的报告和著作层出不穷，“提高教育质量”成为所有改革措施提出的出发点和指向的目标.美国弗吉尼亚大学语言学教授希尔斯(E. D. Hirsch)认为，美国之后的教育改革并未取得明显成效，美国教育失败的根本在于教育理念的失败，也就是说，形式主义、浪漫主义主导的教育思想是美国教育危机的根源.为了解决教育中的问题，希尔斯提出“文化素养”的观点.在希尔斯看来，“文化素养”的基本内涵是人们具有共同的“背景信息”，是一种“位于每个人拥有日常知识水平之上但位于一些专家学者所知的高深水平之下的文化知识，是普通读者所掌握的中间层次的文化知识”.为了在概念上不易为人误解，希尔斯在将其思想应用于学校课程时，改用“核心知识”一词.核心知识课程的安排遵循共享、稳固、序列和具体四项原则.希尔斯把他的思想转化到学校课程中，编制了作为讲授指南的《核心知识序列》；与此同时，希尔斯还同他人合作，为教师和学生家长们编写了一套《核心知识丛书》.1990年，美国佛罗里达州的“三棵栎树小学”率先全面实施“核心知识课程”，1996年核心知识学校发展到300所，到了2004年已达1 000所，遍布美国的44个州，初步形成了核心知识学校的全国网络.(邓志伟，2006；希尔斯，1995；赵蒙成，2011；赵中建，1996)

核心知识课程的主要教学模式是主题教学，即将相互联系的知识整合于某一中心主题进行教学，其原因主要为：前后一致的内容可以使学生保持兴趣；多学科的内容可以让学生掌握知识的“生长点”；课程内容的整合鼓励批判性思维的形成；跨学科的教学传递着一种理念，即学习不是机械记忆的活动，而是一种吸引人的无止境的发现过程.并且，核心知识课程并不规定学生应该掌握所有的东西，而仅仅规定了必须掌握的“具体内容”，或是“集中注意的良好教育之基础”.它的实施仅仅占用学校全部课程的一半时间，另外一半时间留给学校去适应地方的课程要求或由教师做些补充和增加.

三、核心知识的当代研究

当代的课堂教学正在步入“花样时代”，烦琐的教学环节、中转式的教学过程就是这一教学时代的两大特征.从核心知识的教学入手，开展“课堂瘦身”行动，全力构筑“节能减排”式的绿色课堂与高效课堂是时代的要求.优化课堂结构、提高教学效能是学校发展、教师成长的生命线，而构建核心知识导图是创建高效课堂结构的一条捷径.因此,在当代教育背景下,核心知识成为很多教育研究者关注的对象.

(一) 核心知识的界定

有关核心知识的界定,众多学者均认为核心知识为教学活动中的主干知识与重要内容.

龙宝新(2012)认为核心知识是每个教学活动单元中必须要让学生掌握、理解、探明的主要知识技能,是一个学期教学、一个单元教学、一节课教学的主体内容与知识主干,是整个教学活动链条中的关键链环,是联系全部教学活动的轴心骨,是教学活动之魂的栖息地.核心知识具有三个明显的特点:统摄性、内核性和衍生性.核心知识与教学重点之间的区别为教学重点是教学活动中的侧重点,教学重点属于教学活动进程中的某一工作区间,但核心知识不属于一个教学区段,而是一个教学内容的概念,核心知识的教授可以贯串并体现、渗透于教学活动的各个区段,构成单元教学活动的主题.

张立昌(2014)认为核心知识是一节课中与教学目标实施直接关联的重要教学内容或项目,是教材文本中最基本的课程知识,是在课内必须让学生掌握的基础知识、基本技能与根本素养.

王红等(2015)将"核心基础"定义为最基本的、缺少便不足以为继的,同时又是不必过量和过度发展、能为未来留出更多发展空间和发展余地的,能让未来的发展具有更强的可持续性的内容."核心基础"的外延包括了知识体系中的"核心知识"、能力体系中的"核心能力"和素养体系中的"核心素养".这三个要素之间相互交融、相互促进、相互影响.其中,"核心知识"包含陈述性知识中最有迁移性的概念性知识、程序性知识以及元认知知识中有助于指导学习者进行自我监督与策略构建的基础性知识.

陈晓燕(2015)将"核心知识"定义为根据课程标准编选的,符合课程目标要求的最有价值的、最基础的、最中心的知识.基本核心知识的教学设计应以对学习者有重要价值为标准去萃取,以方便学习者认知建构为方法去呈现,以学习者的思维路径与取向为逻辑去解读,以学习者的生活与使用场景为情境去应用.

(二) 核心知识的教学

有关核心知识的教学,有学者认为教学的重点在于构建核心知识组块,梳理知识导图,从而达到减负增效的目的.

龙宝新(2012)认为核心知识教学的基本思路是通过把"教"在"学"中隐藏起来的方式来构筑一种以学载教、以学带教、知识主线清晰、学习线路流畅的简明课堂教学.简明课堂就是主干清晰、线条清楚、思路通达的课堂形态.简明课堂所采用的一般教学策略是

"核心知识组块"策略，即依托核心知识组块来推进."核心知识组块"的大致构成是：内核是核心知识，外围是调节性知识，夹层是背景性知识.这三种知识融合在一起，以"知识包裹"的形式呈现在学习者面前，确保核心知识向学习者顺利展开与内化.

张立昌(2014)认为可以借助知识导图梳理出教材中的核心知识主线，形成核心知识导图.其基本思路是：依据课程标准与教学目标，制定出单元教学活动必须完成的核心知识内容，借助思维导图的绘制原理，分析出教材中的基本知识框架图与教学思维流程图，使之成为统领教师课堂教学活动的基础蓝图.核心知识导图的利用有利于催生生本式教学论，有助于高效课堂理念的内向整合与品质提升，有助于增进中小学教师的授课效益意识，有助于教师整体优化课堂教学结构.

同时，张立昌构建了基于核心知识导图的高效课堂改革框架.其中，降低教学消耗与提升课堂教学效能是这一高效课堂形态的"两条腿"，低耗化策略、瘦身化策略、扬学性策略、增效性策略是课堂改革的四条策略，课堂教学改革的重点是最优化、精致化与简约化.其具体思路为：先对单元课时的教学内容进行整体分析，梳理出相对独立的知识点，然后依据课程或课时教学目标对这些知识点各自的重要性进行赋权，从众多知识点中萃取、筛选出最为关键、重要的知识点——核心知识点，以此达到"凸显教学重点"的目的.然后，借助知识导图或思维导图这一工具的帮助，将其整合、联结为"核心知识导图"，并在和其他教学资源、教学素材相结合的基础上形成直接可以向学生教授的"核心知识包"，以此达到"深度呈现知识内在结构"的目的.

第二节　数学核心知识的文献研究

一、数学核心知识的内涵

在数学核心知识的内涵方面，不同的学者对于数学核心知识有着不同的定义.这些学者在对数学核心知识的界定中强调了不同方面.

(一) 基础性

有学者强调数学核心知识的基础性.认为数学核心知识是学生进一步学习其他数学知识的基础.章建跃(2008)认为数学中应大力加强基础知识的教学，使学生切实打好发展的基础，具有根本的重要性.其中，中学数学基础知识是指代数、几何、统计与概率、微积分初步等内容中的概念、法则、性质、公式、定理、公理，以及由其内容所反映的数学思想和方法.数学基础知识是指数学学科的初步知识，而不是指数学学科的逻辑基础.基础知识具有发展性、差异性和关键性.基础知识内容的确定具体要考虑两个方面，一是适应社会需要，二是符合学生接受水平和发展需要.

因此，有学者将数学核心知识界定为最基础和普通的数学知识.其核心的基点和作用点指向认知块、问题串和思维场，功效表征为其自身高度概括的程度以及与特定情境的紧密程度.儿童认知块中的核心知识有单个知识、序列知识、共享知识、境域知识、隐性知识和结构知识.教师问题串中的核心知识有问题指向、问题整合、问题开放、问题理解、问题研究和问题构建.课堂思维场中的核心知识有关注思维、引领思维、提升思维、聚合思维、优选思维和联结思维.

按照此定义，具体到中学数学阶段，核心知识主要包括搭建中学数学课程和教材框架的最基础、最重要的概念.数学的意义和运算的意义、运算律和运算性质、基本数学关系、几何图形特征和计算公式以及其所蕴含的数学思想方法，它们是保持教学内容前后连贯和一致的纽带.

（二）主干性

数学核心知识是在知识体系中处于不可或缺、重要的和主干地位的基础知识.例如，李新(2016)认为数学核心知识是指数学课程和教材中具有内在逻辑的连贯性和一致性，处于不可或缺的、重要的和主干地位的基础知识.学生学习的过程，也就是其显性知识与缄默知识进行丰富、转换、提升的过程.也就是说，在数学学习的某一阶段，核心知识是以缄默的状态被学生拥有的.

（三）生长性

数学核心知识包括基本原理、基本关系、基本方法、基本问题四大方面.从知识序列来看，核心知识一般处于知识序列前端或者发生发展过程中的拐点和节点，具有较好的生长性.因此，数学核心知识是结构明确，适用范围广，自我生长和迁移能力强的基础知识.秦海华(2011)认为"核心知识"主要是指思维价值大、适应性广、迁移性强的基础知识.它在教学中起到牵一发而动全身的作用.核心知识与非核心知识相辅相成、相得益彰，形成一个完整的知识体系.

在此定义的基础上，魏光明和王俊亮(2014)提出"起点型"核心知识的概念.中学数学起点型核心知识是指那些处于某个知识领域、某个知识序列、某个知识段落或者某个教学单元起点位置的核心知识，是具有相对意义的原点性知识，是一些重要的"先行组织者"，是知识中的"干细胞".确定起点型核心知识的方法包括基于纲目关系的方法、基于包含关系的方法、基于交叉关系的方法.

(四) 数学核心知识与数学“双基”

数学的双基即数学基本知识和基本技能.数学双基教学的内涵不仅在于双基本身,还包括在其基础上的发展.启发式、精讲多练、变式练习和提炼数学思想方法等,都属于“发展”的层面,但又和“数学双基”密切相关.近年来,在“双基”的基础上进一步提出了“四基”,增加了数学基本思想和基本活动经验.

结合数学核心知识的内涵,可以发现数学核心知识与数学“双基”关系密切,均强调对基本知识和基本技能的学习,并强调在此基础上发展延伸,形成数学思想方法,因此有着深厚的中华传统文化底蕴.

二、数学核心知识的价值

在数学核心知识的价值方面,不同的学者从各种角度论述了其对数学核心知识价值的看法.魏光明(2011)认为从教材层面看,需要以“核心知识”凝聚教学内容;从教师层面看,能够借“核心知识”促进专业发展;从学生层面看,可以用“核心知识”优化学习质态.

以下主要论述数学核心知识对学生的价值.

(一) 形成数学知识体系

朱慧(2015)认为数学核心知识在知识体系中处于中心位置,具有聚合、辐射、激活等作用,因此需要强化感悟,展现核心知识的聚合作用;科学甄别,展现核心知识的辐射作用;延伸思维,展现核心知识的激活作用.潘修銮(2016)认为核心知识最具再生力与生发力,是最具活性的一种知识类型,是一切其他课堂知识得以生成的主根.邱冬玲(2018)提出,就某一序列知识而言,“核心知识”往往是这一序列知识的“起点”.教学中,若能把握好这些“起点型”核心知识,可有效促进后续知识的学习与整个知识体系的构建,达成预期的教学目标.

林风(2016)认为数学核心知识的意义与价值在于它能产生“$1+x$”的扩容与增值的“核效应”,让教材具有更为广阔的宽度,让思维有升华的空间.“核心知识其实就是一颗思想的种子.”教学的意蕴在于超越具体的事例和知识,对问题的一般性意义和内核能作出合理的抽象和深刻的概括.核心知识是具有超越课堂之外的持久价值和迁移价值的概念、方法和技能,是整个教学活动链条的关键链环,是推动教学活动的轴心骨和栖息地.数学的概念、性质、定理和公式是教学的主要内容,从中寻找和把握数学的核心内容是课堂教学的重中之重.核心知识不是单一的、离散的、碎片化的,涵括的不仅仅是知识点,而且还综合了数学知识的结构和思想方法的内容体系,是围绕核心知识建立起来的教材结构体系.

例如，关于函数的奇偶性，函数 $y=f(x)$ 的图像成轴对称或中心对称是奇偶性的表征和核心.偶函数的图像是关于 y 轴对称的轴对称图形，奇函数的图像是关于原点对称的中心对称图形.由此出发，可以衍生，关于 x 轴上点 $(a,\ 0)$ 对称的函数具有怎样的关系？再进一步，关于平面上任意一点 $(a,\ b)$ 对称的函数具有怎样的特征？由原点到 x 轴上的任意点再到平面上的任意点，图像的中心对称关系转化为函数表达式的关系.

（二）提高数学复习效率

刘正强（2015）认为数学核心知识的讲授往往对于数学课程的教学效果以及学生的成绩发挥着决定性作用.在课程基础教学的同时，对核心知识教学做重点强调，以加深学生的理解和记忆；借助网络资源和多媒体工具，对核心知识进行有效补充；发挥好数学作业的作用，以课堂习题的方式不断地强化学生对核心知识的理解；注重数学复习课重点知识的复习，以核心知识的回顾来提升数学课程的复习效率.

（三）掌握数学思想方法

核心知识包含着丰富的数学智慧，智慧是个人发现知识和运用知识的能力，是锤炼出来的能够以不变应万变的思维方法或方法体系.刘晓萍（2018）认为核心知识是蕴含同一个基本的、反映学科本质特征的主要内容或关键内容，这些本质特征往往能反映共同的学科学习方法、学科观念和思维方式等，是一组内容或一类内容构成的知识群，指向人的精神、思想情感、思维方式以及价值观的生成与提升.

（四）培养数学核心素养

白姝园（2017）认为，帮助学生掌握学科核心知识，提高学习效率，培养学生的数学素养，是现代数学教学的核心问题之一.初中数学核心知识是指按照教育目标和新课程标准的要求，在教材中呈现的知识要求、能力训练重点，是知识、能力与态度的综合.魏光明（2017）认为精选数学核心知识，引导学生通过数学学习学会思维，形成关键能力与必备品格融为一体的核心素养，是未来数学教育转型的必由之路.从人的认知加工规律看，拉长核心知识的创生、体验和完善的过程，促进深度理解，有利于将培育学生的核心素养的目标落到实处.

数学核心知识在学科内容的呈现上具有共同特征，在学习方式上具有共同路径，在学科思维方式上具有同一性.在具体教学中，精选素材，以儿童立场埋下能力的种子；关注经验，以直观感知培植能力的幼芽；多元表征，以理性思考夯实能力的根基.凌丽（2019）认为核心知识是核心素养的根基，在数学教学中，只有当学生拥有核心知识，才能将核心知识转变为核心能力，内化为核心素养.核心知识、核心能力、核心素养是相辅相成、相互促进的.

对于“起点型”核心知识，吴玲(2019)认为这是一种具有种子特质的知识，能播撒、繁衍、派生出其他相关知识.在小学数学教学中，教师要确定“起点型”核心知识，种植“起点型”核心知识，生长“起点型”核心知识.抓好“起点型”核心知识，有助于学生数学“核心素养”落地生根.

(五) 数学核心知识的价值与数学双基教学的特征

双基数学教学的理论特征有记忆通向理解、速度赢得效率、严谨形成理性、重复依靠变式(张奠宙，2006).以上特点与数学核心知识所具备的形成知识体系、提高复习效率、掌握思想方法和培养核心素养的价值具有内在的一致性与连贯性.

三、数学核心知识教学

研究者从不同的角度出发，总结出数学核心知识的教学方法与模式.以下分别从教学原则、教学策略和教学方法三个角度论述数学核心知识的教学.

(一) 数学核心知识的教学原则

数学核心知识的教学应该满足生长性原则、整体性原则和过程性原则.

赵红婷(2019)认为数学核心知识的教学中，要追溯本源，把握知识的生长点；打通关系，嫁接知识的联结点；拓宽思维，凸显知识的衍生点.把握核心知识教学的着力点，对提高数学复习课的教学品质，提升学生的数学学科素养具有重要的现实意义.于正军(2016)认为对课堂教学目标的评价理念应基于：数学教学是否引导学生在课堂上从思维表象走向数学思考，在关注概念表象的基础上是否追问核心知识.课堂上只有从“概念表象”走向“核心知识”的目标评价，才能促进学生对数学概念的深刻理解和纵深建构.

章建跃(2008)认为基础知识的教学，核心是使学生形成良好的数学认知结构.加强基础知识教学，促进学生建立良好的认知结构，要注意局部与整体结合，过程与结果并重，严谨性与量力性相结合，训练讲究适度性和有效性.魏光明和王俊亮(2018)认为“起点型”核心知识的教学原则包括儿童先行、引悟结合和整体建构.

多位学者论述了数学核心知识教学中的整体性原则.例如，贲友林(2011)认为作为教师，需要有意识地结构化地组织、加工学习材料，帮助学生形成结构性的观点，促进学生从整体上把握数学，让学生在“见树木，更见森林；见森林，才见树木”的情境中学习数学核心知识.又如，朱小平(2011)认为要突出体现核心知识本身的“核心”作用和价值，需要组织和实现由经验式走向学科化的教学跨度.首先，需要揭示知识本身所蕴含的思维方法和思想观念，这样的知识才是活的、有张力的、能迁移的；其次，需要激活、建构以核心知识为主的知识群和认知块，核心知识的影响范围指向问题串、知识群、认知块等，功效大小表征为其自身高度概括的程度以及与特定情境的紧密联系程度.

多位学者论述了数学核心知识教学中的过程性原则.例如，秦海华(2011)认为在小学数学“核心知识”的教学中，“显性知识”与“隐性知识”的形神兼备，并在不断丰富和转换中彰显出数学的特有魅力.要正确处理知识与能力的关系，融知识教学于能力培养之中，核心知识的教学才会凸显出教学的内涵.核心知识的教学，要将它放在整个知识系统中去考量，才能不至于成为无根的浮萍.

(二) 数学核心知识的教学策略

基于数学核心知识的教学，有学者提出了把准学生起点、落实学生主体、适时追问思辨、聚合与发散、优选与强化、引探与建构等策略.

何凤英(2017)认为围绕核心知识展开教学的策略包括把准学生起点，处理好核心知识与教学重点的关系；落实学生主体，给足自主探究的时间和空间；适时追问思辨，讲清数学道理.魏光明和王俊亮(2018)认为起点型核心知识教学的基本策略是慎重初教、宁慢勿快和深度对话.教学的基本要求是重视“起点型”核心知识的原点性和延展性.“起点型”核心知识在知识体系的四个建构步骤中依次发挥了多次元接纳、多节次繁殖、多向度生成和多领域融通作用.

在初中数学核心知识教学实践层面，宋守奎(2013)认为初中数学课堂核心知识点的把握策略包括换位思考策略、错误成因策略、相似转换策略和知识关联策略.核心知识点的设计策略包括思维冲突策略、错误起点策略、相似类比策略和知识生成策略.课堂核心知识点的把握要以学生为本，从学生的视角来思考课堂教学的核心知识点.把握了课堂教学的核心知识点，也就把握了课堂教学的核心价值，才能真正有效地轻负高质，把课堂真正还给学生，让学生真正成为学习的主人.

(三) 数学核心知识的教学方法

在教学方法方面，有学者强调从生成角度、整体角度和情境角度进行教学.

1. 生成的角度

在教学方法方面，有学者强调从生成角度进行教学.王群(2014)认为核心知识的传承习得，不能靠说教、告知，要在自主探索、合作交流、思辨讨论中体悟数学文化的精神实质.教学中教师应尝试从生活常识、算理逻辑、数学文化等视角去洞察每一个核心知识，发现其意义.李新(2016)认为对数学核心知识的教学需要以退为进，使核心知识在“退”中生长；以体验促理解，使核心知识在体验中厘清；以对话促转化，使缄默知识在对话中外显；以变式促巩固，优化缄默知识的影响.邱冬玲(2018)提到核心知识的教学中，应自觉追寻学生数学学习的“起点”，既要摸清学生的现实起点，还要梳理知识的逻辑起点，并在此基础上展开教学，从而激活学生的思维，引发学习真正发生.

有学者提出“导学”的教学方法.例如，李步良(2016)认为聚焦核心知识教学的基本思路，应通过把“导”隐于“学”中，构筑一种“以学定教”“为学而教”的自主简明的课堂教学范式，让教学回归朴素，把学习的挑战和快乐还给学生.有效预学，瞄准核心目标；板块展示，围绕核心思想；评价引领，紧扣核心联系；练习提升，注重核心应用.

也有学者提出“链块系”的教学方法.例如，魏光明和王俊亮(2018)认为以繁、难、偏为特征的非核心知识依然程度不等地存在，需要科学合理地进行简约化处理，包括可以简化一些教学用具，简化一些语言表述，简化一些人为规定，简化解题方法，调整呈现顺序.核心知识体系建构的基本步骤包括建构核心概念，吸附知识“固着”；搭建知识链条，引导知识聚集；形成知识群块，激活知识联系；内化知识体系，实现知识生长.核心知识教学的基本要求包括重视核心知识内涵和本质的理解性表达，重视核心知识深度和广度的全方位挖掘，重视核心知识教学的问题性和探究性以及重视核心知识教学的聚合性和发散性.

卞红艳(2016)认为，教师在教学过程中引导学生关注核心知识，需要引导学生对所学的知识理解和感悟，从而使学生能够连点成线地将核心知识相互融合.教师要注重对数学相关知识之间的比较、引领与甄别，使学生把握核心知识在数学教学中的应用价值.教师要注重根据恰当的时机，给学生以点拨，从而激活学生的核心知识，提高学生的应用能力.

2. 整体的角度

荀步章(2014)认为，数学中的核心知识是在儿童认知块中逐渐形成，在教师问题串中逐步感悟，在课堂思维场中不断重建，找到平衡点与结合点，才能真正把握核心知识，形成核心能力.

基于这一视角，有学者提出“结构教学”方法.例如，许强(2016)认为，在数学知识体系中处于主干地位的核心知识是进行“结构教学”的重要抓手，利用核心知识进行“结构教学”，有利于学生主动迁移、自主探索，完善认知结构，逐步形成结构化的思维方式.核心知识的“结构教学”要求教师在设计教学时，具有整体思考的大局观.在研究一节课的教学内容时，既要注意这一知识产生、形成和发展的过程，了解知识的源头和走向，也要注意从一个单元或者学段乃至整个学习阶段来认识这一内容的地位和作用.

有学者提出“长教学”方法.例如，高沈、贡莲菲(2018)提出数学核心知识建构有以下过程：构建核心概念—形成知识脉络—组建知识模块—形成认知结构体系.数学“长教学”设计是指在进行教学设计时不能只关注这一课时，而是要着眼一个长期的教学过程进行设计，并且要通过教学设计给学生一个长期的过程去建构知识，使得知识产生的过程长，知识体验的过程长，知识完善的过程长，使学生学习更高效，习得的知识更扎实，自身所建构的认知结构体系更完善.“长教学”设计的着眼点包括紧抓知识的数学实质、共同的性质以及通用的方法，关注阶段，聚焦当下，循序渐进.“长教学”设计有助于对核心知识内涵和本质的理解，有助于对核心知识深度和广度的挖掘，有助于一般知识向核心知识的固着.“长教学”的设计策略包括：通过创造发现，使知识产生过程长；通过前后勾连，使知识完善过程长；通过精细加工，使知识体验过程长.刘正松(2018)认为日常教学中应把握好这些核心知识，根据内容自身的特点展开“慢教学”和“长教学”，以期达成教与学自然发生的和谐状态.

有学者提出“思维导图”方法.例如，白姝园(2017)通过对核心知识与思维导图的研究以及教学实践发现，核心知识思维导图可应用于多种课型；教师使用计算机软件绘制导图更加方便；核心知识思维导图设计思路遵循知识结构由大到小的顺序.

3. 情境的角度

潘修銮(2016)认为在核心知识的教学中，教师需要精设问题情境，导出概念核心；活化过程体验，触摸思想核心；优化习题设计，深入理解核心；巧妙沟通联系，构建核心体系.

有学者提出“主题式探究”教学方法.例如，周振羽(2013)提出数学核心知识主题式探究的概念，指基于情境提出问题，通过合作分析并解决问题，从而促进学生构建起数学知识，培养其问题能力.数学核心知识主题式探究教学的设计理念包括：数学核心知识主题式探究的有效教学是基于“丰富资源学习”理念而进行的；主题教学以师生对话为基本互动模式；主题教学以情境为基础，将数学学习和生活紧密联系起来.将数学核心知识主题式探究教学应用于课堂教学实践，需确定一定的主题后，通过情境来引出问题，让学生在对问题的思考中、教师的引导下，以合作的方式来完成对核心知识的构建.

以指数函数的概念、图像和性质为例.首先，创设情境：如果我们班的第一个同学带 2 粒米到学校，而第二个同学带 4 粒，第三个带 8 粒，第四个带 16 粒……以此类推，第五十一个同学应该带多少粒米？大约有多重？其次，合作探究.教师要通过实际问题引导学生建立起函数的模型，从函数的内涵和外延上来定义指数函数.有了函数的定义，但在定义中还涉及底数的分类问题，为此，教学中教师还应通过问题来引导学生进行探讨.如果学生对指数函数的表达式有了一般了解，可让其和一次函数、反比例函数、二次函数中的限制条件进行对比，对指数函数的底数的条件进行讨论.

有学者提出“产出导向”的教学方法.例如，魏光明(2016)认为教师应该精选数学核心知识，着眼于学生学习“产出”来组织教学活动，促进学生深度理解、灵活迁移和主动应用，提升其高阶思维能力和学习力.基于“产出”导向的数学核心知识教学中，可以创设一个在解决问题或解释生活现象时遭遇困难、产生冲突的真实情境，促使学生自然而然地产生创生新知识的需要，并基于已有经验和知识，完整地经历创生新知识的过程.依托核心知识的丰富内涵建立多元联结，实现知识的纵向贯通和横向联通，增强认知结构的生长活力和吸附能力.在教学中，要适度放大知识应用环节，让学生逐步学会在面对新情境或新问题时应用所学的知识.

(四) 数学核心知识的教学与数学双基教学

数学双基教学纵向的三个层次：“双基基桩建设”“双基模块教学”和“双基平台教学”.与数学核心知识的教学原则具有内在的一致性，生长性原则强调学生对基础知识的熟练掌握，打好基桩，整体性原则则在此基础上形成模块，最后，从过程性原则出发，综合多个模块为数学解题服务，获得解题的策略.

从以上论述中可以看出，首先，从生长性原则出发，需要促进学生对数学概念的深刻理解，相应的在教学方法上需要从生活常识、算理逻辑、数学文化等视角去深入核心知识的本质属性.其次，从整体性原则出发，需要有意识地、结构化地组织与加工学习材料，促进学生从整体上把握数学，相应的在教学方法中需要具有整体思考的大局观，注重知识的结构化.最后，从过程性原则出发，需要融知识教学于能力培养之中，在教学方法中通过情境来引出问题，让学生在对问题的思考与解决中完成对核心知识的构建.基于以上教学原则与教学方法，可以进一步梳理核心知识的教学策略.

第二章
高中数学核心知识的认知

认识核心知识解决“是什么”的问题;而学习与掌握核心知识,运用核心知识解决问题,则是明白“怎么做”“做什么”,是另一个重要内容,也是我们研究的主要目的.本章我们进一步讨论高中数学核心知识及其认知方法与策略,建构一种数学核心知识认知方式,为后续介绍的数学核心知识学习策略提供理论依据.

第一节　数学知识分类

一、心理学的知识分类理论

20 世纪 70 年代以来,现代认知心理学界对知识的本质及其习得机制进行了深入探讨,并取得了实质性进展.美国认知心理学家安德森在《认知结构》(*The Architecture of Cognition*)(1983)一书中从心理加工活动的各个方面对其基本理论进行阐述,提出心智技能的三阶段理论:认知阶段、联结阶段、自动化阶段.在认知阶段,要了解问题的结构,即起始状态、要到达的目标状态、从起始状态到目标状态所需要的步骤;在联结阶段,学习者应用构建的具体方法来解决问题,主要表现在把某一领域的陈述性知识转化为程序性知识,这种转化即程序化的过程;在自动化阶段,安德森认为:复杂技能的学习可以分解为对一些个别成分的法则的学习,但这些个别成分并不是分散、孤立的,而是可以组织成一个大的技能学习过程.他所提出的 ACT-R(Adaptive Control of Thought model, Rational)理论的基本观点为:复杂认知是由相对简单的知识单元组成的,而这些知识单元则通过相对简单的原理获得,人类认知活动的复杂性表现在基本元素和原理的复杂组合上,就像计算机通过简单的(二进制)运算可以完成复杂的任务一样.ACT-R 理论还特别强调对能力成分(components

of competence)的练习,因为学习一个复杂能力的前提是掌握它的每个组成成分.

安德森从知识获得的心理加工过程、性质与特点角度,提出了陈述性知识(declarative knowledge)、程序性知识(procedural knowledge).陈述性知识与程序性知识是认知心理学家对贮存在人脑中的各种知识进行的一种最基本的区分.陈述性知识是有关人所知道的事物状况的知识,能被人陈述和描述.它是关于事物本身及其关系的知识,包括概念、法则、公式、事实等,一般回答"是什么"的问题,如函数概念、余弦定理、加法原理、椭圆的标准方程、三垂线定理等,这类知识是相对静止的.程序性知识是关于人怎样做事的知识,涉及有关运动技能、认知技能、认知策略等.它是关于完成某项任务的行为或操作性步骤,像计算机程序一样,一般回答"怎么做"的问题,如解方程的步骤、求导法则等.程序性知识又被划分为一般领域的程序性知识和特殊领域的程序性知识,特殊领域的程序性知识进一步分为自动化基本技能和策略性知识.自动化基本技能是可以"熟能生巧"的程序性知识,如数的运算、式的恒等变形、几何作图等.策略性知识是一种关于如何学习、记忆、联想和解决问题的一般方法.

陈述性知识与程序性知识的区别主要在于:对知识的表征形式不同.陈述性知识主要通过网络化和结构性来表征概念间的联系,程序性知识则以产生式的形式,反映了人会在何种条件下采取何种行动来达到最终的目标,所以,常常将陈述性知识视为静态的,程序性知识视为动态的.人们习得知识的过程不同,陈述性知识的获得需要建立有意义的联系,通过积极地加工促进记忆.例如,命题的建立,首先需要激活(联系)与之相关的旧命题,与旧命题结合生成一些新命题.程序性知识的获得,需要从深刻理解每一个步骤的意义中把握它们之间的内在关系,注意每一步的正确表述与衔接,知识的习得需要一定的经验与尝试.

近现代教育心理学界,对学习与知识分类贡献最大的教育心理学家应当首推奥苏贝尔(D. P. Ausubel)与加涅(R. M. Gagnè).奥苏贝尔提出了有意义言语学习理论,加涅首次提出了系统的学习分类学,在教育学界产生重大的影响.有学者认为他们的学习分类也是一种知识分类.我国著名的心理学家皮连生教授根据现代信息加工理论的研究,认为广义的知识从总体上可分为三类:陈述性知识、程序性知识和策略性知识.

二、关键性知识视角的分类

按照知识的关键性(或重要程度)进行分类,可以将数学知识分为核心知识与一般知识.

核心知识(core knowledge)具有的独特性,一般是指那些结构明确,适用范围广,自我生长和迁移能力强的基础知识,在课程中处于重要的、不可或缺的基础性主干地位,具有内在逻辑的一致性和连贯性.例如,函数知识自身结构完善,涉及方程、三角、数列、复数等知识;函数亦成为一种思想方法,中学、大学逻辑一致且相互连贯.因此,函数知识是高中代数知识的主干内容,各种版本的教材都十分重视.

相对于一般知识,核心知识具有如下特征:

基础性:核心知识一般均属于原始的"根状"概念(形式),它们构成某一学科最基础的内容,也叫主干内容.基础数学的数、式、方程、函数、数列、三角形、圆、圆锥曲线、正方体等都是最基本的核心内容.

一致性:核心知识一般自成体系,具有逻辑的一致性.例如,方程知识自成体系,从整式方程到分式方程、一元方程到高次方程,其内涵都是含有未知量的等式,只是所含未知量的个数、次数、形式不同而已.

生长性:核心知识作为基础性内容,当附加到其他内容时,因其较强的自我特征,可以使被附加内容出现核心知识属性.例如,研究函数性质时,有时会利用方程思想考虑问题,将一个变量固定,通过解方程可以确定对应的另一个变量的值.

数学核心知识的认知价值体现于从课程角度整合教育资源,从教师的角度促进教师专业发展,从学生角度帮助学生形成知识体系、掌握数学思想方法、提高数学课程学习效率和创生核心素养.如今,数学核心知识的教学受到人们的关注.

三、数学核心知识的获得过程

1. 列举知识点

我们选取各领域中的基本知识作为绘制核心知识图的节点.(注:这里所说的"基本知识"内容广泛,包括概念、定理、技能和思想方法等,基本知识的维度也不同.)

例如,函数概念包括函数的定义、函数的性质、基本初等函数,其知识概念图是以函数定义、函数的基本性质、基本初等函数为主线,触及三角函数、数列、函数的应用等内容,用函数思想统领各种相关内容的学习.

2. 确定知识等级

根据知识的概括性和包容性而确定核心知识的等级,按照从上位到下位逐渐分化的原则对知识进行分层.(注:每个知识点在概念图中只能出现一次.)

例如,高中数学函数知识的认知等级可划分为:一级知识,函数的定义及其基本性质;二级知识,基本初等函数(幂函数、指数函数、对数函数);三级知识,三角函数、数列、函数的应用.

3. 明确核心知识

我们将学科内容具有重要性、处于主干地位；对学生认知结构具有重要性、处于不可或缺的基础地位；知识间关系具有迁移性、处于影响因子地位作为三条标准选择核心知识，表示同一系列知识间的上下位从属关系或概念间的相关关系，必要时在注解中标明概念之间的关系.

数学核心知识的获得和运用，反映了人们的数学能力的强弱.一般来说，明确核心知识需要对内容进行分类、分析、比较与归纳，从中分离主干知识、提炼知识本质，揭示核心知识在整体中的相互关系和结构上的统一性，建立知识体系；解决问题的过程中，利用核心知识的基本模型形成的知识结构，帮助人们选择和重组信息，产生联想与思维转换，就能够出现解题的“灵感”，获得解题思路；随后，若不断地进行变式训练，就能够举一反三、触类旁通、融会贯通，形成良好的数学能力.

四、数学核心知识的表现形式

为了研究的便利，我们又将数学的核心知识划分为核心概念、重要结论（核心结论、核心法则）、核心思想方法等.

核心概念：从教育心理学角度，概念的认识从内涵与外延进行.概念的内涵是指概念所反映对象的特性和本质属性，外延是指概念所反映对象的具体范围.例如，“集合”这一概念反映对象的本质属性是“具有某种属性的元素的全体”.这里的“本质”是指具有同一属性的“元素全体”，至于属性是什么，元素有多少个，都是特殊的、次要的、非本质的属性.属性可以是“数”“三角形”“物体”等，元素的个数可以是有限的，也可以是无限的.“元素全体”需要满足完备性与纯粹性.“圆锥曲线”反映对象的本质属性是“平面内到一定点 F 与到一条定直线 l（点 F 不在直线 l 上）的距离之比为常数 e 的点的轨迹”，e 叫做“离心率”，定点一般是“焦点”，这里“圆锥曲线”是“属”概念，“离心率”“焦点”“椭圆”等是“种”概念.“圆锥曲线”概念的外延是指满足此规律的具体对象，如圆、椭圆、双曲线、抛物线.概念是在感觉、知觉和表象的基础上，运用比较、分析、综合、抽象、概括等方法形成的.

重要结论：数学中被证明是正确的命题叫做定理，定理一般都是重要的结论.例如，立体几何中线面关系内容的“三垂线定理”是一个重要结论，在学习掌握了线面垂直的判定与性质后，描述了平面内一条斜线与这条斜线在平面上的射影以及斜线（或射影）与平面上垂线三者之间的关系.它的核心地位体现在沟通了空间与平面之间的联系，使得我们解决立体几何问题时可以将空间形式转化为平面形式，所以这条结论称为立体几何中涉及线面关系问题的重要定理.再如，三角学中两角差（或和）的余弦公式，在“和角”到“单角”的三角恒等变换中起到奠基作用；由这个公式，可以推导其他“和、差、倍、半”的三角恒等式，故视为核心知识.

数学思想方法： 数学解决问题能力的培养主要靠数学思想方法的运用，但在众多的数学思想方法中，称为核心知识的是基本的“数学思想”与关键的“思想方法”.符号化（抽象）思想、公理化（逻辑推理）思想、集合对应思想、建模应用思想是最基本的数学思想，而转化（化归）、数形结合、分类讨论、函数与方程的思想方法视为关键内容.

第二节　高中数学核心知识的认知策略

目前，心理学研究要素中，知觉、情感、意志、行为已经有比较成熟的结论，认知规律的发现还有待进一步研究.所以，数学核心知识的认知也是一个困惑学生数学学习的重大难题.尽管教学实践中探索了不少的方法，但尚无定性的结论和广泛的应用.作为一线实践教师，我们根据多年有效的教学探索，借鉴心智技能理论，提出高中数学核心知识的获得过程以及认知的“三环节”方法论.

一、心智技能理论认知策略

按照安德森提出的心智技能理论，心智技能分为认知阶段、联结阶段与自动化阶段.

认知阶段，学生依据自己已有的一般的理解或方法，对某一现象做出陈述性解释，并对这一现象产生的各项条件以及在这些条件下将要执行的相应行动，形成最初的陈述性编码的表征.例如，高中数学先学习对数知识进而认知“对数函数”.在 $a>0$，$a\neq1$，且 $N>0$ 的条件下，唯一满足 $a^x=N$ 的数 x，称为 N 以 a 为底的对数，并用符号 $\log_a N$ 表示，N 称为真数.这是人们原有的对“对数概念”的理解，在此基础上，我们进行“对数函数”的陈述性解释：我们确定底数 a 不变，且 $a>0$，$a\neq1$，x 以 a 为底的对数 $y=\log_a x$ 确定了变量 y 随变量 x 变化的规律，称是底为 a 的对数函数.这里底数 a 没变，相应的条件 $a>0$，$a\neq1$ 也就不变，变化的只是将真数 N 与对数 $\log_a N$ 视为变量，它们符合新概念——函数的要求，于是产生了“对数函数”.底数作为常数，真数与对数作为变量，对数随真数的变化而变化构成了新概念的陈述性编码，表征就是：$y=\log_a x$，$x\in\mathbf{R}^+$，且 $a>0$，$a\neq 1$. 认知阶段对概念做出的陈述性解释以及形成的编码与表征，其目标是深刻认识概念的内涵，明确概念的外延.

联结阶段，学习者把某一领域的陈述性知识转化为程序性知识.该阶段发生两种变化：一是最初对概念所作的陈述性表征将转变为特殊领域中的程序性知识；二是构成该程序的各个部分的产生式的联结，即形成一系列的条件与行动的配对，将得以增强.例如，"对数函数"概念陈述性编码与表征完成后，马上转入对底数（常数）、真数与对数（变量）的独立研究，形成"对数函数"图像与性质认知的程序性知识.将满足 $a>0$，$a\neq 1$ 的底数分类讨论，出现 $0<a<1$ 与 $a>1$ 两种情形，对应两种不同的图像；满足 $x\in\mathbf{R}^+$ 的真数产生函数的定义域 $(0, +\infty)$，对应 $y=\log_a x$，$x\in\mathbf{R}^+$ 的对数值产生函数的值域 $(-\infty, +\infty)$，进一步地产生了底数满足 $0<a<1$ 的函数在区间 $(0, +\infty)$ 上单调递减；底数满足 $a>1$ 的函数在区间 $(0, +\infty)$ 上单调递增.几乎所有初等函数知识的认知的过程都是这样的步骤.这种由数学概念到数学性质的演变就是陈述性知识转化为程序性知识，而分出的各种类别、各种性质都是概念各部分的产生式的联结，形成了概念条件与操作行动（性质研究）的配对，也就是数学概念的认知模型.

自动化阶段，整个程序得到进一步的完善与协调.当数学概念的认知完成了从陈述性知识转化为程序性知识后，出现了能够反映概念本质的认知模型（基本模型），利用这些模型熟练地解决问题就需要一定的训练，逐步形成自动化的技能，进而形成个体自己的认知策略.促进自动化基本技能获得的教学措施：一是帮助学生实现子技能或前提技能的自动化，如我们需要从函数的定义域、对应法则、值域及各种性质的问题解决训练中，实现对函数各部分内容的深刻理解与把握，使得学生能够把有关函数性质的符号表示与图像特征自动地转化，能够准确地解决单一简单问题；二是帮助学生将一些小的程序合并成一些大的程序，如深刻理解函数概念需要对"三要素"的认知形成一个整体的程序知识：明确函数由"三要素"构成，进而理解"三要素"之间的关系，即函数的定义域与对应法则决定了函数的值域，函数的定义域与对应法则相互依赖.

二、数学核心知识"认知三环节"

心理学心智技能理论认知策略的三个步骤与我们多年教学实践提出的经验基本是一致的，可简称为"认知三环节".

(一) 明确本质属性

一般来说，在事物的诸多属性中，有些属性是某个或某类事物所特有的、决定该事物的本质、说明某一事物之所以成为它自己的最低限度，并把这种事物与其他事物区别开来.这种最低限度所包含的性质就是事物的本质属性，它是事物本质的规定性.数学核心知识的认知也需要明确自身的最低限度与本质的规定性.

1. 函数概念的本质属性是变量间的“对应”

函数是代数最重要的内容之一.

自 17 世纪近代数学兴起以来，函数的概念一直处于数学的核心位置，数学和科学的绝大部分知识与函数内容有关.在数学、物理和其他学科中，函数关系随处可见.例如，圆柱体的体积和表面积是其半径的函数，流体膨胀的体积是温度的函数，运动物体的路程是时间的函数等.一般的数学史研究认为，函数概念的演变经历了 6 个阶段.

(1) 早期函数概念——几何观念下的函数

17 世纪，伽利略(G. Galilei)在《关于两门新科学的对话》一书中提及“函数或称为变量的关系”这一概念，用文字和比例的语言表达函数的关系.

1637 年，笛卡儿(R. Descartes)在他的《几何学》中已经注意到了一个变量对于另一个变量的依赖关系，但由于当时尚未意识到需要提炼一般的函数概念，因此，直到 17 世纪后期牛顿(I. Newton)、莱布尼茨(G. W. Leibniz)建立微积分的时候，数学家还没有明确函数的一般意义，绝大部分函数是被当作曲线来研究的.

1673 年，莱布尼茨首次使用“function”(函数)表示“幂”，后来他用该词表示曲线上点的横坐标、纵坐标、切线长等曲线上点的有关几何量.与此同时，牛顿在微积分的讨论中使用“流量”来表示变量间的关系.

(2) 18 世纪函数概念——代数观念下的函数

1718 年，约翰·伯努利(Johann Bernoulli)才在莱布尼茨的函数概念的基础上，对函数概念进行了明确定义：由任一变量和常数的任一形式所构成的量.(这是历史上第一个正式发表的明确的函数定义)约翰·伯努利把变量 x 和常量按任何方式构成的量叫“x 的函数”，表示为其在函数概念中所说的任一形式，包括代数式和超越式.

“函数”这个词被早期分析学家们用来一般性地表示同一个量的幂.后来，人们将该词的含义拓广为“由一个量以任意方式构成的量”.莱布尼茨和伯努利兄弟(约翰·伯努利和雅各布·伯努利)最早采用了这一含义.今天，人们普遍采用了这一含义.

(3) 明确用符号表示函数

18 世纪中叶,欧拉(L. Euler)就给出了非常形象的、一直沿用至今的函数符号.1748 年,欧拉在《无穷分析引论》中给出的函数定义是:"一个变量的函数是由该变量和一些数或常量以任何方式组成的解析式."他把约翰·伯努利给出的函数定义称为解析函数,并进一步把它区分为代数函数(只有自变量间的代数运算)和超越函数(三角函数、对数函数以及变量的无理数幂所表示的函数),还考虑了"随意函数"(表示任意画出曲线的函数).不难看出,欧拉给出的函数定义比约翰·伯努利的定义更普遍、更具有广泛意义.

1775 年,欧拉在《微分基础》中更新了函数的定义:如果某些量依赖于另一些量,当后面这些量变化时,前面这些变量也随之变化,那么前面的量称为后面的量的函数.该定义适用范围很广,包含了一个量由其他量确定的所有方式.

(4) 19 世纪函数概念——对应关系下的函数

1822 年,傅里叶(Fourier)发现某些函数可用曲线表示,也可用一个式子或多个式子表示,从而结束了函数概念是否以唯一一个式子表示的争论,把对函数的认识又提到了一个新的层次.1823 年,柯西(A. L. Cauchy)从定义变量开始给出了函数的定义,同时指出,虽然无穷级数是规定函数的一种有效方法,但是对函数来说不一定要有解析表达式.不过,他仍然认为函数关系可以用多个解析式来表示,这是一个很大的局限,突破这一局限的是杰出数学家狄利克雷(P. G. L. Dirichlet).

(5) 经典函数定义

1837 年,狄利克雷认为怎样去建立 x 与 y 之间的关系无关紧要,他拓广了函数概念,指出:"对于在某区间上的每一个确定的 x 值,y 都有一个或多个确定的值,那么 y 叫做 x 的函数."狄利克雷的函数定义出色地避免了以往函数定义中所有的关于依赖关系的描述,简明精确,以完全清晰的方式为所有数学家无条件地接受.至此,我们已可以说,函数概念、函数的本质定义已经形成,这就是人们常说的经典函数定义.

(6) 现代函数概念——集合论下的函数

等到康托(G. Cantor)创立的集合论在数学中占有重要地位之后,维布伦(O. Veblen)用"集合"和"对应"的概念给出了近代函数定义,通过集合概念,把函数的对应关系、定义域及值域进一步具体化了,且打破了"变量是数"的局限,变量可以是数,也可以是其他对象(点、线、面、体、向量、矩阵等).

1914 年,豪斯道夫(F. Hausdorff)在《集合论纲要》中用"序偶"来定义函数.其优点是避开了意义不明确的“变量”“对应”概念，其不足之处是又引入了不明确的概念“序偶”.库拉托夫斯基(K. Kuratowski)于 1921 年用集合概念来定义“序偶”，即序偶(a, b)为集合$\{\{a\}, \{b\}\}$，这样，就使豪斯道夫的定义更加严谨了.1930 年，新的现代函数定义为：若对集合 M 的任意元素 x，总有集合 N 确定的元素 y 与之对应，则称在集合 M 上定义一个函数，记为 $y=f(x)$. 元素 x 称为自变元，元素 y 称为因变元.

2. 解析几何的本质属性是用代数的方法研究解决几何问题

解析几何是几何学重要的内容，解析几何的创立是 17 世纪数学的三大发明之一.

“解析几何”又名“坐标几何”，是几何学的一个分支.解析几何的基本思想是用代数的方法来研究几何问题，基本方法是坐标法.通过坐标把几何问题表示成代数形式，然后通过代数方程来表示和研究曲线.它包括“平面解析几何”和“空间解析几何”两部分.

解析几何产生的实际背景主要来自对变量数学的需求.16 世纪以后，哥白尼(N. Kopernik)提出日心说，伽利略得出物体惯性定律和自由落体定律，这些都向几何学提出了用运动的观点来认识和处理几何曲线的课题.原先的几何学已经不能适应这一要求，必须创立起一种以运动变化为基础的几何学.1637 年，笛卡儿发表哲学著作《更好地指导推理和寻求真理的方法论》(简称《方法论》)，而《几何学》一文为该书的三篇附录之一.笛卡儿的《几何学》通过具体的实例，确定表达了他的新思想和新方法.这种思想和方法尽管在形式上没有给读者展现出一个从建立坐标系到研究方程的循序过程，但是在本质上它却是地道的解析几何.另外，费马(Fermat)早在笛卡儿的《几何学》发表以前，已经用解析几何的方法对阿波罗尼斯(Apollonius)某些失传的关于轨迹的证明做出了补充.他通过引进坐标，以一种统一的方式把几何问题翻译为代数的语言——方程，从而通过对方程的研究来揭示图形的几何性质.所以说，笛卡儿和费马对解析几何做出了最重要的贡献，成为解析几何学的创立者，在数学史上具有划时代的意义.

笛卡儿的解析几何有两个基本思想：(1) 用有序数对表示点的坐标；(2) 把互相关联的两个未知数的代数方程，看成平面上的一条曲线.恩格斯(Engels)高度评价了笛卡儿的革新思想.他说：“数学中的转折点是笛卡儿的变数.有了变数，运动进入了数学；有了变数，辩证法进入了数学；有了变数，微分和积分也就立刻成为必要的了.”

解析几何沟通了数学内数与形、代数与几何等最基本对象之间的联系，从此，代数与几何这两门学科互相汲取营养而得到迅速发展，并结合产生出许多新的学科.

(二) 构建基本模型

数学核心知识的本质属性认识清楚后,需要有能够体现本质属性的典型范式,亦称基本模型,其表现形式有的是概念的符号表示,有的是数学结论的等价形式,有的是数学思想的典型表达,总之,这些基本模型一定意义上构成了核心知识的程序性知识,使得人们在解决相关问题时有据可循.

1. 函数概念认知的基本模型

我们学习函数的定义后,分析了构成函数的"三要素",于是,定义域、对应关系、值域首先成为我们关注的对象.不同的函数有不同的对应关系,不作为一般意义概念讨论,而定义域与值域具有普遍意义,也就成为最初的函数性质.随后研究的单调性(增减性)、奇偶性、最值、周期性都是刻画函数特征的一般意义特征,所以统一都用函数性质称呼.因此,函数认知的基本模型是:定义域、值域、单调性、奇偶性、最值及其相关结论.

例1 (2016 山东,9)①已知函数 $y=f(x)$ 的定义域为 $\mathbf{R}$. 当 $x<0$ 时,$f(x)=x^3-1$;当 $-1\leqslant x\leqslant 1$ 时,$f(-x)=-f(x)$;当 $x>\frac{1}{2}$ 时,$f\left(x+\frac{1}{2}\right)=f\left(x-\frac{1}{2}\right)$. 求 $f(6)$的值.

分析:这是有关函数表示与性质运用的综合问题,命题者以不同的条件分段定义函数,当 $x<0$ 时,$f(x)=x^3-1$,这是第一段;当 $-1\leqslant x\leqslant 1$ 时,$f(-x)=-f(x)$,是第二段;后面又给出当 $x>\frac{1}{2}$ 时,$f\left(x+\frac{1}{2}\right)=f\left(x-\frac{1}{2}\right)$. 第一段给出了一个函数表达式,第二段由函数的奇偶性确定函数表达式.关键在于最后一个条件的认知.

解:由 $x>\frac{1}{2}$ 时,$f\left(x+\frac{1}{2}\right)=f\left(x-\frac{1}{2}\right)$,令 $t=x-\frac{1}{2}$,可得 $f(t+1)=f(t)$,此时函数 $y=f(t)\ (t>0)$ 是周期为 1 的函数,所以 $f(6)=f(1)$.

而当 $-1\leqslant x\leqslant 1$ 时,$f(-x)=-f(x)$,所以 $f(1)=-f(-1)$.

又当 $x<0$ 时,$f(x)=x^3-1$,所以 $f(-1)=-2$.

因此,$f(6)=f(1)=-f(-1)=2$.

说明:解决此问题需要认知几个"基本模型":

---

① "2016 山东,9"表示试题为 2016 年山东省高考数学卷第 9 题.以下试题的来源标记类同.

函数定义域的分段显示预示着函数也可能是“分段的”；

函数定义域为 $\mathbf{R}$，满足 $f(-x)=-f(x)$，说明函数在 $-1\leqslant x\leqslant 1$ 上是奇函数；当 $x>\frac{1}{2}$ 时，$f\left(x+\frac{1}{2}\right)=f\left(x-\frac{1}{2}\right)$，联想函数周期性判断模型 $f(x+a)=f(x-a)$，$T=2a$，说明当 $x>\frac{1}{2}$ 时，函数为周期函数，最小正周期为 $T=1$.

关于函数的表示与性质，有一些认知基本模型需要记忆.

奇偶性结论：

奇函数 $y=f(x)$ 在 $x=0$ 处有意义 $\Rightarrow f(0)=0$；

奇函数图像关于原点对称，偶函数图像关于 y 轴对称；

$y=f(x+a)$ 是奇函数 $\Leftrightarrow f(-x+a)=-f(x+a)$；

$y=f(x+a)$ 是偶函数 $\Leftrightarrow f(-x+a)=f(x+a)$.

对称性结论：

函数 $y=f(x)$，若 $f(a+x)=f(a-x)$ 或 $f(x)=f(2a-x)$ 恒成立，则函数的对称轴是 $x=a$.

若函数 $y=f(x)$ 对定义域中任意 x 都满足 $f(x)+f(2a-x)=2b$，则函数的图像关于点 (a,b) 对称.（与此等价的形式是 $f(a-x)+f(a+x)=2b$）

注意：以上函数表达式中，括号内的式子相加得常数，一般有对称性；括号内的式子相减得常数，一般有周期性.

2. 圆锥曲线有关的认知基本模型

圆锥曲线涉及圆、椭圆、双曲线和抛物线等，它们共同的认知模型为：标准方程、对称性、离心率，以及与“弦”有关的问题，这些都是大家熟知的.

例 2 （2018 新课标Ⅰ卷，19）设椭圆 C：$\frac{x^2}{2}+y^2=1$ 的右焦点为 F，过 F 的直线 l 与 C 交于 A、B 两点，点 M 的坐标为 $(2,0)$.

(1) 当 l 与 x 轴垂直时，求直线 AM 的方程；

(2) 设 O 为坐标原点，证明：$\angle OMA=\angle OMB$.

分析：这是直线与椭圆的位置关系问题.题中椭圆是固定的，M 是 x 轴上一点，直线 l 是条件变化的关键.

解：(1) 由题意，可知 F 的坐标为 $(1,0)$，l 的方程为 $x=1$. 于是，得点 A 的坐标为 $\left(1,\frac{\sqrt{2}}{2}\right)$ 或 $\left(1,-\frac{\sqrt{2}}{2}\right)$.

所以 AM 的方程为 $y=-\frac{\sqrt{2}}{2}x+\sqrt{2}$ 或 $y=\frac{\sqrt{2}}{2}x-\sqrt{2}$.

(2) 当 l 与 x 轴重合时，$\angle OMA=\angle OMB=0°$.

当 l 与 x 轴垂直时，OM 为 AB 的垂直平分线，所以 $\angle OMA=\angle OMB$.

当 l 与 x 轴不重合也不垂直时，设 l 的方程为 $y=k(x-1)\ (k\neq 0)$，$A(x_1, y_1)$，$B(x_2, y_2)$，则 $x_1<\sqrt{2}$，$x_2<\sqrt{2}$，直线 MA、MB 的斜率之和为 $k_{MA}+k_{MB}=\frac{y_1}{x_1-2}+\frac{y_2}{x_2-2}$.

由 $y_1=kx_1-k$，$y_2=kx_2-k$，得 $k_{MA}+k_{MB}=\frac{2kx_1x_2-3k(x_1+x_2)+4k}{(x_1-2)(x_2-2)}$.

将 $y=k(x-1)$ 代入 $\frac{x^2}{2}+y^2=1$，得 $(2k^2+1)x^2-4k^2x+2k^2-2=0$.

所以，$x_1+x_2=\frac{4k^2}{2k^2+1}$，$x_1x_2=\frac{2k^2-2}{2k^2+1}$. 则

$$2kx_1x_2-3k(x_1+x_2)+4k=\frac{4k^3-4k-12k^3+8k^3+4k}{2k^2+1}=0.$$

从而 $k_{MA}+k_{MB}=0$，MA、MB 的倾斜角互补，所以 $\angle OMA=\angle OMB$.

综上所述，$\angle OMA=\angle OMB$.

说明： 在解题过程中，我们似乎还应该建立另外的“基本模型”：如弦长公式 $|AB|=\sqrt{1+k^2}\,|x_1-x_2|$；直线与圆锥曲线相交问题，解方程组常常用到“韦达定理”的“积”与“和”的结论；几何的角相等往往等价于相交直线的斜率和为零.

认知基本模型有显性的，但大多是隐性的，需要我们去总结、发现.有人说，那是巨大的工作，做不到.实际上，这项工作需要平时不断地积累，需要总结、归纳、发现.掌握这些“基本模型”的多少，就决定着人们解决问题的快慢，也体现不同的认知水平.

(三) 进行变式训练

数学核心知识的认知，从了解本质属性到尽可能地掌握基本模型，我们已经将陈述性知识转化为程序性知识了.进一步将程序性知识自动化，需要设计一定的训练.

“变式设计”是我国基础教育数学界提出的行之有效的练习方式，通过变式可以凸显核心知识的本质属性，排除非本质特征的干扰，建立新旧知识的联系，可以进一步发展人们的概括能力，也为发现问题、提出问题奠定良好基础，发展学生的创造性思维.

我们把上述例 2 的条件一般化处理，将椭圆的长轴设为字母，再设一条过定点的直线与椭圆相交，得到如下问题.

例 3　(2016 浙江，19) 如图 2-2-1，设椭圆 $\frac{x^2}{a^2}+y^2=1\ (a>1)$.

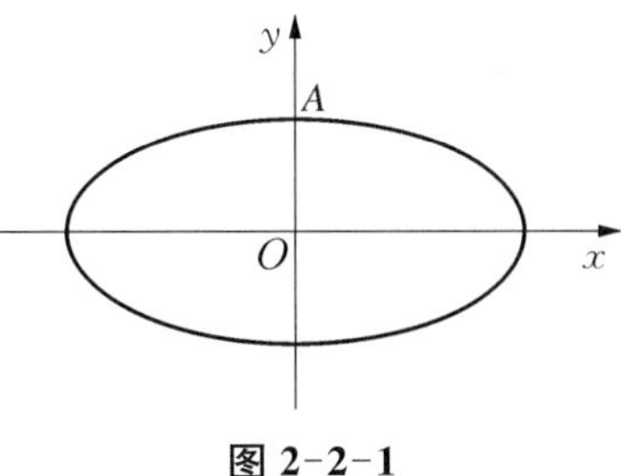

图 2-2-1

(1) 求直线 $y=kx+1$ 被椭圆截得的线段长(用 a、k 表示)；

(2) 若任意以点 $A(0,\ 1)$ 为圆心的圆与椭圆至多有 3 个公共点，求椭圆离心率的取值范围.

分析： 椭圆的短轴为 1，直线被椭圆截得的线段可以利用弦长公式解决，而以定点为圆心的圆与椭圆"至多有 3 个公共点"问题，一般需要分类讨论，但也可以考虑问题的反面.

解： (1) 设直线 $y=kx+1$ 被椭圆截得的线段为 AP.

由 $\begin{cases}y=kx+1,\\ \frac{x^2}{a^2}+y^2=1,\end{cases}$ 得 $(1+a^2k^2)x^2+2a^2kx=0$，故 $x_1=0$，$x_2=-\frac{2a^2k}{1+a^2k^2}$.

因此，$|AP|=\sqrt{1+k^2}\ |x_1-x_2|=\frac{2a^2|k|}{1+a^2k^2}\sqrt{1+k^2}$.

(2) 假设圆与椭圆的公共点有 4 个，由对称性，可设 y 轴左侧的椭圆上有两个不同的点 P、Q，满足 $|AP|=|AQ|$.

记直线 AP、AQ 的斜率分别为 k_1、k_2，且 k_1、$k_2>0$，$k_1\neq k_2$.

由(1)，知 $|AP|=\frac{2a^2|k_1|\sqrt{1+k_1^2}}{1+a^2k_1^2}$，$|AQ|=\frac{2a^2|k_2|\sqrt{1+k_2^2}}{1+a^2k_2^2}$. 故

$$\frac{2a^2|k_1|\sqrt{1+k_1^2}}{1+a^2k_1^2}=\frac{2a^2|k_2|\sqrt{1+k_2^2}}{1+a^2k_2^2}.$$

得

$$(k_1^2-k_2^2)[1+k_1^2+k_2^2+a^2(2-a^2)k_1^2k_2^2]=0.$$

由于 $k_1\neq k_2$，k_1、$k_2>0$，得 $1+k_1^2+k_2^2+a^2(2-a^2)k_1^2k_2^2=0$.

因此，

$$\left(1+\frac{1}{k_1^2}\right)\left(1+\frac{1}{k_2^2}\right)=1+a^2(a^2-2). \quad ①$$

因为关于 k_1、k_2 的方程①有解的充要条件是 $1+a^2(a^2-2)>1$，所以 $a>\sqrt{2}$.

因此，任意以点 $A(0,\ 1)$ 为圆心的圆与椭圆至多有 3 个公共点的充要条件为 $1<$

$a \leqslant \sqrt{2}$,由 $e = \frac{c}{a} = \frac{\sqrt{a^2 - 1}}{a}$,得所求离心率的取值范围为 $0 < e \leqslant \frac{\sqrt{2}}{2}$.

说明: 若给出具体的椭圆方程,如 $\frac{x^2}{2} + y^2 = 1$,则由直线被椭圆截得的线段长可求出直线方程,这是较低水平的问题变式设计.已知椭圆 $\frac{x^2}{2} + y^2 = 1$ 上两个不同的点 M、N 关于直线 $y = mx + 1$ 对称.(1) 求实数 m 的取值范围;(2) 求△AOB 面积的最大值(O 为坐标原点).这是较复杂问题的变式设计.

当变式设计形成了关于某个核心知识点的问题串,并掌握了解决这些问题的方法,我们就可以说已经深刻理解了这个知识.

数学核心知识的学习需要有一个系统的把握,站在系统的高度看待这样的知识群可以体现认知的结构化.掌握数学核心知识的本质属性是系统的“核”,也可视为“树根”,理解与知识本质相关的外围知识是系统的“躯干”,学习核心知识的数学模型是系统结出的“果”,理解核心知识变式设计的各种问题是系统知识之间的“枝叶”.根深则叶茂,叶茂则树壮.

第三节　高中数学核心知识认知策略方法

借助认知心理学理论与实践经验,对数学核心知识的学习与认知提出“认知三环节”的策略.根据意义的不同,每一种策略都需要有提炼与归纳的方法,作为认知策略的运用我们逐一进行描述.

一、本质属性的抽象

1. 把握核心概念的关键用语

作为核心知识的数学概念,一般有名称、定义之说.概念的认知顺序是“先过程,后对象”,我们往往从定义的叙述过程中寻找关键词,寻找公共属性的描述,由此发现概念的本质属性.

函数的单调性　如果函数 $y = f(x)$ 在数集 D 上满足:对于任意的 x_1、$x_2 \in D$,当 $x_1 < x_2$ 时,$f(x_1) < f(x_2)$,则称 $y = f(x)$ 在数集 D 上单调递增,也称 $y = f(x)$ 在数集 D 上是增函数.

函数的单调性是函数在定义域上的变化趋势(状态描述),是一种局部性质.关于

“函数的单调性”这段话理解的顺序是：“对于 D 上任意的 x_1、x_2”“满足当 $x_1 < x_2$ 时，$f(x_1) < f(x_2)$（不等关系的一致性）”.可见，定义域上两个变量的任意性与不等关系的一致性（互反性）就是函数单调性的本质属性.

映射　设 A、B 是两个集合，$f: A \to B$ 是一个对应法则，若对于集合 A 中任意一个元素 a，通过法则 f，在集合 B 中都有唯一的一个元素 b 与之对应，则法则 f 称为从集合到集合 B 的映射.这里“有”“法则 f”和“唯一”就是映射的本质属性，强调法则的存在性与唯一性.

2. 理解数学公式的深刻含义

数学公式是反映数学知识的重要规律，也是表现自然规律的重要形式.从不同角度理解公式（结论）的含义，某种意义上就是揭示公式的本质属性.例如，具有最优美的数学形式的欧拉幅角公式 $e^{ix} = \cos x + i\sin x$，是用在复分析领域的公式.欧拉公式将三角函数的定义域推广到整个复数域，联通了指数函数与三角函数.当取 $x = \pi$ 时，可得 $e^{i\pi} + 1 = 0$，其中 e 是自然对数的底数，π 是圆周率，i 是虚数单位，1 是自然数的单位，与数 0 之间找到了等量关系. $e^{i\pi} + 1 = 0$ 被称为“上帝创造的公式”.

差角余弦公式 $\cos(x - y) = \cos x\cos y + \sin x\sin y$ 是三角恒等变形诸多公式的“母体”，利用三角诱导公式可以推出其他任何恒等变形公式.它本身的意义是将“和角”三角形式转变为“单角”三角形式；推导的意义是体现方法多样、思想丰富，典型的证法有解析法、向量法、几何法等，体现数形结合、函数与方程、转化与化归的思想；运用的意义是可以灵活变换且涉及面广泛，具有核心地位.

等差数列通项公式 $a_n = a_1 + (n-1)d$ 是对特殊数列的一般性表达式，公式本身反映了 a_n、a_1、n、d 四个“基本量”的等量关系，也表达了 a_n 与 n 之间的一次函数关系；推导的意义体现归纳与演绎的获得过程，从特殊到一般，用数学归纳法进行严格证明；运用中，利用方程思想解决问题，公式中运算预示着另一种特殊数列（等比数列）的规律：若 $R + S = M + N$，则 $a_R + a_S = a_M + a_N$.

3. 数形结合，抽象化精，形象化易

在认知过程中，形象思维与抽象思维各有大脑刺激反应的区域.抽象思维可以简化数学形式，反映数学概念的本质属性.而形象思维可以直观地解释语言或符号对人们认识事物产生的困难，形象、生动、具体的图形语言常常可以起到“一语中的”的效果，故称“形象化易”.例如，函数的奇偶性，反映函数在关于原点对称的区域上，关于原点对称的点与所对应函数值之间的关系.具有奇偶性的函数的图像关于原点或关于 y 轴对称，这里坐标轴上点的对称对应着函数值关于某点或直线的对称，“对称”就成为函数的奇偶性的本质属性.

又如,立体几何中任意一个简单多面体,如正六面体,假定它的面是用橡胶薄膜做成的.如果充以气体,那么它就会连续(不破裂)变形,最后可变为一个球面.像这样,表面连续变形,可变为球面的多面体叫做简单多面体.简单多面体的顶点数 V、棱数 E 以及面数 F 有关系 $V+F-E=2$,这是欧拉将简单多面体的顶点数 V、棱数 E 以及面数 F 的关系用符号表示,简称欧拉多面体公式.

二、基本模型的归纳

一个人在学习数学知识(概念)时,往往对所学知识(概念)进行拓展,或者对知识作出推论,这个过程被认知心理学家称为"精致"(elaboration)."精致"的实质是对数学概念的内涵与外延进行尽量详细地"深加工",对概念要素进行"精致描述",对概念的各环节进行关系建构.我们这里所说的"基本模型",既是知识从认知阶段到自动化阶段的"联结",也是一种"精致"的表象.基本模型有时还能让人领悟新旧知识之间的联系,将它们融会贯通并形成结构化的"知识组块",从而形成知识网络.(曹才翰,章建跃,2006)

1. 核心概念以符号形式、图示或通俗解释作为基本模型

数学概念认知的联结阶段到自动化阶段需要能够反映本质属性的符号化或结构化的形式,即需要对数学概念的内涵与外延进行的详细地"深加工".

例如,充分条件与必要条件作为一种数学语言影响着学生数学思维的严密性与逻辑性,语言表达的准确性和合理性,是高中数学学习的重要基础.其定义:对于两个陈述句 α 与 β,如果 $\alpha\Rightarrow\beta$,就称 α 是 β 的充分条件,β 是 α 的必要条件.对于两个陈述句 α 与 β,如果 $\alpha\Rightarrow\beta$,且 $\beta\Rightarrow\alpha$,就称 α 是 β 的充分必要条件,简称充要条件,记作 $\alpha\Leftrightarrow\beta$,读作"$\alpha$ 与 β 等价",或"α 成立当且仅当 β 成立".这里"充分"就是"足够了",有此则必然;"必要"就是"必不可少",无此必不然!根据四种命题关系可知,α 是 β 的充分条件与 β 是 α 的必要条件是等价关系,相当于"原命题"与"逆否命题"的关系.

有此则必然,无此必不然!就是认识充分条件、必要条件的语言模型,文氏图则是其图示模型.充分非必要条件、必要非充分条件、充要条件、既非充分又非必要条件是此概念的四种基本表现形式.

2. 重要结论(定理、公式)自身与各种等价形式一般视为基本模型

数学的定理(或公式)本身都有一定的数学形式,已经构成我们认知的模型,需要做的是进一步"深加工",将各种等价形式一一表述,形成多样化的基本模型.

例如，定理：对任意的实数 a 和 b，总有 $a^2+b^2\geqslant 2ab$，且等号当且仅当 $a=b$ 时成立.

有的教材将此定理叫做“基本不等式”. $a+b\geqslant 2\sqrt{ab}$ （a、$b\in \mathbf{R}^+$）或 $\sqrt{a^2+b^2}\geqslant \frac{1}{\sqrt{2}}(a+b)$ （a、$b\in \mathbf{R}^+$），这些都是此定理的等价模型.

例 1　已知 a、b、$c\in \mathbf{R}^+$，求证：

$$\sqrt{a^2+b^2}+\sqrt{b^2+c^2}+\sqrt{c^2+a^2}\geqslant \sqrt{2}(a+b+c).$$

分析： 此题属于轮换形式问题，需要考虑如何替代根号形式.

证明： 由 $\sqrt{a^2+b^2}\geqslant \frac{1}{\sqrt{2}}(a+b)$ （a、$b\in \mathbf{R}^+$），可得

$$\begin{aligned}\sqrt{a^2+b^2}+\sqrt{b^2+c^2}+\sqrt{c^2+a^2}&\geqslant \frac{1}{\sqrt{2}}(a+b)+\frac{1}{\sqrt{2}}(b+c)+\frac{1}{\sqrt{2}}(a+c)\\&=\sqrt{2}(a+b+c).\end{aligned}$$

说明： 利用基本不等式及其等价模型，可以直接获得结果.

又如，三角形面积公式：$S=\frac{1}{2}ah_a$，$S=\frac{1}{2}ab\sin A$ 是各版本教材中的正式教学内容，而其他形式就是“深加工”的等价模型了，如 $S=\sqrt{p(p-a)(p-b)(p-c)}$ $\left(其中\ p=\frac{1}{2}(a+b+c)\right)$，$S=\frac{a^2\sin B\sin C}{2\sin A}$，$S=\frac{abc}{4R}$，$S=2R^2\sin A\sin B\sin C$.

3. 数学思想方法是数学认知的基本模型

常用的转化、数形结合、函数与方程、分类讨论等数学思想方法是我们解决数学问题的基本思想与方法，将其归为基本模型的关键是如何形成认知的“自动化”.其中，联想、迁移、类比是主要过程.

例 2　求函数 $y=\sqrt{x^2+16}-\sqrt{x^2-6x+13}$ 的最大值.

分析： 此题解析式中两个根号内都是含有 x 的二次式，用中学代数方法很难求最值.虽然用求导可以解决，但计算十分复杂.由根号想到两点间距离公式，转化到几何中考虑，数形结合.

解： 原函数表达式可变形为 $y=\sqrt{(x-0)^2+(0-4)^2}-\sqrt{(x-3)^2+(0-2)^2}$.

如图 2-3-1，设 $P(x,0)$、$A(0,4)$、$B(3,2)$，则该函数表达了 x 轴上的动点 P 到定点 A 的距离减去 P 到定点 B 的距离.此时，以 P、A、B 为顶点构成了

$\triangle PAB$. 根据三角形两边之差小于第三边，当点 P 位于直线 AB 与 x 轴的交点 C 处时，$|PA|-|PB|$ 值最大，所以

$$y=|CA|-|CB|=|AB|$$
$$=\sqrt{(0-3)^2+(4-2)^2}=\sqrt{13}.$$

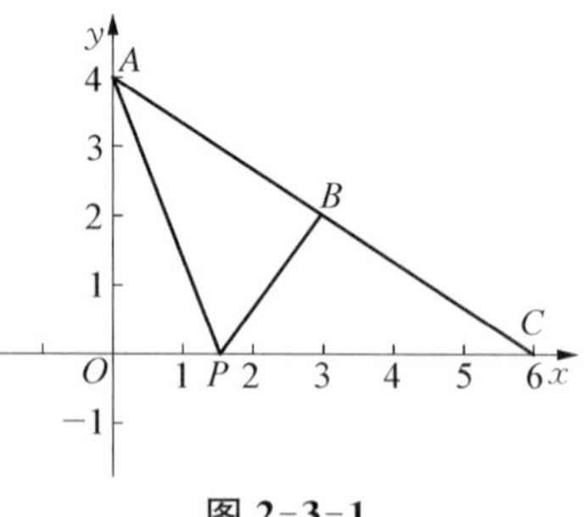

图 2-3-1

说明：研究比较复杂的数学形式时，常常进行转换. 此题考查了数形结合的运用，由 $\sqrt{x^2+16}$ 立即联想两点的距离公式，从而构建三角形模型解决最值问题.

三、变式问题的设计

一般“变式设计”是由一个基本问题，从不同的视角加以扩展，形象到抽象，特殊到一般，简单到复杂，帮助人们深刻认识知识的本质属性，总结、归纳解决问题的一般规律. 变式一般分为概念性变式与过程性变式两类.

（一）概念性变式

在学习概念时，一般分为两个步骤：通过举例或联系引入概念；通过正反事例辨析深刻理解概念. 举例时，通过变式呈现各种符合概念特征的现象，以抽象概念的共同属性；辨析时，往往将概念的外延作为变异对象，通过正反两方面的认识，突出概念的本质属性. 例如，函数的周期性学习，以钟摆、日月轮回等为例，思考狄利克雷函数是否为周期函数，思考周期函数的最小正周期等.

学习任意角之后，关于象限角的概念，可利用 k 的不同取值，确认角 $2k\pi+\alpha$ 所属的象限，利用“第一象限的角都是锐角”等问题辨析对概念内涵的理解.

学习“线面角”时，平面内的一条斜线与平面交出无穷多个角，定义的“线面角”是所有角的某一个确定的角，“确定”可以从存在与唯一两个方面来认识. 例如，判断命题真假：与平面相交的一条斜线与平面内一直线垂直，则此斜线与平面的线面角为直角.

概念性变式多用于数学概念的理解与应用，对于掌握概念的本质意义重大.

（二）过程性变式

过程性变式是变式教学的一种形式，它有助于数学活动经验的形成. 顾泠沅先生指出：所谓过程性变式教学，是指在教学中从一道源问题出发，通过改变源问题的条件、结论，或改变源问题设计的数学情境，重新进行探讨的一种教学方法.

例如，在等差数列通项公式 $a_n=a_1+(n-1)d$，$n\in\mathbf{N}^*$ 中，当我们将项数作变化时，可以得到结论 $a_n=a_m+(n-m)d\ (n>m)$. 这可视为等差数列的性质，就是一种过程性变式.

《庄子・天下篇》中的“一尺之棰，日取其半，万世不竭”表达了中国古人的物质无限可分的思想.抽象其数学模型就是首项为 $\frac{1}{2}$，公比为 $\frac{1}{2}$ 的无穷等比数列：$\frac{1}{2}$，$\frac{1}{4}$，$\frac{1}{8}$，…，$\left(\frac{1}{2}\right)^n$….

例 3　已知无穷等比数列 $\{a_n\}\ (n\in\mathbf{N}^*)$ 满足 $a_n=\left(\frac{1}{2}\right)^n$，求：

$$a_1+a_2+a_3+\cdots+a_n+\cdots.$$

分析： 这是求无穷等比数列的和，可由求和公式直接求解.

解： 设 $S_n=a_1+a_2+a_3+\cdots+a_n$，$S=a_1+a_2+a_3+\cdots+a_n+\cdots$，则

$$S=\lim_{n\to+\infty}S_n=\lim_{n\to+\infty}\left[1-\left(\frac{1}{2}\right)^n\right]=1.$$

此例是上面古文的数学表达.若逆用求和公式，可出现如下问题：

变式 1： 已知无穷等比数列 $\{a_n\}\ (n\in\mathbf{N}^*)$ 的公比为 $q=\frac{1}{2}$，且 $S=a_1+a_2+a_3+\cdots+a_n+\cdots=2$. 求 a_1.

若变换条件，设 $S=a_1+a_3+a_5+\cdots+a_{2n-1}+\cdots=\frac{8}{3}$，可得：

变式 2： 已知无穷等比数列 $\{a_n\}\ (n\in\mathbf{N}^*)$ 的公比为 $q=\frac{1}{2}$，$S=\lim\limits_{n\to+\infty}(a_1+a_3+a_5+\cdots+a_{2n-1})=\frac{8}{3}$. 求 a_1.

变式 2 改变了原问题中的和数列条件，将无穷等比数列 $\{a_n\}\ (n\in\mathbf{N}^*)$ 的和改为奇数项之和，相当于改变了公比，难度增加了.

等比数列的首项、公比、项数、末项、前 n 项和是五个“基本量”.一般来说，利用通项公式、前 n 项和公式，可以“知三求二”.

过程性变式是我们变式教学常用的问题设计方法，有较多的教学设计经验，也成为一种重要的认知策略.

第三章

高中数学知识单元规划与教学设计

《普通高中数学课程标准(2017年版)》(以下简称《课程标准(2017)》)中设计的课程结构是必修、选择性必修和选修三类课程,突出四条主线:函数、几何与代数、概率与统计、建模与探究.为了实现初高中课程的衔接,必修课程在起始部分增加了预备知识主题.

从课程内容到课堂教学实施,单元教学设计是重要的中间转换环节.一般来说,单元是指同一主题下相对独立且自成系统的内容整体.单元内知识相互关联、先后有序,而单元间相对独立.相较于课时目标,单元教学设计既不是课时教学设计的汇总,也不是课程标准中主题内容的简单照搬.单元教学设计反映了课程总体目标落实在某具体单元中有哪些要求,在本单元教学目标达成的基础上能给课程目标提供哪些具体支撑.课时目标则是在单元目标的基础上分解成具体的可实施、可检测的,最好也是可评价的课堂学习目标.因而,单元教学设计应安排在课时教学设计之前,且比课时教学设计要概括得多.

第一节　高中数学知识单元规划

本书单元规划遵循课程标准的要求,依据上海新编教材的内容,具体单元划分着眼于提高效率和教学效益,将数学看成一个有机整体,关注数学知识的内容结构和关键节点,注重体系的完整和结构链条的顺畅.从单元与单元之间关联出发,深度思考整个课程内容与要求的逻辑联系,把握数学教学的学科本质和教学特征.在厘清核心概念的基础上,用精炼的设计内容确保打造高效有深度的课堂,教师的单元规划能力起着关键作用.

一、单元规划的原则

原则1:单元规划要与教材相协调,凸显学科本质

教材是根据课程标准编写的,但教材内容的呈现顺序不是课程标准的再现,而是有其自身的逻辑结构和展开要求，体现了教材编写者的意图.单元规划遵循课程标准的要求是毫无疑问的，知识和能力结构应符合本学科教材知识和能力内在的逻辑关系，但并不是教材结构的照搬.不过，为了有利于师生使用，在进行单元划分时须与教材的单元(或章节)保持高度一致，这样教学展开与实施才会顺畅.

原则2: 单元规划要有整体性，统整基本要素

由于单元是核心知识自我生长迁移形成的相对完备的内容体系，因此单元规划要统筹单元中教学目标、课时分配、每节课的地位等，从数学核心要素出发，整体设计单元，使得单元有相对完整的体系.同一个单元的内容、目标、活动、作业、评价以及资源等要素具有逻辑的一致性，在设计时要统整这些要素.

原则3: 单元规划要形成结构，构成分层递进

单元结构应抓住目标核心，体现单元重点价值，设计关键活动，以单元作业、单元评价、单元资源为过程性融入，形成稳定的结构.核心知识具有认知等级，单元内知识按照从上位到下位逐渐分化的原则进行分层.单元内知识分层级展开，具有较好的层次性.数学知识的呈现和学生学习都要遵循一定的逻辑顺序.层次的确定应基于数学知识之间的内在联系，注意个性差异，满足不同学生的学习需要，有利于创设引导学生主动参与的教育环境，激发学生的学习积极性，培养学生掌握知识和运用知识的能力，争取每个学生都能得到充分发展.

二、单元规划

本章参照课程标准及教材初步列出知识主题与内容，具体单元规划再在后续的核心知识章节中重新组合.

1. 单元规划建议

知识主题	内容	实施建议
预备知识	集合，简易逻辑，等式与不等式	关注初高中衔接
常见初等函数及函数性质	幂、指数、对数的运算，幂函数、指数函数、对数函数，函数的概念与性质	静态研究运算到动态研究函数，具体——抽象——具体，特殊——一般——用一般指导特殊
三角函数	三角，三角函数	运算不能归为函数，运算体现算理算法，函数体现运动变化
向量与复数	平面向量(必修)，复数(必修)，空间向量(选择性必修)	类比中要注意变化，如复数从运算开始.从整体性关注它们与几何的联系，帮助学生理解几何与代数主题

（续表）

知识主题	内　容	实施建议
立体几何	空间直线与平面（必修），多面体与旋转体（必修），空间向量在立体几何中的应用（选择性必修）	在必修中给出立体几何的相对完整的阐述，努力克服学生空间想象的不足.在选择性必修的空间向量章末，用向量法解决空间图形问题，以符合知识体系和学生认知特点
概率与统计	分必修和选择性必修，计数原理（选择性必修）	突出随机思想、统计思想和学生参与活动
解析几何	直线与方程，圆与方程，圆锥曲线与方程	关注新、旧教材要求的差异
数列	等差数列与等比数列，一般数列，数学归纳法	关注新、旧教材要求的差异
导数及其应用	一元函数的导数，导数的简单应用	限定为简单函数的导数及应用
数学建模与数学探究	分必修和选择性必修	案例只是载体，教材中的案例可以根据教学需要进行更换，要调动学生参加建模的积极性，使学生得到充分发展

2. 高中数学核心知识列表

本书遵循课程标准中的内容标准，参照现行教材的编写内容，罗列出高中数学的核心知识并加以编号.由于数学具有系统性和整体性，对知识点的细分没有公认的规范，因此本书以“核心要点内容”对高中数学知识点进行界定，但限于篇幅，没有将所有概念、命题、公式等一一罗列.

必修主题 1：预备知识（编号 B01）

内　容		核心知识		备　注
编号	内容名称	编号	核心要点内容	
01	集合	0	集合的含义与表示	元素与集合的关系 感受集合语言的意义和作用
		1	集合间的基本关系	包含关系、相等关系、全集与空集等
		2	集合的基本运算	集合的并、交、补
02	常用逻辑用语	0	充分必要条件	四种命题之间的关系
		1	全称量词与存在量词	
		2	反证法（常用的否定形式）	能正确使用存在量词对全称量词命题进行否定，能正确使用全称量词对存在量词命题进行否定，反证法关键一步是否定命题结论

（续表）

内 容		核心知识		备 注
编号	内容名称	编号	核心要点内容	
03	相等关系与不等关系	0	等式与不等式的性质	了解现实世界和日常生活中的一些不等关系 不等式的基本性质
		1	基本不等式	简单的含绝对值不等式的证明，平均值不等式，三角不等式（此处要求略高于课程标准的要求）
		2	证明不等式的基本方法	比较法、综合法、分析法、反证法、放缩法
		3	利用不等式求解简单的最值问题	指只用一次基本不等式即可解决的问题
		4	从函数观点看方程与不等式	用函数理解一元二次方程和一元二次不等式
		5	函数的零点与方程的根	以二次函数为例

必修主题 2：函数（编号 B02）

内 容		核心知识		备 注
编号	内容名称	编号	核心要点内容	
01	幂函数、指数函数、对数函数	0	幂、指数、对数	分数指数幂、对数概念、换底公式、运算性质 理解有理指数幂的含义，了解实数指数幂的含义
		1	幂函数、指数函数的图像与性质	
		2	对数函数的图像与性质	
02	函数概念与性质	0	函数的概念和图像	函数概念 了解简单的分段函数，了解函数的形成和发展
		1	函数的表示方法	定义域、值域
		2	函数性质	单调性、奇偶性及它们的几何意义
		3	函数应用	“二分法”、求方程近似解及函数应用
03	三角函数	0	任意角、弧度制	任意角的概念，终边相同的角
		1	任意角的三角函数概念	正弦、余弦、正切、余切
		2	同角三角函数关系	
		3	诱导公式	

(续表)

内　容		核心知识		备　注
编号	内容名称	编号	核心要点内容	
03	三角函数	4	三角函数的图像及性质	正弦函数、余弦函数、正切函数的定义及定义域、值域、单调性、周期性、奇偶性
		5	正弦型函数 $y=A\sin(\omega x+\varphi)$	五点法作图,图像变换
04	三角恒等变换	0	两角和与差的正弦、余弦、正切	
		1	二倍角的正弦、余弦、正切	
		2	解三角形	正弦定理、余弦定理 掌握正(余)弦定理及其解决简单实际问题
		3	积化和差、和差化积、半角公式、万能公式	高考不作要求

必修主题 3: 几何与代数(编号 B03)

内　容		核心知识		备　注
编号	内容名称	编号	核心要点内容	
01	平面向量	0	平面向量的概念	相等向量、共线向量、单位向量、零向量等概念
		1	向量的线性运算	向量的加法、减法、数乘及其几何意义,含共线向量定理
		2	向量的坐标表示	平面向量基本定理,向量线性运算的坐标表示,共线向量定理的坐标表示
		3	向量的数量积	向量数量积的坐标表示
		4	向量应用	会用向量方法解决简单的平面几何问题、力学问题以及其他实际问题;借助向量的运算,探索三角形边角关系(与三角中相应内容呼应)
02	复数	0	复数的概念	数系的扩充,复数相等的充要条件,复数的代数表示及其几何意义
		1	复数的四则运算	代数形式的加、减、乘、除四则运算及其几何意义
		2	实系数一元二次方程	实系数一元二次方程
		3	复数的三角表示	高考不作要求
03	立体几何初步	0	平面的基本性质	
		1	直观图	能用斜二测法画出简单空间图形(长方体、球、圆柱、圆锥、棱柱及其简单组合)的直观图

（续表）

内　容		核心知识		备　注
编号	内容名称	编号	核心要点内容	
03	立体几何初步	2	平行直线与异面直线	
		3	直线与平面平行	通过对图形的观察和操作，引导学生发现和提出线面平行与垂直关系的命题，直观解释命题的含义和表述证明的思路，并证明其中一些命题，这对培育学生直观想象和逻辑推理核心素养具有基础性和重要性
		4	直线与平面垂直	
		5	两平面平行	
		6	两平面垂直	
		7	简单几何体	棱柱、棱锥、圆柱、圆锥、圆台和球
		8	柱、锥、球的表面积和体积	

必修主题 4：概率与统计（编号 B04）

内　容		核心知识		备　注
编号	内容名称	编号	核心要点内容	
01	概率	0	随机事件及其概率	
		1	古典概型	
		2	频率估计概率	
		3	互斥事件及其发生的概率，随机事件的独立性	互斥事件、对立事件、加法公式，独立随机试验与两个事件的独立性
02	统计	0	获取数据的基本途径	
		1	抽样	简单随机抽样、分层随机抽样
		2	统计图表	统计图、统计表、茎叶图
		3	用样本估计总体	估计总体分布、平均数、方差、百分位数

必修主题 5：数学建模活动与数学探究活动（编号 B05）

内　容		核心知识		备　注
编号	内容名称	编号	核心要点内容	
01	数学建模	0	数学建模活动的基本过程	
		1	数学建模课题	除了课题，问题解决（项目）也是常见的建模方式
02	数学探究	0	数学探究活动	探究和建模可以选择其一
		1	数学探究课题	

注：数学建模与数学探究的必修和选择性必修课程可以连续进行课题研究，在选择性必修的相应主题中不再列出．

选择性必修主题 1：函数(编号 C01)

内容		核心知识		备注
编号	内容名称	编号	核心要点内容	
01	数列	0	等差数列	数列的表示法
		1	等比数列	
		2	数列的概念	递推数列
		3	数学归纳法	
02	一元函数导数及其应用	0	导数概念及其意义	平均变化率、瞬时变化率
		1	导数的运算	常见函数的导数、导数的四则运算
		2	导数在研究函数中的应用	单调性、极值、最值
		3	利用导数解决实际问题	生活中的优化问题

选择性必修主题 2：几何与代数(编号 C02)

内容		核心知识		备注
编号	内容名称	编号	核心要点内容	
01	空间向量与立体几何	0	空间向量及其运算	坐标表示
		1	空间向量的基本关系	空间共线向量定理、共面向量定理、空间向量基本定理及其运用
		2	空间向量数量积运算	空间向量垂直的充要条件
		3	空间向量与空间位置关系	直线的方向向量、平面的法向量，含相关判定定理的证明
		4	空间向量在立体几何中的应用	空间角、距离
		5	空间直角坐标系	空间两点间的距离
02	直线与方程	0	直线的倾斜角与斜率、直线的方程	探索确定直线位置的几何要素
		1	两条直线的位置关系	平行与垂直、两直线的交点
		2	平面上两点间的距离，点到直线的距离	两条平行直线间的距离
03	圆与方程	0	圆的方程	探索并掌握圆的标准方程与一般方程
		1	直线与圆的位置关系	能解决一些简单的数学问题与实际问题
		2	圆与圆的位置关系	

（续表）

内　容		核 心 知 识		备　注
编号	内容名称	编号	核心要点内容	
04	圆锥曲线与方程	0	椭圆	
		1	双曲线	
		2	抛物线	
		3	直线与圆锥曲线	进一步体会数形结合的思想
		4	曲线与方程	会求曲线的方程、曲线的交点
05	坐标系与参数方程	0	坐标系的有关概念	
		1	简单图形的极坐标方程	极坐标方程与直角坐标方程的互化、圆锥曲线统一极坐标方程
		2	简单的参数方程	参数方程的概念，直线、圆及椭圆的参数方程
		3	参数方程与普通方程的互化	参数方程的简单应用

选择性必修主题 3：概率与统计（编号 C03）

内　容		核 心 知 识		备　注
编号	内容名称	编号	核心要点内容	
01	计数原理	0	两个计数原理	运用计数原理及排列组合解决简单的实际问题，特别是解决古典概率中的某些问题
		1	排列	
		2	组合	
02	二项式定理	1	二项式定理	
03	概率	0	随机事件的条件概率	条件概率与独立性的关系
		1	离散型随机变量及其分布	二项分布与超几何分布
		2	离散型随机变量的数字特征	期望、方差
		3	正态分布	了解正态分布的期望（均值）与方差含义
04	统计案例	0	成对数据的统计相关性	
		1	一元线性回归模型	线性回归
		2	2×2 列联表	独立性检验及其简单应用

第二节　高中数学单元教学设计

一、单元教学设计的关注点

1. 核心知识要求

要了解单元的核心知识内容及其教学要求是什么，我们先要学习课程标准的内容要求，教学设计不能违背课程标准的要求.核心知识是课程标准规定的，是分层级的，只有清楚了课程标准的要求才可能明确本单元不同层级的核心知识教学要求、学业要求.

以选择性必修“概率”单元的课程标准的内容要求为例：

本单元的学习可以帮助学生了解条件概率及其与独立性的关系，能进行简单计算；感悟离散型随机变量及其分布列的含义，知道可以通过随机变量更好地刻画随机现象；理解伯努利试验，掌握二项分布，了解超几何分布；感悟服从正态分布的随机变量，知道连续型随机变量；基于随机变量及其分布解决简单的实际问题.

内容包括：随机事件的条件概率、离散型随机变量及其分布列、正态分布.

(1) 随机事件的条件概率

① 结合古典概型，了解条件概率，能计算简单随机事件的条件概率.

② 结合古典概型，了解条件概率与独立性的关系.

③ 结合古典概型，会利用乘法公式计算概率.

④ 结合古典概型，会利用全概率公式计算概率.* 了解贝叶斯公式.

(2) 离散型随机变量及其分布列

① 通过具体实例，了解离散型随机变量的概念，理解离散型随机变量分布列及其数字特征(均值、方差).

② 通过具体实例，了解伯努利试验，掌握二项分布及其数字特征，并能解决简单的实际问题.

③ 通过具体实例，了解超几何分布及其均值，并能解决简单的实际问题.

(3) 正态分布

① 通过误差模型，了解服从正态分布的随机变量.通过具体实例、借助频率直方图的几何直观，了解正态分布的特征.

② 了解正态分布的均值、方差及其含义.

根据课程标准的内容要求，参照教材，我们可以比较容易地确定选择性必修概率的核心知识有：条件概率、事件的独立性与乘法公式、全概率公式、离散型随机变量及其分布、正态分布.在关注核心知识内容的同时，我们要对数学本质进行提炼，梳理知识发展脉络.本单元的概率内容和要求是在必修概率内容基础上的进阶和自然提高.在古典概型的基础上了解条件概率与独立性、全概率公式、离散型随机变量及其分布列、正态分布等.其本质是结合古典概型，认识概率计算的规律性公式，理解随机变量的分布和数字特征.在理顺内容前后联系(概念、方法、思想)的基础上，确定教学中需要解决的基本模型，理解教材编写意图，对概念的描述必要时可查找相关典籍包括数学词典的表述.

2. 关键教学实施

明确了核心知识内容之后，需要全盘规划教学实施，围绕教学目标、重难点、教学过程、教学策略、作业设计等进行规划设计.高质量的单元教学目标设计可以促进教师对学科本质的理解.教学重点是从学科内容角度在单元中占有核心地位、学生必须掌握的内容.教学难点通常也是学生学习难点，会因具体学情的差异各有不同，按照班级来看，主要是多数学生学习时有一定困难的内容.如何抓住重点、突破难点？这是教学实施设计必须要着力考虑的，我们可以采取形式多样的方式解决.

设计形式多样的活动，如采访式、换读、访客等，设法调动学生主动学习的积极性.设计概念辨析与讲解的方法，促进学生对内涵的理解和外延的感知.设计好例题，特别是典型例题.适量的基本例题是必不可少的，缺少基本例题，学生的双基就可能存在缺陷.设计作业要关注与例题的关联或者互补，把握好梯度处理设计等.

3. 主要学习指导

学习指导包括学习活动设计和学习方法指导，如计划安排、例题解决，学会阅读查资料，指导如何阅读并抓住关键词，在设计中示范基本模型(举例)，选择典型例题.学习指导首先立足于课本和学生现有的资源，再根据学生的学习实际作增减.作学生学习的促进者、帮助者，指导学生如何看书，推荐参考书，促进学习、激发动机.

学习指导时要抓要点，如学生以前的课堂表现和反馈，作业中反映出的问题等，都是指导者的信息源.做好本质提炼，根据经验在关键细节和注意点提醒学生.例如，高一课程中要注意在字母讨论、数形结合、简明准确说理等方面的初高中衔接.提供最基本的典型例题和配套练习，促进学生进行反思.重视学生个性化发展，关注良好合作关系和学习习惯的养成.

数学训练要考虑学生群体的个性差异、不同层次以及不同发展方向上的学生的不同需要；要关注不同形式的训练具有不同的功效；要利用多样和可选择的习题，设计分层次和多样化的训练，同时重视变式训练，使所有学生都能得到与其发展需要相适应的严格训练.

4. 学习效果评价

学习效果并不是仅仅看某一次或者几次测验的成绩，而是要关注教与学的过程中学生的全方位表现.不仅要考查教学目标中知识技能掌握情况，也要观察学生数学活动经验积累及参与学习进程中的态度和进步情况.

学生对所学的知识进行反思，是数学学习过程的重要环节.学习的反思和领悟主要靠学生自己，要重视学生对解题思路的探索过程和规范表达要求，抓好落实，完成对解题活动的回顾和总结；要注意学生对数学知识的理解和接受，同时要鼓励学生提出质疑.

教师要关心学生的成长，如学生学会了什么，课本中的例题学生自己是否会解，例题的同类题是否会解，是否能够独立叙述相关概念或者用自己的语言表达公式.

学习效果评价与教学目标具有一致性.

5. 个性特色体现

从教学任务分析开始，从教材到学生，提供必要的技术支持，根据总目标分割出适当的教学单位.除了关注学生的学，了解学生的基础，还应关注教师的个人特点，融入学校文化.

单元的整体规划除了考虑前后联系，还要有学生意识，面对不同的学生，教学设计要有区别.教师个人的教学特色或者专业知识也会在设计中打下深深的印记.因此，提倡在遵循课标要求的前提下，根据教材要求适当体现这些个性.

单元教学设计是循环改进的过程.备课组或者教师个人拿出了一种教学设计，在实际操作过程中会发现有考虑不周或者不足之处，也会有感觉不好用的时候.这时就需要教师独立思考，进行合乎逻辑的改进，使得设计便于在教学中实施和操作.

省(市)示范学校、实验学校、特色普通高中、初高中一贯制的完中、体育艺术类的综合高中等不同特色的学校有着不同的校园文化和教学特色.百年积淀的老校与新兴的学校，公办学校、民办学校或是国际学校，不同类型的学校也存在不同的办学定向.教师置身其中，须融入其中，否则就不能顺利施展个人的才华学识，教学效果会大打折扣.单元教学设计要充分考虑到所在学校的教学文化和教学理念，在普遍使用的一般设计基础上增加学校特色元素.

二、单元教学设计举例

（一）案例说明

参考《课程标准(2017)》的内容安排，统计中估计这一必修内容，可以在高二第二学期或者高三第一学期实施教学.课时分配可以根据实际教学进程调整，如统计活动可以分散到总体分布、集中趋势参数、离散程度参数等内容中实施教学.

（二）分析流程

1. 理解核心知识

《课程标准(2017)》是单元分析的文本依据，教学要达到目标、完成任务，必须在《课程标准(2017)》的指导下，明确内容所要达到的目标，完成规定的教学要求，达成育人目标.

研读《课程标准(2017)》，结合教材，可以明确哪些内容是基本内容.教师不仅要理解教学内容，而且要明确每一知识内容的教学意图，并对于核心知识的掌握具有决定性作用的内容，要做好学科价值和育人价值分析，同时要了解学情.

2. 确定教学目标

在确定单元教学目标之前需明确《课程标准(2017)》的目标要求，单元教学目标分析需关注本单元的教学重点和学习难点.多数学生感到困难的内容，教师应着力设计各种有效办法加以突破.单元教学目标应围绕重点和难点具体表述，在进行单元教学目标设计和单元其他板块的设计时，要结合具体的教学实际，不应将单元目标设计当成课时目标设计的简单叠加.很多时候，单元目标的设计应当比课时目标的设计更关注数学思想方法的渗透以及数学文化的体现.这样，单元目标才能更好地用于指导课时目标的设计，为学习效果评价提供依据.

3. 组织教学内容

教师通过理解教材内容，围绕单元主题，对教材进行解读，重新组织教学内容；对课本中的例题进行适当调整，如根据教学需要把个别课后练习题或者新颖的问题列为例题，改编或者新编一些问题提供给学生使用等；对单元活动安排或者作业根据实际需要进行设计.

4. 设计例题和习题

单元的例题和习题的设计，着重于单元整体的视角，设计本单元的核心例题和习题，阐明这些例题和习题的实施过程要重视的关键要素以及教育教学价值.

单元的例题和习题设计主要是指导性或者思路提示，选用习题应经过讨论或者教学验证，单元的例题和习题设计要为教师自主实施课时教学留有较大余地，一般不必对具体问题逐一列出.在进行单元作业设计时，应从单元整体思考和设计如何训练，力图突出整个单元主要的数学思想方法，帮助学生形成数学核心素养.

(三) 案例呈现

名称： 用样本估计总体(本内容隶属高中数学必修课程统计单元)

单元教学目标

1. 根据实际问题，理解平均数、中位数、众数等集中趋势参数的统计意义.

2. 根据实际问题，理解标准差、方差、极差等离散程度参数的统计意义.

3. 结合实例，用样本估计总体的集中趋势参数(平均数、中位数、众数).

4. 结合实例，用样本估计总体的离散程度参数(标准差、方差、极差).

5. 结合实例，用样本估计总体的取值规律.

6. 结合实例，用样本估计百分位数，理解百分位数的统计含义.

单元教学目标是学习效果评价的基本依据.

单元教学安排

在义务教育阶段学生已经学习过统计的初步知识，具备基本的数据处理能力，对数据的获取、抽样方法、统计图表等常规统计操作也有所了解.在本单元之前，学生通过初步的概率论学习，已经理解样本空间、随机现象、随机事件、概率、频率、总体、样本等概念.学生已经学习了抽样方法、频率分布表、频率分布直方图.这些都为顺利开展用样本估计总体的学习打好了基础.

本单元教学建议课时为 4 课时，具体分配如下.

通过样本估计总体的分布(1 课时)；通过样本估计总计的集中趋势和离散程度(1 课时)；估计百分位数(1 课时)；统计估计活动案例(1 课时).

单元教学内容

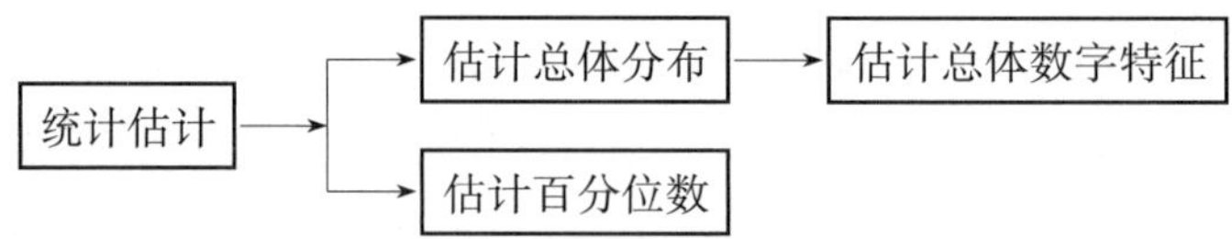

数据中蕴含的信息需要用统计图表和统计量描述，选择适当的统计方法进行揭示.根据数据分析的需求，在选择适当的统计图表对数据可视化描述和表达之后，需要考虑从样本数据中提取需要的诸如集中趋势或者离散程度的数字特征，来估计总体的统计规律，用这些数字特征进行分析.

1. 估计总体的分布.在概率论初步内容中，已经学习过用频率估计概率.依据大数定律，当样本量不断增大时，样本中每组数据的频率会越来越稳定于一个相应的概率，我们就将这个概率作为总体中个体在相应区间内取值的概率.当样本量较大时，我们就可以用样本的频率分布表及频率分布直方图来估计总体在任意区间内取值的概率，也即是总体的分布情况.通过具体实例(如学生每日摄取热量，博物馆的客流量)制作频率分布表和频率分布直方图，体会在样本容量足够大的情况下，同时分组组距取得足够小，可以通过样本的频率分布折线图来对总体分布的密度曲线进行估计.

2. 估计总体的数字特征.获取一组样本数据后，我们可以对样本数据进行适当计算，得到一些新的数量，并用这些新的数量作为整个样本数据的某些特征的代表.能反映一组数据某种特征的量，称为这组数据的数字特征.我们通过描述有限样本的集中趋势(平均数、中位数、众数)，估计总体相应的集中趋势，通过样本的离散程度估计总体相应的离散程度(方差、标准差、极差).这样估计是否合理，还取决于样本的容量和代表性.对样本的变异性，可以结合具体实例(如不同月份家庭的用电量，不同季节博物馆的客流量)，让学生展开讨论.

3. 估计百分位数.在初中我们学习过中位数.我们知道，将一组数据从小到大排列后，中位数将一组数据分成了两部分，有一半的数据比它小，另一半的数据比它大.当样本容量很大时，我们还可以将数据分成100个部分，每一部分包含1%的数据，第k百分位数即是将数据从小到大分成两部分：小于或等于第k百分位数的数据占k%，大于或等于第k百分位的数据占$(100-k)$%.

4. 统计估计活动.学生通过具体的统计估计活动，可以更好地运用统计方法，理解统计学习的特点.我们可以抽样调查所在地区常用家庭轿车油耗情况，从而估计该地区的不同排量轿车分布情况；随机抽取我们所在城市某一官网在一周中每天10个时间段的点击量，估计该网站的月点击量；抽取某一群体20人一周内走路的累计步数，估计该群体一周内平均累计走路的步数；估计某果园种植的橘子树挂果不同规格的橘子产量占比；等等.在参与统计活动过程中了解统计活动的一般过程.

单元教学实施

根据学生统计估计的学习现状，教学中应突出培育学生数据分析核心素养.注意本单元教学展开的基本线索，把“归纳推理”思想贯穿全单元.通过具体实例，从数据出发，从特殊到一般，鼓励学生亲自操作和参与数据分析.

通过贯穿单元的用样本估计总体把估计的内在关联展现在学生面前，为学生理解统计问题打开广阔的天地.由于统计思想本身的独特理解要求，在教学中要引导学生以随机思想、统计观点来看待单元学习，关注样本数据和总体数据的相互关联.

在具体内容的处理上，不限于教材原有的例题和编排顺序.把学生能够理解的例子选择好，如参观的客流量，高中生身高、体重，如何定价及确定特定群体的优惠票价等.

1. 设计用样本数据估计总体分布规律的学生活动.教师可以通过设置问题情境，提出如何用样本数据估计总体分布规律.其中，挖掘数据背后蕴含的信息是关键，教师要引导和启发学生准确理解.在教学中，教师可以通过回顾初中的统计初步、频数(率)分布直方图，激发学生探求新知的兴趣，适当渗透归纳、估计的思想.在观念形成阶段采用讲授法来引导学生认识和理解学习的内容，在数据处理阶段采用学生分组讨论解决问题的方法，以使学生感受随机思想，获得统计归纳的观念.

2. 本单元的特点是知识似曾相识又大不相同，但前后内容之间的联系非常密切.针对这一特点，在教学中要多设计让学生参与探究操作的教学环节，使学生明白统计的实际意义，既掌握数据计算的方法，又明白统计估计的内在联系及其思维规律.在教学中，提供给学生的思考方法重在理解、重在思考，力戒单纯计算，不能把教学重点放在公式记忆和纠缠于具体数值的取舍上，凸显随机思想，以达到优化统计思维品质的功效.讲清离散程度或集中趋势的意义与公式的特征，并把公式与相应估计对应起来.教学中要注意把讲授和探究很好结合在一起.关注学生能否从估计的角度把握实际案例的意义，准确揭示不同类型案例的思考方法.

3. 本单元的教学应有助于提高学生对用样本数据估计总体、描述总体规律的认识，有助于感悟统计模型解释随机现象的作用.因此，加强统计与现实世界之间的联系，任务驱动或情境教学是可以考虑的教学方法.

在教学中，要提供学生解决问题的统计模型，要分析数据获得过程，辨析数据的可靠性，弄清数据的来源与背景；通过样本数据合理提取所需要的数字特征，在提取过程中，进一步体会统计思维方法的特点，掌握用样本估计总体的统计规律，解决有关实际问题；要引导学生理解统计思维与数学思维的区别.例如，在估计总体分布中，观察直方图直观感觉“整幅直方图具有一定的对称性”，这里“对称”就不同于函数奇偶性中的“对称”，是大致的左右对称.即使总体随机变量的分布是对称的，频率分布直方图也不可能是绝对的对称，因为数据采集过程中有偶然性和各种误差，这是数据的随机性引起的.在教学中，教师应有能力将数据实际背景转化并正确表述为统计问题.

单元教学实施过程中应注意关心对学习方法的指导，统计教学更应关注学生统计思维的形成.

单元练习设计

在选择具体实施案例时，体现教师个人的经历和教学特色的同时也需要融入学校的文化，甚至学校所处区域的特点，体现个性特色.

1. 总体是统计非常重要的研究对象.抽取一定容量的样本来估计总体分布，在抽取的样本具有代表性且容量较大时，在相应区间的频率分布具有稳定性.可以通过具体的例子加以验证.例如，调查高中学生每日摄取热量的分布情况，我们会发现当样本容量足够大时，如果分组足够小，频率分布折线图就会是接近光滑的曲线.选择练习要考虑总体的分布.我们说的总体是研究对象的全体，容量大小相差很多，但并不是随意规定的，有离散总体也有连续总体.可以举一些学生熟悉的例子.例如，考察某校高一学生体质状况与考察上海市高一学生体质状况；考察乘公共交通从学校到家的时间与考察骑行从学校到家的时间等，都是不同的总体.

2. 用样本估计总体的数字特征，与初中学习的用来刻画一组数据的数字特征之间有着联系与区别.如果得到的是总体数据，那么是对总体特征的描述，要注意虽然总体是确定的，但总体数据也是通过观察或者实验等途径获得的，具有随机性；而通常我们得到的是总体的一个样本数据，需要进行推断.教学中所选择案例应突出统计中估计的思想.例如，产品抽样合格率，某一群体平均水平或者差异程度，全国青少年的平均肺活量，全国16岁少年身高的波动范围，等等.通过实际案例让学生体会统计中估计的共性特征，具体的数值计算应通过计算机或者计算器来解决.选择练习要考虑与教材案例相协调，与学生的实际学习生活相一致，学生真正能够获得这些数据，同时又有一定现实意义.例如，学生体质健康标准中的指标：身高、体重、肺活量、50米跑成绩等.

3. 估计百分位数的案例，主要是如何确定第 k 百分位数的临界值以及对某一具体的样本观察值在相应总体中处于什么样的百分位数.例如，与每个家庭都息息相关的水、电、气分级定价临界值的确定，公共交通中儿童免票身高的确定依据，公共交通工具中手拉扶手的高度的设计，博物馆、展览馆限流人数的研究，等等.选择练习要考虑到估计百分位数应用的多样性和背景的丰富性以及具体的某个百分位数的实际需要或者特殊需求，应从模仿到应用.数据的录入不应成为教学的障碍，教师应采用现代信息技术手段预先解决好.还可以设计讨论某些案例（如果学生能够提出，效果更好）用百分位数估计好与不好的问题（如某市近两年内空气质量指数，出租车的起步费），以进一步提高学生的分辨能力.

第四章
现代技术辅助数学核心知识学习

核心概念、重要结论、数学思想方法共同构成了数学核心知识，单元规划为我们厘清了这些核心知识，单元教学从整体与联系的角度揭示了相关核心知识之间的“形散神聚”.当我们深入细节，如何让学生更好地理解核心概念、掌握重要结论、领悟数学思想方法就成为把握数学核心知识的关键；如何在教学中更好地做好“明确本质属性、构建基本模型、进行变式训练”，从而促成学生对核心知识的完整认知，进而发展其核心素养，是我们一线教师面对的重要课题.现代信息技术是优化学习与教学，启发学生数学理解，促进教师专业发展的重要手段.

第一节　信息技术与数学教、学

2010年颁布的《国家中长期教育改革和发展规划纲要(2010—2020年)》指出：信息技术对教育发展具有革命性影响，必须予以高度重视.要通过教育信息化体系的建设促进教育内容、教学手段和教学方法的现代化.要强化信息技术应用，提高教师应用信息技术水平，更新教学观念，改进教学方法，提高教学效果.鼓励学生利用信息手段主动学习、自主学习，增强运用信息技术分析解决问题能力.

我们认为，信息技术本质上是“数学技术”，所以在提高学生利用信息手段自主学习，增强运用信息技术分析解决问题的能力上，数学课程负有更大的责任.

在《普通高中数学课程标准(2017年版)》第六章“实施建议”第(5)条教学建议“重视信息技术运用，实现信息技术与数学课程的深度融合”中有如下的表述：在“互联网＋”时代，信息技术的广泛应用正在对数学教育产生深刻影响.在数学教学中，信息技术是学生学习和教师教学的重要辅助手段，为师生交流、生生交流、人机交流搭建了平台，为学习和教学提供了丰富的资源.因此，教师应重视信息技术的运用，优化课堂教学，转变教学与学习方式.例如，为学生理解概念创设背景，为学生探索规律启发思路，为学生解决问题提供直观，引导学生自主获取资源等.在这个过程中，教师要有意识地积累数学活动案例，总结出生动、自主、有效的教学方式和学习方式.

教师应注重信息技术与数学课程的深度融合，实现传统教学手段难以达到的效果.例如，利用计算机展示函数图像与几何图形运动变化过程；利用计算机探究算法，进行较大规模的计算；从数据库中获取数据，绘制合适的统计图表；利用计算机的随机模拟结果，帮助学生更好地理解随机事件以及随机事件发生的概率等.

人民教育出版社章建跃博士曾撰文指出：技术不仅是工具，也是数学的一部分.在信息技术用于数学教学的研究中，一线教师的作用是至关重要的.同时，这也为教师自身的专业发展提供了一个重要平台.实际上，在我们课题组中，那些较早参与信息技术用于数学教学试验的教师都反馈，这是他们教学经历中专业发展和教学能力提高得最快的阶段，而且他们的学生也切实地从中受益.信息技术的运用提高了学生数学学习的独立性，为学生提供了个性化的学习内容、素材、方法与途径，学生的整体能力得到很大提升，他们的自主学习能力更强，适应能力也更强.

章建跃博士早在2010年“第五届全国高中数学教师优秀课观摩与评比活动”的大会报告中，就提出了中学数学教学的“三个理解”——理解数学，理解学生，理解教学.2017年4月“以‘核心素养为纲的数学教学改革’全国初中数学教学研讨会”上，章博士在题为《核心素养统领下的数学教学变革》的报告中，将其发展为“四个理解”——理解数学、理解学生、理解技术、理解教学.“四个理解”是基于“互联网＋”新时代下对“三个理解”的丰富和发展，是数学教师专业发展的基础，是在课堂教学中落实数学核心素养的关键.

那么，我们如何借助信息技术来辅助核心知识的学习呢？

概括来讲，信息技术可以有效地突破“不好想”，跨越“不好算”，促成“想得深”，帮助“说得清”.

一、帮助更好地理解核心知识的本质属性

1. 理解核心概念的本质属性

函数的本质属性是变量间的“对应”，如何更好地理解这种对应？感受对应、识别

对应、建立对应、运用对应是一条可行之路.首先,我们可以借助技术的“多元表示”功能感受函数的多种表示方式,如解析式、图像、表格等,用图形跟踪与数值计算功能可直观地看到 x 与 y 之间的对应关系,如图 4-1-1、图 4-1-2 所示.不仅如此,图 4-1-3、图 4-1-4 还可以让我们体会到这种对应关心的是开始与结果,是一个瞬时的变化动作,而不必太在意变化的过程,这对理解拥有不同对应法则的若干个函数完全可能是同一个函数是有帮助的.其次,识别两个变量之间的对应是否是函数所要求的对应也可在技术帮助下获得直观的体验.第三,建立对应是认识函数的重要一环,教科书中就有专门一节“函数关系的建立”.在实际生活中,建立对应关系的目的多用来预测或检验,以用于指导决策,即运用对应.由于实际问题的复杂性,由有限的数据所确立的对应关系也往往难免误差,这时,最佳拟合函数就是我们所要努力寻找的.《普通高中数学课程标准(2017 年版)》附录 2 中给出的案例 28“体重与脉搏”即是此类问题.我们借助技术手段可以很轻松地获得案例中给出的结果,如图 4-1-5、图 4-1-6 所示.不仅如此,技术还可以完成一些更复杂的工作:采集数据、画出散点图、给出拟合函数及精度分析.

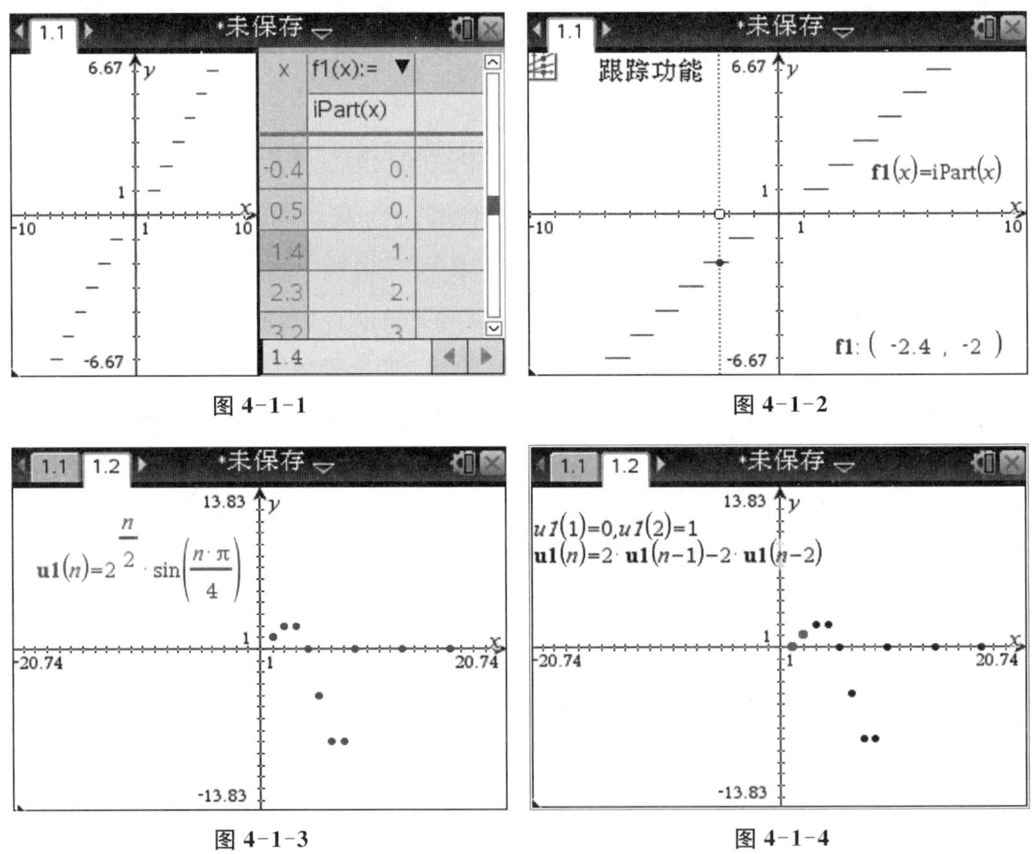

图 4-1-1

图 4-1-2

图 4-1-3

图 4-1-4

	A t	B m	C	D	E
1	25	670			
2	200	420			
3	300	300			
4	2000	205			
5	5000	120			

图 4-1-5

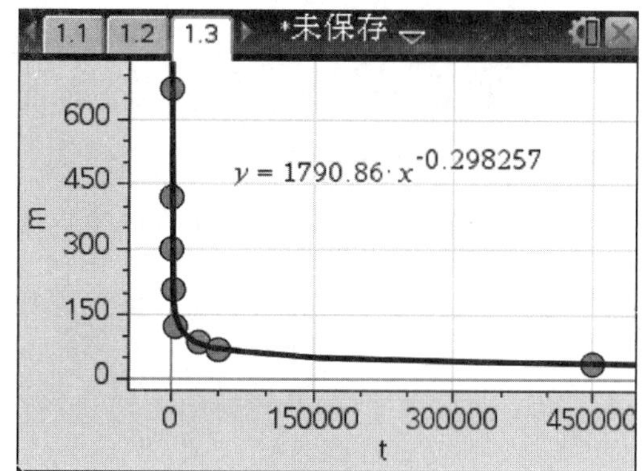

图 4-1-6

2019 年上海市春季高考数学试卷第 19 题，以考查函数的概念与性质立意，数据取材于国家统计年鉴，真实可信.问题设置紧扣函数的内涵与外延，题设中的“并预测我国卫生总费用首次超过 12 万亿的年份”体现了数学的应用.该问题聚焦核心素养下的“三会”——会用数学眼光观察世界、会用数学思维思考世界、会用数学语言表达世界，受到社会的广泛赞誉.

解析几何的本质属性是用代数的方法研究图形的几何性质.我们知道，在平面直角坐标中，点与坐标对应，曲线与方程对应.因此，我们可以循着“建立方程、分析方程、运用方程”的思路来理解上述本质属性.其中，技术的价值体现在“克服繁杂运算，展示鲜活图形，揭示内在联系”.

例 1　如图 4-1-7，长为 2 的线段 AB，其端点在两直角坐标轴上滑动，自原点 O 作该线段的垂线，求垂足 M 的直角坐标轨迹方程.

解　设 $M(x, y)$，$A(a, 0)$，$B(0, b)$，则由 $\begin{cases} |AB|=2, \\ \overrightarrow{OM} \perp \overrightarrow{AB}, \\ \text{点 } M \text{ 在直线 } AB \text{ 上}, \end{cases}$

可得 $\begin{cases} a^2+b^2=4, & ① \\ ax=by, & ② \\ bx+ay=ab. & ③ \end{cases}$

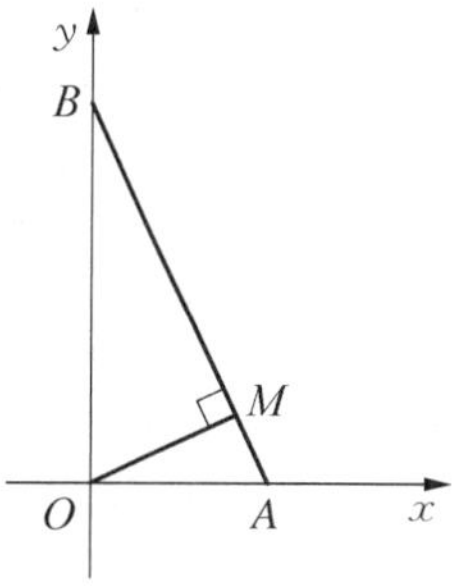

由②，得 $a=\dfrac{by}{x}$，代入③，可解得 $b=\dfrac{x^2+y^2}{y}$④，从而 $a=\dfrac{by}{x}=\dfrac{x^2+y^2}{y}\cdot\dfrac{y}{x}=\dfrac{x^2+y^2}{x}$，即 $a=\dfrac{x^2+y^2}{x}$⑤.将④⑤代入①，可得 $\left(\dfrac{x^2+y^2}{x}\right)^2+\left(\dfrac{x^2+y^2}{y}\right)^2=4$，化简即得垂足 M

图 4-1-7

的轨迹方程为：$(x^2+y^2)^3=4x^2y^2$.

记方程 $(x^2+y^2)^3=4x^2y^2$ 表示的曲线为 Γ，分析方程 $(x^2+y^2)^3=4x^2y^2$ 的代数特征可以判断出 Γ 具有下述性质：

(1) 关于 x 轴、y 轴、坐标原点及直线 $y=x$，$y=-x$ 均对称；

(2) 因为 $(x^2+y^2)^3=4x^2y^2\leqslant 4\cdot\left(\frac{x^2+y^2}{2}\right)^2$，所以 $x^2+y^2\leqslant 1$ 或 $\sqrt{x^2+y^2}\leqslant 1$，该式说明曲线 Γ 是有界的封闭图形，且被圆 $x^2+y^2=1$ 包围；

(3) 在方程 $(x^2+y^2)^3=4x^2y^2$ 中，令 $y=x$ 且取 $x\geqslant 0$，可解得 $x=y=\frac{\sqrt{2}}{2}$，从而可知 Γ 与直线 $y=x$ 的交点坐标为 $\left(\frac{\sqrt{2}}{2},\ \frac{\sqrt{2}}{2}\right)$ 与 $\left(-\frac{\sqrt{2}}{2},\ -\frac{\sqrt{2}}{2}\right)$.

上述这些性质可以为我们在直角坐标系中描画图形 Γ 提供重要依据.教学中我们可以通过几何画板、图形计算器、Geogebra 等作图工具动态演示垂足 M 的轨迹.

下面，我们以几何画板为例说明上述轨迹的构造步骤(效果如图 4-1-8 所示)：

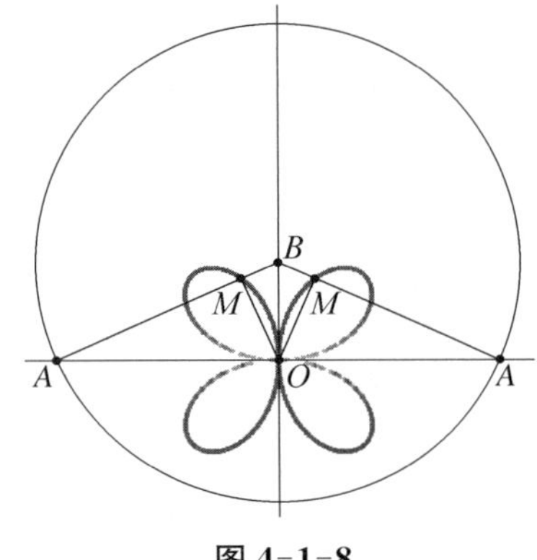

图 4-1-8

① 作两条互相垂直的直线分别作为横轴和纵轴，再作一条长度为 2 的线段 j；

② 选择工具箱中的“选择”工具，选择纵轴上的一点 B 和线段 j(作为圆的半径)，依次选择“构造”“以圆心和半径绘圆”菜单命令，作出 $\odot B$ (圆心在纵轴上运动，但半径长恒为 2)；

③ 设 $\odot B$ 与横轴的交点为 A，选中点 A、B，依次选择“构造”“线段”菜单命令，作出线段 AB. 选中点 O 和线段 AB，依次选择“构造”“垂线”菜单命令，作出线段 AB 的垂线，继而作出垂足 M；

④ 选中点 B，依次选择“编辑”“操作类按钮”“动画”菜单命令设置点 B 的动画，屏幕上随即出现动画按钮.选中点 M，依次选择“显示”“追踪”；

⑤ 单击屏幕上的动画按钮，即生成垂足 M 的轨迹.

再如，点到直线的距离的本质属性是其最小性，根据该最小性如何推导点到直线的距离公式？显然，运算的繁杂是一道障碍.然而，当我们将“计算”化为“机算”，就可以通过操作机器轻松地获得答案.由于这种操作完全受人的思维所控，因此其价值在于“以发展人的理性思维为本”.所以，对于问题“求点 $P(x_0,\ y_0)$ 到直线 l：$ax+by+c=0$

$(a^2+b^2\neq 0)$ 的距离”,其计算器求解过程如图 4-1-9、图 4-1-10、图 4-1-11 所示.

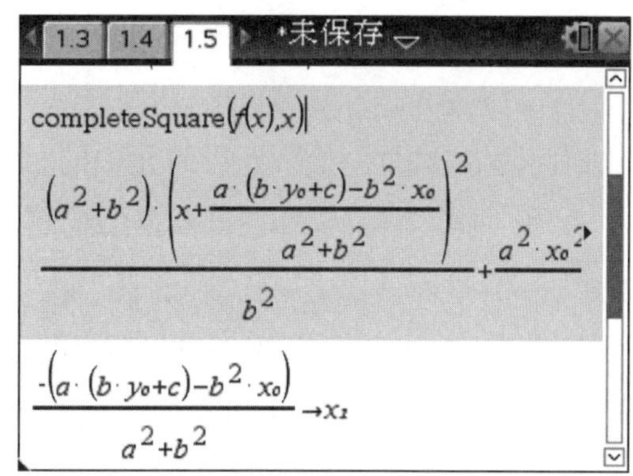

图 4-1-9

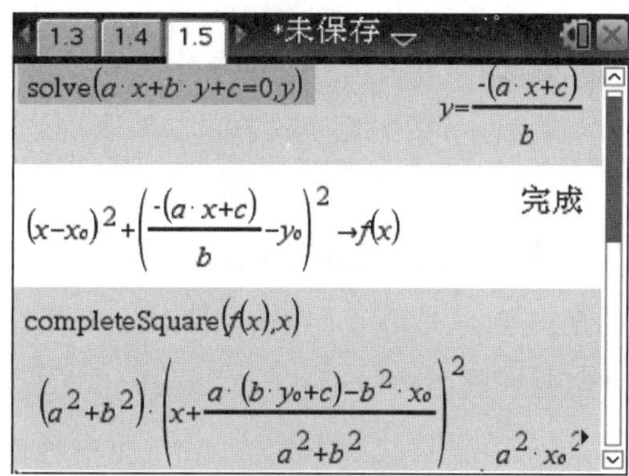

图 4-1-10

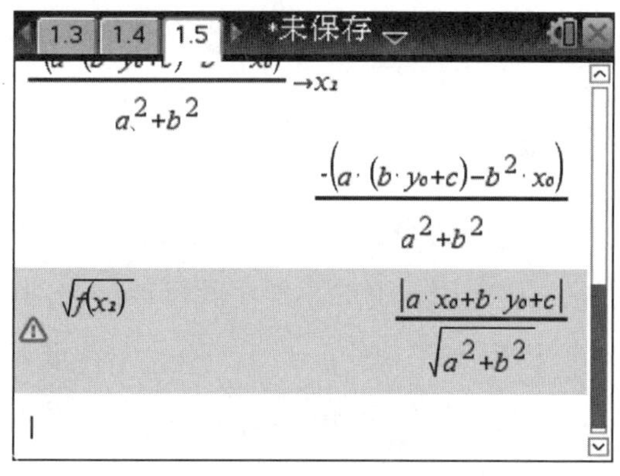

图 4-1-11

2. 理解重要结论的本质属性

在平面直角坐标系中,设点 $P(x, y)$ 是在以原点为圆心的单位圆上,以 $(1, 0)$ 为起点作逆时针方向的单位速率运动的动点,则其坐标 x、y 均为时间 t 的函数,分别定义为余弦函数 $\cos t$ 和正弦函数 $\sin t$. 其实,$x=\cos t$ 和 $y=\sin t$ 乃是单位圆的自然的动态(解析)描述.由此我们应能意识到,正弦、余弦函数的基本性质就是圆的几何性质(主要是对称性)的解析表述.例如,两角差的余弦公式刻画了圆的旋转对称性,而诱导公式与和差化积及积化和差公式均刻画了圆的反射对称性.类似地,正弦定理、余弦定理与射影定理的本质源于其根深蒂固的三角形属性,即 $\overrightarrow{BC}=\overrightarrow{AC}-\overrightarrow{AB}$. 在几何画板的帮助下,我们可以将圆、三角形、向量等几何对象与三角公式之间建立起自然的联系.

3. 理解数学思想方法的本质属性

高中数学学习中,数形结合、等价转化、函数与方程、分类讨论等是重要的数学思想,它们是引导学习者寻找思维突破口,实现成功解题必不可少的工具.很多信息技术都有卓越的作图功能,可以帮助学生在数形间互相印证、灵活转化,并且可以即时验证不同的转化策略是否能够实现“殊途同归”.同时,其代数系统还可以支持比较复杂的代数运算,完善我们对函数与方程的认识.

但在运用这些数学思想时,也经常会遇到一些问题.比如,数形不一致、转化不等价、分类不简洁等，此时信息技术可以启发我们及时发现并改正问题.

需要强调的是，返璞归真、回到原点是重要的思维策略，也是思考教学的着力点.几何问题中的“量一量”，计数问题中的“数一数”，数列问题中的“列一列”，概率问题中的“掷一掷”等做法，往往可以帮助我们在基于直观的足够的量的积累下获得结论、发现规律，进而诱发出一些“好念头”“妙点子”，或对数学对象或对象之间的关系获得更深的认识与见解.几何画板可以测量线段长度、角的大小、圆及多边形的面积等，电子表格软件 Excel 可以实现数列中项的罗列，一些计算机软件可以方便地进行大数据的处理.量是为了不量，数是为了不数，列是为了不列，掷是为了不掷……下面我们举一个概率统计中的例子说明.

例2　如何更好地理解作为经验概率的频率?

历史上，概率统计教学原本采取理论的、形式的方式，所要求解的概率问题基本上都是可以通过公式计算解决的，概率的频率定义因其后验、不精确的特性而没有地位，不受重视，这是各国在开展概率统计教育初级阶段普遍出现过的重理论、轻实验的老问题.但是，1977 年埃夫隆(Efron)教授发明了可以处理大量复杂统计学问题的重复抽样技术(resampling technique)之后，情况发生了变化.这一技术的发展和应用，尤其在计算机技术的辅助下，原本理论的、抽象的概率统计知识得以数值化和具体化.以常见的生日问题为例：全班 45 人中至少有两人生于同月同日的概率是多少?按照传统的古典概率方法，可以列出如下算式：

$$1-\frac{C_{365}^{45}\times 45!}{365^{45}}\approx 0.941.$$

计算过程颇为复杂，门槛不低.但是，如果用大数次重复试验计算频率以估计概率的方法，那么用如下的小程序就可以解决问题：

```
REPEAT 1000                (重复 1 000 次)
GENERATE 45 1,365   a      (在 1～365 范围内产生 45 个随机整数，放入 a)
MULTIPLES a>=2 j           (记录 a 中出现重复数字的次数，放入 j)
SCORE j z                  (跟踪每次试验结果 j，放入 z)
END                        (结束)
COUNT z>=1 k               (对大于或等于 1 的 z 计数，放入 k)
DIVIDE k 1000 l            (将 k 除以 1 000，放入 l)
PRINT z l                  (显示 z 及 l)
```

借助计算机软件，只需 0.6 秒(运行后屏幕上有用时显示)，计算机就可以完成这个 1 000 次的模拟试验，而且 1 000 次试验中恰有几人生日相同的数据都有显示.比如，某次的试验结果是 1 000 次中有 938 次都出现了 45 人中至少有两人生于同月同日这种情况，于是估计所求概率为 0.938.毫无疑问，上述做法有助于学生更好地体会概率的意义及对概率与频率关系的理解.

二、帮助更好地归纳并认识基本模型

1. 归纳核心概念的基本模型

“对勾型”函数是一类重要的函数模型.我们把形如

$$f(x)=x^{m}+\frac{k}{x^{n}}(m、n\in\mathbf{N}^{*},\ k\in\mathbf{R},\ k\neq 0)$$

的函数称为对勾型函数.借助于图形计算器或几何画板，我们可以获得这类函数的一些性质：当 $k>0$ 时，如表 4-1 所示；当 $k<0$ 时，如表 4-2 所示(有些性质要靠逻辑的推导，如单调区间的获取要依赖导数工具).

表 4-1

m，n	示意图	性　质
m 为奇数，n 为奇数	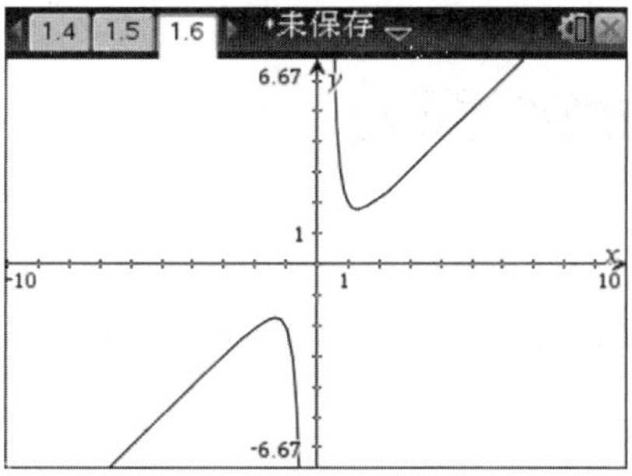 1.4 1.5 1.6 •未保存 6.67 y 1 -10 1 10 x -6.67	奇函数 减区间为 $\left(0,\sqrt[m+n]{\frac{nk}{m}}\right]$ 及 $\left[-\sqrt[m+n]{\frac{nk}{m}},0\right)$ 增区间为 $\left[\sqrt[m+n]{\frac{nk}{m}},+\infty\right)$ 及 $\left(-\infty,-\sqrt[m+n]{\frac{nk}{m}}\right]$
m 为奇数，n 为偶数	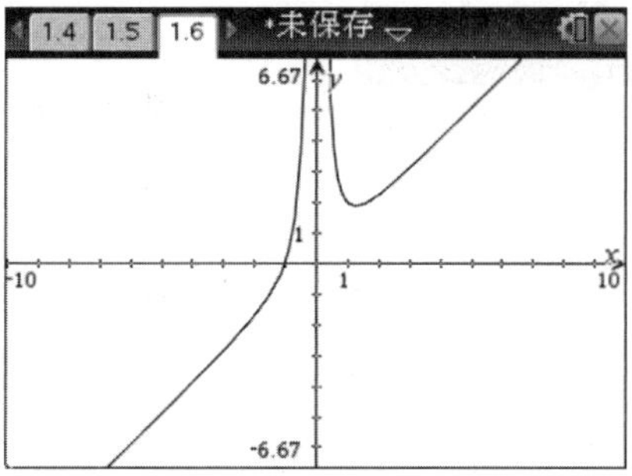 1.4 1.5 1.6 •未保存 6.67 y 1 -10 1 10 x -6.67	非奇非偶函数 减区间为 $\left(0,\sqrt[m+n]{\frac{nk}{m}}\right]$ 增区间为 $\left[\sqrt[m+n]{\frac{nk}{m}},+\infty\right)$ 及 $(-\infty,0)$

（续表）

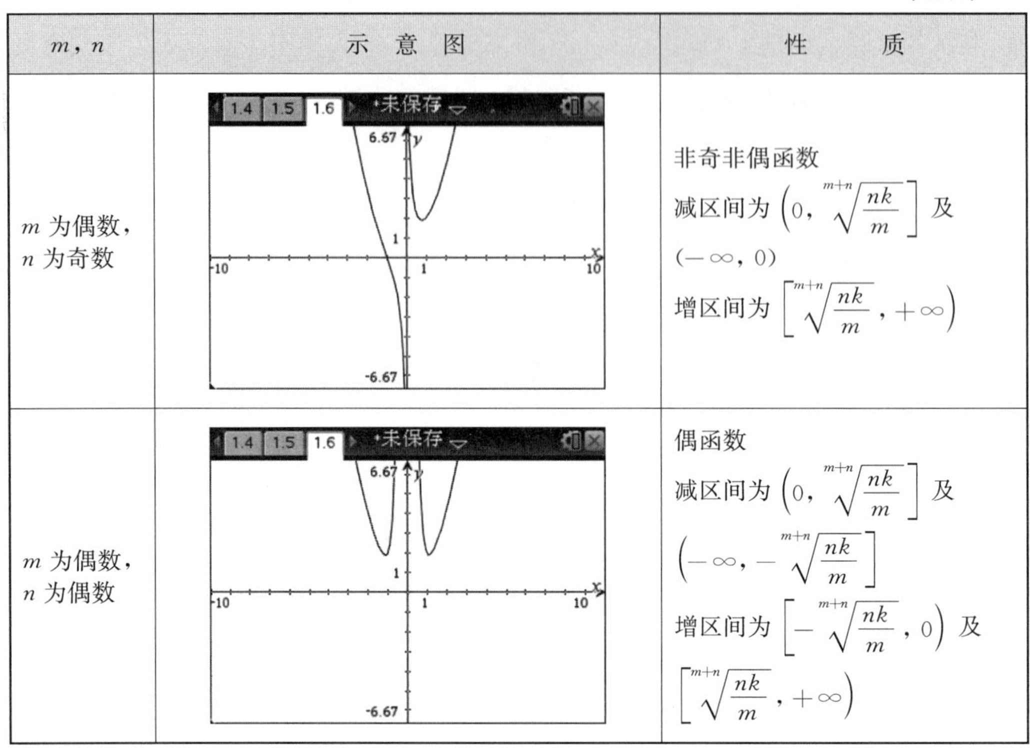

m，n	示 意 图	性　　质
m 为偶数，n 为奇数		非奇非偶函数 减区间为 $\left(0,\ \sqrt[m+n]{\frac{nk}{m}}\right]$ 及 $(-\infty,\ 0)$ 增区间为 $\left[\sqrt[m+n]{\frac{nk}{m}},\ +\infty\right)$
m 为偶数，n 为偶数		偶函数 减区间为 $\left(0,\ \sqrt[m+n]{\frac{nk}{m}}\right]$ 及 $\left(-\infty,\ -\sqrt[m+n]{\frac{nk}{m}}\right]$ 增区间为 $\left[-\sqrt[m+n]{\frac{nk}{m}},\ 0\right)$ 及 $\left[\sqrt[m+n]{\frac{nk}{m}},\ +\infty\right)$

表 4-2

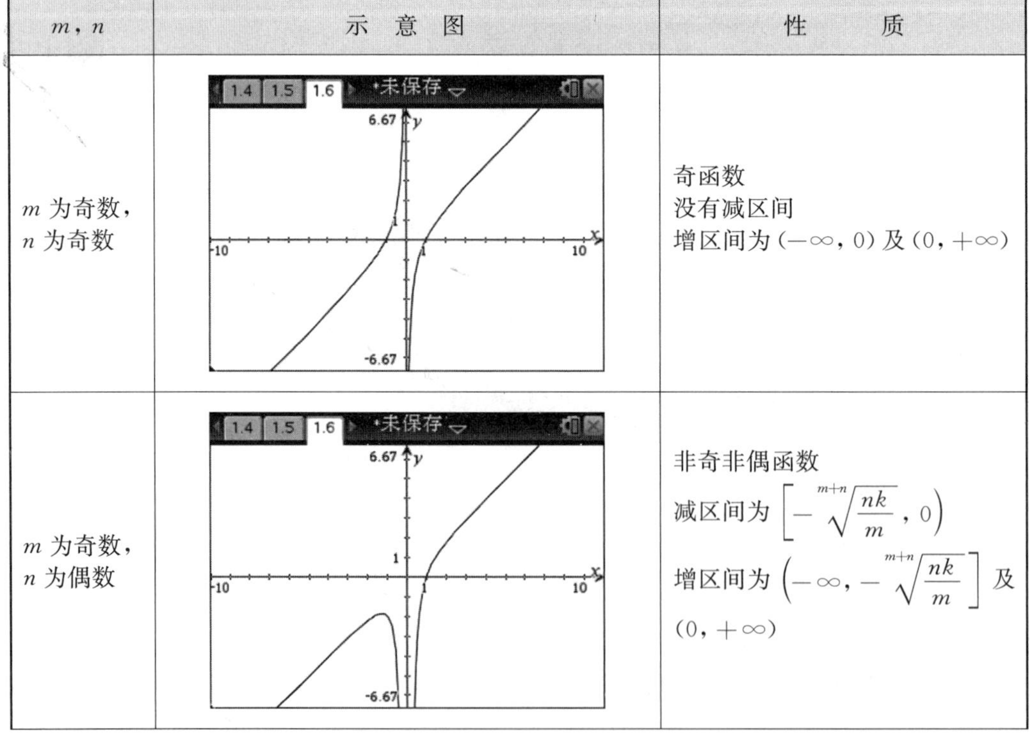

m，n	示 意 图	性　　质
m 为奇数，n 为奇数		奇函数 没有减区间 增区间为 $(-\infty,\ 0)$ 及 $(0,\ +\infty)$
m 为奇数，n 为偶数		非奇非偶函数 减区间为 $\left[-\sqrt[m+n]{\frac{nk}{m}},\ 0\right)$ 增区间为 $\left(-\infty,\ -\sqrt[m+n]{\frac{nk}{m}}\right]$ 及 $(0,\ +\infty)$

（续表）

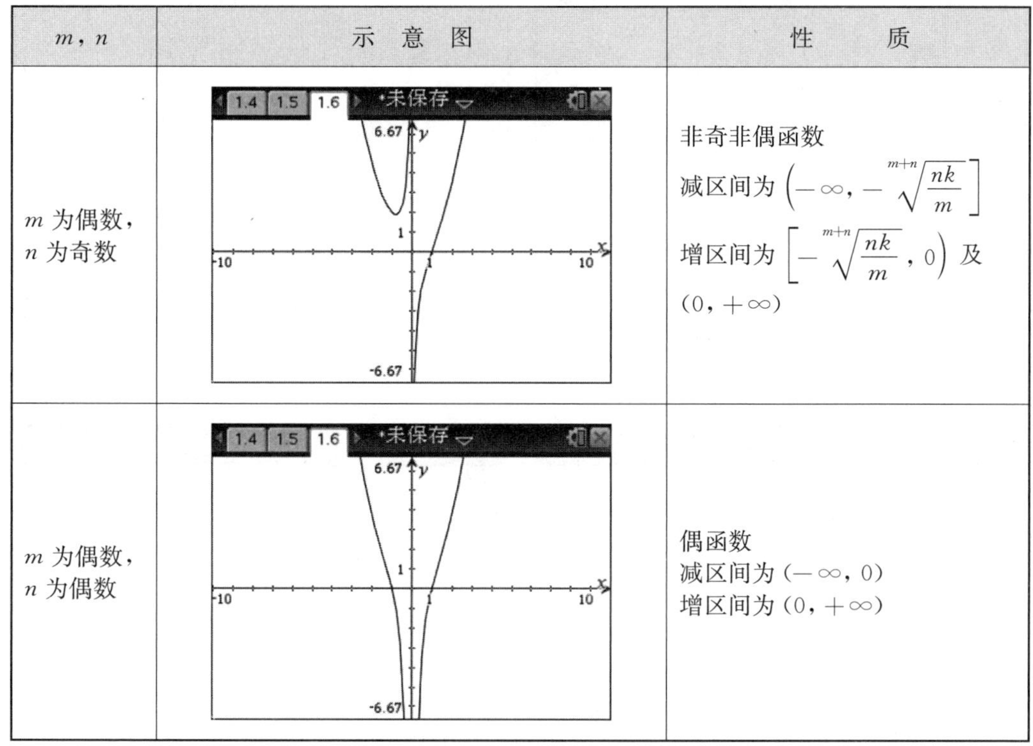

m，n	示　意　图	性　　质
m 为偶数， n 为奇数	1.4 1.5 1.6 *未保存 6.67 y 1 -10 10 x -6.67	非奇非偶函数 减区间为 $\left(-\infty, -\sqrt[m+n]{\dfrac{nk}{m}}\right]$ 增区间为 $\left[-\sqrt[m+n]{\dfrac{nk}{m}}, 0\right)$ 及 $(0, +\infty)$
m 为偶数， n 为偶数	1.4 1.5 1.6 *未保存 6.67 y 1 -10 10 x -6.67	偶函数 减区间为 $(-\infty, 0)$ 增区间为 $(0, +\infty)$

在分析数列的单调性时有两类基本模型：先增后减型与先减后增型，可形象地称为“过桥型”与“钟摆型”.

例 3　若数列 $\{a_n\}$ 同时满足条件：① 存在互异的 p、$q \in \mathbf{N}^*$，使得 $a_p = a_q = c$（c 为常数）；② 当 $n \neq p$ 且 $n \neq q$ 时，对任意 $n \in \mathbf{N}^*$，都有 $a_n > c$，则称数列 $\{a_n\}$ 为“双底数列”.

设 $a_n = (kn+3)\left(\dfrac{9}{10}\right)^n$，是否存在整数 k，使得数列 $\{a_n\}$ 为双底数列？若存在，求出所有的 k 的值；若不存在，请说明理由.

使用比较大小的作差法（相邻项作差），并根据题中给的新定义，学生容易求出 $k = \pm 1, \pm 3$，但接下来如何取舍是个难点，此时，基本模型的作用就显现出来.为了帮助学生通过本题进一步强化对模型的认知，教师可以展示其基本模型，如图 4-1-12、图 4-1-13、图 4-1-14、图 4-1-15.

再如，含参直线方程是直线方程中的一类基本模型，其又包含中心直线系与平行直线系两种重要模型.图形计算器拥有的作不等式（不仅线性不等式）图形的功能可以帮助学生直观地理解线性规划问题及曲线内外的含义.

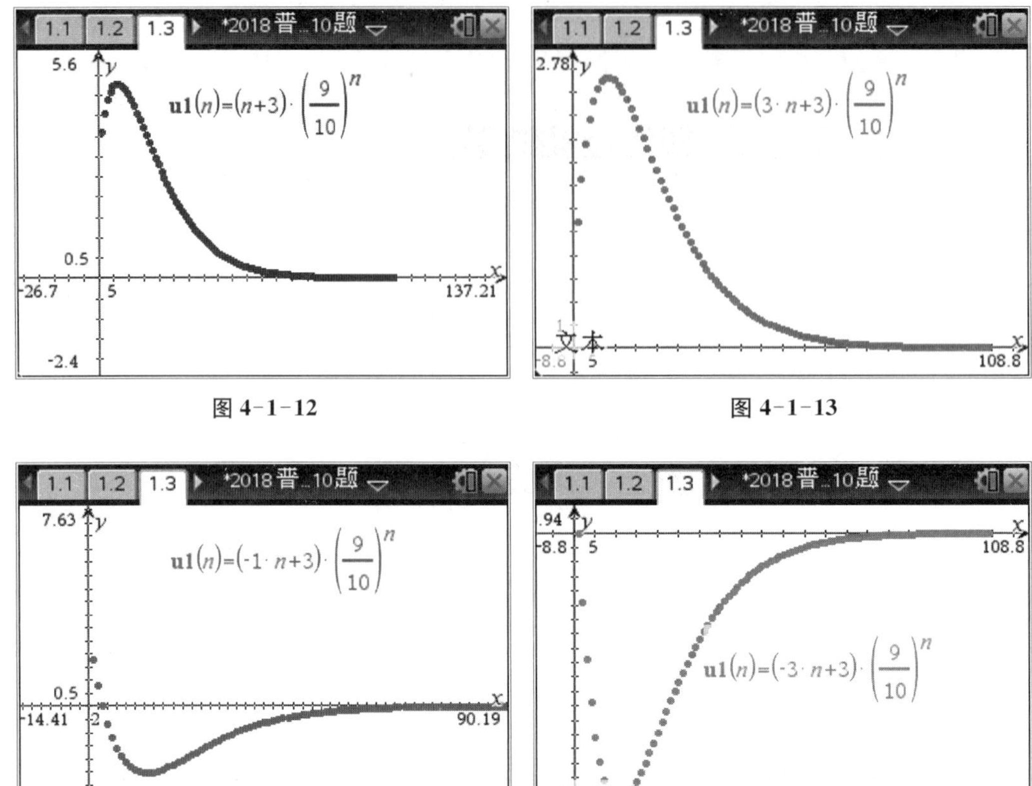

图 4-1-12　　图 4-1-13

图 4-1-14　　图 4-1-15

2. 归纳重要结论的基本模型

例 4　对于问题“当 $a>0$ 时，求 $a^2+\frac{1}{a}$ 的最小值”，下面的推理正确吗？为什么？

解　因为 $a^2+\frac{1}{a}\geqslant 2\sqrt{a^2\cdot\frac{1}{a}}=2\sqrt{a}$，当且仅当 $a^2=\frac{1}{a}$，即 $a=1$ 时取等号，所以 $\left(a^2+\frac{1}{a}\right)_{\min}=2\sqrt{1}=2.$

分析　上述答案是错的！这个问题困扰着很多学生.尽管教师反复强调：极值定理必须在同时满足“一正、二定、三相等”的前提下才能运用，但学生对“定”这一要求就是不理解.他们说：在上述解答中，等号成立的条件能够具备，据此解出相应的 a 的值，再代入 $a^2+\frac{1}{a}$(或 $2\sqrt{a}$) 求出的结果为什么就不是 $a^2+\frac{1}{a}$ 的最小值呢？

首先，我们借助函数图像来认识一下“使 $a^2+\frac{1}{a}$ 的值最小时 a 的值”与“使 a^2+

$\frac{1}{a}$ 与 $2\sqrt{a}$ 相等时 a 的值”的区别.我们构造函数 $f(x)=x^2+\frac{1}{x}$ 与 $g(x)=2\sqrt{x}$ 并在同一坐标系中作出它们的图像，如图 4-1-16 所示.当 $x>0$ 时，恒有 $f(x)\geqslant g(x)$，取等号时的 x 的值即为它们图像交点的横坐标，即 $x=1$. 但 $f(x)$ 的最小值并不是在两个图像的交点(即 $x=1$)处取到.

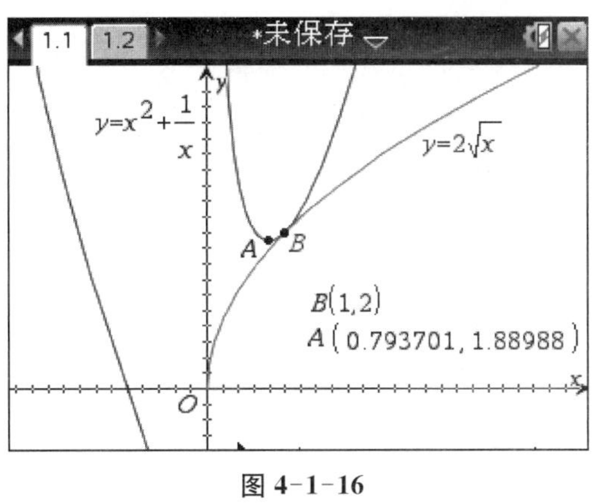

图 4-1-16

正确做法是：

因为 $a^2+\frac{1}{a}=a^2+\frac{1}{2a}+\frac{1}{2a}\geqslant 3\sqrt[3]{a^2\cdot\frac{1}{2a}\cdot\frac{1}{2a}}=3\sqrt[3]{\frac{1}{4}}$，且当 $a^2=\frac{1}{2a}=\frac{1}{2a}$，即 $a=\sqrt[3]{\frac{1}{2}}$ 时能取到等号，所以 $\left(a^2+\frac{1}{a}\right)_{\min}=3\sqrt[3]{\frac{1}{4}}$.（注意：① $a=\sqrt[3]{\frac{1}{2}}\approx 0.793\,701$；② $3\sqrt[3]{\frac{1}{4}}=\sqrt[3]{\frac{27}{4}}<\sqrt[3]{\frac{32}{4}}=\sqrt[3]{8}=2$；$3\sqrt[3]{\frac{1}{4}}\approx 1.889\,88$）

事实上，上述情况可归纳为：当 $x\in D$ 时，恒有 $f(x)\geqslant g(x)$ 成立，且有 $x_0\in D$ 使得 $f(x_0)=g(x_0)$，但 $f(x)_{\min}\neq f(x_0)$. 例如，在求最大值时也会出现这种情况，即当 $x\in D$ 时，恒有 $f(x)\leqslant g(x)$ 成立，且有 $x_0\in D$ 使得 $f(x_0)=g(x_0)$，但 $f(x)_{\max}\neq f(x_0)$. 一些相关实例如下：

(1) 对函数 $f(x)=x^2$，$g(x)=2x-1$，恒有 $f(x)\geqslant g(x)$，且当 $x=1$ 时取到等号，但 $f(x)_{\min}=f(0)=0$. 这是因为 $f(x)=x^2\geqslant 0$ 且 $x=0$ 时取到等号，如图 4-1-17 所示.

(2) 对函数 $f(x)=x+\frac{1}{x^2}$ $(x>0)$，$g(x)=2\sqrt{\frac{1}{x}}$ $(x>0)$，因为 $x+\frac{1}{x^2}\geqslant 2\sqrt{x\cdot\frac{1}{x^2}}=2\sqrt{\frac{1}{x}}$，故恒有 $f(x)\geqslant g(x)$，且当 $x=\frac{1}{x^2}$，即 $x=1$ 时取到等号，但 $f(x)_{\min}\neq f(1)=2$. 这

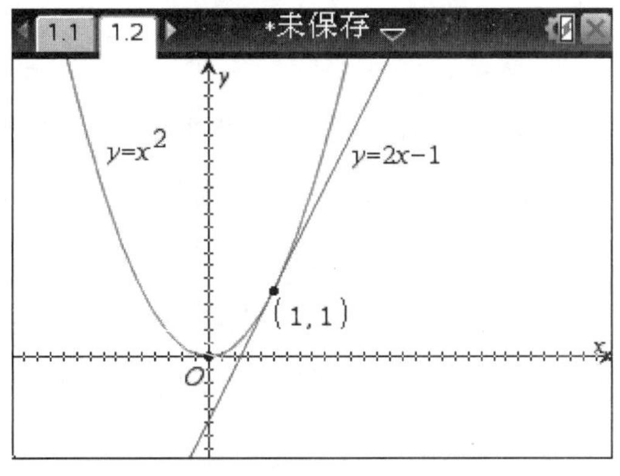

图 4-1-17

是因为 $f(x)=x+\dfrac{1}{x^2}=\dfrac{x}{2}+\dfrac{x}{2}+\dfrac{1}{x^2}\geqslant 3\sqrt[3]{\dfrac{x}{2}\cdot\dfrac{x}{2}\cdot\dfrac{1}{x^2}}=3\sqrt[3]{\dfrac{1}{4}}$，且当 $\dfrac{x}{2}=\dfrac{x}{2}=\dfrac{1}{x^2}$ 即 $x=\sqrt[3]{2}$ 时能取到等号.故 $f(x)_{\min}=3\sqrt[3]{\dfrac{1}{4}}$ （注意：$\sqrt[3]{2}\approx 1.259\,923$，$\sqrt[3]{\dfrac{1}{4}}\approx 1.889\,88$，$\sqrt[3]{\dfrac{1}{4}}<2$），如图 4-1-18 所示.

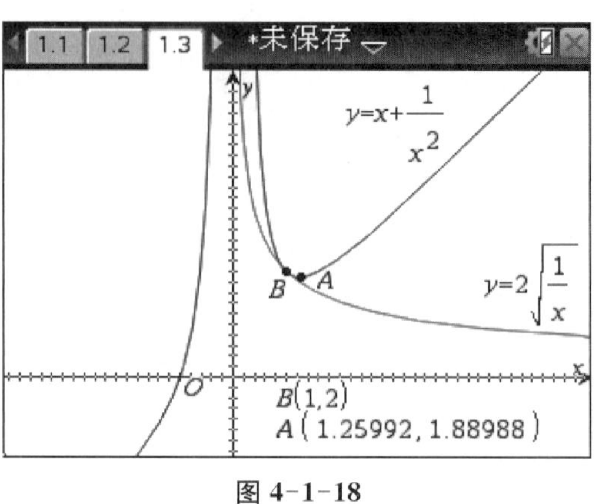

图 4-1-18

(3) 对函数 $f(x)=x(1-2x)\ \left(0<x<\dfrac{1}{2}\right)$，$g(x)=\left(\dfrac{1-x}{2}\right)^2\ \left(0<x<\dfrac{1}{2}\right)$，因为 $x(1-2x)\leqslant\left[\dfrac{x+(1-2x)}{2}\right]^2=\left(\dfrac{1-x}{2}\right)^2$，故恒有 $f(x)\leqslant g(x)$，且当 $x=1-2x$，即 $x=\dfrac{1}{3}$ 时取到等号，但 $f(x)_{\min}\neq f\left(\dfrac{1}{3}\right)=\dfrac{1}{9}$. 这是因为 $f(x)=x(1-2x)=\dfrac{1}{2}(2x)(1-2x)\leqslant\dfrac{1}{2}\left[\dfrac{2x+(1-2x)}{2}\right]^2=\dfrac{1}{8}$，且当 $2x=1-2x$，即 $x=\dfrac{1}{4}$ 时能取到等号.故 $f(x)_{\max}=\dfrac{1}{8}$ （注意：$0.125=\dfrac{1}{8}>\dfrac{1}{9}\approx 0.111\,111$），如图 4-1-19 所示.

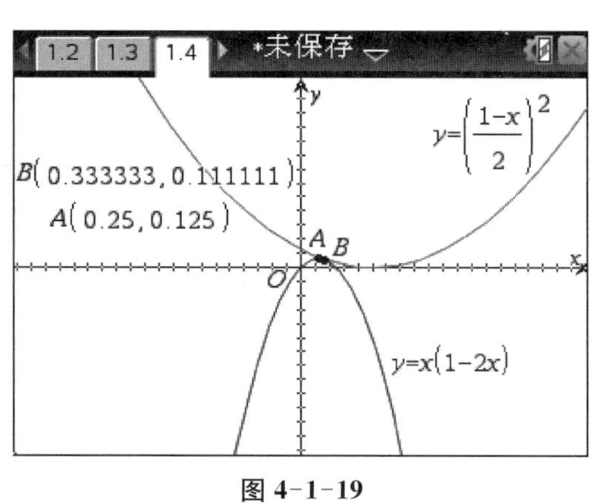

图 4-1-19

看过了前面列举的一些事实，大家应该早已认清了例 4 中做法的错误.但我们还有必要从理论上认识清楚，为什么只有当用基本不等式后出现了定值且能取到这个定值时，才获得相应的最值呢？

我们以求最小值为例说明(最大值是类似的).首先应明确 $f(x)\geqslant g(x)$ 恒成立只是表明在每一个横坐标处前者都不小于后者，但最小值是整体性质.其定义是：

设函数 $y=f(x)$ 的定义域为 D，若存在 $x_0\in D$，使得对任意的 $x\in D$，都有 $f(x)\geqslant f(x_0)$，则 $f(x_0)$ 叫做函数的最小值.(若都有 $f(x)\leqslant f(x_0)$，则 $f(x_0)$ 叫

做函数的最大值)

若对任意 $x \in D$，都有 $f(x) \geqslant g(x)=c$（其中 c 为常数），且当 $x=x_0 \in D$ 时能取到等号，即 $f(x_0)=g(x_0)=c$，从而就有 $f(x) \geqslant g(x)=c=f(x_0)$，由等量代换立得 $f(x) \geqslant f(x_0)$，据定义可知，此时 $f(x_0)$ 就是 $f(x)$ 的最小值，即 $f(x)_{\min}=f(x_0)=c$.

但如果 $g(x)$ 不是常数呢？即若对任意 $x \in D$，都有 $f(x) \geqslant g(x)$（不是常值函数），且当 $x=x_0 \in D$ 时能取到等号，即 $f(x_0)=g(x_0)$. 此时由 $\begin{cases} f(x) \geqslant g(x), \\ f(x_0)=g(x_0) \end{cases}$ 能得到什么呢？能得到 $f(x) \geqslant f(x_0)$ 吗？显然不能！故此时认为 $f(x)_{\min}=f(x_0)$ 是没有道理的.

3. 归纳思想方法的基本模型

俗话说：数学无处不转化，解决问题的过程就是不断地“转化”的过程，运用数学思想方法实现转化时，异彩纷呈而又各具特色的转化手段是需要积累的基本模型，如参变分离、换元、消元、配方、同除、取倒数等.例如，面对问题：集合 $A=\{x \mid x^2+(p+2)x+1=0\} \cap \mathbf{R}^+=\varnothing$，求实数 p 的取值范围.你作何感想？若将之归为一元二次方程的实根分布问题，通过分类讨论可以求解.但若走参变分离之路，将方程解的问题转化为函数图像的交点问题，则容易得多.又如，2006 年上海市高考第 12 题的命制可谓用心良苦：

例 5 三个同学对问题“关于 x 的不等式 $x^2+25+|x^3-5x^2| \geqslant ax$ 在 $x \in [1, 12]$ 上恒成立，求实数 a 的取值范围”提出各自的解题思路.

甲说：“只需不等式左边的最小值不小于右边的最大值.”

乙说：“把不等式变形为左边含变量 x 的函数，右边仅含常数，求函数的最值.”

丙说：“把不等式两边看成关于 x 的函数，作出函数图像.”

参考上述解题思路，你认为他们所讨论的问题的正确结论，即 a 的取值范围是________.

本问题在题设中对不同的转化途径作了明确提示.甲的说法是学生平时常犯的错误，写在此处的确意味深长；丙的想法很好也很自然，但很难执行.这种试题对学生的学习与教师的教学具有很好的导向作用——从不同角度观察问题、思考问题，可诱发我们思索“错误是如何发生的，题目是如何解出的”，从而加深对“数学思想方法如何使用”的感悟.

不仅如此，信息技术还可帮助我们走得更远.事实上，教师按照乙的方法讲完本题后，学生仍然很想知道：若真正采用甲、丙的方法来做，怎么操作？为什么说甲的思路很冒险？

借助信息技术遵循丙的思路很容易完成解题.按照甲的说法，学生利用科学计算器的“table”功能不难发现，不等式的左边尽管不是单调函数，但最小值在 $x=1$ 处取到，等于 30.注意到 $a\leqslant 0$ 时不等式显然成立，故只需考虑 $a>0$ 的情形，此时右边的最大值为 $12a$，从而就有 $30\geqslant 12a$，$0<a\leqslant\frac{5}{2}$，综合可得 a 的范围为 $a\leqslant\frac{5}{2}$.相对于正确结果 $a\leqslant 10$，显然这个范围“失解”了.此时，教师可以利用图形计算器的游标功能，通过控制参数的变化使图像移动，在移动中师生共同发现“失解”的原因.

构想一个方案，让机器去执行；遇到困惑，问机器求帮助，这正是信息技术的价值所在.机器提供的是光鲜亮丽的图与精准快速的数式运算，背后的遥控器却是解题者的逻辑思维.我们再看上海市普陀区 2018 年二模第 16 题，做过本题，大家可能会由衷发出这样的感慨——纵有机器算千遍，面对任意也枉然；活用思想妙转化，有了念头机作答.

例 6 已知 $k\in\mathbf{N}^*$，x、y、$z\in\mathbf{R}^+$，若 $k(xy+yz+zx)>5(x^2+y^2+z^2)$，则对此不等式描述正确的是 ( )

A. 若 $k=5$，则至少存在一个以 x、y、z 为边长的等边三角形

B. 若 $k=6$，则对任意满足不等式的 x、y、z 都存在以 x、y、z 为边长的三角形

C. 若 $k=7$，则对任意满足不等式的 x、y、z 都存在以 x、y、z 为边长的三角形

D. 若 $k=8$，则对满足不等式的 x、y、z 不存在以 x、y、z 为边长的直角三角形

作为选择题，采用排除法易知选(B).但至于(B)为什么正确，却是机器无法告诉我们的，因为“千万次的验”无法保证“任意”.这时在“不等化等”的思想方法指引下，机器就可帮助我们迅速完成对任意的证明.

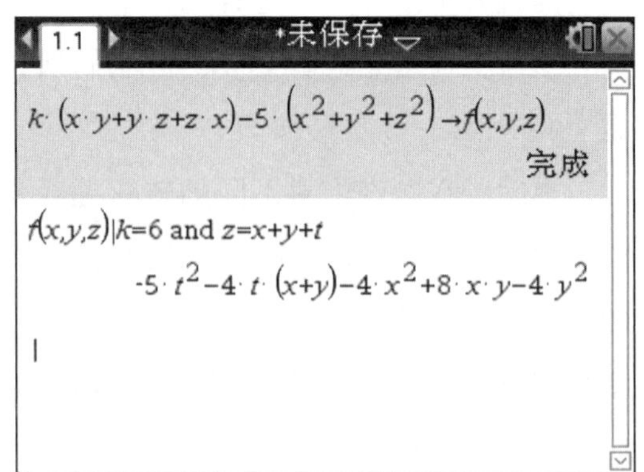

图 4-1-20

假设(B)中所述命题错误，则 x、y、z 中必有某两个正数的和不大于第三个，不妨设 $x+y\leqslant z$，从而可设 $z=x+y+t$ $(t\geqslant 0)$，证明过程如图 4-1-20 所示.

由于 $t\geqslant 0$ 且 $-4x^2+8xy-4y^2=$

$-4(x-y)^2 \leqslant 0$，因此，此时的 $f(x, y, z)<0$，与题设矛盾，故(B)中命题得证.

三、帮助更好地进行问题的变式设计

以下分析为变式问题的命制提供了一些思路.

1. 体会概念的“变”与“不变”

在同一背景下串联起多个数学概念的问题具有独特的奇异与和谐之美.

在教学中经常创设“一图多用”的情境可以很好地考查学生对概念的理解.

例7 给定⊙O 与⊙O 所在平面上的点 A，点 P 是⊙O 上任一点，联结 PA、PO，线段 PA 的中垂线与直线 PO 的交点记作 Q. 试问：点 Q 的轨迹是什么？

首先，点与圆的位置关系告诉我们，要分三种情况讨论：A 在⊙O 内，A 在⊙O 上，A 在⊙O 外.教学时先让学生分析，获得初步的结论，再用几何画板动画检验.可探得结论如下：A 在⊙O 内且不与圆心重合时轨迹为椭圆，与圆心重合时轨迹为圆；A 在⊙O 上时轨迹为点 O；A 在⊙O 外时轨迹为双曲线.其图像分别如图 4-1-21、图 4-1-22、图4-1-23 所示.(边展示边让学生口述其背后的道理，此处概念的本质属性就被回忆出来，且在比较中不断得以修正与完善)

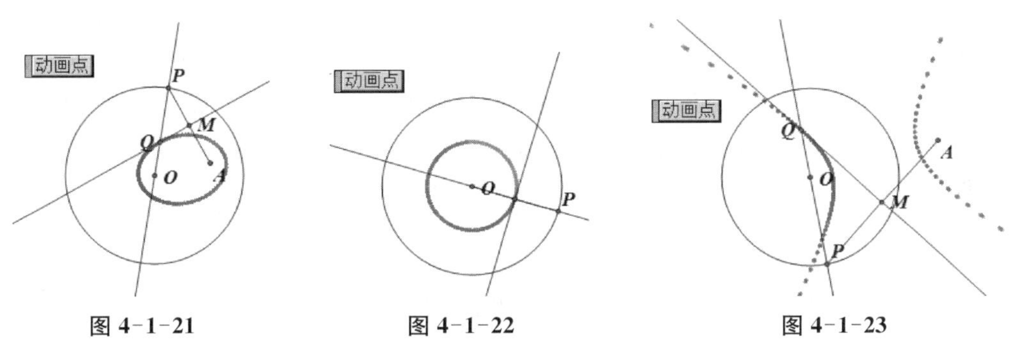

图 4-1-21　　图 4-1-22　　图 4-1-23

分析完这些情况之后，向学生提出问题：(1) 你能否再借用刚才的图形创造出抛物线来？(2) 你还能发现其他的曲线吗？

为完成问题(1)，学生需要思考抛物线的本质属性是什么，继而在原图中选择“定点、定直线”，并努力通过适当的作图使最终需要追踪的动点符合上述本质属性.该问题方法不止一种，具有开放性，一种可能的作图方法如图 4-1-24 所示.为完成问题(2)，更需要学生克服定势思维，通过改变点的位置，即可利用几何画板方便地完成作答.一种可能的设想是过线段 AP 上非中点的点 M 作垂线，可以获得的曲线如图 4-1-25 所示(鸡蛋形等).

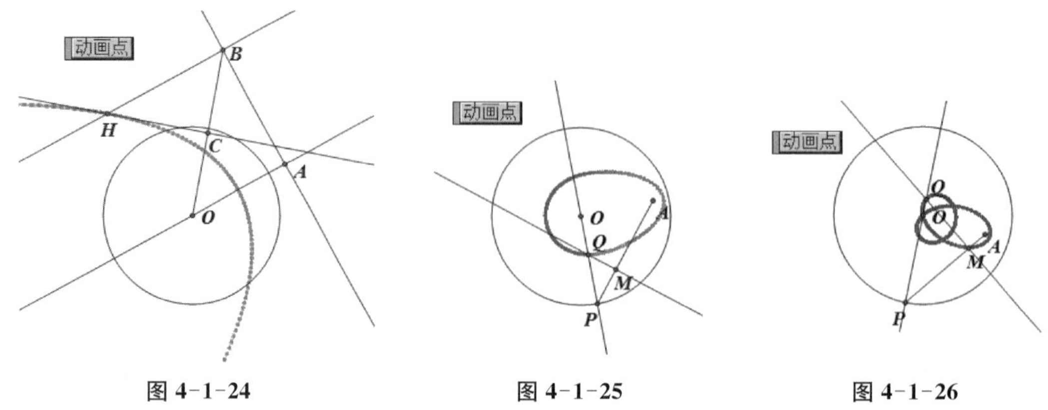

图 4-1-24　　图 4-1-25　　图 4-1-26

2. 体会重要结论或性质的变与不变

我们知道，函数解析式或曲线方程中参数的改变会影响函数性质或曲线性质的变与不变（如从圆到椭圆再到双曲线的类比等），寻求变化中的不变是数学永恒的话题.借助图形计算器的“游标”功能及全方位的绘图功能，可方便地获得隐藏在其中的规律，或帮助我们迅速检验心中的猜测，将探索引向深入.另外，计算机编程技术可以引领我们处理一些鞭长莫及的循环问题（特别是与数论有关的问题）.

例如，我们熟知的圆中诸结论：(1) 平分弦（不是直径）的直径垂直于弦（圆的垂径定理）；(2) 圆的一条直径的两端点与圆上除这两个端点外的任一点的连线的斜率之积为定值；(3) 过切点的直径垂直于圆的切线.这些结论类比到椭圆中，自然会产生相应的疑问：(1) 椭圆中，过中心平分椭圆弦的直线与弦所在直线的斜率之积为定值吗？（假设它们的斜率都存在）(2) 椭圆中，过椭圆中心的一条弦的两端点与椭圆上除这两个端点外的任一点的连线的斜率之积为定值吗？(3) 椭圆中，椭圆上一点与中心连线的斜率与该点处切线的斜率之积为定值吗？（假设斜率存在）身边的信息技术可助力我们的寻根究底之旅.

3. 体会思想方法的变与不变

由于数学思想方法的普适性，其渗透在众多知识领域的学习中，因此命制考查思想方法的试题比较常见，此处无须赘述.

四、努力谋划基于信息技术的教学设计，营造高效课堂教学

如前所述，技术之化静为动、化不可言传为清晰可见等功能，激发了学生兴趣，凸显了学科本质，深化了师生探究，使发现学习成为可能，课堂显得生机勃勃、灵动

高效.在进行教学设计时,是否使用技术,如何更好地使用,应成为教师习惯性的思考.

例如,如何教学“直线与平面所成的角”?对于发生式定义教学的引入而言,如果直接给出定义,即直接给出构造的过程,在许多情况下效果不够好,此时我们可以考虑利用信息技术提供观察实例,引导学生思考并进行讨论以能够自然得出构造过程,揭示定义的合理性.“直线与平面所成的角”这一概念的引入,可以用多媒体方式呈现问题情境:“一条直线 AB 和一个平面 α 相交,如何来衡量直线对平面的倾斜程度?”并借助多媒体手段与数学结合的形式对角的概念进行回顾,引导学生提出“过直线与平面的交点 B,在平面内找一条射线 BC,用它与 AB 所成的角来衡量”.这时可问学生,“是否任意选一条都行?”通过观察和动态演示,学生会注意到,选的射线不同,所成的角也不一样.通过进一步观察,让学生考虑“选取哪一条射线可以有明确的结果?”这将能达到刻画直线对平面倾斜程度的目的.自然地,有学生能想到“选取所成的角最小的那条射线”.在技术手段的辅助下,容易得出选取直线 AB 在平面 α 内的射影.最后,师生给出准确的定义:“平面的一条斜线和它在平面上的射影所成的锐角,叫做这条直线和这个平面所成的角.”教学实践证明,这样的设计,学生对概念的理解与掌握比较好.

再如,无限与极限始终是学生学习的难点.以定积分的几何意义——曲边梯形为例,教学时可以利用计算机动画模拟无限逼近过程,随着区间划分 n 的增大,小矩形的面积越来越靠近曲边梯形面积,无限过程和结果的相似性有利于学生顺应实无限,形成极限概念.

第二节　信息技术促进数学核心知识学习案例解析

本节案例中所采用的信息技术以图形计算器为主.

我们认为,应在教学中贯彻如下理念:尊重和确立学生在教学中的主体地位,培养学生对问题独立思考的积极态度、理性精神及主动探索的实践能力,浸润创新意识.

实践证明,该理念可以在 TI 手持教育技术的环境下得以较好实现.TI 系列图形计算器是一款能绘制函数图像的学具,小巧便携、功能齐全而强大.TI 手持教育技术的作用主要体现为三点：检验或调整我们的思考，实现多角度理解；启迪或深化我们的思考，实现顿悟式跨越；呈现或表达我们的思考，实现零距离交流.第一点是说，不借助技术独立思考解决问题，然后再用技术来检验我们的结果或对已做出的结果作出调整；第二点是说，用常规方法感到有困难时，可向技术寻求启迪，进而在技术的帮助下让我们的探索走向深入；第三点是说，技术的使用可以实现师生、生生之间的即时互动，方便地呈现彼此的思想，以便共享、交流、研讨，让理性精神和创新意识在头脑风暴中孕育、发芽、成长.

案例1　平面几何图形中的分段函数

本例可作为初高中衔接的一个好素材.

一、问题描述

如图 4-2-1，已知 $\triangle ABC$ 中，$AB=AC=5$，$BC=6$，点 O 是边 BC 上的动点，以点 O 为圆心，OB 为半径作圆 O，交边 AB 于点 D，过点 D 作 $\angle ODP=\angle B$，交边 AC 于点 P，交圆 O 于点 E. 设 $OB=x$.

(1) 当点 P 与点 C 重合时，求 PD 的长；

(2) 设 $AP-EP=y$，求 y 关于 x 的函数表达式及定义域；

(3) 连接 OP，当 $OP\perp OD$ 时，试判断以点 P 为圆心、PC 为半径的圆 P 与圆 O 的位置关系.①

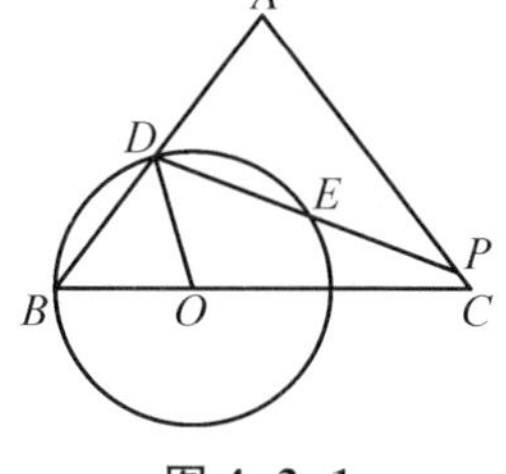

图 4-2-1

二、问题解决

本题是整份试卷的压轴题，有较大难度，思维含量很大，但利用计算器的“几何”功能却可轻松做出，因此可作为计算器应用于中学数学教与学的极好素材.

为选择合适的单位长度以便作出大小合适的图形，同时也是为了准确给图形中的点、线定位，在“几何”界面下，选择菜单—视图—绘制，显示平面直角坐标系.作出题设要求的图形，如图 4-2-2 所示.

1. 构造线段 AP、EP、OB 并度量它们的长度，分别将 $AP-EP$、OB 的值保存为变量 x、y，如图 4-2-3 所示.

① 本题选自上海市徐汇区 2016 学年第二学期初三数学学习能力诊断卷.

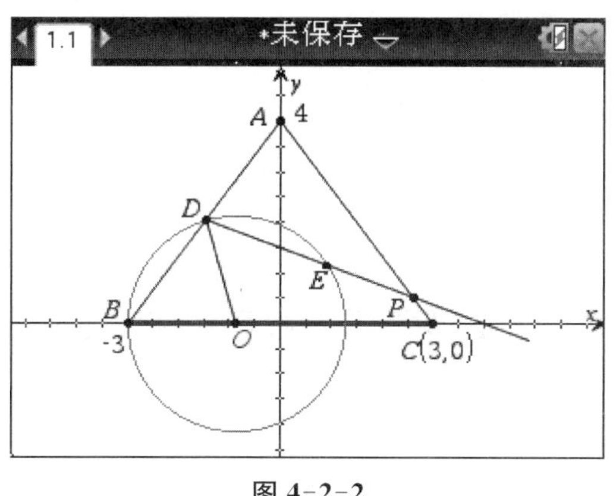

1.1
*未保存
y
A
4
D
E
B
P
-3
O
C(3,0)
x

图 4-2-2

1.1
*未保存
A
4
x=2.12727 u
AP=4.37013 u
EP=1.8174 u
m−n
y=2.55273
D
E
B
P
-3
O
C(3,0)

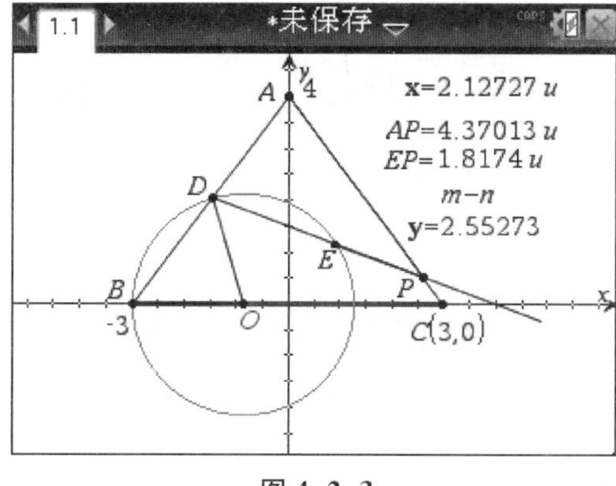

图 4-2-3

2. 当我们在线段 BC 上拖动点 O，可清楚地看到 $AP=PD$，如图 4-2-4 所示.特别地，当点 P 与点 C 重合时就有 $PD=AP=AC=5$.

1.1
*2017徐汇1
A
4
x=1.83636 u
PD=4.99351 u
AP=4.99351 u
EP=2.78987 u
m−n
y=2.20364
D
E
B
P
-3
O
C(3,0)
P(2.9961,0.005195)

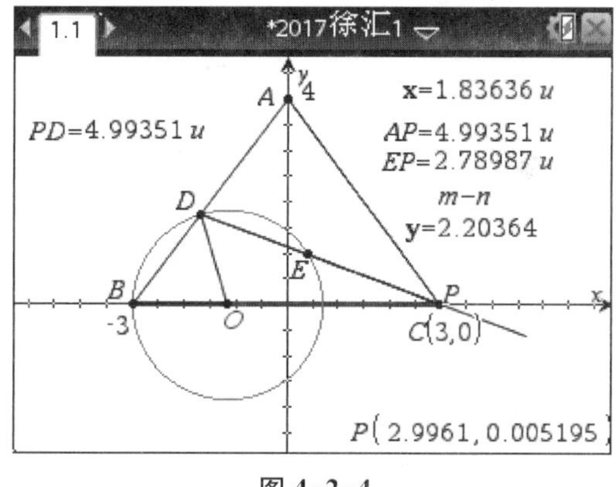

图 4-2-4

3. 添加"列表与电子表格"页面，将 A 列命名为 zbl(自变量)，B 列命名为 ybl(因变量).A 列设置对变量 x 的自动数据捕获，B 列设置对变量 y 的自动数据捕获.添加"数据与统计"页面，在横轴单击并添加变量"zbl"，在纵轴单击并添加变量"ybl".回到"几何"页面，在线段 BC 上拖动点 O."列表与电子表格"页面如图 4-2-5 所示，"数据与统计"页面如图 4-2-6 所示.

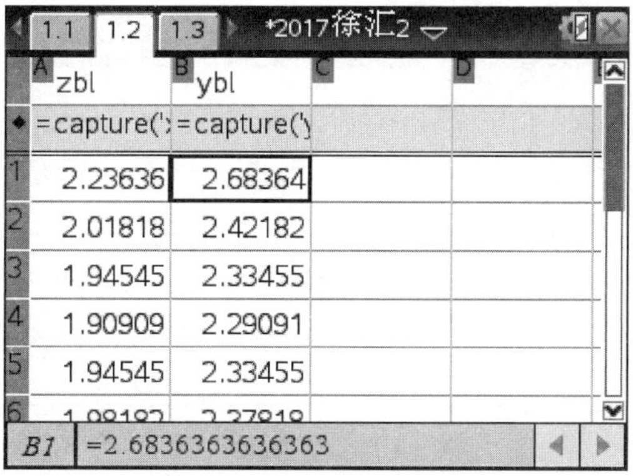

1.1
1.2
1.3
*2017徐汇2
A zbl
B ybl
C
D
=capture(
=capture(
1 2.23636 2.68364
2 2.01818 2.42182
3 1.94545 2.33455
4 1.90909 2.29091
5 1.94545 2.33455
B1 =2.6836363636363

图 4-2-5

1.3
1.4
1.5
*2017徐汇2
6
0
−6
ybl
−3 −2 −1 0 1 2 3 4 5 6 7 8
zbl

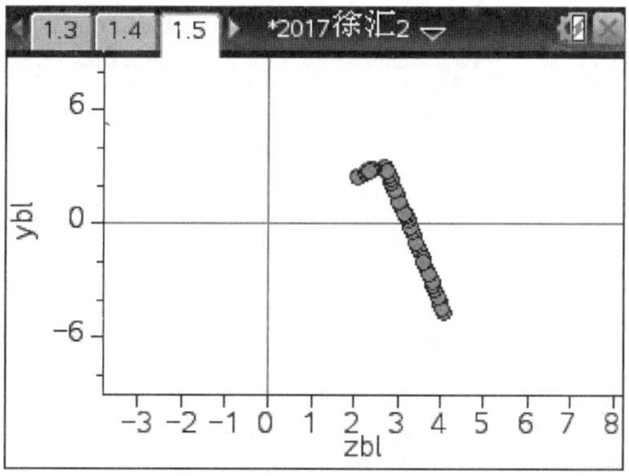

图 4-2-6

从图 4-2-6 的图像，可知 y 关于 x 的函数应该是一个分段函数，而且两段均为直线型.

4. 回到“几何”页面，在线段 BC 上拖动点 O 并仔细观察，可以发现 3 个临界位置：点 P 与点 C 重合(图 4-2-4)，点 P 与点 E 重合(图 4-2-7)，点 P、A、D 重合(图 4-2-8).

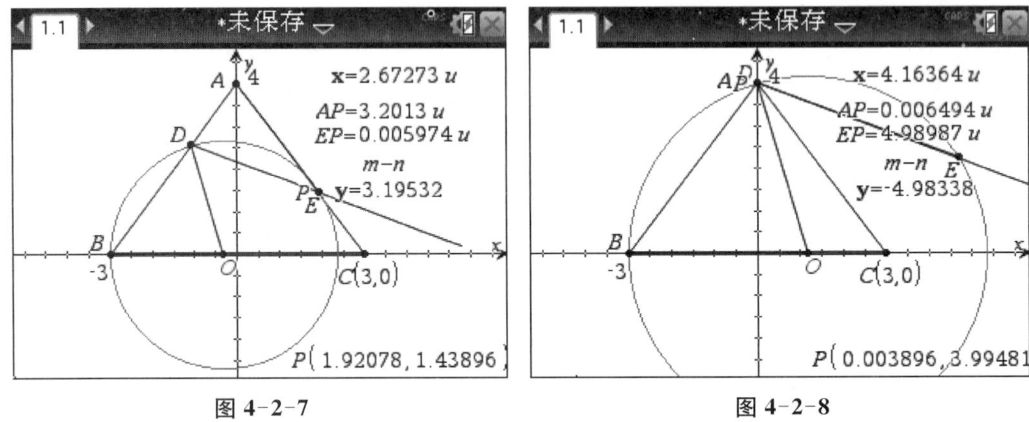

图 4-2-7　　　　图 4-2-8

5. 在“几何”页面中通过拖动点 O 让点 P 在点 C 和 E、P 重合的临界位置之间，保持此初始状态. 打开“列表与电子表格”页面，在 A 列重新设置对变量 x 的自动数据捕获，B 列重新设置对变量 y 的自动数据捕获. 回到“几何”页面，在线段 BC 上拖动点 O，确保点 P 在点 C 和点 E、P 重合的临界位置之间.“列表与电子表格”页面如图 4-2-9 所示，“数据与统计”页面如图 4-2-10 所示. 在“数据与统计”页面选择菜单—分析—回归—显示线性回归($mx+b$)，得到拟合函数 $y=1.2x$ $(1.836\ 36 \leqslant x \leqslant 2.672\ 73)$(此处的定义域可由图 4-2-4、图 4-2-7 获知)，如图 4-2-11 所示.

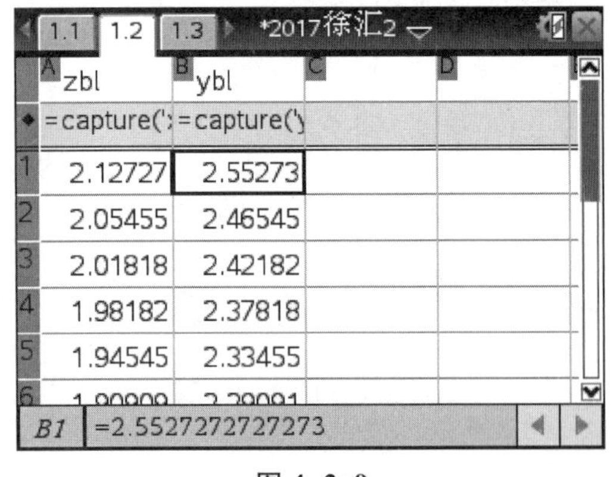

图 4-2-9

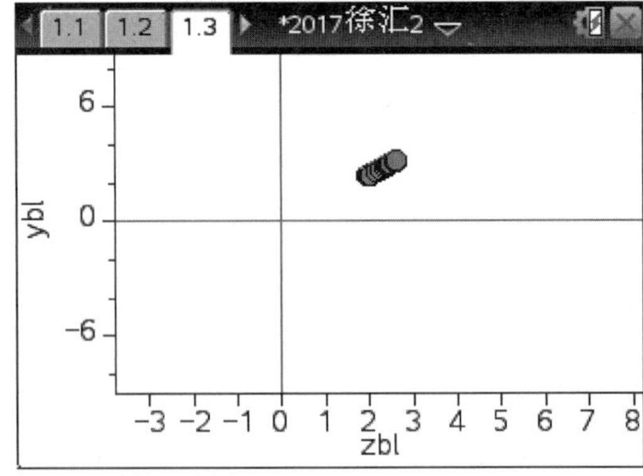

图 4-2-10

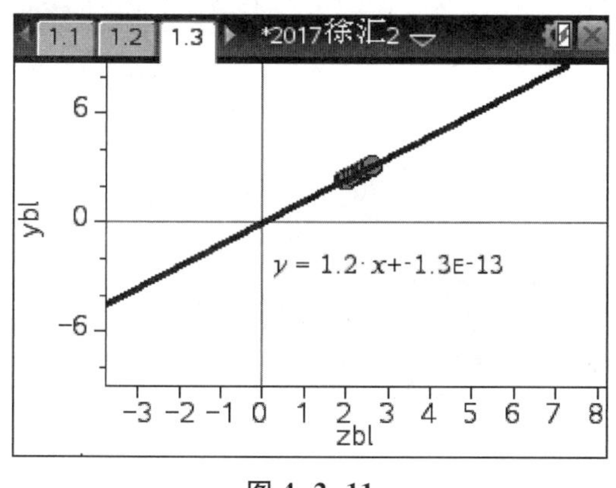

图 4-2-11

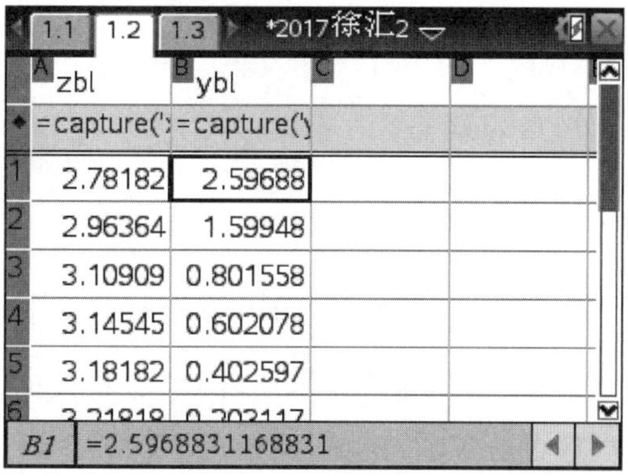

1.1 1.2 1.3 *2017徐汇2

	A zbl	B ybl	C	D
◆	=capture('	=capture('		
1	2.78182	2.59688		
2	2.96364	1.59948		
3	3.10909	0.801558		
4	3.14545	0.602078		
5	3.18182	0.402597		

B1 =2.5968831168831

图 4-2-12

6. 在“几何”页面中通过拖动点 O 让点 P 在点 A 和 E、P 重合的临界位置之间，保持此初始状态.打开“列表与电子表格”页面，在 A 列重新设置对变量 x 的自动数据捕获，B 列重新设置对变量 y 的自动数据捕获.回到“几何”页面，在线段 BC 上拖动点 O，确保点 P 在点 A 和点 E、P 重合的临界位置之间.“列表与电子表格”页面如图 4-2-12 所示，“数据与统计”页面如图 4-2-13 所示.在“数据与统计”页面选择菜单—分析—回归—显示线性回归($mx+b$)，得到拟合函数为

$$y=-5.485\ 714\ 285\ 71x+17.857\ 142\ 857\ 1(2.672\ 73<x\leqslant 4.163\ 64).$$

(此处的定义域可由图 4-2-7、图 4-2-8 获知)，如图 4-2-14 所示.

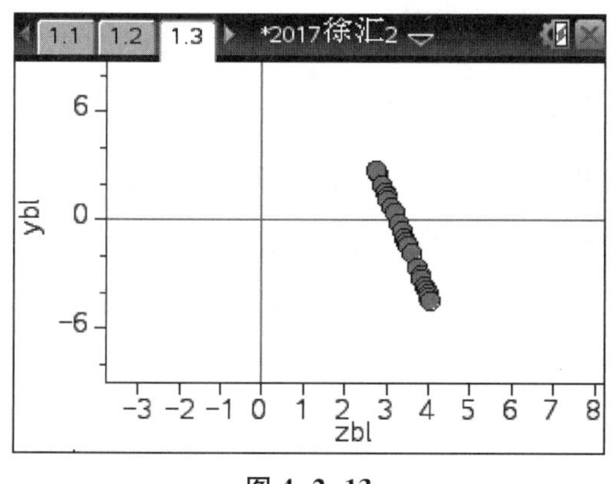

图 4-2-13

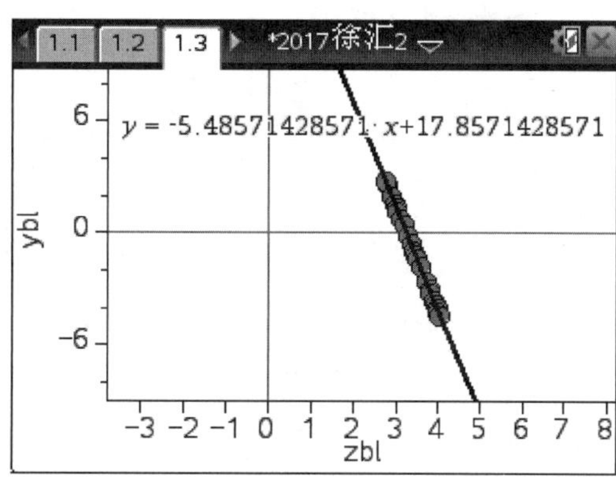

图 4-2-14

由 5 和 6 的讨论可知，y 关于 x 的函数表达式及定义域为：

$$y=\begin{cases}1.2x, & 1.386\ 36\leqslant x\leqslant 2.672\ 73;\\ -5.485\ 714\ 285\ 71x+17.857\ 142\ 857\ 1, & 2.672\ 73<x\leqslant 4.163\ 64.\end{cases}$$

7. 如图 4-2-15，可知当 $OP \perp OD$ 时，以点 P 为圆心、PC 为半径的圆 P 与圆 O 的位置关系为相交.

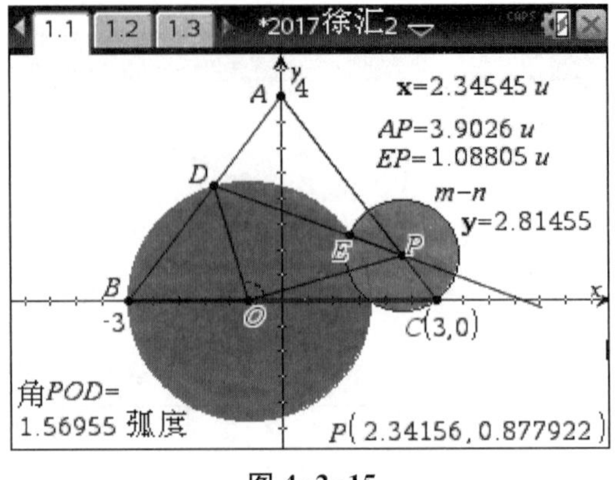

图 4-2-15

三、研究感悟

TI 图形计算器对几何中动态数据的处理，可以做到精确作图、同步捕获数据并以 EXCEL 表格形式呈现，同时在“数据与统计”页面中描出点来，继而给出回归函数.这些功能的重要价值不仅体现在纯粹数学中，更体现在物理学、化学以及实际生活中对纷繁数据的处理中.

对于上述考题，当我们完全抛开图形计算器，经过艰难的分析、推理、计算，在时间较为充足的条件下，我们可以获得 y 关于 x 的函数表达式及定义域为：

$$y=\begin{cases}\dfrac{6}{5}x, & \dfrac{11}{6}\leqslant x\leqslant\dfrac{625}{234};\\ -\dfrac{192}{35}x+\dfrac{125}{7}, & \dfrac{625}{234}<x\leqslant\dfrac{25}{6}.\end{cases}$$

案例 2 “随手一画”引出的问题

一、问题描述

我们在高一某班进行“对数函数的图像与性质”一课的教学时，指导学生根据“$y=\log_a x$ 与 $y=a^x$ 互为反函数”这一特点以及“反函数与原函数图像关于直线 $y=x$ 对称”这一特征，自主探究函数 $y=\log_a x$ 的图像与性质.一段时间后，教师请一位学生上台向同学们介绍自己的学习所得.或许是新装备的白板和墨水笔实在太滑，又或许是这位学生平时的作图习惯比较随意，他在白板上随手就画下了这样一幅图像(图 4-2-16).他刚一画完，立刻就有另一位学生在下面提出：“老师，他画错了，当 $a>1$ 时这两个函数图像不可能有交点的.”教师追问：“为什么这两个函数图像不可能有交点呢?”下面的学生七嘴八舌地回答：“我们都画过了，不论 a 取 2、3 或者其他值，指数函数的图像都明显比对数函数图像高，

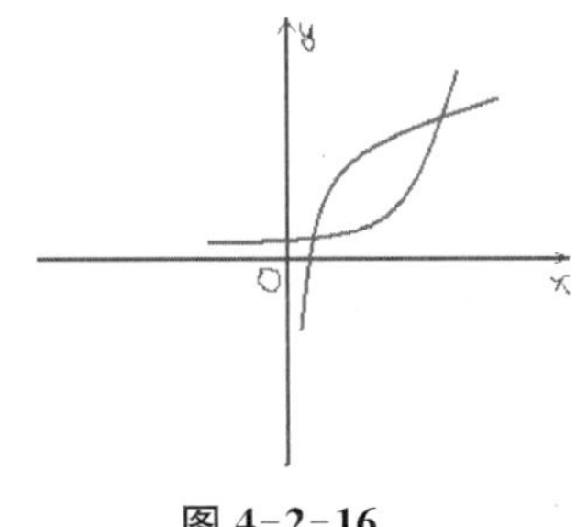

图 4-2-16

是不可能相交的.”教师又问:“那要是将 a 取比较接近 1 的值呢?”“呃——,这也可以吗?”学生顿时语塞.“那好,这个问题留给同学们回去思考吧,”教师说:“提示一下,可以取 $a=\sqrt{2}$ 试试看哦.”

二、问题解决

看来,用传统的列表描点作图法是不太容易说服学生了.第二天,教师带着 TI 图形计算器,以及安装了导航程序和连接程序的笔记本电脑去了班级.刚进教室,就有学生对教师说:“老师我们算过了,当 $a=\sqrt{2}$ 时,这两个函数图像真的有两个交点 (2, 2) 和 (4, 4). 太神奇了,到底这图像应该怎么画呢?”见学生们都露出疑惑与渴求的表情,教师亮出图形计算器并介绍完其大致功能后,将图形计算器连在电脑上,分别展示了 a 取 2 和 $\sqrt{2}$ 时的图像(图 4-2-17、图 4-2-18):

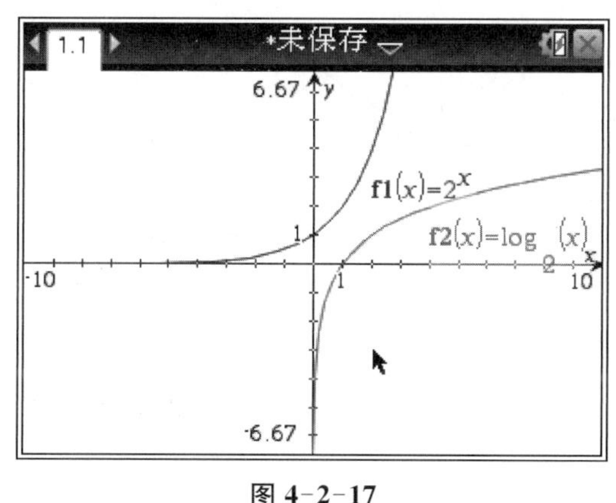

图 4-2-17

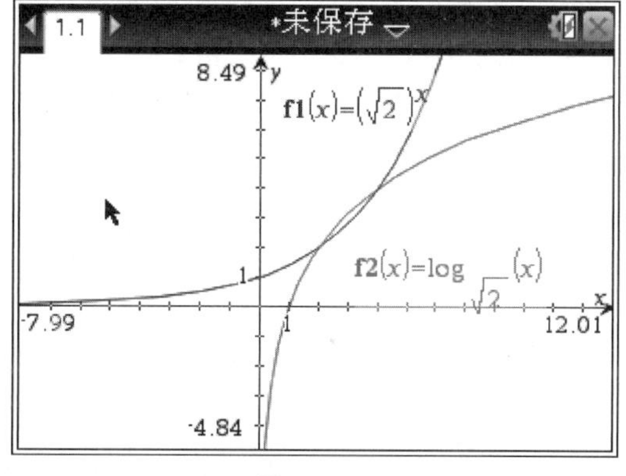

图 4-2-18

这下,学生们开始信服了:“哦,原来图像是这样的啊.”教师解释道:“通过图像可以看出,当 a 的值较小时,由于指数函数在 x 较小时增速较缓,而对数函数增速较快,因此会出现对数函数图像超过指数函数图像的现象.不过随着 x 的增大,指数函数图像迅速上升,而对数函数图像则趋于平缓,于是指数函数图像再次‘反超’对数函数图像了.”这时,一位学生问:“老师,那什么时候这两个图像会‘刚好’相互接触呢?”这顿时引发了学生们的共鸣.见学生们的好奇心已经被激发起来,教师打开了导航软件,利用“图形”页面中的“游标”功能开始进行探究(图 4-2-19、图 4-2-20、图 4-2-21).

通过调节游标的范围和精度,发现当 a 取 1.446 时,这两个函数图像“恰好”只有一个公共点.这次学生们信服了:“原来当 a 大于 1.446 时这两个图像才是不相交的,a 小于 1.446 时这两个图像是相交的.”正当教师为能利用新技术解决学生们的困惑

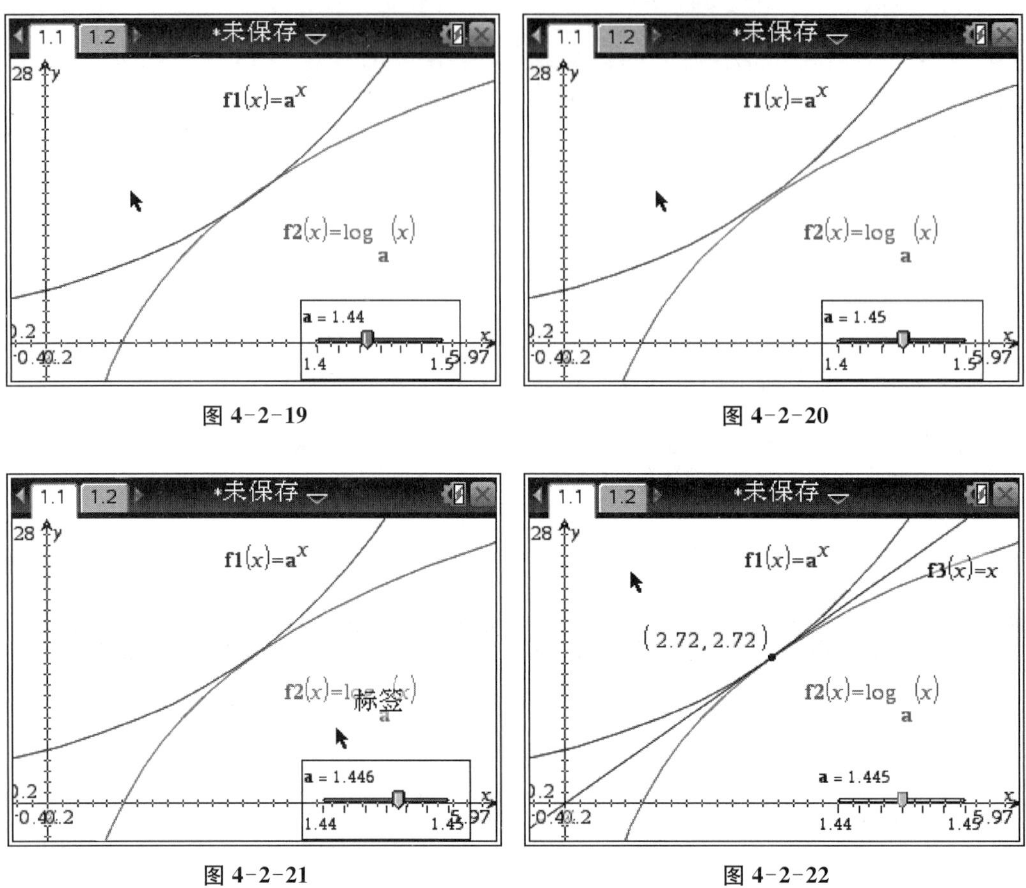

图 4-2-19　　图 4-2-20

图 4-2-21　　图 4-2-22

而暗自得意时，有两位学生的低声私语传入了教师耳朵："好像 $a=1.446$ 时这两个图像有点看不清吧，到底这个 a 的临界值是多少呢？"

是啊，这个精确的临界值到底是多少呢？课后，教师对这个问题又进行了深入探究.通过观察图像发现，当这两个函数图像恰好有一个公共点时，它们在这个公共点处相切，进一步分析发现，由于这两个函数图像均为单调递增，且关于直线 $y=x$ 对称，因此当它们相切时，该切点正好落在直线 $y=x$ 上，且它们在该切点处的一阶导数值恰好等于 1（图 4-2-22）.这样，确定 a 临界值的方程组即为：

$$\begin{cases} a^x=x, & ① \\ (a^x)'=1, & ② \end{cases}$$

其中 $a>1$. 将该方程组输入图形计算器，得到以下结果（图 4-2-23、图 4-2-24 所示）.

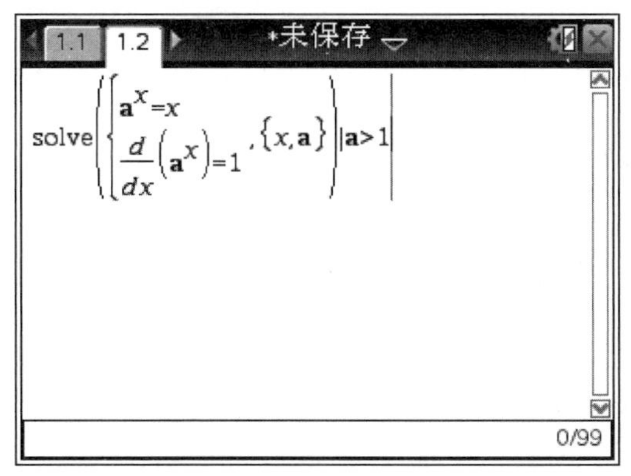

图 4-2-23

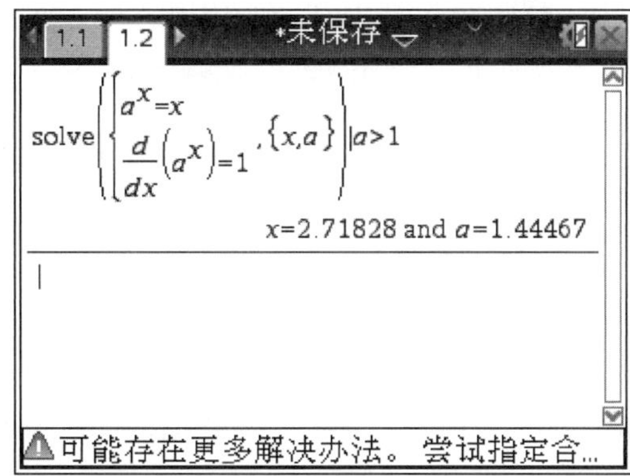

图 4-2-24

这样可得到比较精确的 a 的临界值为 1.444 67，这比上课时学生们归纳出来的值又要精确一些了！不过，为了得到更精确的 a 的临界值，教师采用了以下代数方法：由方程①，得 $a=x^{\frac{1}{x}}$，由方程②，得 $\ln a\cdot a^{x}=1$. 将①代入，②得 $\frac{1}{x}\cdot(\ln x)\cdot x=1$，即 $\ln x=1$，于是 $x=\mathrm{e}$，代回方程①，得 $a=\mathrm{e}^{\frac{1}{\mathrm{e}}}$（$\approx 1.444\ 67$），这就是更精确的 a 的临界值！通过进一步代数证明可得：当 $a>\mathrm{e}^{\frac{1}{\mathrm{e}}}$ 时，函数 $y=a^{x}$ 与 $y=\log_{a}x$ 的图像无公共点，当 $1<a<\mathrm{e}^{\frac{1}{\mathrm{e}}}$ 时，函数 $y=a^{x}$ 与 $y=\log_{a}x$ 的图像有两个不同的公共点.

三、研究感悟

指数函数和对数函数的图像与性质一直是高一数学教学中的一个难点. 由于这两个函数是超越函数，且对于学生们来说是全新的初等基本函数，因此用传统的列表描点法来研究其图像与性质，学生很难形成直观上的认识. 特别是指数函数与对数函数图像的位置关系问题. 例如，$a>1$ 时函数 $y=a^{x}$ 与 $y=\log_{a}x$ 的图像是否有交点，以及 $0<a<1$ 时函数 $y=a^{x}$ 与 $y=\log_{a}x$ 的图像是否只有一个交点的问题，更是超出了学生的直观想象. 而教师在此处教学时，除了举反例，似乎也找不出更有效的办法帮助学生认知. 而利用 TI 图形计算器来解决此类问题则显得较为轻松. 事实上，我们可以类似探究：当 $0<a<1$ 时函数 $y=a^{x}$ 与 $y=\log_{a}x$ 的图像交点个数问题，并容易得出该问题中 a 的临界值为 $\mathrm{e}^{\frac{1}{\mathrm{e}}}\approx 0.065\ 988$. 通过 TI 图形计算器的函数图像及代数计算功能，在教学实践中指导学生利用数学实验对问题进行探究，可使学生对这两个函数的图像产生更为清晰和准确的感性认识，并可帮助学生理清思路，找到解决问题的突破口，由感性认识上升到理性分析；同时激发学生的求知欲望，提高学生对数

学的应用意识,并培养学生用所学的数学知识和计算机技术去认识问题和解决实际问题的能力,逐步建构并发展自己的数学认知结构,形成良好的创新思维品质.

案例3 何时有六个点

一、问题描述

在棱长为1的正方体 $ABCD\text{-}A_1B_1C_1D_1$ 中,P 是正方体棱上的一点(不包括棱的端点),若满足 $|PB|+|PD_1|=m$ 的点 P 的个数为6,求 m 的取值范围.①

二、问题解决

分析与解答一: 常见的解答(包括命题人的解答)如下:

解: 因为 $|PB|+|PD_1|=m>|BD_1|=\sqrt{3}$,所以 $m=\sqrt{3}$.

因为正方体的棱长为1,所以正方体的面对角线长为 $\sqrt{2}$.

因为点 P 的个数为6,所以短半轴长 $b\leqslant\frac{\sqrt{2}}{2}$.

因为短半轴长 $b=\sqrt{\left(\frac{m}{2}\right)^2-\left(\frac{BD_1}{2}\right)^2}=\sqrt{\frac{m^2}{4}-\frac{3}{4}}=\frac{\sqrt{m^2-3}}{2}$,所以 $\frac{\sqrt{m^2-3}}{2}\leqslant\frac{\sqrt{2}}{2}$,解得 $m\leqslant\sqrt{5}$.

所以 m 的取值范围为 $m\in(\sqrt{3},\sqrt{5}]$.

然而,上面给出的结果是错误的!其实,当 $m=\sqrt{5}$ 时,满足条件的点 P 的个数为12个而不是6个.解释如下:

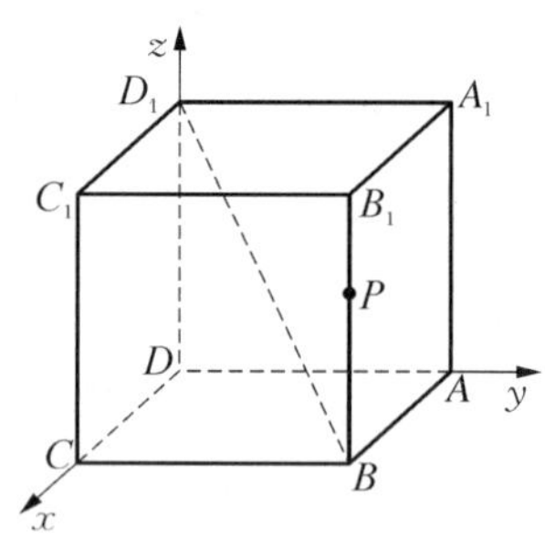

图 4-2-25

如图4-2-25,以 D 为坐标原点,射线 DC、DA、DD_1 分别为 x 轴、y 轴、z 轴的正半轴,建立空间直角坐标系,则 $B(1,1,0)$、$D_1(0,0,1)$,十二条棱(不含端点)上的点 P 的坐标表示见表4-3.

可以验证:

对于第一组中的序号为1、2、3的三条棱上的点 P,都有 $m=|PB|+|PD_1|=a+\sqrt{(1-a)^2+2}$;

① 本题是上海市某校高三第一学期月考第10题,类似的问题曾作为某区的二模试题.

表 4-3

组　别	序　号	棱	棱上的点 P 的坐标表示	注
第一组	1	BB_1	$(1, 1, a)$	在用坐标表示每一条棱上的点时，变化的那个坐标分量统一使用了字母 a，这些 a 除了取值范围均为 $(0, 1)$ 外，彼此之间并无关系.
	2	C_1D_1	$(a, 0, 1)$	
	3	A_1D_1	$(0, a, 1)$	
	4	DD_1	$(0, 0, a)$	
	5	AB	$(a, 1, 0)$	
	6	BC	$(1, a, 0)$	
第二组	7	CD	$(a, 0, 0)$	
	8	A_1B_1	$(a, 1, 1)$	
	9	CC_1	$(1, 0, a)$	
	10	AA_1	$(0, 1, a)$	
	11	AD	$(0, a, 0)$	
	12	B_1C_1	$(1, a, 1)$	

对于第一组中的序号为 4、5、6 的三条棱上的点 P，都有 $m=|PB|+|PD_1|=1-a+\sqrt{a^2+2}$；

对于第二组中的六条棱上的点 P，都有 $m=|PB|+|PD_1|=\sqrt{a^2+1}+\sqrt{(1-a)^2+1}$.

分别令上述的 $m=\sqrt{5}$，如图 4-2-26，可解得满足条件的 12 个点 P，如表 4-4 所示.

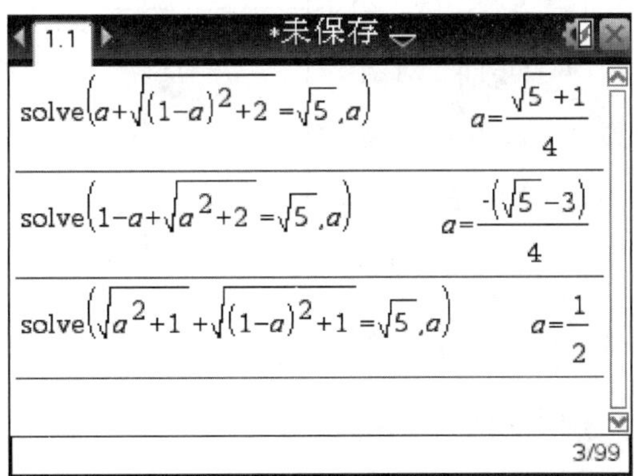

图 4-2-26

表 4-4

组别	序号	棱	棱上符合题设条件 $m=\sqrt{5}$ 的点 P 的坐标	组别	序号	棱	棱上符合题设条件 $m=\sqrt{5}$ 的点 P 的坐标
第一组	1	BB_1	$\left(1,1,\dfrac{\sqrt{5}+1}{4}\right)$	第二组	7	CD	$\left(\dfrac{1}{2},0,0\right)$
	2	C_1D_1	$\left(\dfrac{\sqrt{5}+1}{4},0,1\right)$		8	A_1B_1	$\left(\dfrac{1}{2},1,1\right)$
	3	A_1D_1	$\left(0,\dfrac{\sqrt{5}+1}{4},1\right)$		9	CC_1	$\left(1,0,\dfrac{1}{2}\right)$
	4	DD_1	$\left(0,0,\dfrac{3-\sqrt{5}}{4}\right)$		10	AA_1	$\left(0,1,\dfrac{1}{2}\right)$
	5	AB	$\left(\dfrac{3-\sqrt{5}}{4},1,0\right)$		11	AD	$\left(0,\dfrac{1}{2},0\right)$
	6	BC	$\left(1,\dfrac{3-\sqrt{5}}{4},0\right)$		12	B_1C_1	$\left(1,\dfrac{1}{2},1\right)$

在阅读上述“解”时的另一个困惑是：为什么“因为点 P 的个数为 6，所以短半轴长 $b\leqslant\dfrac{\sqrt{2}}{2}$”？以下尝试从不同角度给出比较清楚的解答.

分析与解答二：仍然如图 4-2-27 建系，对于表 4-3 第一组中序号为 1、2、3 的三条棱上的点 P，均有 $m=|PB|+|PD_1|=a+\sqrt{(1-a)^2+2}\in(\sqrt{3},1+\sqrt{2})$（见图 4-2-27）；同样，对于表 4-3 第一组中序号为 4、5、6 的三条棱上的点 P，均有 $m=|PB|+|PD_1|=1-a+\sqrt{a^2+2}\in(\sqrt{3},1+\sqrt{2})$（见图 4-2-28）；对于表 4-3 第二组中的六条棱上的点 P，均有 $m=|PB|+|PD_1|=\sqrt{a^2+1}+\sqrt{(1-a)^2+1}\in(\sqrt{5},1+\sqrt{2})$（见图 4-2-29，图中的 2.236 07 即为$\sqrt{5}$）.再由上述 3 个以 a 为自变量的函数的连续

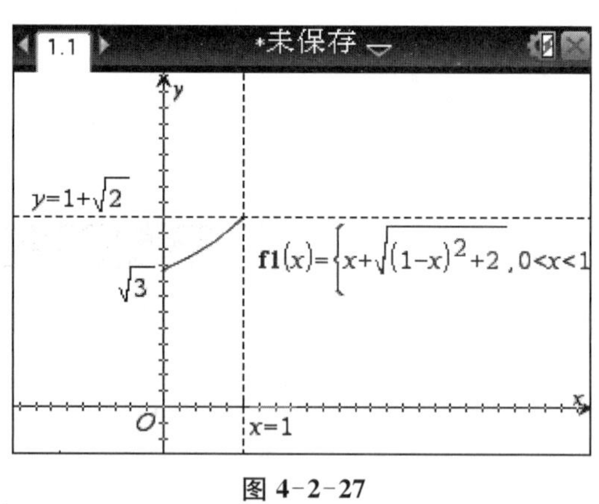

图 4-2-27

性可知：为了保证有且只有 6 个点符合题意，必须满足 $m\in(\sqrt{3},\ \sqrt{5})$. 进一步，我们可得一般结论：当且仅当 $m=\sqrt{5}$ 时，满足 $|PB|+|PD_1|=m$ 的点 P 的个数为 12 个；当且仅当 $m\in(\sqrt{5},\ 1+\sqrt{2})$ 时，满足 $|PB|+|PD_1|=m$ 的点 P 的个数为 18 个；当且仅当 $m\in(0,\ \sqrt{3}]\cup(1+\sqrt{2},\ +\infty)$ 时，满足 $|PB|+|PD_1|=m$ 的点 P 的个数为 0 个.

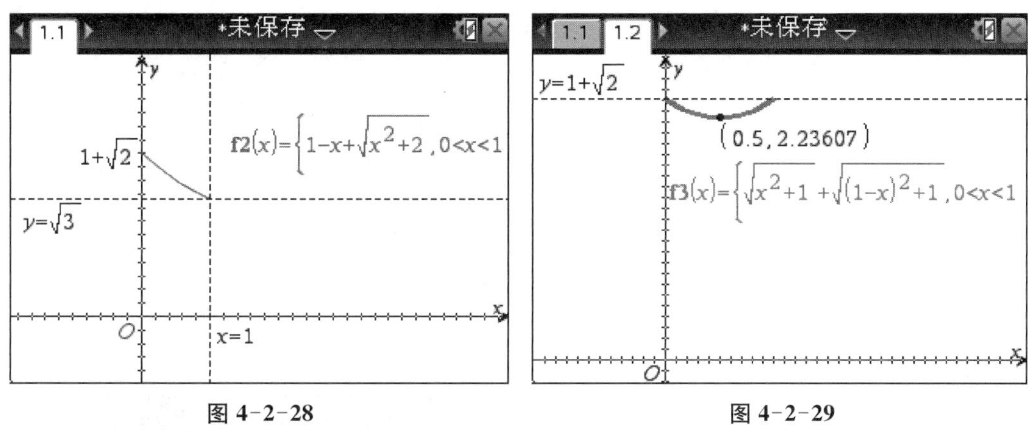

图 4-2-28　　　　图 4-2-29

作为验证，当 $m=2.4(\in(\sqrt{5},\ 1+\sqrt{2}))$ 时，类似于图 4-2-26，可求得相应的 18 个点 P 为：(1, 1, 0.986)、(0.986, 0, 1)、(0, 0.986, 1)、(0, 0, 0.014)、(0.014, 1, 0)、(1, 0.014, 0)、(0.021, 0, 0)、(0.979, 0, 0)、(0.021, 1, 1)、(0.979, 1, 1)、(1, 0, 0.021)、(1, 0, 0.979)、(0, 1, 0.021)、(0, 1, 0.979)、(0, 0.021, 1)、(0, 0.979, 0)、(1, 0.021, 1)、(1, 0.979, 1).

三、研究感悟

在推导上述分析与解答一、二的过程中，我们也常常困惑于：我在做什么？我推导这些烦琐的结论对考场上的解题有什么用吗？我是不是该去做一些更有意义的事情？但探索未知的欲望却让人欲罢不能.直到一鼓作气地推导出全部结果时，我们会发现，当发现各种方法很完美地“殊途同归”时，内心的满足感真是难以形容，这也许就是数学的魅力所在吧.其实，有用与无用、繁与简、等与不等、直与斜、一般与特殊、循规蹈矩与离经叛道……这些看似矛盾的对立体，谁又能讲得清孰高孰低、孰对孰错呢？如果能让我们的思维变得灵动、眼光转向独到、内心盈满幸福，这些看似枯燥的运动又何尝不是一种人生的享受！

现在回到案例 3 开始的问题“何时有六个点”.以下是几道类似的问题：

1. 在棱长为 1 的正方体 $ABCD\text{-}A'B'C'D'$ 中，若点 P 是棱上一点，则满足 $|PA|+|PC'|=2$ 的点 P 的个数为________.①

2. 在棱长为 2 的正方体 $ABCD\text{-}A_1B_1C_1D_1$ 中，P 是正方体棱上一点(不包括棱的端点)，满足 $|PB|+|PD_1|=2\sqrt{5}$ 的点 P 的个数为____________；若满足 $|PB|+|PD_1|=m$ 的点 P 的个数为 6，则 m 的取值范围是____________.②

3. 已知平面直角坐标系中两个定点 $E(3,\ 2)$、$F(-3,\ 2)$，如果对于常数 λ，在函数 $y=|x+2|+|x-2|-4$，$x\in[-4,\ 4]$ 的图像上有且只有 6 个不同的点 P，使得 $\overrightarrow{PE}\cdot\overrightarrow{PF}=\lambda$ 成立，那么 λ 的取值范围是　　(　　)③

A. $\left(-5,\ -\dfrac{9}{5}\right)$　　B. $\left(-\dfrac{9}{5},\ 11\right)$

C. $\left(-\dfrac{9}{5},\ -1\right)$　　D. $(-5,\ 11)$

分析： 1. 该问题等价于“在棱长为 1 的正方体 $ABCD\text{-}A_1B_1C_1D_1$ 中，若 P 是棱上一点，则满足 $|PB|+|PD_1|=2$ 的点 P 的个数为________.”

由例 3 中“分析与解答一”中的讨论立得答案为 6，或由图 4-2-30 得 6 个点分别为：$\left(1,\ 1,\ \dfrac{1}{2}\right)$、$\left(0,\ 0,\ \dfrac{1}{2}\right)$、$\left(\dfrac{1}{2},\ 1,\ 0\right)$、$\left(\dfrac{1}{2},\ 0,\ 1\right)$、$\left(1,\ \dfrac{1}{2},\ 0\right)$、$\left(0,\ \dfrac{1}{2},\ 1\right)$.

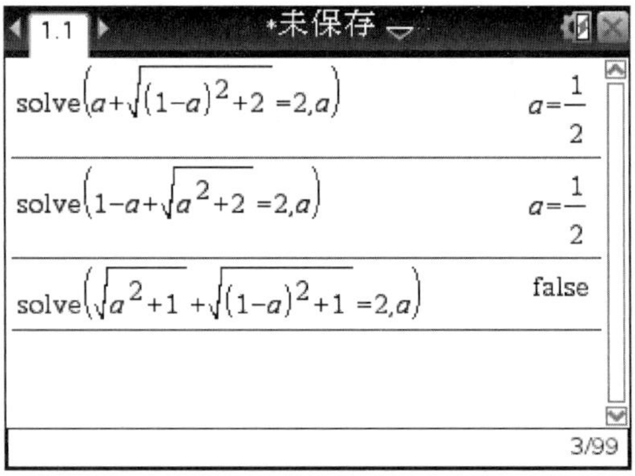

1.1　*未保存

solve$\left(a+\sqrt{(1-a)^2+2}=2,a\right)$　　$a=\dfrac{1}{2}$

solve$\left(1-a+\sqrt{a^2+2}=2,a\right)$　　$a=\dfrac{1}{2}$

solve$\left(\sqrt{a^2+1}+\sqrt{(1-a)^2+1}=2,a\right)$　　false

3/99

图 4-2-30

2. 答案为 12；$(2\sqrt{3},\ 2\sqrt{5})$.

3. 答案为 C. 函数问题需以形助数，可以用 TI 图形计算器作辅助验证，解略.

在“分析与解答一、二”的探索中，我们可以看到，在以数学思维为主线的探索流程中，TI 图形计算器起到了“简化计算、启迪思维、多元验证、加速进程”的重要作用(如 TI-Nspire 的“CAS”功能)，体现了 TI 手持技术在数学学习中水到渠成的“自然使用”，而非故意创设情境(这种情境可能是失真的、非现实的)之后的“刻意使用”.

① 本题是 2016 年 4 月上海市奉贤区二模试题.
② 本题是浙江省绍兴一中 2015 学年第一学期期末考试题.
③ 2016 年 4 月上海市浦东新区二模试题.

案例4　代数眼光看几何的一次胜利

一、问题描述

如图 4-2-31，A、B 是椭圆 C：$\frac{x^2}{2}+y^2=1$ 长轴的两个端点，M、N 是椭圆上与 A、B 均不重合的相异两点，设直线 AM、BN、AN 的斜率分别是 k_1、k_2、k_3.

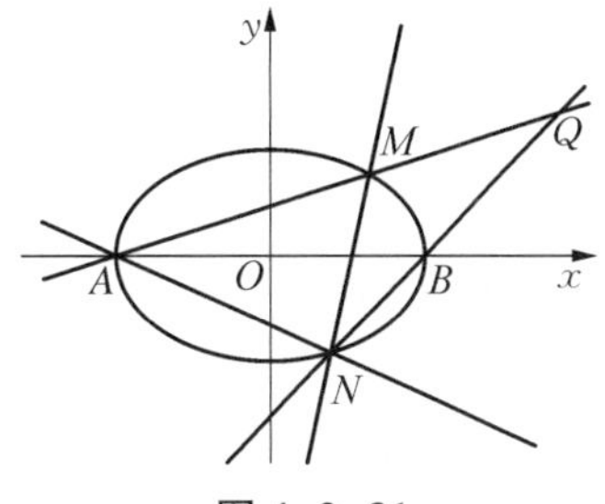

图 4-2-31

(1) 求 $k_2 \cdot k_3$ 的值.

(2) 若直线 MN 过点 $\left(\frac{\sqrt{2}}{2}, 0\right)$，求证 $k_1 \cdot k_3 = -\frac{1}{6}$.

(3) 设直线 MN 与 x 轴的交点为 $(t, 0)$ (t 为常数且 $t \neq 0$)，试探究直线 AM 与直线 BN 的交点 Q 是否落在某条定直线上.若是，请求出该定直线的方程；若不是，请说明理由.

二、问题解决

易求得：(1) 为 $-\frac{1}{2}$ $\Big($教师应知晓此处的一般结论是：椭圆 $\frac{x^2}{a^2}+\frac{y^2}{b^2}=1$ $(a>b>0)$ 上任一点与长轴(或短轴)端点连线的斜率之积为定值 $-\frac{b^2}{a^2}$；以及双曲线 $\frac{x^2}{a^2}-\frac{y^2}{b^2}=1$ $(a、b>0)$ 上任一点与实轴端点连线的斜率之积为定值 $\frac{b^2}{a^2}\Big)$. (2) 设直线 MN 的方程为 $x=my+\frac{\sqrt{2}}{2}$. (3) 设直线 MN 的方程为 $x=ny+t$，并设 $M(x_1, y_1)$、$N(x_2, y_2)$、$Q(x_0, y_0)$，则有 $\begin{cases} x_0=\frac{y_1}{x_1+\sqrt{2}}(x_0+\sqrt{2}), \\ y_0=\frac{y_2}{x_2-\sqrt{2}}(x_0-\sqrt{2}). \end{cases}$ 假设存在这样的定直线，如何寻找呢？即如何消去 x_1、y_1、x_2、y_2，获得 x_0、y_0 的等量关系呢.

设存在这样的直线，其方程为 $ax+by+c=0$ $(a^2+b^2\neq 0)$，即存在常数 a、b、c

$(a^2+b^2\neq 0)$，使得等式 $ax_0+by_0+c=0$ 对任意的 x_1、y_1、x_2、y_2 恒成立.记 $k_1=\dfrac{y_1}{x_1+\sqrt{2}}$，$k_2=\dfrac{y_2}{x_2-\sqrt{2}}$.由 $\begin{cases}y_0=k_1(x_0+\sqrt{2}),\\ y_0=k_2(x_0-\sqrt{2}),\end{cases}$ 解得 $\begin{cases}x_0=\sqrt{2}\cdot\dfrac{k_2+k_1}{k_2-k_1},\\ y_0=\sqrt{2}\cdot\dfrac{2k_2k_1}{k_2-k_1}.\end{cases}$ 由前述分析可知：等式 $\sqrt{2}a\cdot\dfrac{k_2+k_1}{k_2-k_1}+\sqrt{2}b\cdot\dfrac{2k_2k_1}{k_2-k_1}+c=0$ 对任意的 k_1、k_2 恒成立.

以 $\dfrac{y_1}{x_1+\sqrt{2}}$、$\dfrac{y_2}{x_2-\sqrt{2}}$ 分别代换 k_1、k_2，并以 ny_1+t、ny_2+t 分别代换 x_1、x_2，化简可得

$$2\sqrt{2}(an+b)y_1y_2+(\sqrt{2}at+\sqrt{2}c-2a-ct)y_1+(\sqrt{2}at+\sqrt{2}c+2a+ct)y_2=0. *$$

联立 $x=ny+t$ 与 $x^2+2y^2=2$，并消去 x，可得 $(n^2+2)y^2+2nty+t^2-2=0$，从而

$$y_1+y_2=-\frac{2nt}{n^2+2},\ y_1y_2=\frac{t^2-2}{n^2+2}.$$

此处 * 式中的 y_1y_2 可以直接代入，但却无法凑出 y_1+y_2，因为两个系数 $\sqrt{2}at+\sqrt{2}c-2a-ct$ 与 $\sqrt{2}at+\sqrt{2}c+2a+ct$ 未必相等.难道要把两个根 y_1、y_2 分别解出来再代入？这无异于雪上加霜，一般解析几何中很少这样做，通常都走“设而不求”之路.“能否令这两个系数相等？”(这种想法是基于这样就可以提出公因式从而凑出 y_1+y_2 的美好愿望.)即令 $2a+ct=0$，亦即要寻找的那条直线的系数 a、c 恰好满足关系式 $a=-\dfrac{ct}{2}$ (注意 t 为已知).这样 * 式就变为：

$$2\sqrt{2}(an+b)\frac{t^2-2}{n^2+2}+(\sqrt{2}at+\sqrt{2}c)\frac{-2nt}{n^2+2}=0.$$

注意到 n 为变量，故将该式整理为 $(2a+ct)n+b(t^2-2)=0$，故有 $\begin{cases}2a+ct=0,\\ b(t^2-2)=0,\end{cases}$ 解得 $\begin{cases}2a+ct=0,\\ b=0.\end{cases}$ 从而我们苦苦寻找的定直线方程就是

$$-\frac{ct}{2}x+0y+c=0,\text{即 } x=\frac{2}{t}!$$

反思 1： 由 $x=\dfrac{2}{t}$，可知 x_0 应该恒等于 $\dfrac{2}{t}$，真是这样吗？以下是验证过程.

$$x_0=\sqrt{2}\cdot\frac{k_2+k_1}{k_2-k_1}=\sqrt{2}\cdot\frac{\dfrac{y_2}{x_2-\sqrt{2}}+\dfrac{y_1}{x_1+\sqrt{2}}}{\dfrac{y_2}{x_2-\sqrt{2}}-\dfrac{y_1}{x_1+\sqrt{2}}}$$

$$=\sqrt{2}\,\frac{x_1y_2+x_2y_1+\sqrt{2}(y_2-y_1)}{x_1y_2-x_2y_1+\sqrt{2}(y_2+y_1)}$$

$$=\sqrt{2}\,\frac{(ny_1+t)y_2+(ny_2+t)y_1+\sqrt{2}(y_2-y_1)}{(ny_1+t)y_2-(ny_2+t)y_1+\sqrt{2}(y_2+y_1)}$$

$$=\sqrt{2}\,\frac{2ny_1y_2+t(y_2+y_1)+\sqrt{2}(y_2-y_1)}{t(y_2-y_1)+\sqrt{2}(y_2+y_1)}$$

$$=\sqrt{2}\,\frac{2n\cdot\dfrac{t^2-2}{n^2+2}+t\cdot\dfrac{-2nt}{n^2+2}+\sqrt{2}(y_2-y_1)}{t(y_2-y_1)+\sqrt{2}\cdot\dfrac{-2nt}{n^2+2}}$$

$$=\sqrt{2}\,\frac{\sqrt{2}(y_2-y_1)(n^2+2)-4n}{t[(y_2-y_1)(n^2+2)-2\sqrt{2}n]}$$

$$=\frac{2}{t}.$$

点 Q 的横坐标真的是一个常数！但没有前面的探索作为启发，谁又能坚定不移地去算它呢？谁又能知道 x_0 就是变化中的不变呢?!

反思 2：看一下命题者给出的参考答案中是怎么处理的.

由 $\begin{cases}y_0=\dfrac{y_1}{x_1+\sqrt{2}}(x_0+\sqrt{2}),\\ y_0=\dfrac{y_2}{x_2-\sqrt{2}}(x_0-\sqrt{2}),\end{cases}$ 两式相除，得 $1=\dfrac{y_1}{x_1+\sqrt{2}}\cdot\dfrac{x_2-\sqrt{2}}{y_2}\cdot\dfrac{x_0+\sqrt{2}}{x_0-\sqrt{2}}$，从而 $\dfrac{x_0+\sqrt{2}}{x_0-\sqrt{2}}=\dfrac{y_2(x_1+\sqrt{2})}{y_1(x_2-\sqrt{2})}=\dfrac{y_2(ny_1+t+\sqrt{2})}{y_1(ny_2+t-\sqrt{2})}=\dfrac{ny_1y_2+(t+\sqrt{2})y_2}{ny_1y_2+(t-\sqrt{2})y_1}$，以 $\dfrac{t^2-2}{n^2+2}$ 换 y_1y_2，并以 $\dfrac{-2nt}{n^2+2}-y_1$ 换 y_2，则上式可化简为 $\dfrac{-nt-\sqrt{2}n-(n^2+2)y_1}{nt+\sqrt{2}n+(n^2+2)y_1}\cdot\dfrac{t+\sqrt{2}}{t-\sqrt{2}}=\dfrac{\sqrt{2}+t}{\sqrt{2}-t}$，即我们得到 $\dfrac{x_0+\sqrt{2}}{x_0-\sqrt{2}}=\dfrac{\sqrt{2}+t}{\sqrt{2}-t}$，解得 $x_0=\dfrac{2}{t}$.

运用命题者提供的上述方法确能做出结果，但谁又能想到两式做除法并坚信其是一个常数呢？（正如波利亚所讲的“帽子里变出来的兔子”）

反思 3： 第(3)小问如何教学？如何教学生思考第(3)小问？如何不牵强地引领学生寻找到解题思路？

用图形计算器或几何画板，可十分清晰地看到点 Q 的横坐标是不变的，再利用图形计算器的函数拟合功能获得其轨迹方程.

第一步：用技术手段让学生直观感受.

如图 4-2-32，直线 MN 经过 x 轴上的定点 $T(t,\ 0)$ 并随着点 P 在圆 $x^2+y^2=3$ 上运动，追踪直线 AM 与 NB 的交点 Q，显然可以发现它在一条竖直的直线上运动，但没经过整条直线.（或度量点 Q 的坐标，发现其横坐标不变，纵坐标没取到全体实数）

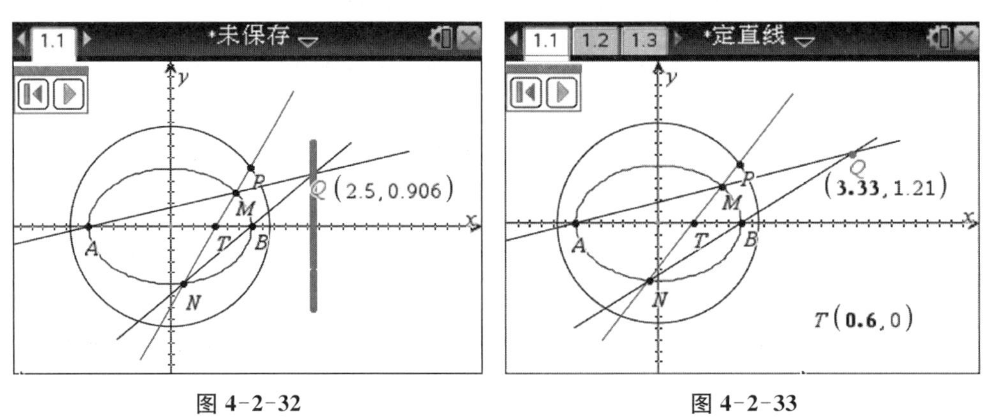

图 4-2-32　　　　图 4-2-33

第二步：以 t 为自变量，用函数拟合的方法寻找交点 Q 的轨迹方程，很轻松地获得结论 $x_Q=\dfrac{2}{t}$，如图 4-2-33、图 4-2-34、图 4-2-35 所示.其中，以点 T 的横坐标作为自变量，以点 Q 的横坐标作为因变量.

	A aa	B bb	C	D
=	=capture('	=capture('		
1	0.8	2.5		
2	0.6	3.33333		
3	0.4	5.		
4	0.2	10.		
5	0.4	5.		

B1 =2.5

图 4-2-34

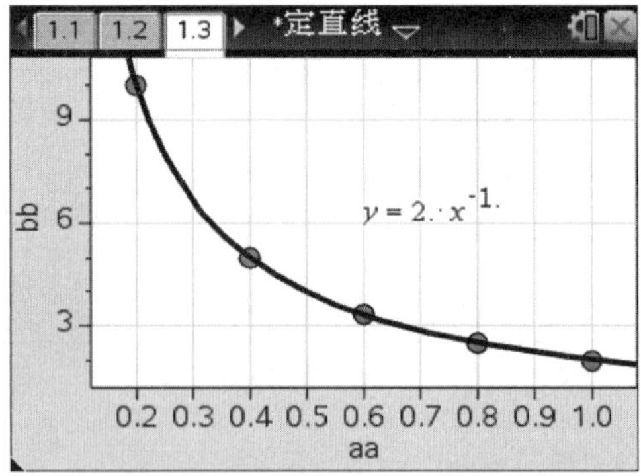

图 4-2-35

第三步：技术献演之后我们能做什么？

用技术的最终目的是摆脱技术，用技术教学的目的是期待学生能通过技术更好地理解数学对象，使思维获得某些启发，进而在没有技术帮助的情况下也有可能实现方法或思路上的些许突破，乃至解决相应的问题.

一方面，上述演示让我们相信 x_0 为常数，进而就会像反思 1 中所示，异常坚定地把 x_0 算出来，而不会算到一半就败下阵来.另一方面又提出了新的问题：点 Q 的轨迹方程究竟是什么呢？即 y_0 的取值范围是什么，作为轨迹的那条线段的方程怎么写.

下面我们探求 $y_0=\sqrt{2}\cdot\dfrac{2k_2k_1}{k_2-k_1}$ 的取值范围.

$$
\begin{aligned}
y_0=\sqrt{2}\cdot\frac{2k_2k_1}{k_2-k_1}&=2\sqrt{2}\cdot\frac{\dfrac{y_2}{x_2-\sqrt{2}}\cdot\dfrac{y_1}{x_1+\sqrt{2}}}{\dfrac{y_2}{x_2-\sqrt{2}}-\dfrac{y_1}{x_1+\sqrt{2}}}\\
&=2\sqrt{2}\cdot\frac{y_1y_2}{x_1y_2-x_2y_1+\sqrt{2}(y_1+y_2)}\\
&=2\sqrt{2}\cdot\frac{y_1y_2}{(ny_1+t)y_2-(ny_2+t)y_1+\sqrt{2}(y_1+y_2)}\\
&=\frac{2\sqrt{2}y_1y_2}{t(y_2-y_1)+\sqrt{2}(y_1+y_2)}. \qquad *
\end{aligned}
$$

将 $y_1+y_2=-\dfrac{2nt}{n^2+2}$，$y_1y_2=\dfrac{t^2-2}{n^2+2}$ 及 $y_{1,2}=\dfrac{-nt\pm\sqrt{2n^2-2t^2+4}}{n^2+2}$ 代入上述（$*$）式，化简可得 $y_0=\dfrac{t^2-2}{t}\cdot\dfrac{1}{\pm\sqrt{n^2-t^2+2}-n}=\dfrac{1}{t}(\mp\sqrt{n^2-t^2+2}-n)$. 如何求该式的范围？

作为教师而非纯粹的数学研究工作者，我们似乎可以尝试这样的方法：取一个特殊的 t 值看看！比如，若取 $t=c=\sqrt{a^2-b^2}=1$，就有 $y_0=\sqrt{n^2+1}-n$ 或 $y_0=-\sqrt{n^2+1}-n$ $(n\in\mathbf{R})$. 这均非很复杂的函数，用导数法或定义法很容易判断出前者为单调递减而后者为单调递增，在此基础上再用一点数列极限知识可得 $y_0\in(-\infty,0)\cup(0,+\infty)$，其图像如图 4-2-36 所示.

显然，这与上述图形计算器显示的“轨迹是一条线段”的形象不同.让我们再回到几何上来，发现是计算器出了问题：其实，由题意我们并不知道哪个是点 M，哪个是点 N，因此交点不仅仅是直线 AM 与 BN 的交点，而且也应该是 AN 与 BM 的交点.想到这一层，疑问就烟消云散了，如图 4-2-37 所示.

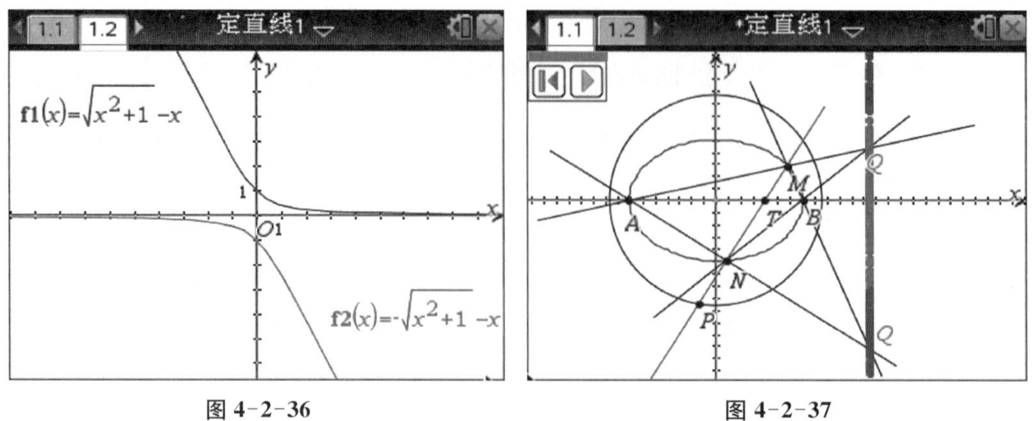

图 4-2-36　　图 4-2-37

当改变直线 MN 的位置依次去作出点 Q，多点共线现象就活灵活现地呈现在我们面前（图 4-2-38），像排列组合中真的去数个数、数列中真的去列出每一项一样，最本源的方法不能忘！最朴素的方法难道不是最智慧的方法吗？

与之相应地，接下来，怎样算出这条定直线的方程呢？其实题中已有提示“是否在某条定直线上”，因此，借助技术观察实在不是最要紧的.哪怕我们不知道这条直线是与 x 轴垂直的，鉴于两点确定一条直线，因此我们只需取两条特殊的直线 MN，然后算出相应的两个交点 Q 的坐标，即可求出这条可能存在的定直线的方程，再对一般情况进行证明.

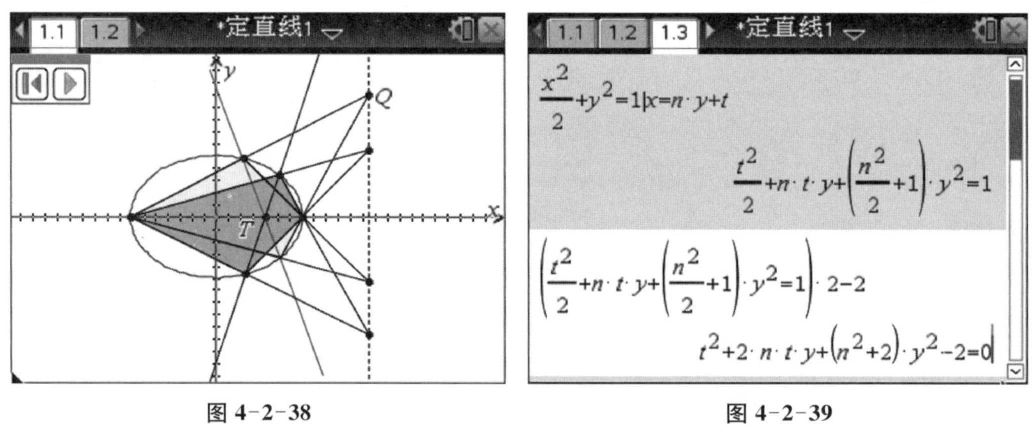

图 4-2-38　　图 4-2-39

当然，借助图形计算器的代数运算功能，这条定直线是极易寻出的，如图 4-2-39、图 4-2-40、图 4-2-41、图 4-2-42、图 4-2-43 所示.

对一般情况，即椭圆方程为 $\frac{x^2}{a^2}+\frac{y^2}{b^2}=1\ (a>b>0)$ 时，对于第(3)小问，借助图形计算器也可迅速寻得定直线为 $x=\frac{a^2}{t}$，操作过程同上，此处略.下面对此一般结

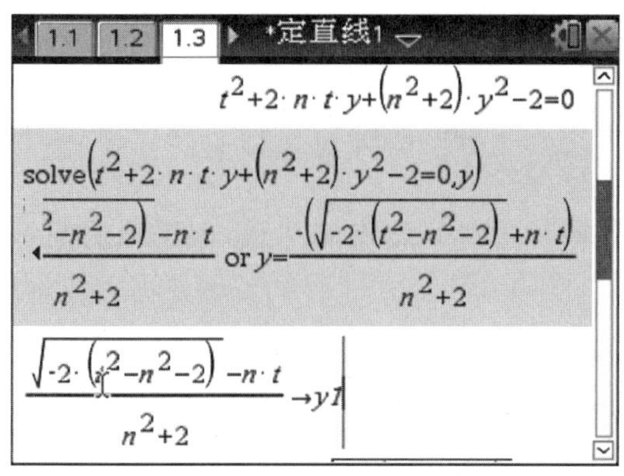

图 4-2-40

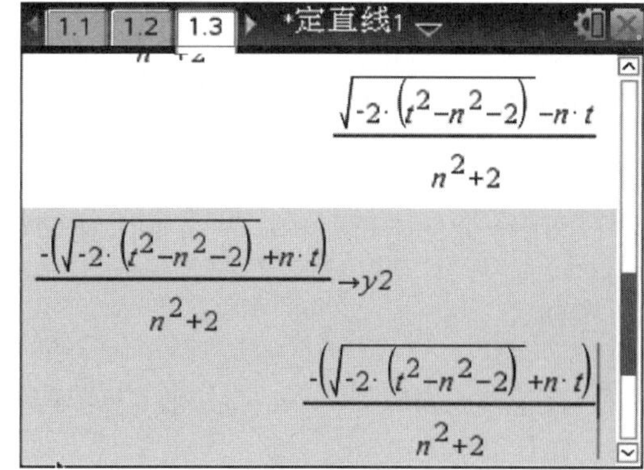

图 4-2-41

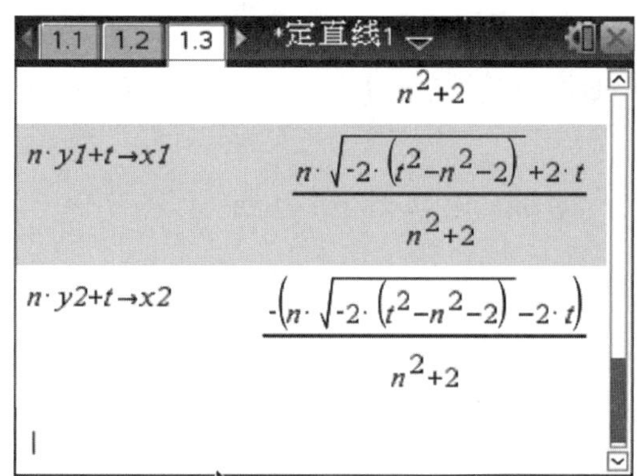

图 4-2-42

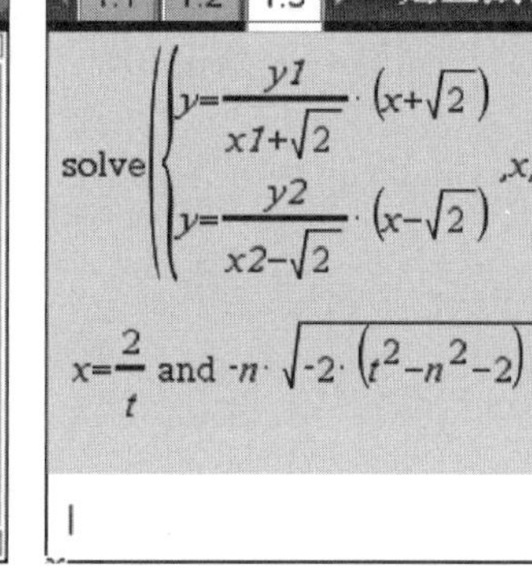

图 4-2-43

论给予严格证明.

联立 $x=ny+t$ 与 $b^2x^2+a^2y^2=a^2b^2$，并消去 x，可得

$$(a^2+b^2n^2)y^2+2ntb^2y+b^2t^2-a^2b^2=0,$$

从而

$$y_1+y_2=-\frac{2ntb^2}{a^2+b^2n^2},\ y_1y_2=\frac{b^2t^2-a^2b^2}{a^2+b^2n^2}.$$

由 $\begin{cases}y=\dfrac{y_1}{x_1+a}(x+a),\\ y=\dfrac{y_2}{x_2-a}(x-a),\end{cases}$ 两式相除，得 $1=\dfrac{y_1}{x_1+a}\cdot\dfrac{x_2-a}{y_2}\cdot\dfrac{x+a}{x-a}$，从而

$\dfrac{x+a}{x-a}=\dfrac{y_2(x_1+a)}{y_1(x_2-a)}=\dfrac{y_2(ny_1+t+a)}{y_1(ny_2+t-a)}=\dfrac{ny_1y_2+(t+a)y_2}{ny_1y_2+(t-a)y_1}$，以 $\dfrac{b^2t^2-a^2b^2}{a^2+b^2n^2}$

换 y_1y_2，并以 $-\dfrac{2ntb^2}{a^2+b^2n^2}-y_1$ 换 y_2，则上式可化简为 $\dfrac{-nb^2t-nb^2a-(a^2+b^2n^2)y_1}{nb^2t+nb^2a+(a^2+b^2n^2)y_1}\cdot\dfrac{t+a}{t-a}=\dfrac{a+t}{a-t}$，即我们得到 $\dfrac{x+a}{x-a}=\dfrac{a+t}{a-t}$，解得(可用合分比定理) $x=\dfrac{a^2}{t}$. 整体处理在该解法中体现得淋漓尽致，但思路的确不易想到.

反思 4： 当取 $t=c=1$ 时，我们惊异地发现点 Q 所在的直线 $x=\dfrac{2}{t}=\dfrac{2}{1}=\dfrac{a^2}{c}$ 就是椭圆的右准线方程！此中有何一般规律呢？椭圆的准线又有什么特殊的性质呢？先有准线可推出椭圆这种轨迹，先有椭圆又可得到准线这种轨迹，真是和谐得妙不可言！

反思 5： 第(2)小问的一般结论是什么？即若直线 MN 过点 $(t,0)$，求 k_1k_3 的值.

由 $\begin{cases}\dfrac{x^2}{a^2}+\dfrac{y^2}{b^2}=1\ (a>b>0),\\ x=my+t,\end{cases}$ 得 $(a^2+b^2m^2)y^2+2mtb^2y+b^2t^2-a^2b^2=0$，

故

$$
\begin{aligned}
k_1k_3&=\frac{y_1}{x_1+a}\cdot\frac{y_2}{x_2+a}=\frac{y_1y_2}{x_1x_2+a(x_1+x_2)+a^2}\\
&=\frac{y_1y_2}{(my_1+t)(my_2+t)+a(my_1+t+my_2+t)+a^2}\\
&=\frac{y_1y_2}{m^2y_1y_2+m(a+t)(y_1+y_2)+(t+a)^2}.
\end{aligned}
$$

以 $\dfrac{b^2t^2-a^2b^2}{a^2+b^2m^2}$ 换 y_1y_2，并以 $-\dfrac{2mtb^2}{a^2+b^2m^2}$ 换 y_1+y_2，上式可化为 $k_1k_3=\dfrac{b^2}{a^2}\cdot\dfrac{t-a}{t+a}$.

得出该式的同时心里是既兴奋又忐忑的，为了消除那一丝忐忑，也是为了品味研究数学之乐趣，我们一定要经历“检验”这一环节，即当取 $a^2=2$，$b^2=1$ 时，k_1k_3 是否等于 $-\dfrac{1}{6}$？若不然，这个一般的结论肯定是错误的，因为它经不起特殊情况的检验.

此处，结果是令人欣喜的：$k_1k_3=\dfrac{b^2}{a^2}\cdot\dfrac{t-a}{t+a}=\dfrac{1}{2}\cdot\dfrac{\frac{\sqrt{2}}{2}-\sqrt{2}}{\frac{\sqrt{2}}{2}+\sqrt{2}}=-\dfrac{1}{6}$. 由此可见检验

意识的重要性.在学习数列时,尽管教师一再强调在求出通项公式或前 n 和公式时一定不要忘记“检验”这件事！这不仅是“挽大厦于可能将倾”的重要对策,更是学习数学之乐趣所在!

同理,可求得 $k_{BM}k_{BN}=\frac{b^2}{a^2}\cdot\frac{t+a}{t-a}$.

此处值得回味的是,当我们满怀期待用图形计算器来计算 $\frac{y_1}{x_1+a}\cdot\frac{y_2}{x_2+a}$ $(=k_{AM}k_{AN})$ 或 $\frac{y_1}{x_1-a}\cdot\frac{y_2}{x_2-a}(=k_{BM}k_{BN})$ 时,它显示出的都是很烦琐的式子,算不出 $\frac{b^2}{a^2}\cdot\frac{t-a}{t+a}$ 或 $\frac{b^2}{a^2}\cdot\frac{t+a}{t-a}$ 这样的结果.看来,哪怕是最先进的技术也有需要不断优化与改进、完善的地方!

反思 5: 综合上述分析,我们小结一下.

若 A、B 分别是椭圆 $\frac{x^2}{a^2}+\frac{y^2}{b^2}=1\ (a>b>0)$ 长轴的左、右端点,M、N 是椭圆上与 A、B 均不重合的相异两点,则: (1) $k_{MA}k_{MB}=k_{NA}k_{NB}=-\frac{b^2}{a^2}$; (2) 若直线 MN 过点 $T(t,\ 0)$,则 $k_{AM}k_{AN}=\frac{b^2}{a^2}\cdot\frac{t-a}{t+a}$, $k_{BM}k_{BN}=\frac{b^2}{a^2}\cdot\frac{t+a}{t-a}$,且直线 AM 与 BN 的交点的轨迹方程为 $x=\frac{a^2}{t}\ (y\neq 0)$.

此处有三个定点(A、B、T)、两个动点(M、N),四条直线(AM、AN、BM、BN),关于它们两两斜率之间的关系,我们有表 4-5:

表 4-5

	AM	AN	BM	BN
AM		$\frac{b^2}{a^2}\cdot\frac{t-a}{t+a}$	$-\frac{b^2}{a^2}$	$\frac{a-t}{a+t}$
AN	$\frac{b^2}{a^2}\cdot\frac{t-a}{t+a}$		$\frac{a-t}{a+t}$	$-\frac{b^2}{a^2}$
BM	$-\frac{b^2}{a^2}$	$\frac{a-t}{a+t}$		$\frac{b^2}{a^2}\cdot\frac{t-a}{t+a}$
BN	$\frac{a-t}{a+t}$	$-\frac{b^2}{a^2}$	$\frac{b^2}{a^2}\cdot\frac{t-a}{t+a}$	

在该表中,副对角线中的四个是斜率之商,其他均为斜率之积.比如,副对角线上的 $\frac{a-t}{a+t}=\frac{k_{AM}}{k_{BN}}=\frac{k_{AN}}{k_{BM}}$. 推导如下：直线 AM 与 BN 的方程分别是

$$y-0=\frac{y_1}{x_1+a}(x+a),\ y-0=\frac{y_2}{x_2-a}(x-a).$$

两式相除,得 $1=\frac{k_{AM}}{k_{BN}}\cdot\frac{x+a}{x-a}$,从而 $\frac{k_{AM}}{k_{BN}}=\frac{x-a}{x+a}=\frac{\frac{a^2}{t}-a}{\frac{a^2}{t}+a}=\frac{a-t}{a+t}$.

同理,$\frac{k_{AN}}{k_{BM}}=\frac{a-t}{a+t}$.

第三节　拓展使用空间　规避使用误区

如前所述,信息技术在教与学中的优势主要表现在：快捷的计算功能、丰富的图形呈现与制作功能、大量数据的处理功能;提供交互式的学习和研究环境,形成良性人机互动、人际互动等方面.在函数概念、指数函数、对数函数、三角函数、统计、立体几何初步、曲线与方程等内容中,课程标准明确建议借助计算器或计算机进行教学.除课程标准建议的内容与本章前面讨论的内容之外,现代信息技术在高中数学课程中的运用还有较大的开发空间.例如,可以鼓励学生充分利用校内外的教育资源,通过网络搜索一些与当前学习有关的资料,这不仅有助于学生丰富自己的学习方式,而且有助于学生体验如何合理地使用信息技术.《普通高中数学课程标准(2017 年版)》附录 2 中给出的案例 37"'互联网+'促进高中生数学学科核心素养发展的途径"提供了一种成功做法.

需要注意的是,在教学中运用现代信息技术,既要考虑数学内容的特点,又要考虑信息技术的特点与局限性,把握好两者的有机结合.例如,在立体几何初步的相关核心知识的教与学中,我们可以运用现代信息技术丰富的图形呈现与制作功能这一技术优势,提供大量的、丰富的几何图形,并且可以通过制作功能,从不同角度观察它们,通过多次的观察、思考,帮助学生去认识和理解这些几何体的结构特征,建立空间观念,培养空间想象能力.但是,随着学习的展开和深入,就要逐步摆脱信息技术提供的图形,建立空间观念,形成空间想象能力.也就是说,虽然信息技术丰富的图形呈现

与制作功能有它的优势，能起到传统教学手段难以起到或起不到的作用，但它也只是学生建立空间观念和形成空间想象能力的一种辅助手段，而不是最终目的，我们的目的是利用这一技术帮助学生建立空间观念和形成空间想象能力.

另外，当我们鼓励学生运用现代信息技术学习数学时，应该让他们认识到现代信息技术的飞速发展，方便了我们的数学学习，为我们认识各章中的核心知识注入了新的活力，但是，现代信息技术不能替代艰苦的学习和人脑精密的思考，它只是作为达到目的的一种手段、一种重要工具.例如，在重要的数学概念、技能和方法的发展过程中，动手计算为学生提供了更多的切身体验，“该如何平衡‘手算’和用计算器计算”值得师生共同思考.对教师而言，不能用幻灯片完全代替解题过程的适当板书，不能用事先录好的视频代替面对面授课，等等.

最后，在具体运用信息技术来理解核心知识或从事相关的教学或解题活动时，不轻易、不回避，应成为一条基本原则.即面对一道问题，先脱离技术的辅助展开思考，思考后养成用技术检验的习惯；实在思考不出答案，可以用向技术寻求启发，但勿忘补足严格论证.

第五章
预备知识与函数(必修)核心知识的认知与教学

《普通高中数学课程标准(2017年版)》规定了高中数学学习的必修内容、选择性必修和选修内容.本章属于必修代数部分,包括集合与命题,相等关系与不等关系,幂、指数、对数,常用初等函数等内容.

第一节 集合与逻辑

第一单元 集 合

自1871年康托(G. Cantor)提出集合概念以来,集合已经成为数学中最基本的数学概念和数学语言之一,而且已经成为自然科学、工程技术甚至社会科学中的常用术语.集合是高中数学的起始章,是初中数学向高中数学的过渡,是数学语言的一次提升.集合作为表述数学对象的一种数学语言,将贯穿于整个高中数学学习内容之中.集合语言不仅让学生感受用集合表示数学内容的简洁性、准确性,还给学生提供了正确使用数学语言与他人进行合作交流的平台.

单元教学目标

1. 通过实例,了解集合的含义,知道常用数集的概念及其记法,体会元素与集合的"属于"关系,了解空集的意义;掌握集合的表示方法;会选择合适的方法描述具体问题,感受集合语言的意义和作用.

2. 对照实数的相等与不相等的关系,联系元素与集合之间的从属关系,探究并理解集合之间的包含与相等关系;会使用文氏(Venn)图表达集合间的包含与相等关系.

3. 理解两个集合的并集与交集的含义,并会求两个简单集合的并集与交集;理解给定集合中一个子集的补集的含义,并会求给定子集的补集;能使用文氏图表达集合的交、并、补运算，体会直观图示对理解抽象概念的作用.

单元教学安排

本单元教学建议课时数及具体分配如下.

单 元 内 容	课 时
集合及其表示方法	2 课时
集合之间的关系	2 课时
集合的运算	2 课时

单元教学内容

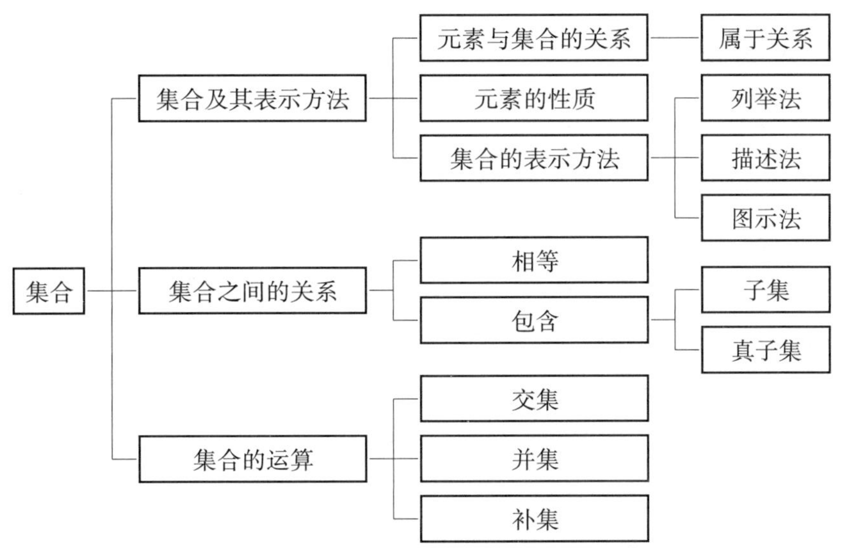

单元教学实施

集合是继自然语言、图形语言和解析语言之后，又一种准确而简洁的数学语言.所以，在教学中应培养学生清晰而有条理地表达自己的数学思想倾听别人的意见，养成分析的习惯.本单元最基本的要求是，从教材的具体内容和学生的实际出发，让学生初步掌握用集合的语言和符合逻辑的方式表达和交流数学.

在集合的教学活动中，从学生熟悉的实例，如生活中的和数学中的实例，引导学生体会集合概念的归纳过程，理解集合的有关概念和元素的性质.认识特殊的数集，但为了集合运算的封闭性，引进空集用来刻画“不含对象”的“集合”. 为了更加简洁准确地表述数学对象和结构，引导学生对集合中元素的特征性质加以描述，刻画我们所认识的数学对象，给出集合的表示方法：列举法、描述法和文氏图，并会选择适当的方法表示集合.

给出几个具体的集合，从元素的角度观察它们之间的关系，引入子集的初步概念，推得“任何集合都是自己的子集”，再规定“空集是任何集合的子集”，形成一个完整的子集概念，然后给出子集的定义，即包含关系的确定，更进一步给出集合相等和真子集的概念.

类比实数的加法运算得到集合的并集运算，顺理成章，学生易于接受；并在此基础上进一步扩展到集合“交”的运算和“补”的运算.同时，借助符号、图形从各角度、全方位认识这些概念及基本运算，结合文氏图或数轴进而用集合语言表达交集、并集和补集的运算，加深学生对知识的理解，增强对数形结合思想方法的认识，培养学生观察、比较和归纳概括的能力.

一、集合及其表示方法

【知识概述】

集合的初步知识，包括集合的意义、表示方法、关系和运算，集合是一些确定的对象的全体.集合通常用大写英文字母 A、B、C……表示；集合中所含的各个对象称为该集合的元素，通常用小写英文字母 a、b、c……表示.由此可见，集合由所含元素个数可以分为有限集和无限集，且一个给定集合的元素是确定的、互不相同的.

我们除了可以利用自然语言描述集合外，还可以利用列举法、描述法、区间表示集合. 顾名思义，列举法表示的集合一般是有限集，或一些有规律的无限集，在不引起歧义的前提下，也可以选择列举法；描述法则反映了事物的本质属性的总和，体现了集合的内涵，同时也是自然语言、图形语言和符号语言的纽带；区间是指数轴上连续不断的一部分实数，常常用来表示满足一些不等式的全部实数所组成的集合.

【本质提炼】

符合某种属性的确定的对象的全体.

【基本模型】

1. 集合的表示方式：集合的表示方式有自然语言、图形语言和符号语言，其中符号语言又可以分为列举法和描述法.

2. 元素的属性与表示：

确定的对象的全体：符合完备性与纯粹性，符合条件的元素都在集合内；集合内的元素都符合条件.

集合中的元素具有确定性、互异性和无序性.

如果 a 是集合 A 的元素，记作 $a \in A$，读作“a 属于 A”；如果 a 不是集合 A 的元素,记作 $a \notin A$,读作"a 不属于 A".

例 1 用适当的形式表示下列集合:

(1) 绝对值不大于 3 的整数组成的集合;

(2) 所有奇数组成的集合;

(3) 方程 $(x-1)^2(x+3)(2x-1)=0$ 的实数解所组成的集合;

(4) 二次函数 $y=x^2+1$ 图像上的点组成的集合.

解: (1) 列举法:$\{-3, -2, -1, 0, 1, 2, 3\}$;描述法:$\{x \mid |x| \leqslant 3, x \in \mathbf{Z}\}$.

(2) 因为有无数个元素,所以用描述法:$\{x \mid x=2k-1, k \in \mathbf{Z}\}$.

(3) 方程的所有实数解有 $1, -3, \frac{1}{2}$.

列举法:$\left\{1, -3, \frac{1}{2}\right\}$;描述法:$\{x \mid (x-1)^2(x+3)(2x-1)=0\}$.

(4) 描述法:$\{(x, y) \mid y=x^2+1\}$.

说明: 针对具体问题的特点,选择恰当的表示方法表示集合,并体会运用描述法表示集合的必要性和熟悉描述法表示集合的结构特征.

例 2 求下列集合中实数 k 的取值范围.

(1) 集合 $A=\{k^2-k, 2k\}$;

(2) 集合 $A=\{2, (k+1)^2, k^2+3k+3\}$,且 $1 \in A$.

解: (1) 因为集合中的元素具有互异性,所以 $k^2-k \neq 2k$,解得 $k \neq 0$ 且 $k \neq 3$.

(2) 由 $1 \in A$,可得:

① $(k+1)^2=1$,解得 $k=0$,所以 $A=\{2, 1, 3\}$.

② $k^2+3k+3=1$,解得 $k=-1$ 或 $k=-2$.

当 $k=-1$ 时,$A=\{2, 0, 1\}$;

当 $k=-2$ 时,$A=\{2, 1, 1\}$,与集合中元素的互异性矛盾,故不成立.

综上所述,实数 k 的值为 0 和 -1.

说明: 明确集合中元素的性质:互异性和无序性.

例 3 已知集合 $A=\{x \mid ax^2+2x+1=0, a \in \mathbf{R}, x \in \mathbf{R}\}$,若 A 中只有一个元素,求 a 的值,并求出集合 A.

解: (1) 因为 A 中只有一个元素,即方程 $ax^2+2x+1=0$ 只有一个实根,所以

当 $a=0$ 时,$A=\left\{-\frac{1}{2}\right\}$;

当 $a \neq 0$ 时,$\Delta=4-4a=0$,得 $a=1$,$A=\{-1\}$.

综上所述，当 $a=0$ 时，$A=\left\{-\frac{1}{2}\right\}$；当 $a\neq 0$ 时，$A=\{-1\}$.

说明： 读懂问题中的集合概念和符号，并能够实现集合语言的转化，从而解决问题.

【变式练习一】*

1. 用适当的方法表示下列集合：

(1) 由方程 $2x^2+x-3=0$，$x\in\mathbf{N}$ 的根所组成的集合；

(2) 不等式 $3x\geqslant 4-2x$ 的解集；

(3) 一次函数 $y=x+3$ 与二次函数 $y=-2x^2+6$ 图像的交点组成的集合.

2. 集合 $\{3, x, x^2-2x\}$ 中，求满足条件的实数 x 的所有值构成的集合.

3. 已知集合 $A=\{x\mid ax^2+2x+2=0, a\in\mathbf{R}, x\in\mathbf{R}\}$，若 A 中至多只有一个元素，求 a 的取值范围.

二、集合之间的关系

【知识概述】

对于给定的两个集合，根据集合中的元素与集合的属于关系，可知集合之间可以存在相等、不相等和包含关系.

【本质提炼】

集合中的元素与集合的属于关系.

【基本模型】

1. 集合的包含关系：如果集合 A 中任意一个元素都属于集合 B，称集合 A 是 B 的子集，即"A 包含于 B"；如果同时集合 B 中至少存在一个元素不属于集合 A，称"A 真包含于 B".

数学符号语言为：对于给定集合 A 和 B，若任意 $x\in A\Rightarrow x\in B$，则 $A\subseteq B$（或 $B\supseteq A$）. 若 $A\subseteq B$，且存在 $x_0\in B$ 且 $x_0\notin A$，则 $A\subset B$（或 $B\supset A$）.

2. 集合相等：若 $A\subseteq B$ 且 $B\subseteq A$ 时，则 $A=B$.

例1　若集合 A 满足 $\{a, b\}\subset A\subseteq\{a, b, c, d\}$，求集合 A.

解： $\{a, b\}\subset A\Rightarrow a, b\in A$ 且存在 $x_0\in A$，$x_0\notin\{a, b\}$.

$A\subseteq\{a, b, c, d\}\Rightarrow c\in A$ 或 $d\in A$.

所以 $A=\{a, b, c\}$ 或 $A=\{a, b, d\}$ 或 $A=\{a, b, c, d\}$.

说明： 区分集合的子集和真子集的概念.

---

* 本书中的"变式练习"和"单元测试题"答案可通过扫描第 458 页的二维码获取.

例2　已知集合 $M=\{x \mid x^2+x-6=0\}$，$N=\{y \mid ay+2=0,\ a\in\mathbf{R}\}$，且 $N\subseteq M$，求 a 的值.

解：$M=\{x \mid x^2+x-6=0\}=\{-3,\ 2\}$.

由 $N\subseteq M$，可得：

当 $a=0$ 时，$N=\varnothing\subseteq M$；

当 $a\neq 0$ 时，$N=\left\{-\dfrac{2}{a}\right\}\subseteq M$，得 $-\dfrac{2}{a}=-3$ 或 $-\dfrac{2}{a}=2$，即 $a=\dfrac{2}{3}$ 或 $a=-1$.

综上所述，实数 a 的取值是 $0,\ -1,\ \dfrac{2}{3}$.

说明：集合 M 的元素代表方程的根；对于 $N\subseteq M$，须留意集合 N 可以是空集，即方程无实根的情况，因为空集是任何集合的子集.考查分类讨论的思想.

例3　已知集合 $A=\{m,\ m+d,\ m+2d\}$，$B=\{m,\ mq,\ mq^2\}$，其中实数 $m\neq 0$ 且 $A=B$. 求实数 q 的值.

解：因为 $A=B$，所以有以下两种情况：

①$\begin{cases} m+d=mq, \\ m+2d=mq^2 \end{cases}\Rightarrow\begin{cases} 2mq-m=mq^2, \\ m\neq 0 \end{cases}\Rightarrow q^2-2q+1=0$，解得 $q=1$(舍去).

②$\begin{cases} m+d=mq^2, \\ m+2d=mq \end{cases}\Rightarrow\begin{cases} 2mq^2-m=mq, \\ m\neq 0 \end{cases}\Rightarrow 2q^2-q-1=0$，解得 $q=1$(舍去) 或 $q=-\dfrac{1}{2}$.

综上所述，实数 q 的值为 $-\dfrac{1}{2}$.

说明：考查集合相等的概念，即两集合中的元素完全相同；考查集合中元素的互异性和无序性.

【变式练习二】

1. 若集合 $A=\left\{x \,\middle|\, x=\dfrac{n}{2}-\dfrac{1}{3},\ n\in\mathbf{Z}\right\}$，$B=\left\{x \,\middle|\, x=\dfrac{p}{2}+\dfrac{1}{6},\ p\in\mathbf{Z}\right\}$，则 A、B 之间的关系是________.

2. 已知集合 $A=\{x \mid ax^2+bx+1=0\}=\{1\}$，求 a、b 的值.

3. 已知集合 $M=\{x \mid x^2-x-6=0\}$，$N=\{y \mid ay+2=0,\ a\in\mathbf{R}\}$，且 $N\subseteq M$，

求 a 的值.

4. 设集合 $A=\{x \mid 2a<x<4, a \in \mathbf{R}\}$, $B=\{x \mid 2 \leqslant x \leqslant 3a+1, a \in \mathbf{R}\}$，试确定 a 的取值范围，使得 $B \subseteq A$ 且 $B \neq \varnothing$.

三、集合的运算

【知识概述】

集合由组成它的元素所决定，对于给定的两个或多个集合，研究集合中元素的共性、差异性等，由这种研究结果所定义的新的集合可以称为集合的运算.由此，本节主要通过“交、并、补”的运算得到新的集合.求集合交集的概念是指从给定的两个或多个集合之间探求元素的共同点(共性)，体现了现实生活中求同的思想.求集合并集的概念体现了现实生活中“合而不同”的思想.求集合补集的概念体现了现实生活中求异的思想，是指当正向思维受阻后改用逆向思维的思维方法.对于集合的运算，除了定义符号语言来描述集合的“交、并、补”的运算外，还能运用文氏图表示，可以更好地体会图形对理解抽象概念的作用，感悟几何图形的直观性.

【本质提炼】

对给定的两个或多个集合中共性元素或差异性元素所构成的新集合的符号定义.

【基本模型】

1. 集合的交、并、补运算：

(1) 交集：由既属于集合 A 又属于集合 B 的所有元素组成的集合，记作 $A \cap B$，读作“A 交 B”，即 $A \cap B=\{x \mid x \in A$ 且 $x \in B\}$.

(2) 并集：由所有属于集合 A 或属于集合 B 的元素所组成的集合，记作 $A \cup B$，读作“A 并 B”，即 $A \cup B=\{x \mid x \in A$ 或 $x \in B\}$.

(3) 补集：U 为全集，A 是 U 的子集.由 U 中所有不属于 A 的元素组成的集合称为集合 A 在全集 U 中的补集，记作 $\bar{A}$，读作“A 补”，即 $\bar{A}=\{x \mid x \in U$ 且 $x \notin A\}$.

2. 用文氏图表示集合交、并、补运算：利用图形直观体现集合的运算.

3. 集合交、并、补集之间的关系：对任意集合 A、B，它们交、并、补的运算具有如下关系：$\overline{A \cap B}=\bar{A} \cup \bar{B}$；$\overline{A \cup B}=\bar{A} \cap \bar{B}$，这也是著名的德・摩根定律.

例1 (1) 设全集 $U=\mathbf{R}$，集合 $A=\{x \mid -1<x<2\}$, $B=\{x \mid 0 \leqslant x \leqslant 5\}$，求 $A \cap B$, $A \cup B$, $\bar{A}$.

(2) 设全集 $U=\{1, 2, 3, 4, 5, 6, 7, 8\}$，集合 $A=\{2, 3, 5, 7\}$, $B=\{1, 3, 5, 7\}$，

求$\overline{A\cap B}$和$\bar{A}\cup\bar{B}$.

(3) 已知集合$A=\{(x, y)\mid y=-x+1\}$, $B=\{(x, y)\mid y=x^2-1\}$,求$A\cap B$.

解:(1) $A\cap B=\{x\mid 0\leqslant x<2\}$; $A\cup B=\{x\mid -1<x\leqslant 5\}$; $\bar{A}=\{x\mid x\leqslant -1$或$x\geqslant 2\}$.

(2) $\overline{A\cap B}=\{1, 2, 4, 6, 8\}$, $\bar{A}\cup\bar{B}=\{1, 4, 6, 8\}\cup\{2, 4, 6, 8\}=\{1, 2, 4, 6, 8\}$.

(3) 由题意,可列方程组$\begin{cases}y=-x+1,\\ y=x^2-1,\end{cases}$解得$\begin{cases}x=-2,\\ y=3,\end{cases}$或$\begin{cases}x=1,\\ y=0.\end{cases}$所以$A\cap B=\{(-2, 3), (1, 0)\}$.

说明:读懂集合语言,理解集合的交、并、补运算的含义,并根据需要进行集合语言和自然语言的转化.

例2 (1) 用集合符号表示下列图 5-1-1、图 5-1-2 中的阴影部分.

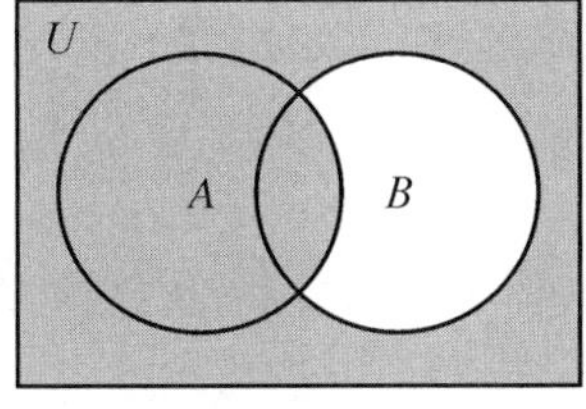

图 5-1-1

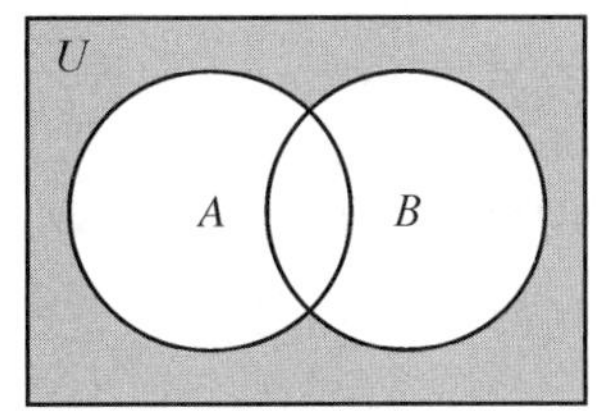

图 5-1-2

(2) 设全集$U=\{x\mid x<10, x\in\mathbf{N}^*\}$, $A\cap B=\{2\}$, $\bar{A}\cap B=\{4, 6, 8\}$, $A\cap\bar{B}=\{3, 5, 7\}$,求$A\cup B$.

解:(1) ① $A\cup\bar{B}$; ② $\overline{A\cup B}$.

(2) 如图 5-1-3,根据文氏图可知,$A\cup B=\{2, 3, 4, 5, 6, 7, 8\}$.

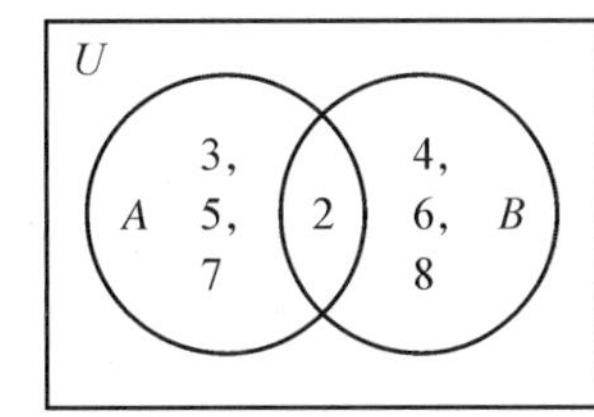

图 5-1-3

说明:文氏图充分体现了集合运算的直观性.

【变式练习三】

1. 已知集合$A=\{x\mid -2<x<5\}$, $A\cap B=\{x\mid -2<x<1\}$, $A\cup B=\{x\mid -3<x<5\}$,集合$B=$____________.

2. 设全集$U=\{1, 2, a\}$,集合$A=\{1\}$, $\bar{A}=\{2, a^2+2a-2\}$,则实数a的值为________.

3. 设全集$U=\{x\mid x<20, x=2k, k\in\mathbf{N}^*\}$. 若$A\cap B=\{6, 8, 10\}$,

$\bar{A}\cap B=\{2,4,16,18\}$，$\bar{A}\cap\bar{B}=\varnothing$，求集合 A、B.

4. 已知集合 $A=\{x\mid 2x^2-ax+b=0\}$，$B=\{x\mid 6x^2+(a+2)x+b=0\}$，且 $A\cap B=\left\{\frac{1}{2}\right\}$，求 $A\cup B$.

5. 已知集合 $A=\{x\mid x^2-ax+a^2-19=0\}$，$B=\{x\mid x^2-5x+6=0\}$，$C=\{x\mid (x-2)(x+4)=0\}$. 是否存在实数 a，使得 $A\cap B\neq\varnothing$ 与 $A\cap C=\varnothing$ 同时成立？

第一单元测试题

1. 设全集 $U=\mathbf{Z}$，集合 $A=\{-1,0,1,2\}$，$B=\{x\mid x^2=x\}$，则 $A\cap\bar{B}=$____________.

2. 已知集合 $M=\left\{a\,\middle|\,\frac{6}{5-a}\in\mathbf{N},且\ a\in\mathbf{Z}\right\}$，用列举法表示集合 $M=$________.

3. 设 a、$b\in\mathbf{R}$，集合 $\{1,a+b,a\}=\left\{0,\frac{b}{a},b\right\}$，则 $b-a=$__________.

4. 设集合 $M=\left\{x\,\middle|\,x=\frac{k}{2}+\frac{1}{4},k\in\mathbf{Z}\right\}$，$N=\left\{x\,\middle|\,x=\frac{k}{4}+\frac{1}{2},k\in\mathbf{Z}\right\}$，则 M________N.（选填 $\supseteq$、$\subseteq$、$=$、$\supset$、$\subset$）

5. 设集合 $M=\{x\mid -1\leqslant x<2\}$，$N=\{x\mid x-k\leqslant 0\}$，若 $M\cap N\neq\varnothing$，则 k 的取值范围是________.

6. 定义集合运算：$A*B=\{z\mid z=xy,x\in A,y\in B\}$. 设 $A=\{1,2\}$，$B=\{0,2\}$，则集合 $A*B$ 的所有元素之和为____________.

7. 设全集 $U=\{(x,y)\mid y=3x-1\}$，集合 $A=\left\{(x,y)\,\middle|\,\frac{y-2}{x-1}=3\right\}$，则 $\bar{A}=$____________.

8. 设全集 $U=\mathbf{R}$，集合 $A=\{x\mid x^2+px+2=0\}$，$B=\{x\mid x^2-5x+q=0\}$. 若 $\bar{A}\cap B=\{2\}$，试用列举法表示集合 A.

第二单元　常用逻辑用语

数学的内涵及语言都是按照逻辑的方式来组织的. 根据正确的前提，按照逻辑的推理，总是能够得到正确的结论. 作为数学语言重要组成部分的常用逻辑用语，是数学表达和交流的工具，是逻辑思维的基本语言，在表述数学内容和论证数学结论中起着非常重要的作用.

单元教学目标

1. 通过已知的数学实例,了解命题的逆命题、否命题与逆否命题,会分析四种命题的相互关系;理解全称量词和存在量词的意义.

2. 能正确使用存在量词对全称量词的命题进行否定;正确使用全称量词对存在量词的命题进行否定,体会并掌握反证法的一般步骤.

3. 通过对典型数学命题的梳理,理解必要条件的意义,以及性质定理与必要条件的关系;理解充分条件的意义,以及判定定理与充分条件的关系;理解充要条件的意义,以及数学定义与充要条件的关系.

单元教学安排

本单元教学建议课时数及具体分配如下.

单 元 内 容	课 时
命题与反证法	2 课时
充分条件与必要条件	2 课时

单元教学内容

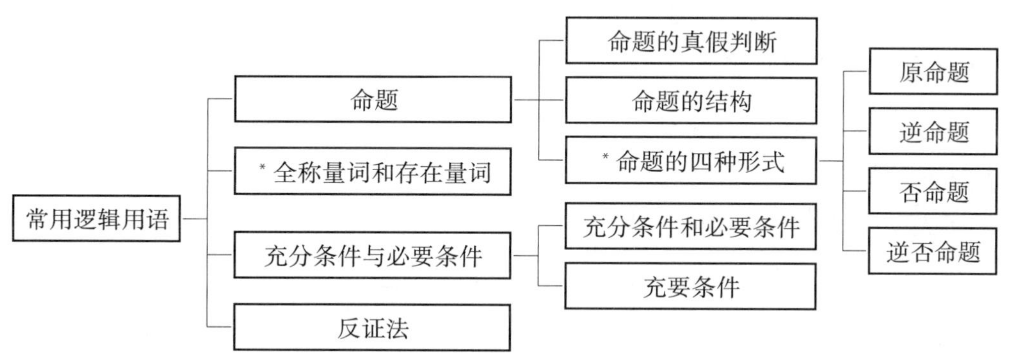

单元教学实施

常用逻辑用语是在初中学习命题的基础上,更进一步学习与命题有关的一些逻辑初步知识.在教学过程中,要通过大量具体的数学实例帮助学生了解和理解常用逻辑用语,学会正确使用逻辑用语,加深对已学过的数学知识之间的逻辑联系和数学本质的认识,避免形式化的讨论.

在常用逻辑用语的教学活动中,应创设合适的教学情境,以义务教育阶段学过的数学内容为载体,引导学生用常用逻辑用语梳理、表达学过的相应数学内容.可以根据学生的实际情况,通过小组合作的形式,布置学生梳理数学学习过程中遇到的重要数学概念，回顾初中对命题概念的学习，了解命题的逆命题、否命题和逆否命题，关注四种命题的四种形式和命题的充分条件、必要条件和充要条件.

对已经梳理的初中重要数学概念与定义定理，从常用逻辑用语的角度分析，理解充分条件与判定定理、必要条件和性质定理、充要条件与数学定义的关系，理解全称量词和存在量词的意义以及对含有一个量词的命题进行否定.这样，依据学生已有的数学概念和定义、定理为载体，符合学生认知的最近发展区，让他们在熟悉的环境中掌握新的概念，进一步理解旧的知识，从而达到温故知新的效果.

一、命题与反证法

【知识概述】

回顾初中学习过的命题、真命题和假命题概念，通过判断一些语句是否为命题，并对被判断为命题的陈述语句，在保持含义不变的前提下，归纳命题的常见形式结构为“若 α，则 β”或“如果 α，那么 β”的形式.当我们判断一个命题“若 α，则 β”是假命题时，要举出一个满足条件 α，而不满足结论 β 的例子加以说明；当我们判断一个命题“若 α，则 β”是真命题时，就必须给出严格的逻辑推理，证明所有满足条件 α 的对象都满足结论 β，但有时直接验证这一点并不是一件容易的事，就需要借助数学中一种非常重要的数学方法——反证法.

【本质提炼】

命题是可以判断真假的陈述句.

反证法是确立论题的真实性的一种间接论证方法.

【基本模型】

1. 判断命题的真假：判断为假的命题叫做假命题，可以通过举反例的方法说明，即举一个满足条件 α，而不满足结论 β 的例子；判断为真的命题叫做真命题，如果命题“如果 α，那么 β”是真命题，我们称 α 推出 β，记作 $\alpha \Rightarrow \beta$，用集合语言描述即

$$\{x \mid x \text{ 满足 } \alpha\} \subseteq \{x \mid x \text{ 满足 } \beta\}.$$

判断一个命题是真命题时，必须给出严格的证明.

2. 命题的结构：命题是用自然语言、符号或式子表达，且可以判断真假的陈述句.命题往往可表示成“若 α，则 β”的形式.

3. 命题的四种形式：原命题、逆命题、否命题和逆否命题.其中，原命题和逆否命

题是等价命题，逆命题和否命题是等价命题.

4. 反证法：当对命题进行正面的直接论证或比较困难时，往往采用反证法.基本过程是：首先假设结论 β 不成立（β 为假），然后经过正确的逻辑推理得出与已知条件或已学定理等相矛盾的结论，进而说明“β 为假”是不可能发生的，即结论 β 是正确的.其中至关重要的一个环节是第一步骤，否定命题的结论时表述要精准.

例 1 判断下列命题的真假，并说明理由.

(1) 若 $x>3$，则 $x>2$；

(2) 若 $a>\dfrac{1}{a}$，则 $|a|>1$；

(3) 若 $m>0$，则 $x^2+x-m=0$ 有实根；

(4) 若 $x\neq 3$ 且 $x\neq 2$，则 $x^2-5x+6\neq 0$.

解：(1) 真命题. $(3,+\infty)\subseteq(2,+\infty)$.

(2) 假命题. $a>\dfrac{1}{a}\Rightarrow\dfrac{(a+1)(a-1)}{a}>0\Rightarrow -1<a<0$ 或 $a>1$.

(3) 真命题. $\Delta=1+4m>0$，方程有实数解.

(4) 真命题. $x^2-5x+6=0\Rightarrow x=2$ 或 $x=3$.

说明：判断命题的真假，除了利用定义、定理等已学知识外，有时还可以利用集合的包含关系判断，对于较复杂的命题，我们还需将条件或结论先进行化简，然后借助推出关系或集合的包含关系，判断命题的真假.

例 2 将下列命题改写成“若 α，则 β”的形式，并判断 $\alpha\Rightarrow\beta$ 是否成立.若成立，加以证明；若不成立，并说明理由.

(1) 两个无理数的乘积是无理数；

(2) 凡直角三角形都相似；

(3) 能被 6 整除的数一定能被 2 整除.

解：(1) 若两个数字均是无理数，则它们的乘积是无理数.这是假命题，如 $\sqrt{2}\times 2\sqrt{2}=4$.

(2) 若两个三角形都是直角三角形，则这两个三角形是相似三角形.这是假命题，如等腰直角三角形和一个内角为 30° 的直角三角形.

(3) 若一个数能被 6 整除，则这个数能被 2 整除.这是真命题，证明：设 $a=6k$ $(k\in\mathbf{N})\Rightarrow a=2\cdot(3k)$，所以实数 a 能被 2 整除.

说明：熟悉命题的结构形式，并会判断命题的真假.

例3 写出命题“两个无理数的乘积是无理数”的逆命题、否命题和逆否命题.

解： 原命题：若两个数均是无理数，则它们的乘积是无理数.

逆命题：若两个数的乘积是无理数，则这两个数均是无理数.

否命题：若两个数中至少有一个不是无理数，则这两个数的乘积不是无理数.

逆否命题：若两个数的乘积不是无理数，则这两个数中至少有一个不是无理数.

例4 证明：设 x、$y \in \mathbf{Z}$，若 $x+y$ 不是偶数，则 x、y 不全是奇数.

证明： 假设 x、y 都是奇数，设 $x=2m+1$，$y=2n+1$（m、$n \in \mathbf{Z}$），则

$$x+y=2m+1+2n+1=2(m+n+1).$$

因为 m、$n \in \mathbf{Z}$，所以 $m+n+1$ 是整数，即 $x+y$ 是偶数，与已知条件 $x+y$ 不是偶数矛盾.故原命题正确.

例5 证明：$\sqrt{2}$ 是无理数.

证明： 假设 $\sqrt{2}$ 是有理数，则可设

$$\sqrt{2}=\frac{m}{n}，其中 m 与 n 是互素的正整数.$$

于是 $m=\sqrt{2}n \Rightarrow m^2=2n^2 \Rightarrow m^2$ 是偶数，且 m 是正整数，则 m 是偶数.

设 $m=2k$，$k \in \mathbf{N}$，则

$$2n^2=m^2=4k^2 \Rightarrow n^2=2k^2 \Rightarrow n^2 是偶数，且 n 是正整数.$$

则 n 是偶数，与 m、n 是互素的正整数矛盾.

所以假设不成立，即 $\sqrt{2}$ 是无理数.

说明： 例 4 和例 5 的证明用到反证法，这是一种重要的数学推理方法，需掌握反证法的一般步骤.反证法一般适宜结论本身以否定形式出现，或以“至多……”“至少……”形式出现，或关于唯一性、存在性问题，或者结论的反面是比原命题更具体、更容易研究的命题.

【变式练习一】

1. 下列四个命题中是真命题的序号为________.

① 若 a 为无理数，b 为有理数，则 ab 是无理数；

② 若 m、n 不都大于零，则 m、n 中至少有一个是负数；

③ $\sqrt{2}$ 的近似值构成一个集合；

④ 有理数集与数轴上的点集之间建立一一对应的关系.

2. 将下列命题改写成"若 α，则 β"的形式，并判断 $\alpha \Rightarrow \beta$ 是否成立.

(1) 等边三角形是轴对称图形；

(2) 对角线不互相平行的四边形不是平行四边形.

3. 已知：x、$y \in \mathbf{R}$，$x+y>2$，求证：$x>1$ 或 $y>1$.

4. 已知：一个整数的平方能被 2 整除，求证：这个整数是偶数.

二、充分条件和必要条件

【知识概述】

充分条件和必要条件是推出关系的进一步深化，属于集合包含关系的应用范畴，是对集合包含关系的深度理解.充分条件是指足够的条件，不需要增加其他条件就可使问题成立.必要条件是指必须要满足的条件，不可没有的条件，否则相应的问题就无法成立，但未必足以使问题成立.如果两者综合起来，就是充要条件，即足以使问题成立且一定要满足的条件.

【本质提炼】

充分条件和必要条件是陈述句(命题)之间的推出关系.

【基本模型】

1. 充分必要条件的判定：实际上是命题的关系推理.如果 $\alpha \Rightarrow \beta$ 是真命题，即 $\{x \mid x$ 满足$\alpha\} \subseteq \{x \mid x$ 满足$\beta\}$，就称 α 是β 的充分条件或称β 是α 的必要条件.若满足性质 α 的元素都在集合 $\{x \mid x$ 满足$\beta\}$ 内，我们称 α 是β 的充分条件，可视为命题的完备性；若集合 $\{x \mid x$ 满足$\beta\}$ 内的元素都具有性质 α，则称 α 是β 的必要条件，可视为命题的纯粹性.

2. 充分必要条件的应用：即已知命题 α 与β 的推出关系，求参数的取值范围问题.应尽量运用集合法求解，即先化简命题 α 与β 对应的集合 A、B，再由命题 α 与β 的推出关系，得到集合 A 与 B 的包含关系，进而得到相关不等式组，解之即可.

3. 充分必要条件的证明：如果既有 $\alpha \Rightarrow \beta$ 是真命题，又有 $\beta \Rightarrow \alpha$ 是真命题，我们称 α 是β 的充分必要条件，简称充要条件，记作"$\alpha \Leftrightarrow \beta$"，读作"$\alpha$ 与 β 等价".由定义可以看出，证明 α 是β 的充要条件，需从两方面入手，既要证明充分性成立，即命题的完备性；也要证明必要性成立，即命题的纯粹性.而对于证明过程，又分为逻辑演绎和举例说明，当 $\alpha \Rightarrow \beta$ 成立时，要通过演绎证明进行推导；当 $\alpha \Rightarrow \beta$ 不成立时，要举反例加以说明.

例1　在下列空格里填入"充分非必要""必要非充分""既非充分又非必要""充要"：

(1) "$P \cap Q=P$" 是 "$P \subset Q$" 的________条件；

(2) “$x^2-4=0$”是“$x-2=0$”的________条件;

(3) “$x_1>3$ 且 $x_2>3$”是“$x_1+x_2>6$ 且 $x_1x_2>9$”的__________条件.

解: (1) 因为具有性质“$P\cap Q=P$”的元素不都满足“$P\subset Q$”，还可能“$P=Q$”,所以充分性不成立;若“$P\subset Q$”，一定可得“$P\cap Q=P$”，所以“$P\cap Q=P$”是“$P\subset Q$”的必要非充分的条件.

(2) 满足性质“$x^2-4=0$”的元素不一定都在集合 $\{x\mid x-2=0\}$ 内,如 $x=-2$，但集合 $\{x\mid x-2=0\}$ 内的元素都具有性质“$x^2-4=0$”，所以“$x^2-4=0$”是“$x-2=0$”的必要非充分条件.

(3) 由性质“$x_1>3$ 且 $x_2>3$”，必然可得“$x_1+x_2>6$ 且 $x_1x_2>9$”，反之未必,如 $x_1=1$，$x_2=10$，所以“$x_1>3$ 且 $x_2>3$”是“$x_1+x_2>6$ 且 $x_1x_2>9$”的充分非必要的条件.

说明: 理解充分条件和必要条件的定义,判断的关键在于首先确定条件和结论,如“若 α，则 β”中,α 是条件,β 是结论,然后对条件 α 和结论 β 进行化简,最后再判断条件命题 α 和结论命题 β 所确定集合的包含关系.

例 2　已知命题 p: $-1\leqslant x\leqslant 3$，命题 q: $x<1-m$ 或 $x>1+m(m>0)$，若 p 是 q 的充分不必要条件,求实数 m 的取值范围.

解: 设 $P=\{x\mid -1\leqslant x\leqslant 3\}$，$Q=\{x\mid x<1-m$ 或 $x>1+m，m>0\}$.

因为 p 是 q 的充分非必要条件，所以 $P\subset Q$，即

$$1-m>3 \text{ 或 } 1+m<-1\Rightarrow m<-2 \text{ 或 } m>2.$$

所以,实数 m 的取值范围是 $(-\infty，-2)\cup(2，+\infty)$.

说明: 对于充分条件和必要条件判断过程的进一步深化和简单应用.

例 3　证明: 关于 x 的方程 $ax^2+bx+c=0$ 有一个根为 1 的充要条件是 $a+b+c=0$.

证明: 必要性: 因为方程 $ax^2+bx+c=0$ 有一个根为 1，所以 $a+b+c=0$.

充分性: 因为 $a+b+c=0\Rightarrow ax^2+bx-(a+b)=0$，

$$a(x^2-1)+b(x-1)=0\Rightarrow(x-1)[a(x+1)+b]=0,$$

所以方程 $ax^2+bx+c=0$ 有一个根为 1.

说明: 证明充要条件,注意要从充分性和必要性两个方面进行,并注意对充分性和必要性的区分.

【变式练习二】

1. 在下列空格处填入适当的条件:

(1) 设 a、b、$m \in \mathbf{R}$,则"$ma=mb$"是"$a=b$"的_________条件;

(2) $\frac{a_1}{a_2}=\frac{b_1}{b_2}=\frac{c_1}{c_2}$ 是两不等式 $a_1x^2+b_1x+c_1<0$ 和 $a_2x^2+b_2x+c_2<0$ 解集相同的_________条件;

(3) $x \neq \frac{\pi}{6}$ 是 $\sin x \neq \frac{1}{2}$ 的_______条件.

2. 已知 α: $x<1$; β: $x<3a+2$. 若 α 是 β 的充分条件,求实数 a 的取值范围.

3. 命题 p: 集合 $M=\{x \mid x<-3$ 或 $x>5\}$, q: 集合 $N=\{x \mid -a \leqslant x \leqslant 8\}$.

(1) 若 $M \cap N=\{x \mid 5<x \leqslant 8\}$,求实数 a 的取值范围;

(2) 若 $\bar{p}$ 是 q 的充分不必要条件,求实数 a 的取值范围.

4. 已知集合 $M=\{(x, y) \mid y=kx-1\}$, $N=\{(x, y) \mid 4x^2-9y^2=36\}$,求"$M \cap N \neq \varnothing$"的充要条件.

5. 数列 $\{a_n\}$ 的前 n 项和为 S_n,求证:"$S_n=an^2+bn$ (a、$b \in \mathbf{R}$)"是"$\{a_n\}$ 为等差数列"的充要条件.

第二单元测试题

1. 把下列命题改写成"若 p,则 q"的形式,并判定真假.

(1) 负数的平方是正数;

(2) 垂直于同一条直线的两条直线平行;

(3) 对角线互相垂直的四边形是菱形.

2. 下列各题中,p 是 q 的什么条件?

(1) p: $(x-2)(x-3)=0$, q: $x=2$;

(2) p: 一个四边形是矩形, q: 四边形的邻边相等;

(3) p: $a>0$ 且 $b>0$, q: $ab>0$.

3. 已知命题 p: $\lg(x^2-2x-2) \geqslant 0$ 的解集是 A,命题 q: $x(4-x) \leqslant 0$ 的解集不是 B.若 p 是真命题, q 是假命题,求 $A \cap B$.

4. 已知命题 p: $1-c<x<1+c(c>0)$,命题 q: $x>7$ 或 $x<-1$,并且 p 是 q 的既非充分又非必要条件,求实数 c 的取值范围.

5. 已知: a、b、c 都是实数,求证: $ac<0$ 是关于 x 的方程 $ax^2+bx+c=0$ 有一个正根和一个负根的充要条件.

6. 设 x、y 都是正数,且 $x+y>2$. 求证: $\frac{1+x}{y}<2$ 和 $\frac{1+y}{x}<2$ 中至少有一个成立.

第三单元　相等关系与不等关系

单元教学目标

1. 掌握等式的性质，理解不等式的概念，掌握不等式的性质.

2. 理解平均值不等式 $\sqrt{ab} \leqslant \dfrac{a+b}{2}$ （a、$b \geqslant 0$）和三角不等式 $|a+b| \leqslant |a|+|b|$，能用基本不等式解决简单的不等式证明，掌握证明不等式的基本方法，渗透逻辑推理素养的培育.

3. 理解最值的定义，会用基本不等式求解简单的最值问题.

4. 用函数观点理解一元二次方程和一元二次不等式，掌握函数的零点与方程的根的关系，运用函数与方程的转化和数形结合等思想解决问题.

单元教学安排

本单元教学建议课时数及具体分配如下.

单　元　内　容	课　　时
等式与不等式的性质	1 课时
基本不等式	2 课时
证明不等式的基本方法	1 课时
利用不等式求解简单的最值问题	2 课时
从函数观点看方程与不等式	2 课时
函数的零点与方程的根	1 课时

单元教学内容

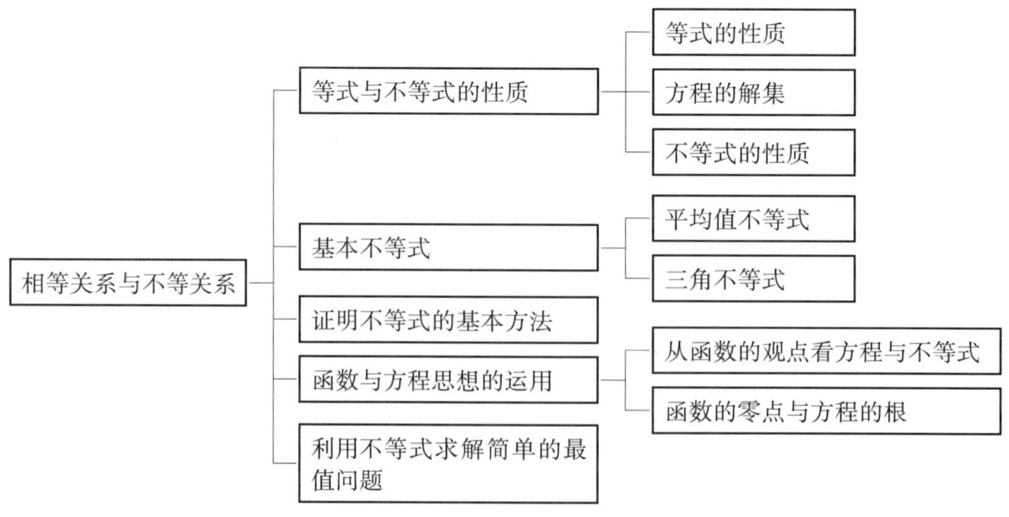

单元教学实施

本单元教学实施中注意以下几点：

1. “两个实数的大小关系可转化为它们之差与零的大小关系”是本单元内容的基础.在不等式性质的探索和不等式的证明中，要不断体现这个转化关系的作用.

2. 要加强类比.通过类比等式性质，猜想、证明不等式的基本性质；像利用一次函数与方程、不等式的关系解决一元一次不等式的问题那样，利用二次函数与方程、不等式的关系解决一元二次不等式的有关问题.

3. 要重视逻辑推理素养的培育.以不等式的证明为载体，突出比较法、综合法、分析法、反证法、放缩法等基本方法的运用，特别是多引导观察、比较和分析，用基本不等式证明有关不等式.

4. 要强化最值定义的理解.在利用基本不等式求解简单的最值问题的过程中，只有在深刻理解最值定义的基础上，学生才会有意识地“凑”定值和检验等号成立的条件.

5. 要突出数学思想方法.在解一元二次不等式的过程中，利用对应的二次函数图像来帮助确定二次不等式解集的情况，并由对应的方程的根来确定解集区间的端点，使数与形有机结合；解决含参数的二次方程的根的问题，其基本思想是等价转化，利用二次函数的图像与性质处理时，务必要探求符合题意的充要条件.

6. 本单元的例题设计遵循如下原则：

(1) 基础性与拓展性.例题设计的难度要略高于教材，适当进行变式，或者是教材问题的逆向思考，或者是几个问题的组合，或者是“形”与“数”转化等，体现基础性与拓展性的统一.例如，本单元的“等式与不等式的性质”中例 2 的设计，既体现图像特征的几何问题转化为含参数的等式恒成立的代数问题，又将等式恒成立转化为含参数的方程有无数个解的逆向问题.

(2) 目的性与针对性.例题的设计是为了实现教学中的某一特定功能，要体现目的性与针对性的统一.例如，为了加强基本不等式的运用，“基本不等式及其应用”和“利用基本不等式求解简单的最值问题”中的例题，围绕各种常见的基本模型和学生的易错点，精心设计对应例题.例题的低起点绝不是低标准，单一性绝不是简单性，针对性绝不排斥综合发展能力.

(3) 系统性与渐进性.例题的设计必须为后面的习题变式遗留空间，同时，系统性原则还体现单元核心内容，强调知识网络的完整和基本功能.还要把握渐进性原则，例题的设计从单个知识点到多个知识块，单元内知识到单元间.例如，“函数与方程思想的应用——函数的零点与方程的根”中的例题，比较系统地研究二次方程实根分布情况，由简单到复杂，方程与函数的转化体现充要条件这一逻辑关系的运用.

另外，本单元习题的设计有一部分与例题结构类似，也有一些改变例题的水平结构或垂直结构而设计的问题.

单元教学评价

本单元教学中，要关注学生能否区别哪些不等式性质的条件是充分非必要条件，哪些不等式性质的条件是充要条件；关注学生能否选择合理的方法证明不等式；关注学生能否把握基本不等式等号成立的条件；能否正确运用条件求解有关最值问题；关注学生能否用函数的观点将方程和不等式统一起来；能否理解、领悟实际问题，将其抽象为数学问题，进而用平均值不等式模型求解.

一、等式与不等式的性质

【知识概述】

实数大小关系的基本事实使实数运算参与到实数的大小比较中，为“数与式的大小比较”和证明不等式性质提供了工具；等式的基本性质中蕴含着两个方面，即相等关系的自身特性“对称性”和“传递性”以及相等关系对“加法、乘法”运算的不变性；不等式的基本性质与等式的基本性质中蕴含着相同的思想方法，即不等关系自身特性“反对称性”和“传递性”，它们都是实数序特性的体现，不等关系对“加法”运算具有“保序性”，但由于对“乘法”运算不具有“保序性”，这也是不等式性质与等式性质的主要差异.将不等式的基本性质加以一般化和特殊化，可以得到一些常用的不等式性质.

【本质提炼】

等式与不等式的性质是实数大小关系的“序结构”与实数的运算性质.

【基本模型】

1. 等价关系：$a-b>0\Leftrightarrow a>b$；$a-b<0\Leftrightarrow a<b$；$a-b=0\Leftrightarrow a=b$.

2. 对于任意实数 x 都有 $ax=b\Leftrightarrow$ 关于 x 的方程 $ax=b$ 的解集为实数集 $\mathbf{R}\Leftrightarrow a=b=0$.

3. 倒数性质：$a>b>0\Rightarrow 0<\frac{1}{a}<\frac{1}{b}$；$0>a>b\Rightarrow\frac{1}{a}<\frac{1}{b}<0$；$a>0>b\Rightarrow\frac{1}{a}>0>\frac{1}{b}$.

4. 减化为加：$\left.\begin{array}{l}a>b\\ c<d\Rightarrow -c>-d\end{array}\right\}\Rightarrow a+(-c)>b+(-d)$.

5. 若 $a>b>0$，则 $\dfrac{a}{1+a}>\dfrac{b}{1+b}$.

例1 已知 $a>2$, $b>2$，判断 ab 与 $a+b$ 的大小关系，并说明理由.

分析：判断两个值的大小关系，最常用的方法是作差比较法，其关键是需要对差作适当的变形，便于判断它与 0 的大小关系.

解：$ab-(a+b)=(a-1)(b-1)-1$.

由题意，知 $a-1>1$, $b-1>1$，则 $(a-1)(b-1)>1$，所以

$$(a-1)(b-1)-1>0\text{，即 } ab>a+b.$$

说明：因为判断的两个对象都是正数的式子，所以也可以比较这两个值的商与 1 的大小关系，称之为作商比较法.具体如下：$\dfrac{a+b}{ab}=\dfrac{1}{a}+\dfrac{1}{b}$，由 $a>2$, $b>2$，则 $0<\dfrac{1}{a}<\dfrac{1}{2}$, $0<\dfrac{1}{b}<\dfrac{1}{2}$，故 $0<\dfrac{1}{a}+\dfrac{1}{b}<1$，即 $0<\dfrac{a+b}{ab}<1$，所以 $ab>a+b$.

例2 设 $f(x)=qx^2-(2q-1)x-1\ (q\neq 0)$，求函数 $y=f(x)$ 的图像恒过的定点.

分析：因为 $y=f(x)$ 是含参数 q 的二次函数，其解析式的常数项为 -1，所以很容易发现图像恒过定点 $(0,-1)$. 那么，图像上是否存在与 q 无关的其他定点？为此，将原问题转化为求关于 q 的等式 $qx^2-(2q-1)x-1-y=0$ 恒成立的条件，从而联想模型 2 解决.

解：由 $y=qx^2-(2q-1)x-1$，得 $q(x^2-2x)+(x-1-y)=0$.

欲求函数 $y=f(x)$ 图像恒过的定点，即求“对于任意一个实数 q 都有 $q(x^2-2x)+(x-1-y)=0$ 成立”的 (x, y)，则

$$\begin{cases}x^2-2x=0,\\ x-1-y=0,\end{cases}\text{解得}\begin{cases}x=0,\\ y=-1,\end{cases}\text{或}\begin{cases}x=2,\\ y=1.\end{cases}$$

所以，函数 $y=f(x)$ 的图像恒过的定点 $(0,-1)$ 和 $(2, 1)$.

说明：① 将函数图像过定点的几何问题转化为含参数的等式恒成立的代数问题，这一解法可以求得该函数图像过的所有定点；② 本题也可以先取 q 的两个特殊值，求出两条对应抛物线的两个公共点，猜想其为该函数图像恒过的定点坐标，然后

将这两点的横坐标分别代入原解析式，证明其纵坐标也满足，这种先猜后证的方法是数学发现的一个重要途径；③ 模型2的形式也可改写为："关于实数 x 的方程 $ax=b$ 至少有两解"的充要条件是"$a=b=0$".

例3　若 a、b、c 是正数，且 $c>a>b$，求证：$\frac{a}{c-a}>\frac{b}{c-b}$.

分析： 观察结论的两个分母 $c-a$、$c-b$，我们很容易从条件中获得 $0<c-a<c-b$，联想模型3倒数性质，就有 $\frac{1}{c-a}>\frac{1}{c-b}>0$，再由同向不等式的乘法性质即得.

证明： 因为 $a>b$，所以 $-a<-b$，即 $c-a<c-b$.

又 $c>a$，则 $0<c-a<c-b$，于是 $\frac{1}{c-a}>\frac{1}{c-b}>0$.

因为 $a>b>0$，所以 $\frac{a}{c-a}>\frac{b}{c-b}$.

说明： ① 对于"除"的形式的不等式证明，正确应用"倒数"性质，然后用同向不等式的乘法性质；② 本题也可以用比较法.

例4　已知 $2<x-y<3$，$-1<x+y<4$，求 $z=2x-3y$ 的取值范围.

分析： 求一个变量的取值范围是确定变量取值的充要条件，所以要尽量少用同向不等式加法性质.为此，我们把条件中的"$x-y$、$x+y$"分别看作两个整体的变量，先将目标 $2x-3y$ 与这两个变量建立等量关系，再用不等式性质求其取值范围.

解： 设 $\begin{cases}x-y=a,\\x+y=b,\end{cases}$ 则 $\begin{cases}x=\frac{a+b}{2},\\y=\frac{b-a}{2}.\end{cases}$

由题意，得 $\begin{cases}2<a<3,\\-1<b<4,\end{cases}$ 从而 $z=2x-3y=2\times\frac{a+b}{2}-3\times\frac{b-a}{2}=\frac{5}{2}a-\frac{b}{2}$.

又 $\begin{cases}5<\frac{5a}{2}<\frac{15}{2},\\-2<-\frac{b}{2}<\frac{1}{2},\end{cases}$ 所以 $z=2x-3y\in(3,8)$.

说明： ① 如果先由条件结合同向不等式加法性质分别求得 x、y 的取值范围，再求 $2x-3y$ 的取值范围，那么同向不等式加法性质就要用到三次，因为同向不等式加法性质不可逆用,所以多次使用会导致扩大所求目标的范围;② 上述解法中的最后一步,联想模型 4 要正确运用不等式性质;③ 对于本题也可以用二元一次不等式(组)和目标函数的几何意义求解.

例 5 已知:a、b、c 是三角形的三边边长,求证:$\frac{a}{1+a}<\frac{b}{1+b}+\frac{c}{1+c}$.

分析: 不等式左右两边的三个式子具有相同的结构,故联想模型 5.

证明: 先证明模型 5.

因为 $\frac{a}{1+a}-\frac{b}{1+b}=\frac{a-b}{(1+a)(1+b)}$, $a>b>0$, 所以 $\frac{a}{1+a}>\frac{b}{1+b}$;

再由 a、b、c 是三角形的三边边长,且 $0<a<b+c$, 则 $\frac{a}{1+a}<\frac{b+c}{1+b+c}$.

又 $\frac{b+c}{1+b+c}=\frac{b}{1+b+c}+\frac{c}{1+b+c}<\frac{b}{1+b}+\frac{c}{1+c}$, 由不等式传递性,得 $\frac{a}{1+a}<\frac{b}{1+b}+\frac{c}{1+c}$.

说明: 模型 5 的证明还可以用函数 $y=\frac{x}{1+x}$ $(x>0)$ 的单调性获得.

【变式练习一】

1. 证明:$a_1=a_2$, $b_1=b_2$ 是等式 $a_1x+b_1=a_2x+b_2$ 恒成立的充要条件.
2. 若 $-1<a<b<2$, 求 $2a-b$ 的取值范围.
3. 设 x、$y\in\mathbf{R}$, 满足 $3\leqslant xy^2\leqslant 8$, $4\leqslant\frac{x^2}{y}\leqslant 9$, 求 $\frac{x^3}{y^4}$ 的最大值.

二、基本不等式及其运用

【知识概述】

由任意实数平方的非负性可得:$a^2+b^2\geqslant 2ab$ $(a、b\in\mathbf{R})$, 即 $\left(\frac{a+b}{2}\right)^2\geqslant ab$ $(a、b\in\mathbf{R})$. 通过代换就得平均值不等式 $\frac{a+b}{2}\geqslant\sqrt{ab}$ $(a、b\in\mathbf{R}^+)$. 平均值不等式是不等式证明的基本依据,也是求函数最值等知识的基础.同时,在后续向量、复数等内容的学习中,三角不等式 $|a+b|\leqslant|a|+|b|$ $(a、b\in\mathbf{R})$ 将起着重要的作用,且其几何意义十分明显.我们把平均值不等式和三角不等式等统称为基本不等式.

运用基本不等式证明一些简单的不等式时,常用的基本方法除比较法外,还有综合法、分析法、反证法和放缩法等.综合法证明不等式的思路是"由因导果",从条件出发，根据某些已成立的不等式和不等式的基本性质，逐步推理，最后推导所要证明的不等式，过程中的每一步都是下一步的充分条件.分析法证明不等式的思路是“执果索因”，从要证的不等式出发，分析使这个不等式成立的充分条件，即从“未知”看“需知”，逐步靠拢“已知”.反证法属于间接证明的一种，其实质是否定结论，导出矛盾，从而说明原结论正确.放缩法证明不等式，也就是要证的不等式的一边放大或缩小，根据不等式的传递性，达到证明不等式的目的.运用放缩法时，注意放缩适度.

【本质提炼】

均值不等式体现实数平方的非负性，三角不等式体现实数的绝对值不小于它本身的性质.证明不等式，就是在给定条件下，字母取所有可能的值时，要证明这个不等式恒成立.

【基本模型】

1. 对于 a、$b\in\mathbf{R}^{+}$，有 $a+b\geqslant 2\sqrt{ab}$，当且仅当 $a=b$ 时，等号成立.

2. 对于 a、$b\in\mathbf{R}$，有 $ab\leqslant\left(\dfrac{a+b}{2}\right)^{2}$，当且仅当 $a=b$ 时，等号成立.

3. 对于 a、$b\in\mathbf{R}$，有 $2(a^{2}+b^{2})\geqslant(a+b)^{2}$，当且仅当 $a=b$ 时，等号成立.

4. 对于 a、$b\in\mathbf{R}$，有 $||a|-|b||\leqslant|a+b|\leqslant|a|+|b|$，当且仅当 $ab\geqslant 0$ 时，右端不等式取等号；当且仅当 $ab\leqslant 0$ 时，左端不等式取等号.

5. 对于存在性问题、唯一性问题或者带有至少有一个、至多有一个等表述的问题，常常用反证法证明.

例 1　小王从甲地到乙地的往返时速分别为 a 和 $b(a<b)$，其全程的平均时速为 v，求证：$a<v<\sqrt{ab}$.

分析：本题的关键是如何用 a、b 表示全程的平均时速 v. 根据速度、时间和路程的关系，设从甲地到乙地的路程为 s，分别表示从甲地到乙地的往返时间，然后由总路程除以总时间表示 v.

证明：设从甲地到乙地的路程为 s，则小王从甲地到乙地的时间为 $\dfrac{s}{a}$，从乙地到甲地的时间为 $\dfrac{s}{b}$，小王从甲地到乙地的往返总时间为 $\dfrac{s}{a}+\dfrac{s}{b}$，全程的平均时速为

$$v=\frac{2s}{\dfrac{s}{a}+\dfrac{s}{b}}，即 v=\frac{2ab}{a+b}.$$

因为 a、$b\in\mathbf{R}^{+}$，$a<b$，有 $a+b>2\sqrt{ab}$，所以 $\dfrac{1}{a+b}<\dfrac{1}{2\sqrt{ab}}$.

又 $2ab>0$，则 $\dfrac{2ab}{a+b}<\dfrac{2ab}{2\sqrt{ab}}$，即 $v<\sqrt{ab}$.

又 $0<a<b$，有 $2b>a+b>0$，则 $\dfrac{2b}{a+b}>1$，从而 $\dfrac{2ab}{a+b}>a$.

综上所述，得 $a<v<\sqrt{ab}$.

说明： 这里的全程平均时速 $v=\dfrac{2}{\dfrac{1}{a}+\dfrac{1}{b}}$ 恰是 a、b 两个正数的调和平均值.一般地，对于 a、$b\in\mathbf{R}^{+}$，有 $\dfrac{2}{\dfrac{1}{a}+\dfrac{1}{b}}\leqslant\sqrt{ab}\leqslant\dfrac{a+b}{2}\leqslant\sqrt{\dfrac{a^{2}+b^{2}}{2}}$ $\left(\text{其中}\sqrt{\dfrac{a^{2}+b^{2}}{2}}\text{称为两个正数}a、b\text{的平方平均值}\right)$.

例2 若 a、b、$c\in\mathbf{R}^{+}$，求证：$\dfrac{a^{2}}{a+b}+\dfrac{b^{2}}{b+c}+\dfrac{c^{2}}{c+a}\geqslant\dfrac{a+b+c}{2}$.

分析： 因为左边是分式，右边是整式，如果对"$\dfrac{a^{2}}{a+b}+(a+b)$，$\dfrac{b^{2}}{b+c}+(b+c)$，$\dfrac{c^{2}}{c+a}+(c+a)$"分别应用模型1，然后三式相加化简，得 $\dfrac{a^{2}}{a+b}+\dfrac{b^{2}}{b+c}+\dfrac{c^{2}}{c+a}\geqslant 0$，那么不能证得结论，这是为什么呢？因为不等式的等号都取不到.下面引入待定字母 λ，设 $\lambda>0$，对 $\dfrac{a^{2}}{a+b}+\lambda^{2}(a+b)$，$\dfrac{b^{2}}{b+c}+\lambda^{2}(b+c)$，$\dfrac{c^{2}}{c+a}+\lambda^{2}(c+a)$，分别应用模型1，然后三式相加，此时三个不等式等号同时成立的充要条件是 $\begin{cases}\lambda(a+b)=a,\\ \lambda(b+c)=b,\\ \lambda(c+a)=c,\end{cases}$ 即 $\lambda^{2}=\dfrac{1}{4}$，$a=b=c$，这样处理就可以了.

证明： 因为 a、b、$c\in\mathbf{R}^{+}$，所以 $\dfrac{a^{2}}{a+b}+\dfrac{a+b}{4}\geqslant 2\sqrt{\dfrac{a^{2}}{a+b}\cdot\dfrac{a+b}{4}}=a$，同理 $\dfrac{b^{2}}{b+c}+\dfrac{b+c}{4}\geqslant b$，$\dfrac{c^{2}}{c+a}+\dfrac{c+a}{4}\geqslant c$.

将三式相加，整理得 $\dfrac{a^{2}}{a+b}+\dfrac{b^{2}}{b+c}+\dfrac{c^{2}}{c+a}\geqslant\dfrac{a+b+c}{2}$.

说明： 本题反映了平均值不等式解决数学问题中等号成立的重要性.

例3　已知 $a>b>0$，求证：$a^2+\frac{1}{(a-b)b}\geqslant 4$.

分析：易知 $a^2+\frac{4}{a^2}\geqslant 4$，所以只需证明 $\frac{1}{(a-b)b}\geqslant\frac{4}{a^2}$，即证 $(a-b)b\leqslant\frac{a^2}{4}$，只要用模型 2 即可.

证明：因为 $(a-b)b\leqslant\left(\frac{a-b+b}{2}\right)^2$，所以 $(a-b)b\leqslant\frac{a^2}{4}$.

又 $a>b>0$，则 $\frac{1}{(a-b)b}\geqslant\frac{4}{a^2}$，所以 $a^2+\frac{1}{(a-b)b}\geqslant a^2+\frac{4}{a^2}\geqslant 4$.

例4　已知 $a+b=1$，a、$b\in\mathbf{R}$. 求证：(1) $a^2+b^2\geqslant\frac{1}{2}$；(2) $a^4+b^4\geqslant\frac{1}{8}$.

分析：模型 3 揭示了两数的平方和与两数和的平方的一个不等关系，结合条件 $a+b=1$，将(1)中的 1 改写为 $(a+b)^2$ 即可；继续运用模型 3 结合(1)，放缩一下即得(2).

证明：因为 $a^2+b^2\geqslant 2ab$ (a、$b\in\mathbf{R}$)，两边同加上 a^2+b^2，得 $2(a^2+b^2)\geqslant(a+b)^2$.

又 $a+b=1$，所以 $a^2+b^2\geqslant\frac{1}{2}$. 同理，$2(a^4+b^4)\geqslant(a^2+b^2)^2$.

又 $a^2+b^2\geqslant\frac{1}{2}$，所以 $a^4+b^4\geqslant\frac{1}{8}$.

例5　求证：$-3\leqslant|x-2|-|x-5|\leqslant 3$.

分析：因为 $-3\leqslant|x-2|-|x-5|\leqslant 3\Leftrightarrow||x-2|-|x-5||\leqslant 3$，又 $|(x-2)+(5-x)|=3$，所以联想模型 4 即可解决.

证明：由 $||a|-|b||\leqslant|a+b|$，得 $||x-2|-|5-x||\leqslant|(x-2)+(5-x)|$，即 $||x-2|-|x-5||\leqslant 3$，所以 $-3\leqslant|x-2|-|x-5|\leqslant 3$.

说明：本题也可以借助绝对值的定义或绝对值的几何意义进行分类讨论证明.

【变式练习二】

1. 已知 $a>b$，且 $ab=1$，求证：$\frac{a^2+b^2}{a-b}\geqslant 2\sqrt{2}$.

2. 设二次函数 $f(x)=x^2+ax+b$，证明：$|f(1)|$、$|f(2)|$、$|f(3)|$ 中至少有一个不小于 $\frac{1}{2}$.

3. 已知 a、b、c 都为正数，求证：$\sqrt{a^2+b^2}+\sqrt{b^2+c^2}+\sqrt{c^2+a^2}\geqslant\sqrt{2}(a+b+c)$.

三、从函数观点看方程与不等式

【知识概述】

函数 $y=ax^2+bx+c\ (a\neq 0)$，当 $y=0$ 时，方程 $ax^2+bx+c=0$ 的实数解也叫该函数的零点，也是函数图像与 x 轴交点的横坐标；讨论当 $y>0$ 或 $y<0$ 的自变量取值范围时，即为不等式 $ax^2+bx+c>0$ 或 $ax^2+bx+c<0$ 的解集，也就是函数图像位于 x 轴上方的点或在 x 轴下方的点的横坐标集合，而且二次方程的实数解也是二次不等式解集的端点值.

【本质提炼】

一元二次方程和一元二次不等式分别为一元二次函数值为零和不为零的情形.

【基本模型】

1. 设 $x_1<x_2$，则

$ax^2+bx+c>0\ (a\neq 0)$ 的解集为 $(-\infty,\ x_1)\cup(x_2,\ +\infty)$

$\Leftrightarrow$ 函数 $y=ax^2+bx+c\ (a\neq 0)$ 的图像是开口向上且与 x 轴交于 $(x_1,\ 0)$、$(x_2,\ 0)$ 两点的抛物线

$\Leftrightarrow x_1$、x_2 是方程 $ax^2+bx+c=0\ (a>0)$ 的两个不等实根

$$\Leftrightarrow ax^2+bx+c=a(x-x_1)(x-x_2)\ (a>0)\Leftrightarrow\begin{cases}a>0,\\ b^2-4ac>0,\\ x_1+x_2=-\dfrac{b}{a},\\ x_1x_2=\dfrac{c}{a}.\end{cases}$$

2. 设 $x_1<x_2$，则

$ax^2+bx+c>0\ (a\neq 0)$ 的解集为 $(x_1,\ x_2)$

$\Leftrightarrow$ 函数 $y=ax^2+bx+c\ (a\neq 0)$ 的图像是开口向下且与 x 轴交于 $(x_1,\ 0)$、$(x_2,\ 0)$ 两点的抛物线

$\Leftrightarrow x_1$、x_2 是方程 $ax^2+bx+c=0\ (a<0)$ 的两个不等实根

$$\Leftrightarrow ax^2+bx+c=a(x-x_1)(x-x_2)\ (a<0)\Leftrightarrow\begin{cases}a<0,\\ b^2-4ac>0,\\ x_1+x_2=-\dfrac{b}{a},\\ x_1x_2=\dfrac{c}{a}.\end{cases}$$

3. $ax^2+bx+c>0$ ($a\neq 0$) 的解集为 $(-\infty, x_0)\cup(x_0, +\infty)$

$\Leftrightarrow$ 函数 $y=ax^2+bx+c$ ($a\neq 0$) 的图像是开口向上且与 x 轴只有一个公共点 $(x_0, 0)$ 的抛物线

$\Leftrightarrow$ 方程 $ax^2+bx+c=0$ ($a>0$) 有两个相等实根 x_0

$$\Leftrightarrow ax^2+bx+c=a(x-x_0)^2(a>0)\Leftrightarrow\begin{cases}a>0,\\ b^2-4ac=0,\\ x_0=-\dfrac{b}{2a}.\end{cases}$$

4. $ax^2+bx+c\geqslant 0$ ($a\neq 0$) 的解集为 $\{x_0\}$

$\Leftrightarrow$ 函数 $y=ax^2+bx+c$ ($a\neq 0$) 的图像是开口向下且与 x 轴只有一个公共点 $(x_0, 0)$ 的抛物线

$\Leftrightarrow$ 方程 $ax^2+bx+c=0$ ($a<0$) 有两个相等实根 x_0

$$\Leftrightarrow ax^2+bx+c=a(x-x_0)^2(a<0)\Leftrightarrow\begin{cases}a<0,\\ b^2-4ac=0,\\ x_0=-\dfrac{b}{2a}.\end{cases}$$

5. $ax^2+bx+c>0$ ($a\neq 0$) 的解集为 $\mathbf{R}$

$\Leftrightarrow$ 函数 $y=ax^2+bx+c$ ($a\neq 0$) 的图像是开口向上且与 x 轴没有公共点的抛物线

$\Leftrightarrow$ 方程 $ax^2+bx+c=0$ ($a>0$) 无实根 x_0

$$\Leftrightarrow\begin{cases}a>0,\\ b^2-4ac<0.\end{cases}$$

6. $ax^2+bx+c>0$ ($a\neq 0$) 的解集为 $\varnothing$

$\Leftrightarrow$ 函数 $y=ax^2+bx+c$ ($a\neq 0$) 的图像是开口向下且与 x 轴至多有一个公共点的抛物线

$\Leftrightarrow$ 方程 $ax^2+bx+c=0$ ($a<0$) 无实根或有两个相等实根

$$\Leftrightarrow\begin{cases}a<0,\\ b^2-4ac\leqslant 0.\end{cases}$$

例1　已知二次函数 $y=mx^2-2x-3$，若不等式 $y<0$ 的解集为 $(-1, n)$，求实数 m、n 的值.

分析：由二次不等式的解集端点是二次方程的根，可先由韦达定理解得实数 m、n 的值，再检验二次函数图像的开口方向是否符合题意.

解：因为不等式 $y<0$ 的解集为 $(-1,\ n)$，所以 $mx^2-2x-3=0$ 的两根是 -1、n，则 $\begin{cases}-1+n=\dfrac{2}{m},\\ -n=-\dfrac{3}{m},\end{cases}$ 解得 $\begin{cases}m=1,\\ n=3.\end{cases}$ 经检验：$m=1$，$n=3$ 符合题意.

说明：也可以由 -1 是 $mx^2-2x-3=0$ 的根先求得 m，然后解不等式得 n.

例 2　已知关于 x 的不等式 $kx^2-2x+6k<0$，若不等式的解集为 $\mathbf{R}$，求实数 k 的取值范围.

分析：由于不能确定不等式的二次项系数 k 是否为 0，因此先讨论是一次不等式还是二次不等式的情形.当 $kx^2-2x+6k<0$ 是二次不等式时，就转化为函数 $y=kx^2-2x+6k$ 的图像是开口向下与 x 轴没有公共点的抛物线，然后由二次项系数和判别式的符号求得.

解：当 $k=0$ 时，得 $x>0$，舍去；

当 $k\neq 0$ 时，由题意，得 $k<0$ 且 $\Delta=4-24k^2<0$，解得 $k<-\dfrac{\sqrt{6}}{6}$.

综上所述，得 $k<-\dfrac{\sqrt{6}}{6}$.

例 3　不等式 $ax^2+bx+1>0$ 的解集是 $(-\infty,\ 2)\cup(2,\ +\infty)$，分别求 a、b 的值.

分析：由题意可知 $a\neq 0$，故将条件转化为与其相应的函数和方程的问题，即 $ax^2+bx+1>0$ 的解集是 $(-\infty,\ 2)\cup(2,\ +\infty)\Leftrightarrow y=ax^2+bx+1$ 的图像是开口向上且与 x 轴只有一个公共点 $(2,\ 0)$ 的抛物线 $\Leftrightarrow$ 方程 $ax^2+bx+1=0\ (a>0)$ 有两个相等的实根为 2.

解：由题意，得方程 $ax^2+bx+1=0\ (a>0)$ 有两个相等的实根为 2，则 $a>0$，$-\dfrac{b}{a}=4$，$\dfrac{1}{a}=4$，解得 $a=\dfrac{1}{4}$，$b=-1$.

说明：也可以将 $y=ax^2+bx+1$ 写成顶点式 $y=a(x-2)^2$，即 $ax^2+bx+1=a(x-2)^2$.

例 4　若不等式 $2\leqslant x^2+px+10\leqslant 6$ 的解集中有且只有一个元素，求实数 p 的值.

分析：将不等式问题转化为函数图像的思考，即函数 $y=x^2+px+10$ 的图像在

直线 $y=2$ 和 $y=6$ 之间有且只有一个点，故 $y=x^2+px+10$ 的图像与直线 $y=6$ 只有一个公共点，然后根据判别式为 0，建立等式解之即可.

解： 依题意，得 $y=x^2+px+10$ 的图像与直线 $y=6$ 只有一个公共点，所以 $x^2+px+4=0$ 有两个相等的实根，则 $p^2-16=0$，得 $p=\pm 4$.

例 5　设 a、$b\in\mathbf{R}$，$f(x)=x+\dfrac{a}{x}+b$. 若函数 $y=f(x)$ 在区间 $(1, 2)$ 上有两个不同的零点，求 $f(1)$ 的取值范围.

分析： 函数 $y=x+\dfrac{a}{x}+b$ 在区间 $(1, 2)$ 上有两个不同的零点，即方程 $x+\dfrac{a}{x}+b=0$ 在区间 $(1, 2)$ 上有两个不同的解，也就是方程 $x^2+bx+a=0$ 在区间 $(1, 2)$ 上有两不等根，而 $f(1)=1+a+b$，可由韦达定理将 $f(1)$ 表示为两根的代数式，然后由不等式性质解得.

解： 由题意，得方程 $x+\dfrac{a}{x}+b=0$ 在区间 $(1, 2)$ 上有两个不同的解，也就是方程 $x^2+bx+a=0$ 的两不等根 x_1、$x_2\in(1, 2)$，则 $x_1+x_2=-b$，$x_1x_2=a$，所以

$$f(1)=1+a+b=1+x_1x_2-x_1-x_2=(x_1-1)(x_2-1).$$

因为 x_1-1、$x_2-1\in(0, 1)$，所以 $f(1)$ 的取值范围为 $(0, 1)$.

说明： 本题用函数 $y=x^2+bx+a$ 的图像及性质解决难度较大.

【变式练习三】

1. 若不等式 $x^2-ax-b<0$ 的解集为 $\{x \mid 2<x<3\}$，求不等式 $bx^2+ax-1>0$ 的解集.

2. 若集合 $A=\{x \mid ax^2-ax+1<0\}=\varnothing$，求实数 a 的取值范围.

3. 关于 x 的不等式 $ax^2+bx+c>0$ 的解集为 $(-2, 1)$，对于系数 a、b、c，有如下结论：

① $a>0$；② $b>0$；③ $c>0$；④ $a+b+c>0$；⑤ $9a+3b+c<0$.

其中，正确的结论的序号是____________.

四、函数的零点与方程的根

【知识概述】

函数零点：定义域中使得函数值为零的自变量的值.

方程 $ax^2+bx+c=0$ $(a\neq 0)$ 的实根就是函数 $y=ax^2+bx+c$ $(a\neq 0)$ 的零点，也是函数 $y=ax^2+bx+c$ $(a\neq 0)$ 的图像与 x 轴交点的横坐标.

【本质提炼】

方程 $f(x)=0$ 的实根就是函数 $y=f(x)$ 的图像与 x 轴交点的横坐标，也就是函数 $y=f(x)$ 的零点.

【基本模型】

1. 对于方程 $ax^2+bx+c=0$ $(a>0)$ 的两个实根 x_1、x_2 的分布与某一实数 k 有关的问题，可转化为 $f(x)=ax^2+bx+c$ $(a>0)$ 的图像及性质研究.

分布情况	$x_1<k$，$x_2<k$	$x_1>k$，$x_2>k$	$x_1<k<x_2$
大致图像 $(a>0)$	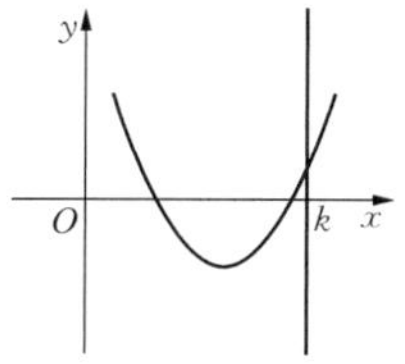 y O k x	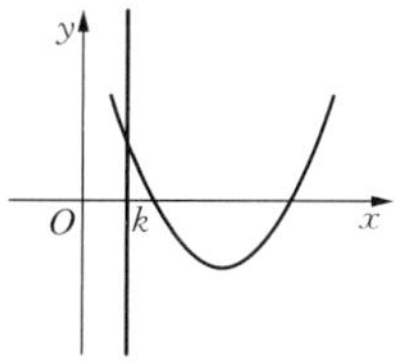 y O k x	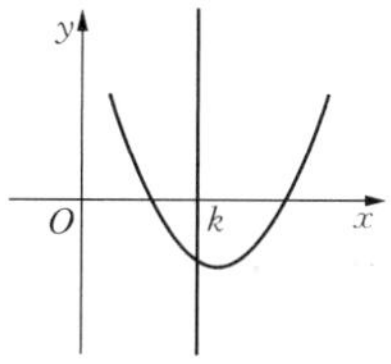 y O k x
得出的结论 $(a>0)$	$\begin{cases}\Delta\geqslant 0\\-\dfrac{b}{2a}<k\\f(k)>0\end{cases}$	$\begin{cases}\Delta\geqslant 0\\-\dfrac{b}{2a}>k\\f(k)>0\end{cases}$	$f(k)<0$

2. 对于方程 $ax^2+bx+c=0$ $(a>0)$ 的两个实根 x_1、x_2 的分布与区间 (m,n) 有关的问题，可转化为 $f(x)=ax^2+bx+c(a>0)$ 的图像及性质研究.

分布情况	x_1、$x_2\in(m,n)$	一根 $\in(m,n)$，另一根 $\notin[m,n]$(图像有两种情况，只画了一种)	$x_1\in(m,n)$，$x_2\in(p,q)$，$m<n<p<q$
大致图像 $(a>0)$	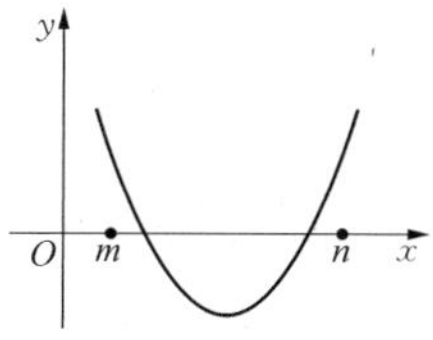 y O m n x	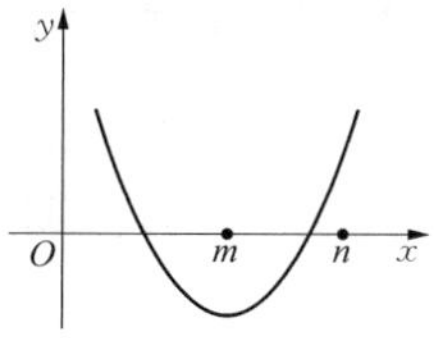 y O m n x	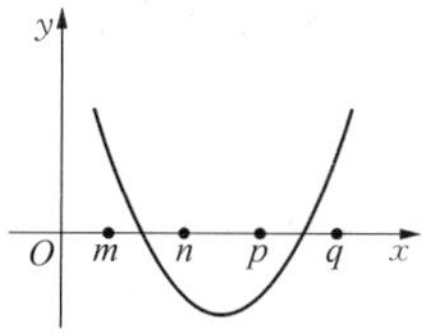 y O m n p q x
得出的结论 $(a>0)$	$\begin{cases}\Delta\geqslant 0\\f(m)>0\\f(n)>0\\m<-\dfrac{b}{2a}<n\end{cases}$	$f(m)\cdot f(n)<0$	$\begin{cases}f(m)>0\\f(n)<0\\f(p)<0\\f(q)>0\end{cases}$

3. 对于“含参数的二次方程在某个范围上至少有一解”的问题，可通过分离参变量转化为函数的值域问题.

例1　若 $x^2+ax+2=0$ 的两根都小于 -1，求 a 的取值范围.

分析：二次方程的根的问题转化为函数图像及性质解决.

解：设 $f(x)=x^2+ax+2$. 由题意，知抛物线 $y=x^2+ax+2$ 与 x 轴的交点横坐标都小于 -1，则 $\begin{cases} a^2-8\geqslant 0, \\ -\dfrac{a}{2}<-1, \\ f(-1)>0, \end{cases}$ 解得 $2\sqrt{2}\leqslant a<3$，所以 a 的取值范围为 $[2\sqrt{2}, 3)$.

说明：本题也可以将方程两根 x_1、x_2 转化为 $x_1+1<0$，$x_2+1<0$，其等价条件是 $(x_1+1)+(x_2+1)<0$，$(x_1+1)(x_2+1)>0$，然后结合判别式和韦达定理求解.

例2　方程 $7x^2-(k+13)x+k^2-k-2=0$ 的两根分别在区间 $(0, 1)$ 和 $(1, 2)$ 内，求实数 k 的取值范围.

分析：对于此类根的分布问题，可以用类似的模型 2 解决.

解：设 $f(x)=7x^2-(k+13)x+k^2-k-2$，若方程 $7x^2-(k+13)x+k^2-k-2=0$ 的两根分别在区间 $(0, 1)$ 和 $(1, 2)$ 内，则 $\begin{cases} f(0)>0, \\ f(1)<0, \\ f(2)>0, \end{cases}$ 解得 k 的取值范围为 $(-2, -1)\cup(3, 4)$.

例3　已知关于 x 的二次方程 $x^2+2mx+2m+1=0$ 的两根均在区间 $(0, 1)$ 内，求实数 m 的取值范围.

分析：设 $f(x)=x^2+2mx+2m+1$，可知抛物线 $y=x^2+2mx+2m+1$ 与 x 轴交点横坐标落在区间 $(0, 1)$ 内，可以应用模型 2 解决.

解：设 $f(x)=x^2+2mx+2m+1$.

抛物线 $y=x^2+2mx+2m+1$ 对称轴为 $x=-m$. 由题意，得

$$\begin{cases} \Delta\geqslant 0, \\ 0<-m<1, \\ f(0)>0, \\ f(1)>0, \end{cases} \text{即} \begin{cases} m\geqslant 1+\sqrt{2} \text{ 或 } m\leqslant 1-\sqrt{2}, \\ -1<m<0, \\ m>-\dfrac{1}{2}, \\ m>-\dfrac{1}{2}, \end{cases}$$

解得 m 的取值范围为 $\left(-\frac{1}{2}, 1-\sqrt{2}\right]$.

例 4　若关于 x 的方程 $4x^2-4x+m=0$ 在区间 $[-1, 1]$ 内至少有一个实根，求实数 m 的取值范围.

分析：二次方程在区间 $[-1, 1]$ 内至少有一个实根的情况有点复杂，为了避免分类讨论，可用分离参变量转化为函数的值域问题，即模型 3.

解：原问题转化为 $m=4x-4x^2$ 在 $-1\leqslant x\leqslant 1$ 内至少有一个实根，即当 $-1\leqslant x\leqslant 1$ 时，直线 $y=m$ 与抛物线 $y=4x-4x^2$ 至少有一个公共点.所以，实数 m 的取值范围就是函数 $y=4x-4x^2(-1\leqslant x\leqslant 1)$ 的值域，即 m 的取值范围为 $[-8, 1]$.

例 5　已知方程 $mx^4-(m-3)x^2+3m=0$ 有一个根小于 -1，其余三个根都大于 -1，求实数 m 的取值范围.

分析：因为方程中的未知数项是含 x^4、x^2 的项，且 $x^4=(x^2)^2$，所以原方程的四个根是互为相反数的两对根，那么通过换元 $x^2=y$，原问题转化为方程 $my^2-(m-3)y+3m=0$ 的一根大于 1，另一根为小于 1 的正根，即类似的模型 2 解决.

解：设 $x^2=y$，原问题转化为方程 $my^2-(m-3)y+3m=0$ 的两个根都是正根，且一根大于 1，另一根小于 1.

因为 $my^2-(m-3)y+3m=0\ (m\neq 0)$ 可化为 $y^2-\frac{m-3}{m}y+3=0$，设 $f(y)=y^2-\frac{m-3}{m}y+3$，则

$$\begin{cases}f(0)>0,\\ f(1)<0,\end{cases}\quad 即\begin{cases}3>0,\\ 1-\frac{m-3}{m}+3<0,\end{cases}$$

解得 m 的取值范围为 $(-1, 0)$.

【变式练习四】

1. 已知 α、β 是方程 $x^2+(2m-1)x+4-2m=0$ 的两个根，且 $\alpha<2<\beta$，求实数 m 的取值范围.

2. 已知函数 $f(x)=x^2-(2a-1)x+a^2-2$ 与非负 x 轴至少有一个交点，求实数 a 的取值范围.

3. 对于函数 $f(x)$ 和 $g(x)$，设 $\alpha\in\{x\mid f(x)=0\}$，$\beta\in\{x\mid g(x)=0\}$，若存在 α、β，使得 $|\alpha-\beta|\leqslant 1$，则称 $f(x)$ 和 $g(x)$ 互为“零点相邻函数”.若函数 $f(x)=$

$\dfrac{x^2-3x+2}{x-1}$ 与 $g(x)=x^2-4x-a$ 互为“零点相邻函数”，求实数 a 的取值范围.

五、利用基本不等式求解简单的最值问题

【知识概述】

平均值不等式演化出两类数学模型，分别是一组条件与结论，对应着能用平均值不等式解决的两类最值问题.利用平均值不等式解决实际问题时，需要理解和识别实际问题，如果实际问题符合这两类最值问题就可以把问题转化为平均值不等式模型.利用三角不等式求最值，关键是配凑绝对值的和或差为定值.求最值时务必要检验结果是否符合最值的定义.

【本质提炼】

利用平均值不等式求最值“一正、二定、三相等”的过程是保证函数取到最值的条件.

【基本模型】

1. 已知 x、$y\in\mathbf{R}^+$，如果积 xy 等于定值 p，那么当 $x=y$ 时，和 $x+y$ 有最小值 $2\sqrt{p}$.

2. 已知 x、$y\in\mathbf{R}^+$，如果和 $x+y$ 等于定值 s，那么当 $x=y$ 时，积 xy 有最大值 $\dfrac{s^2}{4}$.

3. 设 a、b、c、$d\in\mathbf{R}^+$，对于任意正实数 x、y，都有 $(a^2x+b^2y)\left(\dfrac{c^2}{x}+\dfrac{d^2}{y}\right)\geqslant(ac+bd)^2$.

4. $||a|-|b||\leqslant|a-b|\leqslant|a|+|b|$，当且仅当 $ab\leqslant 0$ 时，右端不等式取等号；当且仅当 $ab\geqslant 0$ 时，左端不等式取等号.

例1 已知 $x<\dfrac{5}{4}$，求代数式 $4x-2+\dfrac{1}{4x-5}$ 的最大值.

分析： 由 $x<\dfrac{5}{4}$，得 $4x-5<0$，而且 $(4x-2)\cdot\dfrac{1}{4x-5}$ 不是常数，所以要调整符号，还要对 $4x-2$ 进行拆凑，使得符合模型1的形式，从而求得代数式的最值.

解： 由 $x<\dfrac{5}{4}$，得 $5-4x>0$，所以

$$(4x-2)+\frac{1}{4x-5}=-\left(5-4x+\frac{1}{5-4x}\right)+3\leqslant -2+3=1,$$

当且仅当 $5-4x=\frac{1}{5-4x}$，$x<\frac{5}{4}$，即 $x=1$ 时取等号.

所以，当 $x=1$ 时，$4x-2+\frac{1}{4x-5}$ 取得最大值 1.

说明： 回答最值时，一定要回答取得最值时的变量的值.

例 2 已知 $0<x<\frac{2}{3}$，求代数式 $x(2-3x)$ 的最大值.

分析： 因为 $x+(2-3x)$ 不是常数，故需将 $x(2-3x)$ 改写为 $\frac{1}{3}[3x(2-3x)]$，使得 $3x(2-3x)$ 符合模型 2 的形式，从而求得代数式的最值.

解： $x(2-3x)=\frac{1}{3}[3x(2-3x)]\leqslant\frac{1}{3}\times\left[\frac{3x+(2-3x)}{2}\right]^2=\frac{1}{3}$，当且仅当 $3x=2-3x$，即 $x=\frac{1}{3}\in\left(0,\ \frac{2}{3}\right)$ 时取等号.

所以，当 $x=\frac{1}{3}$ 时，$x(2-3x)$ 取得最大值 $\frac{1}{3}$.

说明： 本题也可以利用二次函数 $y=x(2-3x)$，$x\in\left(0,\ \frac{2}{3}\right)$ 的图像与性质求解.

例 3 已知 $x>0$，$y>0$，$x+2y+2xy=8$. 求 $x+2y$ 的最小值.

分析： 保留“$x+2y+2xy=8$”中与目标相同的代数式“$x+2y$”，应用不等式 $x\cdot 2y\leqslant\left(\frac{x+2y}{2}\right)^2$ 后建立关于“$x+2y$”的不等式，进而求出 $x+2y$ 的最小值.

解： 由题意，可知 $x\cdot 2y=8-(x+2y)$. 又 $x\cdot 2y\leqslant\left(\frac{x+2y}{2}\right)^2$，所以

$$8-(x+2y)\leqslant\left(\frac{x+2y}{2}\right)^2,$$

整理，得 $(x+2y-4)(x+2y+8)\geqslant 0$.

由题意，得 $x+2y>0$，则 $x+2y\geqslant 4$，当且仅当 $x=2y=2$ 时取等号.

所以，当 $x=2$，$y=1$ 时，$x+2y$ 取得最小值 4.

说明： 本题也可以通过方程消元，先化为一元代数式，再变形，然后用模型 1 求解.

例 4　已知正数 x、y 满足 $x+3y=5xy$，求 $3x+4y$ 的最小值.

分析：将 $x+3y=5xy$ 变形为 $\frac{3}{x}+\frac{1}{y}=5$，联想模型 3，由 $\left(\frac{3}{x}+\frac{1}{y}\right)(3x+4y)\geqslant(3+2)^2$ 即得.

解：由题意，得正数 x、y 满足 $\frac{3}{x}+\frac{1}{y}=5$.

因为 $\left(\frac{3}{x}+\frac{1}{y}\right)(3x+4y)=9+4+\frac{12y}{x}+\frac{3x}{y}\geqslant 13+2\sqrt{\frac{12y}{x}\cdot\frac{3x}{y}}=25$，当且仅当

$$\begin{cases}\frac{3}{x}+\frac{1}{y}=5,\\ \frac{12y}{x}=\frac{3x}{y},\\ x>0,\ y>0,\end{cases}\text{即}\begin{cases}x=1,\\ y=\frac{1}{2}\end{cases}\text{时取等号，}$$

所以当 $x=1$，$y=\frac{1}{2}$ 时，$3x+4y$ 取得最小值 5.

说明：① 本题也可以采用方程消元，先化为一元函数，再用平均值不等式. ② 下面的解法是错误的：$x+3y=5xy\geqslant 2\sqrt{3xy}$，即 $xy\geqslant\frac{12}{25}$，于是 $3x+4y\geqslant 2\sqrt{12xy}\geqslant\frac{24}{5}$，故 $3x+4y$ 的最小值为 $\frac{24}{5}$. 原因是用了两次平均值不等式，而这两次等号不能同时取得，所以只能得到 $3x+4y>\frac{24}{5}$. ③ 模型 3 实质是柯西不等式的特殊情形，运用时往往巧用常数的逆代，然后只要用一次平均值不等式. 相对来说，不等式等号能取到的可能性大一些.

【变式练习五】

1. 已知 x、$y\in\mathbf{R}^+$，$x+2y=3$，求 $\frac{1}{x+2}+\frac{1}{2y+1}$ 的最小值.

2. 已知 $x>2$，求代数式 $\frac{x^2-3x+3}{x-2}$ 的最小值.

3. 已知 a、$b\in\mathbf{R}^+$，且 $ab-(a+b)\geqslant 1$. 求证：$a+b\geqslant 2+2\sqrt{2}$.

4. 对于实数 x、y，若 $|x|+|y|+|x-1|+|y-1|\leqslant 2$，求 $x+y$ 的取值范围.

5. 为了在夏季降温和冬季供暖时减少能源损耗，房屋的屋顶和外墙需要建造隔热层. 某幢建筑物要建造可使用 16 年的隔热层，每厘米厚的隔热层建造成本为 4 万

元.该建筑物每年的能源消耗费用 C(单位：万元)与隔热层厚度 x(单位：厘米)满足关系：$C(x)=\dfrac{k}{x+5}$ $(0\leqslant x\leqslant 10)$.若不建隔热层,每年的能源消耗费用为 $\dfrac{36}{5}$ 万元.设 $f(x)$ 为隔热层建造费用与16年的能源消耗费用之和.

(1) 求 k 的值及 $f(x)$ 的表达式；

(2) 隔热层修建多厚时,总费用 $f(x)$ 最小,并求其最小值.

第三单元测试题

1. 若 $30<x<42$, $16<y<24$, 则 $x-2y$ 的取值范围是________.

2. 设 a、b、c 是互不相等的正数,则下列四个不等式中：

(1) $|a-b|\leqslant|a-c|+|b-c|$,　(2) $a^2+\dfrac{1}{a^2}\geqslant a+\dfrac{1}{a}$,

(3) $|a-b|+\dfrac{1}{a-b}\geqslant 2$,　(4) $\sqrt{a+3}-\sqrt{a+1}\leqslant\sqrt{a+2}-\sqrt{a}$,

恒成立的有________(填写序号).

3. 若 x、$y\in\mathbf{R}^+$, 且 $\dfrac{1}{x}+2y=3$, 则 $\dfrac{y}{x}$ 的最大值为________.

4. 若命题"存在实数 x, 使得 $(a-2)x^2+2(a-2)x-4\geqslant 0$ 成立"是假命题,则实数 a 的取值范围是__________.

5. 已知 $a>0$, $b>0$, 且 $a^2+\dfrac{b^2}{2}=1$, 则 $a\sqrt{1+b^2}$ 的最大值是__________.

6. 已知 a、$b\in\mathbf{R}$, 那么"$a^2+b^2<1$"是"$ab+1>a+b$"的　(　　)

A. 充要条件　　B. 必要非充分条件

C. 充分非必要条件　　D. 既非充分又非必要条件

7. 若 $\dfrac{1}{a}<\dfrac{1}{b}<0$, 则下列结论不正确的是　(　　)

A. $a^2<b^2$　　B. $ab<b^2$

C. $\dfrac{b}{a}+\dfrac{a}{b}>2$　　D. $|a|+|b|>|a+b|$

8. 已知集合 $A=\{x\mid mx^2-2x+1=0, x\in\mathbf{R}\}$, 在下列条件下分别求实数 m 的取值范围：(1) A 恰有两个子集；(2) $A\cap\left(\dfrac{1}{2}, 2\right)\neq\varnothing$.

9. 已知正数 a_1, a_2, a_3, $\cdots$, a_n, $a_1+a_2+a_3+\cdots+a_n=1$, 设

$$S=\frac{a_1^2}{a_1+a_2}+\frac{a_2^2}{a_2+a_3}+\frac{a_3^2}{a_3+a_4}+\cdots+\frac{a_n^2}{a_n+a_1}.$$

求证：$S\geqslant\frac{1}{2}$.

第二节　常见初等函数及性质

第一单元　幂、指数、对数及幂函数、指数函数与对数函数

单元教学目标

1. 理解幂、指数和对数概念及其所蕴含的运算规律；

2. 学会用具象与抽象的方法研究函数的性质；

3. 会运用函数模型解决简单的实际问题，体会利用函数在解决实际问题中的过程与方法.

单元教学安排

本单元教学建议课时数及具体分配如下.

单　元　内　容	课　　时
幂与指数	2 课时
对数	3 课时
幂函数	2 课时
指数函数	3 课时
对数函数	3 课时

单元教学内容

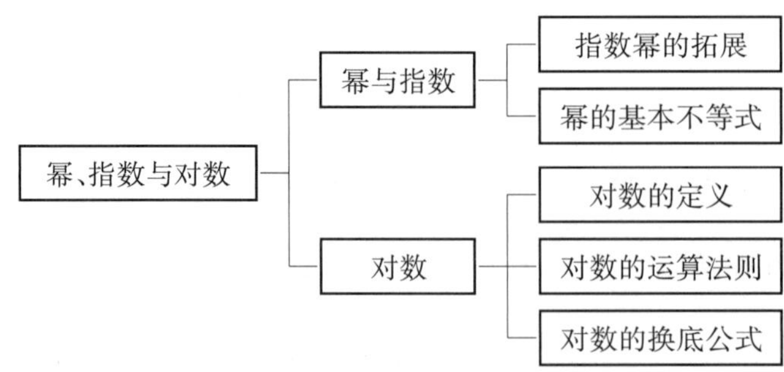

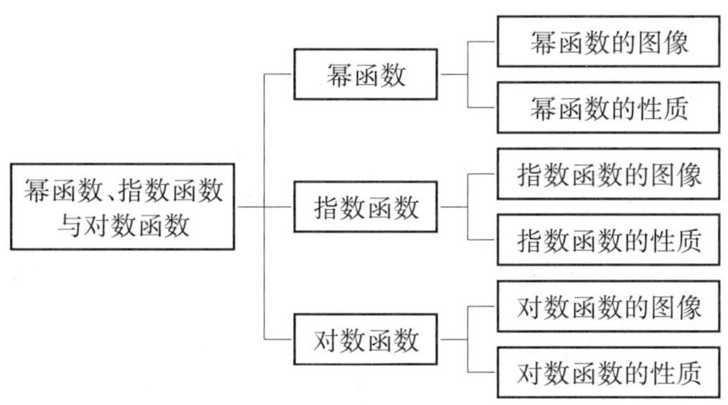

单元教学实施

1. 在本单元的教学中，要处理好教学内容的整体性和层次性，循序渐进，不断深入.注意从正整数指数幂到有理数指数幂再到实数指数幂，从指数运算到对数运算，从特殊函数到一般函数等.

2. 在本单元的教学中，我们先学习幂函数、指数函数和对数函数，理解这三类函数的定义域、对应关系及其值域，进一步探索其他性质，再研究一般函数的概念与性质，这是一个从具体到抽象、从特殊到一般的过程，需要逐步认识.

3. 在本单元的教学中，应充分发挥函数图像的几何直观作用，加强数形结合思想的应用.函数关系是平面上点的集合，又可以看成平面上的一个“图形”.强调让学生用描点法画出幂函数、指数函数和对数函数的图像，或利用计算机图形软件动态的呈现函数图像，这不仅有利于培养学生的直觉思维能力，还加强了学生的动手操作能力.

4. 幂函数、指数函数和对数函数具有丰富的现实背景和应用价值，教学中应给予充分关注和利用，这既有利于帮助学生对函数概念的理解，又有利于提高学生的数学应用能力.

一、幂与指数

【知识概述】

初中我们已经学过正整数指数幂及其基本的运算性质，并经历了将正整数指数幂推广到整数指数幂的过程.本章将通过定义分数指数幂，将指数从整数拓展到有理数，再引入无理数指数幂，最终将指数从有理数拓展到实数，并保证幂的三个运算性质仍然成立，即对任意给定的正实数 a、b 及实数 s、t，有 $a^s a^t = a^{s+t}$，$(a^s)^t = a^{st}$，$(ab)^t = a^t b^t$. 另外，还给出了幂的基本不等式：当 $a > 1$，$s > 0$ 时，$a^s > 1$ 恒成立.

【本质提炼】

在一定范围内，定义实数运算的一种可能性.

【基本模型】

1. 根式的运算：当 n 是奇数时，正数的 n 次方根是一个正数，负数的 n 次方根是一个负数，这时 a 的 n 次方根是唯一存在的，可用 $\sqrt[n]{a}$ 表示；当 n 是偶数时，正数的 n 次方根有两个，它们互为相反数，可用 $\pm\sqrt[n]{a}$ $(a>0)$ 表示.

2. 有理数指数幂的运算：在 $a>0$ 时，当 n 是正整数及 m 为整数的条件下，$a^{\frac{m}{n}}=(a^{\frac{1}{n}})^m$.

3. 实数指数幂的运算：在 $a>0$ 时，当 s 是无理数时，用有理数逼近无理数的性质，可以证明 a^s 是一个确定的实数，从而 a^s 仍可以被定义.

例 1　(1) 分别求 $-\dfrac{1}{243}$ 的 5 次方根和 $\dfrac{1}{81}$ 的 4 次方根.

(2) 计算下列各式的值：① $\sqrt[3]{(-2)^3}$；② $\sqrt[6]{(\pi-4)^6}$；③ $\sqrt[8]{(a-2)^8}$.

解：(1) 因为 $\left(-\dfrac{1}{3}\right)^5=-\dfrac{1}{243}$，所以 $\sqrt[5]{-\dfrac{1}{243}}=-\dfrac{1}{3}$.

因为 $\left(\pm\dfrac{1}{3}\right)^4=\dfrac{1}{81}$，所以 $\pm\sqrt[4]{-\dfrac{1}{81}}=\pm\dfrac{1}{3}$.

(2) ① $\sqrt[3]{(-2)^3}=-2$；

② $\sqrt[6]{(\pi-4)^6}=\sqrt[6]{(4-\pi)^6}=4-\pi$；

③ $\sqrt[8]{(a-2)^8}=\begin{cases}a-2, & a\geqslant 2,\\ 2-a, & a<2.\end{cases}$

说明：注意第(2)小题中的符号及含字母的讨论.

例 2　用分数指数幂形式表示下列各式(式中 $a>0$)：

(1) $a^2\cdot\sqrt{a}$；　　(2) $\sqrt{a\sqrt{a}}$；　　(3) $\sqrt{\dfrac{y^2}{x}\sqrt{\dfrac{x^3}{y}\sqrt[3]{\dfrac{y^6}{x^3}}}}$.

分析：先将根式写成分数指数幂的形式，再利用指数幂的运算性质化简即可.

解：(1) $a^2\cdot\sqrt{a}=a^2\cdot a^{\frac{1}{2}}=a^{2+\frac{1}{2}}=a^{\frac{5}{2}}$.

(2) $\sqrt{a\sqrt{a}}=(a\cdot a^{\frac{1}{2}})^{\frac{1}{2}}=(a^{\frac{3}{2}})^{\frac{1}{2}}=a^{\frac{3}{4}}$.

(3) $\sqrt{\dfrac{y^2}{x}\sqrt{\dfrac{x^3}{y}\sqrt[3]{\dfrac{y^6}{x^3}}}}=\sqrt{\dfrac{y^2}{x}\sqrt{\dfrac{x^3}{y}\left(\dfrac{y^6}{x^3}\right)^{\frac{1}{3}}}}=\sqrt{\dfrac{y^2}{x}\sqrt{\dfrac{x^3}{y}\cdot\dfrac{y^2}{x}}}=$

$$\sqrt{\frac{y^2}{x}(x^2\cdot y)^{\frac{1}{2}}}=\left(\frac{y^2}{x}\cdot xy^{\frac{1}{2}}\right)^{\frac{1}{2}}=y^{\frac{5}{4}}.$$

说明：注意第(3)小题中化简时应从里向外分步进行.

例3　计算下列各式：

(1) $\left(\frac{1}{4}\right)^{-2}+\left(\frac{1}{6\sqrt{6}}\right)^{-\frac{1}{3}}+\frac{\sqrt{3}+\sqrt{2}}{\sqrt{3}-\sqrt{2}}-(1.03)^0\times\left(-\frac{\sqrt{6}}{2}\right)^3$；

(2) $\frac{a^{\frac{4}{3}}-8a^{\frac{1}{3}}b}{a^{\frac{2}{3}}+2\sqrt[3]{ab}+4b^{\frac{2}{3}}}\div\left(1-2\sqrt[3]{\frac{b}{a}}\right)\cdot\sqrt[3]{a}$.

分析：分数指数幂的综合运算分步进行.

解：(1) 原式 $=16+\sqrt{6}+5+2\sqrt{6}+\frac{3}{4}\sqrt{6}=21+\frac{15\sqrt{6}}{4}$.

(2) 原式 $=\frac{a^{\frac{1}{3}}(a-8b)}{(a^{\frac{1}{3}})^2+2a^{\frac{1}{3}}b^{\frac{1}{3}}+(2b^{\frac{1}{3}})^2}\cdot\frac{a^{\frac{1}{3}}}{a^{\frac{1}{3}}-2b^{\frac{1}{3}}}\cdot a^{\frac{1}{3}}$

$=\frac{a^{\frac{1}{3}+\frac{1}{3}+\frac{1}{3}}(a-8b)}{(a^{\frac{1}{3}})^3-(2b^{\frac{1}{3}})^3}=a$.

【变式练习一】

1. 化简下列各式：

(1) $(0.027)^{\frac{2}{3}}+\left(\frac{27}{125}\right)^{-\frac{1}{3}}-\left(2\frac{7}{9}\right)^{0.5}$；　　(2) $\frac{m+m^{-1}+2}{m^{-\frac{1}{2}}+m^{\frac{1}{2}}}$.

2. 证明对任意给定的正实数 a、b 及有理数 s、t，有

(1) $a^sa^t=a^{s+t}$；　　(2) $(a^s)^t=a^{st}$；　　(3) $(ab)^t=a^tb^t$.

二、对数

【知识概述】

对数的定义，对数恒等式 $a^{\log_a N}=N$.

对数这个概念的产生来源于简化计算，在实际计算中有广泛应用.虽然现代计算机(器)已经使多位数的乘除及开方计算变得非常方便，但是理解计算的原理、对数的概念以及对数函数的种种性质在数学和其他科学领域中的作用仍非常重要.

【本质提炼】

在 $a>0$，$a\neq 1$，且 $N>0$ 的条件下，唯一满足 $a^x=N$ 的数 x，称为 N 以 a 为底的对数，并用符号 $\log_a N$ 表示.对数亦可以看作是指数运算的逆运算.

【基本模型】

1. 对数运算的基本性质：假设 $a>0$ 且 $a\neq 1$，当 $M>0$，$N>0$，$c\in\mathbf{R}$ 时，$\log_a(MN)=\log_a M+\log_a N$；$\log_a\dfrac{M}{N}=\log_a M-\log_a N$；$\log_a N^c=c\log_a N$.

2. 对数的换底公式：当 $N>0$ 时，$\log_b N=\dfrac{\log_a N}{\log_a b}$.

例1 计算：

(1) $\log_2(2^4\times\sqrt[3]{4})$；　(2) $\lg 2+\lg 5$；　(3) $\log_3\dfrac{27}{5}+\log_3\dfrac{2}{3}-\log_3\dfrac{6}{5}$.

分析：本例是对数运算法则的正用和逆用.

解：(1) $\log_2(2^4\times\sqrt[3]{4})=\log_2 2^4+\log_2\sqrt[3]{4}=4+\dfrac{2}{3}=\dfrac{14}{3}$.

(2) $\lg 2+\lg 5=\lg(2\times 5)=1$.

(3) $\log_3\dfrac{27}{5}+\log_3\dfrac{2}{3}-\log_3\dfrac{6}{5}=\log_3\left(\dfrac{27}{5}\times\dfrac{2}{3}\times\dfrac{5}{6}\right)=\log_3 3=1$.

例2 求解下列各题：

(1) 已知 $\lg 2=a$，$10^b=3$，试用 a、b 表示 $\log_{24}15$；

(2) 已知 $\log_3 5=a$，$\log_5 7=b$，试用 a、b 表示 $\log_{75}63$.

分析：本例考查对数的换底公式.

解：(1) $\log_{24}15=\dfrac{\lg 15}{\lg 24}=\dfrac{b+1-a}{b+3a}$.

(2) $\log_{75}63=\dfrac{\log_5 63}{\log_5 75}=\dfrac{b+\dfrac{2}{a}}{2+\dfrac{1}{a}}=\dfrac{ab+2}{2a+1}$.

例3 科学研究表明，宇宙射线在大气中能够产生放射性碳 14.碳 14 的衰变极有规律，其精确性可以称为自然界的“标准时钟”.动植物在生长过程中衰变的碳 14，可以通过与大气的相互作用得到补充，所以活着的动植物每克组织中的碳 14 含量保持不变.死亡后的动植物，停止了与外界环境的相互作用，机体中原有的碳 14 按确定的规律衰减，我们已经知道其“半衰期”为 5 730 年.湖南长沙马王堆汉墓女尸出土时碳 14 的残余量约占原始含量的 76.7%，试推算马王堆古墓的年代.

分析：本题考查的是指数、对数的应用，要能建立正确的模型.

解：根据题意，可设原来量为 1，经过 t 年后变成了 0.767，则有 $\left(\dfrac{1}{2}\right)^{\frac{t}{5\,730}}=$

0.767，解得 $t=5\,370\times\dfrac{\ln 0.767}{\ln 0.5}\approx 2\,200$，由此推算马王堆古墓是近 2 200 年前的遗址.

说明： 等量关系的获得关键在于抽象出“半衰期”以及 t 与 5 730 的关系.

【变式练习二】

1. 已知 $2^{6a}=3^{3b}=6^{2c}$，试建立 a、b、c 之间的关系式.

2. 设 $x>1$，$y>1$，且 $2\log_x y-2\log_y x+3=0$，求 $T=x^2-4y^2$ 的最小值.

3. 对于正整数 a、b、c（$a\leqslant b\leqslant c$）和实数 x、y、z、w，若 $a^x=b^y=c^z=70^w$，且 $\dfrac{1}{x}+\dfrac{1}{y}+\dfrac{1}{z}=\dfrac{1}{w}$，求证：$a+b=c$.

三、幂函数

【知识概述】

正比例函数 $y=x$，反比例函数 $y=\dfrac{1}{x}$ 以及二次函数 $y=x^2$ 的共同特征是研究 $a=1$ 或 -1 或 2 时，幂 x^a 随 x 变化而变化的规律.

当指数 a 固定，等式 $y=x^a$ 确定了变量 y 随变量 x 变化的规律，称为指数为 a 的幂函数.

【本质提炼】

幂 x^a 随 x 的变化而变化规律的代数与几何特征.

【基本模型】

1. 幂函数的图像：幂函数 $y=x^a$ 在第一象限总有图像，且恒过定点(1，1)，可以用描点法画出幂函数 $y=x^a$ 的图像.当 $a>1$ 时，图像自左向右上升；当 $0<a<1$ 时，图像自左向右下降；当 $a<0$ 时，图像与坐标轴没有交点，如右图 5-2-1 所示.特别是，当 a 为有理数，即 $a=\dfrac{q}{p}$（p、q 互素）时，可以用奇偶性画出其他象限的图像，口诀是“奇分之奇为奇函数，奇分之偶为偶函数，偶分之奇则非奇非偶”，即 p、q 都是奇数时函数为奇函数，函数图像关于原点对称；p 是奇数 q 是偶数时函数为偶函数，函数图像关于 y 轴对称；p 为偶数时函数非奇非偶.

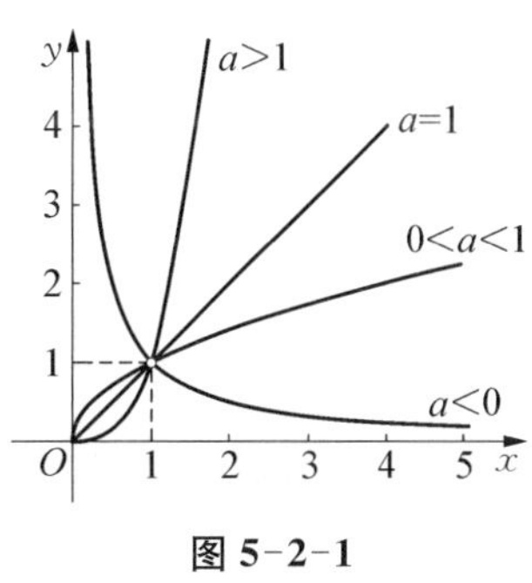

图 5-2-1

2. 幂函数的性质：

(1) 当 $a>0$ 时，幂函数 $y=x^a$ 在区间 $(0,+\infty)$ 上是严格增函数；当 $a<0$ 时，

幂函数 $y=x^{a}$ 在区间 $(0, +\infty)$ 上是严格减函数.

(2) 幂函数 $y=x^{a}$ 的图像均经过点 $(1, 1)$.

例 1　描绘幂函数 $y=x^{\frac{1}{2}}$，$y=x^{\frac{1}{3}}$，$y=x^{2}$，$y=x^{3}$ 的大致图像,并研究其定义域和单调性.

分析: 本题考查的是幂函数的图像和性质.

解: 它们的图像如图 5-2-2 所示.

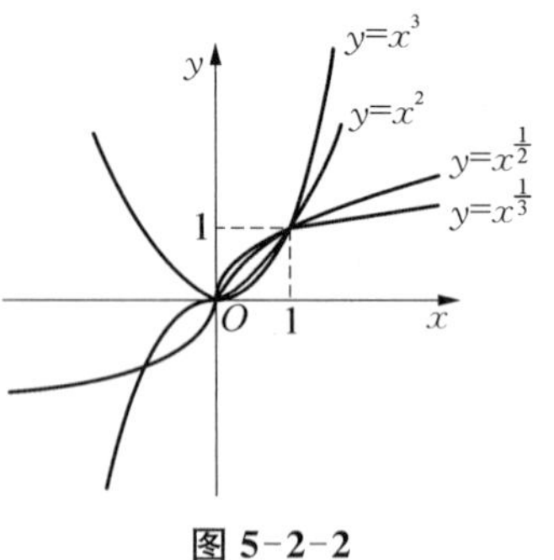

图 5-2-2

定义域分别是：$x\in[0, +\infty)$；$x\in\mathbf{R}$；$x\in\mathbf{R}$；$x\in\mathbf{R}$.

函数 $y=x^{\frac{1}{2}}=\sqrt{x}$，在区间 $[0, +\infty)$ 上是严格增函数;函数 $y=x^{\frac{1}{3}}$ 在区间 $(-\infty, +\infty)$ 上是严格增函数;函数 $y=x^{2}$，在区间 $(-\infty, 0]$ 上是严格减函数,在区间 $[0, +\infty)$ 上是严格增函数;函数 $y=x^{3}$ 在区间 $(-\infty, +\infty)$ 上是严格增函数.

说明: 描绘幂函数的图像时,首先找到定点(1, 1),再画出第一象限的图像,最后根据表达式画出其他象限的图像.

例 2　设 $f(x)=\dfrac{x^{2}+4x+5}{x^{2}+4x+4}$，作出 $y=f(x)$ 的大致图像，讨论 $y=f(x)$ 的性质，并利用性质比较 $f(-\pi)$ 与 $f\left(-\dfrac{\sqrt{2}}{2}\right)$ 的大小.

解: $f(x)=\dfrac{x^{2}+4x+5}{x^{2}+4x+4}=1+(x+2)^{-2}$，其图像如图 5-2-3 所示. $y=f(x)$ 的定义域为 $\{x \mid x\neq-2\}$，其图像关于直线 $x=-2$ 对称,且 $y=f(x)$ 在区间 $(-\infty, -2)$ 上是严格增函数,得 $f(-\pi)>f\left(-\dfrac{\sqrt{2}}{2}\right)$.

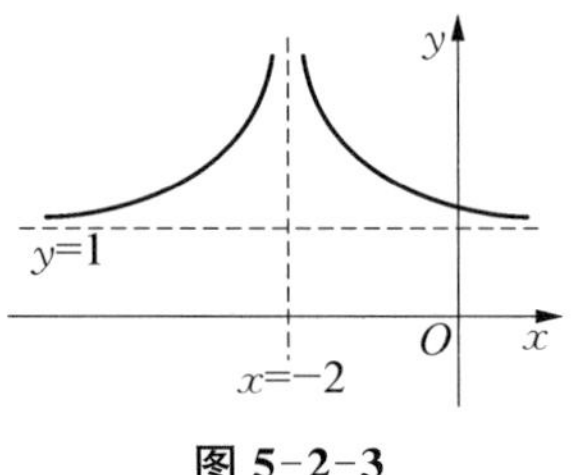

图 5-2-3

说明: 用图像的单调性判断大小时,一定要作出标注细致的图形.

【变式练习三】

1. 已知 $f(x)=x^{2}$，$g(x)=-qf[f(x)]+(2q-1)f(x)+1$. 是否存在实数 $q(q<0)$，使得 $y=g(x)$ 在区间 $(-\infty, -4]$ 上是严格减函数,且在区间 $(-4, 0)$ 上是严格增函数? 若存在,请求出来;若不存在,请说明理由.

2. 设 $0\leqslant x\leqslant 2$，若函数 $y=4^{x-\frac{1}{2}}-a\cdot 2^{x}+\dfrac{a^{2}}{2}+1$ 的最小值为 $\dfrac{3}{2}$，求实数 a 的值.

四、指数函数

【知识概述】

当幂的底数 a 固定,且 $a>0$, $a\neq 1$ 时,等式 $y=a^x$ 确定了变量 y 随变量 x 变化的规律,称为底为 a 的指数函数.

【本质提炼】

幂 a^x 随 x 的变化而变化规律的代数与几何特征.

【基本模型】

指数函数的定义域是 **R**,其图像和性质如下表.

<table>
<tr><td>$y=a^x$</td><td>$a>1$</td><td>$0<a<1$</td></tr>
<tr><td>图　像</td><td></td><td></td></tr>
<tr><td rowspan="3">图像特征</td><td colspan="2">(1) 图像都在 x 轴上方,无限趋近于 x 轴,但永不相交.</td></tr>
<tr><td colspan="2">(2) 过点(0, 1).</td></tr>
<tr><td>(3) 自左至右图像上升.</td><td>自左至右图像下降.</td></tr>
<tr><td rowspan="3">函数性质</td><td colspan="2">(1) 定义域为 R,函数值恒正.</td></tr>
<tr><td colspan="2">(2) 当 $x=0$ 时, $y=1$.</td></tr>
<tr><td>(3) 在 R 上是严格增函数.</td><td>在 R 上是严格减函数.</td></tr>
</table>

例 1 利用指数函数的性质,比较下列各组中两个数的大小;

(1) $3^{\sqrt{2}}$ 和 $3^{1.414}$;

(2) $0.7^{-\frac{2}{3}}$ 和 $0.7^{-\frac{3}{4}}$;

(3) $\dfrac{2^{2\,019}+1}{2^{2\,020}+1}$ 和 $\dfrac{2^{2\,020}+1}{2^{2\,021}+1}$.

分析:本题考查的是指数函数的性质;比较大小时常用函数的单调性.

解　(1) $3^{\sqrt{2}}>3^{1.414}$.　　(2) $0.7^{-\frac{2}{3}}<0.7^{-\frac{3}{4}}$.　　(3) $\dfrac{2^{2\,019}+1}{2^{2\,020}+1}>\dfrac{2^{2\,020}+1}{2^{2\,021}+1}$.

例 2 已知指数函数 $y=a^x(a>0$,且 $a\neq 1)$ 在区间 $[1, 2]$ 上的最大值比最小值大 $\dfrac{a}{2}$,求实数 a 的值.

分析：本题考查的是指数函数的单调性在求最值中的应用.

解：当 $a>1$ 时，指数函数 $y=a^x$ 在区间 $[1,2]$ 上是严格增函数，所以 $f(x)_{\max}=f(2)=a^2$，$f(x)_{\min}=f(1)=a$. 由题意，得 $a^2-a=\frac{a}{3}$，可得到 $a=\frac{4}{3}$；

当 $0<a<1$ 时，指数函数 $y=a^x$ 在区间 $[1,2]$ 上是严格减函数，所以 $f(x)_{\min}=f(2)=a^2$，$f(x)_{\max}=f(1)=a$. 由题意，得 $a-a^2=\frac{a}{3}$，可得到 $a=\frac{2}{3}$.

综上所述，可知 $a=\frac{4}{3}$ 或 $\frac{2}{3}$.

说明：注意分类讨论.

【变式练习四】

1. 已知集合 M 是满足下列性质的函数 $y=f(x)$ 的全体：存在非零常数 T，对任意 $x\in\mathbf{R}$，有 $f(x+T)=Tf(x)$ 成立.

(1) 函数 $y=x$ 是否属于集合 M？说明理由.

(2) 设指数函数 $y=a^x\ (a>0$，且 $a\neq1)$ 的图像与 $y=x$ 的图像有公共点，证明：$y=a^x\in M$.

2. 已知函数 $y=a^{2-3x}\ (a>0$ 且 $a\neq1)$.

(1) 求该函数的图像恒过的定点坐标；

(2) 指出该函数的单调性.

五、对数函数

【知识概述】

当 a 固定，且 $a>0$，$a\neq1$ 时，x 以 a 为底的对数 $y=\log_a x$ 确定了变量 y 随变量 x 变化的规律，称为底为 a 的对数函数. 我们可以用描点法或借助计算机工具画出具体对数函数的图像，并探索对数函数的单调性与特殊点，对数函数 $y=\log_a x$ 与指数函数 $y=a^x$ 互为反函数. 另外，我们可以阅读对数概念的形成与发展的历史资料，了解对数发明的过程以及对数对简化运算的作用.

【本质提炼】

对数值 $\log_a x$ 随 x 的变化而变化规律的代数与几何特征.

【基本模型】

1. 对数函数的定义域：因为只有当 $x>0$ 时 $\log_a x$ 才有意义，所以对数函数的定义域是正实数的全体.

2. 对数函数的图像与性质：

<table>
<tr><td>$y=\log_a x$</td><td>$a>1$</td><td>$0<a<1$</td></tr>
<tr><td>图　像</td><td>y, O, x, (1, 0)</td><td>y, O, x, (1, 0)</td></tr>
<tr><td rowspan="3">图像特征</td><td colspan="2">(1) 图像都在 y 轴右侧，无限趋近于 y 轴，但永不相交.</td></tr>
<tr><td colspan="2">(2) 过点(1, 0).</td></tr>
<tr><td>(3) 自左至右图像上升.</td><td>(3) 自左至右图像下降.</td></tr>
<tr><td rowspan="3">函数性质</td><td colspan="2">(1) 定义域为 $(0, +\infty)$.</td></tr>
<tr><td colspan="2">(2) 当 $x=1$ 时，$y=0$.</td></tr>
<tr><td>(3) 在区间 $(0, +\infty)$ 上是严格增函数.</td><td>(3) 在区间 $(0, +\infty)$ 上是严格减函数.</td></tr>
</table>

3. 对数函数 $y=\log_a x$ 与指数函数 $y=a^x$ 互为反函数，且对数函数 $y=\log_a x$ 的图像与指数函数 $y=a^x$ 的图像关于直线 $y=x$ 对称.

例1　求下列函数的定义域：

(1) $y=\sqrt{\log_2(x+2)}$；　　(2) $y=\log_{(2x+1)}(5-x)$.

分析：本题考查的是对数函数定义域，不仅要注意真数的范围，还要关注底数的范围.

解　(1) 要使函数有意义，须使 $\log_2(x+2)\geqslant 0$，即 $\log_2(x+2)\geqslant \log_2 1$，因为函数 $y=\log_2 x$ 为增函数，所以 $x+2\geqslant 1$，即 $x\geqslant -1$，所以函数的定义域为 $\{x \mid x\geqslant -1\}$.

(2) 因为 $\begin{cases}5-x>0,\\2x+1>0,\\2x+1\neq 1,\end{cases}$ 所以 $-\dfrac{1}{2}<x<0$ 或 $0<x<5$，即函数 $y=\log_{(2x+1)}(5-x)$ 的定义域是 $\left(-\dfrac{1}{2}, 0\right)\cup(0, 5)$.

例2　利用对数函数的性质，比较下列各题中两个值的大小：

(1) $\log_m \dfrac{2}{3}$ 和 $\log_m \dfrac{3}{4}$，其中 $m>0$，$m\neq 1$；

(2) $\log_a 3$ 和 $\log_b 3$，其中 $0<a<b<1$.

分析：本题考查的是对数函数的图像和性质的应用.

解　(1) 当 $m>1$ 时，$\log_m \frac{2}{3}<\log_m \frac{3}{4}$；当 $0<m<1$ 时，$\log_m \frac{2}{3}>\log_m \frac{3}{4}$.

(2) $\log_a 3>\log_b 3$.

说明：当底数 a 相同时，由单调性可知，若 $a>1$，则真数较大的对数值也较大；若 $0<a<1$，则真数较大的对数值反而较小.当真数相同且都大于 1 时，若底数 $a>1$，$b>1$，则底数较大的对数值反而较小；若底数 $0<a<1$，$0<b<1$，则底数较大的对数值依然较小.

例 3　设 $f(x)=\log_2 \frac{x+1}{x-1}+\log_2(x-1)+\log_2(p-x)$.

(1) 求函数 $y=f(x)$ 的定义域.

(2) 函数 $y=f(x)$ 是否存在最大值与最小值？如果存在，请写出来；如果不存在，请说明理由.

分析：本题考查的是对数函数与二次函数的综合应用.

解　(1) 函数 $y=f(x)$ 的定义域为 $(1,\ p)(p>1)$.

(2) 当 $\frac{p-1}{2}\leqslant 1$，即 $1<p\leqslant 3$ 时，函数 $y=f(x)$ 既无最大值又无最小值；当 $1<\frac{p-1}{2}<p$，即 $p>3$ 时，函数 $y=f(x)$ 有最大值 $2\log_2(p+1)-2$，但无最小值.

说明：求函数最值时，先定型，再定法.在最值的存在性问题中，一定要确保取到最值时的 x 落在定义域内，否则，最值不存在.

例 4　一家污水处理厂有 A、B 两个相同的装满污水的处理池，通过去掉污物处理污水.A 池用传统工艺成本低，每小时去掉池中剩余污物的 10%，B 池用创新工艺成本高，每小时去掉池中剩余污物的 19%.如果污物减少为原来的 10%便符合环保规定，处理后的污水可以排入河流.若 A、B 两池同时工作，问经过多少小时后把两池水混合便符合环保规定(精确到 1 小时).

分析：问题理解的关键在于“每小时去掉池中剩余污物的百分比”如何抽象为数学模型，用到了复利问题模型：经过第 n 小时后 A 池中剩余污物占原来的百分比为

$$[(1-0.1)^{n-1}-(1-0.1)^{n-1}\cdot 0.1]=0.9^n.$$

解：设 n 小时后两池水混合便符合环保规定，则 $0.81^n+0.9^n\leqslant 0.2$，化简为

$$(0.9^n)^2+0.9^n-0.2\leqslant 0\text{，解得}0.9^n\leqslant \frac{-1+\sqrt{1.8}}{2}.$$

两边取对数,得 $n \geqslant \dfrac{\ln \dfrac{-1+\sqrt{1.8}}{2}}{\ln 0.9} \approx 16.77 \approx 17$.

答:经过17小时后把两池水混合才能符合环保规定.

说明:解指数型不等式需要进行转化.本题转化为一元二次不等式求解,注意"复利"数学模型的运用条件.

【变式练习五】

1. 设 $f(x)=\lg \dfrac{1+2^x+\cdots+(n-1)^x+a \cdot n^x}{n}$, $a \in \mathbf{R}$, $n \in \mathbf{N}$ 且 $n \geqslant 2$. 若 $f(x)$ 在 $x \in(-\infty, 1)$ 时有意义,求 a 的值范围.

2. 已知 $f(x)=\lg \dfrac{2x}{1+x}$.

(1) 设不等式 $f(x) \leqslant \lg t$ 的解集为 A,且 $A \subseteq(0, 4]$,求实数 t 的取值范围;

(2) 若方程 $f(x)=\lg(8x+m)$ 的解集为 $\varnothing$,求实数 m 的取值.

第一单元测试题

1. $100^{\frac{1}{2}\lg 9-\lg 2}=$__________.

2. 式子 $\log_{(2-x)}(2x+1)$ 中 x 的取值范围是__________.

3. 若幂函数 $y=f(x)$ 的图像经过点 $P\left(2, \dfrac{\sqrt{2}}{2}\right)$,则此幂函数的表达式是__________.

4. 若 $\log_a \dfrac{2}{3}<1$,则实数 a 的实数范围是__________.

5. 若关于 x 的方程 $3^{-x}=\dfrac{2a+3}{5-a}$ 有正根,则实数 a 的取值范围是__________.

6. 如图所示的是某池塘中的浮萍满意度面积(m^2)与时间 t(月)的关系: $y=a^t$,有以下叙述:

(1) 这个指数函数的底数是2;

(2) 第5个月时,浮萍的面积就会超过 $30\ \mathrm{m}^2$;

(3) 浮萍从 $4\ \mathrm{m}^2$ 蔓延到 $12\ \mathrm{m}^2$ 需要经过1.5个月;

(4) 浮萍每个月增加的面积都相等.

其中,正确的是　　(　　)

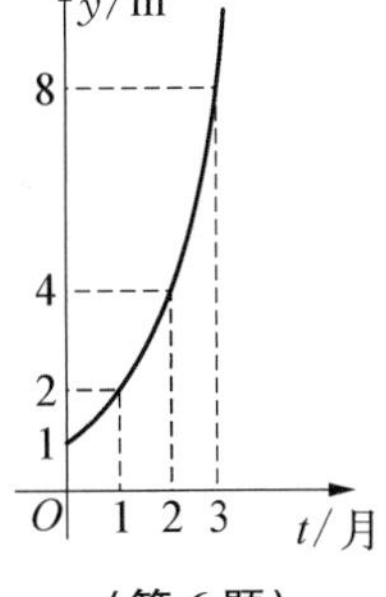

(第6题)

A. (1)(2)(3)　　B. (1)(2)(3)(4)

C. (2)(3)(4)　　　　　　　　　D. (1)(2)

7. 设 $f(x)=|\lg x|$. 若 $0<a<b<c$, $f(a)>f(c)>f(b)$, 则　(　　)

A. $(c-1)(a-1)>0$　　　　　　B. $ac>1$

C. $(c+1)(a+1)<0$　　　　　　D. $ac<1$

8. (1) 已知 $\log_{18}2=a$，试用 a 表示 $\log_3 2$ 和 $\log_{24}2$.

(2) 已知 $\log_2 3=a$, $\log_3 7=b$,试用 a、b 表示 $\log_{42}56$.

9. 一片树林中现有木材 30 000 m^3,如果每年增长 5%,经过 x 年树林中有木材 $y\ \mathrm{m}^3$.

(1) 写出 x、y 之间的函数关系式；

(2) 问经过多少年,木材可以增加到 40 000 m^3(结果保留一个有效数字).

10. 已知 $f(x)=\log_{\frac{1}{2}}(x+1)$. 当点 $P(x_0, y_0)$ 在 $y=f(x)$ 的图像上移动时,点 $Q\left(\dfrac{x_0-t+1}{2}, y_0\right)$ $(t\in\mathbf{R})$ 在函数 $y=g(x)$ 的图像上移动.

(1) 若点 P 坐标为 $(1, -1)$,点 Q 也在 $y=f(x)$ 的图像上,求 t 的值；

(2) 求函数 $y=g(x)$ 的表达式；

(3) 当 $t>0$ 时,试探求一个函数 $y=h(x)$,使得 $f(x)+g(x)+h(x)$ 在限定定义域 $[0, 1)$ 上有最小值而没有最大值.

第二单元　函数的概念、性质及应用

单元教学目标

1. 把函数从变量之间依赖关系的理解上升为函数是实数集合之间的对应关系,帮助学生理解、掌握函数概念.

2. 能用代数运算和函数图像揭示函数的主要性质.

3. 在现实问题中,能利用函数构建模型,解决问题.

单元教学安排

本单元教学建议课时数及具体分配如下.

单元内容	课时
函数及其表示方法	3 课时
函数的奇偶性	2 课时
函数的单调性	2 课时
函数的最值	2 课时
函数的应用	3 课时

单元教学内容

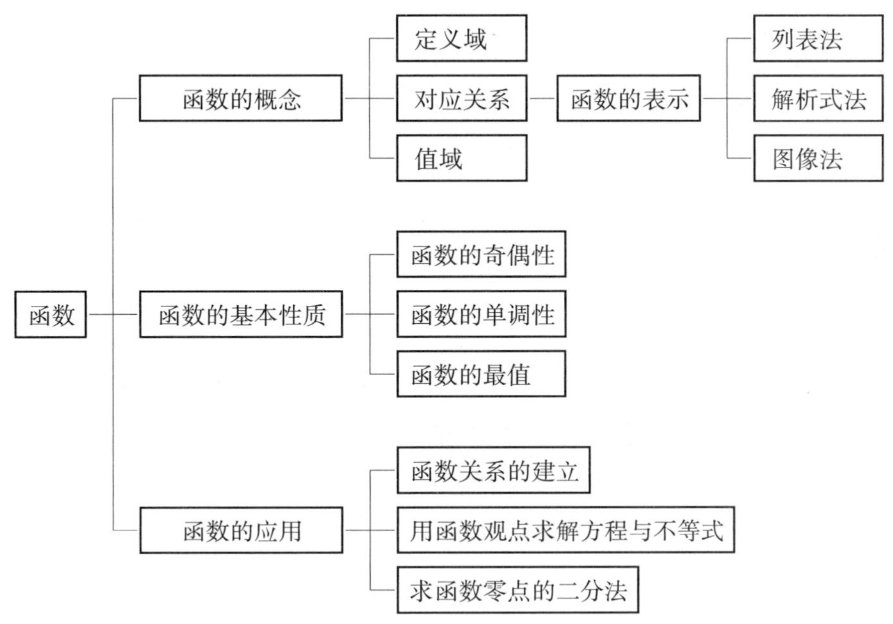

单元教学实施

1. 函数是刻画变量与变量之间依赖关系的模型,通过探索、理解可以用变量与变量之间的依赖关系反映事物规律;函数反映两个数集之间的关系,是联结两类对象的桥梁,如同同构、同态是构架两个代数结构的桥梁,同胚是构架两个拓扑结构的桥梁,这种函数思想渗透在每一个数学分支中;函数关系是平面上点的集合,是数形结合的载体之一.以上是认识函数的三个不同角度,可以帮助学生全面地认识函数.

2. 在本单元的教学中,应持续不断体会从特殊到一般的研究函数的途径和方法.从研究幂函数、指数函数和对数函数的已有经验出发,研究一般函数的图像和性质.

3. 本单元对函数性质(奇偶性、单调性、最大值、最小值)的描述从初中阶段的形象化的自然语言上升到抽象化的符号语言,通过数学抽象这一重要的核心素养帮助学生提高严谨表达数学概念的能力,养成在日常生活和实践中一般性思考问题的习惯,把握事物的本质,以简驭繁.

4. 数学建模是本单元要关注的另一核心素养.数学建模是对现实问题进行数学抽象,用数学语言表达问题、用数学方法构建模型解决问题的素养.鼓励学生尝试用函数的观点解决现实生活中的实际问题,以此形成建模意识,增强创新能力和科学精神.

5. 数学在发展过程中蕴含了丰富的数学文化，其中函数的形成与发展经历几个不同的阶段.可以组织学生收集、阅读函数的形成与发展的历史资料，撰写小论文，论述函数发展的过程、重要结果、主要人物及其对人类文明的贡献.

一、函数及其表示方法

【知识概述】

我们在学习了幂函数、指数函数及对数函数等具体内容后，进一步研究一般函数的概念与性质，两个处于变化之中的量，其中一个量随另一个量的变化而按一定的对应关系唯一确定.函数概念的引入，使数学本身也经历了从常量到变量，从有限到无限的发展，从而逐步由初等数学走向高等数学.

【本质提炼】

一个变量随着另一个变量的变化而变化的对应关系.

【基本模型】

1. 函数的概念：函数三要素为定义域、值域和对应关系.其中，定义域与对应关系决定了值域，定义域与对应关系相互依存.常见的求值域的结构有：(1) 二次型 $y=ax^2+bx+c$；(2) 一次分式型 $y=\dfrac{cx+d}{ax+b}$；(3) 二次分式型 $y=ax+\dfrac{b}{x}$；$y=\dfrac{cx^2+dx+e}{ax+b}$.

2. 相同函数：如果两个函数的定义域和对应关系都完全一致，就称这两个函数是相同的.这样 $y=x^2$ 与 $y=x^2$，$x\in[-1,1]$ 是两个不同的函数.此外，同一个对应关系可能有不同的表达形式.例如，$y=x$ 与 $y=(\sqrt[3]{x})^3$ 实际上是相同的.

3. 函数的表示：

(1) 解析法：用一个数学表达式来表示两个变量之间的对应关系，这种表示函数的方法称为解析法.解析法的优点是简明、概括.

(2) 列表法：通过列出自变量的值与对应函数值的相应表格来表达函数关系的方法，通常适用于离散型，且定义域为有限集的情况，特别是变量之间的对应难以用解析式统一刻画的函数.

(3) 图像法：对于函数 $y=f(x)$，$x\in D$，其定义域 D 中每一个 x 的值都有唯

一的一个 y 值与之对应.把这两个对应的数构成的有序实数对 (x, y) 作为点 P 的坐标,记作 $P(x, y)$,所有这些点组成的集合 G 叫做函数 $y=f(x)$, $x\in D$ 的图像,即 $G=\{(x, y)\mid y=f(x), x\in D\}$. 图像法就是利用函数的图像来表示函数的方法.其优点是能直观形象显示出变量间的变化关系.画出函数的图像常用两种方法：描点法和图像变换法.

4. 常见抽象函数的模型：

抽象函数满足的等式	模　型
$f(x+y)=f(x)+f(y)$ $(x、y\in\mathbf{R})$	$f(x)=kx$, $k\neq 0$
$f(x+y)=f(x)+f(y)+m$ $(x、y\in\mathbf{R})$	$f(x)=kx-m$, $k\neq 0$
$f(x\cdot y)=f(x)\cdot f(y)$	$f(x)=x^k$(k 是常数)
$f(x+y)=f(x)\cdot f(y)$	$f(x)=a^x$ $(a>0, a\neq 1)$
$f(x\cdot y)=f(x)+f(y)$ $(x、y\in\mathbf{R}^+)$	$f(x)=\log_a x$ $(a>0, a\neq 1)$
$f(x+y)=f(x)\cdot g(y)+g(x)\cdot f(y)$	$f(x)=\sin x$, $g(x)=\cos x$
$f(x-y)=f(x)\cdot f(y)+g(x)\cdot g(y)$	$f(x)=\cos x$, $g(x)=\sin x$
$f(x+y)=\dfrac{f(x)+f(y)}{1-f(x)\cdot f(y)}$	$f(x)=\tan x$

例1　(1) 已知函数 $y=f(x)$ 的定义域为 $[0, 1]$,求 $y=f(x^2-1)$ 的定义域.

(2) 已知函数 $y=f(x^2-1)$ 的定义域是 $[-1, 1]$,求函数 $y=f(x)$ 的定义域.

分析：本题主要考查函数定义域的理解.

解：(1) 由 $0\leqslant x^2-1\leqslant 1$,解得 $y=f(x^2-1)$ 的定义域为 $[-\sqrt{2}, -1]\cup[1, \sqrt{2}]$.

(2) 函数 $y=f(x^2-1)$ 的定义域是 $[-1, 1]$,则 x^2-1 的范围是 $[-1, 0]$. 所以,函数 $y=f(x)$ 的定义域是 $[-1, 0]$.

例2　求下列函数的值域：

(1) $y=\sqrt{-x^2-6x-5}$；　　(2) $y=\dfrac{3x+1}{x-2}$；

(3) $y=x+4\sqrt{1-x}$；　　(4) $y=|x-1|+|x+4|$；

(5) $y=\dfrac{2x^2-x+2}{x^2+x+1}$；　　(6) $y=\dfrac{2x^2-x+1}{2x-1}\left(x>\dfrac{1}{2}\right)$.

分析：求函数值域时,常用方法有：配方法、换元法、数形结合法等.

解：(1) 设 $\mu=-x^2-6x-5$ $(\mu\geqslant 0)$，则原函数可化为 $y=\sqrt{\mu}$.

又 $\mu=-x^2-6x-5=-(x+3)^2+4\leqslant 4$，所以 $0\leqslant\mu\leqslant 4$，得 $\sqrt{\mu}$ 的取值范围为$[0,\ 2]$.

所以，$y=\sqrt{-x^2-6x-5}$ 的值域为 $[0,\ 2]$.

(2) $y=\dfrac{3x+1}{x-2}=\dfrac{3(x-2)+7}{x-2}=3+\dfrac{7}{x-2}$.

因为 $\dfrac{7}{x-2}\neq 0$，$3+\dfrac{7}{x-2}\neq 3$，所以函数 $y=\dfrac{3x+1}{x-2}$ 的值域为 $\{y\in\mathbf{R}\mid y\neq 3\}$.

(3) 设 $t=\sqrt{1-x}\geqslant 0$，则 $x=1-t^2$. 所以，原函数可化为

$$y=1-t^2+4t=-(t-2)^2+5(t\geqslant 0),$$

所以 $y\leqslant 5$，原函数的值域为 $(-\infty,\ 5]$.

(4) 数形结合法：$y=|x-1|+|x+4|=\begin{cases}-2x-3, & x\leqslant -4,\\ 5, & -4<x<1,\\ 2x+3, & x\geqslant 1.\end{cases}$

所以 $y\geqslant 5$，原函数的值域为 $[5,\ +\infty)$.

(5) 判别式法：因为 $x^2+x+1>0$ 恒成立，所以函数的定义域为 $\mathbf{R}$.

由 $y=\dfrac{2x^2-x+2}{x^2+x+1}$，得 $(y-2)x^2+(y+1)x+y-2=0$.

当 $y-2=0$，即 $y=2$ 时，$3x+0=0$，$x=0\in\mathbf{R}$；

当 $y-2\neq 0$，即 $y\neq 2$ 时，由 $x\in\mathbf{R}$ 时，方程 $(y-2)x^2+(y+1)x+y-2=0$ 恒有实根，所以 $\Delta=(y+1)^2-4(y-2)^2\geqslant 0$，解得 $1\leqslant y\leqslant 5$ 且 $y\neq 2$.

所以，原函数的值域为 $[1,\ 5]$.

(6) $y=\dfrac{2x^2-x+1}{2x-1}=\dfrac{x(2x-1)+1}{2x-1}=x+\dfrac{1}{2x-1}=x-\dfrac{1}{2}+\dfrac{\frac{1}{2}}{x-\frac{1}{2}}+\dfrac{1}{2}$.

因为 $x-\dfrac{1}{2}>0$，所以 $x-\dfrac{1}{2}+\dfrac{\frac{1}{2}}{x-\frac{1}{2}}\geqslant 2\sqrt{\left(x-\dfrac{1}{2}\right)\dfrac{\frac{1}{2}}{\left(x-\frac{1}{2}\right)}}=\sqrt{2}$，当且

仅当 $x-\frac{1}{2}=\frac{\frac{1}{2}}{x-\frac{1}{2}}$ 时，即 $x=\frac{1+\sqrt{2}}{2}$ 时等号成立.所以 $y\geqslant\sqrt{2}+\frac{1}{2}$.

所以，原函数的值域为 $\left[\sqrt{2}+\frac{1}{2},+\infty\right)$.

说明：(1) 函数的值域必须重视定义域对值域的限制和影响.

(2) 求函数值域时，一定要先观察函数的结构，再选用合适的方法，如第(2)小题的一次分式型常用分离系数法；第(4)小题中绝对值的和差结构常用数形结合或分类讨论去绝对值的方法；第(5)(6)小题的二次分式型常用判别式法或换元法.

例 3　设 $f(x)=|x^2-4x-5|$.

(1) 在区间 $[-2,6]$ 上作出函数 $y=f(x)$ 的图像.

(2) 设集合 $A=\{x\mid f(x)\geqslant 5\}$　$B=(-\infty,-2]\cup[0,4]\cup[6,+\infty)$. 试判断集合 A 和 B 之间的关系，并给出证明.

(3) 当 $k>2$ 时，求证：在区间 $[-1,5]$ 上，$y=kx+3k$ 的图像位于函数 $f(x)$ 图像的上方.

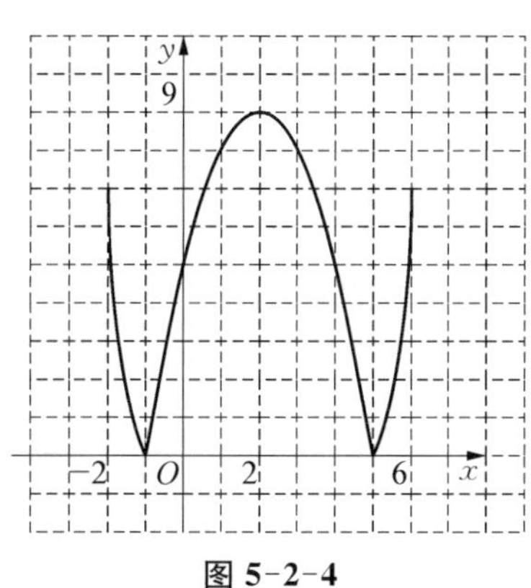

图 5-2-4

解　(1) 如图 5-2-4 所示.

(2) 方程 $f(x)=5$ 的解分别是 $2-\sqrt{14}$，0，4 和 $2+\sqrt{14}$，由于 $y=f(x)$ 在区间 $(-\infty,-1]$ 和区间 $[2,5]$ 上是严格减函数，在区间 $[-1,2]$ 和区间 $[5,+\infty)$ 上是严格增函数，因此

$$A=(-\infty,2-\sqrt{14}]\cup[0,4]\cup[2+\sqrt{14},+\infty).$$

由于 $2+\sqrt{14}<6$，$2-\sqrt{14}>-2$，因此 $B\subset A$.

(3) 当 $x\in[-1,5]$ 时，$f(x)=-x^2+4x+5$，设 $g(x)=kx+3k-f(x)$，则

$$\begin{aligned}g(x)&=k(x+3)-(-x^2+4x+5)=x^2+(k-4)x+(3k-5)\\&=\left(x-\frac{4-k}{2}\right)^2-\frac{k^2-20k+36}{4}.\end{aligned}$$

由于 $k>2$，则 $\frac{4-k}{2}<1$.

当 $-1\leqslant\frac{4-k}{2}<1$，即 $2<k\leqslant 6$ 时，取 $x=\frac{4-k}{2}$，$g(x)_{\min}=$

$-\dfrac{k^2-20k+36}{4}=-\dfrac{1}{4}[(k-10)^2-64]$. 由于 $16\leqslant(k-10)^2<64$，即 $(k-10)^2-64<0$，因此 $g(x)_{\min}>0$.

当 $\dfrac{4-k}{2}<-1$，即 $k>6$ 时，取 $x=-1$，$g(x)_{\min}=2k>0$.

综上所述，当 $k>2$ 时，在区间 $[-1, 5]$ 上，有 $g(x)>0$.

因此，在区间 $[1, 5]$ 上，$y=k(x+3)$ 的图像位于函数 $f(x)$ 图像的上方.

例 4 设集合 $P=\{f(x) \mid f(u-v)f(u+v)=f^2(u)-f^2(v),\ u\in\mathbf{R},\ v\in\mathbf{R}\}$.

(1) 试判断 $f_1(x)=\begin{cases}1, & x\geqslant 0,\\ -1, & x<0\end{cases}$ 与 $f_2(x)=\sin x$ 是否属于集合 P.

(2) 若 $f(x)=kx+b$（k、b 为常数，$k\neq 0$）属于集合 P，试寻找其充要条件.

解：(1) 当 $u=v=0$ 时，$f_1(0-0)f_1(0+0)\neq f_1^2(0)-f_1^2(0)$，则 $f_1(x)\notin P$. 任取 u、$v\in\mathbf{R}$，

$$\begin{aligned}f_2(u-v)f_2(u+v)&=\sin(u-v)\sin(u+v)=\sin^2u\cos^2v-\cos^2u\sin^2v\\&=\sin^2u-\sin^2v=f_2^2(u)-f_2^2(v),\end{aligned}$$

所以 $f_2(x)\in P$.

(2) 若 $f(x)\in I$，则 $[k(u-v)+b]\cdot[k(u+v)+b]=(ku+b)^2-(kv+b)^2$ 对任意的 u、$v\in\mathbf{R}$ 恒成立，即 $b(2kv+b)=0$ 对任意的 u、$v\in\mathbf{R}$ 恒成立，由 $k\neq 0$，则 $b=0$.

【变式练习一】

1. 已知定义域为 $\mathbf{R}$ 的函数 $y=f(x)$ 满足 $f(f(x)-x^2+x)=f(x)-x^2+x$.

(1) 若 $f(2)=3$，求 $f(1)$；又若 $f(0)=a$，求 $f(a)$.

(2) 设有且仅有一个实数 x_0，使得 $f(x_0)=x_0$，求函数 $y=f(x)$ 的表达式.

2. 设 $g(x)=\sqrt{x}+1$ 且 $h(x)=\dfrac{1}{x+3}$，$x\in(-3, a]$，其中 a 为常数且 $a>0$，令函数 $y=f(x)$ 为函数 $y=g(x)$ 和 $y=h(x)$ 的积函数.

(1) 求函数 $y=f(x)$ 的表达式，并求其定义域.

(2) 当 $a=\dfrac{1}{4}$ 时，求函数 $y=f(x)$ 的值域.

(3) 是否存在自然数 a，使得函数 $y=f(x)$ 的值域恰为 $\left[\dfrac{1}{3}, \dfrac{1}{2}\right]$？若存在，试

写出所有满足条件的自然数 a 所构成的集合;若不存在,试说明理由.

二、函数的奇偶性

【知识概述】

本节在直观认识函数奇偶性的基础上,从具体函数到抽象表示的函数对奇偶性进行解析研究,并掌握函数奇偶性的图像特征,体会研究函数性质的一般方法.

【本质提炼】

定义域关于原点对称的变量所对应函数值的特征,反映函数图像的对称性.

【基本模型】

1. 偶函数的定义及图像特征:对于函数 $y=f(x)$,如果对于其定义域 D 中任意给定的实数 x,都有 $-x\in D$,且 $f(-x)=f(x)$,就称函数 $y=f(x)$ 为偶函数.从图形的角度来看,偶函数就是其图像关于 y 轴成轴对称的函数.

2. 奇函数的定义及图像特征:对于函数 $y=f(x)$,如果对于其定义域 D 中任意给定的实数 x,都有 $-x\in D$,且 $f(-x)=-f(x)$,就称函数 $y=f(x)$ 为奇函数.从图形的角度来看,奇函数就是其图像关于原点中心对称的函数.

3. 常用结论:

(1) $y=f(a+x)$ 是偶函数 $\Leftrightarrow f(a+x)=f(a-x)\Leftrightarrow f(x)=f(2a-x)=f(x)$ 关于 $x=a$ 对称.

(2) $f(a+x)=f(b-x)\Leftrightarrow f(x)$ 关于 $x=\dfrac{a+b}{2}$ 对称.

(3) $y=f(a+x)$ 是奇函数 $\Leftrightarrow f(a-x)=-f(a+x)\Leftrightarrow f(x)$ 关于点 $(a,0)$ 成中心对称.

例 1　判断下列函数 $y=f(x)$的奇偶性:

(1) $f(x)=(x-1)\sqrt{\dfrac{x+1}{x-1}}$;　　(2) $f(x)=x\left(\dfrac{1}{3^x-1}+\dfrac{1}{2}\right)$.

分析: 本例考查的是函数奇偶性判断的方法和步骤.

解: (1) 因为 $y=f(x)$ 的定义域没有关于原点对称,所以 $y=f(x)$ 既不是奇函数,也不是偶函数.

(2) 先求得 $y=f(x)$ 的定义域为 $\{x\mid x\neq 0\}$,又 $f(x)-f(-x)=0$,得 $y=f(x)$ 为偶函数.

说明: 讨论函数奇偶性一定要先求定义域;另外,判断函数奇偶性可以用

$f(-x)=-f(x)$ 和 $f(-x)=f(x)$ 的等价变形形式，分别为 $f(x)+f(-x)=0$ 和 $f(x)-f(-x)=0$.

例2 已知 $y=f(x)$ 是 $\mathbf{R}$ 上的奇函数，且当 $x\in(0,+\infty)$ 时，$f(x)=x(1+\sqrt[3]{x})$，求 $f(x)$ 的表达式.

分析：本例考查的是利用奇偶函数的图像特征求表达式，建议分段进行，特别是 $\mathbf{R}$ 上的奇函数不要漏掉 $x=0$ 的情况.

解 当 $x<0$ 时，$-x>0$，则

$$f(x)=-f(-x)=-[-x(1+\sqrt[3]{-x})]=x(1-\sqrt[3]{x});$$

当 $x=0$ 时，$-x>0$，则 $f(0)=0$；

综上所述，$f(x)=\begin{cases}x(1+\sqrt[3]{x}),\ x\geqslant 0,\\ x(1-\sqrt[3]{x}),\ x<0.\end{cases}$

说明：因为已知 $x\in(0,+\infty)$ 上的表达式，所以对称地考虑 $x<0$ 时的情形.

例3 设常数 $a>0$，$f(x)=\dfrac{2^x+a}{2^x-a}$. 根据 a 的不同取值，讨论函数 $y=f(x)$ 的奇偶性，并说明理由.

分析：这是一道含有参数的函数奇偶性的讨论问题，利用分类讨论的思想，分别求出为奇函数或偶函数时 a 的值.

解：若 $y=f(x)$ 为偶函数，则 $f(x)=f(-x)$ 对定义域中的任意 x 均成立，即 $\dfrac{2^x+a}{2^x-a}=\dfrac{2^{-x}+a}{2^{-x}-a}$，整理可得 $a(2^x-2^{-x})=0$. 因为 2^x-2^{-x} 不恒为 0，所以 $a=0$，此时 $f(x)=1$，$x\in\mathbf{R}$，满足条件.

若 $y=f(x)$ 为奇函数，则 $f(x)=-f(-x)$ 对定义域中的任意 x 均成立，即 $\dfrac{2^x+a}{2^x-a}=-\dfrac{2^{-x}+a}{2^{-x}-a}$，整理可得 $a^2-1=0$，解得 $a=\pm1$. 又 $a>0$，所以 $a=1$，此时 $f(x)=\dfrac{2^x+1}{2^x-1}$，$x\neq 0$，满足条件.

当 $a>0$ 且 $a\neq 1$ 时，$y=f(x)$ 既不是奇函数也不是偶函数.

综上所述，$a=0$ 时，$y=f(x)$ 是偶函数；$a=1$ 时，$y=f(x)$ 是奇函数；当 $a>0$ 且 $a\neq 1$ 时，$y=f(x)$ 既不是奇函数也不是偶函数.

说明：本题主要考查了函数的奇偶性，也可以先求定义域，然后在定义域内用特指法，但使用特指法后，一定要检验.

【变式练习二】

已知函数 $y=f(x)$ 的定义域是 **R**.

(1) 求证：$y=f(x)+f(-x)$ 是偶函数，$y=f(x)-f(-x)$ 是奇函数；

(2) 试将 $g(x)=a^x\ (a>0,\ a\neq 1)$ 表示成一个奇函数与一个偶函数的和.

三、函数的单调性

【知识概述】

本节在直观认识函数单调性的基础上，从具体函数到抽象表示的函数对单调性进行解析研究，并掌握函数单调性的图像特征，体会研究函数性质的一般方法.

【本质提炼】

定义域上两个任意变量与对应值不等关系的一致性(或互反性).

【基本模型】

1. 增函数：对于定义在 D 上的函数 $y=f(x)$，设区间 I 是 D 的一个子集.对于区间 I 上任意给定的两个自变量的值 x_1、x_2，当 $x_1<x_2$ 时，如果总有 $f(x_1)\leqslant f(x_2)$，就称函数 $y=f(x)$ 在区间 I 上是增函数，并称区间 I 是函数的一个单调增区间.特别地，如果总有 $f(x_1)<f(x_2)$，就称函数在区间 I 上是严格增函数.

2. 减函数：对于定义在 D 上的函数 $y=f(x)$，设区间 I 是 D 的一个子集.对于区间 I 上任意给定的两个自变量的值 x_1、x_2，当 $x_1<x_2$ 时，如果总有 $f(x_1)\geqslant f(x_2)$，就称函数 $y=f(x)$ 在区间 I 上是减函数，并称区间 I 是函数的一个单调减区间.特别地，如果总有 $f(x_1)>f(x_2)$，就称函数在区间 I 上是严格减函数.

3. 常用结论：

(1) 如果 $y=f(u)$ 与 $u=g(x)$ 的单调性相同，那么 $y=f[g(x)]$ 是增函数；如果 $y=f(u)$ 与 $u=g(x)$ 的单调性相反，那么 $y=f[g(x)]$ 是减函数.

(2) 两个增函数的和仍为增函数；两个减函数的和仍为减函数.

(3) 奇函数在对称的两个区间上的单调性相同；偶函数在对称的两个区间上的单调性相反.

例1 判断下列命题的真假：

(1) 函数 $y=2x^2+x+1$ 在区间 $(0,\ +\infty)$ 上不是严格增函数；

(2) 函数 $y=\dfrac{1}{x+1}$ 在区间 $(-\infty,\ -1)\cup(-1,\ +\infty)$ 上是严格减函数；

(3) 函数 $y=\sqrt{5+4x-x^2}$ 的单调递增区间是 $(-\infty,\ 2]$；

(4) 函数 $y=\frac{1}{2^x+1}$ 在 $\mathbf{R}$ 上是严格减函数；

(5) 若偶函数 $y=f(x)$ 在区间 $(0,+\infty)$ 上是严格增函数，则在区间 $(-\infty,0)$ 上是严格减函数.

分析： 本例主要考查单调函数、单调区间的定义，在求单调区间的过程中，一定要先求定义域！

解： 由单调函数、单调区间的定义可知，(1)(2)(3)为假命题；(4)(5)为真命题.

说明： ① 函数的单调性与“区间”紧密相关，函数在不同的区间上可能有不同的单调性.

② 单调性是函数局部的性质(定义域的某个区间上)，奇偶性是整体的性质(整个定义域上). 虽然函数 $y=\frac{1}{x}$ 在区间 $(-\infty,0)$ 上是严格减函数，在区间 $(0,+\infty)$ 上也是严格减函数，但我们不能说函数 $y=\frac{1}{x}$ 在区间 $(-\infty,0)\cup(0,+\infty)$ 上是严格减函数.

例2 已知 $f(x)=x^2+\frac{a}{x}$ $(x\neq 0,\ a\in\mathbf{R})$.

(1) 判断函数 $y=f(x)$ 的奇偶性；

(2) 若 $y=f(x)$ 在区间 $[2,+\infty)$ 上是严格增函数，求实数 a 的取值范围.

分析： 本例考查已知单调区间求参数范围的问题，但不能借助初等函数的图像，所以使用单调函数的定义解决此类问题.

解： (1) 当 $a=0$ 时，$f(x)=x^2$. 对任意 $x\in(-\infty,0)\cup(0,+\infty)$，

$$f(-x)=(-x)^2=x^2=f(x),$$

所以 $y=f(x)$ 为偶函数.

当 $a\neq 0$ 时，$f(x)=x^2+\frac{a}{x}$ $(a\neq 0,\ x\neq 0)$. 取 $x=\pm 1$，得

$$f(-1)+f(1)=2\neq 0,\ f(-1)-f(1)=-2a\neq 0,$$

所以 $f(-1)\neq -f(1)$，$f(-1)\neq f(1)$，函数 $y=f(x)$ 既不是奇函数，也不是偶函数.

(2) 设 $2\leqslant x_1<x_2$，

$$f(x_1)-f(x_2)=x_1^2+\frac{a}{x_1}-x_2^2-\frac{a}{x_2}=\frac{(x_1-x_2)}{x_1x_2}[x_1x_2(x_1+x_2)-a],$$

要使函数 $y=f(x)$ 在区间 $[2,+\infty)$ 上为严格增函数,必须 $f(x_1)-f(x_2)<0$ 恒成立.

因为 $x_1-x_2<0$, $x_1x_2>4$,所以 $a<x_1x_2(x_1+x_2)$ 恒成立.

又 $x_1+x_2>4$,则 $x_1x_2(x_1+x_2)>16$,所以 a 的取值范围是 $(-\infty, 16]$.

说明: 本题也可以按 a 进行分类讨论.

【变式练习三】

已知 $f(x)=\sqrt{x^2+1}-ax$,其中 $a>0$.

(1) 若 $2f(1)=f(-1)$,求 a 的值;

(2) 证明:当且仅当 $a\geqslant 1$ 时,函数 $y=f(x)$ 在区间 $[0,+\infty)$ 上为单调函数;

(3) 若函数 $y=f(x)$ 在区间 $[1,+\infty)$ 上是严格增函数,求 a 的取值范围.

四、函数的最值

【知识概述】

本节在直观认识函数最值的基础上,从具体函数到抽象表示的函数对最值进行解析研究,体会研究函数性质的一般方法.

【本质提炼】

在定义域内,函数的最值是函数值的一种属性,是函数图像的最高点或最低点.

【基本模型】

1. 最值的定义:函数 $y=f(x)$ 在 x_0 处的函数值是 $f(x_0)$,对于定义域内任意给定的 x,如果不等式 $f(x)\geqslant f(x_0)$ 都成立,那么 $f(x_0)$ 就叫做函数 $y=f(x)$ 的最小值;相反地,如果不等式 $f(x)\leqslant f(x_0)$ 都成立,那么 $f(x_0)$ 就叫做函数 $y=f(x)$ 的最大值.函数的最值一定是函数值域中的值.

2. 求最值的常见结构:(1) 二次型 $y=ax^2+bx+c$;(2) 一次分式型 $y=\dfrac{cx+d}{ax+b}$;(3) 二次分式型 $y=ax+\dfrac{b}{x}$; $y=\dfrac{cx^2+dx+e}{ax+b}$.求函数的最值时先定类型,再定方法.确定类型的过程中要灵活应用转化思想.

例1 (1) 求函数 $y=x^2+ax+1$, $x\in[2, 4]$ 的最大值和最小值.

(2) 求函数 $y=x^2-2x+2$, $x\in[t, t+1]$ $(t\in\mathbf{R})$ 的最大值和最小值.

分析: 本例考查二次函数中的两种基本类型:定轴动区间和动轴定区间.

解: (1) 函数 $y=x^2+ax+1$ 的对称轴为 $x=-\dfrac{a}{2}$.

当 $-\frac{a}{2}<2$，即 $a>-4$ 时，函数 $y=x^2+ax+1$ 在区间 $[2, 4]$ 上是严格增函数，则 $x=2$ 时，函数有最小值 $5+2a$，$x=4$ 时，函数有最大值 $17+4a$；

当 $-\frac{a}{2}>4$，即 $a<-8$ 时，函数 $y=x^2+ax+1$ 在区间 $[2, 4]$ 上是严格减函数，则 $x=2$ 时，函数有最大值 $5+2a$，$x=4$ 时，函数有最小值 $17+4a$；

当 $2\leqslant-\frac{a}{2}<3$，即 $-6<a\leqslant-4$ 时，函数 $y=x^2+ax+1$ 在区间 $\left[2, -\frac{a}{2}\right]$ 上是严格减函数，在区间 $\left[-\frac{a}{2}, 4\right]$ 上是严格增函数，则 $x=-\frac{a}{2}$ 时，函数有最小值 $\frac{4-a^2}{4}$，$x=4$ 时，函数有最大值 $17+4a$；

当 $3\leqslant-\frac{a}{2}<4$，即 $-8<a\leqslant-6$ 时，函数 $y=x^2+ax+1$ 在区间 $\left[2, -\frac{a}{2}\right]$ 上是严格减函数，在区间 $\left[-\frac{a}{2}, 4\right]$ 上是严格增函数，则 $x=-\frac{a}{2}$ 时，函数有最小值 $\frac{4-a^2}{4}$，$x=2$ 时，函数有最大值 $5+2a$.

(2) 分 $t\leqslant 0$，$0<t\leqslant\frac{1}{2}$，$\frac{1}{2}<t\leqslant 1$，和 $t>1$ 四种情况讨论.

说明：对于“二次型”函数中定轴动区间和动轴定区间的最值问题，依次讨论对称轴落在区间左侧、区间内和区间右侧即可.

例2 已知 $f(x)=\frac{x^2+2x+a}{x}$，$x\in[1, +\infty)$.

(1) 求当 a 分别取 -1、2 时，函数 $y=f(x)$ 的最小值；

(2) 若 $f(x)>0$ 对任意 $x\in[1, +\infty)$ 恒成立，求实数 a 的取值范围.

分析：本例属于二次分式型.

解：(1) 当 $a=-1$ 时，$f(x)=x-\frac{1}{x}+2$，得函数 $y=f(x)$ 在 $[1, +\infty)$ 上是严格增函数，则 $x=1$ 时，$f(x)$ 的最小值为 $3+a$；

当 $a=2$ 时，$f(x)=x+\frac{2}{x}+2$，由基本不等式 $x+\frac{2}{x}+2\geqslant 2\sqrt{2}+2$，当且仅当 $x=\sqrt{2}$ 时取到等号，则 $x=\sqrt{2}$ 时，$f(x)$ 的最小值为 $2\sqrt{2}+2$.

(2) 若 $f(x)>0$ 对任意 $x\in[1, +\infty)$ 恒成立，则 $a>-x^2-2x$ 对任意 $x\in[1, +\infty)$ 恒成立，而 $y=-x^2-2x$ 在区间 $[1, +\infty)$ 上是严格减函数，当 $x=1$ 时，

$y=-x^2-2x$ 有最大值 -3，所以 a 的取值范围是 $(-3, +\infty)$.

【变式练习四】

设 a 为实数，$f(x)=x^2+|x-a|+1$, $x \in \mathbf{R}$.

(1) 讨论函数 $y=f(x)$ 的奇偶性；

(2) 求函数 $y=f(x)$ 的最小值.

五、函数的应用

【知识概述】

函数的应用主要体现在两个基本方面：一是运用“函数的思想方法”思考、解决其他数学问题，主要指利用函数的性质和图像研究和求解代数方程的根，求解不等式，讨论最值问题等；二是运用“函数的思想方法”描述、分析、解决实际问题.

【本质提炼】

初等函数作为数学基本模型解决问题，体现函数思想方法.

【基本模型】

1. 用函数观点求解方程：对于函数 $y=f(x)$, $x \in D$，如果存在实数 $c \in D$，使得 $f(c)=0$，就把 $x=c$ 叫做该函数的零点，那么函数 $y=f(x)$, $x \in D$ 的零点，就是方程 $f(x)=0$ 在集合 D 中的解，也是该函数 $y=f(x)$ 的图像与 x 轴的交点的横坐标，这就将方程 $f(x)=0$ 的求解与求函数 $y=f(x)$ 的零点联系起来.

2. 二分法求函数零点：对于在区间 $[a, b]$ 上的图像是一段连续曲线的函数 $y=f(x)$，如果 $f(a) \cdot f(b)<0$，那么 $y=f(x)$ 在区间 (a, b) 上一定有零点.根据这个理论，用二分法求函数在指定区间上零点的近似值.具体操作如下：在确定了区间上一定有零点的前提下，将区间一分为二，这两部分中总有一个含有零点，而含有零点的区间的长度变为原先的一半，反复执行这种一分为二的操作，就能将零点限制在一个足够小的区间中，从而容易求得其近似值了.

3. 用函数观点求解不等式：前面我们学习过借助一元二次函数解一元二次不等式，我们可以构造一个与不等式有关的函数，如果这个函数的单调性与零点比较容易确定，就可以利用这些性质比较方便地求解相应的不等式.

4. 实际应用中的函数模型：函数具有丰富的现实背景和应用价值，如贷款时是选择等额本金还是等额本息呢；如何根据各路口的车流量合理设计红绿灯时间，使得车辆等待时间最少呢；等等.高中阶段主要研究线性模型，简单幂函数及推广，以及指数函数和对数函数模型.

例1 用二分法求函数 $y=2x^3-3x^2-18x+28$ 在区间(1, 2)上的零点(精确到0.1).

分析: 本例考查的是用二分法求零点的近似值.

解: 按照二分法的操作步骤,可得函数零点为 $x\approx 1.6$.

说明: 用二分法求零点近似值时什么时候停止也是需要重点考察的问题,当最后的区间左右端点的值在精确度的要求下相同才停止二分法的过程.

例2 问题"求不等式 $3^x+4^x\leqslant 5^x$ 的解集"有如下的思路:

不等式 $3^x+4^x\leqslant 5^x$ 可以变为 $\left(\frac{3}{5}\right)^x+\left(\frac{4}{5}\right)^x\leqslant 1$,令 $f(x)=\left(\frac{3}{5}\right)^x+\left(\frac{4}{5}\right)^x$,可知函数 $y=f(x)$ 在 $\mathbf{R}$ 上单调递减,且 $f(2)=1$,所以原不等式的解是 $x\geqslant 2$. 仿照此解法求不等式 $x^3-(2x+3)>(2x+3)^3-x$ 的解.

分析: 本题是函数的单调性在解不等式中的应用.

解: 原不等式 $x^3-(2x+3)>(2x+3)^3-x$ 整理为 $x^3+x>(2x+3)^3+(2x+3)$,令 $f(x)=x^3+x$,则原不等式转化为 $f(x)>f(2x+3)$.

又函数 $y=x^3+x$ 在 $\mathbf{R}$ 上是严格增函数,所以 $x>2x+3$,即 $x<-3$.

说明: 这是一种"模仿学习式"问题,一般先给出一类特殊问题的解题思路,通过模仿、迁移,解决新情境问题.利用函数解不等式这一类问题最难在于函数的构造,要善于观察不等式,适当整理,使得不等式左右两侧从结构上统一.

例3 已知点 $O(0, 0)$、$Q_0(0, 1)$ 和点 $R_0(3, 1)$,记 Q_0R_0 的中点为 P_1,取 Q_0P_1 和 P_1R_0 中的一条,记其端点为 Q_1、R_1,使之满足 $(|OQ_1|-2)(|OR_1|-2)<0$,记 Q_1R_1 的中点为 P_2,取 Q_1P_2 和 P_2R_1 中的一条,记其端点为 Q_2、R_2,使之满足 $(|OQ_2|-2)(|OR_2|-2)<0$. 依次下去,得到 $P_1, P_2, \cdots, P_n, \cdots$,求 $\lim\limits_{n\to+\infty}|Q_0P_n|$ 的值.

分析: 本题考查的是二分法和极限思想.由题意 $(|OQ_1|-2)(|OR_1|-2)<0$,$(|OQ_2|-2)(|OR_2|-2)<0$. 依次下去,则 Q_nR_n 选取的是包含了点 $(\sqrt{3}, 1)$ 那一段,且长度依次缩小一半,再由极限思想得到 P_n 的最后位置.

解: 因为 $(|OQ_1|-2)(|OR_1|-2)<0$,所以第一次只能取 P_1R_0 一条,$(|OQ_2|-2)(|OR_2|-2)<0$. 依次下去,则 Q_1、R_1; Q_2、R_2; $\cdots$ 中必有一点在 $(\sqrt{3}, 1)$ 的左侧,一点在右侧,由于 $P_1, P_2, \cdots, P_n, \cdots$,是中点,根据题意推出 $P_1, P_2, \cdots, P_n, \cdots$,的极限为 $(\sqrt{3}, 1)$,所以 $\lim\limits_{n\to+\infty}|Q_0P_n|=|Q_0P_1|=\sqrt{3}$,故答案为$\sqrt{3}$.

说明： P_n 的规律是本题解答的关键，考查逻辑推理能力.

例 4 如图 5-2-5 所示，某医药研究所开发一种新药，在实验药效时发现：如果成人按规定剂量服用，那么服药后每毫升血液中的含药量 y(微克)与时间 x(时)之间满足

$$y=\begin{cases}\dfrac{ax}{x^2+1}, & 0<x<1,\\ \dfrac{a\cdot 2^{x-1}}{4^{x-1}+1}, & x>1,\end{cases}$$

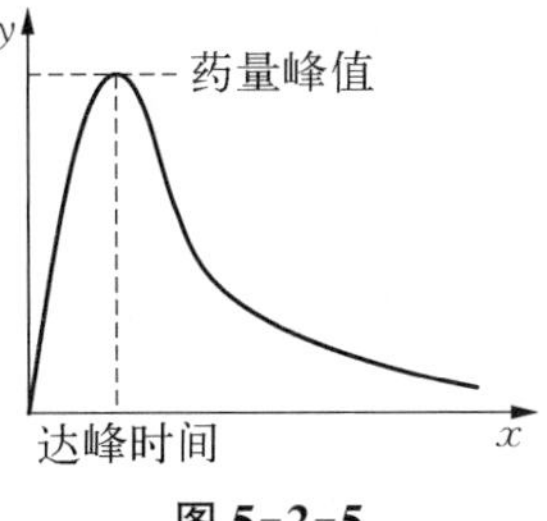

图 5-2-5

其对应曲线过点 $\left(2, \dfrac{16}{5}\right)$.

(1) 试求药量峰值(y 的最大值)与达峰时间(y 取最大值时对应的 x 值)；

(2) 如果每毫升血液中含药量不少于 1 微克时治疗疾病有效，那么成人按规定剂量服用该药一次后能维持多长的有效时间？(精确到 0.01 小时)

解： 将 $\left(2, \dfrac{16}{5}\right)$ 代入函数，可得：

$$a=8,\ y=\begin{cases}\dfrac{8x}{x^2+1},\ 0<x<1,\\ \dfrac{2^{x+2}}{4^{x-1}+1},\ x\geqslant 1.\end{cases}$$

(1) 当 $x\in(0, 1)$ 时，$y=\dfrac{8x}{x^2+1}=\dfrac{8}{x+\dfrac{1}{x}}$. 因为 $x+\dfrac{1}{x}>2$，所以 $0<y<4$.

当 $x\in[1, +\infty)$ 时，$y=\dfrac{2^{x+2}}{4^{x-1}+1}=\dfrac{4\cdot 2^x}{\dfrac{4^x}{4}+1}=\dfrac{4\cdot 2^x}{\dfrac{2^{2x}}{4}+1}=\dfrac{4}{\dfrac{1}{4}\cdot 2^x+\dfrac{1}{2^x}}$.

因为 $2^x\geqslant 2$，所以 $\dfrac{1}{4}\cdot 2^x+\dfrac{1}{2^x}\geqslant 1$，则 $0<y\leqslant 4$.

所以，当 $x=1$ 时，有最大值为 $y_{\max}=4$.

(2) 因为该函数在区间 $(0, 1)$ 上是严格增函数，在区间 $[1, +\infty)$ 上是严格减函数，最大值为 4，所以 $y=1$ 时，在区间 $(0, 1)$ 和区间 $[1, +\infty)$ 各有一解.

当 $x\in(0, 1)$ 时，$y=\dfrac{8x}{x^2+1}=1$，解得 $x=4-\sqrt{15}$；

当 $x\in[1, +\infty)$ 时，$y=\dfrac{2^{x+2}}{4^{x-1}+1}=1$，解得 $x=\log_2(8+2\sqrt{15})$.

所以，当 $x\in[4-\sqrt{15},\ \log_2(8+2\sqrt{15})]$ 时，为有效时间区间，有效的持续时间为：$\log_2[(8+2\sqrt{15})-(4-\sqrt{15})]\approx 3.85$ 小时.

例5 当实数 a 分别取何值时，方程 $\lg(x-1)+\lg(3-x)=\lg(1-ax)$ 有一个实数解、两个实数解、没有实数解？

分析： 作为特殊方程解的讨论，首先需要简化，然后利用函数思想，对参数进行讨论.

解： 原方程可化为：$(x-1)\cdot(3-x)=1-ax\ (1<x<3)$，即 $x^2-(a+4)x+4=0\ (1<x<3)$.

令 $f(x)=x^2-(a+4)x+4$.

(1) 原方程有一个解等价于：$f(1)f(3)\leqslant 0$ 或 $\Delta=(a+4)^2-16=0$ 且 $1<\dfrac{a+4}{2}<3$.

解上述不等式组可得：$\dfrac{1}{3}\leqslant a\leqslant 1$ 或 $a=0$，经检验 $a=1$ 不符合题意.

所以，当 $\dfrac{1}{3}\leqslant a<1$ 或 $a=0$ 时，原方程只有一个解.

(2) 原方程有两个解等价于 $\begin{cases}\Delta>0,\\ f(1)>0,\\ f(3)>0,\\ f<\dfrac{a+4}{2}<3.\end{cases}$ 解此不等式组可得 $0<a<\dfrac{1}{3}$.

所以，当 $0<a<\dfrac{1}{3}$ 时，原方程有两个解.

(3) 由(1)(2)可知，当 $a<0$ 或 $a\geqslant 1$ 时，原方程没有实数解.

说明： 本题还可以这样解，原方程可化为：$(x-1)\cdot(3-x)=1-ax\ (1<x<3)$，即 $a=x+\dfrac{4}{x}-4\ (1<x<3)$. 分别作出函数 $y=x+\dfrac{4}{x}-4\ (1<x<3)$ 与 $y=a$ 的图像，根据图像交点的个数即可得出结论.

【变式练习五】

1. 已知函数 $y=f(x)$ 是定义在 $\mathbf{R}$ 上的奇函数，且在区间 $[0,+\infty)$ 上是严格减函数，当 $x+y=2\,019$ 时，恒有 $f(x)+f(2\,019)>f(y)$ 成立，则 x 的取值范围是________.

2. 已知 a 是实数，$f(x)=2ax^2+2x-3-a$，如果函数 $y=f(x)$ 在区间 $[-1,1]$ 上有零点，求实数 a 的取值范围.

第二单元测试题

1. 满足解析式为 $f(x)=x^2$，值域为 $\{1, 4\}$ 的所有函数的个数为________.

2. 已知 $y=f(x)$ 是定义在 $\mathbf{R}$ 上的偶函数，当 $x\in(0, +\infty)$ 时，$f(x)=|x^2-2x|$，当 $x\in(-\infty, 0)$ 时，$f(x)=$________.

3. 若函数 $y=a|x-b|+2$ 在区间 $(0, +\infty)$ 上为严格增函数，则实数 a、b 满足的条件是________.

4. 设方程 $\log_3 x+x=3$ 的根为 x_1，方程 $3^x+x=3$ 的根为 x_2. 则 x_1+x_2 的值为________.

5. 已知函数 $y=\ln x+3x-8$ 的零点 $x_0\in[a, b]$，且 $b-a=1$，a、$b\in\mathbf{N}^*$，则 $a+b=$________.

6. 若平面直角坐标系内两点 P、Q 满足条件：① P、Q 都在函数 $y=f(x)$ 的图像上；② P、Q 关于原点对称，则称点对 (P, Q) 是函数 $y=f(x)$ 的一个“友好点对”(点对 (P, Q) 与点对 (Q, P) 为同一个“友好点对”). 已知函数 $f(x)=\begin{cases}2x^2+4x+1, & x<0,\\ \dfrac{2}{e^x}, & x\geqslant 0,\end{cases}$ 则 $f(x)$ 的“友好点对”有________个.

7. 某地 2020 年第一季度应聘和招聘人数排行榜前 5 个行业的情况列表如下：

行业名称	计算机	机　械	营　销	物　流	贸　易
应聘人数	215 830	200 250	154 676	74 570	65 280

行业名称	计算机	营　销	机　械	建　筑	化　工
招聘人数	124 620	102 935	89 115	76 516	70 436

若用同一行业中应聘人数与招聘人数比值的大小来衡量该行业的就业情况，则根据表中数据，就业形势一定是　　(　　)

A. 计算机行业好于化工行业　　B. 建筑行业好于物流行业

C. 机械行业最紧张　　D. 营销行业比贸易行业紧张

8. 某纪念章从某年某月某日起开始上市，通过市场调查，得到该纪念章每 1 枚的市场价 y(单位：元)与上市时间 x(单位：天)的数据如下：

上市时间 x /天	4	10	36
市场价 y /元	90	51	90

(1) 根据上表数据，从下列函数中选取一个恰当的函数描述该纪念章的市场价 y 与上市时间 x 的变化关系并说明理由：① $y=ax+b$；② $y=ax^2+bx+c$；③ $y=a\cdot\log_b x$；④ $y=k\cdot a^x$.

(2) 利用你选取的函数，求该纪念章市场价最低时的上市天数及最低的价格.

9. 已知 $f(x)=|x-a|$，$g(x)=x^2+2ax+1$（a 为正常数），且函数 $y=f(x)$ 与 $y=g(x)$ 的图像在 y 轴上的截距相等.

(1) 求 a 的值；

(2) 若 $h(x)=f(x)+b\sqrt{g(x)}$（b 为常数），试讨论函数 $y=h(x)$ 的奇偶性.

10. 已知 $f(x)=\left|1-\dfrac{1}{x}\right|$.

(1) 是否存在实数 a、b $(a<b)$，使得函数 $y=f(x)$ 的定义域和值域都是 $[a, b]$？若存在，请求出 a、b 的值；若不存在，请说明理由.

(2) 若存在实数 a、b $(a<b)$，使得函数 $y=f(x)$ 的定义域是 $[a, b]$，值域是 $[ma, mb](m\neq 0)$，求实数 m 的取值范围.

第三节　三 角 函 数

第一单元　三　角

单元教学目标

1. 了解任意角的概念和弧度制，能进行弧度与角度的互化；

2. 借助单位圆理解三角函数的定义和同角三角函数间的基本关系，探索诱导公式$\left(\dfrac{k\pi}{2}\pm\alpha, k\in\mathbf{Z}\text{ 的正弦、余弦、正切}\right)$，能进行同角三角函数之间的变换，会求任意角的三角函数值；

3. 熟练掌握三角公式（如两角和与差的正弦、余弦、正切公式、二倍角公式等），能综合运用三角公式进行求值、化简、证明.

单元教学安排

本单元教学建议课时及具体分配如下.

单　元　内　容	课　　时
正弦、余弦、正切、余切	7 课时
常用三角公式	5 课时
解三角形	3 课时

单元教学内容

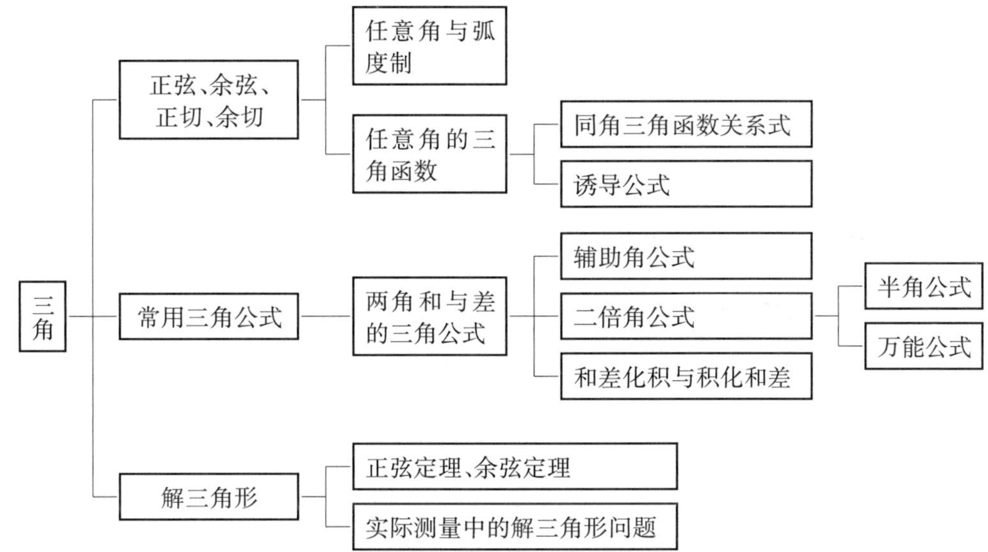

单元教学实施

1. 本单元教学中应充分发挥单位圆的作用，引导学生结合具体问题情境，使学生参与到教学中来，建构他们的数学知识.

2. 要重视数学思想方法的渗透.本单元的教学应始终贯穿着旋转、对称变换及数形结合的思想方法，让学生初步形成用运动变化的观点以及借助图形的直观性来分析问题、解决问题.

一、任意角与弧度制

【知识概述】

任意角与弧度制是三角学理论的起始知识.任意角是初中平面几何图形中静态

角的延伸与拓展，从动态旋转的角度理解角，为学习三角函数提供了有力依据.用旋转来刻画角的时候，按逆时针方向旋转形成正角、顺时针方向旋转形成负角，不旋转时形成了零角.在角概念推广后引入弧度制，一方面能简化三角的有关计算，另一方面弧度的扇形模型体现了把长度与弧的度量单位统一的思想.

【本质提炼】

任意角：既有旋转量又有旋转方向的数学对象.

弧度制：用弧长与半径的比值来度量角的大小，使得实数与角度一一对应.

【基本模型】

1. 利用终边相同的角的关系来表示角.

象限角：将角置于平面直角坐标系中，使角的顶点与坐标原点重合，角的始边与 x 轴的正半轴重合，此时角的终边落在第几象限，就说这个角是第几象限角.终边落在坐标轴上，称为轴线角.

终边相同的角：在角的形成过程中，与角 α 始边相同且终边重合的角有无数个，它们之间相差 360°的整数倍，即 $\{\beta \mid \beta = k \cdot 360^\circ + \alpha,\ k \in \mathbf{Z}\}$.

2. 弧度的扇形模型：设扇形的圆心角为 $\alpha\ (0 < \alpha < 2\pi)$，半径为 r，弧长为 l，面积为 S，则 $l = \alpha r$，$S = \frac{1}{2}\alpha r^2 = \frac{1}{2}lr$. 弧度制下扇形公式更简洁.

例 1　已知角 β 的终边落在直线 $y = \sqrt{3}x$ 上.

(1) 写出与角 β 终边重合的角的集合 S；

(2) 列举出 S 中满足不等式 $-360^\circ \leqslant \beta < 720^\circ$ 的所有元素 β.

分析：如图 5-3-1，本例考查的是用终边相同的角的关系来表示角.角 β 的终边与 60° 及 240° 的终边重合，即这些角之间相差 180° 的整数倍.

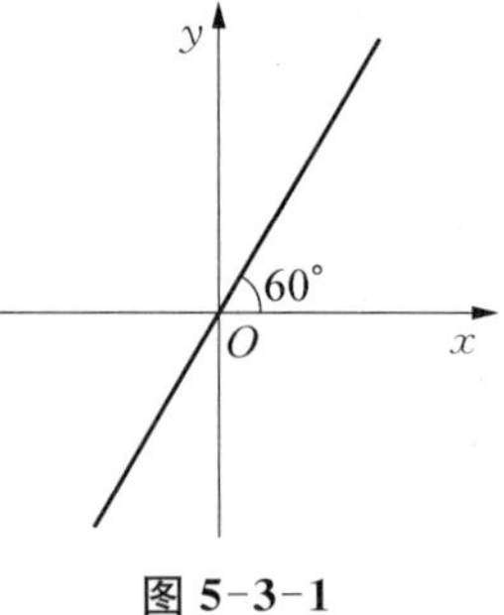

图 5-3-1

解：$S = \{\beta \mid \beta = k \cdot 180^\circ + 60^\circ,\ k \in \mathbf{Z}\}$.

因为 $-360^\circ \leqslant \beta < 720^\circ$，所以当 $k = -2, -1, 0, 1, 2, 3$ 时，$\beta = -300^\circ$ 或 -120° 或 60° 或 240° 或 420° 或 600° 符合题意.

说明：与角 β 终边重合的角的集合是 $\{\alpha \mid \alpha = k \cdot 360^\circ + \beta,\ k \in \mathbf{Z}\}$，与角 β 终边在一条直线上的角的集合是 $\{\alpha \mid \alpha = k \cdot 180^\circ + \beta,\ k \in \mathbf{Z}\}$，与角 β 终边关于 x 轴对称的角怎么表示呢？关于 y 轴对称呢？关于原点对称呢？与角 β 终边垂直呢？

例 2　已知角 α 为第三象限的角，试确定角 $\frac{\alpha}{2}$ 所在的象限，并画出其变化的区域.

分析：角 α 的终边落在第三象限，则 $\frac{\alpha}{2}$ 对应区域在第二、四象限，由形到数，再由数到形，注意角的终边从射线变为直线引起的变化.

解：因为 α 是第三象限的角，所以 $2k\pi+\pi<\alpha<2k\pi+\frac{3\pi}{2}$，$k\in\mathbf{Z}$，即

$$k\pi+\frac{\pi}{2}<\frac{\alpha}{2}<k\pi+\frac{3\pi}{4},\ k\in\mathbf{Z}.$$

(1) 当 $k=2n$ $(n\in\mathbf{Z})$ 时，可得 $2k\pi+\frac{\pi}{2}<\frac{\alpha}{2}<2k\pi+\frac{3\pi}{4}$，$k\in\mathbf{Z}$，所以 $\frac{\alpha}{2}$ 是第二象限角；

(2) 当 $k=2n+1$ $(n\in\mathbf{Z})$ 时，得 $2k\pi+\frac{3\pi}{2}<\frac{\alpha}{2}<2k\pi+\frac{7\pi}{4}$，$k\in\mathbf{Z}$，所以 $\frac{\alpha}{2}$ 是第四象限角.

综上可知，$\frac{\alpha}{2}$ 是第二、四象限的角.

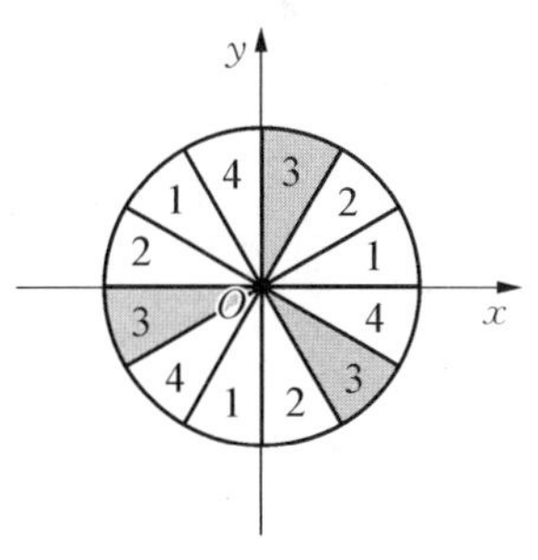

图 5-3-2

说明：此问题是 $\frac{\alpha}{n}$ $(n\in\mathbf{N}^*)$ 所在象限的确定问题，也可以确定 $n\alpha$ $(n\in\mathbf{N}^*)$ 的象限.该问题若从几何角度考虑，如角 α 为第三象限角，要确定 $\frac{\alpha}{3}$ 的终边，即将每个象限三等分，按逆时针方向依次填上 1、2、3、4，如图 5-3-2 所示，终边在编号为“3”的区域内.

例3 (1) 黄金扇之谜：要把一个半径为 r 的圆剪出一部分，作为一个扇子，把最好的折扇叫做黄金扇.约定：只要剪出的扇形面积和剩余部分的面积比为黄金分割比 0.618 即可.试计算黄金扇的圆心角.(精确到 1°)

(2) 若一个扇形的周长为 20 cm，当扇形的圆心角为多少弧度时，这个扇形的面积最大，并求出此扇形的最大面积.

分析：(1) 半径相同，只要表示出纸扇与剩余部分扇形的面积之比即得；(2) 建立 r 与扇形面积 S 的函数关系式，并求出 S 的最值.

解：(1) 设纸扇的圆心角为 α，面积为 S_1，剩余部分的圆心角为 $(\pi-2\alpha)$，面积为 S_2，则 $S_1:S_2=\frac{1}{2}r^2\cdot\alpha:\frac{1}{2}r^2(2\pi-\alpha)=0.618$，则 $\alpha=0.628(2\pi-\alpha)$，解得 $\alpha\approx 0.764\pi\approx140^\circ$.

(2) 设扇形的半径为 r，则弧长为 $(20-2r)$，则扇形面积 $S=\frac{1}{2}(20-2r)r$.

又 $0<r<10$，$r=5$ cm 时，$l=10$ cm，$\alpha=\frac{l}{r}=2$(弧度)，所以当 $\alpha=2$ 弧度时，$S=25\ \text{cm}^2$.

说明： 1. 圆心角 α 与弧长 l 的关系 $|\alpha|=\frac{l}{r}$，α 的单位是弧度，用 rad 来表示.角 α 的正负由旋转的方向决定.角度制与弧度制的换算公式：1 弧度$=\frac{180^\circ}{\pi}$，$1^\circ=\frac{\pi}{180}$ 弧度.

2. 用弧度制还可以很简便地求出弓形的面积.注意实际问题求得的解必须符合实际意义.放眼未来，弧度制孕育出重要极限，利用弧度制可得 $\sin x<x<\tan x$，导出导数、微分、积分等一系列完美的公式.

【变式练习一】

1. 如图，一只红蚂蚁与一只黑蚂蚁在一个半径为 1 的圆上爬动，若两只蚂蚁同时从点 $A(1,0)$ 按逆时针匀速爬动，红蚂蚁每秒爬过 α 角，黑蚂蚁每秒爬过 β 角(其中 $0^\circ<\alpha<\beta<180^\circ$)，如果两只蚂蚁都在第 14 秒回到 A 点，并且在第 2 秒时均位于第二象限，求 α、β 的值.

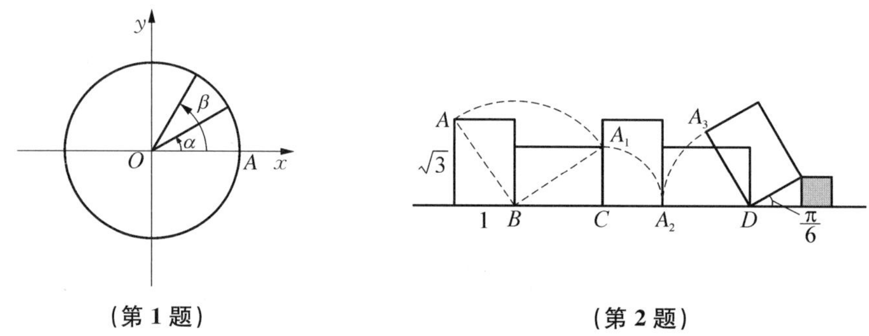

(第 1 题)　　(第 2 题)

2. 如图，一个长为 $\sqrt{3}$，宽为 1 的长方体木块在桌面上做无滑动翻滚，翻滚到第四次时被一个小木块挡住，使长方体木块底面与桌面所成角为 $\frac{\pi}{6}$，试求点 A 走过的路程及走过的弧所在的扇形的总面积.

二、任意角的三角函数

【知识概述】

三角函数的定义是三角学知识体系的核心，具有纲领性的地位.理解定义，对理解记忆任意角的三角函数值、同角三角函数值之间的基本关系、诱导公式、三角函数的图像与性质起着决定性作用.

【本质提炼】

实数与比值之间的对应关系.

【基本模型】

1. 任意角的终边上除原点外任一点坐标的比值可以确定角的三角函数值,也是判定三角函数的符号的依据.

2. 单位圆：以单位圆为载体,可比较方便地讨论三角函数的定义域、值域、函数值符号的变化规律、同角三角函数的基本关系式、诱导公式、三角函数的图像与性质等问题.常用来解决：(1) 已知角,求角的三角函数值;(2) 已知角的正弦、余弦、正切值,求角;(3) 解三角方程、不等式或证明三角不等关系等.

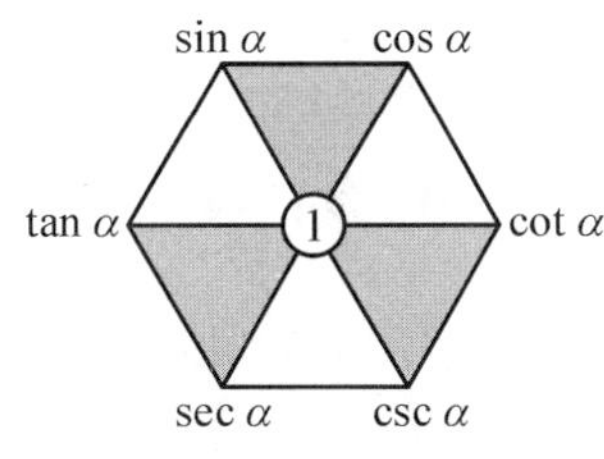

图 5-3-3

3. 同角三角函数的基本关系式：这是三角函数定义的延续,也是求三角函数值、化简三角函数式、证明三角恒等式的基本工具.

平方关系：图 5-3-3 中红色(阴影)三角形三个定点元素成平方关系;倒数关系：图中对角线元素成倒数关系,如 $\sec\alpha=\dfrac{1}{\cos\alpha}$，$\csc\alpha=\dfrac{1}{\sin\alpha}$；商数关系：顺时针方向相邻两个元素之比,等于逆时针方向后一个元素.

4. 诱导公式：诱导公式共六组,公式一是圆周期性的反映,二、三、四、五、六是圆对称性的反映. $\dfrac{k\pi}{2}\pm\alpha\ (k\in\mathbf{Z})$ 的记忆口诀:“奇变偶不变,符号看象限”,即当 k 为奇数时,等号右边的三角函数名正余互换;当 k 为偶数时,等号右边的三角函数名不变;将 α 视作锐角,分析 $\dfrac{k\pi}{2}\pm\alpha\ (k\in\mathbf{Z})$ 所处的象限,随后判断等号左边的三角函数在该象限的符号是正是负,将其作为等号右边的符号.运用诱导公式求任意角的三角函数值的思维方法：分析角的特征,选择适当公式求解.基本思路如图 5-3-4 所示：

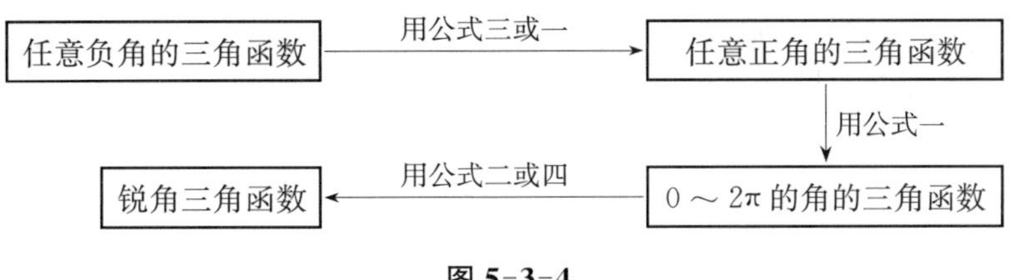

图 5-3-4

例1　如图 5-3-5，点 A 从 $(1,\ 0)$ 出发，沿单位圆逆时针方向运动 $\frac{7}{6}\pi$ 弧长到达 B 点，求点 B 的坐标并求 $\angle AOB$ 的正弦、余弦和正切值.

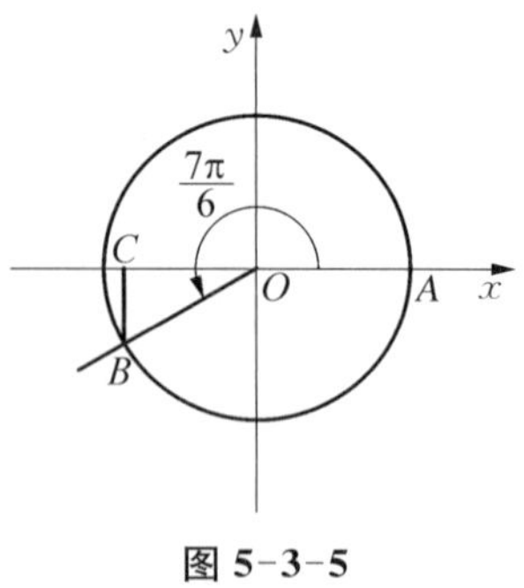

图 5-3-5

分析：角 $\frac{7}{6}\pi$ 的终边交以原点为圆心的单位圆于点 B，过 B 作 x 轴的垂线，其垂足为 C，在直角三角形 OBC 中，$\angle BOC=\frac{\pi}{6}$，求出 $|OC|$、$|CB|$ 即可.

解：如图 5-3-5，在直角坐标系中，作 $\angle AOB=\frac{7\pi}{6}$，则 $\angle AOB$ 的终边与单位圆的交点 B 的坐标为 $\left(-\frac{\sqrt{3}}{2},\ -\frac{1}{2}\right)$.

所以 $\sin\frac{7\pi}{6}=-\frac{1}{2}$，$\cos\frac{7\pi}{6}=-\frac{\sqrt{3}}{2}$，$\tan\frac{7\pi}{6}=\frac{\sqrt{3}}{3}$.

说明：(1) 该问题采用单位圆模型解决，也可直接取终边上除原点外任一点的坐标来求.

(2) 三角函数线是三角函数定义的几何表征，如图 5-3-6，正弦线：有向线段 MP（角 α 终边与单位圆交点到 x 轴的垂直线段）；余弦线：有向线段 OM（在 x 轴上）；正切线：有向线段 AT（过单位圆与 x 轴正方向的交点的切线上）.

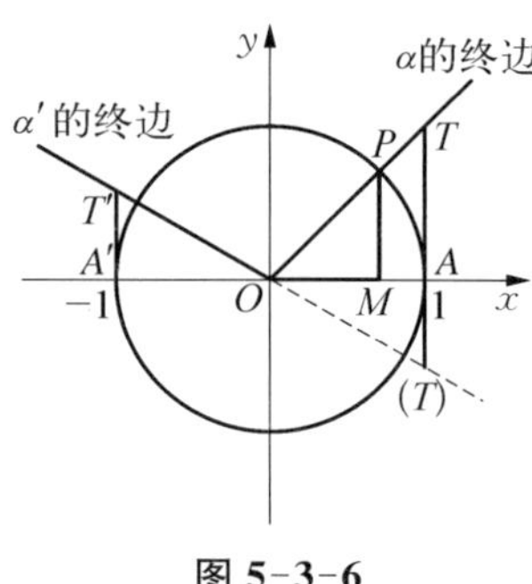

图 5-3-6

① 方向：正弦线由垂足指向 α 的终边与单位圆的交点；余弦线由原点指向垂足；正切线由切点指向与 α 的终边的交点.

② 正负：凡与 x 轴或 y 轴同向的为正值，反向的为负值.

③ 书写：有向线段的起点字母在前，终点字母在后面.

例2　(1) 如果点 $P(\cos\theta\cdot\sin\theta,\ 2\cos\theta)$ 位于第三象限，试判定角 θ 所在的象限.

(2) 若 θ 是第二象限的角，则 $\frac{\sin(\cos\theta)}{\cos(\sin 2\theta)}$ 的符号是什么？

分析：(1) 由 P 所在的象限，可知 $\cos\theta\cdot\sin\theta$，$2\cos\theta$ 的符号，进而可确定 $\sin\theta$ 和 $\cos\theta$ 的符号，从而确定 θ 所在的象限；

(2) 由 θ 是第二象限角，可求 $\cos\theta$，$\sin 2\theta$ 的范围，进而把 $\cos\theta$、$\sin 2\theta$ 看成是一

个用弧度数表示的角,并确定其所在象限,从而确定分子、分母的符号.

解: (1) 由题意, $\cos\theta\cdot\sin\theta<0$, $2\cos\theta<0$, 所以 $\sin\theta>0$, $\cos\theta<0$, 所以角 θ 在第二象限.

(2) 因为 $2k\pi+\frac{\pi}{2}<\theta<2k\pi+\pi$, $k\in\mathbf{Z}$, 所以 $-1<\cos\theta<0$, $4k\pi+\pi<2\theta<4k\pi+2\pi$.

所以 2θ 的终边在第三、四象限及 y 轴的负半轴,即 $-1\leqslant\sin 2\theta<0$.

所以 $\sin(\cos\theta)<0$, $\cos(\sin 2\theta)>0$, $\frac{\sin(\cos\theta)}{\cos(\sin 2\theta)}<0$, 即符号为负.

说明: 三角函数在各象限的符号判定口诀为“一全正,二正弦,三正切,四余弦”.运算中要牢记正切函数、余切函数的定义域,避免产生增根.

例3 求方程 $2\sin 2x-1=0$ 的解集.

分析: 该问题可转化为方程 $\sin 2x=\frac{1}{2}$ 的解的问题,若 α 是锐角且 $\sin\alpha=\frac{1}{2}$, 则 $\alpha=\frac{\pi}{6}$; 若 α 是任意角,借助单位圆不难发现符合题意的角终边与 $\frac{\pi}{6}$、$\frac{5}{6}\pi$ 相同,即得.

解: 如图 5-3-7,作直线 $y=\frac{1}{2}$ 交单位圆于 $P_1\left(\frac{\sqrt{3}}{2},\frac{1}{2}\right)$, $P_2\left(-\frac{\sqrt{3}}{2},\frac{1}{2}\right)$, OP_1、OP_2 是对应角 $2x$ 的终边,则

$$2x=2k\pi+\frac{\pi}{6}\text{ 或 }2x=2k\pi+\frac{5\pi}{6},\ k\in\mathbf{Z},$$

所以 $\left\{x\mid x=k\pi+\frac{\pi}{12}\text{ 或 }x=k\pi+\frac{5\pi}{12},\ k\in\mathbf{Z}\right\}$.

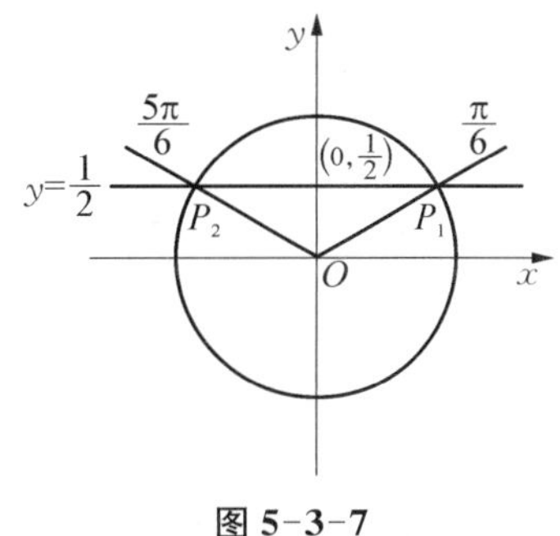

图 5-3-7

说明: 1. 利用三角函数线解三角方程,一般先将方程化为最简形式如 $\sin\alpha=a$, $\cos\alpha=a$, $\tan\alpha=a$, 再画出对应的三角函数线,找到与单位圆的交点,即 α 的终边所在,利用终边相同写出解集.

2. 此题也可进一步设问,若 $x\in[0,2\pi]$, 试求满足条件的角 x.

3. 此题中的相等关系,也可改为不等关系,即变为求解三角不等式,即若 $\sin\alpha\geqslant\frac{1}{2}$, 求角 α 的集合.类似的问题都可以借助三角函数线数形结合求解.

例4 (1) 已知关于 x 的一元二次方程 $x^2-(\tan\alpha+\cot\alpha)x+1=0$ 的一个实

根是 $2-\sqrt{3}$，求 $\sin\alpha\cdot\cos\alpha$.

(2) 是否存在 $\alpha\in\left(0,\dfrac{\pi}{2}\right)$，使得关于 x 的方程 $x^2-4x\cos\alpha+2=0$ 和 $x^2-4x\sin\alpha-2=0$ 有一个实数解相等？若存在，求出 α；若不存在，说明理由.

分析：(1) 利用根与系数的关系可得另一根及 $\tan\alpha+\cot\alpha=4$，切化弦后寻求与 $\sin\alpha\cdot\cos\alpha$ 的联系即可求；(2) 遇存在性问题，一般先假设存在，求出符合题意的解，如题，不妨设公共解是 m，用 m 的式子表示出 $\sin\alpha$、$\cos\alpha$，结合 $\sin^2\alpha+\cos^2\alpha=1$，求出 m，根据 α 的正弦值和余弦值确定 α.

解：(1) 由题意，可设两根为 x_1、x_2，则 $\begin{cases}x_1+x_2=\tan\alpha+\cot\alpha,\\ x_1\cdot x_2=1.\end{cases}$

又 $x_1=2-\sqrt{3}$，可得 $\begin{cases}x_2=2+\sqrt{3},\\ \tan\alpha+\cot\alpha=4.\end{cases}$

因为 $\tan\alpha+\cot\alpha=\dfrac{\sin\alpha}{\cos\alpha}+\dfrac{\cos\alpha}{\sin\alpha}=\dfrac{1}{\sin\alpha\cdot\cos\alpha}$，所以 $\sin\alpha\cdot\cos\alpha=\dfrac{1}{4}$.

(2) 假设存在这样的 α，使得方程有相同的解 m，则 $\begin{cases}m^2-4\cos\alpha\cdot m+2=0,\\ m^2-4\sin\alpha\cdot m-2=0,\end{cases}$ 解得 $\cos\alpha=\dfrac{m^2+2}{4m}$，$\sin\alpha=\dfrac{m^2-2}{4m}$.

又 $\sin^2\alpha+\cos^2\alpha=1$，$\alpha\in\left(0,\dfrac{\pi}{2}\right)$，所以 $m>0$ 且 $m^2>2$，$m^2=4+2\sqrt{3}$，解得 $m=1+\sqrt{3}$，$\cos\alpha=\dfrac{\sqrt{3}}{2}$，$\sin\alpha=\dfrac{1}{2}$. 又 α 是锐角，故存在 $\alpha=\dfrac{\pi}{6}$.

说明：1. 运用同角关系式时要注意关系式中“同角”二字的理解，与角的形式无关，对关系式不仅要牢固掌握，还要灵活应用（正用、逆用、变形用），如 $\sin\alpha=\cos\alpha\tan\alpha$ 等. 若 α 所在象限未定，应讨论 α 所在象限.

2. $\sin\alpha$、$\cos\alpha$ 的同次式通常可“弦化切”，有时需结合式中“1”的变换. 像这样的弦切间的灵活转化，在化简三角式及三角恒等式证明中，也比较常见.

3. 用方程“架桥”也是常用方法，尤其遇到含 $\sin\theta\pm\cos\theta$，$\sin\theta\cdot\cos\theta$ 的情形，注意 $(\sin\theta\pm\cos\theta)^2=1\pm2\sin\theta\cdot\cos\theta$ 的内在联系. 解题时还需注意角 θ 的范围. 当然，借助三角函数线，则 $\sin\theta=y$，$\cos\theta=x$，$x^2+y^2=1$，将问题转为 x、y 的式子，寻求联系，用定义解决也不失为一种办法，也进一步体会同角三角函数的基本关系的本质就是定义的进阶.

例5　(1) 已知 $\frac{\pi}{6}<\alpha<\frac{2\pi}{3}$，$\cos\left(\alpha+\frac{\pi}{3}\right)=m\ (m\neq 0)$，求 $\tan\left(\frac{2\pi}{3}-\alpha\right)$ 的值；

(2) 化简：$\sin\left(\frac{4n-1}{4}\pi-\alpha\right)+\cos\left(\frac{4n+1}{4}\pi-\alpha\right)\ (n\in\mathbf{Z})$.

分析：(1) 互余与互补关系是三角变换中非常重要的关系，审题时要充分挖掘已知角和所求角的关系，再运用正确的诱导公式求解.当已知角与所求角之间的关系不易看出时，也可换元后再找.(2) 角中含有变量 n，因而需对 n 的奇偶分类讨论；利用诱导公式，需将角写成符合公式的某种形式，这就需要将角中的某一部分作为一个整体来看.

解：(1) 因为 $\left(\alpha+\frac{\pi}{3}\right)+\left(\frac{2\pi}{3}-\alpha\right)=\pi$，所以 $\cos\left(\frac{2\pi}{3}-\alpha\right)=-\cos\left(\alpha+\frac{\pi}{3}\right)=-m$，

因为 $\frac{\pi}{6}<\alpha<\frac{2}{3}\pi$，即 $0<\frac{2}{3}\pi-\alpha<\frac{\pi}{2}$，所以 $\sin\left(\frac{2}{3}\pi-\alpha\right)=\sqrt{1-m^2}$.

所以 $\tan\left(\frac{2\pi}{3}-\alpha\right)=-\frac{\sqrt{1-m^2}}{m}$.

(2) ① 当 n 为偶数时，设 $n=2k\ (k\in\mathbf{Z})$，则

$$
\begin{aligned}
\text{原式}&=\sin\left(\frac{8k-1}{4}\pi-\alpha\right)+\cos\left(\frac{8k+1}{4}\pi-\alpha\right)\\
&=\sin\left[2k\pi+\left(-\frac{\pi}{4}-\alpha\right)\right]+\cos\left[2k\pi+\left(\frac{\pi}{4}-\alpha\right)\right]\\
&=\sin\left(-\frac{\pi}{4}-\alpha\right)+\cos\left(\frac{\pi}{4}-\alpha\right)\\
&=-\sin\left(\frac{\pi}{4}+\alpha\right)+\cos\left[\frac{\pi}{2}-\left(\frac{\pi}{4}+\alpha\right)\right]\\
&=-\sin\left(\frac{\pi}{4}+\alpha\right)+\sin\left(\frac{\pi}{4}+\alpha\right)=0.
\end{aligned}
$$

② 当 n 为奇数时，设 $n=2k+1\ (k\in\mathbf{Z})$，

$$
\begin{aligned}
\text{原式}&=\sin\left(\frac{8k+3}{4}\pi-\alpha\right)+\cos\left(\frac{8k+5}{4}\pi-\alpha\right)\\
&=\sin\left[2k\pi+\pi-\left(\frac{\pi}{4}+\alpha\right)\right]+\cos\left[2k\pi+\pi+\left(\frac{\pi}{4}-\alpha\right)\right]
\end{aligned}
$$

$$=\sin\left(\frac{\pi}{4}+\alpha\right)-\cos\left(\frac{\pi}{4}-\alpha\right)$$

$$=\sin\left(\frac{\pi}{4}+\alpha\right)-\cos\left[\frac{\pi}{2}-\left(\frac{\pi}{4}+\alpha\right)\right]=\sin\left(\frac{\pi}{4}+\alpha\right)-\sin\left(\frac{\pi}{4}+\alpha\right)=0.$$

综上所述，$\sin\left(\frac{4n-1}{4}\pi-\alpha\right)+\cos\left(\frac{4n+1}{4}\pi-\alpha\right)=0.$

说明：三角函数式的化简与求值，都是按照从繁到简的形式进行转化，要认真观察式子的规律，使用恰当的公式，遇求值问题一般先化到最简式再代入求值.

【变式练习二】

1. 已知 $f(\alpha)=\frac{\sin\alpha}{|\sin\alpha|}+\frac{|\cos\alpha|}{\cos\alpha}+\frac{\tan\alpha}{|\tan\alpha|}+\frac{|\cot\alpha|}{\cot\alpha}$，求 $f(\alpha)$的值的集合.

2. 若 α 是锐角，求证：(1) $\sin\alpha<\alpha<\tan\alpha$；(2) $1<\sin\alpha+\cos\alpha<\frac{\pi}{2}$.

3. 设 $f(\alpha)=\frac{2\sin(\pi+\alpha)\cos(\pi-\alpha)-\cos(\pi+\alpha)}{1+\sin^2\alpha+\cos\left(\frac{3\pi}{2}+\alpha\right)-\sin^2\left(\frac{\pi}{2}+\alpha\right)}$，$1+2\sin\alpha\neq 0$，求 $f\left(-\frac{23}{6}\pi\right)$ 的值.

三、两角和与差的三角公式

【知识概述】

两角差的余弦公式是三角公式体系推导过程的基础与核心.由于和与差内在的联系性与统一性，可以通过角的变换得到和角公式 $C_{\alpha+\beta}$，而角相同但函数名不同可结合诱导公式变三角名得 $S_{\alpha-\beta}$、$S_{\alpha+\beta}$，利用商数关系又可得 $T_{\alpha-\beta}$、$T_{\alpha+\beta}$.

【本质提炼】

单角三角函数值表示复角的三角函数值的等量关系.

【基本模型】

1. 两角差的余弦公式：$\cos(\alpha-\beta)=\cos\alpha\cos\beta+\sin\alpha\sin\beta$.从此公式出发，可推导出两角和与差的正弦、余弦、正切等公式，推导时注意对照、比较，理清公式的内在联系，同时要理解公式中 α、β 的任意性.

2. 辅助角公式：$a\sin x+b\cos x=A\sin(x+\varphi)$（$a$、$b$ 不同时为零）与 $a\sin x+b\cos x$ 型式子，可提取 $\sqrt{a^2+b^2}$ 变形为 $A\sin(x+\varphi)$ 的形式，其中 $A=\sqrt{a^2+b^2}$，$\sin\varphi=\frac{b}{\sqrt{a^2+b^2}}$，$\cos\varphi=\frac{a}{\sqrt{a^2+b^2}}$，$\varphi$ 的终边所在象限由 a 和 b 确定.教材淡化了

和差化积与积化和差公式，却加强了“和积互化”的数学化归思想.事实上，初中所学的因式分解，其实质就是“和积互化”的思想.本节中的升降幂公式就是“和积互化”的典范，而辅助角公式是和差化积的特例，这是数学结构简化统一的一种基本模式.它是化简、求值、证明等问题的落脚点，更是研究三角函数性质的必要手段.

3. 二倍角的正弦、余弦和正切.倍角公式是和角公式的特殊情形，令 $\alpha=\beta$ 即可推得.对于“倍与半”的理解，应更深入.升降幂公式是倍角公式的重点，也是推导半角公式和万能公式$\left(\text{即用}\tan\dfrac{\alpha}{2}\text{表示}\sin\alpha\text{、}\cos\alpha\text{、}\tan\alpha\right)$的依据.

4. 积化和差、和差化积公式*.例如，$2\sin x\cos y=\sin(x+y)+\sin(x-y)$ 是“积化和差”，$\sin\alpha+\sin\beta=2\sin\dfrac{\alpha+\beta}{2}\cos\dfrac{\alpha-\beta}{2}$ 是“和差化积”.“和积互化”是三角恒等变形的一种基本手段.积化和差公式是由正弦、余弦的和角公式和差角公式通过加减运算推导而得，运用了“解方程组”的思想，而和差化积公式推导则运用“换元”思想.和积互化公式的功能：当和、积互化时，有可能产生特殊角，有可能产生互消项或互约因式，从而有利于化简求值，常与降幂公式结合使用.

例1　(1) 若 $-\dfrac{\pi}{2}<\alpha<\dfrac{\pi}{2}$，$\sin\alpha=\dfrac{3}{5}$，求 $\cot 2\alpha$ 的值；

(2) 已知 α 为第二象限角，且 $\sin\alpha+\cos\alpha=\dfrac{\sqrt{3}}{3}$，求 $\cos 2\alpha$ 的值；

(3) 求 $\sin^2\alpha+\sin^2\left(\alpha+\dfrac{\pi}{3}\right)+\sin^2\left(\alpha-\dfrac{\pi}{3}\right)$ 的值.

分析：(1) 由同角三角函数关系求 $\tan\alpha$，再用倍角公式；(2) 平方得 $\sin 2\alpha$，约束 2α 终边所在象限是个难点，结合同角三角函数关系求 $\cos 2\alpha$ 的值；(3) 先降次处理，后正用两角和差的余弦公式展开.

解：(1) 因为 $-\dfrac{\pi}{2}<\alpha<\dfrac{\pi}{2}$，$\sin\alpha=\dfrac{3}{5}$，所以 $\cos\alpha=\dfrac{4}{5}$，$\tan\alpha=\dfrac{3}{4}$，$\tan 2\alpha=\dfrac{24}{7}$.

所以 $\cot 2\alpha=\dfrac{7}{24}$.

(2) 两边平方，得 $1+2\sin\alpha\cos\alpha=\dfrac{1}{3}$，所以 $\sin 2\alpha=-\dfrac{2}{3}$.

因为 α 是第二象限角，且 $|\sin\alpha|>|\cos\alpha|$，所以 $\alpha\in\left(2k\pi+\dfrac{\pi}{2},2k\pi+\dfrac{3\pi}{4}\right)$，$k\in\mathbf{Z}$.

---

* 本组公式属于拓展内容，不作高考要求.

所以 $2\alpha \in \left(4k\pi+\pi,\ 4k\pi+\dfrac{3}{2}\pi\right)$，即 2α 终边在第三象限，得 $\cos 2\alpha=-\dfrac{\sqrt{5}}{3}$.

(3) 原式 $=\dfrac{1-\cos 2\alpha}{2}+\dfrac{1-\cos\left(2\alpha+\dfrac{2\pi}{3}\right)}{2}+\dfrac{1-\cos\left(2\alpha-\dfrac{2\pi}{3}\right)}{2}$

$$=\frac{3}{2}-\frac{1}{2}\left[\cos 2\alpha+\cos\left(2\alpha+\frac{2\pi}{3}\right)+\cos\left(2\alpha-\frac{2\pi}{3}\right)\right]$$

$$=\frac{3}{2}-\frac{1}{2}\left[\cos 2\alpha+2\cos 2\alpha\cos\frac{2\pi}{3}\right]=\frac{3}{2}.$$

说明：1. 二倍角公式具有倍角、单角互化及升幂、降幂的作用，如 $1+\cos 2\alpha=2\cos^2\alpha$，$1-\cos 2\alpha=2\sin^2\alpha$；公式中倍、半关系是相对的，如 $2\left(\alpha+\dfrac{\pi}{4}\right)$ 是 $\alpha+\dfrac{\pi}{4}$ 的倍角，而 $\alpha+\dfrac{\pi}{4}$ 是 $2\left(\alpha+\dfrac{\pi}{4}\right)$ 的一半.只要符合倍、半关系均可使用公式，与角的形式无关.运用倍角公式，三倍角公式、积化和差公式、和差化积公式也可自行推导.

2. 第(2)题中遇条件 $\sin\alpha\pm\cos\alpha$，还可以用辅助角公式变为 $\sqrt{2}\sin\left(\alpha\pm\dfrac{\pi}{4}\right)$，得到 $\alpha\pm\dfrac{\pi}{4}$ 的弦值，再倍角得 $2\left(\alpha\pm\dfrac{\pi}{4}\right)=2\alpha\pm\dfrac{\pi}{2}$，结合诱导公式达到求值的目的.不论哪种途径，约束角的终边所在象限都是很有必要的，要善于发掘题目中的条件.

3. 第(3)题遇到次数较高的情况，优先考虑降次处理.降次后可结合和差化积公式简化计算.

例2　化简 $\sin^2\alpha\cdot\sin^2\beta+\cos^2\alpha\cdot\cos^2\beta-\dfrac{1}{2}\cos 2\alpha\cdot\cos 2\beta$.

分析：观察式子，发现角的种类有 α、β、2α、2β 四种，可考虑从“角”入手，“复角化单角”，用升幂公式；另外注意到次数有二次的，也可考虑从“幂”入手，用降幂公式也是一种不错的选择.

解：原式 $=\sin^2\alpha\cdot\sin^2\beta+\cos^2\alpha\cdot\cos^2\beta-\dfrac{1}{2}(2\cos^2\alpha-1)\cdot(2\cos^2\beta-1)$

$$=\sin^2\alpha\cdot\sin^2\beta+\cos^2\alpha\cdot\cos^2\beta-\frac{1}{2}(4\cos^2\alpha\cos^2\beta-2\cos^2\beta-2\cos^2\alpha+1)$$

$$=\sin^2\alpha\cdot\sin^2\beta-\cos^2\alpha\cdot\cos^2\beta+\cos^2\beta+\cos^2\alpha-\frac{1}{2}$$

$$=\sin^2\alpha\cdot\sin^2\beta+\cos^2\beta\cdot\sin^2\alpha+\cos^2\alpha-\frac{1}{2}$$

$$=\sin^2\alpha+\cos^2\alpha-\frac{1}{2}=\frac{1}{2}.$$

说明： 三角函数式的化简通常从"角""名""形""幂"四个方面入手，此题从化角、化幂角度考虑较直观，当然也可尝试从"名"将异名化同名或从"形"采用配方法，可自行尝试完成证明.

例3　若 $\cos\left(\frac{\pi}{4}+x\right)=\frac{3}{5}$，$\frac{17\pi}{12}<x<\frac{7\pi}{4}$，求 $\frac{\sin 2x+2\sin^2 x}{1-\tan x}$ 的值.

分析： 先化简要求三角式，明确目标值，再从角的关系入手：$2x=2\left(x+\frac{\pi}{4}\right)-\frac{\pi}{2}$，运用倍角公式，求出 $\sin 2x$，$\tan\left(x+\frac{\pi}{4}\right)$ 的值.

解： $\frac{\sin 2x+2\sin^2 x}{1-\tan x}=\frac{2\sin x(\cos x+\sin x)}{1-\frac{\sin x}{\cos x}}=\frac{2\sin x\cos x(\cos x+\sin x)}{\cos x-\sin x}$

$$=\frac{\sin 2x(1+\tan x)}{1-\tan x}=\sin 2x\cdot\tan\left(x+\frac{\pi}{4}\right).$$

因为 $\frac{17\pi}{12}<x<\frac{7\pi}{4}$，$\frac{5\pi}{3}<x+\frac{\pi}{4}<2\pi$，$\sin\left(x+\frac{\pi}{4}\right)=\frac{4}{5}$，所以 $\tan\left(x+\frac{\pi}{4}\right)=-\frac{4}{3}$，$\sin 2x=\sin\left[2\left(\frac{\pi}{4}+x\right)-\frac{\pi}{2}\right]=-\cos\left[2\left(\frac{\pi}{4}+x\right)\right]=-\left[2\cos^2\left(x+\frac{\pi}{4}\right)-1\right]=\frac{7}{25}$.

所以，原式 $=\frac{7}{25}\times\left(-\frac{4}{3}\right)=-\frac{28}{75}$.

说明： 1. 解决有限定条件的三角函数式求值问题，关键是从条件和结论中找出已知式与所求式之间的角、运算及函数的差异，适当变换已知式或所求式，达到解题的目的.在变换过程中注意角的范围的变化.

2. 化简过程中，项的分拆和角的配凑是常见的策略，如分拆项 $\sin^2 x+2\cos^2 x=1+\cos^2 x$；配凑角：$\alpha=(\alpha+\beta)-\beta$，$\beta=\frac{\alpha+\beta}{2}-\frac{\alpha-\beta}{2}$ 等.

例4　已知 $\sin\alpha+\sin\beta=\frac{3}{5}$，$\cos\alpha+\cos\beta=\frac{4}{5}$，试求 $\cos(\alpha-\beta)$ 和 $\sin(\alpha+\beta)$ 的值.

解： 由 $\begin{cases}\sin\alpha+\sin\beta=\frac{3}{5},\\ \cos\alpha+\cos\beta=\frac{4}{5},\end{cases}$ 两式平方后相加，得 $(\sin\alpha+\sin\beta)^2+(\cos\alpha+$

$\cos\beta)^2=1$，即 $2+2\sin\alpha\sin\beta+2\cos\alpha\cos\beta=1$. 所以 $\cos(\alpha-\beta)=-\dfrac{1}{2}$.

将已知条件中的两式分别和差化积，得 $\begin{cases}2\sin\dfrac{\alpha+\beta}{2}\cos\dfrac{\alpha-\beta}{2}=\dfrac{3}{5},\\ 2\cos\dfrac{\alpha+\beta}{2}\cos\dfrac{\alpha-\beta}{2}=\dfrac{4}{5}.\end{cases}$ 再相除，得 $\tan\dfrac{\alpha+\beta}{2}=\dfrac{3}{4}$.

所以 $\sin(\alpha+\beta)=\dfrac{2\tan\dfrac{\alpha+\beta}{2}}{1+\tan^2\dfrac{\alpha+\beta}{2}}=\dfrac{24}{25}$.

说明：形如① $\sin\alpha+\sin\beta=a$，② $\cos\alpha+\cos\beta=b$ 的三角函数求值题，主要是采用题中两种方法.当然，还可作如下变换：①×②，得 $\sin(\alpha+\beta)+\dfrac{1}{2}\sin 2\alpha+\dfrac{1}{2}\sin 2\beta=\dfrac{12}{15}$，又 $\cos(\alpha-\beta)=-\dfrac{1}{2}$，可得 $\sin(\alpha+\beta)$ 的值.

【变式练习三】

1.（1）设 α 是锐角，且 $\cos\left(\alpha+\dfrac{\pi}{6}\right)=\dfrac{4}{5}$，求 $\sin\left(2\alpha+\dfrac{\pi}{12}\right)$ 的值.

（2）若 $\dfrac{1-\tan\alpha}{1+\tan\alpha}=2\,016$，求 $\dfrac{1}{\cos 2\alpha}+\tan 2\alpha$ 的值.

2. 如图，在平面直角坐标系中，以 Ox 轴为始边作两个锐角 α、β，它们的终边分别交单位圆于 A、B 两点.已知 A、B 两点的横坐标分别是 $\dfrac{\sqrt{2}}{10}$、$\dfrac{2\sqrt{5}}{5}$.

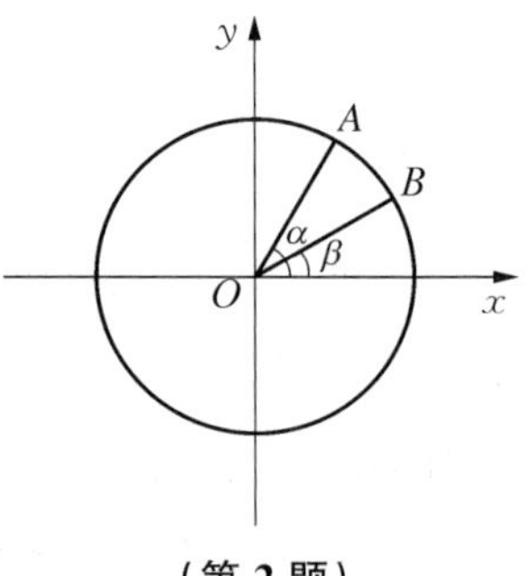

（第 2 题）

（1）求 $\tan(\alpha+\beta)$ 的值；

（2）求 $\alpha+2\beta$ 的值.

3. 求函数 $y=\dfrac{\sin 3x\sin^3 x+\cos 3x\cos^3 x}{\cos^2 2x}+\sin 2x$ 的最小值.

四、三角恒等式证明

【知识概述】

三角恒等式包括绝对恒等式和条件恒等式两类.证明三角恒等式时，首先要观察已知和求证恒等式等号两边三角式的繁简程度，决定恒等变形的方向；其次要观察等式两边的角、函数名、次数以及结构的差异与联系，选择恰当的公式，消除差异，统一形式，完成证明.

【本质提炼】

以逻辑推理的方式说明三角等式的恒成立.

【基本模型】

1. 绝对恒等式：即无条件恒等式在任意情况下都成立，如 $\sin^2\alpha+\cos^2\alpha=1$，证明方法：根据等式两边的特征，化繁为简，左右归一，变更论证，两边化异为同.

2. 条件恒等式：在一定条件保证下才能成立的恒等式，如若满足 $A+B+C=\pi$，$\sin A+\sin B+\sin C=4\cos\dfrac{A}{2}\cos\dfrac{B}{2}\cos\dfrac{C}{2}$，证明方法：认真观察，比较已知条件与求证等式之间的联系，选择适当途径对条件等式进行变形，常用代入法、消元法、“两头凑”等方法.

例1　设 α、$\beta\in\mathbf{R}$，求证：$\sin^2\alpha+\sin^2\beta+2\sin\alpha\sin\beta\cos(\alpha+\beta)=\sin^2(\alpha+\beta)$.

分析： 等式左边复杂、项数多，右边是完全平方形式，突破口在 $\cos(\alpha+\beta)$.

证明： 左边 $=\sin^2\alpha+\sin^2\beta+2\sin\alpha\sin\beta(\cos\alpha\cos\beta-\sin\alpha\sin\beta)$

$$=\sin^2\alpha+\sin^2\beta-2\sin^2\alpha\sin^2\beta+2\sin\alpha\sin\beta\cos\alpha\cos\beta$$

$$=\sin^2\alpha(1-\sin^2\beta)+\sin^2\beta(1-\sin^2\alpha)+2\sin\alpha\sin\beta\cos\alpha\cos\beta$$

$$=\sin^2\alpha\cos^2\beta+\sin^2\beta\cos^2\alpha+2\sin\alpha\sin\beta\cos\alpha\cos\beta$$

$$=(\sin\alpha\cos\beta+\cos\alpha\sin\beta)^2=[\sin(\alpha+\beta)]^2=\text{右边}.$$

说明： 1. 该恒等式结构简洁、对称、优美，易于记忆，在解题中如能灵活运用，可使解答简洁、流畅.若 α、β、$\alpha+\beta$ 分别看作三角形的三个内角 A、B、C，则该式的特殊形式即为 $\sin^2A+\sin^2B-2\sin A\sin B\cos C=\sin^2C$，更进一步将角化为边，就是余弦定理.

2. 该式有广泛应用，如求 $\sin^2 20°+\cos^2 50°+\sin 20°\cos 50°$ 的值.在 $\triangle ABC$ 中，若 $\sin^2A+\sin^2B=2\sin^2C$，求角 C 的范围等，应用该结论会简化问题的解决.

例2　已知 $5\sin\alpha=3\sin(\alpha-2\beta)$，求证：$\tan(\alpha-\beta)+4\tan\beta=0$.

分析： 将角进行拆与拼 $\alpha=(\alpha-\beta)+\beta$，$\alpha-2\beta=(\alpha-\beta)-\beta$，再进行推导.

证明： 由题意，得 $5\sin[(\alpha-\beta)+\beta]=3\sin[(\alpha-\beta)-\beta]$，则

$$5[\sin(\alpha-\beta)\cos\beta+\cos(\alpha-\beta)\sin\beta]=3[\sin(\alpha-\beta)\cos\beta-\cos(\alpha-\beta)\sin\beta].$$

所以 $2\sin(\alpha-\beta)\cos\beta+8\cos(\alpha-\beta)\sin\beta=0$.

由题意,可知 $\alpha \neq k\pi + \dfrac{\pi}{2}$, $k \in \mathbf{Z}$, 且 $\alpha - \beta \neq k\pi + \dfrac{\pi}{2}$, $k \in \mathbf{Z}$, 因此除以 $2\cos(\alpha-\beta)\cos\beta$, 得 $\tan(\alpha-\beta) + 4\tan\beta = 0$, 得证.

例 3 圆 $x^2 + y^2 = 1$ 上有三点,坐标分别为 (x_1, y_1)、(x_2, y_2)、(x_3, y_3), 且 $x_1 + x_2 + x_3 = y_1 + y_2 + y_3 = 0$. 求证: $x_1^2 + x_2^2 + x_3^2 = y_1^2 + y_2^2 + y_3^2 = \dfrac{3}{2}$.

分析: 假设 (x_1, y_1)、(x_2, y_2)、(x_3, y_3) 对应的三个点为 A、B、C,原点为 O,画图后可得 $\angle AOB = \dfrac{2\pi}{3} = \angle BOC = \angle COA$. 借助单位圆模型,通过三角变换解决.

证明: 由题设,可知 $A(\cos\alpha, \sin\alpha)$, $B\left(\cos\left(\alpha + \dfrac{2\pi}{3}\right), \sin\left(\alpha + \dfrac{2\pi}{3}\right)\right)$, $C\left(\cos\left(\alpha - \dfrac{2\pi}{3}\right), \sin\left(\alpha - \dfrac{2\pi}{3}\right)\right)$.

$$\begin{aligned} x_1^2 + x_2^2 + x_3^2 &= \cos^2\alpha + \cos^2\left(\alpha + \frac{2\pi}{3}\right) + \cos^2\left(\alpha - \frac{2\pi}{3}\right) \\ &= \frac{1}{2}\left[1 + \cos 2\alpha + 1 + \cos 2\left(\alpha + \frac{2\pi}{3}\right) + 1 + \cos 2\left(\alpha - \frac{2\pi}{3}\right)\right] \\ &= \frac{1}{2}\left(3 + \cos 2\alpha + 2\cos 2\alpha \cos\frac{2\pi}{3}\right) = \frac{3}{2}. \end{aligned}$$

说明: 三角是代数与几何联系的"桥梁",与向量、复数也有紧密联系,本题便是几何问题用三角方法解决的典例,当然此题要得出三角形是一个等边三角形有很多思路可循,也可这样考虑——该三角形的重心与外心重合,都是原点,所以只能是等边三角形.

【变式练习四】

1. 设 $\cos\left(\alpha - \dfrac{\beta}{2}\right) = -\dfrac{1}{9}$, $\sin\left(\dfrac{\alpha}{2} - \beta\right) = \dfrac{2}{3}$, 且 $\dfrac{\pi}{2} < \alpha < \pi$, $0 < \beta < \dfrac{\pi}{2}$, 求 $\sin\dfrac{\alpha+\beta}{2}$ 和 $\cos(\alpha+\beta)$ 的值.

2. 证明下列恒等式:

(1) $\tan\dfrac{3x}{2} - \tan\dfrac{x}{2} = \dfrac{2\sin x}{\cos x + \cos 2x}$;

(2) $\dfrac{\sin^2 A - \sin^2 B}{\sin A\cos A - \sin B\cos B} = \tan(A+B)$.

五、正弦定理、余弦定理

【知识概述】

正弦定理、余弦定理是解三角形的重要工具，它将三角形的边和角有机地联系起来，实现了“边”和“角”的互化，使“三角”与“几何”产生联系，为求与三角形有关的量，如面积、外接圆和内切圆半径等问题提供了理论依据，同时也为判断三角形形状，证明三角形中的有关等式提供了重要结论.

【本质提炼】

一般三角形中边、角之间的等量关系.

【基本模型】

1. 正弦定理应用：① 已知三角形的任意两角及一边，解三角形；② 已知三角形的两边及一边的对角，解三角形.

2. 余弦定理应用：① 已知三角形的三边，解三角形；② 已知三角形的两边及夹角，解三角形.

3. 正、余弦定理的其他应用：① 求三角形的面积；② 判断三角形的形状；③ 相关恒等式的证明.

例1　(2018 北京高考)在 $\triangle ABC$ 中，$a=7$，$b=8$，$\cos B=-\frac{1}{7}$. (1) 求 $\angle A$；(2) 求 AC 边上的高.

分析：(1) 先由三角函数关系式求 $\sin B$，再由正弦定理求 $\sin A$，进而求出 $\angle A$；(2) 结合图形可知，只要求出 $\sin C$，再由锐角三角函数定义可解.

解：(1) 在 $\triangle ABC$ 中，因为 $\cos B=-\frac{1}{7}$，所以 $\sin B=\sqrt{1-\cos^2 B}=\frac{4\sqrt{3}}{7}$，且 $B\in\left(\frac{\pi}{2},\pi\right)$. 由正弦定理，得 $\sin A=\frac{a\sin B}{b}=\frac{\sqrt{3}}{2}$，又 $0<A<\frac{\pi}{2}$，所以 $\angle A=\frac{\pi}{3}$.

(2) 设 AC 边上的高为 BD. D 为垂足，则在 $\mathrm{Rt}\triangle BDC$ 中，$BD=BC\cdot\sin C$.

在 $\triangle ABC$ 中，$\sin C=\sin(\pi-A-B)=\sin(A+B)=\sin A\cos B+\cos A\sin B=\frac{3\sqrt{3}}{14}$.

所以，AC 边上的高 $BD=7\times\frac{3\sqrt{3}}{14}=\frac{3\sqrt{3}}{2}$.

说明：1. 该问题属于“已知两边及一对角，解三角形”的问题，根据初中的几何知识，已知两边及其中一角的对边，三角形无法唯一确定，本题中给出 $\cos B<0$，避免了分类讨论，降低了难度.不妨将题目条件更改为：$a=8$，$b=7$，$B=60^\circ$，求 c.此时三角形不能唯一确定，角 A 有两解，边 c 也有两解.一般地，利用正弦定理解两边及一边对角问题时，三角形的多解性可参照下表：

	$A\geqslant 90^\circ$	$A<90^\circ$
$a>b$	一解	一解
$a=b$	无解	一解
$a<b$	无解	$a>b\sin A$，两解 $a=b\sin A$，一解 $a<b\sin A$，无解

当然，这种类型的问题也可以用余弦定理，构造方程，转化为一元二次方程有解问题来处理.

2. 解三角形时，不要忘了隐含条件如 $A+B+C=\pi$，三角形中大角对大边及公式的变形，如 $S_{\triangle ABC}=\frac{1}{2}ab\sin C=\frac{1}{2}bc\sin A=\frac{1}{2}ac\sin B$.

例 2　根据条件，分别判定满足下列条件的 $\triangle ABC$ 的形状：

(1) $\sin C=\dfrac{\sin A+\sin B}{\cos A+\cos B}$；　　　(2) $a\cos A=b\cos B$.

分析：利用正弦定理、余弦定理，将等式化为边的关系或者化为角的关系.

解：(1) 原等式变形为 $\cos A+\cos B=\dfrac{\sin A+\sin B}{\sin C}$，再由余弦定理和正弦定理，可得 $\dfrac{b^2+c^2-a^2}{2bc}+\dfrac{a^2+c^2-b^2}{2ac}=\dfrac{a+b}{c}$，去分母并化简，得 $a^2+b^2=c^2$.

所以 $\triangle ABC$ 是直角三角形.

(2) 由正弦定理，可得 $2R\sin A\cos A=2R\sin B\cos B$，即 $\sin 2A=\sin 2B$.

又 $0<2A<2\pi$，$0<2B<2\pi$，所以 $2A=2B$ 或 $2A=\pi-2B$，即 $A=B$ 或 $A+B=\dfrac{\pi}{2}$.

所以 $\triangle ABC$ 是等腰三角形或直角三角形.

说明：1. 第(1)题也可以利用和差化积或去分母后积化和差寻求角之间的关系；第(2)题也可用余弦定理，寻求边之间的关系.

2. 判断三角形形状，主要有两种方法：其一化成三内角之间的关系，利用三角函数的恒等变形来判断;其二是化为三边之间的关系来判断.

例3 在$\triangle ABC$中,令$y=2+\cos C\cdot\cos(A-B)-\cos^2 C$.

(1) 若任意交换A、B、C的位置,y的值是否会发生变化?试证明你的结论.

(2) 求y的最大值.

分析:结合第(1)题的问句,可猜想y是轮换对称式,其值才不变,故将原关系式进行恒等变形,分析其特征,从而判断之.至于最值求法,可通过放缩而得.

解:(1) $y=2+\cos C\cdot\cos(A-B)-\cos^2 C$

$$=2-\cos(A+B)\cdot\cos(A-B)-\cos^2 C$$

$$=2-\cos^2 A\cdot\cos^2 B+\sin^2 A\cdot\sin^2 B-\cos^2 C$$

$$=\sin^2 A+\sin^2 B+\sin^2 C.$$

由此可知,任意交换A、B、C的位置,y的值不会发生变化.

(2) 不妨设C为锐角,则$\cos C>0$,$\cos(A-B)\leqslant 1$,从而

$$y\leqslant 2+\cos C-\cos^2 C=-\left(\cos C-\frac{1}{2}\right)^2+\frac{9}{4},$$

当$A=B=C=\dfrac{\pi}{3}$时,$y_{\max}=\dfrac{9}{4}$.

说明:"大胆猜想,小心求证"是数学发现的至理名言.题中问题具有探索性,须经猜想,方可确定目标.对于第(2)题,也许有的学生以为既然"y的值不会发生变化",那为什么又要求最大值呢?这是混淆了"无论A、B、C取何值,y的值不会发生变化"与"任意交换A、B、C的位置,y的值不会发生变化"的意义.

【变式练习五】

1. 在$\triangle ABC$中,求证:(1) $b\cos C+c\cos B=a$;(2) $\dfrac{a^2-b^2}{c^2}=\dfrac{\sin(A-B)}{\sin C}$.

2. 已知$\triangle ABC$的内角A、B、C的对边分别为a、b、c,且有$a^2+b^2-c^2=4S_{\triangle ABC}$.(1) 求角$C$的大小;(2) 若$c=\sqrt{2}$,求$a-\dfrac{\sqrt{2}}{2}b$的取值范围.

六、实际测量中的解三角形问题

【知识概述】

运用正弦定理、余弦定理等知识和解三角形的方法解决一些与测量和几何计算有关的问题.

【本质属性】

解决以一般三角形为数学模型的实际问题.

【基本模型】

1. 测量距离问题：选择合适的测量点构造三角形，求三角形的边长.

2. 测量高度问题：对一些底部不能到达或无法直接测量的物体的高度问题，常用与地面垂直的竖直平面内构造三角形或在空间构造三棱锥，再依据条件利用正、余弦定理解其中一个或几个三角形，从而求出物体的高度.

3. 测量角度问题：明确方位角、方向角、俯角、仰角的含义，合理构造三角形求解，注意根据题意画出正确的示意图，将实际问题数学化解决.

例1 (2014 上海高考)如图 5-3-8，某公司要在 A、B 两地连线上的定点 C 处建造广告牌 CD，其中 D 为顶端，AC 长 35 米，CB 长 80 米，设 A、B 在同一水平面上，从 A 和 B 看 D 的仰角分别为 α 和 β.

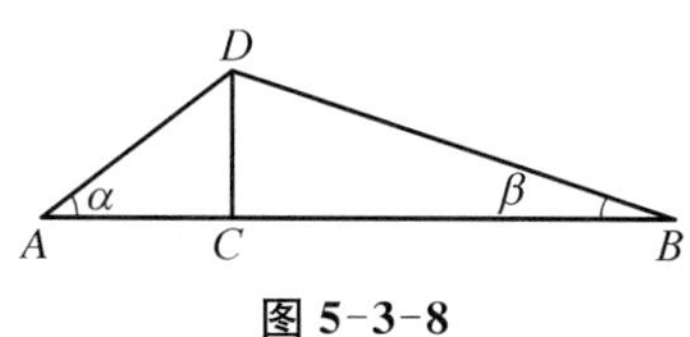

图 5-3-8

(1) 设计中 CD 是铅锤方向，若要求 $\alpha \geqslant 2\beta$，问：CD 的长至少为多少？(结果精确到 0.01 米)

(2) 施工完成后，CD 与铅锤方向有偏差，现在实测得 $\alpha = 38.12^\circ$，$\beta = 18.45^\circ$，求 CD 的长.(结果精确到 0.01 米)

分析： 在 $\mathrm{Rt}\triangle ACD$ 和 $\mathrm{Rt}\triangle CDB$ 中，利用不等关系构建关于 CD 的不等式，即得 CD；在 $\triangle ABD$ 中，求 AB，再利用正弦定理求出 BD，结合余弦定理求出 CD 即可.

解： (1) 记 $CD = h$，由题知 $\tan\alpha \geqslant \tan 2\beta > 0$，$\tan\alpha = \dfrac{h}{35}$，$\tan\beta = \dfrac{h}{80}$，所以

$$\frac{h}{35} \geqslant \frac{2 \cdot \frac{h}{80}}{1 - \left(\frac{h}{80}\right)^2} > 0$$，解得 $h \leqslant 20\sqrt{2} \approx 28.28$.

因此，CD 的长至多约为 28.28 米.

(2) 在 $\triangle ABD$ 中，$\alpha + \beta = 56.57^\circ$，$AB = 115$，$\dfrac{BD}{\sin\alpha} = \dfrac{AB}{\sin(\alpha+\beta)}$，解得 $BD \approx 85.064$. 在 $\triangle BCD$ 中，由余弦定理，得 $CD^2 = BC^2 + BD^2 - 2BC \cdot BD \cdot \cos\beta$. 解得 $CD \approx 26.93$.

所以 CD 的长约为 26.93 米.

例2 某人在山顶观察地面上相距 2 500 km 的 A、B 两个目标，测得目标 A 在

南偏西 57°，俯角为 30°，同时测得 B 在南偏东 78°，俯角是 45°，求山高(设 A、B 与山底在同一平面上，计算结果精确到 0.1 m).

分析：画出示意图(图 5-3-9).

解：设山高 $PQ=h$，则 $\triangle APQ$、$\triangle BPQ$ 均为直角三角形.

在图 5-3-9(1)中，$\angle PAQ=30^\circ$，$\angle PBQ=45^\circ$，所以 $AQ=\dfrac{PQ}{\tan 30^\circ}=\sqrt{3}h$，$BQ=\dfrac{PQ}{\tan 45^\circ}=h$.

在图 5-3-9(2)中，$\angle AQB=57^\circ+78^\circ=135^\circ$，$AB=2\,500$. 由余弦定理，得 $AB^2=AQ^2+BQ^2-2AQ\cdot BQ\cos\angle AQB$，即 $2\,500^2=(\sqrt{3}h)^2+h^2-2\sqrt{3}h\cdot h\cdot\cos 135^\circ=(4+\sqrt{6})h^2$.

(1)

(2)

图 5-3-9

所以 $h=\dfrac{2\,500}{\sqrt{4+\sqrt{6}}}\approx 984.6(\text{m})$.

答：山高约 984.4 m.

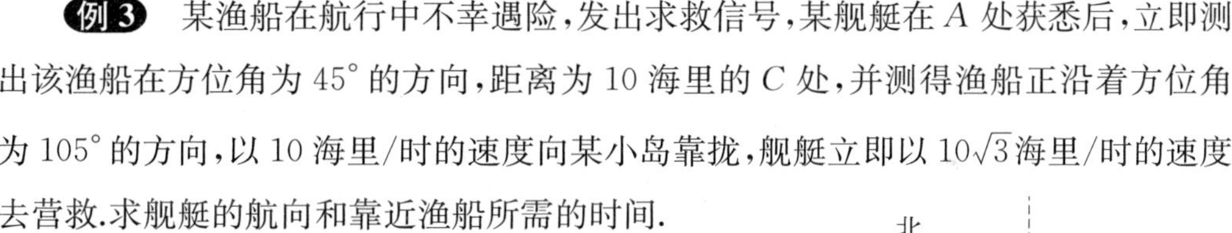

例 3　某渔船在航行中不幸遇险，发出求救信号，某舰艇在 A 处获悉后，立即测出该渔船在方位角为 45° 的方向，距离为 10 海里的 C 处，并测得渔船正沿着方位角为 105° 的方向，以 10 海里/时的速度向某小岛靠拢，舰艇立即以 $10\sqrt{3}$ 海里/时的速度去营救.求舰艇的航向和靠近渔船所需的时间.

分析：根据题意画出示意图 5-3-10，结合余弦定理、正弦定理解答.

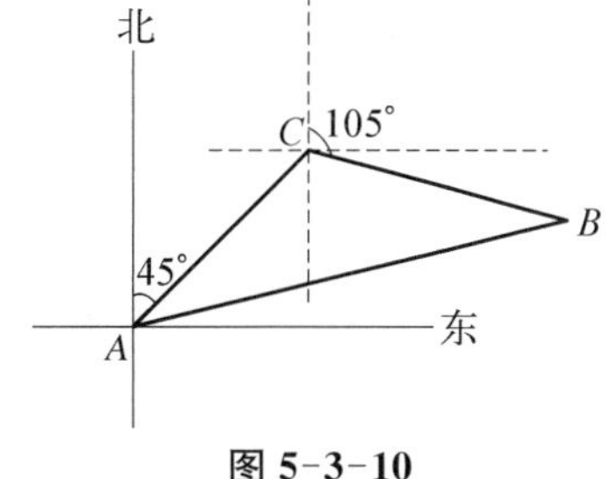

图 5-3-10

解：设所需时间为 t，则 $AB=10\sqrt{3}t$，$BC=10t$.

在 $\triangle ABC$ 中，由余弦定理，得

$$AB^2=AC^2+BC^2-2AC\cdot BC\cdot\cos 120^\circ,$$

可得 $(10\sqrt{3}t)^2=10^2+(10t)^2-2\times10\times10t\times\cos 120^\circ$，整理得 $2t^2-t-1=0$，解得 $t=1$ 或 $t=-\dfrac{1}{2}$(舍去).

所以，舰艇需 1 小时靠近渔船.

此时 $AB=10\sqrt{3}$，$BC=10$. 在 $\triangle ABC$ 中，由正弦定理，得 $\dfrac{BC}{\sin\angle CAB}=\dfrac{AB}{\sin 120^\circ}$，所以 $\sin\angle ACB=\dfrac{BC\cdot\sin 120^\circ}{AB}=\dfrac{1}{2}$，得 $\angle CAB=30^\circ$.

所以,舰艇沿方位角为 75° 的方向航行.

【变式练习六】

如图,铁路线上 AB 段长 100 千米,工厂 C 到铁路的距离 CA 为 20 千米,现在要在 AB 上某点 D 处,向 C 修一条公路,已知同一批货物的铁路每千米运费和公路每千米运费之比为 3∶5,为了使原料从供应站 B 运到工厂 C 的运费最省,D 点应选在何处?

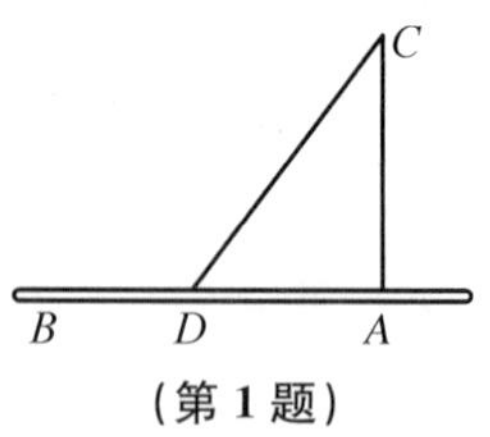

(第 1 题)

第一单元测试题

1. (2011 全国高考)已知角 θ 的顶点与坐标原点重合,始边与 x 轴的正半轴重合,终边在直线 $y=2x$ 上,则 $\cos 2\theta=$________.

2. (2016 上海高考)设 a、$b\in\mathbf{R}$,$c\in[0,2\pi)$,若对任意实数 x 都有 $2\sin\left(3x-\frac{\pi}{3}\right)=a\sin(bx+c)$,则满足条件的有序实数组 (a,b,c) 的组数为________.

3. (2018 北京高考)在平面直角坐标系中,弧 AB、弧 CD、弧 EF、弧 GH 是圆 $x^2+y^2=1$ 上的四段弧(如图),点 P 在其中一段上,角 α 以 Ox 为始边,OP 为终边. 若 $\tan\alpha<\cos\alpha<\sin\alpha$,则 P 所在的圆弧是 ( )

A. $\overset{\frown}{AB}$　　B. $\overset{\frown}{CD}$　　C. $\overset{\frown}{EF}$　　D. $\overset{\frown}{GH}$

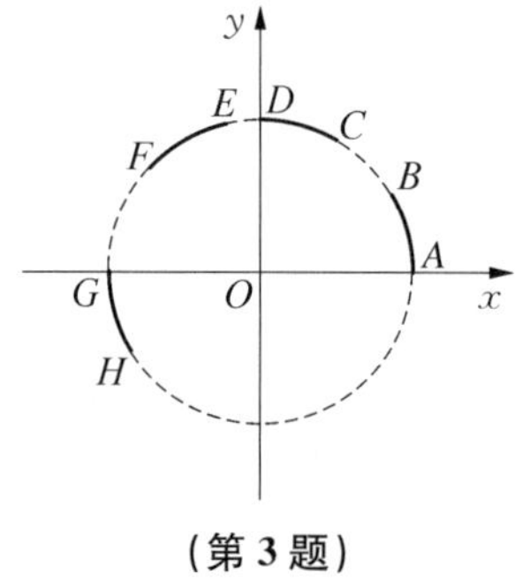

(第 3 题)

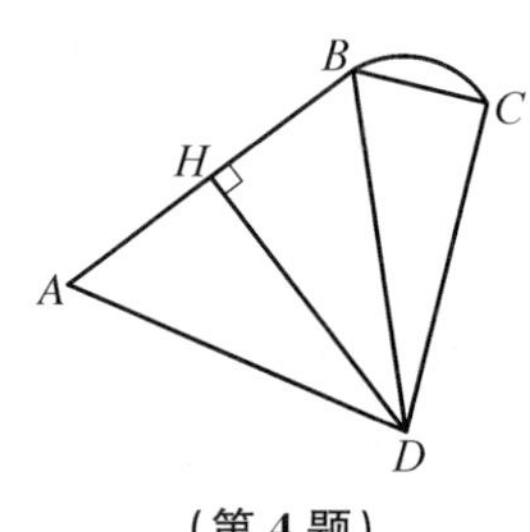

(第 4 题)

4. (2019 上海高考)如图,A-B-C 为海岸线,AB 为线段,$\overset{\frown}{BC}$ 为四分之一圆弧,$BD=39.2$ km,$\angle BDC=22^{\circ}$,$\angle CBD=68^{\circ}$,$\angle BDA=58^{\circ}$.

(1) 求 $\overset{\frown}{BC}$ 的长度;

(2) 若 $AB=40$ km,求 D 到海岸线 A-B-C 的最短距离(精确到 0.001 km).

5. 在 $\triangle ABC$ 中,角 A、B、C 的对边分别为 a、b、c. 已知 $a\sin\frac{A+C}{2}=b\sin A$,

(1) 求 B;(2) 若 $\triangle ABC$ 为锐角三角形,且 $c=1$,求 $S_{\triangle ABC}$ 的取值范围.

第二单元　三角函数

单元教学目标

1. 能画出三角函数的图像,并结合图像理解三角函数的性质(如周期性、单调性、奇偶性、最大(小)值、图像与 x 轴的交点);能结合具体实例,了解 $y=A\sin(\omega x+\varphi)$ 的实际意义,借助图像理解参数 A、ω、φ 的意义及它们对函数图像的影响.

2. 会用三角函数图像和性质解决简单的实际问题,体会三角函数是描述周期变化现象的重要函数模型.

单元教学安排

本单元教学建议课时数及具体分配如下.

单　元　知　识	课　　时
正弦函数图像与性质	4 课时
余弦函数图像与性质	1 课时
函数 $y=A\sin(\omega x+\varphi)$ 的图像	1 课时
正切函数的图像与性质	1 课时

单元教学内容

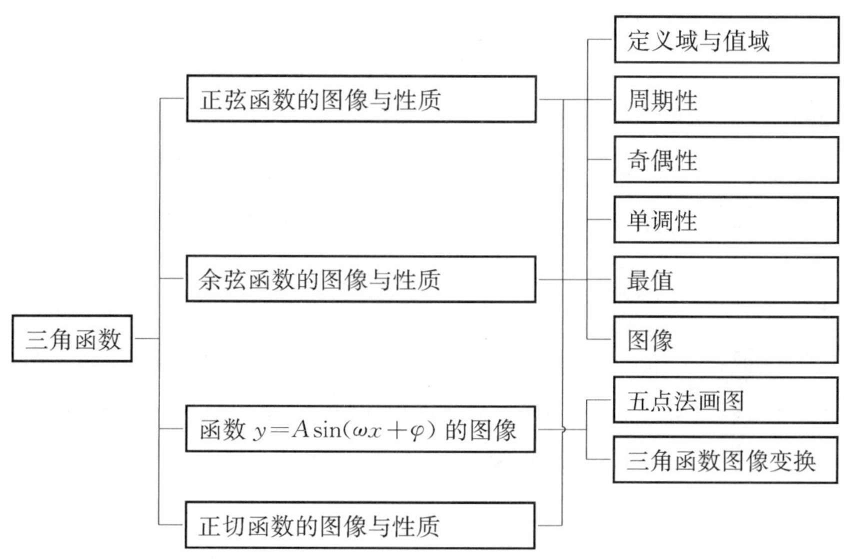

单元教学实施

1. 本单元教学中充分发挥单位圆的作用,引导学生结合教材中提供的匀速圆周运动的问题情境,研究三角函数的周期性、最值等性质;教学中注重数学思想方法的渗透，如数形结合，转化等思想方法，让学生会用运动变化的观点以及借助图形的直观性来分析问题、解决问题.

2. 在周期性、三角函数的图像及其变换等内容的教学中，可恰当地使用信息技术.信息技术应为数学的教与学服务，教学中不应为用信息技术而用，而关键要看其在课堂上能否为教学目标服务，起到传统方法达不到的效果.

一、正弦、余弦函数的图像与性质

【知识概述】

通过单位圆上点和直角坐标系中点之间的对应关系，作出三角函数一个周期上的简图，结合周期性，平移到整个定义域上的图像.再根据图像特征，将三角函数的“周而复始的变化”等现象，用代数语言来刻画，进而归纳出三角函数的周期性、最值、奇偶性、单调性等性质.这种由图像研究性质的思想方法，为类比研究正弦型函数 $y=A\sin(\omega x+\varphi)$ 及正切函数的图像与性质作了铺垫.

【本质提炼】

三角函数的对应关系的几何表征和代数特征.

【基本模型】

1. 三角函数的图像变换.

① 平移变换.左右平移：$y=\sin x \to y=\sin(x+\varphi)$，若 $\varphi>0$，则表示向左平移 φ 个单位；若 $\varphi<0$，则表示向右平移 $|\varphi|$ 个单位.上下平移：$y=\sin x \to y=\sin x+k$，若 $k>0$，则表示向上平移 k 个单位；若 $k<0$，则表示向下平移 $|k|$ 个单位.

② 周期变换：$y=\sin x \to y=\sin\omega x$，若 $\omega>1$，则表示纵坐标不变，横坐标缩短为原来的 $\dfrac{1}{\omega}$ 倍；若 $0<\omega<1$，纵坐标不变，横坐标伸长为原来的 $\dfrac{1}{\omega}$ 倍.

③ 振幅变换：$y=\sin x \to y=A\sin x$，若 $A>1$，则表示横坐标不变，纵坐标伸长为原来的 A 倍；若 $0<A<1$，则表示横坐标不变，纵坐标缩短为原来的 A 倍.

2. 三角函数的周期性：存在非零常数 T，使定义域中的任意 x 都有 $f(x+T)=f(x)$ 成立.常用结论：

① 若 T 是周期，则 nT $(n\in\mathbf{Z},\ n\neq 0)$ 仍是函数的周期；

② 函数 $y=f(x)$ 是数集 M 上的周期函数，则 $af(x)+b$ (a、b 是常数)，$|f(x)|$，$\dfrac{1}{f(x)}$ $(f(x)\neq 0)$ 都是数集 M 上的周期函数；

③ 若对任意实数 x，函数 $y=f(x)$ 都有 $f(a+x)=f(a-x)$，$f(b+x)=f(b-x)$ $(a\neq b)$，则 $f(x)$ 是周期函数，周期 $T=2(b-a)$.

3. 三角函数有界性及最值：三角函数基础知识的综合应用常与二次函数、三角函数的单调性及三角函数的图像等知识点联系在一起，解题方法灵活多样，是运算能力、分析问题和解决问题能力的综合体现.

4. 三角函数的奇偶性：结合三角函数图像对称性的体现，正弦函数在定义域里是奇函数，余弦函数则是偶函数.

5. 三角函数单调性：三角函数单调性在平面几何、立体几何、解析几何、复数等分支中均有广泛应用，解决三角函数的单调性问题，一般先将三角函数化为基本三角函数，利用基本三角函数的单调性来解决.

例 1　求函数 $y=\sqrt{-\tan x-1}+\dfrac{\sqrt{16-x^2}}{1-\log_{\frac{\sqrt{3}}{2}}\sin x}$ 的定义域.

分析： 题目看起来比较复杂，需要考虑偶次根被开方数大于 0，$\tan x$ 中 x 的取值范围，分母不为 0 及真数大于 0 等情形.

解： 由题意，得

$$\begin{cases}-\tan x-1\geqslant 0,\\ 16-x^2\geqslant 0,\\ 1-\log_{\frac{\sqrt{3}}{2}}\sin x\neq 0,\\ \sin x>0,\end{cases}\text{解得}\begin{cases}k\pi+\dfrac{\pi}{2}<x\leqslant k\pi+\dfrac{3\pi}{4},\ k\in\mathbf{Z};\\ -4\leqslant x\leqslant 4;\\ x\neq 2k\pi+\dfrac{\pi}{3}\text{ 且 }x\neq 2k\pi+\dfrac{2}{3}\pi,\ k\in\mathbf{Z};\\ 2k\pi<x<(2k+1)\pi,\ k\in\mathbf{Z}.\end{cases}$$

所以，$\left[-4,-\dfrac{5\pi}{4}\right)\cup\left(\dfrac{\pi}{2},\dfrac{2\pi}{3}\right)\cup\left(\dfrac{2\pi}{3},\dfrac{3\pi}{4}\right]$ 为所求的原函数的定义域.

说明： 求函数的定义域通常是解不等式组，利用“数形结合”的数学思想，借助于数轴求交集的方法进行.在求解综合性较强的三角函数的定义域时，可借助单位圆中的三角函数线，求表示各三角不等式解集的扇形区域的交集来完成.

例 2　(1) 求函数 $y=\cos x(1+\cos x)\tan\dfrac{x}{2}$ 的周期；

(2) 证明函数 $y=\cos\sqrt[3]{x}$ 不是周期函数.

分析： (1) 利用半角的正切公式将原式变形，注意定义域的变化；(2) 当结论出现否定的形式时，宜采用反证法.

解：(1) $y=\cos x(1+\cos x)\dfrac{\sin x}{1+\cos x}=\dfrac{1}{2}\sin 2x$，而定义域为 $\{x \mid x\neq 2k\pi,\ k\in\mathbf{Z}\}$，所以原函数的周期为 π.

(2) 证明：假设 $y=\cos\sqrt[3]{x}$ 是周期函数，非零常数 T 是它的一个周期，则对定义域上任意的 x 满足 $\cos\sqrt[3]{x+T}=\cos\sqrt[3]{x}$.

取 $x=0$，得 $\cos\sqrt[3]{T}=1$，从而 $\sqrt[3]{T}=2k\pi\ (k\neq 0,\ k\in\mathbf{Z})$.

取 $x=T$，得 $\cos\sqrt[3]{2T}=\cos\sqrt[3]{T}=1$，有 $\sqrt[3]{2T}=2e\pi\ (e\neq 0,\ e\in\mathbf{Z})$.

于是 $\dfrac{\sqrt[3]{2T}}{\sqrt[3]{T}}=\dfrac{2e\pi}{2k\pi}=\dfrac{e}{k}$，从而 $\sqrt[3]{2}$ 是有理数，这与 $\sqrt[3]{2}$ 是无理数矛盾.

所以，函数 $y=\cos\sqrt[3]{x}$ 不是周期函数.

说明：1. 一般地，$y=A\sin(\omega x+\varphi)\ (\omega\neq 0)$，$y=A\cos(\omega x+\varphi)\ (\omega\neq 0)$ 的最小正周期是 $T=\dfrac{2\pi}{|\omega|}$，$y=A\tan(\omega x+\varphi)\ (\omega\neq 0)$ 的最小正周期是 $T=\dfrac{\pi}{|\omega|}$. 对于复杂的三角函数，一般先化为基本三角函数，然后用上述结论，但要求在变形过程中必须是等价的，特别要注意定义域的变化. 其他如含绝对值的三角函数，则需结合图像求得.

2. 第(2)题属于拓展类问题. 当证明的结论是肯定或否定形式，且含有“至多”“至少”等表述时，可利用反证法证明问题. 例如，求证函数 $y=|\sin x|+|\cos x|$ 的最小正周期为 $\dfrac{\pi}{2}$，不妨用反证法自行证明.

例3　设 $f(x)=\sin x$，$x\in\mathbf{R}$.

(1) 已知 $\theta\in[0,\ 2\pi)$，函数 $y=f(x+\theta)$ 是偶函数，求 θ 的值；

(2) 求函数 $y=\left[f\left(x+\dfrac{\pi}{12}\right)\right]^2+\left[f\left(x+\dfrac{\pi}{4}\right)\right]^2$ 的值域；

(3) 若 $x\in[0,\ \pi]$，求函数 $y=\left[f\left(x+\dfrac{\pi}{12}\right)\right]^2+\left[f\left(x+\dfrac{\pi}{4}\right)\right]^2$ 的单调增区间.

分析：(1) 抓住“函数 $y=f(x+\theta)$ 是偶函数”作为突破口，利用偶函数图像关于 y 轴对称即可；(2) 代入化简得 $y=\dfrac{\sqrt{3}}{2}\sin\left(2x-\dfrac{\pi}{6}\right)+1$，然后根据 x 的范围求值域即可；(3) 在(2)的基础上，将 $2x-\dfrac{\pi}{6}$ 看作整体，借助正弦函数的单调增区间求出 x 的范围，再与已知范围求交集即可.

解：(1) 由题意，可知 $f(x+\theta)=\sin(x+\theta)$. 因为 $y=f(x+\theta)$ 为偶函数，所以 $\theta=k\pi+\frac{\pi}{2}$, $k\in\mathbf{Z}$. 又 $\theta\in[0,2\pi)$，所以 $\theta=\frac{\pi}{2}$ 或 $\frac{3\pi}{2}$.

(2) $\left[f\left(x+\frac{\pi}{12}\right)\right]^2+\left[f\left(x+\frac{\pi}{4}\right)\right]^2$

$$=\sin^2\left(x+\frac{\pi}{12}\right)+\sin^2\left(x+\frac{\pi}{4}\right)$$

$$=\frac{1-\cos\left(2x+\frac{\pi}{6}\right)}{2}+\frac{1-\cos\left(2x+\frac{\pi}{2}\right)}{2}$$

$$=1-\frac{1}{2}\left(\cos 2x\cos\frac{\pi}{6}-\sin 2x\sin\frac{\pi}{6}-\sin 2x\right)$$

$$=\frac{3}{4}\sin 2x-\frac{\sqrt{3}}{4}\cos 2x+1=\frac{\sqrt{3}}{2}\sin\left(2x-\frac{\pi}{6}\right)+1.$$

又 $x\in\mathbf{R}$，即 $\sin\left(2x-\frac{\pi}{6}\right)\in[-1,1]$，所以 $y\in\left[1-\frac{\sqrt{3}}{2},1+\frac{\sqrt{3}}{2}\right]$.

所以，函数 $y=\left[f\left(x+\frac{\pi}{12}\right)\right]^2+\left[f\left(x+\frac{\pi}{4}\right)\right]^2$ 的值域为 $\left[1-\frac{\sqrt{3}}{2},1+\frac{\sqrt{3}}{2}\right]$.

(3) 令 $2x-\frac{\pi}{6}=t$，当 $2k\pi-\frac{\pi}{2}\leqslant t\leqslant 2k\pi+\frac{\pi}{2}$, $k\in\mathbf{Z}$ 时，函数 $y=\sin t$ 是单调增函数，则 $k\pi-\frac{\pi}{6}\leqslant x\leqslant k\pi+\frac{\pi}{3}$, $k\in\mathbf{Z}$ 时函数 $y=\frac{\sqrt{3}}{2}\sin\left(2x-\frac{\pi}{6}\right)+1$ 是单调增函数.

又 $x\in[0,\pi]$，所以所求增区间是 $\left[0,\frac{\pi}{2}\right]$ 和 $\left[\frac{5\pi}{6},\pi\right]$.

说明：1. 正弦函数、正切函数在定义域上是奇函数，余弦函数在定义域上是偶函数.判定三角函数的奇偶性时，往往从定义出发，验证 $f(x)$ 与 $f(-x)$ 之间的关系，有时需要先将三角函数的解析式恒等变形、化简后再验证，有时从形的角度考虑图像关于 y 轴对称还是关于原点对称，则更易得到结论.

2. 第(2)题可转化为求 $y=a\sin(\omega x+\varphi)+k$ 的最值问题，通常利用三角函数的有界性解决，此题也可进一步约束 x 的范围，如“当 $x\in\left[0,\frac{\pi}{2}\right]$ 时，求原式的最值”等.三角函数的最值问题是高考的热点之一，也是函数思想的具体体现.解决这类问题，一方面可以充分利用三角函数自身的特殊性质(如有界性、单调性等)，另一方面可转化为熟知的函数(如二次函数)的最值问题求解.

3. 第(3)题是考查三角函数的单调性.除了例题的解法外,还可以先求出 $2x-\frac{\pi}{6}$ 整体的范围,找出单调增区间后再反解出 x 的范围.当单调增区间不止一个的时候,不能用“$\cup$”,而用“和”连接.

例 4 要想在一块圆心角为 $\alpha\left(\frac{\pi}{2}<\alpha<\pi\right)$,半径为 R 的扇形铁板中截出一块矩形铁板,有如下两种方法:方法一是矩形的一边在半径上(图 5-3-11(1));方法二是矩形的两个顶点在圆弧上(图 5-3-11(2),其中 $OA=OD$).试问:两种方法哪种截取的矩形面积大?并求出这个矩形的面积.

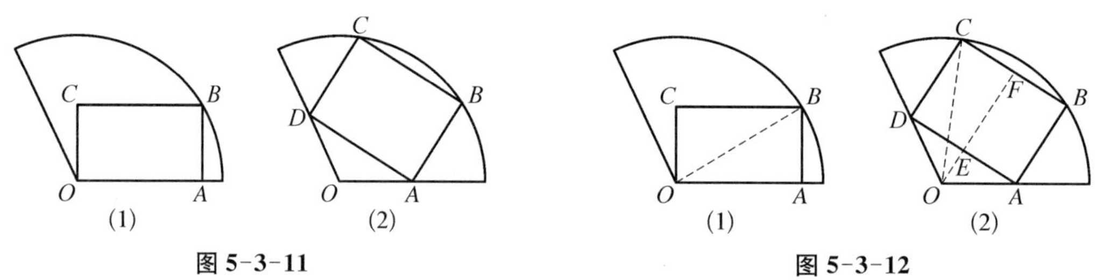

图 5-3-11　　图 5-3-12

分析:设辅助角 θ 并用它来表示矩形两边,进而写出面积的函数解析式.

解:方法一:如图 5-3-12(1),连接 OB.设 $\angle AOB=\theta$,则

$$OA=R\cos\theta,\ AB=R\sin\theta,$$

$$S_{\text{矩形}OABC}=OA\cdot AB=R^2\sin\theta\cos\theta=\frac{1}{2}R^2\sin 2\theta.$$

当 $\theta=\frac{\pi}{4}$ 时,$S_{\text{矩形}OABC}$ 取得最大值,最大值为 $\frac{1}{2}R^2$.

方法二:如图 5-3-12(2),设 E、F 分别是 AD、BC 的中点,连接 OF、OC.设 $CD=x$,$ED=y$,则在 $\triangle OED$ 中,$OD=\dfrac{y}{\sin\frac{\alpha}{2}}$;在 $\triangle OCD$ 中,$\angle ODC=\pi-\frac{\alpha}{2}$.

由余弦定理,得

$$R^2=x^2+\frac{y^2}{\sin^2\frac{\alpha}{2}}-2x\cdot\frac{y}{\sin\frac{\alpha}{2}}\cdot\cos\left(\pi-\frac{\alpha}{2}\right)\geqslant\frac{2xy}{\sin\frac{\alpha}{2}}+\frac{2xy\cos\frac{\alpha}{2}}{\sin\frac{\alpha}{2}}.$$

所以 $S=2xy\leqslant\dfrac{R^2\sin\dfrac{\alpha}{2}}{1+\cos\dfrac{\alpha}{2}}=\dfrac{R^2 2\sin\dfrac{\alpha}{4}\cos\dfrac{\alpha}{4}}{2\cos^2\dfrac{\alpha}{4}}=R^2\tan\dfrac{\alpha}{4}$.

当 $\dfrac{1}{2}R^2\geqslant R^2\tan\dfrac{\alpha}{4}$，即 $\dfrac{\pi}{2}<\alpha\leqslant 4\arctan\dfrac{1}{2}$ 时，$S_{\max}=\dfrac{1}{2}R^2$，此时采取方法一；

当 $\dfrac{1}{2}R^2<R^2\tan\dfrac{\alpha}{4}$，即 $4\arctan\dfrac{1}{2}<\alpha<\pi$ 时，$S_{\max}=R^2\tan\dfrac{\alpha}{4}$. 此时采取方法二.

说明：这是比较典型的以 θ 为变量，建立函数关系，用三角法解决几何最值问题. 若将题目中扇形铁板的圆心角范围扩大，改为 $0<\alpha<\pi$，是不是有不同的结论呢? 请自行尝试解决该问题.

【变式练习一】

1. 求函数 $y=(4-3\sin x)(4-3\cos x)$ 的值域.

2. 设 $f(x)=\sin^2 x+(2a-1)\sin x+a^2+\dfrac{1}{4}$，已知 $x\in\left[\dfrac{5\pi}{6},\dfrac{3\pi}{2}\right]$，求函数 $y=f(x)$ 的最值.

二、函数 $y=A\sin(\omega x+\varphi)$ $(A>0,\ \omega>0)$ 的图像与性质

【知识概述】

研究形如 $y=A\sin(\omega x+\varphi)$ $(A>0,\ \omega>0)$ 的图像与性质，是研究正弦、余弦函数图像与性质方法的深化和拓展，主要是弄清楚参数 A、ω、φ 对函数的图像和性质起了什么作用，让函数的图像和性质起了什么样的变化，研究的方法主要是运用变量代换，即把 $\omega x+\varphi$ 看作新变量，转化为三角函数的图像与性质问题，体现了转化思想在数学问题研究中的重要作用，也为研究 $y=A\cos(\omega x+\varphi)$ $(A>0,\ \omega>0)$ 型、$y=A\tan(\omega x+\varphi)$ $(A>0,\ \omega>0)$ 型函数，甚至更复杂的函数提供了依据.

【本质提炼】

正弦函数的一般形式.

【基本模型】

1. 函数 $y=A\sin(\omega x+\varphi)$ $(A>0,\ \omega>0)$ 的图像及图像变换：A 为振幅，决定函数的最值；ω 称为角频率，决定函数的周期 $T=\dfrac{2\pi}{|\omega|}$，周期 T 的倒数 $f=\dfrac{1}{T}$ 又称为频率；$-\dfrac{\varphi}{\omega}$ 称为相位移，决定了函数 $y=A\sin\omega x$ 的图像向左还是向右移 $\left|\dfrac{\varphi}{\omega}\right|$ 个

单位,用“五点法”画函数 $y=A\sin(\omega x+\varphi)$ $(A>0,\ \omega>0)$ 的简图时,依据的五点是函数取得最大值、最小值和零值的点.

2. 利用参数 A、ω、φ 对图像的影响确定三角函数的解析式.

例1 (2013 上海高考)已知 $f(x)=2\sin(\omega x)$,其中常数 $\omega>0$.

(1) 若函数 $y=f(x)$ 在区间 $\left[-\frac{\pi}{4},\ \frac{2\pi}{3}\right]$ 上单调递增,求 ω 的取值范围.

(2) 令 $\omega=2$,将函数 $y=f(x)$ 的图像向左平移 $\frac{\pi}{6}$ 个单位,再向上平移 1 个单位,得到函数 $y=g(x)$ 的图像.若区间 $[a,\ b]$ (a、$b\in\mathbf{R}$且 $a<b$) 满足:$y=g(x)$ 在 $[a,\ b]$ 上至少含有 30 个零点,则在所有满足上述条件的 $[a,\ b]$ 中,求 $b-a$ 的最小值.

分析: (1) 令 $wx=t$, $t\in\left[-\frac{\omega\pi}{4},\ \frac{2\omega\pi}{3}\right]$,再结合图像,知 $\left[-\frac{\omega\pi}{4},\ \frac{2\omega\pi}{3}\right]\subseteq\left[-\frac{\pi}{2},\ \frac{\pi}{2}\right]$;

(2) 根据图像变换规律得 $y=g(x)$ 的解析式,令 $g(x)=0$,即可解出零点的坐标,可得相邻两个零点之间的距离,若 $b-a$ 最小,则 a、b 都是零点,此时 $[a,\ m\pi+a]$ $(m\in\mathbf{N}^*)$ 中恰有 $2m+1$ 个零点,所以 $[a,\ 14\pi+a]$ 中恰有 29 个零点,$(14\pi+a,\ b]$ 中至少有 1 个零点,即得到满足条件的 a、b,进而求 $b-a$ 的最小值.

解: (1) 因为 $\omega>0$,根据题意,有 $\begin{cases}-\frac{\pi\omega}{4}\geqslant-\frac{\pi}{2},\\ \frac{2\pi\omega}{3}\leqslant\frac{\pi}{2},\end{cases}$ 解得 $0<\omega\leqslant\frac{3}{4}$.

(2) $f(x)=2\sin 2x$, $g(x)=2\sin\left[2\left(x+\frac{\pi}{6}\right)\right]+1=2\sin\left(2x+\frac{\pi}{3}\right)+1$.

由 $g(x)=0$,得 $\sin\left(2x+\frac{\pi}{3}\right)=-\frac{1}{2}$,解得 $x=k\pi-\frac{\pi}{4}$ 或 $k\pi-\frac{7}{12}\pi$, $k\in\mathbf{Z}$,即 $y=g(x)$ 的零点相离间隔依次为 $\frac{\pi}{3}$ 和 $\frac{2\pi}{3}$.

所以,若 $y=g(x)$ 在 $[a,\ b]$ 上至少含有 30 个零点,则 $b-a$ 的最小值为 $\frac{43\pi}{3}$.

说明: 由 $y=\sin x$ 变换得 $y=A\sin(\omega x+\varphi)$ $(A>0,\ \omega>0)$ 的图像,可通过“先平移后伸缩”和“先伸缩后平移”两种途径得到,一定要注意顺序,平移时两种平移的单位长度不同.

例2　已知函数 $y=A\sin(\omega x+\varphi)+k\left(0<\varphi<\frac{\pi}{2}\right)$ 的最大值为 4，最小值为 0，最小正周期为 $\frac{\pi}{2}$，直线 $x=\frac{\pi}{3}$ 是其图像上的一条对称轴，求函数的解析式.

分析："五点法"作函数图像的逆运用，最值与 A 有关，周期与 ω 有关，对称轴处取最值，代最值点进去，可确定 φ 的值.

解：由题意，得 $\begin{cases}A+k=4,\\-A+k=0,\end{cases}$ 则 $\begin{cases}A=2,\\k=2.\end{cases}$ 又函数 $y=A\sin(\omega x+\varphi)+k$ 的最小正周期为 $\frac{\pi}{2}$，所以 $\omega=4$，即 $y=2\sin 4(x+\varphi)+2$.

又 $x=\frac{\pi}{3}$ 是函数图像的一条对称轴，所以 $4\times\frac{\pi}{3}+\varphi=k\pi+\frac{\pi}{2}$，$k\in\mathbf{Z}$，即 $\varphi=k\pi-\frac{5\pi}{6}$ $(k\in\mathbf{Z})$.

又 $0<\varphi<\frac{\pi}{2}$，所以 $\varphi=\frac{\pi}{6}$.

所以 $y=2\sin\left(4x+\frac{\pi}{6}\right)+2$.

说明：给出图像确定 $y=A\sin(\omega x+\varphi)$ $(A>0,\ \omega>0)$ 的解析式，就是要确定 A、ω、φ 的值：(1) 由图像比较容易确定 A，看最高点或最低点；(2) 一般利用图像求周期 T，再由 $T=\frac{2\pi}{|\omega|}$ 求出 ω；(3) 确定 φ 时，一般利用图像上的最值点代入或与 x 轴的交点，要注意 φ 的范围.

【变式练习二】

1. 已知 $f(x)=\sin^2\omega x+\sqrt{3}\sin\omega x\cdot\cos\omega x$，$x\in\mathbf{R}$，又 $f(\alpha)=-\frac{1}{2}$，$f(\beta)=\frac{1}{2}$. 若 $|\alpha-\beta|$ 的最小值为 $\frac{3\pi}{4}$，求正数 ω 的值.

2. 已知复数 $z_1=\cos x+\mathrm{i}$，$z_2=1-\mathrm{i}\sin x$，$x\in\mathbf{R}$. 设 $z=z_1\cdot z_2$，记 $f(x)=\mathrm{Im}\,z$ ($\mathrm{Im}\,z$ 表示复数 z 的虚部).将函数 $f(x)$ 的图像上所有的点的横坐标伸长到原来的 2 倍(纵坐标不变)，再把所得的图像向右平移 $\frac{\pi}{2}$ 个单位长度，得到函数 $y=g(x)$ 的图像，试求函数 $y=g(x)$ 的解析式.

3. 若方程 $\sqrt{3}\sin x+\cos x=a$ 在 $x\in[0,2\pi]$ 上有两个不同的实数解 x_1、x_2，求

a 的取值范围,并求此时 x_1+x_2 的值.

三、正切函数的图像与性质

【知识概述】

正切函数是研究了正弦、余弦函数的图像与性质以后的又一具体三角函数.有了前面的学习经验,通过类比的方法来研究,既是对所学三角函数知识的融通和运用,对学习函数规律的总结和探索,也为学习解析几何中直线的斜率做知识上的储备.

【本质属性】

正切三角比对应关系的几何特征与代数特征.

【基本模型】

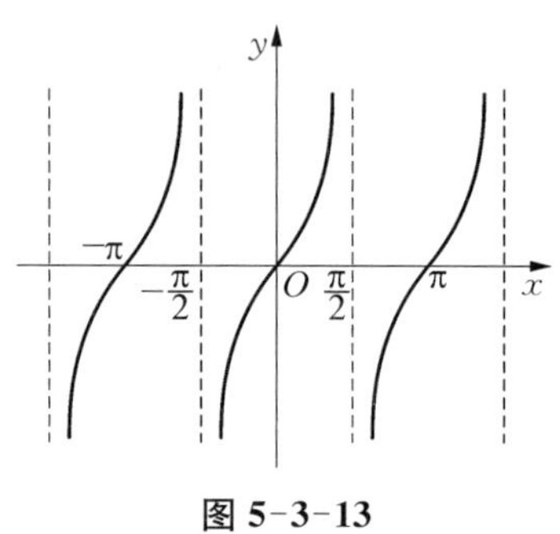

图 5-3-13

1. 正切函数的图像及应用:如图 5-3-13,正切函数图像是被互相平行的直线 $x=k\pi+\frac{\pi}{2}$, $k\in\mathbf{Z}$ 所隔开的无穷多支曲线组成的,反映了定义域;而函数图像在每个区间都无限靠近这些直线,也即渐近线,从 y 轴方向看,上下无限延伸,反映了值域;每隔 π 个单位对应函数值相等,反映了周期;每个区间都是上升趋势,反映了单调性;图像关于原点对称,反映了奇偶性.

2. 正切函数的性质:定义域、周期性,奇偶性、单调性、最值.

定义域:$\left\{x\,\middle|\,x\neq k\pi+\frac{\pi}{2},\ k\in\mathbf{Z}\right\}$,与正余弦函数不同,正切函数的定义域有间断,造成有间断的根源从正切函数的定义 $\tan\alpha=\frac{y}{x}$ 说明,分母不能为 0,终边不落在 y 轴上.

值域:$\mathbf{R}$.

最小正周期:π,可从正切线角度说明,也可以参照周期函数的定义证得.

单调性:单调增区间 $\left(k\pi-\frac{\pi}{2},\ k\pi+\frac{\pi}{2}\right)k\in\mathbf{Z}$, 无减区间.注意不能表述成正切函数在定义域上递增. $\left(k\pi-\frac{\pi}{2},\ k\pi+\frac{\pi}{2}\right)k\in\mathbf{Z}$ 与 $\left\{x\,\middle|\,x\neq k\pi+\frac{\pi}{2},\ k\in\mathbf{Z}\right\}$ 的差异是“和”与“$\cup$”的区别.

奇偶性:在定义域上是奇函数,图像关于原点中心对称,此外,点 $\left(\frac{k\pi}{2},\ 0\right)$, $k\in\mathbf{Z}$ 都是它的对称中心.

例 1　已知 $f(x)=\tan\left(\frac{\pi}{\sqrt{3}}\sin x\right)$.

(1) 求函数 $y=f(x)$ 的定义域和值域;

(2) 在区间 $(-\pi, \pi)$ 上,求函数 $y=f(x)$ 的单调区间;

(3) 判定方程 $f(x)=\tan\frac{\sqrt{2}}{3}\pi$ 在区间 $(-\pi, \pi)$ 上解的个数.

分析:这是正弦函数与正切函数的复合.第(1)题应先搞清楚 $y=\frac{\pi}{\sqrt{3}}\sin x$ 的值域与 $y=\tan x$ 的定义域的交集;第(2)题求 $y=f(x)$ 的单调区间,必须弄清 $y=f(x)$ 的基本性质,如奇偶性、周期性、复合函数单调性等.

解:(1) 因为 $-1\leqslant\sin x\leqslant 1$,所以 $-\frac{\pi}{\sqrt{3}}\leqslant\frac{\pi}{\sqrt{3}}\sin x\leqslant\frac{\pi}{\sqrt{3}}$.

又 $x\neq k\pi+\frac{\pi}{2}$, $k\in\mathbf{Z}$, 且 $\left(-\frac{\pi}{2}, \frac{\pi}{2}\right)\subset\left[-\frac{\pi}{\sqrt{3}}, \frac{\pi}{\sqrt{3}}\right]\subset(-\pi, \pi)$, 所以令 $\frac{\pi}{\sqrt{3}}\sin x=\pm\frac{\pi}{2}$, 则 $x=k\pi\pm\frac{\pi}{3}$, $k\in\mathbf{Z}$.

所以 $y=f(x)$ 的定义域是 $A=\left\{x\,\middle|\,x\in\mathbf{R}\text{ 且 }x\neq k\pi\pm\frac{\pi}{3}, k\in\mathbf{Z}\right\}$; 值域为 $\mathbf{R}$.

(2) 令 $t=\frac{\pi}{\sqrt{3}}\sin x$, 且 $t\in\left[0, \frac{\pi}{2}\right)\cup\left(\frac{\pi}{2}, \frac{\pi}{\sqrt{3}}\right]$, 则 $y=\tan t$ 在区间 $\left(0, \frac{\pi}{2}\right)$, $\left(\frac{\pi}{2}, \frac{\pi}{\sqrt{3}}\right)$ 上分别单调递增,即:

当 $x\in\left[0, \frac{\pi}{3}\right]$ 时,函数 $t=\frac{\pi}{\sqrt{3}}\sin x$ 单调递增,且 $t\in\left[0, \frac{\pi}{2}\right)$;

当 $x\in\left(\frac{\pi}{3}, \frac{\pi}{2}\right]$ 时,函数 $t=\frac{\pi}{\sqrt{3}}\sin x$ 单调递增,且 $t\in\left(\frac{\pi}{2}, \frac{\pi}{\sqrt{3}}\right]$;

当 $x\in\left[\frac{\pi}{2}, \frac{2\pi}{3}\right)$ 时,函数 $t=\frac{\pi}{\sqrt{3}}\sin x$ 单调递减,且 $t\in\left(\frac{\pi}{2}, \frac{\pi}{\sqrt{3}}\right]$;

当 $x\in\left(\frac{2\pi}{3}, \pi\right)$ 时,函数 $t=\frac{\pi}{\sqrt{3}}\sin x$ 单调递减,且 $t\in\left(0, \frac{\pi}{2}\right)$.

所以 $y=f(x)$ 在区间 $\left[0, \frac{\pi}{3}\right)$, $\left(\frac{\pi}{3}, \frac{\pi}{2}\right]$ 上单调递增,在区间 $\left[\frac{\pi}{2}, \frac{2\pi}{3}\right)$,

$\left(\frac{2\pi}{3}, \pi\right)$ 上单调递减.

又 $y=f(x)$ 是奇函数，所以增区间为 $\left[-\frac{\pi}{2}, -\frac{\pi}{3}\right)$，$\left(-\frac{\pi}{3}, \frac{\pi}{3}\right)$，$\left(\frac{\pi}{3}, \frac{\pi}{2}\right]$；减区间为 $\left(-\pi, -\frac{2\pi}{3}\right)$，$\left(-\frac{2\pi}{3}, -\frac{\pi}{2}\right]$，$\left[\frac{\pi}{2}, \frac{2\pi}{3}\right)$，$\left(\frac{2\pi}{3}, \pi\right)$.

(3) $f(x)=\tan\frac{\sqrt{2}}{3}\pi \Leftrightarrow \frac{\pi}{\sqrt{3}}\sin x=k\pi+\frac{\sqrt{2}}{3}\pi\ (k\in\mathbf{Z})$. ①

又因为 $-1\leqslant\sin x\leqslant 1$，$\frac{-\sqrt{3}-\sqrt{2}}{3}\leqslant k\leqslant\frac{\sqrt{3}-\sqrt{2}}{3}$，所以 $k=0$ 或 $k=-1$.

当 $k=0$ 时，从①得方程 $\sin x=\frac{\sqrt{6}}{3}$；当 $k=-1$ 时，$\sin x=-\sqrt{3}+\frac{\sqrt{6}}{3}$.

显然，$f(x)=\tan\frac{\sqrt{2}}{3}\pi$ 在区间 $(-\pi, \pi)$ 上共有 4 个解.

【变式练习三】

1. 判断函数 $y=\lg\frac{\tan x+1}{\tan x-1}$ 的奇偶性.

2. 求函数 $y=\frac{\tan^2 x-\tan x+1}{\tan^2 x+\tan x+1}$ 的最大值、最小值，并求出函数取得最大值或最小值时自变量 x 的集合.

3. 已知 $f(x)=x^2+2x\cdot\tan\theta-1$，$x\in[-1, \sqrt{3}]$，其中 $\theta\in\left(-\frac{\pi}{2}, \frac{\pi}{2}\right)$.

(1) 当 $\theta=-\frac{\pi}{6}$ 时，求函数 $y=f(x)$ 的最大值与最小值；

(2) 求 θ 的取值范围，使 $y=f(x)$ 在区间 $[-1, \sqrt{3}]$ 上是单调函数.

第二单元测试题

1. (2017 上海高考) 已知 α_1、$\alpha_2\in\mathbf{R}$，且满足等式 $\frac{1}{2+\sin\alpha_1}+\frac{1}{2+\sin\alpha_2}=2$，则 $|10\pi-\alpha_1-\alpha_2|$ 的最小值是________.

2. (2016 上海高考) 在平面直角坐标系中，已知 $A(1, 0)$，$B(0, -1)$，P 是曲线 $y=\sqrt{1-x^2}$ 上一个动点，则 $\overrightarrow{BP}\cdot\overrightarrow{BA}$ 的取值范围是________.

3. (2018 上海高考) 已知实数 x_1、x_2、y_1、y_2，满足：$x_1^2+y_1^2=1$，$x_2^2+y_2^2=1$，

$x_1x_2+y_1y_2=\frac{1}{2}$，则 $\frac{|x_1+y_1-1|}{\sqrt{2}}+\frac{|x_2+y_2-1|}{\sqrt{2}}$ 的最大值是________.

4. (2007 上海交通大学自主招生)设函数 $f(x)=|\sin x|+|\cos x|$，试讨论函数的性质(有界性、奇偶性、单调性、周期性)，求出其极值，并作出其在 $[0, 2\pi]$ 上的图像.

5. (1996 全国高中联赛)求实数 a 的取值范围，使得对任意实数 x 和任意 $\theta \in \left[0, \frac{\pi}{2}\right]$，恒有 $(x+3+2\sin\theta\cos\theta)^2+(x+a\sin\theta+a\cos\theta)^2 \geqslant \frac{1}{8}$.

第六章
几何与代数(必修)核心知识的认知与教学

本章属于几何与代数必修部分,包括向量与复数、立体几何内容.

第一节　向 量 与 复 数

第一单元　平 面 向 量

平面向量及其应用单元是几何与代数主题的开篇内容.向量既是代数研究对象,也是几何研究对象,是沟通几何与代数的桥梁.向量是描述直线、曲线、平面、曲面以及高维空间数学问题的基本工具,它具有非常直观的几何意义,是数与形的完美结合.

单元教学目标

1. 通过对力、速度、位移等的分析,了解平面向量的实际背景,理解平面向量的意义和两个向量相等的含义.理解平面向量的几何表示和基本要素.

2. 借助平面直角坐标系,掌握平面向量的坐标表示.

3. 掌握平面向量线性运算及运算规则,理解其几何意义.理解两个平面向量共线的含义.会用坐标表示平面向量的线性运算.

4. 通过物理中功等实例,理解平面向量数量积的概念及其物理意义,会计算平面向量的数量积,能用坐标表示平面向量的数量积.了解平面向量投影和数量投影的概念以及投影向量的意义,会用数量积判断两个平面向量的垂直关系.

5. 理解平面向量基本定理及其意义.

6. 会用向量方法解决简单的平面几何问题、力学问题以及其他实际问题,体会向量在解决数学和实际问题中的作用.

单元教学安排

本单元教学建议课时数及具体分配如下.

单　元　内　容	课　　时
平面向量概念和线性运算	4 课时
平面向量的数量积	2 课时
平面向量的坐标表示	2 课时
平面向量的应用	2 课时

单元教学内容

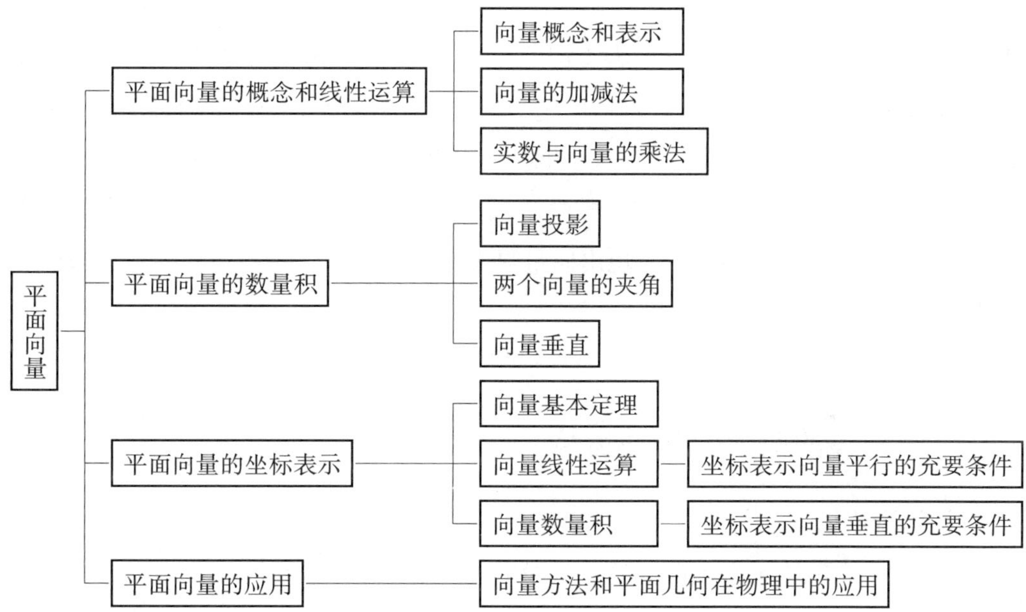

单元教学实施

向量是沟通代数、几何的一种工具，所以在教学中应突出培养学生的直观想象、数学建模核心素养.注意本单元教学展开的基本线索，利用向量本身的代数表示和几何表示，把“数形结合”思想贯穿全单元.

在平面向量及其应用的教学活动中，应从力、速度、加速度等实际情境入手，从物理、几何、代数三个角度理解向量的概念与运算法则，引导学生运用类比的方法探索实数运算与向量运算的共性与差异，可以通过物理中力的正交分解引出向量的坐标表示，即向量的代数表示.这样可使向量运算代数化，将数与形紧密结合起来，可以更好地培养学生的直观想象核心素养.通过物理中“功”的实例，引入向量数量积的概念,进一步解决求两个向量夹角问题;可以通过力的分解引出向量基本定理,建立基底的概念;可以引导学生运用向量解决一些物理和几何问题.例如,利用向量计算力使物体沿某方向运动所作的功,利用向量解决与平面内两条直线平行或垂直有关的问题等.对于向量的非正交分解只要求学生作一般了解,不必展开.

在平面向量这一章还运用向量方法解决了解析几何入门的有关知识,为学习解析几何做好了准备,在后续的解析几何直线与圆的部分,向量知识的应用就水到渠成了.在学习立体几何之后安排空间向量,让向量的应用得到完善和深化,这样的安排更科学合理.

向量有着丰富的现实背景和物理背景.向量是刻画位置的重要数学工具,在诸如卫星定位、飞船设计等领域有着广泛的应用.向量也是刻画物理量——力、位移、速度、加速度、动量、电场强度这些物理量的数学工具,它体现了数学和物理的天然联系.通过用向量方法解决问题,可以让学生体会到向量是一种有力的工具,发展学生的运算能力和解决实际问题的能力,也能引导学生逐步形成新的解决问题的思路和视角.本节内容中,结合向量和初等数学中其余知识的联结点,重点介绍了向量在平面几何、三角和物理中的应用,体现出向量强大的工具性和解决问题时无可比拟的优越性.

一、平面向量的概念和线性运算

【知识概述】

向量概念内容除了介绍向量的定义及其相关概念,更重要的是让学生体会认识和研究数学新对象的方法和基本思路.

向量的线性运算从力、速度、位移等实际情景入手,从物理、几何、代数三个角度解释向量运算法则,运用类比的方法探索实数运算与向量运算的共性和差异,向量的线性运算是在数的运算的基础上对运算的发展.向量的线性运算作为平面向量的起始教学内容,既是平面向量的重要知识,也是学习向量其他知识的基础.

【本质提炼】

向量是以位移、力等物理量为背景,抽象概括出的既有大小又有方向的数学对象.以向量为运算对象的向量加法、减法和数乘运算,其结果仍然是向量.

【基本模型】

1. 位移:物体从点 $A(0, 0)$ 移到 $B(3, 4)$,路程长为 5,但是距离 A 为 5 的终点有无数个，所以为了更确切地表示位移 $\overrightarrow{AB}$，我们可以用图 6-1-1 中带有箭头的有向线段来表示.

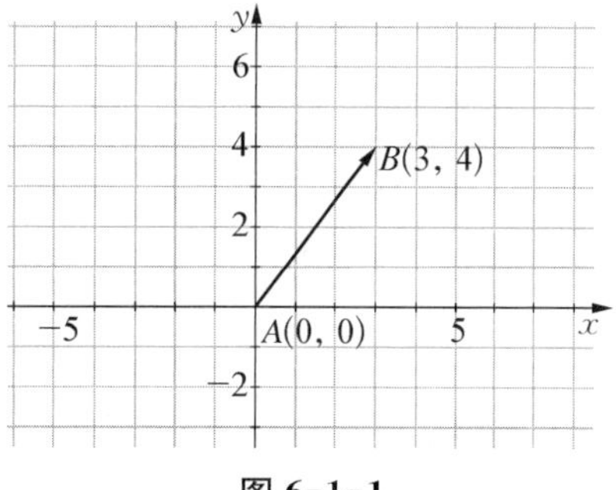

图 6-1-1

2. 物体受力：图 6-1-2 中弹簧分别受到了向左和向右的大小均为 5 N 的力，如果采用标量来表示，那么方向不同这一点无法明确表示，可用方向相反、模长相等的两个向量来表示这两个力.

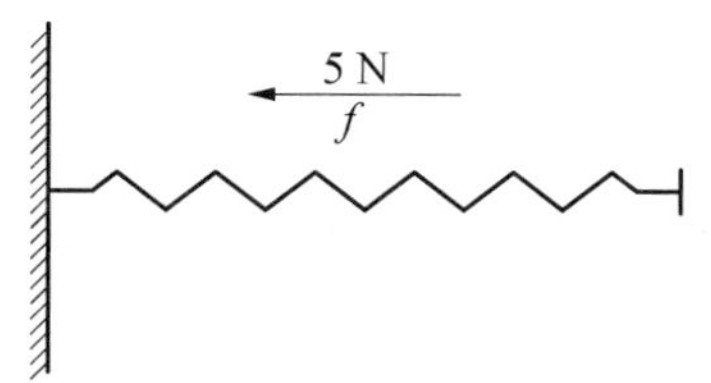

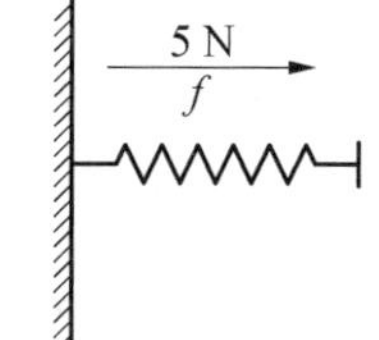

图 6-1-2

3. 向量平行的充要条件：向量 $\vec{b}$ 与非零向量 $\vec{a}$ 平行的充要条件是存在唯一的实数 λ，使得 $\vec{b}=\lambda\vec{a}$.

4. 点共线的向量表示形式：若 A、B、C 三点满足 $\overrightarrow{OC}=\gamma\overrightarrow{OA}+\lambda\overrightarrow{OB}$，其中 $\lambda+\gamma=1$，则 A、B、C 三点共线.

例 1　在$\triangle ABC$ 中，点 M 是边 BC 的中点，求证：$\overrightarrow{AM}=\frac{1}{2}(\overrightarrow{AB}+\overrightarrow{AC})$.

分析：添加辅助线，将三角形补成平行四边形，根据平行四边形法则求证.

证明：延长 AM 至 D，使 $AD=2AM$，连接 BD、CD，易知四边形 $ABDC$ 是平行四边形，由向量加法的平行四边形法则可知 $\overrightarrow{AD}=\overrightarrow{AB}+\overrightarrow{AC}$，所以 $\overrightarrow{AM}=\frac{1}{2}(\overrightarrow{AB}+\overrightarrow{AC})$.

例 2　如图 6-1-3，正六边形 $ABCDEF$ 中，设 $\overrightarrow{AE}=\vec{a}$，$\overrightarrow{BC}=\vec{b}$，试用 $\vec{a}$、$\vec{b}$ 表示 $\overrightarrow{FA}$、$\overrightarrow{DE}$、$\overrightarrow{AC}$、$\overrightarrow{CE}$.

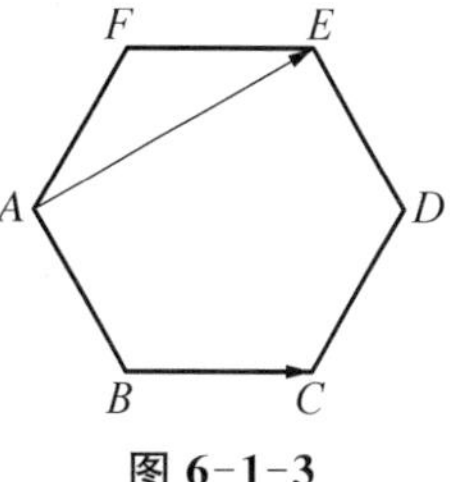

图 6-1-3

解：$\overrightarrow{FA}=\overrightarrow{FE}+\overrightarrow{EA}=\overrightarrow{BC}-\overrightarrow{AE}=\vec{b}-\vec{a}$；

$\overrightarrow{DE}=\overrightarrow{AE}-\overrightarrow{AD}=\overrightarrow{AE}-2\overrightarrow{BC}=\vec{a}-2\vec{b}$；

$\overrightarrow{AC}=\overrightarrow{BC}-\overrightarrow{BA}=\overrightarrow{BC}-\overrightarrow{DE}=\vec{b}-(\vec{a}-2\vec{b})=3\vec{b}-\vec{a}$；

$\overrightarrow{CE}=\overrightarrow{AE}-\overrightarrow{AC}=\vec{a}-(3\vec{b}-\vec{a})=2\vec{a}-3\vec{b}$.

例 3　已知 $\vec{e_1}$、$\vec{e_2}$ 是两个不平行的非零向量，而向量 $\overrightarrow{AB}=3\vec{e_1}-2\vec{e_2}$，$\overrightarrow{BC}=-2\vec{e_1}+4\vec{e_2}$，$\overrightarrow{CD}=-2\vec{e_1}-4\vec{e_2}$，求证：$A$、$C$、$D$ 三点共线.

分析：三点共线问题只需证明由这三点确定的向量彼此平行，再结合向量起点与终点之间有公共点即可.

证明：因为向量 $\overrightarrow{AB}=3\overrightarrow{e_1}-2\overrightarrow{e_2}$，$\overrightarrow{BC}=-2\overrightarrow{e_1}+4\overrightarrow{e_2}$，所以 $\overrightarrow{AC}=\overrightarrow{AB}+\overrightarrow{BC}=\overrightarrow{e_1}+2\overrightarrow{e_2}$，而 $\overrightarrow{CD}=-2\overrightarrow{e_1}-4\overrightarrow{e_2}=-2\overrightarrow{AC}$，所以 $\overrightarrow{CD}\parallel\overrightarrow{AC}$，所以 A、C、D 三点共线.

例 4　已知 O 是平面上一定点，A、B、C 是平面上不共线的三个点，动点 P 满足 $\overrightarrow{OP}=\overrightarrow{OA}+\lambda(\overrightarrow{AB}+\overrightarrow{AC})$，$\lambda\in[0,+\infty)$. 问：点 P 的轨迹能不能通过 $\triangle ABC$ 的重心？

分析：利用向量加法的平行四边形法则，将题目条件中的 $\overrightarrow{AB}+\overrightarrow{AC}$ 转化为与 $\triangle ABC$ 中 BC 边上的中线所共线的向量，再利用重心的性质得到结论.

解：由已知，得 $\overrightarrow{AP}=\lambda(\overrightarrow{AB}+\overrightarrow{AC})$. 设 BC 的中点为 D，则根据平行四边形法则，知点 P 在 BC 的中线 AD 所在的射线上，故点 P 的轨迹一定通过 $\triangle ABC$ 的重心.

例 5　$\triangle ABC$ 的外接圆的圆心为 O，两边上的高的交点为 H，$\overrightarrow{OH}=m(\overrightarrow{OA}+\overrightarrow{OB}+\overrightarrow{OC})$，求实数 m 的值.

解：因为 $\triangle ABC$ 的外接圆的圆心为 O，所以 $(\overrightarrow{OB}+\overrightarrow{OC})\perp\overrightarrow{BC}$，又 H 为三角形的垂心，则 $\overrightarrow{AH}\perp\overrightarrow{BC}$，故 $\overrightarrow{AH}\parallel(\overrightarrow{OB}+\overrightarrow{OC})$. 设 $\overrightarrow{AH}=\lambda(\overrightarrow{OB}+\overrightarrow{OC})$，则 $\overrightarrow{OH}=\overrightarrow{OA}+\overrightarrow{AH}=\overrightarrow{OA}+\lambda\overrightarrow{OB}+\lambda\overrightarrow{OC}$，又 $\overrightarrow{OH}=m(\overrightarrow{OA}+\overrightarrow{OB}+\overrightarrow{OC})$，所以 $m=1$.

说明：本题考查了向量的线性运算，利用两个向量共线的充要条件进行等价转化，得到向量 $\overrightarrow{OH}$ 的另一个向量表达式，从而轻松求解. 这样就回避了从平面几何角度解决该问题时的难点，学生也更能体会到向量强大的工具性.

【变式练习一】

1. 如图，已知平面四边形 $ABCD$，E、F 分别为对角线 AC、BD 的中点，设 $\overrightarrow{AB}=\vec{a}$，$\overrightarrow{DC}=\vec{b}$，用 $\vec{a}$、$\vec{b}$ 表示 $\overrightarrow{EF}$，得 $\overrightarrow{EF}=$________.

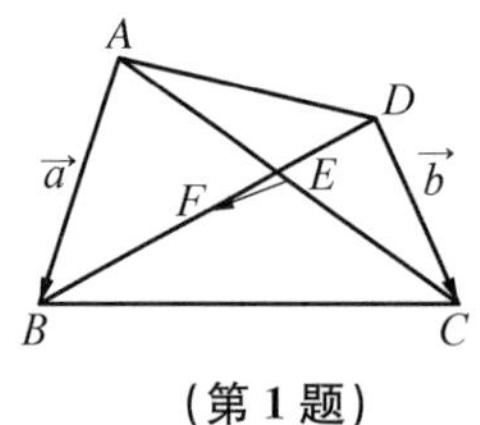

(第 1 题)

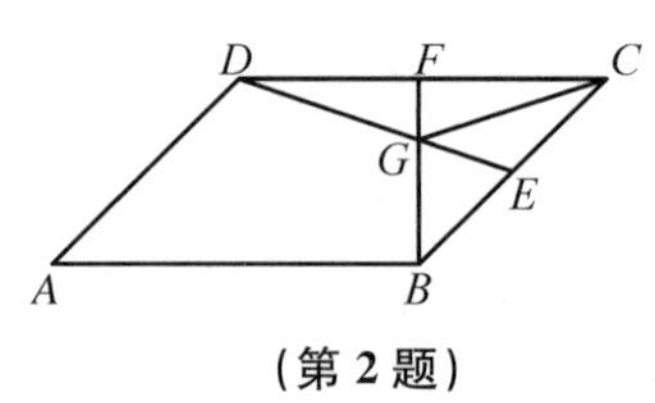

(第 2 题)

2. 如图，在 ▱$ABCD$ 中，E、F 分别是 BC、CD 的中点，G 为 DE、BF 的交点，证明：A、C、G 三点共线.

3. 已知 O 是平面上一定点，A、B、C 是平面上不共线的三个点，动点 P 满足 $\overrightarrow{OP}=\overrightarrow{OA}+\lambda\left(\dfrac{\overrightarrow{AB}}{|\overrightarrow{AB}|}+\dfrac{\overrightarrow{AC}}{|\overrightarrow{AC}|}\right)$，$\lambda\in[0,+\infty)$，则点 P 的轨迹一定通过 $\triangle ABC$ 的　　(　　)

A. 外心　　B. 内心　　C. 重心　　D. 垂心

4. 已知 O 是平面上一定点，A、B、C 是平面上不共线的三个点，动点 P 满足 $\overrightarrow{OP}=\overrightarrow{OA}+\lambda\left(\dfrac{\overrightarrow{AB}}{|\overrightarrow{AB}|\sin B}+\dfrac{\overrightarrow{AC}}{|\overrightarrow{AC}|\sin C}\right)$，$\lambda\in[0,+\infty)$，则点 P 的轨迹一定通过 $\triangle ABC$ 的　　(　　)

A. 重心　　B. 垂心　　C. 外心　　D. 内心

二、平面向量的数量积

【知识概述】

向量数量积运算中，既有大小又有方向，是代数、几何和三角的结合点，不仅应用广泛，而且很好地体现了数形结合的数学思想.

【本质提炼】

物体在运动方向上所做功的数学表达形式.

【基本模型】

1. 向量投影的几何意义：

向量的投影：已知向量 $\vec{a}$、$\vec{b}$，若向量 $\vec{a}$ 的起点 A 和终点 B 在向量 $\vec{b}$ 所在直线 l 上的投影分别为 A'、B'，则向量 $\overrightarrow{A'B'}$ 称为 $\vec{a}$ 在 $\vec{b}$ 上的投影，向量 $\overrightarrow{A'B'}$ 称为 $\vec{a}$ 在 $\vec{b}$ 上的向量投影.

2. 特殊平面图形中的向量的数量积：

在处理向量数量积问题时，若几何图形特殊(如正方形、等边三角形等)，易于建立直角坐标系并确定点的坐标，则考虑将向量坐标化，一旦所求向量用坐标表示，其数量积等问题迎刃而解.

3. 与向量数量积有关的恒等式：

极化恒等式：已知向量 $\vec{a}$、$\vec{b}$ 是平面上两个向量，则有 $\vec{a}\cdot\vec{b}=\dfrac{1}{4}[(\vec{a}+\vec{b})^2-(\vec{a}-\vec{b})^2]$.

平行四边形中的一个重要结论：在平行四边形 $ABCD$ 中，

$$2(|\overrightarrow{AB}|^2+|\overrightarrow{BC}|^2)=|\overrightarrow{AC}|^2+|\overrightarrow{DB}|^2.$$

三角形中的一个重要结论：在$\triangle ABC$中，D是边BC的中点，则

$$\overrightarrow{AB}\cdot\overrightarrow{AC}=|\overrightarrow{AD}|^2-|\overrightarrow{DB}|^2.$$

例1　已知向量$\vec{a}$、$\vec{b}$满足$|\vec{a}|=3$，$|\vec{b}|=2\sqrt{3}$，且$\vec{a}\perp(\vec{a}+\vec{b})$，求$\vec{b}$在$\vec{a}$方向上的数量投影.

分析：考虑$\vec{b}$在$\vec{a}$上的数量投影为$\dfrac{\vec{a}\cdot\vec{b}}{|\vec{b}|}$，所以只需求出$\vec{a}\cdot\vec{b}$即可.由$\vec{a}\perp\vec{a}+\vec{b}$，可得$\vec{a}\cdot(\vec{a}+\vec{b})=\vec{a}^2+\vec{a}\cdot\vec{b}=0$，可解出$\dfrac{\vec{a}\cdot\vec{b}}{|\vec{b}|}$.

解：由$\vec{a}\perp\vec{a}+\vec{b}$，可得$\vec{a}\cdot(\vec{a}+\vec{b})=\vec{a}^2+\vec{a}\cdot\vec{b}=0$，所以$\vec{a}\cdot\vec{b}=-9$，从而得到$\dfrac{\vec{a}\cdot\vec{b}}{|\vec{b}|}=\dfrac{-9}{2\sqrt{3}}=-\dfrac{3\sqrt{3}}{2}$，即$\vec{b}$在$\vec{a}$方向上的数量投影为$-\dfrac{3\sqrt{3}}{2}$.

例2　在边长为1的正三角形ABC中，设$\overrightarrow{BC}=2\overrightarrow{BD}$，$\overrightarrow{CA}=3\overrightarrow{CE}$，求$\overrightarrow{AD}\cdot\overrightarrow{BE}$.

分析：观察到本题图形为等边三角形，该图形具有对称等性质，所以考虑利用建立直角坐标系把向量坐标化，从而解决数量积问题.

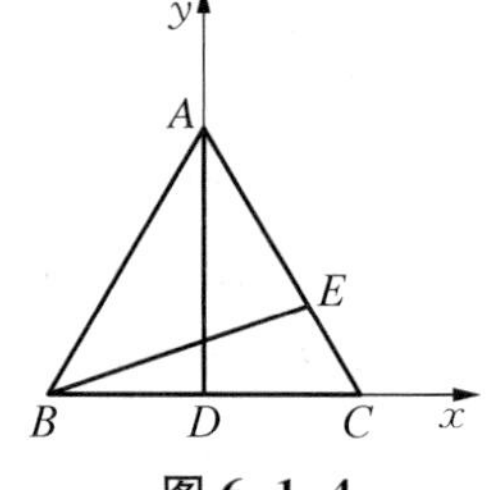

图 6-1-4

解法一：如图 6-1-4.

因为$\overrightarrow{BC}=2\overrightarrow{BD}$，所以$|BC|=2|BD|$，$AD\perp BC$，所以$\overrightarrow{BE}=\overrightarrow{BC}+\overrightarrow{CE}$，

$$\overrightarrow{AD}\cdot\overrightarrow{BE}=\overrightarrow{AD}\cdot(\overrightarrow{BC}+\overrightarrow{CE})=\overrightarrow{AD}\cdot\overrightarrow{BC}-\frac{1}{3}\overrightarrow{AD}\cdot\overrightarrow{AC}$$

$$=-\frac{1}{3}|\overrightarrow{AD}|\cdot|\overrightarrow{AC}|\cos\langle\overrightarrow{AD},\overrightarrow{AC}\rangle=-\frac{1}{4}.$$

解法二：如图 6-1-4 建立直角坐标系，则$A\left(0,\dfrac{\sqrt{3}}{2}\right)$，$B\left(-\dfrac{1}{2},0\right)$，$C\left(\dfrac{1}{2},0\right)$.

令$E(x,y)$，则$\overrightarrow{CE}=\left(x-\dfrac{1}{2},y\right)$，$\overrightarrow{CA}=\left(-\dfrac{1}{2},\dfrac{\sqrt{3}}{2}\right)$.

由$\overrightarrow{CA}=3\overrightarrow{CE}$，可得$\begin{cases}3\left(x-\dfrac{1}{2}\right)=-\dfrac{1}{2},\\3y=\dfrac{\sqrt{3}}{2},\end{cases}$　解得$\begin{cases}x=\dfrac{1}{3},\\y=\dfrac{\sqrt{3}}{6}.\end{cases}$　即$E\left(\dfrac{1}{3},\dfrac{\sqrt{3}}{6}\right)$.

所以 $\overrightarrow{AD}=\left(0,-\frac{\sqrt{3}}{2}\right)$，$\overrightarrow{BE}=\left(\frac{5}{6},\frac{\sqrt{3}}{6}\right)$，$\overrightarrow{AD}\cdot\overrightarrow{BE}=-\frac{1}{4}$.

说明: 从以上两种解法中可以发现,有些运算直接利用向量运算法则比较简单.

例3 如图6-1-5,四边形 $ABCD$ 是半径为1的圆 O 的外切正方形，$\triangle PQR$ 是圆 O 的内接正三角形,当 $\triangle PQR$ 绕着圆心 O 旋转时,求 $\overrightarrow{AQ}\cdot\overrightarrow{OR}$ 的最大值.

分析: 本题所给的图形为正方形及其内切圆,可考虑建立直角坐标系,为了使坐标易于计算,可以 O 为坐标原点.确定点 Q、R 的坐标是难点,观察两个点之间的关系,无论 $\triangle PQR$ 如何转动，$\angle ROQ=\frac{2\pi}{3}$，考虑圆的参数方程,设 $R(\cos\theta,\ \sin\theta)$，从而 $Q\left(\cos\left(\theta-\frac{2\pi}{3}\right),\ \sin\left(\theta-\frac{2\pi}{3}\right)\right)$ $(\theta\in[0,\ 2\pi))$，用 θ 的三角函数将两点坐标表示出来,从而可求出 $\overrightarrow{AQ}\cdot\overrightarrow{OR}$ 的范围.

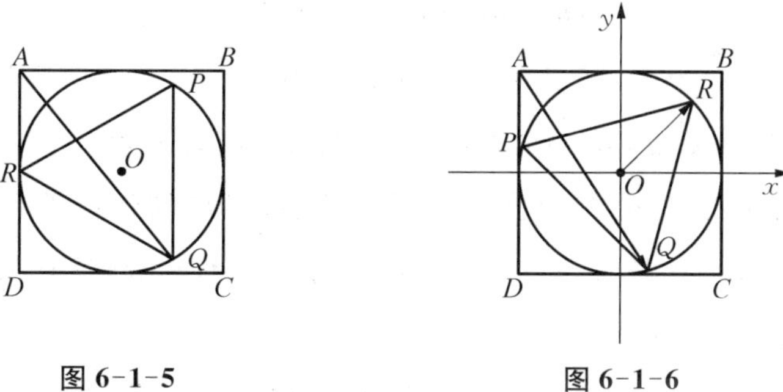

图 6-1-5　　图 6-1-6

解: 如图6-1-6,以圆心 O 为坐标原点建立直角坐标系,可得 $A(-1,\ 1)$.

因为无论 $\triangle PQR$ 如何转动，$\angle ROQ=\frac{2\pi}{3}$，可设 $R(\cos\theta,\ \sin\theta)$，从而

$$Q\left(\cos\left(\theta-\frac{2\pi}{3}\right),\ \sin\left(\theta-\frac{2\pi}{3}\right)\right)\ (\theta\in[0,\ 2\pi)),$$

$$\overrightarrow{AQ}=\left(\cos\left(\theta-\frac{2\pi}{3}\right)+1,\ \sin\left(\theta-\frac{2\pi}{3}\right)-1\right),$$

$$\overrightarrow{OR}=(\cos\theta,\sin\theta),$$

所以 $\overrightarrow{AQ}\cdot\overrightarrow{OR}=\cos\theta\left[\cos\left(\theta-\frac{2\pi}{3}\right)+1\right]+\sin\theta\left[\sin\left(\theta-\frac{2\pi}{3}\right)-1\right]$

$$=\cos\theta\left[-\frac{1}{2}\cos\theta+\frac{\sqrt{3}}{2}\sin\theta+1\right]$$

$$+\sin\theta\left[-\frac{1}{2}\sin\theta-\frac{\sqrt{3}}{2}\cos\theta-1\right]$$

$$=-\frac{1}{2}\cos^2\theta+\frac{\sqrt{3}}{2}\sin\theta\cos\theta+\cos\theta-\frac{1}{2}\sin^2\theta$$

$$-\frac{\sqrt{3}}{2}\sin\theta\cos\theta-\sin\theta$$

$$=-\frac{1}{2}-\sin\theta+\cos\theta=-\frac{1}{2}+\sqrt{2}\cos\left(\theta+\frac{\pi}{4}\right).$$

又 $\theta\in[0,2\pi)$，所以 $\overrightarrow{AQ}\cdot\overrightarrow{OR}$ 的最大值为 $-\frac{1}{2}+\sqrt{2}$.

说明： 在直角坐标系中涉及圆上的点，除了想到传统坐标之外，还应想到圆的参数方程，可依靠参数的几何意义将条件充分地利用起来.

例4　如图 6-1-7，在同一平面内，点 A 位于两平行直线 m、n 的同侧，且 A 到 m、n 的距离分别为 1、3，点 B、C 分别在 m、n 上，$|\overrightarrow{AB}+\overrightarrow{AC}|=5$，求 $\overrightarrow{AB}\cdot\overrightarrow{AC}$ 的最大值.

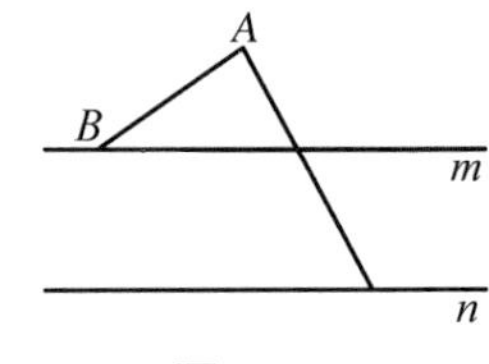

图 6-1-7

分析： 本题从所求看，条件中没有给出 AB、AC 的长度，也没有出夹角的相关信息，所以直接求解有难度.利用极化恒等式可以非常简单地将所求的向量数量积转化为以 BC 长度为自变量的函数，这样问题就转化为求函数最值问题.

解： 如图 6-1-8，连接 BC，取 BC 的中点 D，由极化恒等式 $\overrightarrow{AB}\cdot\overrightarrow{AC}=|\overrightarrow{AD}|^2-|\overrightarrow{DB}|^2$，又 $|\overrightarrow{AD}|=\frac{1}{2}|\overrightarrow{AB}+\overrightarrow{AC}|=\frac{5}{2}$，所以 $\overrightarrow{AB}\cdot\overrightarrow{AC}=\frac{25}{4}-|\overrightarrow{DB}|^2=\frac{25}{4}-\frac{|\overrightarrow{BC}|^2}{4}$.

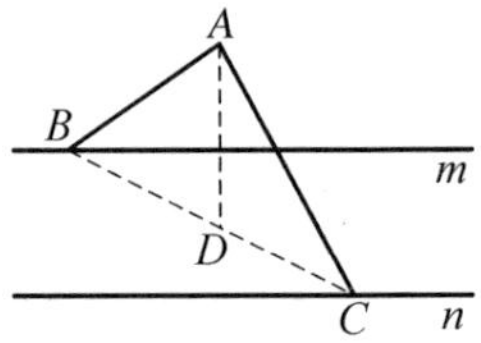

图 6-1-8

因为 A 到 m、n 的距离分别为 1、3，可知 $BC_{\min}=3-1=2$，所以 $(\overrightarrow{AB}\cdot\overrightarrow{AC})_{\max}=\frac{21}{4}$.

说明： 本题中可利用目标函数法，将所求的 $\overrightarrow{AB}\cdot\overrightarrow{AC}$ 表示成关于某个变量的函数，这样就把问题转化为求函数最值.结合题目中给定的条件 $|\overrightarrow{AB}+\overrightarrow{AC}|=5$，可以非常方便地联想到向量加法的平行四边形法则，利用向量极化恒等式将目标函数表示出来，从而将问题顺利解决，如果采取一般常规的方法，本题求解将比较烦琐.

【变式练习二】

1. 在 $\triangle ABC$ 中，O 为 BC 的中点，若 $AB=1$，$AC=3$，$\angle A=60°$，则 $|\overrightarrow{OA}|=$

________.

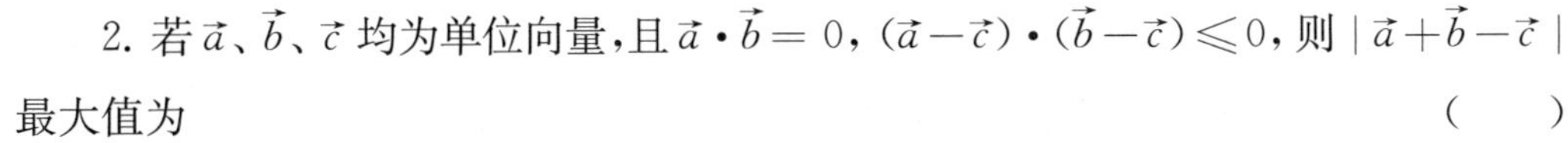

2. 若 $\vec{a}$、$\vec{b}$、$\vec{c}$ 均为单位向量,且 $\vec{a}\cdot\vec{b}=0$, $(\vec{a}-\vec{c})\cdot(\vec{b}-\vec{c})\leqslant 0$,则 $|\vec{a}+\vec{b}-\vec{c}|$ 最大值为　(　　)

A. $\sqrt{2}-1$　　B. 1　　C. $\sqrt{2}$　　D. 2

3. 如图,在矩形 $ABCD$ 中, $AB=\sqrt{2}$, $BC=2$,点 E 为 BC 的中点,点 F 在边 CD 上,若 $\overrightarrow{AB}\cdot\overrightarrow{AF}=\sqrt{2}$,则 $\overrightarrow{AE}\cdot\overrightarrow{BF}$ 的值是________.

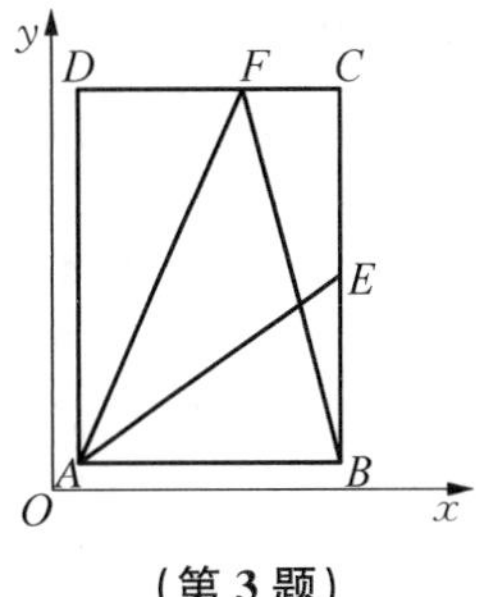

(第 3 题)

4. 在直角三角形 ABC 中, $AC=\sqrt{3}$, $BC=1$,点 M、N 分别是 AB、BC 的中点,点 P 是 $\triangle ABC$ 内及边界上的任一点,则 $\overrightarrow{AN}\cdot\overrightarrow{MP}$ 的取值范围是________.

5. 如图, O 为 $\triangle ABC$ 的外心, $AB=4$, $AC=2$, $\angle BAC$ 为钝角, M 是边 BC 的中点,则 $\overrightarrow{AM}\cdot\overrightarrow{AO}$ 的值为　(　　)

A. 4　　B. 5　　C. 6　　D. 7

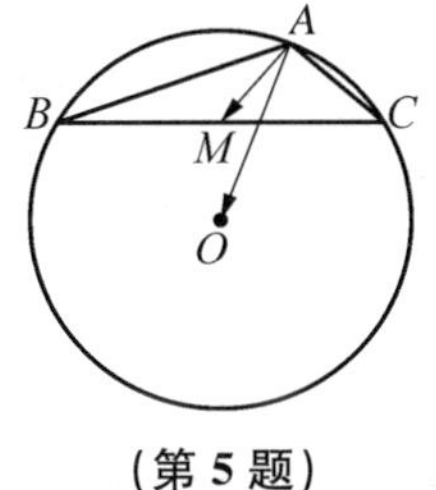

(第 5 题)

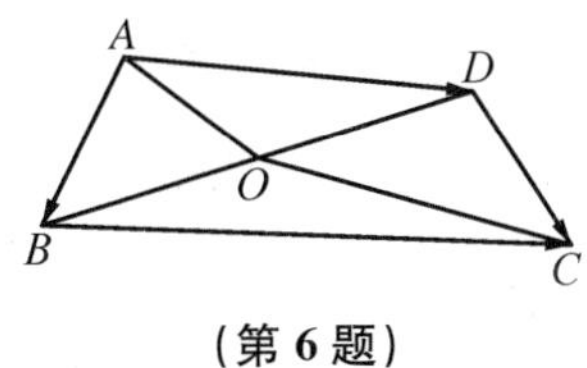

(第 6 题)

6. 如图,在平面四边形 $ABCD$ 中, O 为 BD 的中点,且 $OA=3$, $OC=5$. 若 $\overrightarrow{AB}\cdot\overrightarrow{AD}=-7$,则 $\overrightarrow{BC}\cdot\overrightarrow{DC}$ 的值是________.

三、平面向量基本定理

【知识概述】

平面向量基本定理是在平面向量的加法、减法、数乘向量三种线性运算的基础上,对向量运算的一个总结与提升,建立了“形”与“数”的联系,是平面向量的坐标表示的逻辑前提,也是向量法解决几何问题的重要理论基础,平面向量基本定理体现了平面向量的“二维性”,实现了向量的表示、运算与图形的有机结合与统一.

【本质提炼】

平面内任一向量均可由两个不共线向量的线性组合表示.

【基本模型】

1. 向量数量积的转化：我们经常会遇到在某个几何图形中涉及两个向量 $\vec{a}$、$\vec{b}$ 数量积的问题，如果无法寻找到计算数量积的要素（$\vec{a}$、$\vec{b}$ 模长，夹角），那么可考虑利用平面向量基本定理寻找合适的两个向量（称为基）将 $\vec{a}$、$\vec{b}$ 表示出来，进而进行运算.这是在几何图形中处理向量数量积的一个重要方法.

2. 平面向量共线定理中的等和线：如图 6-1-9，若 $\overrightarrow{OC}=\lambda\overrightarrow{OD}$，则 $\overrightarrow{OC}=x\overrightarrow{OA}+y\overrightarrow{OB}=\lambda\left(\frac{x}{\lambda}\overrightarrow{OA}+\frac{y}{\lambda}\overrightarrow{OB}\right)=\lambda\overrightarrow{OD}$，有 $\frac{x}{\lambda}+\frac{y}{\lambda}=1$，即 $x+y=\lambda$.

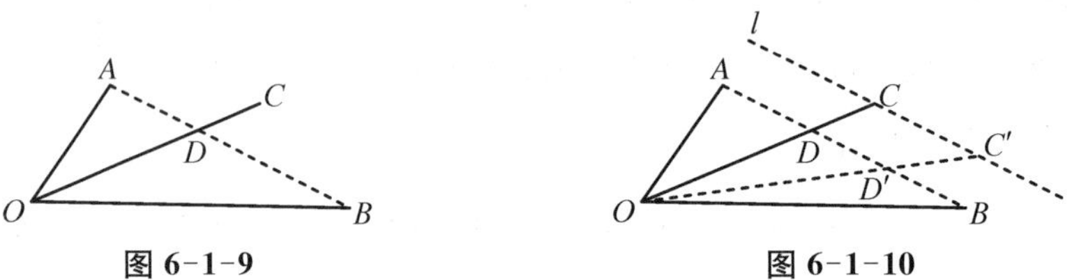

图 6-1-9　　　　图 6-1-10

如图 6-1-10，过点 C 作直线 $l\parallel AB$，在 l 上任取一点 C'，连接 OC'，与 AB 交于点 D'. 同理可得，以 $\overrightarrow{OA}$、$\overrightarrow{OB}$ 为基时，$\overrightarrow{OC'}$ 对应的系数和依然为 λ. 即在向量起点相同的前提下，所有以与 AB 平行的直线上的点为终点的向量，其基的系数和为定值，这样的线，我们称之为“等和线”.值的大小与起点到等和线的距离成正比，若等和线与 AB 在起点的两侧时，值为负.

例 1　如图 6-1-11，在 $\triangle ABC$ 中，$\angle BAC=120°$，$AB=2$，$AC=1$，D 是边 BC 上一点，$DC=2BD$，求 $\overrightarrow{AD}\cdot\overrightarrow{BC}$.

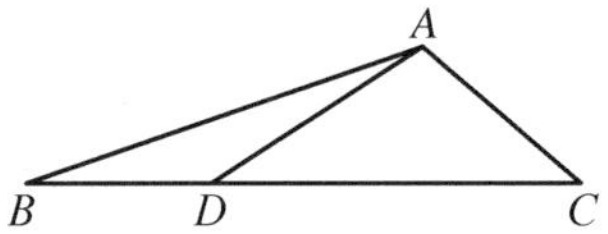

图 6-1-11

分析：$\overrightarrow{AD}$、$\overrightarrow{BC}$ 模长未知（$|\overrightarrow{BC}|$ 尚可求出），夹角未知，所以很难直接求出数量积.考虑是否有合适基，题中 $\angle BAC$ 大小，AB、AC 长度已知，条件齐备，适合作为基.用 $\overrightarrow{AB}$、$\overrightarrow{AC}$ 表示 $\overrightarrow{AD}\cdot\overrightarrow{BC}$.

解：因为 $\overrightarrow{BC}=\overrightarrow{AC}-\overrightarrow{AB}$，$\overrightarrow{AD}=\frac{1}{3}\overrightarrow{AC}+\frac{2}{3}\overrightarrow{AB}$，所以

$$\begin{aligned}\overrightarrow{AD}\cdot\overrightarrow{BC}&=\left(\frac{1}{3}\overrightarrow{AC}+\frac{2}{3}\overrightarrow{AB}\right)\cdot(\overrightarrow{AC}-\overrightarrow{AB})\\&=\frac{1}{3}\overrightarrow{AC}^2+\frac{1}{3}\overrightarrow{AB}\cdot\overrightarrow{AC}-\frac{2}{3}\overrightarrow{AB}^2=-\frac{8}{3}.\end{aligned}$$

例 2　如图 6-1-12，在边长为 1 的正三角形 ABC 中，$\overrightarrow{BD}=x\overrightarrow{BA}$，$\overrightarrow{CE}=y\overrightarrow{CA}$，$x>0$，$y>0$，$x+y=1$，求 $\overrightarrow{CD}\cdot\overrightarrow{BE}$ 的最大值.

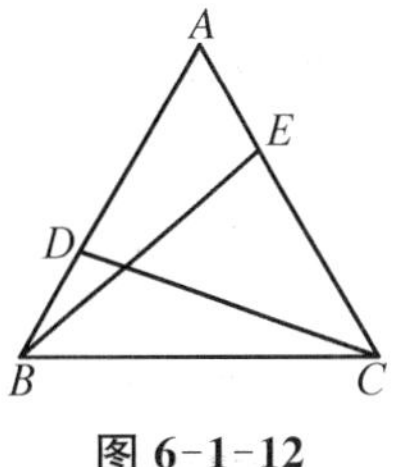

图 6-1-12

分析: 所给 $\triangle ABC$ 为等边三角形,则三边所成向量两两数量积可解.所以在三边向量中选取合适的基将 $\overrightarrow{CD}$、$\overrightarrow{BE}$ 表示出来,再作数量积运算并利用 $x+y=1$ 消元即可求出最值.

解: 因为 $\overrightarrow{CD}=\overrightarrow{CB}+\overrightarrow{BD}=\overrightarrow{CB}+x\overrightarrow{BA}$, $\overrightarrow{BE}=\overrightarrow{BC}+\overrightarrow{CE}=\overrightarrow{BC}+y\overrightarrow{CA}$, 所以

$$\begin{aligned}\overrightarrow{CD}\cdot\overrightarrow{BE}&=(\overrightarrow{CB}+x\overrightarrow{BA})\cdot(\overrightarrow{BC}+y\overrightarrow{CA})\\&=-\overrightarrow{BC}^2+y\overrightarrow{CB}\cdot\overrightarrow{CA}+x\overrightarrow{BA}\cdot\overrightarrow{BC}+xy\overrightarrow{BA}\cdot\overrightarrow{CA}\\&=-1+\frac{1}{2}y+\frac{1}{2}x+\frac{1}{2}xy\\&=-1+\frac{1}{2}(y+x)+\frac{1}{2}xy=-\frac{1}{2}+\frac{1}{2}xy.\end{aligned}$$

因为 $x+y=1$,所以 $y=1-x$ 且 $0<x<1$.

所以 $\overrightarrow{CD}\cdot\overrightarrow{BE}=-\frac{1}{2}+\frac{1}{2}x(1-x)=-\frac{1}{2}(x^2-x+1)=-\frac{1}{2}\left[\left(x-\frac{1}{2}\right)^2+\frac{3}{4}\right]\leqslant-\frac{3}{8}$,当且仅当 $x=\frac{1}{2}$ 时,等号成立,即 $(\overrightarrow{CD}\cdot\overrightarrow{BE})_{\max}=-\frac{3}{8}$.

说明: 1. 本题在最后求最值时还可以利用均值不等式迅速把问题解决: $\overrightarrow{CD}\cdot\overrightarrow{BE}=-1+\frac{1}{2}(y+x)+\frac{1}{2}xy\leqslant-1+\frac{1}{2}(y+x)+\frac{1}{2}\left(\frac{x+y}{2}\right)^2=-1+\frac{1}{2}+\frac{1}{8}=-\frac{3}{8}$.

2. 在消元时要注意,若所消去的元本身有范围,则这个范围由主元来承担.

例 3 在正六边形 $ABCDEF$ 中,P 是 $\triangle CDE$ 内(包括边界)的动点,设 $\overrightarrow{AP}=\alpha\overrightarrow{AB}+\beta\overrightarrow{AF}(\alpha,\beta\in\mathbf{R})$,求 $\alpha+\beta$ 的取值范围.

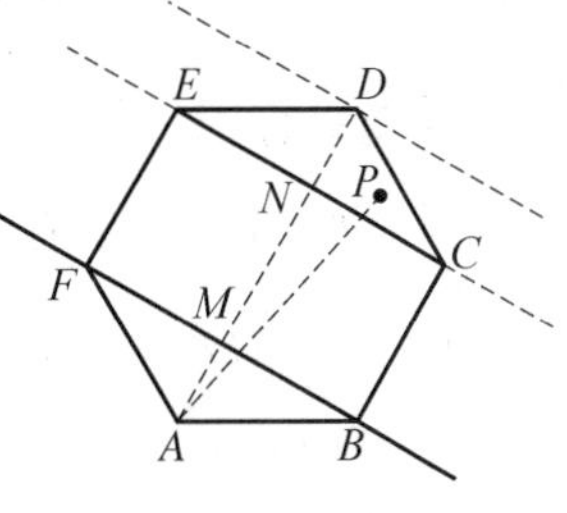

图 6-1-13

分析: 如图 6-1-13,由 $\overrightarrow{AP}=\alpha\overrightarrow{AB}+\beta\overrightarrow{AF}(\alpha、\beta\in\mathbf{R})$,结合图形可知,当点 P 位于点 D 时,α、β 同时取到最大值,所以 $\alpha+\beta$ 最大值可求;由于随着点 P 位置的变化,α、β 的值同时在变化,对于何时取到最小值无法从图形上轻易观察到,但是转化为等和线后问题就比较明确了.

解: 因为 $\overrightarrow{AP}=\alpha\overrightarrow{AB}+\beta\overrightarrow{AF}(\alpha、\beta\in\mathbf{R})$,所以 BF 是 $\alpha+\beta=1$ 的等和线.

因为 P 是 $\triangle CDE$ 内(包括边界)的动点,$EC\parallel BF$,所以 EC 是最近的等和线,

此时 $\alpha+\beta=\dfrac{AN}{AM}=3$.

过点 D 的等和线是最远的,此时 $\alpha+\beta=\dfrac{AD}{AM}=4$.

所以 $\alpha+\beta\in[3,4]$.

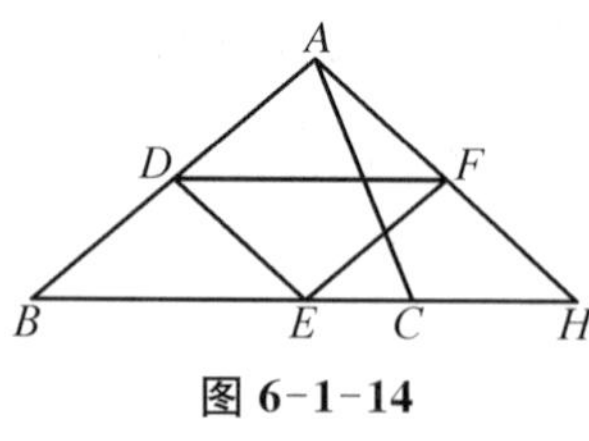

图 6-1-14

例 4 如图 6-1-14,设 D、E 分别是 $\triangle ABC$ 的边 AB、BC 上的点,$AD=\dfrac{1}{2}AB$,$BE=\dfrac{2}{3}BC$,若 $\overrightarrow{DE}=\alpha\overrightarrow{AB}+\beta\overrightarrow{AC}(\alpha,\beta\in\mathbf{R})$,求 $\alpha+\beta$ 的值.

分析: 本题中 $\triangle ABC$ 的边长和角度均未给定,所以无法简单地建立坐标系将问题代数化,而题中 $\overrightarrow{DE}=\alpha\overrightarrow{AB}+\beta\overrightarrow{AC}(\alpha、\beta\in\mathbf{R})$ 无法直接利用等和线求解,故利用向量相等定义,平移构造 $\overrightarrow{AF}=\overrightarrow{DE}=\alpha\overrightarrow{AB}+\beta\overrightarrow{AC}$,从而利用等和线进行求解.

解: 由平面向量共线定理 $\overrightarrow{AE}=\alpha\overrightarrow{AB}+\beta\overrightarrow{AC}(\alpha、\beta\in\mathbf{R})$,可知 BC 是值为 1 的等和线.

过点 A 作 $\overrightarrow{AF}=\overrightarrow{DE}$,延长 AF 与 BC 的延长线交于点 H.

因为 $AD=\dfrac{1}{2}AB$,所以 EF 是 $\triangle AHB$ 的中位线,即 $AF=FH$.

从而可知 DF 也是 $\triangle AHB$ 的中位线,即 $DF\parallel BC$,且 $DF=\dfrac{1}{2}BH$,所以,

$$\overrightarrow{DF}=\frac{2}{3}\overrightarrow{BC},\ \overrightarrow{AF}=\overrightarrow{AD}+\overrightarrow{DF}=\frac{1}{2}\overrightarrow{AB}+\frac{2}{3}\overrightarrow{BC}=-\frac{1}{6}\overrightarrow{AB}+\frac{2}{3}\overrightarrow{AC}.$$

又 $\overrightarrow{DE}=\alpha\overrightarrow{AB}+\beta\overrightarrow{AC}(\alpha、\beta\in\mathbf{R})$,所以 $\alpha+\beta=\dfrac{1}{2}$.

【变式练习三】

1. 如图,已知在 $\triangle ABC$ 中,$AD\perp BC$,$\overrightarrow{BC}=\sqrt{3}\,\overrightarrow{BD}$,$|\overrightarrow{AD}|=1$,则 $\overrightarrow{AC}\cdot\overrightarrow{AD}=$__________.

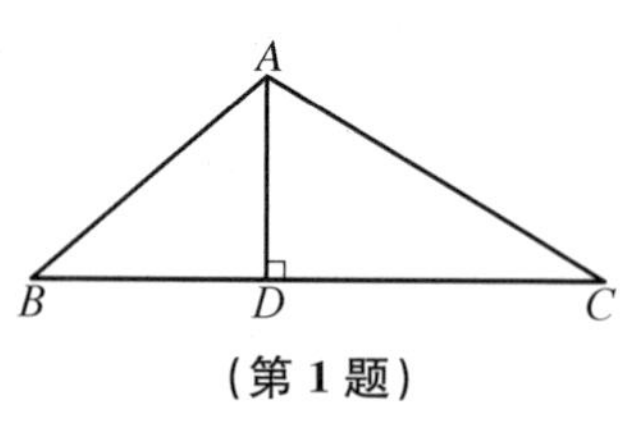

(第 1 题)

2. 已知 $\overrightarrow{OA}$、$\overrightarrow{OB}$、$\overrightarrow{OC}$ 满足条件:$\overrightarrow{OA}+\overrightarrow{OB}+\overrightarrow{OC}=\vec{0}$,且 $|\overrightarrow{OA}|=|\overrightarrow{OB}|=|\overrightarrow{OC}|=2$,$P$ 是 $\triangle ABC$ 内一动点,则 $\overrightarrow{AB}\cdot\overrightarrow{AP}+\overrightarrow{BC}\cdot\overrightarrow{BP}+\overrightarrow{CA}\cdot\overrightarrow{CP}=$__________.

3. 在平行四边形 $ABCD$ 中,E、F 分别是 CD 和 BC 的中点,且 $\overrightarrow{AC}=\alpha\overrightarrow{AE}+\beta\overrightarrow{AF}(\alpha、\beta\in\mathbf{R})$,则 $\alpha+\beta=$__________.

四、平面向量的坐标表示

【知识概述】

向量的坐标表示，即用数对来表示向量，是向量的代数表示.在引入了向量的坐标表示后，可使向量运算代数化，将数与形紧密结合起来，这样很多几何问题的证明就能转化为大家熟知的数量的运算，一方面为用代数方法处理几何问题提供了通道，另一方面为向量概念推广到高维空间指明了途径.

【本质提炼】

以 e_1、e_2 为基向量，平面内任意向量的正交分解，即向量与有序实数对一一对应.

【基本模型】

1. 向量的坐标表示：已知平面上的两点 $A(x_1, y_1)$，$B(x_2, y_2)$，则可得 $\overrightarrow{AB}=(x_2-x_1, y_2-y_1)$.

2. 向量的坐标运算：设 $\vec{a}=(x_1, y_1)$，$\vec{b}=(x_2, y_2)$，则有

(1) 加减运算：$\vec{a}\pm\vec{b}=(x_1\pm x_2, y_1\pm y_2)$；

(2) 数乘运算：$\lambda\vec{a}=(\lambda x_1, \lambda y_1)$；

(3) 数量积运算：$\vec{a}\cdot\vec{b}=x_1x_2+y_1y_2$；

(4) 向量的模长：$|\vec{a}|=\sqrt{x_1^2+y_1^2}$.

3. 向量位置关系的判定：

(1) 平行：$\vec{a}\,/\!/\,\vec{b}\Leftrightarrow x_1y_2=x_2y_1$；

(2) 垂直：$\vec{a}\perp\vec{b}\Leftrightarrow\vec{a}\cdot\vec{b}=0\Leftrightarrow x_1x_2+y_1y_2=0$；

(3) 向量夹角余弦值：$\cos\langle\vec{a}, \vec{b}\rangle=\dfrac{\vec{a}\cdot\vec{b}}{|\vec{a}|\cdot|\vec{b}|}=\dfrac{x_1x_2+y_1y_2}{\sqrt{x_1^2+y_1^2}\cdot\sqrt{x_2^2+y_2^2}}$.

例1 已知点 $O(0, 0)$，$A(1, 2)$，$B(4, 5)$ 及 $\overrightarrow{OP}=\overrightarrow{OA}+t\overrightarrow{AB}$.$t$ 为何值时，P 在 x 轴上？P 在 y 轴上？P 在第二象限？

分析：本题是从纯向量运算的角度来思考的，通过点 P 对应向量坐标的讨论来考查 t 的可能取值.

解：$\overrightarrow{OP}=\overrightarrow{OA}+t\overrightarrow{AB}$，所以 $\overrightarrow{OP}=(1, 2)+t(3, 3)=(1+3t, 2+3t)$.

若 P 在 x 轴上，则 $2+3t=0\Rightarrow t=-\dfrac{2}{3}$；

若 P 在 y 轴上，则 $1+3t=0\Rightarrow t=-\dfrac{1}{3}$；

若 P 在第二象限，则 $\begin{cases}2+3t>0\\1+3t<0\end{cases}\Rightarrow -\frac{2}{3}<t<-\frac{1}{3}$.

说明： 表达式 $\overrightarrow{OP}=\overrightarrow{OA}+t\overrightarrow{AB}$ 是直线的向量表示形式.

例 2 已知 $\vec{a}=(3k, 3)$，$\vec{b}=(-6, k-7)$，$\vec{a}\parallel\vec{b}$，求 $|\vec{a}-2\vec{b}|$.

分析： 两个非零向量 $\vec{a}=(x_1, y_1)$，$\vec{b}=(x_2, y_2)$ 平行的充要条件是 $x_1y_2=y_1x_2$.

解： 因为 $\vec{a}\parallel\vec{b}$，所以 $3k(k-7)=3\times(-6)$，解得 $k=1$ 或 $k=6$.

当 $k=1$ 时，$\vec{a}=(3, 3)$，$\vec{b}=(-6, -6)$，因此 $\vec{a}-2\vec{b}=(15, 15)$，于是 $|\vec{a}-2\vec{b}|=15\sqrt{2}$.

同理可得，当 $k=6$ 时，$|\vec{a}-2\vec{b}|=5\sqrt{37}$.

【变式练习四】

1. 如图，菱形 $ABCD$ 的边长为 2，$\angle BAD=120°$，点 E、F 分别在 BC、CD 上，且 $\overrightarrow{BE}=\lambda\overrightarrow{BC}$，$\overrightarrow{DF}=\mu\overrightarrow{DC}$，若 $\overrightarrow{AE}\cdot\overrightarrow{AF}=1$，$\overrightarrow{CE}\cdot\overrightarrow{CF}=-\frac{3}{2}$，则 $\lambda+\mu$ 的值为 ( )

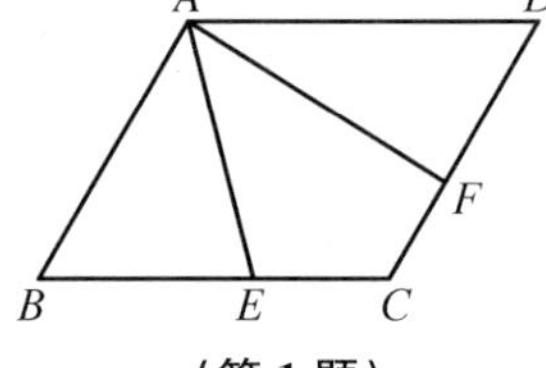

（第 1 题）

A. $\frac{1}{2}$　　B. $\frac{3}{2}$

C. $\frac{5}{4}$　　D. $\frac{7}{12}$

2. 已知 $\vec{a}=(-2, 3)$，$\vec{b}=(1, -5)$，则 $3\vec{a}-\vec{b}=$________.

3. 已知 $A(2, 3)$、$B(-1, 5)$，且满足 $\overrightarrow{AC}=\frac{1}{3}\overrightarrow{AB}$，$\overrightarrow{AD}=3\overrightarrow{AB}$，$\overrightarrow{AE}=-\frac{1}{4}\overrightarrow{AB}$. 则：(1) $\overrightarrow{AB}$ 的单位向量 $\vec{a_0}=$________；(2) C、D、E 的坐标分别为____________.

4. 已知向量 $\vec{a}=(1, -2)$，$\vec{b}=(-7, -6)$，则与 $\vec{a}+\vec{b}$ 同向，且模为 20 的向量 $\vec{c}=$________.

5. 已知点 O 是 $\triangle ABC$ 的外心，且 $AB=3$，$AC=4$，若存在非零实数 x、y，使得 $\overrightarrow{AO}=x\overrightarrow{AB}+y\overrightarrow{AC}$，且 $x+2y=1$，则 $\cos\angle BAC=$__________.

6. 若 $|\vec{a}|=1$，$\vec{b}=(2, 1)$，则 $|2\vec{a}+\vec{b}|$ 的取值范围是____________.

五、向量知识综合应用

【知识概述】

向量是近代数学中重要和基本的数学概念之一，它是沟通代数、几何和三角函数的一种工具.

【本质提炼】

向量具有可运算的特征,“有效能算”决定了其在各种内容中的运用.

【基本模型】

1. 平行与垂直模型:

(1) 平行:$\vec{a} /\!/ \vec{b} \Leftrightarrow x_1y_2=x_2y_1$;(2) 垂直:$\vec{a} \perp \vec{b} \Leftrightarrow \vec{a}\cdot\vec{b}=0 \Leftrightarrow x_1x_2+y_1y_2=0$.

2. 在解三角形中的应用:

$$\cos\langle\vec{a},\ \vec{b}\rangle=\frac{\vec{a}\cdot\vec{b}}{|\vec{a}|\cdot|\vec{b}|}=\frac{x_1x_2+y_1y_2}{\sqrt{x_1^2+y_1^2}\cdot\sqrt{x_2^2+y_2^2}}.$$

例1　如图 6-1-15,证明:圆中直径所对的圆周角是直角.

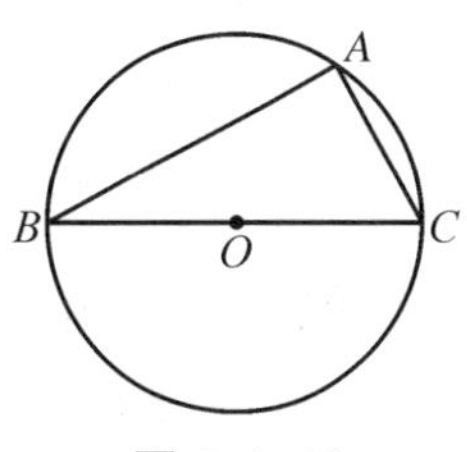

图 6-1-15

分析:证明 $\angle BAC=\frac{\pi}{2}$,可从利用向量数量积为 0 进行,通过在图形中建立坐标系,将向量代数化后,利用向量数量积的坐标公式即可求证.

证明:以 O 为原点,以 OC 为 x 轴,建立平面直角坐标系.不妨设 $C(r,\ 0)$,$B(-r,\ 0)$.

因为 A 是圆上的点,可设 $A(r\cos\theta,\ r\sin\theta)$. 由向量线性运算,可知

$$\overrightarrow{AB}=(-r-r\cos\theta,\ -r\sin\theta),\ \overrightarrow{AC}=(r-r\cos\theta,\ -r\sin\theta),$$

所以　$\overrightarrow{AB}\cdot\overrightarrow{AC}=(r\cos\theta)^2-r^2+(r\sin\theta)^2=0$.

说明:本题的证明方法较多,还可以用平面几何的知识或者解析法加以证明.

例2　如图 6-1-16,在 $\triangle ABC$ 的外部作正方形 $ABEF$ 和正方形 $ACGH$,BC 的中点 M 与点 A 所在直线交 FH 于点 K,证明:$MK\perp FH$.

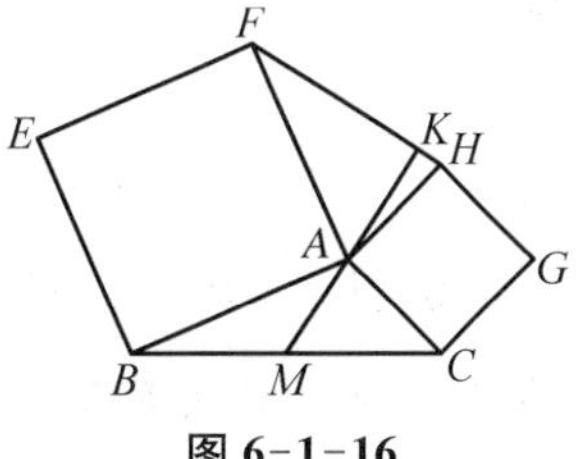

图 6-1-16

证明:设 $\angle FAH=\theta$,因为四边形 $ABEF$ 和 $ACGH$ 都是正方形,所以 $\overrightarrow{AB}\cdot\overrightarrow{AF}=0$,$\overrightarrow{AC}\cdot\overrightarrow{AH}=0$.

$$\overrightarrow{AB}\cdot\overrightarrow{AH}=|\overrightarrow{AB}|\cdot|\overrightarrow{AH}|\cdot\cos\left(\frac{\pi}{2}+\theta\right),$$

$$\overrightarrow{AC}\cdot\overrightarrow{AF}=|\overrightarrow{AC}|\cdot|\overrightarrow{AF}|\cdot\cos\left(\frac{\pi}{2}+\theta\right).$$

因为 $|\overrightarrow{AB}|=|\overrightarrow{AF}|$,$|\overrightarrow{AH}|=|\overrightarrow{AC}|$,所以 $\overrightarrow{AB}\cdot\overrightarrow{AH}=\overrightarrow{AF}\cdot\overrightarrow{AC}$,

$$\begin{aligned}\overrightarrow{AM}\cdot\overrightarrow{FH}&=\frac{1}{2}(\overrightarrow{AB}+\overrightarrow{AC})(\overrightarrow{AH}-\overrightarrow{AF})\\&=\frac{1}{2}(\overrightarrow{AB}\cdot\overrightarrow{AH}-\overrightarrow{AB}\cdot\overrightarrow{AF}+\overrightarrow{AC}\cdot\overrightarrow{AH}-\overrightarrow{AC}\cdot\overrightarrow{AF})\\&=\frac{1}{2}(\overrightarrow{AB}\cdot\overrightarrow{AH}-\overrightarrow{AC}\cdot\overrightarrow{AF})=0.\end{aligned}$$

例 3 已知 $P_1(-2, 3)$、$P_2(0, 1)$. 若 $\overrightarrow{P_1P_2}=2\overrightarrow{PP_2}$，求点 P 的坐标 (x, y).

分析： 利用向量平行的坐标公式求点 P 的坐标 (x, y).

解： 设点 P 的坐标为 (x, y).

因为 $P_1(-2, 3)$、$P_2(0, 1)$，且 $\overrightarrow{P_1P_2}=2\overrightarrow{PP_2}$，所以 $\overrightarrow{P_1P_2}\parallel\overrightarrow{PP_2}$，$\overrightarrow{P_1P_2}=(2, -2)$.

所以 $\overrightarrow{PP_2}=(-x, 1-y)=(1, -1)$，可得 $x=-1$，$y=2$.

所以点 P 的坐标为 $(-1, 2)$.

例 4 已知向量 $\vec{a}$、$\vec{b}$ 的夹角为 45°，且 $|\vec{a}|=1$，$|2\vec{a}-\vec{b}|=\sqrt{10}$. 求 $|\vec{b}|$ 的值.

分析： 本题利用几何图形可解，运用向量加减运算作出如下图形（图 6-1-17）. 可知 $|AB|=2$，$B=\frac{\pi}{4}$，$|AC|=\sqrt{10}$，只需利用余弦定理求出 $|BC|$ 即可.

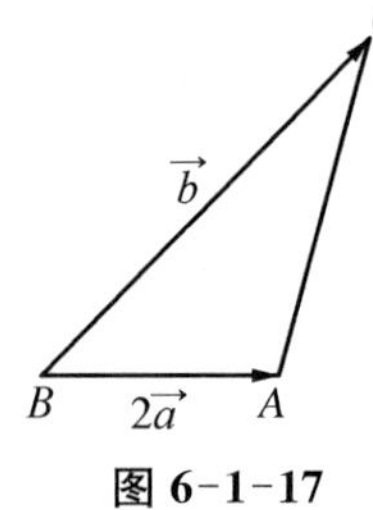

图 6-1-17

解： 如图 6-1-17，令 $\overrightarrow{BA}=2\vec{a}$，$\overrightarrow{BC}=\vec{b}$，则

$$|AB|=2,\ B=\frac{\pi}{4},\ |\overrightarrow{AC}|=|2\vec{a}-\vec{b}|=\sqrt{10},$$

可得 $|\vec{b}|=|BC|$.

在 $\triangle ABC$ 中，由余弦定理，可得

$$|AC|^2=|AB|^2+|BC|^2-2|AB||BC|\cos B,$$

即
$$10=4+|BC|^2-2\cdot 2|BC|\cdot\cos\frac{\pi}{4},$$

解得 $|BC|=3\sqrt{2}$ 或 $|BC|=-\sqrt{2}$（舍去），所以 $|\vec{b}|=3\sqrt{2}$.

说明： 本题除了利用余弦定理求解外，还可以采用模长平方的方式，从而转化成为数量积求解或者直接建立平面直角坐标系，将向量代数化后求解.

例 5 如图 6-1-18，某个物体在受到一个平面内的三个力 $\overrightarrow{F_1}$、$\overrightarrow{F_2}$、$\overrightarrow{F_3}$ 的作用下，在合力方向移动了 10 米. 已知 $|\overrightarrow{F_1}|=10$ N，方向为北偏东 30°，$|\overrightarrow{F_2}|=8$ N，方向

为东偏北 30°，$|\overrightarrow{F_3}|=6$ N，方向为北偏西 30°，求合力做的功和位移.

分析： 物理中力的分解更是离不开向量，因为题目中涉及三个力的合力，为简化计算，可以建立坐标系，将向量代数化后进行求解.

解： 建立平面直角坐标系.

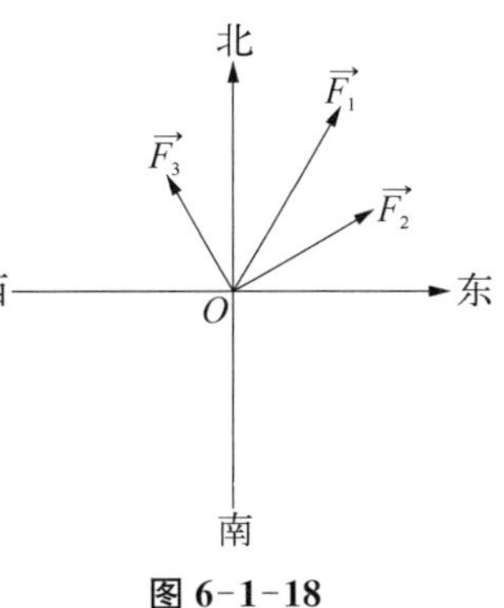

图 6-1-18

由题意，可得

$\overrightarrow{F_1}=10(\cos 60°，\sin 60°)=(5，5\sqrt{3})$，

$\overrightarrow{F_2}=8(\cos 30°，\sin 30°)=(4\sqrt{3}，4)$，

$\overrightarrow{F_3}=6(\cos 120°，\sin 120°)=(-3，3\sqrt{3})$.

由向量线性运算，可知 $\vec{F}=\overrightarrow{F_1}+\overrightarrow{F_2}+\overrightarrow{F_3}=(2+4\sqrt{3}，4+8\sqrt{3})$.

所以 $|\vec{F}|=\sqrt{5}(2+4\sqrt{3})$.

因为物体在合力方向移动了 10 米，所以 $\vec{S}=10\cdot\dfrac{\vec{F}}{|\vec{F}|}=10\left(\dfrac{\sqrt{5}}{5}，\dfrac{2\sqrt{5}}{5}\right)=(2\sqrt{5}，4\sqrt{5})$.

由物理中功的定义，可知 $W=\vec{F}\cdot\vec{S}=20\sqrt{5}+40\sqrt{15}$.

【变式练习五】

1. 证明：三角形三条高交于一点.

2. 设 $\vec{a}$、$\vec{b}$ 是两个非零向量，且 $|\vec{a}|=|\vec{b}|=|\vec{a}+\vec{b}|=2$，则 $|\vec{a}-\vec{b}|=$________.

3. 已知 $\vec{a}$、$\vec{b}$ 为平面向量，若 $\vec{a}+\vec{b}$ 与 $\vec{a}$ 的夹角为 $\dfrac{\pi}{3}$，$\vec{a}+\vec{b}$ 与 $\vec{b}$ 的夹角为 $\dfrac{\pi}{4}$，则 $\dfrac{|\vec{a}|}{|\vec{b}|}=$　　(　　)

A. $\dfrac{\sqrt{3}}{3}$　　B. $\dfrac{\sqrt{6}}{4}$　　C. $\dfrac{\sqrt{5}}{3}$　　D. $\dfrac{\sqrt{6}}{3}$

4. 已知 $\vec{a}$、$\vec{b}$ 是单位向量，且 $\vec{a}$、$\vec{b}$ 的夹角为 $\dfrac{\pi}{3}$，若向量 $\vec{c}$ 满足 $|\vec{c}-\vec{a}+2\vec{b}|=2$，则 $|\vec{c}|$ 的最大值为　　(　　)

A. $2+\sqrt{3}$　　B. $2-\sqrt{3}$　　C. $\sqrt{7}+2$　　D. $\sqrt{7}-2$

第一单元测试题

1. 若 $\vec{e}_1$、$\vec{e}_2$ 是两个不共线的向量，$\vec{a}\parallel\vec{b}$ 且 $\vec{a}=\vec{e}_1+2\vec{e}_2$，$\vec{b}=-3\vec{e}_1+k\vec{e}_2$，则实

数 $k=$________.

2. 若 $\vec{e}_1$、$\vec{e}_2$ 是夹角为 $\dfrac{2\pi}{3}$ 的单位向量，且 $\vec{a}=\vec{e}_1+2\vec{e}_2$，$\vec{b}=-3\vec{e}_1-2\vec{e}_2$，则 $\vec{a}\cdot\vec{b}=$________.

3. 与向量 $\vec{l}=(1,\sqrt{3})$ 的夹角为 30° 的单位向量是____________.

4. 若平面内不共线的四点 O、A、B、C 满足 $\overrightarrow{OB}=\dfrac{1}{3}\overrightarrow{OA}+\dfrac{2}{3}\overrightarrow{OC}$，则 $\dfrac{|\overrightarrow{AB}|}{|\overrightarrow{BC}|}=$________.

5. 已知 $\vec{e}_1$、$\vec{e}_2$ 是夹角为 $\dfrac{2\pi}{3}$ 的单位向量，且 $\vec{a}=\vec{e}_1+2\vec{e}_2$，$\vec{b}=-3\vec{e}_1+k\vec{e}_2$. 若向量 $\vec{a}$ 与 $\vec{b}$ 的夹角为钝角，则实数 k 的取值范围为________________.

6. 在边长为 1 的正三角形 ABC 中，设 $\overrightarrow{BC}=2\overrightarrow{BD}$，$\overrightarrow{CA}=3\overrightarrow{CE}$，则 $\overrightarrow{AD}\cdot\overrightarrow{BE}=$________.

7. 已知 O 是 $\triangle ABC$ 内部一点，$\overrightarrow{OA}+\overrightarrow{OB}+\overrightarrow{OC}=\vec{0}$，$\overrightarrow{AB}\cdot\overrightarrow{AC}=2\sqrt{3}$，且 $\angle BAC=\dfrac{\pi}{6}$，则 $\triangle AOB$ 的面积为________.

8. 已知点 $P_1(4,-3)$、$P_2(-2,6)$，若点 P 在线段 P_1P_2 的延长线上，且 $|P_1P|=3|PP_2|$，求点 P 的坐标.

9. 在平面直角坐标系 xOy 中，点 $A(-1,-2)$，$B(2,3)$，$C(-2,-1)$.

(1) 求以线段 AB、AC 为邻边的平行四边形两条对角线的长；

(2) 设实数 t 满足 $(\overrightarrow{AB}-t\overrightarrow{OC})\cdot\overrightarrow{OC}=0$，求 t 的值.

10. 设 $\vec{a}=(-1,1)$，$\vec{b}=(4,3)$，$\vec{c}=(5,-2)$.

(1) 求证 $\vec{a}$ 与 $\vec{b}$ 不共线，并求 $\vec{a}$ 与 $\vec{b}$ 的夹角 θ 的余弦值；

(2) 求 $\vec{c}$ 在 $\vec{a}$ 方向上的数量投影；

(3) 求 λ_1 和 λ_2，使得 $\vec{c}=\lambda_1\vec{a}+\lambda_2\vec{b}$.

第二单元　复　　数

复数是人类理性思维的演绎成果，它的产生首先是解决数学自身问题的需要. 18 世纪以后，复数在数学、力学和电学中得到了广泛的应用，越来越体现出它的重要性. 现在复数已经成为数学工作者和许多领域的科技人员熟练掌握和应用的基本数学工具.

单元教学目标

1. 了解数系扩充的必要性和合理性. 理解复数的代数表示，理解两个复数相等的含义.掌握复数代数表示的四则运算.

2. 理解复数代数形式下的几何意义,了解复数加、减运算的几何意义.

3. 了解复数的三角表示,了解复数的代数形式与三角表示之间的关系,了解复数乘、除运算的三角表示及其几何意义.

单元教学安排

本单元教学建议课时数及具体分配如下.

单　元　内　容	课　　时
复数及其四则运算	4 课时
复数的几何意义	2 课时
实系数一元二次方程	1 课时
复数的三角形式	1 课时

单元教学内容

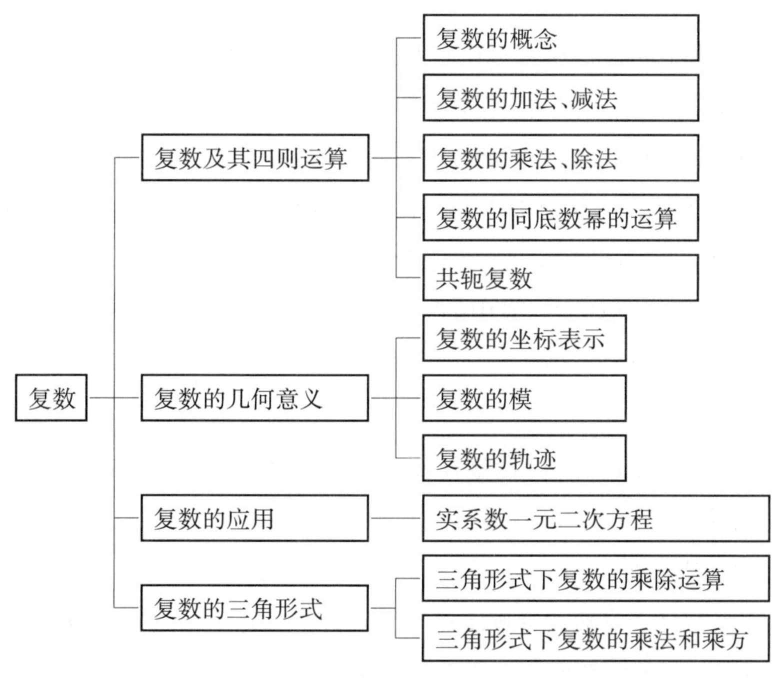

单元教学实施

复数是人类理性思维的演绎成果,同时也是一类重要的运算对象,在数学、力学和电学中得到了广泛的应用,越来越体现出它的重要性.

课程标准的教学提示中要求“在复数的教学中,应注重对复数的表示及几何意义的理解，避免烦琐的计算与技巧训练”，不能就“避免烦琐的计算与技巧训练”认定复数内容中对于运算要求很低.事实上，数学运算是指在明晰运算对象的基础上，依据运算法则解决数学问题的素养，其中包括理解运算对象、掌握运算法则、探究运算思路、选择运算方法、设计运算程序、求得运算结果等，不仅仅是简单的计算.所以，在复数教学中还应突出培养学生的数学抽象、逻辑推理、数学运算核心素养.注意本单元教学展开的基本线索是通过数系扩充得到复数概念，再研究复数的运算及其几何意义，利用复数本身的代数表示、几何表示和三角表示，把“数形结合”思想贯穿全单元，最后在教学中还可根据课程标准要求“适当地融入数学文化，让学生体会数系扩充过程中理性思维的作用”.从课程标准看，对复数章节教学在难度上要求较低，但教师在教学中应当在控制难度的同时，加强理性思维的训练.

一、复数及其四则运算

【知识概述】

复数的有关概念都是围绕复数的代数形式展开的.虚数单位、实部、虚部的命名，复数相等的充要条件，以及虚数、纯虚数等概念的理解.

复数代数形式的四则运算，重点是加法和乘法.其法则规定的合理性表现在复数的运算法则对实数仍然成立.由减法是加法的逆运算，除法是乘法的逆运算的规定，就可以得到复数减法、除法的运算法则.复数代数形式的四则运算可以类比多项式运算中的“合并同类项”，无理数运算中的“分母有理化”等，利用 $\mathrm{i}^2=-1$，将复数运算实数化，即化归为实数的四则运算.

【本质提炼】

形如 $a+b\mathrm{i}\ (a、b\in\mathbf{R})$ 的数是复数，复数与有序实数对一一对应.

【基本模型】

1. 复数的表达形式：

复数的代数形式：复数通常用字母 z 表示，即 $z=a+b\mathrm{i}\ (a、b\in\mathbf{R})$，把复数 z 表示成 $a+b\mathrm{i}$ 的形式，叫做复数的代数形式，并规定 $0\mathrm{i}=0$，$0+b\mathrm{i}=b\mathrm{i}$.

解决复数相关问题最基本的方法是利用代数形式表示复数，利用两个复数相等的定义，将复数问题转化为实数问题进行实数范围内的求解.

2. 特殊复数的周期性变化规律：

(1) $\mathrm{i}^k\ (k\in\mathbf{Z})$ 的周期性变化规律和相关性质：

① $i^{4k}=1$，$i^{4k+1}=i$，$i^{4k+2}=-1$，$i^{4k+3}=-i\ (k\in\mathbf{Z})$；

② $i^k+i^{k+1}+i^{k+2}+i^{k+3}=0\ (k\in\mathbf{Z})$.

(2) 设 $\omega=-\frac{1}{2}+\frac{\sqrt{3}}{2}i$，$\omega^k(k\in\mathbf{Z})$ 的周期性变化规律和相关性质：

① $\omega^{3k}=1$，$\omega^{3k+1}=\omega$，$\omega^{3k+2}=\omega^2(k\in\mathbf{Z})$；

② $\omega^k+\omega^{k+1}+\omega^{k+2}=0\ (k\in\mathbf{Z})$.

3. 共轭复数判断复数分类的充要条件：

复数 z：(1) z 为实数的充要条件是 $z=\bar{z}$；(2) z 为纯虚数的充要条件是 $z+\bar{z}=0$ 且 $z\neq 0$；

例1　复数 $Z=\lg(m^2-2m-2)+(m^2+3m+2)i\ (m\in\mathbf{R})$，试求 m 取何值时

(1) Z 是实数；　　(2) Z 是纯虚数.

分析：本题考查复数的基本概念，按照实数、纯虚数的定义求解即可.

解：(1) 因为 Z 是实数，所以虚部为 0，且实部有意义，即 $\begin{cases}m^2-2m-2>0,\\m^2+3m+2=0,\end{cases}$ 解得 $m=-2$ 或 $m=-1$.

(2) 因为 Z 是纯虚数，所以实部为 0，且虚部不为 0，$\begin{cases}m^2-2m-2=1,\\m^2+3m+2\neq 0,\end{cases}$ 解得 $m=3$.

说明：要注意区别复数、实数、虚数和纯虚数的概念.本题要注意考虑对数的真数大于零的限制对 m 取值是否有影响.

例2　若 $(3-10i)y+(-2+i)x=1-9i$，求实数 x、y 的取值.

分析：本题考查了复数的四则运算，可将等式左边化归为复数代数形式，利用两个复数相等的充要条件，将复数问题转化为实数问题.

解：因为 x、y 都是实数，所以

$$(3-10i)y+(-2+i)x=(3y-2x)+(x-10y)i=1-9i,$$

所以 $\begin{cases}-2x+3y=1,\\x-10y=-9,\end{cases}$ 解得 $\begin{cases}x=1,\\y=1.\end{cases}$

说明：复数运算实数化是用代数法解决复数问题的一个最基本的方法，这种解决问题的方法鼓励学生将未知或者不熟悉的问题通过分析转化到自己擅长和熟知的领域来加以解决.

例 3　设 z 是虚数，$\omega=z+\dfrac{1}{z}$ 是实数，$u=\dfrac{1-z}{1+z}$，求证：u 为纯虚数.

分析： 设复数 $z=a+b\mathrm{i}$ (a、$b\in\mathbf{R}$)，将 $\omega=z+\dfrac{1}{z}$ 化简得到 a、b 之间的关系，然后代入所求进行复数代数形式的化简整理，最后证明结论.

证明： 设 $z=a+b\mathrm{i}$ (a、$b\in\mathbf{R}$)，因为 z 是虚数，所以 $b\neq0$.

因为 $\omega=z+\dfrac{1}{z}$ 是实数，而 $\omega=z+\dfrac{1}{z}=a+b\mathrm{i}+\dfrac{1}{a+b\mathrm{i}}=\left(a+\dfrac{a}{a^2+b^2}\right)+\left(b-\dfrac{b}{a^2+b^2}\right)\mathrm{i}$，所以 $a^2+b^2=1$，$u=\dfrac{1-z}{1+z}=\dfrac{1-a-b\mathrm{i}}{1+a+b\mathrm{i}}=\dfrac{1-a^2-b^2-2b\mathrm{i}}{(1+a)^2+b^2}=\dfrac{b}{a+1}\mathrm{i}$.

因为 $b\neq0$，所以 u 为纯虚数.

例 4　已知 $z=-\dfrac{1+\mathrm{i}}{\sqrt{2}}$，求 $z^{100}+z^{50}+1$.

分析： 利用 $(1+\mathrm{i})^2=2\mathrm{i}$ 对 z 的偶次幂进行化简，从而求解.

解： 因为 $(1+\mathrm{i})^2=2\mathrm{i}$，所以 $z^2=\left(-\dfrac{1+\mathrm{i}}{\sqrt{2}}\right)^2=\dfrac{2\mathrm{i}}{2}=\mathrm{i}$.

所以 $z^{100}+z^{50}+1=(z^2)^{50}+(z^2)^{25}+1=\mathrm{i}^{50}+\mathrm{i}^{25}+1=-1+\mathrm{i}+1=\mathrm{i}$.

例 5　已知 $\dfrac{z}{z-1}$ 是纯虚数，求 z 在复平面内对应点的轨迹.

分析： 利用 z 是纯虚数，即 $\begin{cases}z+\bar{z}=0,\\ z\neq0,\end{cases}$ 对题设条件进行化简，最后求得 z 的实部与虚部满足的方程，根据方程判断 z 在复平面内对应点的轨迹.

解： 因为 $\dfrac{z}{z-1}$ 是纯虚数，所以 $\dfrac{z}{z-1}+\left(\overline{\dfrac{z}{z-1}}\right)=0$(且 $z\neq0$，$z\neq1$)，$\dfrac{z}{z-1}+\dfrac{\bar{z}}{\bar{z}-1}=0$，$z(\bar{z}-1)+\bar{z}(z-1)=0$，$2|z|^2=z+\bar{z}$.

设 $z=x+y\mathrm{i}$ (x、$y\in\mathbf{R}$)，则 $x^2+y^2=x$ ($y\neq0$).

所以，z 的对应点的轨迹是以 $\left(\dfrac{1}{2},0\right)$ 为圆心，$\dfrac{1}{2}$ 为半径的圆，并去掉点(0, 0)和点(1, 0).

【变式练习一】

1. 已知复数 $z=(a^2-1)+(a-2)\mathrm{i}$ ($a\in\mathbf{R}$)，则“$a=1$”是“z 为纯虚数”的

(　　)

A. 充分不必要条件　　　　B. 必要不充分条件

C. 充分必要条件　　　　D. 既非充分又非必要条件

2. 设 z_1、z_2 是复数,则下列命题中的假命题是　　(　　)

A. 若 $|z_1-z_2|=0$, 则 $\overline{z_1}=\overline{z_2}$　　B. 若 $z_1=\overline{z_2}$, 则 $\overline{z_1}=z_2$

C. 若 $|z_1|=|z_2|$, 则 $z_1\cdot\overline{z_1}=z_2\cdot\overline{z_2}$　　D. 若 $|z_1|=|z_2|$, 则 $z_1^2=z_2^2$

3. 设 $m\in\mathbf{R}$, $m^2+m-2+(m^2-1)\mathrm{i}$ 是纯虚数,其中 i 是虚数单位,则 $m=$________.

4. 已知复数 $z_0=1+2\mathrm{i}$ 在复平面上对应点为 P_0, 则 P_0 关于直线 l: $|z-2-2\mathrm{i}|=|z|$ 的对称点的复数表示是　　(　　)

A. $1+\mathrm{i}$　　B. $1-\mathrm{i}$　　C. $-\mathrm{i}$　　D. i

5. 设 a、b 为共轭复数,且 $(a+b)^2-3ab\mathrm{i}=4-6\mathrm{i}$, 求 a 和 b.

6. 设 $\omega=-\dfrac{1}{2}+\dfrac{\sqrt{3}}{2}\mathrm{i}$, 求证: $1+\omega+\omega^2=0$.

二、复数的几何意义

【知识概述】

复数的几何意义包括复数与点的对应关系、复数与向量的对应关系,其核心内容是复数的向量表示.用复平面内的点或平面向量表示复数,不仅使抽象的复数有了直观形象的表示,而且使数和形得到了有机的结合.比如,复数的加减法运算可以通过向量加减法的平行四边形法则或三角形法则来进行,而复数的模的几何意义、复数加减法的几何意义等都可以表示几何元素所反映的关系,所以可以用复数表示很多几何轨迹.要掌握本节课的知识点,关键就是要能够将实数与数轴上的点的对应关系类比到复数与复平面中的点的对应关系.数形结合是本节的主要数学思想,理解复数的几何意义,图形要画得合乎题意,充分利用图形的直观性,简捷巧妙地解题.

【本质提炼】

复数与复平面内点的一一对应关系.

【基本模型】

1. 复数与向量的关系:

复数的向量表示:在复平面内以原点为起点,点 $Z(a,b)$ 为终点的向量 $\overrightarrow{OZ}$, 由点 $Z(a,b)$ 唯一确定.因此复平面内的点集与复数集 C 之间存在一一对应关系,而复平面内的点集与以原点为起点的向量一一对应,常把复数 $z=a+b\mathrm{i}$ (a、$b\in\mathbf{R}$) 用点

$Z(a, b)$ 或向量 $\overrightarrow{OZ}$ 表示，并规定相等向量表示同一复数.

2. 复数与复平面上的点：

点 Z 的横坐标是 a，纵坐标是 b，复数 $z=a+b\mathrm{i}$ (a、$b\in\mathbf{R}$) 可用点 $Z(a, b)$ 表示，这个建立了直角坐标系来表示复数的平面叫做复平面，也叫高斯平面，x 轴叫做实轴，y 轴叫做虚轴.

实轴上的点都表示实数；除了原点外，虚轴上的点都表示纯虚数.

3. 共轭复数实数化的重要公式：$|z|^2=z\cdot\bar{z}$.

4. 复数加减法的平行四边形模型：

复数加法的几何意义：复数的加法可以按照向量加法的平行四边形法则来进行.

两个复数的差的模 $|z-z_0|$ (z、$z_0\in C$) 的几何意义：复数 z、z_0 在复平面上对应点分别为 Z、Z_0，那么 $|z-z_0|$ 表示 Z、Z_0 两点间的距离.

如图 6-1-19，复数 z_1 可由 $\overrightarrow{OZ_1}$ 表示，复数 z_2 可由 $\overrightarrow{OZ_2}$ 表示，所以两个复数的和 z_1+z_2 可由 $\overrightarrow{OZ_3}$ 表示，两个复数的差 z_1-z_2 可由 $\overrightarrow{Z_2Z_1}$ 表示，即平行四边形的边长分别为复数 z_1 和 z_2 的模，两条对角线的长度分别对应两复数的和与差，即 $|OZ_3|=|z_1+z_2|$，$|Z_1Z_2|=|z_1-z_2|$.

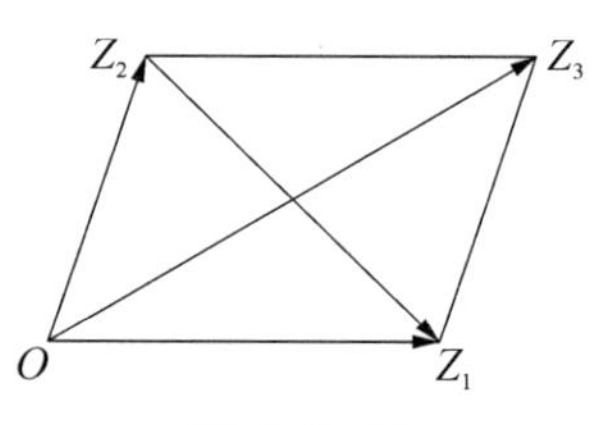

图 6-1-19

例 1　证明：在复数范围内，方程 $|z|^2+(1-\mathrm{i})\bar{z}-(1+\mathrm{i})z=\dfrac{5-5\mathrm{i}}{2+\mathrm{i}}$ 无解.

分析： 复数 $|z|^2=z\cdot\bar{z}$，利用这条结论可以将等式左边化简为复数的模，从而得到复数 z 满足的轨迹方程，再利用两个复数相等的充要条件得到证明.

证明： $|z|^2=z\cdot\bar{z}$，所以

$$\begin{aligned}&|z|^2-(1-\mathrm{i})\bar{z}-(1+\mathrm{i})z\\=&z\cdot\bar{z}-(1-\mathrm{i})\bar{z}-(1+\mathrm{i})z\\=&(z-(1-\mathrm{i}))(\bar{z}-(1+\mathrm{i}))-2\\=&|z-(1-\mathrm{i})|^2-2.\end{aligned}$$

所以 $|z-(1-\mathrm{i})|^2=2+1-3\mathrm{i}=3-3\mathrm{i}$.

因为复数的模是实数，由复数相等的充要条件，可知方程无解.

说明： 本题还可以采用复数代数形式，将方程实数化后进行求解证明.

例 2　已知复数 z 满足 $|z|=1$，求证：$z+\dfrac{1}{z}$ 是实数.

分析：本题可以用 $|z|^2=z\cdot\bar{z}$，对所求 $z+\dfrac{1}{z}$ 中的 1 进行替换，然后利用 $z+\bar{z}$ 是实数得证.

证明：因为 $|z|=1$，所以 $|z|^2=z\cdot\bar{z}=1$，从而 $z+\dfrac{1}{z}=z+\dfrac{z\cdot\bar{z}}{z}=z+\bar{z}=2\mathrm{Re}\,z\in\mathbf{R}$ 得证.

说明：本题还可以采用复数代数形式，将 $z+\dfrac{1}{z}$ 实数化后进行证明.

例 3　设复数 z 满足 $z\cdot\bar{z}+(1-2\mathrm{i})z+(1+2\mathrm{i})\bar{z}=3$，求复数 z 对应点的轨迹.

分析：利用 $z\cdot\bar{z}=|z|^2$ 和共轭运算的性质，将等式左边进行化简，得到复数轨迹.

解：因为 $z\cdot\bar{z}+(1-2\mathrm{i})z+(1+2\mathrm{i})\bar{z}=(z+1+2\mathrm{i})(\bar{z}+1-2\mathrm{i})-5$，由共轭运算性质，可得 $\overline{(1+2\mathrm{i})+z}=\bar{z}+1-2\mathrm{i}$，所以 $z\cdot\bar{z}+(1-2\mathrm{i})z+(1+2\mathrm{i})\bar{z}=|z+1+2\mathrm{i}|^2=8$，即 $|z+1+2\mathrm{i}|=2\sqrt{2}$，即 z 对应点的轨迹是以 $(-1,-2)$ 为圆心，半径为 $2\sqrt{2}$ 的圆.

说明：本题也可以设 $z=x+y\mathrm{i}\ (x、y\in\mathbf{R})$，代入方程，通过复数运算，对方程进行化简，得到关于 x、y 的关系式后确定 z 对应点的轨迹.

例 4　若复数 z 满足 $|z+3+4\mathrm{i}|\leqslant 2$，求 $|z|$ 的最小值.

解：因为 $|z+3+4\mathrm{i}|\leqslant 2$，所以由两复数的差的模的几何意义，可知复数 z 对应的动点在以 $C(-3,-4)$ 为圆心，半径为 2 的实心圆内(包括圆周). $|z|$ 表示复数 z 对应的动点到原点的距离.因为 $|OC|=5$，所以由数形结合，可知 $|z|_{\min}=5-2=3$.

说明：复数中，复数的模的几何意义、复数与向量的对应关系、复数加减法的几何意义等，都可以表示几何元素所反映的关系.所以，在解题时要正确判断复数轨迹的类别.例如，$|z-z_0|=1$ 表示以 z_0 为圆心，半径为 1 的圆，$|z-3|+|z+3|=10$ 表示以 $(-3,0)$、$(3,0)$ 为焦点，长轴长为 10 的椭圆等.所以，在判断好轨迹类别后就可以结合解析几何的相关知识进行求解.

例 5　若 $|z-2\mathrm{i}|+|z-z_0|=4$ 表示的动点的轨迹是椭圆，求 $|z_0|$ 的取值范围.

分析：利用复数差的模的几何意义得出 z_0 所对应的点满足的轨迹定义，从而求解 $|z_0|$ 的范围.

解：由两个复数的差的模的几何意义，可知 $|z-2\mathrm{i}|+|z-z_0|=4$ 表示复数 z 对

应的动点到复数 2i 与 z_0 对应的两定点之间的距离之和等于 4.

而根据椭圆的定义，知两定点之间的距离要小于定值 4，所以有 $|z_0-2i|<4$，可知 z_0 对应的点在以 2i 对应点(0, 2)为圆心，4 为半径的圆内(不包括圆周)，由模的几何意义，知 $|z_0|\in[0, 6)$.

例 6 在复平面内，A、B、C 分别对应复数 $z_1=1+i$，$z_2=5+i$，$z_3=3+3i$，以 AB、AC 为邻边作一个平行四边形 $ABDC$，求点 D 对应的复数 z_4 及 AD 的长.

分析： 利用复数的向量表示以及平行四边形的充要条件，求解点 D 对应的复数 z_4，同时利用两复数差的模的几何意义可以求解 AD 的长.

解： 在复平面内，A、B、C 分别对应复数 $z_1=1+i$，$z_2=5+i$，$z_3=3+3i$，所以 $A(1, 1)$，$B(5, 1)$，$C(3, 3)$，可以求得 $\overrightarrow{AB}=(4, 0)$，$\overrightarrow{OC}=(3, 3)$，以 AB、AC 为邻边作一个平行四边形 $ABDC$，由平行四边形的性质可知 $\overrightarrow{AB}=\overrightarrow{CD}$，所以 $\overrightarrow{OD}=\overrightarrow{OC}+\overrightarrow{CD}=(3, 3)+(4, 0)=(7, 3)$，所以点 D 对应复数 $z_4=7+3i$，由两复数差的模的几何意义可知 $|\overrightarrow{AD}|=|z_4-z_1|=2\sqrt{10}$.

说明： 本题在求解过程中利用了复数加减法的平行四边形模型，根据条件作出平行四边形的第四个顶点的位置，同时能把几何中的“平行”和“相等”转化为复数的向量运算表示，最后利用两复数差的模的几何意义进行求解.

例 7 已知复数 z_1、z_2 满足 $|z_1|=5$，$|z_2|=3$，$|z_1+z_2|=6$，求 $|z_1-z_2|$.

分析： 利用复数的向量表示和复数的四则运算，构造平行四边形，结合向量极化恒等式进行求解.

解： 设复数 z_1 在复平面对应的向量为 $\overrightarrow{OA}$，复数 z_2 在复平面对应的向量为 $\overrightarrow{OC}$，复数 z_1+z_2 在复平面对应的向量为 $\overrightarrow{OB}$. 由向量加法的平行四边形法则，可知在 $\square OABC$ 中，$|\overrightarrow{OA}|=5$，$|\overrightarrow{OC}|=3$，$|\overrightarrow{OB}|=6$. 由向量极化恒等式的变形，可解得 $|z_1-z_2|=|\overrightarrow{CA}|=4\sqrt{2}$.

说明： 本题除了利用向量求解，还可以利用 $|z|^2=z\cdot\bar{z}$，将已知条件和所求转化为共轭复数进行运算，通过构造特殊代数式来求解.

【变式练习二】

1. 若复数 z 满足 $|z+i|+|z-i|=2$，则 $|z+1+i|$ 的取值范围是________.

2. 已知 $z\in C$ 且 $|z+i|\leqslant 1$，则 $|z|$ 的取值范围是________.

3. 设 z、$\omega\in C$，且 $|z+1-2i|=3$，$\omega=4z-i+1$，则 ω 在复平面上的对应点的轨迹方程是__________.

4. 三个复数 z_1、z_2、z_3，其中 $z_1=\sqrt{3}+\mathrm{i}$，z_2 是纯虚数，若这三个复数所对应的向量能构成等边三角形，试确定 z_2、z_3 的值.

5. 如图，复数 $z_1=1+2\mathrm{i}$，$z_2=-2+\mathrm{i}$，$z_3=-1-2\mathrm{i}$，它们在复平面上的对应点 A、B、C 是一个正方形的三个顶点，求这个正方形的第四个顶点 D 对应的复数.

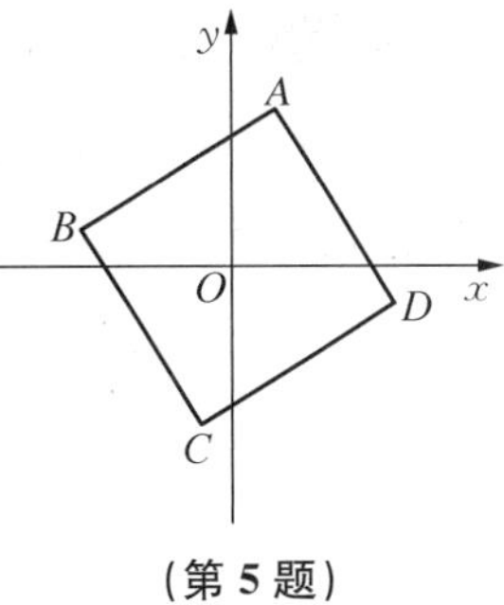

(第 5 题)

6. 设 $z_1=1+2\mathrm{i}$，$z_2=a-\mathrm{i}\ (a\in\mathbf{R})$，集合 $A=\{z\mid |z-z_1|<\sqrt{2}\}$，$B=\{z\mid |z-z_2|\leqslant 2\sqrt{2}\}$，若 $A\cap B=\varnothing$，求 a 的取值范围.

三、实系数一元二次方程

【知识概述】

实系数一元二次方程主要探讨了实系数一元二次方程在复数集中解的情况和在复数范围内如何对二次三项式进行因式分解.通过这部分内容的学习彻底解决了初中学习的求实系数一元二次方程根的情况，对韦达定理也作出了在复数集中的推广和完善，同时为高等数学中代数基本定理的学习奠定了基础.

【本质提炼】

解在复数域上的实系数一元二次方程.

【基本模型】

1. 分类讨论模型：

实系数的一元二次方程 $ax^2+bx+c=0\ (a、b、c\in\mathbf{R}$ 且 $a\neq 0)$ 在复数集 $\mathbf{C}$ 中解的情况：

当 $\Delta=b^2-4ac>0$ 时，原方程有两个不等的实根 $x_{1,2}=-\dfrac{b}{2a}\pm\dfrac{\sqrt{b^2-4ac}}{2a}$；

当 $\Delta=b^2-4ac=0$ 时，原方程有两个相等的实根 $x=-\dfrac{b}{2a}$；

当 $\Delta=b^2-4ac<0$ 时，原方程有两个不等的虚根 $x_{1,2}=-\dfrac{b}{2a}\pm\dfrac{\sqrt{4ac-b^2}}{2a}\mathrm{i}$，它们互为共轭虚数.

2. 韦达定理模型：无论实系数的一元二次方程 $ax^2+bx+c=0\ (a、b、c\in\mathbf{R}$ 且 $a\neq 0)$ 中 $\Delta\geqslant 0$ 还是 $\Delta<0$，方程在复数范围内总存在两根 x_1、x_2（包括重根情况），总有 $x_1+x_2=-\dfrac{b}{a}$，$x_1x_2=\dfrac{c}{a}$.

虚根成对出现的性质：当 $\Delta<0$ 时，$x_1=\overline{x_2}$，且 $x_1x_2=|x_1|^2=|x_2|^2=\dfrac{c}{a}$.

例 1 在复数集中解关于 x 的方程：$x^2+ax+4=0\ (a\in\mathbf{R})$.

分析：本题中的实系数一元二次方程的系数中包含参量，所以根的判别式不能确定正负.对根的判别式进行正负分类讨论，然后根据求根公式进行求解即可.

解：由题意可知方程为实系数一元二次方程，根的判别式 $\Delta=16-a^2$.

当 $\Delta>0$，即 $a<-4$ 或 $a>4$ 时，原方程的解为

$$x_1=\frac{-a+\sqrt{a^2-16}}{2},\ x_2=\frac{-a-\sqrt{a^2-16}}{2}.$$

当 $\Delta=0$，即 $a=\pm4$ 时，若 $a=4$，则原方程的解为 $x_1=x_2=-2$；若 $a=-4$，则原方程的解为 $x_1=x_2=2$.

当 $\Delta<0$，即 $-4<a<4$ 时，原方程的解为

$$x_1=-\frac{a}{2}+\frac{\sqrt{16-a^2}}{2}\mathrm{i},\ x_2=-\frac{a}{2}-\frac{\sqrt{16-a^2}}{2}\mathrm{i}.$$

例 2 已知方程 $x^2-px+1=0\ (p\in\mathbf{R})$ 的两根为 x_1、x_2，若 $|x_1-x_2|=1$，求实数 p 的值.

分析：本题中的实系数一元二次方程的系数中包含参量，不能确定方程的根是实根还是虚根，所以要对根的判别式进行正负分类讨论，然后利用求根公式对两根之差的绝对值进行化简，结合条件求解.

解：当 $\Delta\geqslant0$，即 $p\geqslant2$ 或 $p\leqslant-2$ 时，$|x_1-x_2|=\sqrt{p^2-4}=1$，得 $p=\pm\sqrt{5}$；

当 $\Delta<0$，即 $-2<p<2$ 时，$|x_1-x_2|=\sqrt{4-p^2}=1$，得 $p=\pm\sqrt{3}$.

综上所述，$p=\pm\sqrt{5}$ 或 $p=\pm\sqrt{3}$.

说明：本题求解过程中要注意对求出的参量 p 的值进行检验，看是不是符合分类讨论的前提条件，对于不合条件的增根需要及时舍去.

除了例题解法还可以利用复数的模运算进行解题，可以回避分类讨论，但是注意让学生分清 z^2 与 $|z|^2$ 的区别，以免引起混淆.

例 3 关于 x 的方程 $x^2-2\sqrt{2}x+m=0\ (m\in\mathbf{R})$ 的两根为 α、β，求 $|\alpha|+|\beta|$ 的表达式(用 m 的式子表示).

分析：本题除了对根的判别式进行分类讨论明确方程根的性质外，还需要结合韦达定理和绝对值性质进行化简，从而优化计算过程.

解：方程 $x^2-2\sqrt{2}x+m=0$ $(m\in\mathbf{R})$ 为实系数一元二次方程，

$$\Delta=(-2\sqrt{2})^2-4m=8-4m,\ \alpha+\beta=2\sqrt{2},\ \alpha\beta=m.$$

当 $\Delta\geqslant 0$，即 $m\leqslant 2$ 时，

$$\begin{aligned}(|\alpha|+|\beta|)^2&=\alpha^2+\beta^2+2|\alpha\beta|=(\alpha+\beta)^2-2\alpha\beta+2|\alpha\beta|\\&=8-2m+2|m|.\end{aligned}$$

$$(|\alpha|+|\beta|)^2=\begin{cases}8, & 0\leqslant m\leqslant 2;\\ 8-4m, & m<0.\end{cases}$$

② 当 $\Delta<0$，即 $m>2$ 时，方程有两个虚根 α、β，

$$\beta=\bar{\alpha},\ |\alpha|+|\beta|=|\alpha|+|\bar{\alpha}|=2|\alpha|.$$

因为 $\alpha\cdot\beta=m\Rightarrow\alpha\cdot\bar{\alpha}=m\Rightarrow|\alpha|^2=m$，所以 $|\alpha|=\sqrt{m}\Rightarrow|\alpha|+|\beta|=2|\alpha|=2\sqrt{m}$.

由①②，得 $|\alpha|+|\beta|=\begin{cases}2\sqrt{2-m}, & m<0;\\ 2\sqrt{2}, & 0\leqslant m\leqslant 2;\\ 2\sqrt{m}, & m>2.\end{cases}$

说明：本题的解决经历准确运用实系数一元二次方程的根的判定，依据实根和虚根对条件的影响寻求合理的分类，并根据解答的结论加以整理总结的过程.

例 4　已知 $3\mathrm{i}-2$ 是关于 x 的方程 $2x^2+px+q=0$ 的一个根，求实数 p、q 的值.

分析：本题的解决主要利用了实系数一元二次方程的虚根共轭且成对出现的性质，结合根与方程系数关系的韦达定理，可以进行非常方便明确的计算求解.

解：实系数方程 $2x^2+px+q=0$ 在复数系中有一对共轭虚根，所以 $-3\mathrm{i}-2$ 也是该方程的根，由根与系数的关系，得

$$\begin{cases}(3\mathrm{i}-2)+(-3\mathrm{i}-2)=-\dfrac{p}{2},\\ (3\mathrm{i}-2)(-3\mathrm{i}-2)=\dfrac{q}{2},\end{cases}\text{解得}\begin{cases}p=8,\\ q=26.\end{cases}$$

说明：本题还可以利用 $3\mathrm{i}-2$ 是方程的根，将 $3\mathrm{i}-2$ 代入方程，然后将方程按复数的代数形式进行整理，利用复数相等的条件，转化为关于所求量的二元一次方程组进

行求解.

例5 已知关于 x 的方程 $x^2-2ax+a^2-4a+4=0$ $(a\in\mathbf{R})$ 的两根为 α、β，且 $|\alpha|+|\beta|=3$，求实数 a 的值.

解： $\Delta=4a^2-4(a^2-4a+4)=16(a-1)$.

当 $\Delta\geqslant 0$，即 $a\geqslant 1$ 时，α、β 为实数，且 $\alpha\beta=a^2-4a+4=(a-2)^2\geqslant 0$，所以 $|\alpha|+|\beta|=|\alpha+\beta|=|2a|=3$. 又 $a\geqslant 1$，所以 $a=\frac{3}{2}$.

当 $\Delta<0$，即 $a<1$ 时，α、β 为一对共轭虚数，所以 $|\alpha|+|\beta|=2|\alpha|=3$，得 $|\alpha|^2=\frac{9}{4}$，所以 $\alpha\beta=\frac{9}{4}$，所以 $a^2-4a+4=\frac{9}{4}$，得 $a=\frac{7}{2}$(舍去) 或 $a=\frac{1}{2}$.

综上所述，$a=\frac{3}{2}$ 或 $a=\frac{1}{2}$.

说明： 本题的解决首先准确运用实系数一元二次方程的根的判定，依据实根和虚根对条件的影响寻求合理的分类，在方程有实根的情况下，利用韦达定理两根之积 $\alpha\beta=a^2-4a+4=(a-2)^2\geqslant 0$，对条件进行化简 $|\alpha|+|\beta|=|\alpha+\beta|$，在方程有虚根的情况下，利用虚根成对出现且模相等的性质，将条件转化得到 $|\alpha|+|\beta|=2|\alpha|$，最后两种情况下都需根据解答的结论加以检验和判定.

例6 若 z_1、z_2 为虚数且为实系数一元二次方程 $x^2+px+q=0$ 的两个根，又 $z_1^2=z_2$，求 p、q 的值.

分析： 本题利用实系数一元二次方程虚根共轭成对出现的性质，设出虚根的代数形式后代入条件，然后两边化简求解方程的虚根，最后在解出根的基础上利用韦达定理求出方程的系数.

解： 设 $z_1=a+b\mathrm{i}$ $(a、b\in\mathbf{R},\ b\neq 0)$，则 $z_2=a-b\mathrm{i}$，于是 $(a+b\mathrm{i})^2=a-b\mathrm{i}$，即 $a^2-b^2+2ab\mathrm{i}=a-b\mathrm{i}$，从而 $\begin{cases}a^2-b^2=a,\\2ab=-b,\end{cases}$ 解得 $\begin{cases}a=-\frac{1}{2},\\b=\pm\frac{\sqrt{3}}{2},\end{cases}$ 即此一元二次方程的根为 $-\frac{1}{2}\pm\frac{\sqrt{3}}{2}\mathrm{i}$.

所以
$$p=-\left[\left(-\frac{1}{2}+\frac{\sqrt{3}}{2}\mathrm{i}\right)+\left(-\frac{1}{2}-\frac{\sqrt{3}}{2}\mathrm{i}\right)\right]=1,$$
$$q=\left(-\frac{1}{2}+\frac{\sqrt{3}}{2}\mathrm{i}\right)\left(-\frac{1}{2}-\frac{\sqrt{3}}{2}\mathrm{i}\right)=1.$$

说明： 本题也可利用两个共轭虚根模相等的性质，先求解出虚根的模，然后联系 1 的立方虚根的性质进行求解，计算会比较简单，但是对求解时的技巧要求较高.

【变式练习三】

1. 若 α、β 是一元二次方程 $2x^2+x+3=0$ 的两个根，则 $\frac{1}{\alpha}+\frac{1}{\beta}=$__________.

2. 若方程 $2x^2-8x+a+1=0\ (a\in\mathbf{R})$ 有一个虚根的模为 $\sqrt{5}$，则实数 a 的值为__________.

3. 若虚数 z_1、z_2 满足 $z_1^2+z_1+q=0$，$z_2^2+z_2+q=0$，且 $|z_1-z_2|=\sqrt{3}$，则实数 $q=$__________.

4. 已知关于 x 的方程 $x^2+4x+m=0$ 的两个根为 α、β，且 $|\alpha-\beta|=2$，实数 $m=$__________.

5. 设关于 x 的方程 $2x^2+3ax+a^2-a=0$ 中，至少有一个根的模为 1，试求实数 a 的值.

四、复数的三角形式

【知识概述】

复数的三角形式把向量、三角和复数三者有机地结合起来，使得复数的内容更加充实、生动、形象，是复数代数内容的进一步升华，同时也为高等数学中学习复变函数奠定了基础.教材把复数三角形式和代数形式相融合，两种形式互化，可以使知识体系更加完备、灵活.同时，复数的三角形式在复数乘法、除法、乘方、开方运算方面有着代数形式下运算不可比拟的简便和优越性，更能反映复数在这些运算下的几何意义，因此复数的三角形式在复数教学中是很重要的内容.

【本质提炼】

改变运算等级的一种复数表示形式.

【基本模型】

1. 棣莫弗公式：

设有两个用三角形式表示的复数 $z_1=r(\cos\alpha+\mathrm{i}\sin\alpha)$ 与 $z_2=s(\cos\beta+\mathrm{i}\sin\beta)$，其中 $r=|z_1|\geqslant 0$，$s=|z_2|\geqslant 0$，则

$$z_1z_2=rs[\cos(\alpha+\beta)+\mathrm{i}\sin(\alpha+\beta)],$$

$$\frac{z_1}{z_2}=\frac{r}{s}[\cos(\alpha-\beta)+\mathrm{i}\sin(\alpha-\beta)]\ (z_2\neq 0).$$

推广：若 $z=r(\cos\alpha+\mathrm{i}\sin\alpha)r=|z|\geqslant 0$，则 $z^n=r(\cos n\alpha+\mathrm{i}\sin n\alpha)(n\in\mathbf{N}^*)$.

2. 辐角主值：

复数 $z=a+b\mathrm{i}\,(a、b\in\mathbf{R})$ 对应着复平面上的一个点 $Z(a,b)$. 我们把以原点 O 为顶点、x 轴的正半轴为始边、射线 OZ 为终边的角 θ 叫做复数 z 的辐角，记作 $\mathrm{Arg}\,z$.

在复数 z 的所有辐角中，满足 $0\leqslant\theta<2\pi$ 的辐角 θ 称为 z 的辐角主值，记作 $\arg z$.

例1　已知 $z=\dfrac{-1+\mathrm{i}}{\mathrm{i}}-2\mathrm{i}$，$z_1-\bar{z}\cdot z_2=0$，$\arg z_2=\dfrac{7\pi}{12}$，若 z_1、z_2 在复平面上分别对应点 A、B，且 $|AB|=\sqrt{2}$，求 z_1.

分析：结合题目给出 z_2 的辐角主值，可采用设复数三角形式对 $z_1-\bar{z}\cdot z_2=0$ 进行计算.

解：由题设，可知 $z=1-\mathrm{i}$. 因为 $|AB|=\sqrt{2}$，所以 $|z_1-z_2|=|AB|=\sqrt{2}$，而 $|z_1-z_2|=|\bar{z}\cdot z_2-z_2|=|(\bar{z}-1)z_2|=|z_2||\bar{z}-1|=|z_2|$. 又 $\arg z_2=\dfrac{7\pi}{12}$，所以可设 $z_2=\sqrt{2}\left(\cos\dfrac{7\pi}{12}+\mathrm{i}\sin\dfrac{7\pi}{12}\right)$，从而

$$z_1=\bar{z}\cdot z_2=(1+\mathrm{i})\cdot z_2=\sqrt{2}\left(\cos\frac{\pi}{4}+\mathrm{i}\sin\frac{\pi}{4}\right)\cdot\sqrt{2}\left(\cos\frac{7\pi}{12}+\mathrm{i}\sin\frac{7\pi}{12}\right)$$

$$=2\left(\cos\frac{5\pi}{6}+\mathrm{i}\sin\frac{5\pi}{6}\right).$$

例2　已知复数 z_1、z_2 满足 $|z_1|=3$，$|z_2|=5$，$|z_1-z_2|=7$，求 $\dfrac{z_1}{z_2}$ 的值.

分析：利用复数除法是乘法的逆运算，然后结合复数模和乘法的几何意义进行求解.

解：设复数 z_1、z_2 在复平面上对应的点为 A、B（图 6-1-20）. 用复数相加的平行四边形法则，可知 $|z_1-z_2|=|AB|=7$，$|OA|=3$，$|OB|=5$. 在 $\triangle OAB$ 中，利用余弦定理，可解得 $\angle BOA=\dfrac{2\pi}{3}$.

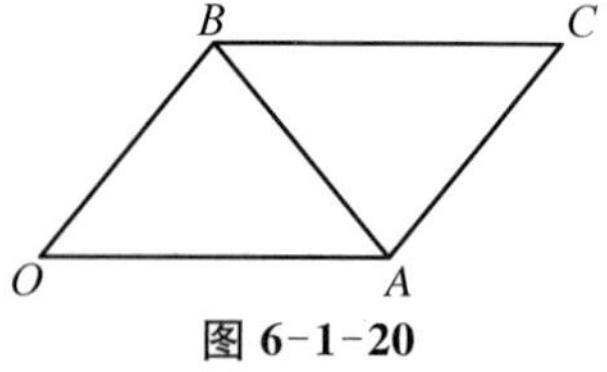

图 6-1-20

由复数棣莫弗公式和复数乘法几何意义，可知 $\arg\dfrac{z_1}{z_2}=\dfrac{2\pi}{3}$，由模运算可知

$\left|\dfrac{z_1}{z_2}\right|=\dfrac{|z_1|}{|z_2|}=\dfrac{3}{5}$，所以 $\dfrac{z_1}{z_2}=\dfrac{3}{5}\left(\cos\dfrac{2\pi}{3}+\mathrm{i}\sin\dfrac{2\pi}{3}\right)=-\dfrac{3}{10}+\dfrac{3\sqrt{3}}{10}\mathrm{i}$.

【变式练习四】

1. 将下列复数代数式化为三角式：

(1) $-\cos\dfrac{\pi}{5}+\mathrm{i}\sin\dfrac{\pi}{5}$；　　(2) $\sin\theta+\mathrm{i}\cos\theta$，$\theta\in\left(0,\dfrac{\pi}{2}\right)$.

2. 适合 $|z+1|=1$ 且 $\arg z=\dfrac{5}{6}\pi$ 的复数 z 的个数是　（　　）

A. 0　　B. 1　　C. 2　　D. 无穷多

3. 在复平面内有五个点与方程 $x^5=-1+\mathrm{i}$ 的五个根相对应，则这五个点中有两个点在　（　　）

A. 第一象限　　B. 第二象限

C. 第三象限　　D. 第四象限

4. 已知复数 z 满足 $|z|=1$，$\arg z\in\left[\dfrac{\pi}{4},\dfrac{\pi}{3}\right]$，$u=\dfrac{z^2-1}{z^2+1}$，则 $|u|$ 的最大值为________.

第二单元测试题

1. 若复数 z 满足 $(1+2\mathrm{i})\bar{z}=4+3\mathrm{i}$，则 $z=$________.

2. 若 $x\in C$，则方程 $|x|=1+3\mathrm{i}-x$ 的解为________.

3. 已知复数 $z=\dfrac{(1+\mathrm{i})^3(a-\mathrm{i})^2}{\sqrt{2}(a-3\mathrm{i})^2}$ $(a\in\mathbf{R})$，且 $|z|=\dfrac{2}{3}$，则 $a=$________.

4. 集合 $A=\left\{x\mid x=\left(-\dfrac{1}{2}-\dfrac{\sqrt{3}}{2}\mathrm{i}\right)^n,n\in\mathbf{Z}\right\}$ 的真子集有________个.

5. 若复数 $z=\log_2(3m-5)+\mathrm{i}\log_{\frac{1}{2}}(7-4m)$ 在复平面对应的点位于第二象限，则 m 的取值范围是________.

6. 若复数 z 满足 $|z+\mathrm{i}|-|z|=1$，则 $|z+1+\mathrm{i}|$ 的最小值为________.

7. 已知复数 $z_1=\cos\theta+\mathrm{i}$ 和 $z_2=1-\mathrm{i}\sin\theta$，求 $|z_1-z_2|$ 的最大值和最小值.

8. 设 z 是虚数，$\omega=z+\dfrac{1}{z}$ 是实数，$-1<\omega<2$.

(1) 求 $|z|$ 的值及 $\mathrm{Re}\,z$ 的取值范围；

(2) 设 $u=\dfrac{1-z}{1+z}$，求证：u 为纯虚数；

(3) 求 $\omega-u^2$ 的最小值.

9. 若 $x^2+x+1=0$，求 $x^{30}+x^{40}+x^{50}$ 的值.

第二节 立 体 几 何

《普通高中数学课程标准(2017 年版)》中将高中立体几何内容划分为必修课程中“空间直线与平面”“简单几何体”两个单元.从学生的知识基础、认知规律及知识形成的逻辑顺序出发，本章将立体几何核心知识划分为“平面的基本性质”“空间直线的位置关系”“空间的平行关系”“空间的垂直关系”“空间角”“空间几何体”“面积与体积”等 7 个部分.

第一单元 空间直线与平面

单元教学目标

1. 通过实例描述平面的概念.会用平行四边形表示平面以及用字母表示平面，体验从现实世界中抽象出空间形式的过程.

2. 在观察、实验的基础上归纳平面的基本性质；通过用基本性质解释实际事例和证明有关推论，加深对基本性质的理解.会用文字语言、图形语言、集合语言表述平面的基本性质，并会进行简单的推理论证；掌握确定平面的方法.

3. 通过观察和实验，归纳出空间直线和直线、直线和平面、平面和平面的位置关系.会用文字语言、图形语言、符合语言、集合语言表示这些位置关系.

4. 会在简单情形下计算异面直线所成角、直线与平面所成角和二面角的大小，计算空间点面距离、线面距离和面面距离.

单元教学安排

本单元教学建议课时数及具体分配如下.

单 元 内 容	课 时
平面及其基本性质	4
空间直线的位置关系	3
直线与平面的位置关系	4
平面与平面的位置关系	2

单元教学内容

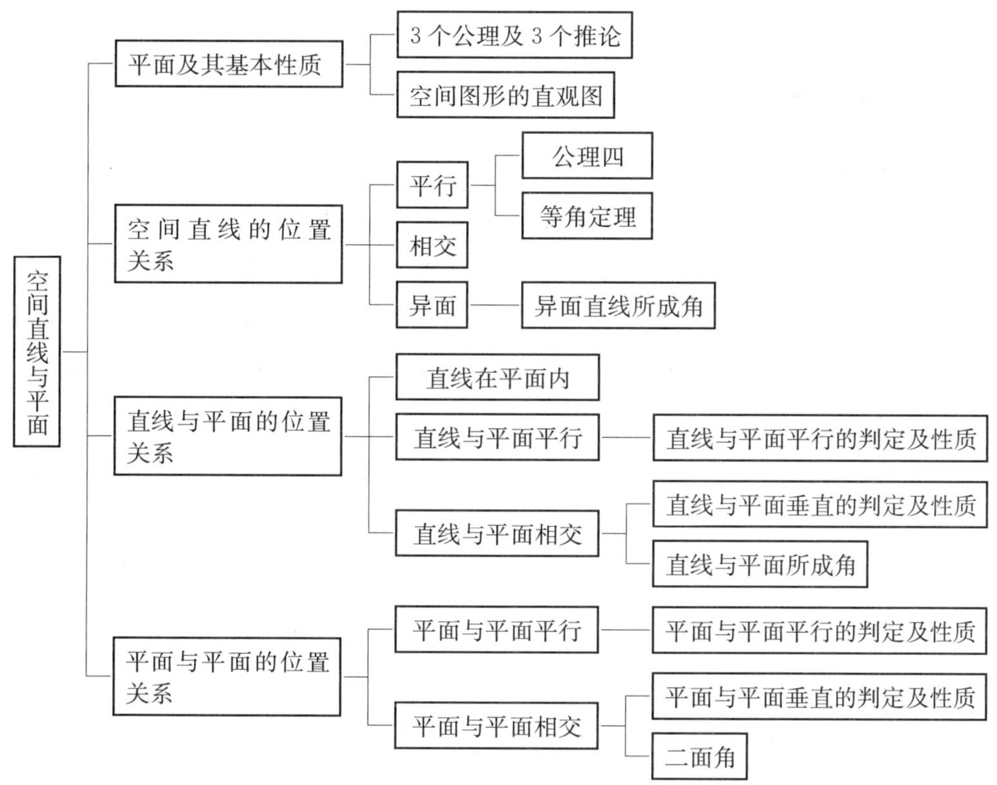

单元教学实施

本单元主要研究学习空间点、线、面的位置关系.教学实施中可以从学生熟悉的生活情境入手,借助长方体引导学生直观认识空间点、线、面的位置关系.在此基础上,抽象出相关位置关系的定义,理解教材中的四个公理.

借助长方体,通过直观感知认识空间直线、平面的平行及垂直关系,理解相关位置关系的判定定理及性质定理.

设计典型例题,以问题为导向引导学生学会用文字语言、图形语言、符号语言、集合语言表达空间直线、平面的位置关系;掌握用演绎法对空间相关问题(共面、平行判定、垂直判断)进行证明和推算;掌握在简单情形下求异面直线所成角的基本方法;以基本空间图形为载体帮助学生理解直线与平面所成角的概念,掌握在简单的空间图形中求线、面、角的基本方法;以基本空间图形为载体帮助学生理解二面角及其平面角的概念,掌握在简单的空间图形中通过平面角求二面角的基本方法.

本单元的教学重点是帮助学生逐步形成空间观念,教学中要注重创设情境,借助信息技术展示空间图形增强解决问题的直观性.重点提升学科核心素养中的直观想象、逻辑推理、数学运算和数学抽象素养.

一、平面及其基本性质

【知识概述】

空间平面与直线之间用三个公理描述了确定一个平面、线在面上、两平面交线的基本性质，实际上是平面几何“两点确定一条直线”“两条直线有且只有一个交点”性质的延伸.三个公理及其推论同时也是判定依据.公理一可以判断直线是否在平面内；公理二为如何确定平面提供判断依据；公理三刻画了两个平面相交时的几何表征.

【本质提炼】

两点确定一条直线，因此两点在平面上，则过两点的直线必在平面上；确定平面有三种公理情形，即证明空间共面也有此依据；两平面有公共点则必有公共直线.

【基本模型】

1. 公理一：如果一条直线上有两个点在一个平面上，那么这条直线上所有的点都在这个平面上.

2. 公理二：不在同一直线上的三点确定一个平面.

推论 1：一条直线和直线外的一点确定一个平面.

推论 2：两条相交直线确定一个平面.

推论 3：两条平行直线确定一个平面.

3. 公理三：如果两个不同的平面有一个公共点，那么它们有且只有一条过该点的公共直线.

4. 直观图：平面上既能表现空间图形的立体感又能表达图形主要部分的位置关系和度量关系的图形.

例1　在正方体 $ABCD\text{-}A_1B_1C_1D_1$ 中，已知 O_1、O_2 分别是正方形 $ABCD$ 和正方形 BCC_1B_1 的中心.证明：O_1、O_2、C_1、D 四点共面.

分析：求解空间四点共面问题，通常连接两点，观测两条直线的位置关系.

证明：如图 6-2-1，连接 DB、C_1B、C_1D，则 O_1、O_2 分别为 DB、C_1B 的中点.所以在 $\triangle BDC_1$ 中，$O_1O_2 \parallel C_1D$.

所以 O_1、O_2、C_1、D 四点共面.

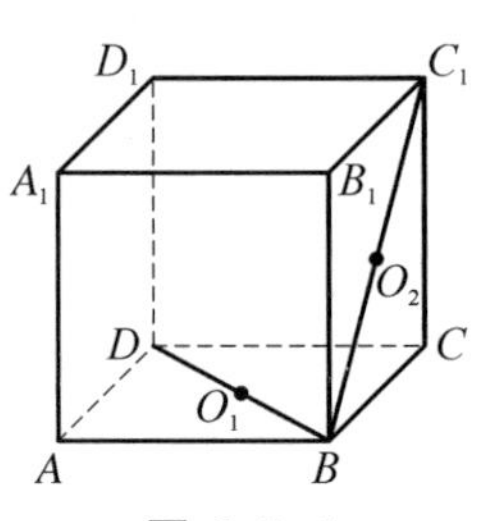

图 6-2-1

说明：此题 O_1、O_2 分别为 DB、C_1B 的中点，直线 DB、

C_1B 相交于点 B，也可以利用公理二的推论二证明结论.正方体是最常见的空间图形.解题时要观察正方体中的线面位置关系，通过平面几何中学过的结论进行空间问题的证明.

例2 如图 6-2-2 所示，证明：两两相交且交点均不相同的四条直线在同一平面上.

分析：由公理二确定平面，再由公理一证明直线在平面上.

证明：因为直线 $AB\cap$ 直线 $AC=A$，所以直线 AB、直线 AC 确定平面 α.点 D 在直线 AC 上，所以点 $D\in\alpha$.

同理，点 $E\in\alpha$.

所以直线 DE 在平面 α 上.

同理可证直线 BC 在平面 α 上.

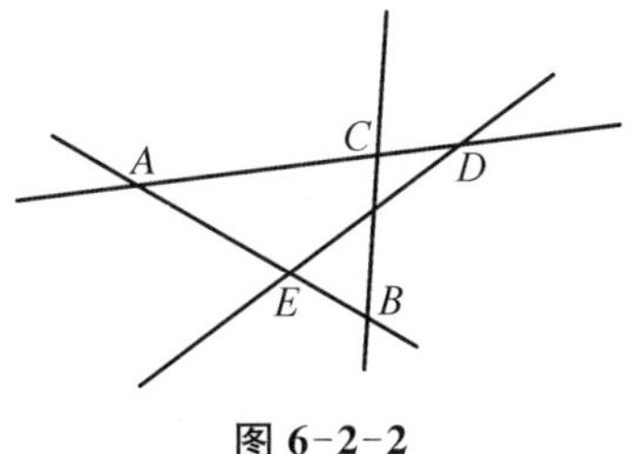

图 6-2-2

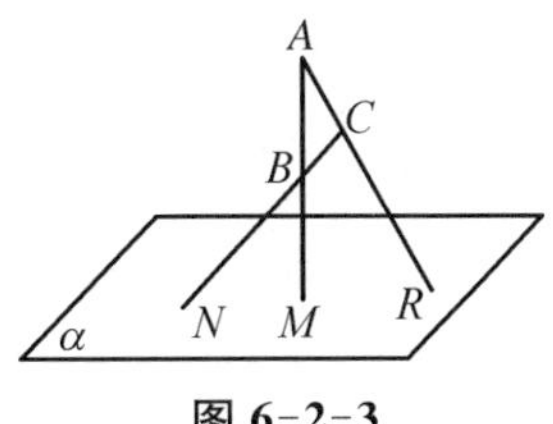

图 6-2-3

例3 如图 6-2-3，已知 $\triangle ABC$ 的各顶点都在平面 α 外，且直线 AB、BC、AC 分别与平面 α 交于点 M、N、R，求证：M、N、R 三点共线.

分析：证明共线问题，通常先要确定直线，再证明相关元素在确定直线上.

证明：点 M 在直线 AB 上，所以点 M 在平面 ABC 上.又点 M 在平面 α 上，所以点 M 为两平面交点.

点 N 在直线 BC 上，所以点 N 在平面 ABC 上.

所以，点 M 为两平面交点，直线 MN 为平面 ABC 与平面 α 的交线.

同理，点 R 为两平面交点，所以点 R 在交线 NM 上.

所以 M、N、R 三点共线.

说明：只要推出三点都在两平面的交线上即可，这与平面几何证明点共线问题类似.

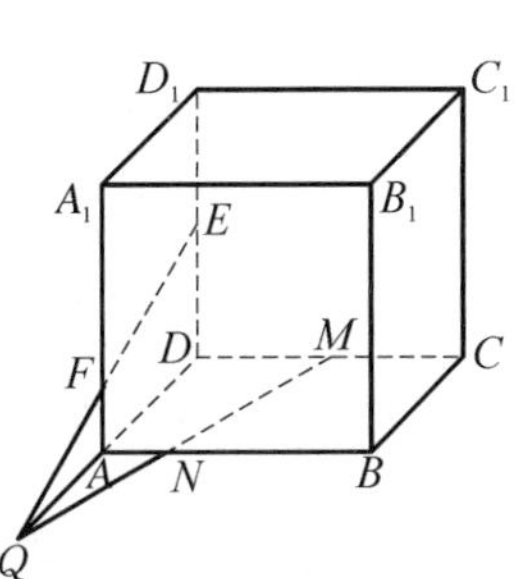

图 6-2-4

例4 如图 6-2-4，在正方体 $ABCD$-$A_1B_1C_1D_1$ 中，点 M、N、E、F 分别是棱 CD、AB、DD_1、AA_1 上的点，若 MN 与 EF 交于点 Q. 求证：D、A、Q 三点共线.

分析：本题要注意观察正方体的几何特征.侧面 $ABCD$ 与侧面 ADD_1A_1 的交线为 AD，因此这两个面的交点都在直线 AD 上.而点 Q 恰为两侧面的交点，本题得证.

证明：因为 $MN \cap EF = Q$，所以 $Q \in$ 直线 MN，$Q \in$ 直线 EF.

又 $M \in$ 直线 CD，$N \in$ 直线 AB，$CD \subset$ 平面 $ABCD$，$AB \subset$ 平面 $ABCD$，所以 M、$N \in$ 平面 $ABCD$.

所以 $MN \subset$ 平面 $ABCD$，$Q \in$ 平面 $ABCD$.

同理，可得 $EF \subset$ 平面 ADD_1A_1，$Q \in$ 平面 ADD_1A_1.

又平面 $ABCD \cap$ 平面 $ADD_1A_1 = AD$，所以 $Q \in$ 直线 AD，即 D、A、Q 三点共线.

例5　用斜二测画法画出图 6-2-5 中等腰梯形的直观图，使梯形的下底边长为 4，上底边长为 2，高为 3.

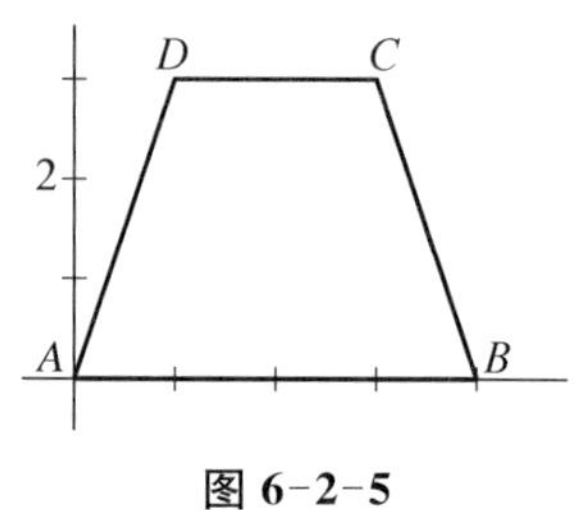

图 6-2-5

分析：画平面图形的直观图，先要根据斜二测画法建立坐标系，再根据斜二测画法的规则，确定顶点 A、B、C、D 在斜坐标系中的位置，最后连接各点就能得到图形的直观图.

解：如图 6-2-6，以 AB 为 x' 轴，作 $\angle E'AB' = 45°$，以 AE' 为 y' 轴建立坐标系.

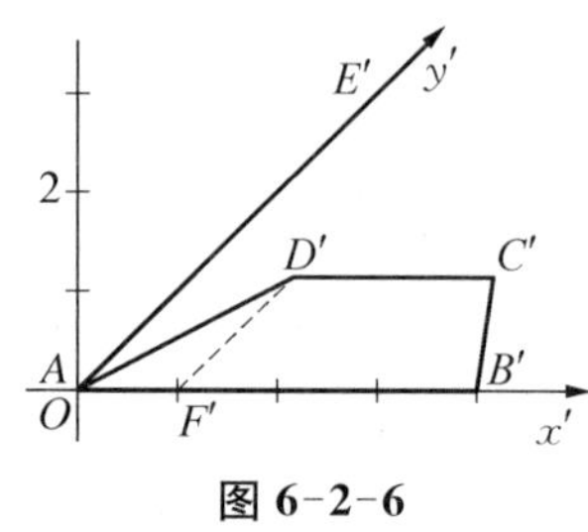

图 6-2-6

在 x' 轴上取 $AB' = 4$，$AF' = 1$，过 F' 作 $D'F' = \frac{3}{2}$，过 D' 作 $D'C' = 2$，且 $D'C' \parallel AB'$.

顺次连接 A、B'、C'、D'，梯形 $AB'C'D'$ 为等腰梯形 $ABCD$ 的直观图.

说明：斜二测画法是作出空间图形直观图的有效方法.斜二测画法不会改变直线间的平行关系，线段上定比分点的比例也不变.

【变式练习一】

1. 下列命题中，正确的有　　(　　)

A. 因为直线是无限延伸的，所以平面上的一条直线就可以伸到平面外

B. 两个平面有时只相交于一个公共点

C. 平面无面积，也无厚薄

D. 四条线段首尾相接所得的封闭图形，一定是平面图形

2. 下列点、直线、平面的表示方法中，正确的是　　(　　)

A. $\left.\begin{array}{l}A \in \alpha \\ B \in \alpha\end{array}\right\} \Rightarrow AB \in \alpha$　　B. $\left.\begin{array}{l}A \subset \alpha \\ B \subset \alpha\end{array}\right\} \Rightarrow AB \in \alpha$

C. $\left.\begin{array}{l}A \subset \alpha \\ B \subset \alpha\end{array}\right\} \Rightarrow AB \subset \alpha$　　D. $\left.\begin{array}{l}A \in \alpha \\ B \in \alpha\end{array}\right\} \Rightarrow AB \subset \alpha$

3. 判断下列四个命题,其中假命题的序号为________________.

① 直线 a 在平面 α 上,又在平面 β 上,则 α、β 重合;

② 直线 a、b 相交,直线 b、c 相交,直线 c、a 相交,则直线 a、b、c 共面;

③ 直线 a、b 共面,直线 b、c 共面,则直线 a、b、c 也共面;

④ 直线 a 不在平面 α 上,则直线 a 与平面 α 内任何一点都可唯一确定一个平面.

4. 下列命题中,正确命题的序号是________.

① 四边形一定是平面图形;　　② 三点可以确定一个平面;

③ 四条边都相等的四边形是菱形;　　④ 梯形一定是平面图形.

5. 下列说法中,正确的是　　(　　)

A. 水平放置的正方形的直观图可能是梯形

B. 两条相交直线的直观图可能是平行直线

C. 平行四边形的直观图仍是平行四边形

D. 互相垂直的两条直线的直观图仍互相垂直

6. 如图,$\triangle A'O'B'$ 为水平放置的 $\triangle AOB$ 的直观图,点 B' 在 x' 轴上,$A'O'$ 和 x' 轴垂直,且 $A'O'=2$. 求 $\triangle AOB$ 的边 OB 上的高.

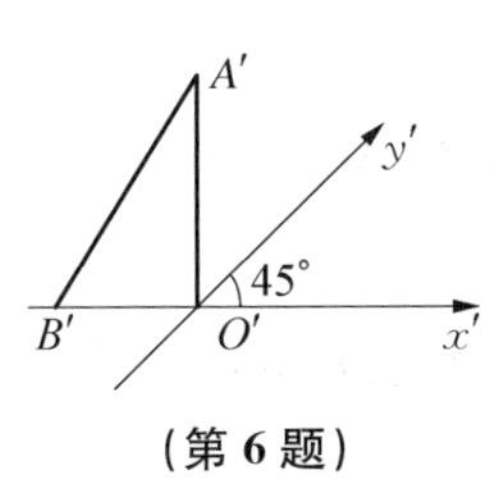

(第 6 题)

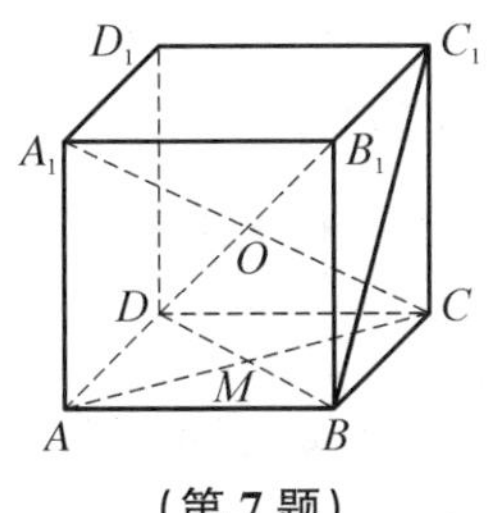

(第 7 题)

7. 如图,正方体 $ABCD-A_1B_1C_1D_1$ 中,对角线 A_1C 和平面 BDC_1 交于点 O,AC、BD 交于 M. 求证:点 C_1、O、M 共线.

二、空间直线的位置关系

【知识概述】

与平面几何比较,空间直线的位置关系复杂了一些,公理四可以证明空间直线的平行关系.公理四也保证了通过平移确定异面直线所成角的方法的合理性，为确定异面直线所成角提供了方法；等角定理在平面几何中也有描述，本节中等角定理及其推论将两个角的两边分别平行所具有的位置情况从平面推广到空间.等角定理可以证明空间角的相等.

不同在任何一个平面上的两条直线叫做异面直线.异面直线判断定理刻画了以平面为参照的异面直线的位置情况.该定理也为用图形表示异面直线提供了依据.

【本质提炼】

公理四将平行直线的传递性从平面推广到空间.等角定理及其推论将两个角的两边分别平行所具有的性质推广到空间.等角定理保证了异面直线所成角的大小是唯一确定的.异面直线是指不存在任何一个平面使得这两条直线同在一个平面上.

【基本模型】

1. 公理四：平行与同一直线的两条直线互相平行.

2. 等角定理：如果一个角的两边和另一个角的两边分别平行且方向相同，那么这两个角相等.

推论 1：如果一个角的两边和另一个角的两边分别平行，那么这两个角相等或互补.

推论 2：如果两条相交直线和另两条相交直线分别平行，那么这两组直线所成的锐角(或直角)相等.

3. 异面直线判断定理：过平面外一点与平面上一点的直线，和此平面上不经过该点的任何一条直线都是异面直线.

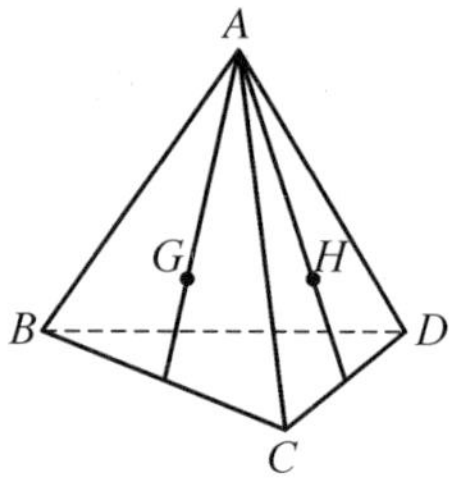

例 1 如图 6-2-7，A 是平面 BCD 外的一点，G、H 分别是 $\triangle ABC$、$\triangle ACD$ 的重心.求证：$GH \parallel BD$.

图 6-2-7

分析： 利用重心和中点的比例关系推出平行关系，由公理四得出本题结论.

证明： 如图 6-2-8，连接 AG 交 BC 于点 E，连接 AH 交 DC 于点 F.连接 GH、EF.

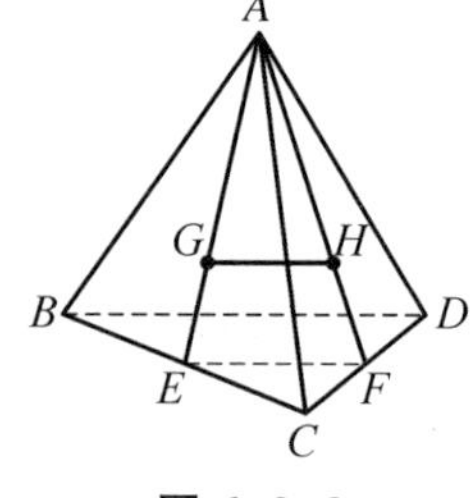

图 6-2-8

因为 G、H 是重心，所以 E、F 是中点，得 $EF \parallel BD$.

又 $\dfrac{AG}{GE}=\dfrac{AH}{HF}=\dfrac{2}{1}$，所以 $EF \parallel GH$.

所以 $GH \parallel BD$.

例 2 如图 6-2-9，在正方体 $ABCD-A_1B_1C_1D_1$ 中，E、F、E_1、F_1 分别是棱 AB、AD、B_1C_1、C_1D_1 的中点.求证：$\angle EA_1F=\angle F_1CE_1$.

分析: 利用中点构造中位线得到平行关系,通过公理四和空间等角定理证明空间两角相等.

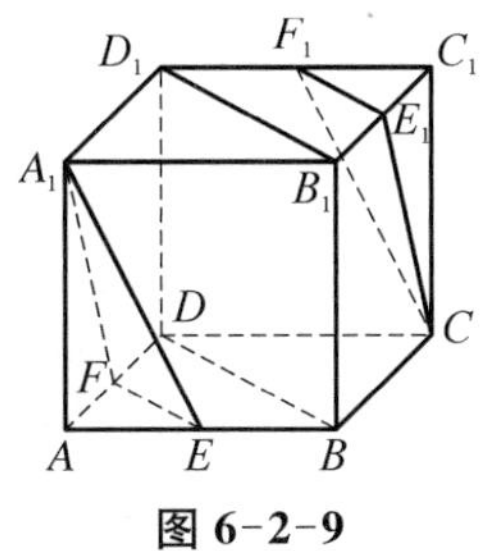

图 6-2-9

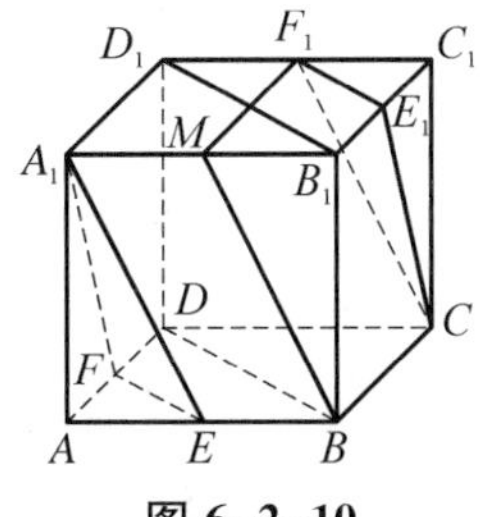

图 6-2-10

证明: 如图 6-2-10,取 A_1B_1 的中点 M,连接 F_1M、BM,则 $MF_1 /\!/ B_1C_1$,又 $B_1C_1 /\!/ BC$,所以 $MF_1 /\!/ BC$.

所以四边形 BMF_1C 为平行四边形, $BM /\!/ CF_1$.

因为 $A_1M = \dfrac{1}{2}A_1B_1$, $BE = \dfrac{1}{2}AB$,且 $A_1B_1 /\!/ AB$,所以 $A_1M /\!/ BE$, 四边形 BMA_1E 为平行四边形,所以 $BM /\!/ A_1E$, $A_1E /\!/ CF_1$.

同理可证 $A_1F /\!/ CE_1$.

因为$\angle EA_1F$ 的两边与$\angle F_1CE_1$的两边分别对应平行,且方向都相反,所以$\angle EA_1F = \angle F_1CE_1$.

例 3　已知 a、b、c 是三条不同的直线,如果 a 与 b 是异面直线,b 与 c 是异面直线.a 与 c 有怎样的位置关系? 请画图说明.

分析: 判断空间直线的位置关系要发挥空间想象能力,根据题意画出图形进行判断.

解: 直线 a 与直线 c 的位置关系可以是平行、相交、异面,如图 6-2-11(1)(2)(3)所示.

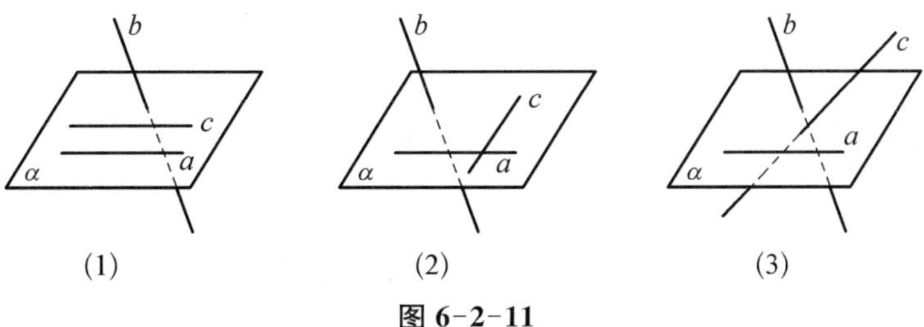

图 6-2-11

说明: 空间直线位置关系有三种: 平行、相交、异面.其中,平行和相交都是直线共面的情况.

例 4 在正方体 $ABCD\text{-}A_1B_1C_1D_1$ 中，D_1B 和 CC_1 是否为异直线？证明你的结论.

分析： 由异面直线的定义直接证明异面直线比较困难，因此通常采用反证法进行证明.

证明： 如图 6-2-12，假设 D_1B 和 CC_1 不是异面直线.

不妨设 CC_1 和 D_1B 在平面 α 上.

因为点 D_1 和直线 CC_1 只能确定一个平面 DCC_1D_1，所以平面 α 与平面 DCC_1D_1 重合.所以点 B 在平面 DCC_1D_1 上，与题意矛盾.

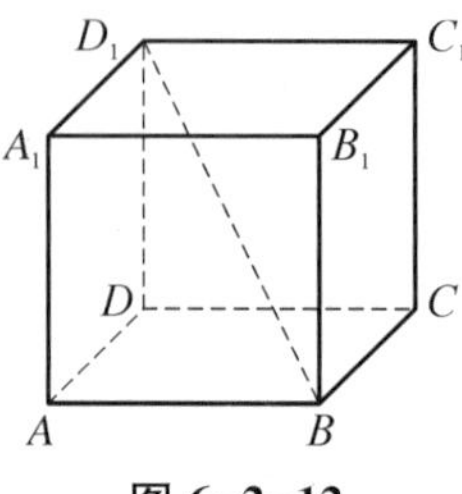

图 6-2-12

因此，D_1B 和 CC_1 是异面直线.

【变式练习二】

1. 在三棱柱 $ABC\text{-}A_1B_1C_1$ 中，E、F 分别是边 AB、AC 上的点，且 $AE:EB=AF:FC$，则 EF 与 B_1C_1 的位置关系是__________.

2. 如图，空间四边形 $ABCD$ 中，M、N 分别是 $\triangle ABC$ 和 $\triangle ACD$ 的重心，若 $BD=m$，求 MN.

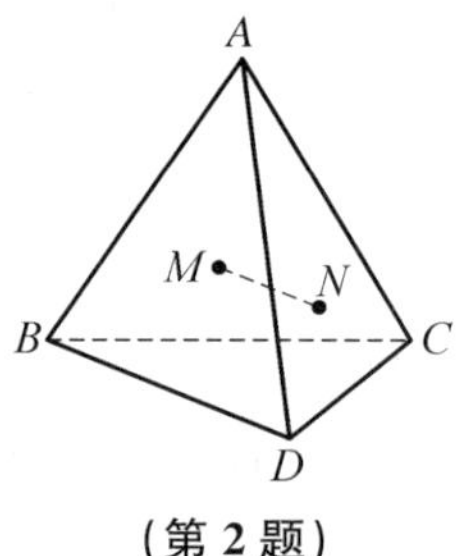

（第 2 题）

3. 若两个三角形不在同一平面上，它们的边两两对应平行，那么这两个三角形 （　　）

A. 全等　　　　B. 相似

C. 仅有一个角相等　　　　D. 全等或相似

4. 如图，已知长方体 $ABCD\text{-}A_1B_1C_1D_1$，证明：$\angle D_1AC=\angle A_1C_1B$.

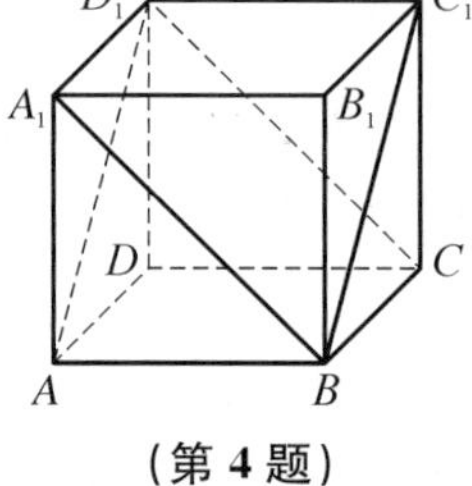

（第 4 题）

5. 分别和两条异面直线都相交的两条直线的位置关系是 （　　）

A. 相交　　　　B. 异面

C. 异面或相交　　　　D. 平行

6. 下列说法正确的是________.

① 若 a 和 b 是异面直线，$a\parallel c$，则 b 和 c 也是异面直线.

② 垂直于同一条直线的两条直线平行.

③ 两条平行线中的一条垂直于某条直线，则另一条也垂直于这条直线.

④ 经过直线外一点有无数条直线和这条直线垂直.

三、空间的平行关系

【知识概述】

空间的平行关系主要指的是直线与平面平行、平面与平面平行.通过线面平行判定定理将直线与平面平行的判定转化为直线与直线平行的判定.通过面面平行判定定理将平面与平面平行的判定转化为直线与平面平行的判定.而线面平行和面面平行的性质定理则可通过构造平面与平面的交线,由线面及面面平行推出线线平行.

通过平行关系的判定定理可以形成由线线平行推出线面平行,再由线面平行推出面面平行的逻辑关系.反之,通过平行关系的性质定理则逆向形成了由面面平行推出线面平行,进而推出线线平行的逻辑关系.

【本质提炼】

空间平行关系本质上是线线平行关系.

【基本模型】

1. 直线与平面平行判定定理：如果平面外一条直线与这个平面上的一条直线平行,那么该直线与这个平面平行.

2. 直线与平面平行性质定理：如果一条直线与一个平面平行,过这条直线的一个平面与此平面相交,那么其交线必与该直线平行.

3. 平面与平面平行判定定理：如果一个平面上的两条相交直线与另一个平面平行,那么这两个平面平行.

4. 平面与平面平行性质定理：如果两个平行平面同时与第三个平面相交,那么它们的交线平行.

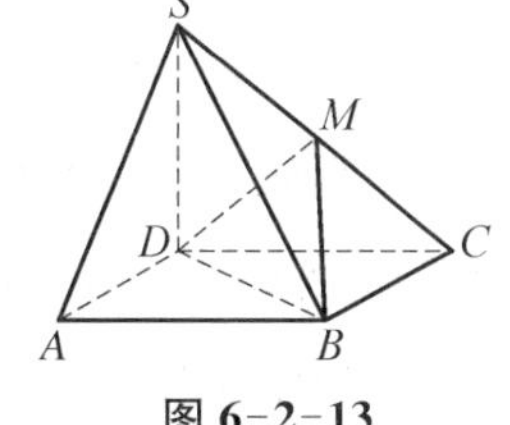

图 6-2-13

例 1　如图 6-2-13,四边形 $ABCD$ 是平行四边形,S 是平面 $ABCD$ 外一点,M 为 SC 的中点.求证：$SA /\!/$ 平面 MDB.

分析：证明直线与平面平行,关键要在所需证明的平面上找到与已知直线平行的直线.

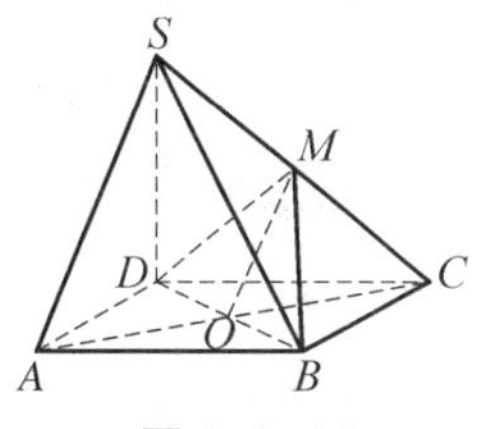

图 6-2-14

证明：如图 6-2-14,连接 AC 交 BD 于点 O,连接 OM.

因为 M 为 SC 的中点,O 为 AC 的中点,所以 $OM /\!/ SA$.

因为 $OM \subset$ 平面 MDB,SA 不在平面 MDB 上,所以 $SA /\!/$ 平面 MDB.

说明：在证明平行的相关问题时,通常要利用中点构造中位线进而推出平行关系,利用比例线段构造平行关系.

例2　如图 6-2-15，P 为四边形 $ABCD$ 所在平面外一点，E 为 AD 的中点，F 为 PC 上一点，若 $PA /\!/$ 平面 EBF，求 PF 与 FC 的比值.

分析：由线面平行性质定理，可得出 PA 与平面 PAC 和平面 EBF 的交线平行. 由平行线构成相似三角形得到线段 PF 与 FC 的比值.

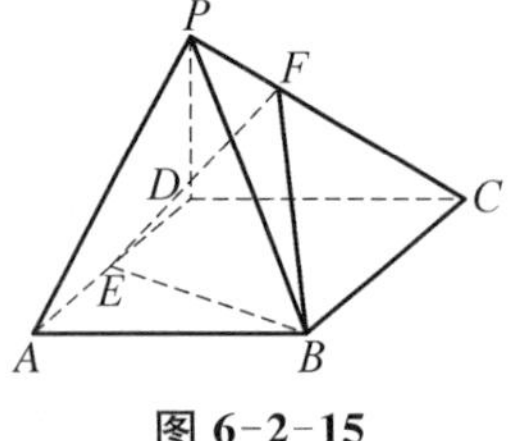

图 6-2-15

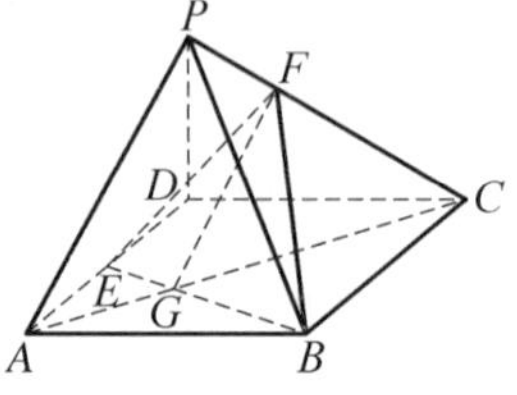

图 6-2-16

解：如图 6-2-16，连接 AC 交 BE 于 G，连接 FG.

因为 $PA /\!/$ 平面 EBF，$PA \subset$ 平面 PAC，平面 $PAC \cap$ 平面 $BEF = FG$，所以 $PA /\!/ FG$，$\dfrac{PF}{FC}=\dfrac{AG}{GC}$. 又因为 $AD /\!/ BC$，所以 $\dfrac{AG}{GC}=\dfrac{AE}{BC}$.

因为 E 为 AD 的中点，所以 $\dfrac{AG}{GC}=\dfrac{1}{2}$，所以 $\dfrac{PF}{FC}=\dfrac{1}{2}$.

例3　如图 6-2-17，在长方体 $ABCD\text{-}A'B'C'D'$ 中，求证：平面 $C'BD /\!/$ 平面 $AB'D'$.

分析：在空间的平行关系中，线线平行是平行关系判断的基本元素. 在解题中要注重挖掘直线的平行关系，从而推出线面平面和面面平行.

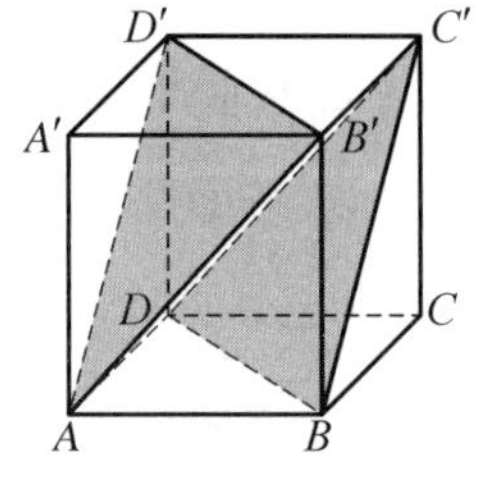

图 6-2-17

证明：因为 $AB /\!/ CD /\!/ C'D'$，所以四边形 $A'B'C'D'$ 是平行四边形，$BC' /\!/ AD'$.

又因为 BC' 不在平面 $AB'D'$ 上，AD' 不在平面 $AB'D'$ 上，所以 $BC' /\!/$ 平面 $AB'D'$. 同理 $C'D /\!/$ 平面 $AB'D'$.

因为 $BC' \cap C'D = C'$，所以平面 $C'BD /\!/$ 平面 $AB'D'$.

例4　已知 $\alpha /\!/ \beta$，A、$C \in \alpha$，B、$D \in \beta$，直线 AB 与 CD 交于点 S，且 $SA=8$，$SB=9$，$CD=34$. 求当 S 在 α、β 之间时 SC 的长.

分析：由面面平行得到线线平行，进而由成比例线段求解，体现了立体几何与平面几何间的转化关系.

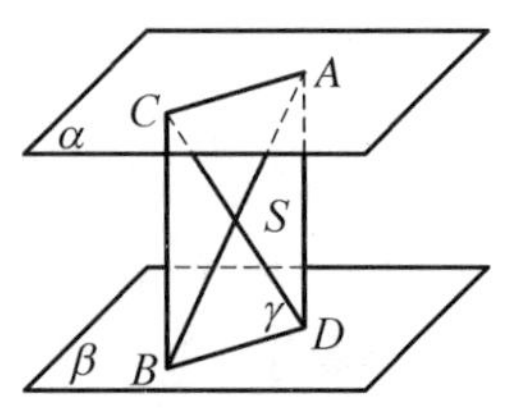

图 6-2-18

解：如图 6-2-18，因为 AB 与 CD 相交于 S，所以 AB、CD 可确定平面 γ，且 $\alpha \cap \gamma = AC$，$\beta \cap \gamma = BD$.

因为$\alpha /\!/ \beta$,所以$AC /\!/ BD$,$\frac{SA}{SB}=\frac{SC}{SD}$,所以$\frac{SA}{SA+SB}=\frac{SC}{CD}$,即$\frac{SC}{34}=\frac{8}{17}$,解得$SC=16$.

【变式练习三】

1. 判断下列命题真假:

(1) 若直线 l 上有无数个点不在平面 α 上,则 $l /\!/ \alpha$.

(2) 若直线 l 与平面 α 平行,则 l 与平面 α 上的任意一条直线平行.

(3) 如果两条平行直线中的一条直线与一个平面平行,那么另一条直线也与这个平面平行.

(4) 若直线 l 与平面 α 平行,则 l 与平面 α 上的任意一条直线都没有公共点.

2. 在正方体 $ABCD-A_1B_1C_1D_1$ 中,E、F 分别是棱 BC、C_1D_1 的中点.求证:$EF /\!/$ 平面 BB_1D_1D.

3. 在长方体 $ABCD-A_1B_1C_1D_1$ 中,若经过 D_1B 的平面分别交 AA_1 和 CC_1 于点 E、F,则四边形 D_1EBF 的形状是 ( )

A. 矩形　　B. 菱形　　C. 平行四边形　　D. 正方形

4. 如图,在三棱台 $A_1B_1C_1-ABC$ 中,点 D 在 A_1B_1 上,且 $AA_1 /\!/ BD$,M 是 $\triangle A_1B_1C_1$ 内的一个动点,平面 $BDM /\!/$ 平面 A_1C,则动点 M 的轨迹是 ( )

A. 平面

B. 直线

C. 圆

D. 线段,但只含 1 个端点

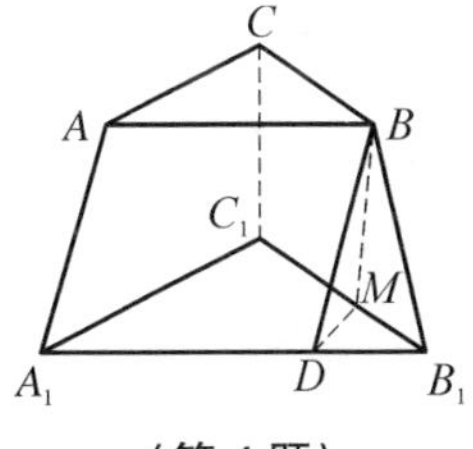

(第 4 题)

四、空间的垂直关系

【知识概述】

垂直关系是直线与平面相交、平面与平面相交中的特殊情况.空间的垂直关系主要指直线与平面垂直、平面与平面垂直.线面垂直判定定理将线面垂直的定义简化为判定直线与平面内两条相交直线垂直.面面垂直判定定理将定义中直二面角的判定转化为线面垂直的判定.三垂线定理可由线面垂直证明得到.

线面垂直和面面垂直的性质定理是判断线线垂直的依据.线面垂直性质定理也可作为判断空间直线平行的依据.

通过垂直关系的判定定理形成由线线垂直到线面垂直再到面面垂直的逻辑关

系.通过垂直关系的性质定理反之形成由面面垂直到线面垂直再到线线垂直的逻辑关系.

【本质提炼】

空间垂直关系实质上是线线垂直关系.三垂线定理刻画了由平面到空间线线垂直关系的转化.

【基本模型】

1. 直线与平面垂直判定定理：如果一条直线与一个平面上的两条相交直线都垂直，那么直线与该平面垂直.

2. 直线与平面垂直性质定理：垂直于同一个平面的两条直线互相平行.

3. 三垂线定理：平面上的一条直线和这个平面的一条斜线垂直的充要条件是它和这条斜线在平面上的射影垂直.

4. 平面与平面垂直判定定理：如果一个平面经过另一个平面的一条垂线，那么这两个平面垂直.

5. 平面与平面垂直性质定理：如果两个平面垂直，那么其中一个平面上垂直于两平面交线的直线与另一个平面垂直.

例1　如图6-2-19，矩形 $ABCD$ 中，$PA\perp$ 平面 $ABCD$，$PA=AB=\sqrt{2}$，E 是 PB 的中点.求证：$AE\perp$ 平面 PBC.

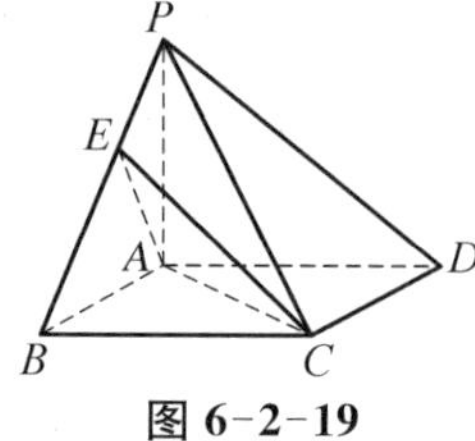

图 6-2-19

分析： 由本题条件中的线面垂直可以发现线线垂直，结合要证明的结论，在平面 PBC 中找到两组与 AE 有关的线线垂直就能得到要证的结论.

证明： 因为 E 是 AB 的中点，$PA=AB=\sqrt{2}$，所以 $AE\perp PB$.

因为 $PA\perp$ 平面 $ABCD$，所以 $BC\perp PA$.

因为 $ABCD$ 是矩形，所以 $BC\perp AB$，$BC\perp$ 平面 PAB，所以 $BC\perp AE$.

所以 $AE\perp$ 平面 PBC.

例2　已知正方体 $ABCD\text{-}A_1B_1C_1D_1$ 中，求证：$BD_1\perp$ 平面 ACB_1.

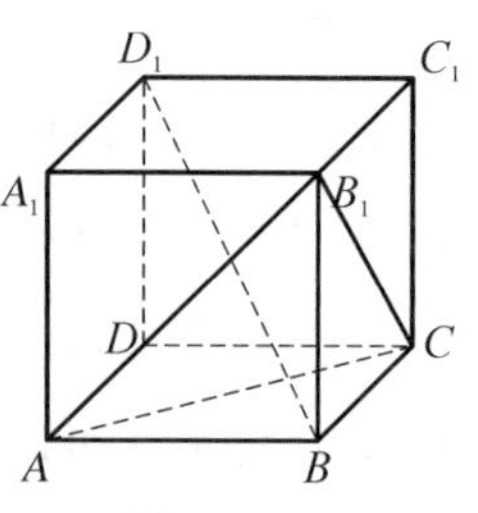

图 6-2-20

分析： 本题线面位置关系不太容易判断.正方体中体对角线和面对角线的垂直关系可以通过三垂线定理求证.

证明： 如图6-2-20，$D_1C_1\perp$ 平面 BCC_1B_1，BC_1 是 D_1B 在平面 BCC_1B_1 上的射影.

因为 $B_1C \perp BC_1$，由三垂线定理,可知 $B_1C \perp D_1B$.

同理可得 $AC \perp D_1B$.

所以 $BD_1 \perp$ 平面 ACB_1.

说明: 三垂线定理是立体几何的重要定理之一,是判断空间直线垂直关系的有效工具.使用三垂线定理可以简化判断过程.

例3 如图 6-2-21,已知长方体 $ABCD-A_1B_1C_1D_1$ 的棱 AA_1、AB 和 AD 的长分别为 3 cm、4 cm、5 cm.求 AB 到平面 A_1B_1CD 的距离.

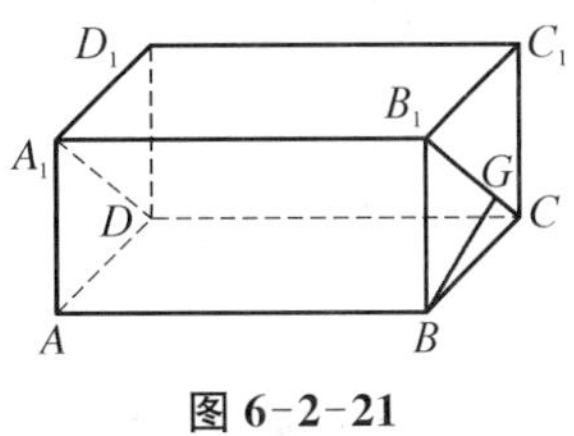

图 6-2-21

分析: 本题首先要将线到面的距离转化为点到面的距离.可以选择点 B(或 A),再利用线面垂直与面面垂直之间垂直关系的转化作出 B 到平面 A_1B_1CD 的垂线并求解.

解: 因为 $AB /\!/$ 平面 A_1B_1CD，所以 AB 到平面 A_1B_1CD 的距离即点 B 到平面 A_1B_1CD 的距离.

因为 $DC \perp$ 平面 BCC_1B，所以 平面 $A_1B_1CD \perp$ 平面 BCC_1B.

过 B 作 $BG \perp B_1C$，由面面垂直性质定理,可知 $BG \perp$ 平面 A_1B_1CD.

又因为 $BB_1=3$，$BC=5$，所以 $BG=\dfrac{15\sqrt{34}}{34}$.

说明: 通过面面垂直的性质定理构造或证明线面垂直是一种重要的解题方法,体现了线线垂直与面面垂直之间的逻辑推理关系.

例4 已知平面 $PAB \perp$ 平面 ABC,平面 $PAC \perp$ 平面 ABC,$AE \perp$ 平面 PBC,E 为垂足.

(1) 求证：$PA \perp$ 平面 ABC；

(2) 当 E 为$\triangle PBC$ 的垂心时,求证：$AB \perp AC$.

分析: 从面面垂直出发,添加辅助线构造线面垂直进而推出线线垂直使得命题得证.

证明: (1) 如图 6-2-22,在平面 ABC 内取一点 D,作 $DF \perp AC$ 于点 F,平面 $PAC \perp$ 平面 ABC,且交线为 AC,所以 $DF \perp$ 平面 PAC.

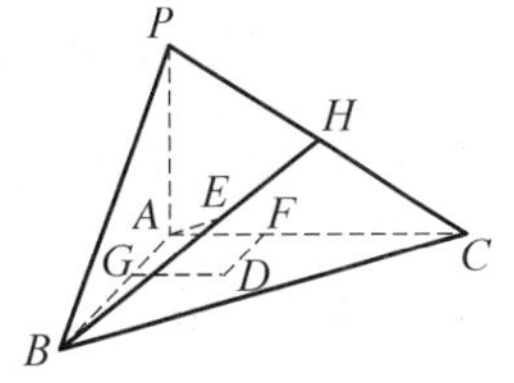

图 6-2-22

又 $PA /\!/$ 平面 PAC,所以 $DF \perp AP$.

作 $DG \perp AB$ 于点 G,同理可证 $DG \perp AP$,DG、DF 都在平面 ABC 上且交点为 D

所以 $PA\perp$平面 ABC.

(2) 连接 BE 并延长，交 PC 于点 H.因为 E 是$\triangle PBC$ 的垂心，所以 $PC\perp BE$.

又 AE 是平面 PBC 的垂线，所以 $PC\perp AE$.

又 $BE\cap AE=E$，所以 $PC\perp$平面 ABE，所以 $PC\perp AB$.

又 $PA\perp$平面 ABC，所以 $PA\perp AB$.

因为 $PA\cap PC=P$，所以 $AB\perp$平面 PAC，所以 $AB\perp AC$.

说明：第(1)题的结论是垂直关系中的重要性质.在垂直关系的证明中要善于从要证明的结论出发，逆向思考，寻找或创设问题所需的条件，探索问题解决的正确思路.

【变式练习四】

1. 设正方体 $ABCD$-$A_1B_1C_1D_1$ 的棱长为 1，则：

(1) 点 A 到 CD_1 的距离为________；

(2) 点 A 到平面 BDD_1B_1 的距离为________；

(3) 点 A 到平面 A_1BD 的距离为________；

(4) AA_1 与平面 BB_1D_1D 的距离为________.

2. 已知正方体 $ABCD$-$A_1B_1C_1D_1$，证明：

(1) $AC\perp$ 平面 B_1D_1DB；　　(2) $BD_1\perp$ 平面 ACB_1.

3. 如图，已知 PA 垂直于圆 O 所在平面，AB 是圆 O 的直径，C 是圆周上一点.则图中垂直的平面共有________对.

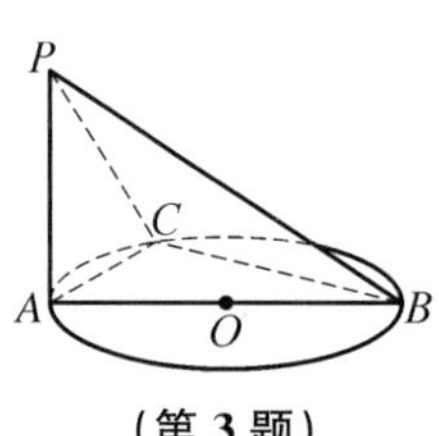

(第 3 题)

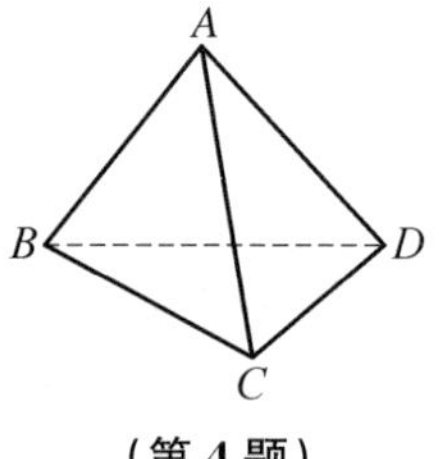

(第 4 题)

4. 如图，在四面体 A-BCD 中，$BD=\sqrt{2}a$，$AB=AD=CB=CD=AC=a$.求证：平面 $ABD\perp$平面 BCD.

五、空间角

【知识概述】

“空间角”指的是“异面直线所成角”“直线与平面所成角”“二面角”.这三类角

分别刻画了空间两条异面直线、平面外的直线与平面、两个半平面间的相对位置关系.求异面直线所成角需要平移异面直线使它们相交,由等角定理可知平移过程不会改变异面直线的相对位置.直线与平面所成角刻画了平面的斜线相对于平面的倾斜程度.通过构造二面角的平面角可将空间平面与平面的相对位置转化为平面内两条相交直线所成的角,空间等角定理保证了平面角的大小与棱上点的位置无关.

【本质提炼】

度量空间角需要将空间元素的位置关系转化为可度量的平面角.平行的传递性以及等角定理保证了空间角的平面角存在的合理性和唯一性.

【基本模型】

1. 异面直线所成角:两条异面直线平移到相交位置时所得到的锐角或直角,称为这两条异面直线所成的角.异面直线所成角的范围是 $\left(0, \frac{\pi}{2}\right]$. 若两条异面直线所成角是直角,就说这两条异面直线垂直.

2. 直线与平面所成角:平面的一条斜线和它在平面上的射影所成的锐角,叫做这条直线和这个平面所成的角.

若直线垂直于平面,则直线与平面所成角为直角;若直线平行于平面,则直线与平面所成角为 0.

3. 二面角:从一条直线出发的两个半平面所组成的图形叫做二面角.这条直线叫做二面角的棱,这两个半平面叫做二面角的面.

在二面角棱上任取一点 O,分别在半平面上作棱的垂线 OA、OB.角 $\angle AOB$ 为二面角的平面角.

例1 已知边长为 2 的正方体 $ABCD\text{-}A_1B_1C_1D_1$ 中,O 为 BD 的中点.求 D_1O 与 BC_1 所成角.

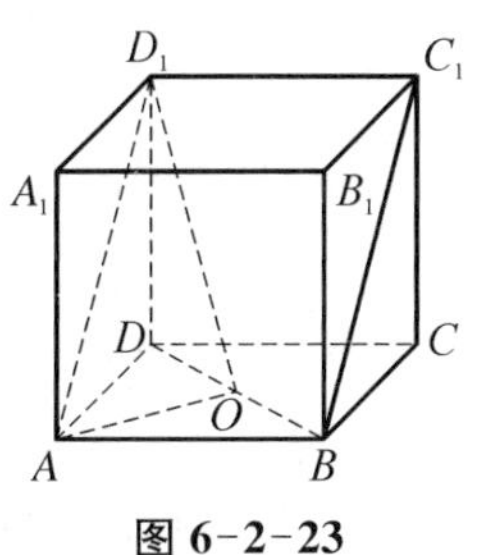

图 6-2-23

分析: 正方体是最常见的空间图形.只要熟悉正方体侧棱、侧面、对角线之间的平行关系,就能正确找出异面直线所成角.

解: 如图 6-2-23,连接 D_1A 和 AO. 因为 $D_1A \parallel C_1B$,所以 $\angle AD_1O$ (或其补角)为异面直线 D_1O 与 BC_1 所成角.

在 $\triangle AD_1O$ 中,$AD_1=2\sqrt{2}$,$AO=\sqrt{2}$,$D_1O=\sqrt{6}$.

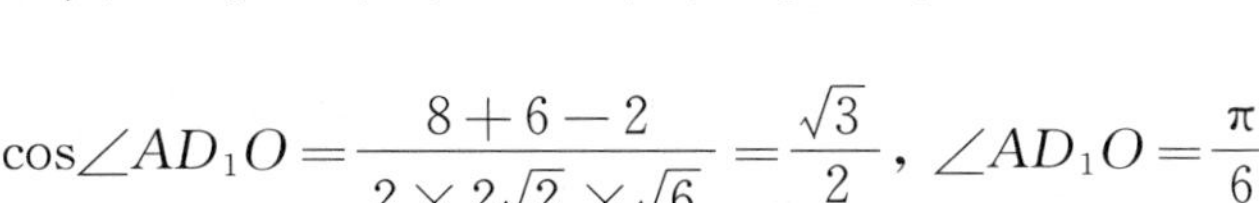

$$\cos\angle AD_1O=\frac{8+6-2}{2\times 2\sqrt{2}\times\sqrt{6}}=\frac{\sqrt{3}}{2},\ \angle AD_1O=\frac{\pi}{6}.$$

所以，异面直线所成角为 $\frac{\pi}{6}$.

例2　如图 6-2-24，在四棱锥 $P-ABC$ 中，底面 $ABCD$ 为矩形，$PA\perp$ 底面 $ABCD$，$AD=3$，$PA=AB=4$，点 E 在侧棱 PA 上，且 $AE=1$，F 为侧棱 PC 的中点.求异面直线 CE 与 DF 所成角.

分析： 确定异面直线所成角的关键步骤是平移直线后另两条直线相交，所以要特别关注条件中的特殊点(如中点或有比例关系的点).

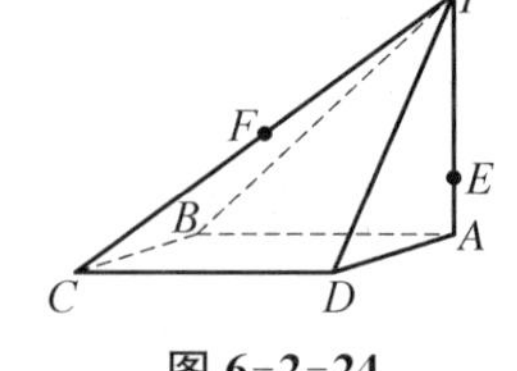

图 6-2-24

解： 取 PE 的中点 G，连接 FG.

因为 F 为 CP 的中点，G 为 PE 的中点，所以 $FG\parallel CE$，所以 $\angle GFD$ (或其补角)为异面直线所成角.

在 $\triangle GFD$ 中，$GF=\frac{\sqrt{26}}{2}$，$GD=\frac{\sqrt{61}}{2}$，$DF=\frac{\sqrt{41}}{2}$，所以 $\cos\angle GFD=\frac{3}{\sqrt{1\,066}}$.

所以，异面直线所成角为 $\arccos\frac{3\sqrt{1\,066}}{1\,066}$.

例3　如图 6-2-25，已知正方体 $ABCD-A_1B_1C_1D_1$ 的棱长为 a. 求直线 AB_1 和平面 DBB_1D_1 所成的角的大小.

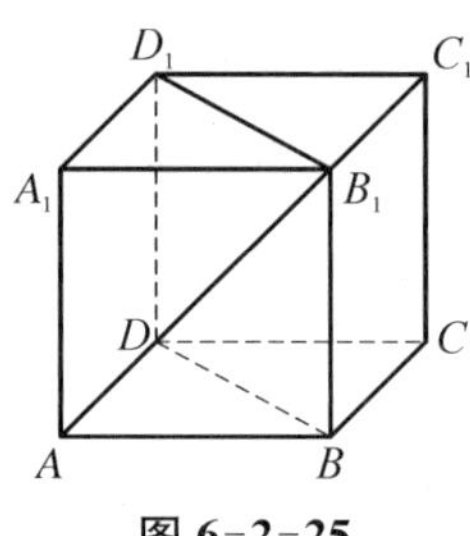

图 6-2-25

分析： 求线面角的关键是确定平面的垂线，从而确定直线与平面所成角，最后在直角三角形中求解即可.

解： 如图 6-2-26，取 DB 的中点 O，联结 AO、B_1O.

因为 $AO\perp DB$ 且 $AO\perp BB_1$，所以 $AO\perp$ 平面 DBB_1D_1，所以 $\angle AB_1O$ 为直线与平面所成角.

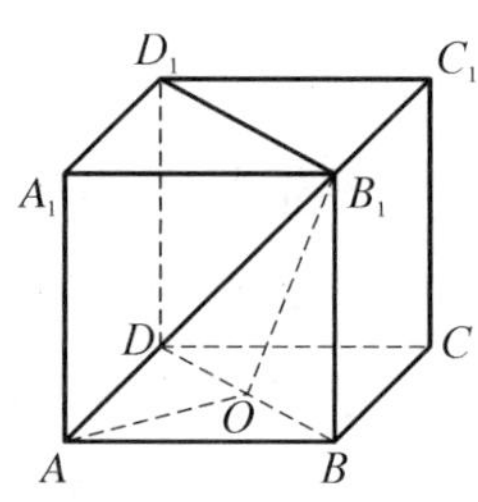

图 6-2-26

又因为 $AO=\frac{\sqrt{2}}{2}a$，$AB_1=\sqrt{2}a$，所以 $\sin AB_1O=\frac{1}{2}$，所以 $\angle AB_1O=\frac{\pi}{6}$.

所以，所求直线与平面所成角为 $\frac{\pi}{6}$.

例4　如图 6-2-27，$ABCD$ 是边长为 1 的正方形，O 为 $ABCD$ 所在平面外一点，$OA\perp$ 底面 $ABCD$，$OA=2$，M 为 OA 的中点.求直线 MD 与平面 OAC 所成角的大小.

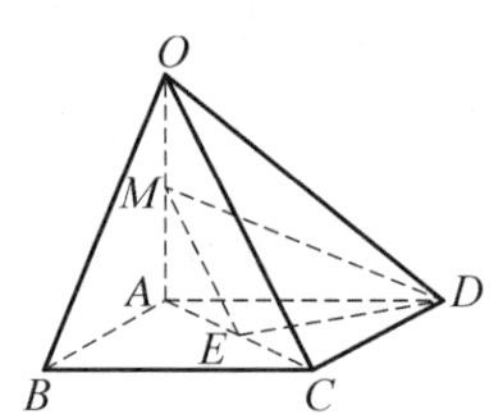

图 6-2-27

分析：本题中有两个条件是确定线面角的关键点，即 $OA\perp$ 底面 $ABCD$ 以及 $ABCD$ 是正方形.由这两个条件不难发现 DE 是平面 OAC 的垂线，$\angle DME$ 是所求线面角.

解：取 AC 的中点 E，连接 DE.

因为 $OA\perp$ 底面 $ABCD$，所以 $DE\perp OA$.

又 $ABCD$ 为正方形，所以 $DE\perp AC$，$DE\perp$ 平面 OAC.

所以 $\angle DME$ 是直线 MD 与平面 OAC 所成角.

因为 $DE=\frac{\sqrt{2}}{2}$，$DM=\sqrt{2}$，所以 $\angle DME=\frac{\pi}{6}$.

所以，直线 MD 与平面 OAC 所成角为 $\frac{\pi}{6}$.

例5　如图 6-2-28，在正方体 $ABCD\text{-}A_1B_1C_1D_1$ 中，点 M 是棱 AA_1 的中点.求二面角 $M\text{-}BC_1\text{-}B_1$ 的大小.

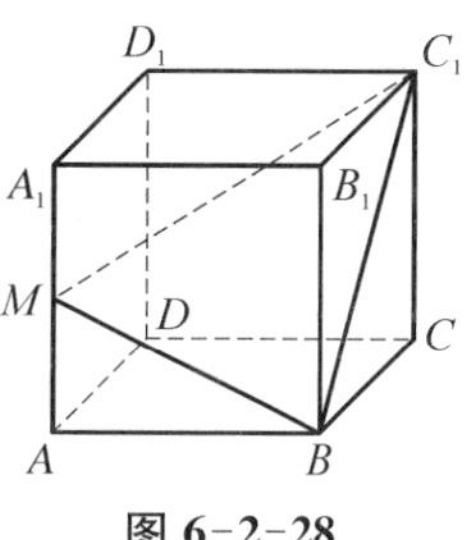

图 6-2-28

分析：求二面角要先确定平面角.本题半平面 BC_1B_1 的垂线容易找到，所以可利用三垂线定理确定二面角的平面角.在构造平面角时还要正确认识图形，找准棱和半平面.

解：如图 6-2-29，取 BB_1 的中点 N，联结 MN.

过 N 作 NG 垂直于 BC_1，因为 $AB\perp$ 平面 BC_1B_1，$MN\parallel AB$，所以 $MN\perp$ 平面 BC_1B_1.

又因为 $NG\perp BC_1$，由三垂线定理，知 $MG\perp BC_1$，所以 $\angle MGN$ 为二面角的平面角.

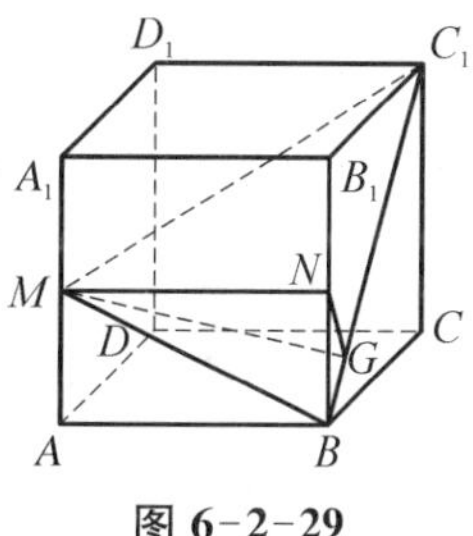

图 6-2-29

设正方体时棱长为 1，则 $MN=1$，$NG=\frac{1}{2\sqrt{2}}$.

$$\tan\angle MGN=\frac{MN}{NG}=2\sqrt{2}，\angle MGN=\arctan 2\sqrt{2}.$$

因此，所求二面角为 $\arctan 2\sqrt{2}$.

说明：确定二面角平面角通常可以利用定义找到与棱都垂直的线线角，也可以利用三垂线定理.

例6　如图 6-2-30，长方体 $ABCD\text{-}A_1B_1C_1D_1$ 中，E 为底面长方形对角线的交点，$AB=\sqrt{3}$，$BC=1$，$AA_1=2$. 求平面 AA_1E 与平面 BB_1E 所成的二面角.

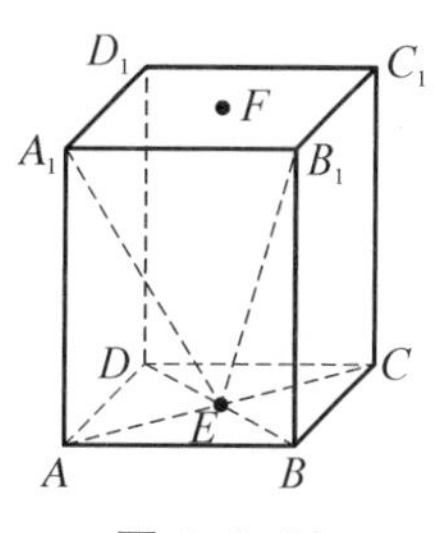

图 6-2-30

分析：本题并未给出二面角的棱，因此要先画出两个平面的交线确定二面角，再找到二面角的平面角.由线面平行性质定理可画出两个平面的交线，利用定义可确定二面角的平面角.

解： 如图 6-2-31，取平面 $A_1B_1C_1D_1$ 的对角线交点 F，连接 EF、A_1F、B_1F.

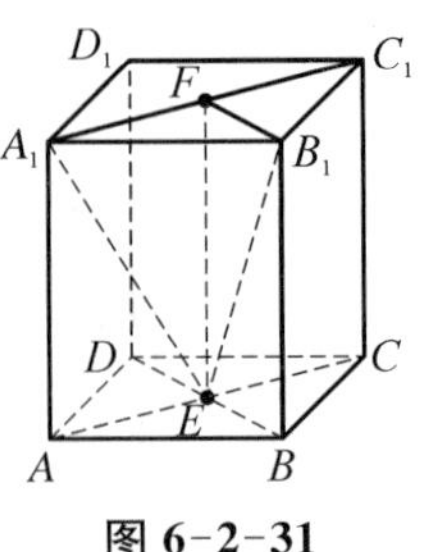

图 6-2-31

因为 $AA_1 // BB_1$，所以 $AA_1 //$ 平面 BB_1E.

由线面平行性质定理，可知平面 AA_1E 与平面 BB_1E 的交线为过点 E 且平行于 AA_1 的直线，所以直线 EF 为平面 AA_1E 与平面 BB_1E 的交线.

所以，二面角 $A-EF-B$ 为平面 AA_1E 与平面 BB_1E 所成的二面角.

又因为 $AE \perp EF$，$BE \perp EF$，所以 $\angle AEB$ 为二面角的平面角.

在长方形 $ABCD$ 中，$AB=\sqrt{3}$，$BC=1$，$AE=BE=1$，$\angle AEB=\dfrac{2\pi}{3}$.

所以，所求二面角为 $\dfrac{2\pi}{3}$.

【变式练习五】

1. 如图，圆柱的底面半径为 r，上底面圆心为 O，正六边形 $BCDEF$ 内接于下底圆 O_1，OA 与底面所成角为 60°. 求异面直线 DC 与 OA 所成角.

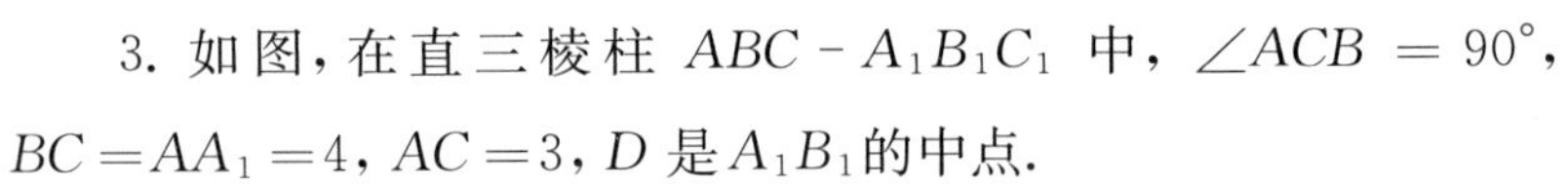

（第 1 题）

2. 已知正方体 $ABCD-A_1B_1C_1D_1$ 的棱长为 2，O 是底面 $ABCD$ 的中心，E、F 分别是 CC_1、AD 的中点. 求异面直线 OE、FD_1 所成角.

3. 如图，在直三棱柱 $ABC-A_1B_1C_1$ 中，$\angle ACB=90°$，$BC=AA_1=4$，$AC=3$，D 是 A_1B_1 的中点.

(1) 在棱 BB_1 上求一点 P，使 $CP \perp BD$；

(2) 在(1)的条件下，求 DP 与平面 BB_1C_1C 所成角的大小.

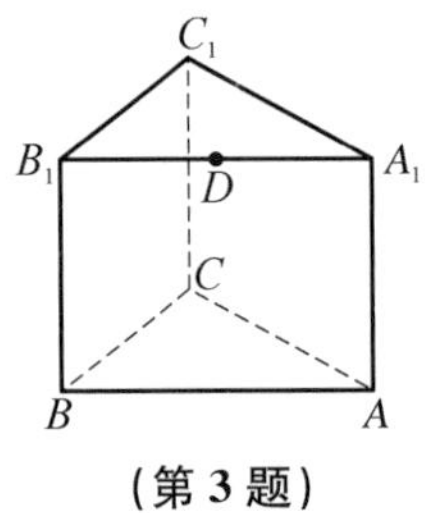

（第 3 题）

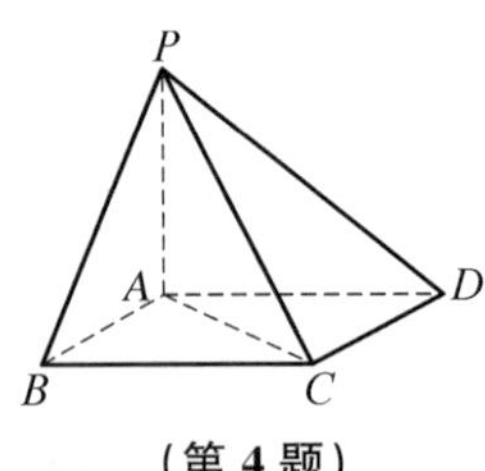

（第 4 题）

4. 如图，四棱锥 $P-ABCD$ 的底面 $ABCD$ 是正方形，$PA \perp$ 底面 $ABCD$. 若 $PA=AB$，求 PD 与平面 PAC 所成角的大小.

5. 如图,在三棱锥 P-ABC 中,$PA\perp$平面 ABC,$\angle BAC=90^\circ$,则二面角 B-PA-C 的大小是________.

6. 如图,四棱锥 P-$ABCD$ 的底面 $ABCD$ 是边长为 1 的菱形,$\angle BCD=60^\circ$,E 是 CD 的中点,$PA\perp$底面 $ABCD$,$PA=\sqrt{3}$.求二面角 A-BE-P 的大小.

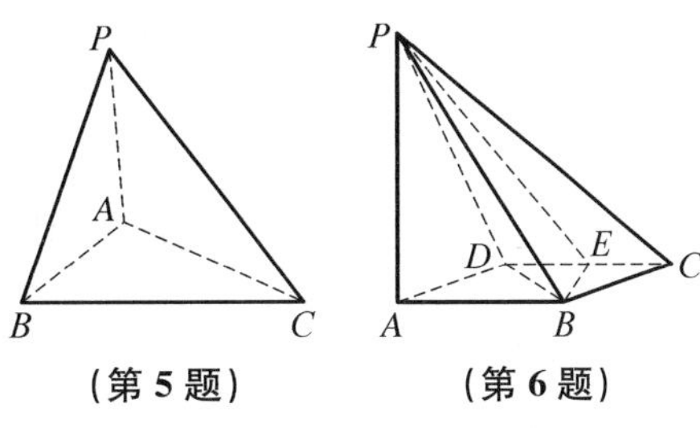

(第 5 题)　　(第 6 题)

第一单元测试题

1. 与两条异面直线都相交的两条直线之间的关系是__________.

2. 给出下面四个命题,其中正确的命题为__________.

① 如果一条直线与一个平面平行,经过这条直线的平面与这个平面相交,那么这条直线与交线平行.

② 如果一条直线和一个平面内的两条相交直线都垂直,那么这条直线垂直于这个平面.

③ 如果两条直线都平行于一个平面,那么这两条直线互相平行.

④ 若 a、b 与平面 α 所成角相等,则 $a\parallel b$.

3. 正方体 $ABCD$-$A_1B_1C_1D_1$ 的棱长为 a,M 是 B_1C_1 的中点,则过 B、D、M 的截面面积为__________.

4. 如图,平面 $AC\perp$平面 AE,且四边形 $ABCD$ 与四边形 $ABEF$ 都是正方形,则异面直线 AC 与 BF 所成角的大小是________.

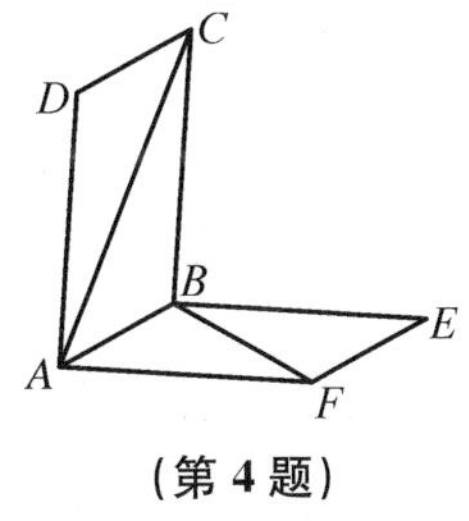

(第 4 题)

5. 空间四点中,条件 P:三点共线;结论 Q:四点共面.P 是 Q 的什么条件?请说明理由.

6. 如图,在四面体 P-ABC 中,所有棱长都相等,D 为 PB 的中点.求:

(1) 异面直线 AD 与 BC 所成角的大小;

(2) AD 与平面 ABC 所成角的大小.

7. 如图,已知直角三角形 ABC 中,$\angle ACB=90^\circ$,且 $SA\perp$平面 ABC.

(1) 若 $AD\perp SC$,求证:$AD\perp$平面 SBC;

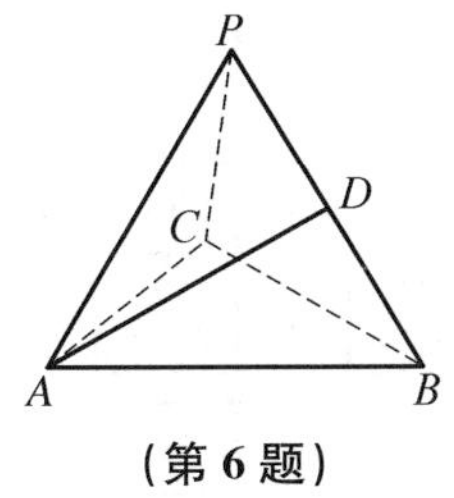

(第 6 题)

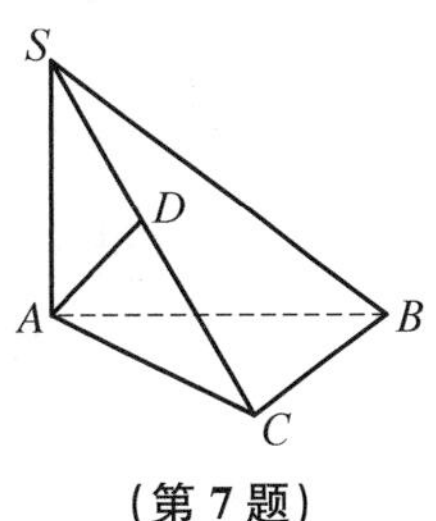

(第 7 题)

(2) 设 $SA=AC=CB=2$，求二面角 $S-BC-A$ 的大小.

第二单元　简单几何体

单元教学目标

1. 通过实物、模型和计算机软件直观认识棱柱、棱锥；通过观察、抽象和说理，掌握棱柱、棱锥的有关概念以及直棱柱、正棱锥的有关性质.

2. 利用图形的旋转展示圆柱、圆锥和球的生成过程，认识圆柱、圆锥和球等图形的基本特征，增强观察、归纳能力.

3. 经历柱体和锥体的表面积、体积计算公式的获得过程，体会化“曲”为“直”、祖暅原理和图形割补等思想方法，会解决柱体和锥体的表面积、体积的计算问题.

4. 类比圆的研究，对球及有关截面的性质深入探讨，知道球的表面积和体积的计算公式，能解决有关度量计算.

单元教学安排

本单元教学建议课时数及具体分配如下.

单　元　内　容	课　时
柱体	3
锥体	3
多面体与旋转体	1
球	2

单元教学内容

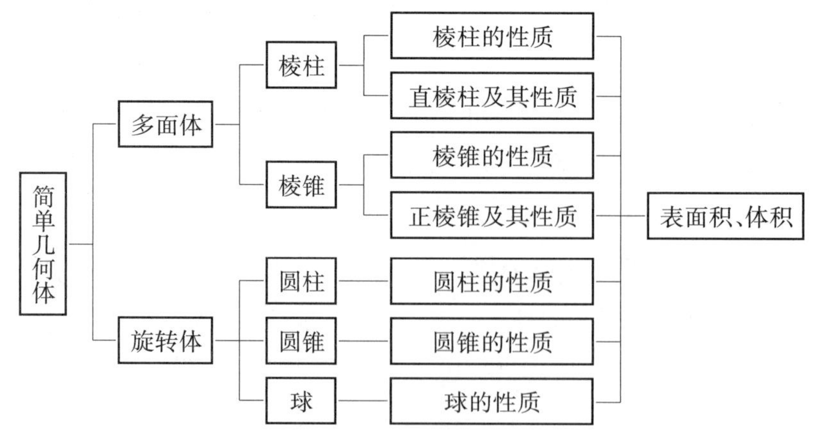

单元教学实施

本单元主要学习柱、锥、球等简单几何体概念、性质及有关度量计算.在教学中要积极利用实物模型和信息技术手段帮助学生认识几何体的结构特征,能运用这些特征描述现实中简单物体的结构.

设计典型例题解决多面体中的度量问题(如求空间角和空间距离).通过探究这些问题指导学生学会分析各类简单几何体中棱与棱、棱与面、面与面的位置关系,进一步提高学生的空间想象能力.

通过推导多面体和旋转体的表面积及体积公式,让学生掌握平面图形与空间图形互相转化的数学方法,让学生体会祖暅原理的数学内涵,提升中华民族文化自信.设计典型例题让学生掌握计算几何体和简单组合体的表面积和体积的方法,体会图形割补的数学方法.

一、空间几何体

【知识概述】

本节内容阐述了多面体、旋转体的概念;多面体主要指的是棱柱、棱锥.旋转体主要指的是圆柱、圆锥和球.

本节内容还阐述了棱柱、棱锥、圆柱、圆锥、球等几何体的基本性质;通过探究几何体中的空间角及空间距离问题,研究简单几何体中线与面的位置关系及度量关系.

【本质提炼】

多面体是由平面图形围成的封闭几何体.棱柱是由两个互相平行的全等多边形作为底面,且侧棱互相平行的多面体.棱锥则是以多边形为底面,且侧棱相交于一点的多面体.

旋转体是平面图形绕着直线旋转一周所形成的封闭几何体,因此旋转体都有旋转轴和轴截面.圆柱、圆锥和球是由矩形、直角三角形和半圆绕着特定直线旋转所形成的旋转体.

【基本模型】

1. 多面体:由平面多边形(或三角形)围成的封闭几何体叫做多面体.

棱柱:有一对互相平行的面,且这两个面是两个全等的多边形;同时,不在这两个面上的棱互相平行,这样的多面体叫做棱柱.

棱锥：有一个面是平面多边形，且不在这个面上的棱都有一个公共点，这样的多面体叫做棱锥.

2. 旋转体：由一个平面封闭图形绕其所在平面上的一条直线旋转一周所成的空间封闭几何体称为旋转体.

圆柱：将矩形绕其一条边所在直线旋转一周所形成的几何体叫做圆柱.

圆锥：将直角三角形绕其一条直角边所在直线旋转一周所形成的几何体叫做圆锥.

球：将半圆面绕其直径所在的直线旋转一周所形成的几何体叫做球.

例1 写出集合 $A=\{$长方体$\}$，$B=\{$正四棱柱$\}$，$C=\{$正方体$\}$，$D=\{$直平行六面体$\}$，$E=\{$平行六面体$\}$，$F=\{$四棱柱$\}$之间的包含关系.

分析： 判断棱柱的类型从两个方面考虑，一个是底面多边形的特点，另一个是侧棱是否垂直底面.

解： A、B、C、D 都是侧棱与底面垂直的直棱柱.其中，B、C 都是正四棱柱，C 是侧棱长与底面边长相等的正四棱柱.所以 $C\subset B$.

因为 A 是底面为矩形的直平行六面体，所以 $A\subset D$.

因为 E 是底面为平行四边形的四棱柱，所以 $E\subset F$.

所以 $B\subset A\subset D\subset E\subset F$.

例2 如图 6-2-32，正三棱锥 P-ABC 的高为 2，侧棱与底面所成的角为 $\frac{\pi}{4}$.求：

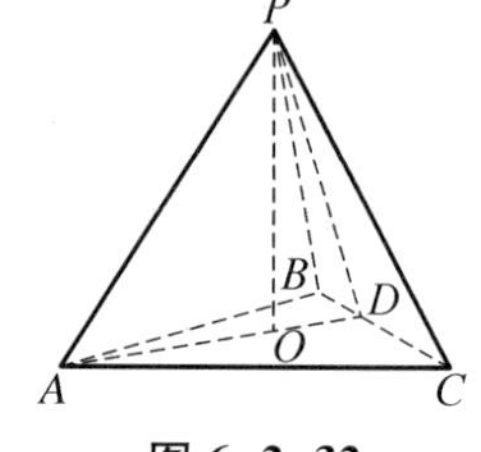

图 6-2-32

(1) 侧面 PBC 与底面 ABC 所成角；

(2) 点 A 到侧面 PBC 的距离.

分析： 正三棱锥底面是正三角形，顶点在底面的射影为底面中心.由此可确定侧棱与底面所成角、侧面与底面所成角.点 A 到侧面 PBC 的距离则可利用三棱锥体积转化求解.

解： (1) 过点 P 做 PO 垂直于底面 ABC，射影为 O.

因为 P-ABC 为正三棱锥，所以 O 为底面正三角形 ABC 的中心.

连接 AO 交 BC 于 D，则 D 为 BC 中点且 $AD\perp BC$.

所以 $\angle PAO$ 为侧棱与底面所成角，$\angle PAO=\frac{\pi}{4}$.

又 $PB=PC$，所以 $PD\perp BC$，所以 $\angle PDO$ 为侧面 PBC 与底面所成角.

因为 $PO=2$，$\angle PAO=\frac{\pi}{4}$，所以 $AO=2$，$OD=1$，$BD=\sqrt{3}$.

所以 $\tan\angle PDO=\frac{PO}{OD}=2$，侧面 PBC 与底面 ABC 所成角为 $\arctan 2$.

(2) 三棱锥中，$V_{P\text{-}ABC}=V_{A\text{-}PBC}$，$PD=\sqrt{5}$，

$$V_{A\text{-}PBC}=\frac{1}{3}S_{\triangle PBC}\cdot d=\frac{1}{3}\times\frac{1}{2}\times2\sqrt{3}\times\sqrt{5}\times d,$$

$$V_{P\text{-}ABC}=\frac{1}{3}S_{\triangle ABC}\cdot PO=\frac{1}{3}\times\frac{1}{2}\times2\sqrt{3}\times3\times2=2\sqrt{3}.$$

所以 $d=\frac{6}{\sqrt{5}}=\frac{6\sqrt{5}}{5}$.

例 3　如图 6-2-33，圆柱的高为 4，底面半径为 3，已知上底面的一条半径 OA 与下底面的一条半径 $O'B'$ 成 60°角.求：

(1) 直线 AB' 与圆柱的轴 OO' 所成的角的正切值；

(2) 线段 AB' 的长.

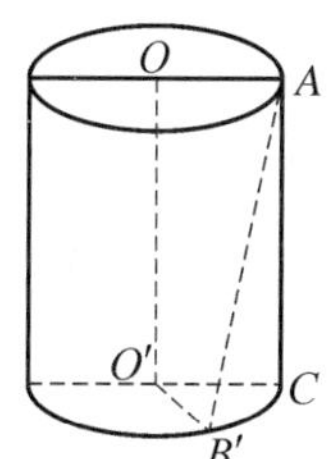

图 6-2-33

分析： 由圆柱定义可知圆柱的母线与轴所在直线平行，因此可以确定异面直线所成角.

解： 因为 $AC\,/\!/\,OO'$，所以$\angle B'AC$ 为直线 AB'与圆柱的轴 OO'所成角.

因为 $OA\,/\!/\,O'C$，所以 $\angle B'O'C=60°$.

所以 $B'O'=O'C=B'C=3$.

又 $AC=4$，$B'C=3$，所以 $\tan\angle B'AC=\frac{3}{4}$，$AB'=3$.

例 4　从一个底面半径和高都是 R 的圆柱中挖去一个以圆柱上底面为底、下底面中心为顶点的圆锥，得到如图 6-2-34 所示的几何体.如果用一个与圆柱下底面距离等于 l 并且平行于底面的平面去截它，求所得截面的面积.

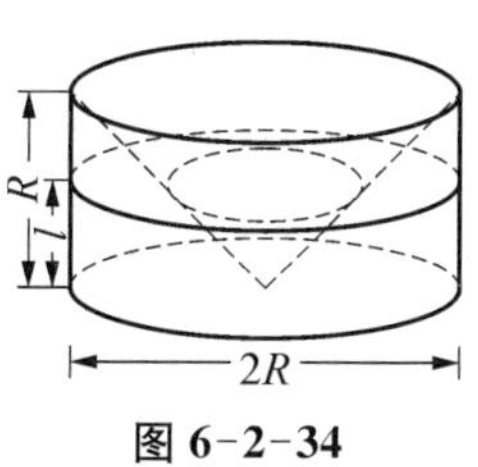

图 6-2-34

分析： 本题涉及两个圆柱与圆锥构成的组合体，需要能正确想象出图形的样子并理清图形中关键元素的关系，那么利用轴截面将空间问题转化为平面问题是行之有效的方法.

解： 作出组合体的轴截面如图 6-2-35 所示.

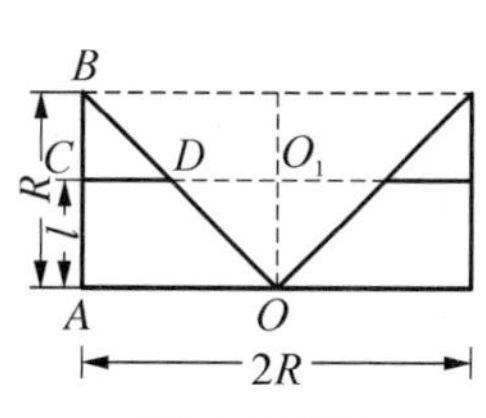

图 6-2-35

设被平行于下底面的平面所截的圆柱的截面圆的半径 $O_1C=R$，圆锥的截面圆的半径 O_1D 为 x.

因为 $OA=AB=R$，所以$\triangle OAB$ 是等腰直角三角形.

又 $CD \parallel OA$，所以 $CD=BC$，得 $x=l$，

所以，截面面积 $S=\pi R^2-\pi l^2=\pi(R^2-l^2)$.

例 5 球的半径是 13，球内有两个平行截面的面积分别是 25π、144π.求两截面的距离.

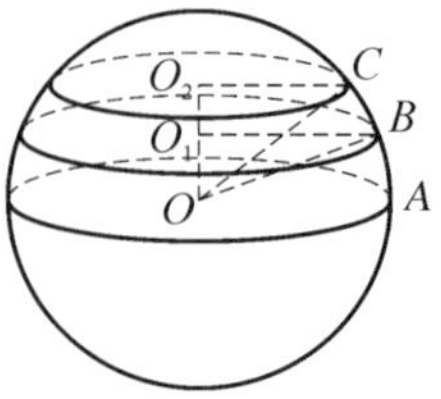

分析：如图 6-2-36，球的截面为圆.解题时要注意联系过球心的大圆与小圆的相对位置.由题意，可知此题有两种相对位置.

图 6-2-36

解：由两截面面积可得两截面的半径分别为 5 和 12.

连接圆心 O、O_1、O_2.

因为 $OC=R=13$，$O_2C=5$，所以 $OO_2=12$.

又 $O_1B=12$，所以 $OO_1=5$.

若两截面在大圆同侧，则 $O_1O_2=OO_2-OO_1=7$；

若两截面在大圆异侧，则 $O_1O_2=OO_2+OO_1=17$.

说明：球的问题中，连接大圆、小圆的半径和圆心距，通过构造直角三角形解决问题是常见方法.

【变式练习一】

1. 三棱锥是正三棱锥的一个充分不必要条件是 ( )

A. 各个面都是正三角形

B. 底面是正三角形且棱锥的高通过底面的中心

C. 棱锥的高通过底面的重心

D. 各个侧面是全等的等腰三角形

2. 正四棱柱 $ABCD\text{-}A_1B_1C_1D_1$ 中，对角线 $BD_1=8$，BD_1 与侧面 BC_1 所成的角为 30°，则 BD_1 和底面 $ABCD$ 所成的角为__________.

3. 如图所示的几何体是由一个圆柱挖去一个以圆柱上底面为底面、下底面圆心为顶点的圆锥而得到的组合体，现用一个竖直的平面去截这个组合体，则截面图形可能是______.

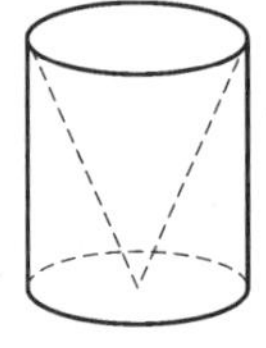

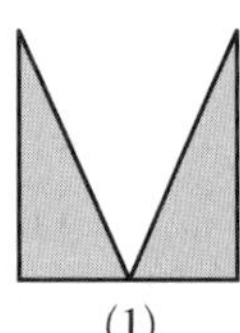

(1)

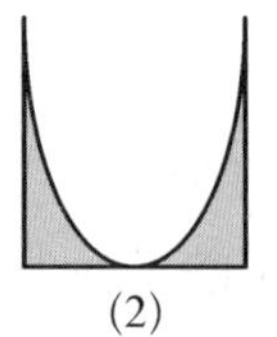

(2)

(3)

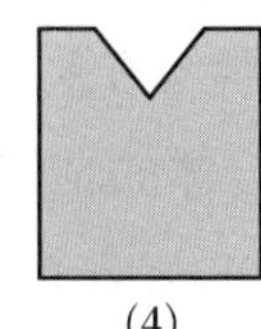

(4)

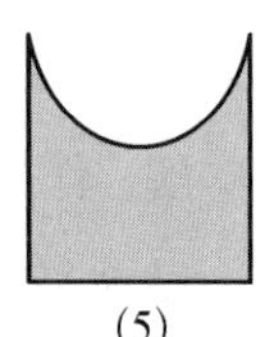

(5)

(第 3 题)

4. 如图,已知圆锥母线长为 5,底面圆半径长为 4,M 是母线 PA 的中点,AB 是底面圆的直径,C 是弧AB 的中点.求异面直线 MC 与 PO 所成的角的大小.

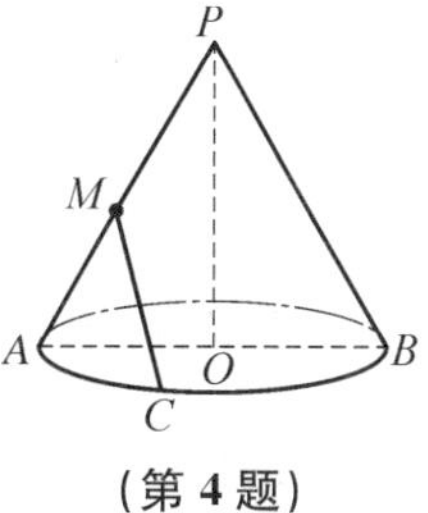

(第 4 题)

5. 轴截面为正方形的圆柱叫做等边圆柱.已知某等边圆柱的轴截面面积为 16 cm^2,求其底面周长和高.

二、面积与体积

【知识概述】

面积和体积是测量多面体和旋转体的重要元素,是数学在实际问题中的应用.本节推导了柱体和锥体的侧面积公式、表面积公式和体积公式,阐述了求简单几何体面积和体积的一般方法.

求几何体的侧面积要利用侧面展开的方法将问题转化为平面图形求面积,或者利用定义求所有侧面面积之和.利用祖暅原理可以推导柱体的体积公式.通过分割柱体为若干个锥体的方式,可以证明锥体的体积是同底等高的柱体体积的 $\frac{1}{3}$.

【本质提炼】

面积和体积是平面图形和空间图形的度量元素.

【基本模型】

1. 面积:侧面积指几何体所有侧面的面积之和,表面积指几何体底面积与侧面积之和.

柱体的表面积:$S_{直棱柱}=Ch+2S_{底}$(其中 C 为底面圆周长,h 为棱柱高);

$S_{圆柱}=2\pi rh+2\pi r^2$ (其中 r 为底面圆半径,h 为圆柱高).

锥体的表面积:$S_{正棱锥}=\frac{1}{2}Ch'+S_{底}$(其中 h'为正棱锥斜高);

$S_{圆锥}=\pi rl+\pi r^2$ (r 为底面圆半径,l 为母线长).

球的表面积:$S_{球}=4\pi r^2$ (r 为球半径).

2. 体积:$V_{圆柱}=Sh$,$V_{圆锥}=\frac{1}{3}Sh$,$V_{球}=\frac{4}{3}\pi r^3$ (r 为球的半径).

例1 圆锥的高和底面半径相等,它的一个内接圆柱的高和圆柱底面半径也相等.求圆柱的表面积和圆锥的表面积之比.

分析:本题需要画出旋转体的轴截面,将高和半径在图形中表示出来,然后转化为平面问题求解.

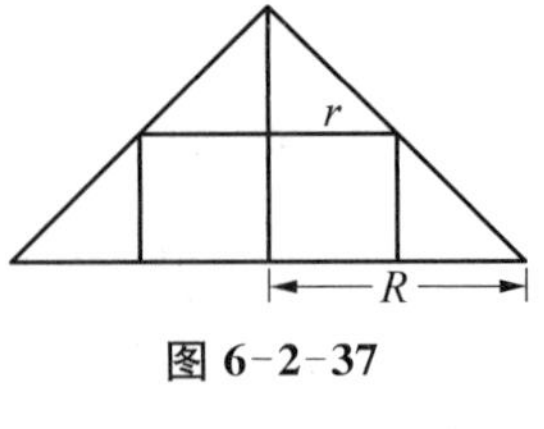

图 6-2-37

解：如图 6-2-37，设圆柱和圆锥的底面半径分别为 r、R，圆锥母线长为 l，则有 $\frac{r}{R}=\frac{R-r}{R}$，即 $\frac{r}{R}=\frac{1}{2}$.

所以 $R=2r$，$l=\sqrt{2}R$.

所以 $\frac{S_{圆柱表}}{S_{圆锥表}}=\frac{2\pi r^2+2\pi r^2}{\pi R\cdot\sqrt{2}R+\pi R^2}=\frac{4\pi r^2}{4\sqrt{2}\pi r^2+4\pi r^2}$

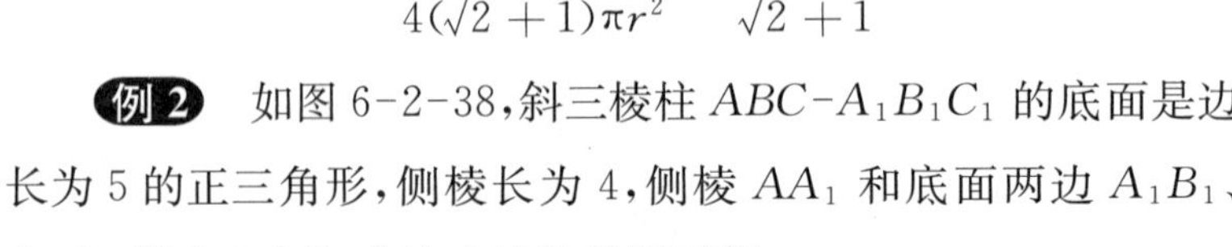

$$=\frac{4\pi r^2}{4(\sqrt{2}+1)\pi r^2}=\frac{1}{\sqrt{2}+1}=\sqrt{2}-1.$$

例2　如图 6-2-38，斜三棱柱 ABC-$A_1B_1C_1$ 的底面是边长为 5 的正三角形，侧棱长为 4，侧棱 AA_1 和底面两边 A_1B_1、A_1C_1 都成 60° 角.求这个棱柱的侧面积.

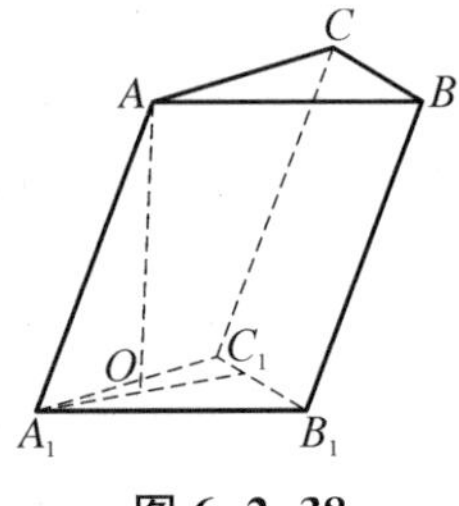

图 6-2-38

分析：斜棱柱的侧面积即为各侧面面积之和.本题三个侧面中，两个是平行四边形，一个是矩形.解题中要注意边角关系的推导.

解：作 $AO\perp$ 面 $A_1B_1C_1$，O 为垂足，则点 O 在 $\angle B_1A_1C_1$ 的平分线上，即 A_1O 是 $\angle B_1A_1C_1$ 的平分线.又三角形 $A_1B_1C_1$ 是正三角形，所以 $A_1O\perp B_1C_1$. 由三垂线定理，得 $AA_1\perp B_1C_1$.

又 $BB_1 /\!/ AA_1$，所以 $BB_1\perp B_1C_1$，BB_1C_1C 是矩形.

所以，$S_{侧}=S_{AA_1B_1B}+S_{BB_1C_1C}+S_{AA_1C_1C}=2\times4\times5\times\sin60^\circ+4\times5=20\sqrt{3}+20$.

例3　如图 6-2-39，三棱柱 ABC-$A_1B_1C_1$的侧面 ABB_1A_1 是圆柱的轴截面，C 是圆柱底面圆周上不与 A、B 重合的一个点，且 C 是弧 AB 的中点.求四棱锥 A_1-BCC_1B_1 与圆柱的体积比.

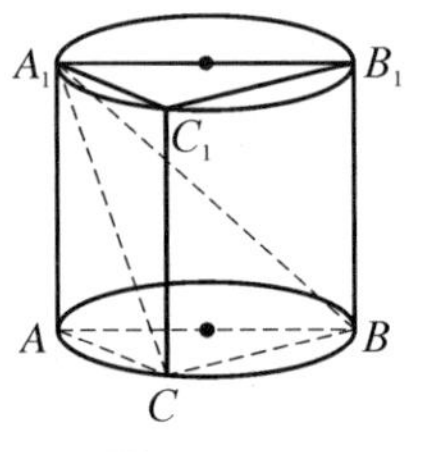

图 6-2-39

分析：求体积要确定合适的底面和高.求解旋转体要注意运用图形中圆的几何性质.本题中，直径所对圆周角为直角是解题的关键因素.

解：设圆柱的底面半径为 r，母线长度为 h，当 C 是弧 AB 的中点时，$\angle ACB=\frac{\pi}{2}$，所以 $AC=BC=\sqrt{2}r$.

又 $AC\perp CC_1$，$AC\perp BC$，所以 $AC\perp$ 平面 C_1CBB_1.

因为　$V_{A_1\text{-}BCC_1B_1}=\frac{1}{3}S_{BCC_1B_1}\cdot h=\frac{1}{3}\cdot(\sqrt{2}r)\cdot(\sqrt{2}r)\cdot h=\frac{2}{3}r^2h$，$V_{圆柱}=\pi r^2h$，

所以 $V_{A_1\text{-}BCC_1B_1}:V_{圆柱}=2:3\pi$.

例4　如图 6-2-40，三棱锥 $P-ABC$ 中，$PA=a$，$AB=AC=2a$，$\angle PAB=\angle PAC=\angle BAC=60^\circ$. 求这个三棱锥的体积.

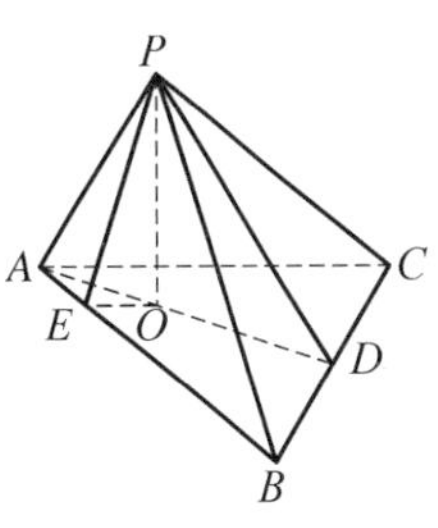

图 6-2-40

分析：三棱锥的体积求解方法比较灵活，每个面都可以看成底面.本题既可以三角形 ABC 为底面，也可以三角形 PBC 为底面.

解：作 BC 的中点 D，连接 AD、PD；过 P 作 $PO\perp$ 平面 ABC 于 O.

因为 $\angle PAB=\angle PAC$，$AB=AC$，所以 $\triangle PAB\cong\triangle PAC$，$AD\perp BC$.

所以 $PB=PC$，$PD\perp BC$，所以 $BC\perp$ 平面 PAD，平面 $ABC\perp$ 平面 PAD.

所以点 O 必在 AD 上.过 O 作 $OE\perp AB$ 于 E，连接 PE，则 $PE\perp AB$.

在 $\text{Rt}\triangle PAE$ 中，$\angle PAE=60^\circ$，$PA=a$，所以 $PE=\dfrac{\sqrt{3}}{2}a$，$AE=\dfrac{a}{2}$，$OE=AE\cdot\tan 30^\circ$.

在 $\text{Rt}\triangle POE$ 中，$PO=\sqrt{PE^2-OE^2}=\dfrac{\sqrt{6}}{3}a$，又易知 $S_{\triangle ABC}=\sqrt{3}a^2$，所以

$$V_{P\text{-}ABC}=\frac{1}{3}S_{\triangle ABC}\cdot PO=\frac{\sqrt{2}}{3}a^3.$$

说明：本题由勾股定理可证 $PA\perp PB$，$PA\perp PC$，因此 PA 为平面 PBC 的垂线.

例5　如图 6-2-41，已知正四面体 $ABCD$ 的棱长为 a，球 O 是内切球，球 O_1 是与正四面体的三个面和球 O 都相切的一个小球，求球 O_1 的体积.

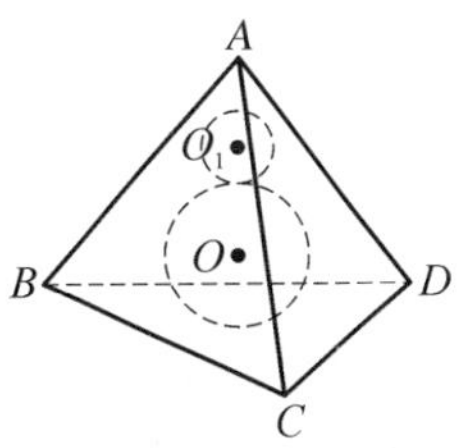

图 6-2-41

分析：正四面体是四个面为全等正三角形的三棱锥.因此，内切球的球心位于正四面体的高上，且满足到四个面的距离相等.根据这个几何性质，作出相关元素的几何图形就能正确解决问题.

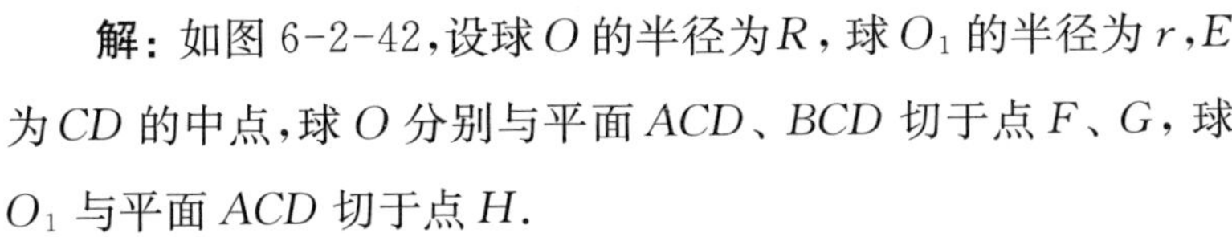

解：如图 6-2-42，设球 O 的半径为 R，球 O_1 的半径为 r，E 为 CD 的中点，球 O 分别与平面 ACD、BCD 切于点 F、G，球 O_1 与平面 ACD 切于点 H.

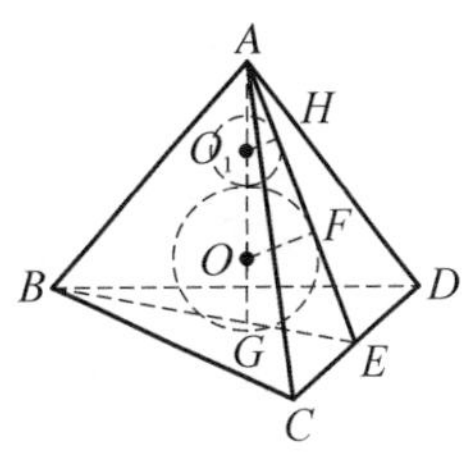

图 6-2-42

由题设，$AG=\sqrt{AE^2-GE^2}=\dfrac{\sqrt{6}}{3}a$.

因为$\triangle AOF$与$\triangle AEG$是相似三角形，所以

$$\frac{R}{\frac{\sqrt{3}}{6}a}=\frac{\frac{\sqrt{6}}{3}a-R}{\frac{\sqrt{3}}{2}a}\text{，得 }R=\frac{\sqrt{6}}{12}a.$$

因为$\triangle AO_1H$与$\triangle AOF$是相似三角形，所以

$$\frac{\frac{\sqrt{6}}{3}a-2R-r}{\frac{\sqrt{6}}{3}a-R}=\frac{r}{R}\text{，得 }r=\frac{\sqrt{6}}{24}a.$$

所以$V_{球O_1}=\frac{4}{3}\pi r^3=\frac{4}{3}\pi\left(\frac{\sqrt{6}}{24}a\right)^3=\frac{\sqrt{6}}{1\,728}a^3$.

说明：一般组合图形情况比较复杂，需要在解题是根据空间图形的几何性质想象出位置关系，作出关键元素的平面图形，将空间问题转化为平面问题加以解决.

【变式练习二】

1. 若圆锥母线长为R，侧面展开图圆心角的正弦值为$\frac{\sqrt{3}}{2}$，则高等于________.

2. 如果直棱柱的底面是菱形，柱高9 cm，它的两条对角线分别与底面成60°角和45°角，那么此棱柱的侧面积是________.

3. 已知过球面上A、B、C三点的截面到球心的距离等于球半径的一半，且$AB=BC=CA=2$，则球面面积是________.

4. 已知正六棱柱最长的一条对角线长为13 cm，侧面积为180 cm^2，则这个棱柱的体积为________.

5. 若干毫升水倒入底面半径为2 cm的圆柱形器皿中，量得水面高度为6 cm，若将这些水倒入轴截面是正三角形的倒圆锥形器皿中，且恰好装满，则水面高度是________.

6. 已知正方体外接球的体积是$\frac{32}{3}\pi$，则正方体的棱长为________.

第二单元测试题

1. 已知一个正方形的直观图是一个平行四边形，其中有一边长为4，则此正方形的面积是________.

2. 已知长方体 $ABCD\text{-}A_1B_1C_1D_1$ 中，$AB=5$，$AA_1=4$，$AD=3$，从点 A 出发沿着表面运动到 C_1 的最短路线长是________.

3. 已知等边圆锥的轴截面面积是 $3\sqrt{3}$，则等边圆锥的底面圆半径和高分别为________.

4. 如图，一个几何体的三视图，其中俯视图为正三角形，$A_1B_1=2$，$AA_1=4$，则该几何体的表面积为________.

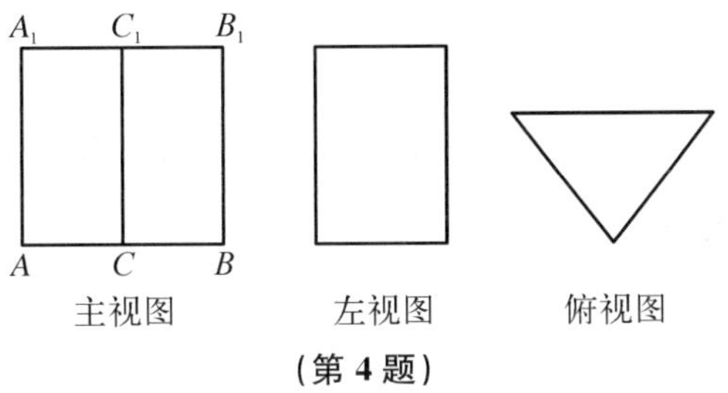

(第 4 题)

5. 若正方体的棱长为 $\sqrt{2}$，则以该正方体各个面的中心为顶点的凸多面体的体积为________.

6. 如图，已知正四棱柱 $ABCD\text{-}A_1B_1C_1D_1$ 的底面边长是 2，体积是 16，M、N 分别是棱 BB_1、B_1C_1 的中点.

(1) 求直线 MN 与平面 ACC_1A_1 所成的角(结果用反三角函数表示)；

(2) 求过 A_1、B、C_1 的平面与该正四棱柱所截得的多面体 $A_1C_1D_1\text{-}ABCD$ 的体积.

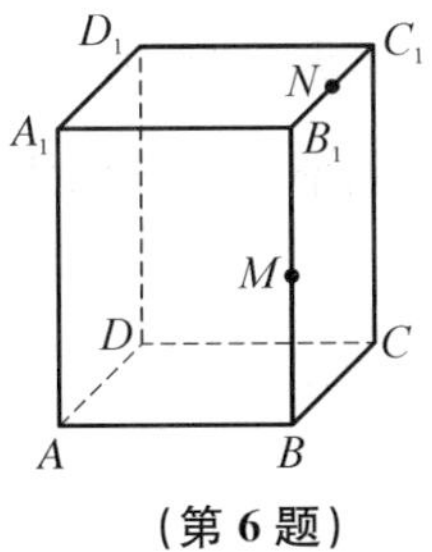

(第 6 题)

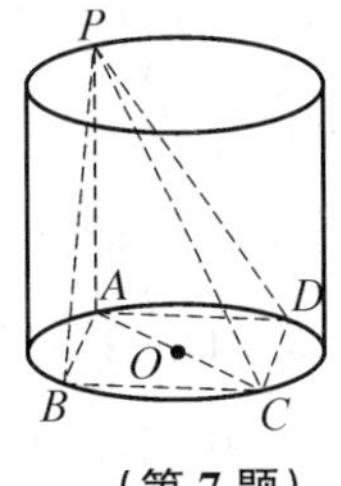

(第 7 题)

7. 如图，矩形 $ABCD$ 内接于圆柱下底面的圆 O，PA 是圆柱的母线，若 $AB=6$，$AD=8$，此圆柱的体积为 150π.

(1) 求异面直线 AC 与 PB 所成角的余弦值；

(2) 求四棱锥 $P\text{-}ABCD$ 表面积.

第七章
概率与统计及建模核心知识的认知与教学

本章以概率与统计内容为主，包括必修与选择性必修知识，主要体现知识的应用，所以出现了“数学建模”.

第一节　概率与统计(必修)

第一单元　概　　率

单元教学目标

1. 结合实例，理解基本事件和有限样本空间的含义，理解随机事件与基本事件的关系.

2. 了解随机事件的并、交与互斥的含义，能结合实例进行随机事件的并、交运算.

3. 结合实例，理解古典概率模型，能计算古典概率模型中简单随机事件的概率.

4. 结合实例，理解概率的性质，掌握随机事件概率的运算法则.

5. 结合实例，会用频率估计概率.

6. 结合有限样本空间，了解两个随机事件独立性的含义.

7. 结合古典概率，利用独立性计算概率.

单元教学安排

本单元建议课时数及具体分配如下.

单　元　内　容	课　　时
样本空间与随机事件	2 课时
古典概率模型	2 课时

（续表）

单　元　内　容	课　　时
事件的运算与概率的性质	2 课时
频率估计概率	1 课时
随机事件的独立性	2 课时

单元教学内容

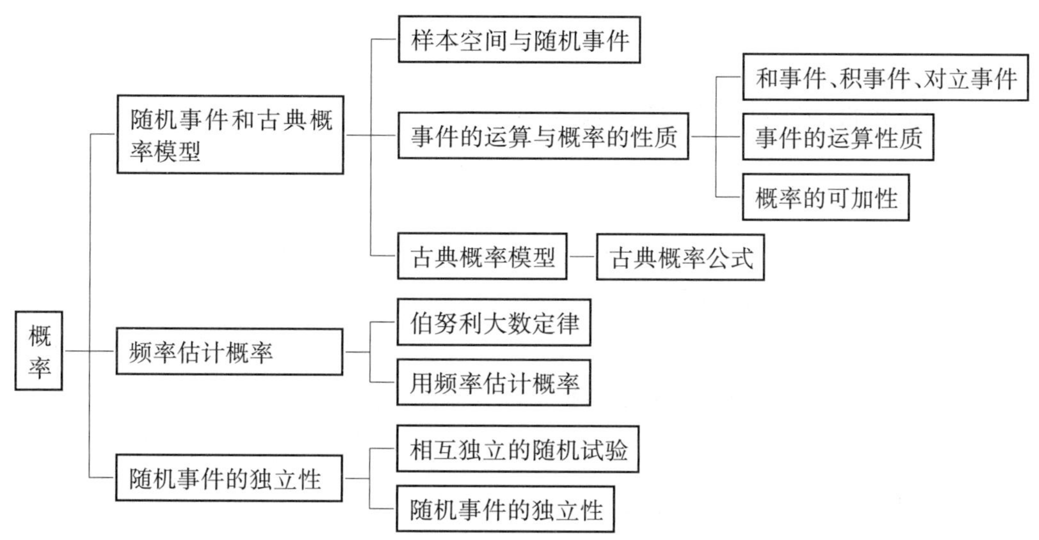

单元教学实施

教学中应突出培育学生分析随机现象的能力，提升学生的数学抽象、数学建模、逻辑推理等核心素养.本单元教学展开的基本线索，是通过对随机现象的探索，抽象概率的研究对象，建立概率的基本概念，发现和提出概率的性质，应用概率知识解决实际问题.

教学中，要引导学生基于学生在日常生活中积累的“等可能”的直觉经验以及初中学过的概率知识，类比研究确定性现象获得的知识经验，对随机现象进行研究.

1. 设计典型实例，帮助学生更好地理解概念内涵.例如，通过抛掷一枚硬币、掷一颗骰子、摸球、抽签、彩票问题等，归纳出随机试验的内涵：(1) 它们都有一组固定的、有明确定义的可能结果；(2) 在一次试验中，发生哪个结果是不确定的.又如，通过抛掷一枚均匀的硬币或骰子两次，从班级学生中随机选择一名学生等，让学生感悟到，对于一类随机试验，事件发生的可能性大小，取决于事件包含的基本事件在样本空间中所占比例的大小，进而归纳出古典概率模型的内涵.

2. 本单元是学生首次研究随机现象，也是后续学习必修课程统计以及选择性必修课程概率、统计的基础.针对这一点，在教学中要多设计让学生参与操作、实验的教学环节，让学生在具体情境中展开认识活动.在教学中，提供给学生的思考方法重在理解、重在思考，要帮助学生基于以往经验建立起研究随机现象的“数学框架”，不能把教学重点放在公式记忆和复杂问题的求解上.

3. 教师应注重信息技术与数学课程的融合.例如，利用计算机的随机模拟结果，帮助学生更好地理解随机事件以及随机事件发生的概率，了解大数定律的含义等.

一、随机事件、概率及其古典概率模型

【知识概述】

在一定条件下，无法预知确切结果，具有不确定性的现象称为随机现象(random phenomenon).一个随机现象中依某个角度观察其所有可能出现的结果所组成的集合称为样本空间(sample space)，用 Ω 表示，其中的元素称为基本事件(elementary event)或者样本点(sample point).事件(event)(或称随机事件)是样本空间的子集.

在随机试验中，必定发生的事件叫做必然事件，对应的子集是 Ω；试验中必然不发生的事件叫做不可能事件，对应的子集是 $\varnothing$. 概率(probability)是随机事件发生可能性大小的度量，事件 A 的概率记作 $P(A)$.

事件的运算：对于一个随机试验，设事件 A 对应于子集 A，事件 B 对应于子集 B.“两个事件 A、B 至少有一个发生”也是一个事件，其对应的子集是 $A\cup B$.“两个事件 A、B 同时发生”也是一个事件，其对应的子集是 $A\cap B$.“事件 A 不发生”也是一个事件，称为事件 A 的对立事件，简称为“非 A”，其对应的子集是 $\bar{A}$.

古典概率模型：满足如下两个特征的随机试验：(1) 试验中可能出现的基本事件只有有限个；(2) 每个基本事件出现的可能性相等.

在古典概率模型中，随机事件 A 发生的概率为

$$P(A)=\frac{|A|}{|\Omega|}.$$

即在古典概率模型中，概率是事件中的元素个数与样本空间中的元素个数的比值.

【本质提炼】

在一定条件下，无法预知确切结果，具有不确定性的事件是随机事件，概率是随机事件发生可能性大小的度量.古典概型是指有限的且具备等可能性的特殊概率模型.

【基本模型】

1. 事件的运算：

设 A 是任一事件，则有 $A \cap \bar{A} = \varnothing$，$A \cup \bar{A} = \Omega$.

设 A、B 是任意两个事件，则有 $\overline{A \cap B} = \bar{A} \cup \bar{B}$，$\overline{A \cup B} = \bar{A} \cap \bar{B}$.

2. 可加性：若事件 A、B 互斥，则有 $P(A \cup B) = P(A) + P(B)$.

特别地，设 A 是任一事件，有 $P(\bar{A}) = 1 - P(A)$.

3. (1) 设 A 是任一事件，则 $0 \leqslant P(A) \leqslant 1$；

(2) 必然事件的概率是 1，即 $P(\Omega) = 1$.

4. 利用古典概率模型计算事件的概率：(1) 在古典概率模型中，随机事件 A 发生的概率为 $P(A) = \dfrac{|A|}{|\Omega|}$；(2) 利用概率的可加性，计算古典概率模型中一些事件的概率.常用的结论有：$P(\bar{A}) = 1 - P(A)$；若事件 A、B 互斥，则 $P(A \cup B) = P(A) + P(B)$ 等.

例 1　口袋中有三个白球和三个红球，从中任意摸出两个球.分别用 A、B、C、D 表示事件“摸出两个白球”“摸出两个红球”“摸出一个白球和一个红球”“至少摸出一个白球”，则其中互为对立事件的是什么？互斥的事件是什么？

分析：这是关于随机事件关系的问题，关键在于确定适当的样本空间，用样本空间的子集表示事件并确定事件之间的关系.

解：不区分三个白球以及三个红球，那么样本空间是 $\Omega = \{RR, RW, WW\}$，其中 R 和 W 分别表示红球和白球.

事件 A、B、C、D 所对应的子集分别为 $A = \{WW\}$，$B = \{RR\}$，$C = \{RW\}$，$D = \{RW, WW\}$.

所以，互为对立事件的是 B 与 D，互斥的有 A 与 B、A 与 C、B 与 C、B 与 D.

说明：对于同一个随机试验，根据研究问题的需要，可以依不同的角度确定不同的样本空间.例如，掷一颗骰子，如果研究朝上的点数，那么样本空间是 $\Omega = \{1, 2, 3, 4, 5, 6\}$；如果研究朝上点数的奇偶性，那么样本空间是 $\Omega = \{O, E\}$，其中 O、E 分别表示点数为奇数和点数为偶数.

例 2　已知 A、B 是两个事件，求证：$P(A \cup B) = P(A) + P(B \cap \bar{A})$.

分析：这是关于概率可加性的问题，关键在于说明等式中的三个事件满足概率可加性的前提，即事件 A 与 $B \cap \bar{A}$ 互斥，且事件 $A \cup B$ 等于 $A \cup (B \cap \bar{A})$.

证明：首先，因为 $(B \cap \bar{A}) \subseteq \bar{A}$，所以 A 和 $B \cap \bar{A}$ 互斥.

其次，因为 $A\cup B=A\cup(B\cap\bar{A})$，由概率的可加性，得

$$P(A\cup B)=P(A)+P(B\cap\bar{A}).$$

说明： 类似地，可以证明 $P(B)=P(B\cap A)+P(B\cap\bar{A})$（见变式练习）.结合以上两个等式，就能得到概率的加法公式：

$$P(A\cup B)=P(A)+P(B)-P(A\cap B).$$

例3 掷一颗骰子，用 A 表示得到的点数是偶数，用 B 表示得到的点数是 3 的倍数.写出下面两个事件对应的子集，并求其概率：

(1) A、B 至少有一个发生；

(2) A 发生且 B 不发生.

分析： 这是关于古典概率模型下事件运算的问题，关键在于将文字表示的事件转化为集合语言，并利用古典概率公式计算对应事件的概率.

解： 掷一颗骰子的样本空间是 $\Omega=\{1, 2, 3, 4, 5, 6\}$，并且 $A=\{2, 4, 6\}$，$B=\{3, 6\}$.

(1) A、B 至少有一个发生对应的子集是 $A\cup B$，且 $A\cup B=\{2, 3, 4, 6\}$.

因此 $$P(A\cup B)=\frac{4}{6}=\frac{2}{3}.$$

(2) A 发生且 B 不发生对应的子集是 $A\cap\bar{B}$，且 $A\cap\bar{B}=\{2, 4\}$.

因此 $$P(A\cap\bar{B})=\frac{2}{6}=\frac{1}{3}.$$

说明： 在古典概率的计算中，为了便于分析问题、简化计算，我们常会将所要研究的随机事件表示为若干个较为简单的事件的运算，再利用概率性质求解.

例4 抛掷三枚硬币，求：

(1) 至多出现一个正面的概率；

(2) 既有正面又有反面出现的概率.

分析： 这是关于古典概率模型的问题，关键在于选取等可能的样本空间，构造古典概率模型，并利用概率可加性来计算概率.

解： 分别用 1 和 0 表示正面、反面的出现，则抛掷三次硬币的样本空间是

$$\Omega=\{000, 001, 010, 011, 100, 101, 110, 111\}.$$

(1) 将至多出现一个正面记为事件 A. 没有正面出现的事件为 $\{000\}$，恰出现一

个正面的事件为 {001, 010, 100}，且这两个事件互斥.由概率的可加性，得

$$P(A)=\frac{1}{8}+\frac{3}{8}=\frac{1}{2}.$$

(2) 将既有正面又有反面出现记为事件 B，它的对立事件 $\bar{B}$ 就是只出现正面或只出现反面，即 $\bar{B}=\{000, 111\}$. 由对立事件的概率公式，知

$$P(B)=1-P(\bar{B})=1-\frac{2}{8}=\frac{3}{4}.$$

说明： 若用 i 表示正面出现的个数，选取样本空间为 $\Omega=\{i \mid 0 \leqslant i \leqslant 3, i \in \mathbf{N}\}$，则不满足等可能性.在研究随机事件的概率时，为了利用古典概率简化计算，通常要选取一个等可能的样本空间.解决第(2)题利用了概率性质：$P(A)=1-P(\bar{A})$，体现了“正难则反”的解题策略.

例5 某个班级中班干部共有 9 人，其中女生多于男生.现要任意选出两人担任某项工作，每人入选的机会均等.若被选中的两人是一男一女的概率为 $\frac{1}{2}$，求该班级中男生班干部、女生班干部各有几人.

分析： 这是古典概率计算的逆向问题，题中班干部人数和概率是已知的，用适当的数学语言表示样本空间及事件是解题的关键.

解： 设该班级中有男生班干部 x 人，则女生班干部有 $9-x$ 人.

将班干部按照先男生、后女生的顺序编号，则样本空间

$$\Omega=\{(i, j) \mid 1 \leqslant i<j \leqslant 9, i、j \in \mathbf{N}\}.$$

所以 $|\Omega|=36$.

用 A 表示事件“选中的两人是一男一女”，则

$$A=\{(i, j) \mid 1 \leqslant i \leqslant x, x+1 \leqslant j \leqslant 9\}.$$

所以 $|A|=x(9-x)$.

因为选中的两人是一男一女的概率为 $\frac{1}{2}$，所以

$$P(A)=\frac{x(9-x)}{36}=\frac{1}{2}.$$

解方程，得 $x=3$ 或 $x=6$.

由题意知，该班级女生班干部多于男生班干部，所以男生班干部为 3 人，女生班

干部为 6 人.

说明：此题是古典概率计算问题的逆向变式设计.若给出具体的男、女生人数，求某个事件的概率，则是较低水平的正向问题设计.

【变式练习一】

1. 按某个观察角度，写出下面随机现象的一个样本空间：

(1) 抛掷三枚硬币；

(2) 口袋中有两个黑球和三个白球，从中任意摸出一个球.

2. 口袋中有若干红球、白球和黑球，任意摸出一个球，摸出红球的概率为 0.35，摸出白球的概率为 0.5，求：

(1) 摸出红球或白球的概率；

(2) 摸出黑球的概率.

3. 已知 A、B 是两个事件，求证：$P(B)=P(B\cap A)+P(B\cap \bar{A})$.

4. 掷两颗骰子.若记两颗骰子的点数之和为 i，选取样本空间 $\Omega=\{i \mid 2\leqslant i\leqslant 12,\ i\in \mathbf{N}\}$，这个随机试验是否为古典概率模型?

5. 甲、乙两人玩一次石头、剪刀、布的游戏，若甲、乙两人出石头、剪刀、布的可能性均相等，则得到可分胜负结果的概率是　　(　　)

A. $\dfrac{1}{3}$　　B. $\dfrac{1}{2}$　　C. $\dfrac{2}{3}$　　D. 1

6. 某校的围棋社团中男生人数是女生人数的两倍.现要任意选出两人参加围棋比赛，每人入选的机会均等.若被选中的两人是一男一女的概率为 $\dfrac{8}{15}$，求该围棋社团中男生、女生各有几人.

二、频率估计概率

【知识概述】

如果一个随机试验只有两种可能的结果，一个是“成功”，概率是 p，一个是“失败”，概率是 $1-p$，那么这个随机试验称为伯努利试验.如果独立地重复一个伯努利试验 n 次，其中成功的次数记作 S_n，那么 $\dfrac{S_n}{n}$ 就称为(n 次试验中)成功的频率(frequency).频率是一个随机的数，依赖于试验次数 n.

【本质提炼】

伯努利大数定律中的“逼近”表示依概率收敛，即对于任意给定的正数 ε，有

$$\lim_{n\to+\infty}\left\{\left|\frac{S_n}{n}-p\right|<\varepsilon\right\}=1.$$

【基本模型】

伯努利大数定律(law of large numbers)：独立地重复一个伯努利试验 n 次，当 n 很大时，频率 $\frac{S_n}{n}$ 逼近概率.

由于频率在大数次的试验中稳定于概率，在实际中可以把频率作为概率(的估计值)来应用，频率也称为经验概率.在实际问题中，用频率估计概率：设 n 次独立重复试验中，事件 A 发生的频数为 f_n，则可把频率 $\hat{P}(A)=\frac{f_n}{n}$ 作为概率 $P(A)$ 的估计值.

例 1　某银行为了提高服务效率，统计了 100 位顾客在营业窗口的排队人数情况，结果如表 7-1 所示.

表 7-1

排队人数	0	1	2	3	4	5 人及以上
顾客数	10	16	30	30	10	4

求下列事件的经验概率：

(1) 至多 2 人排队；

(2) 至少 3 人排队.

分析：这是频率估计概率的基本问题，关键在于从表格中正确获得数据，按照要求进行计算.

解：(1) 如果把“至多 2 人排队”记作事件 A，那么 $\hat{P}(A)=\frac{56}{100}=0.56$.

(2) 如果把“至少 3 人排队”记作事件 B，那么 $\hat{P}(B)=\frac{44}{100}=0.44$.

说明：解决此问题的方法比较单一，从表格中读取数据，分别计算每个事件的频率.这是频率估计概率的直接应用，属于基本要求.

例 2　为了估计水库中的鱼的尾数，管理人员先从水库中捕出 2 000 尾鱼，给每尾鱼作上标记，不影响其存活，然后放回水库.一个月后，再次捕出 2 000 尾鱼，发现其中有 40 尾有标记的鱼.试估计水库中鱼的尾数.

分析：这是频率估计概率的应用问题，由于将有标记的鱼放回水库后一个月再进行第二次捕捞，因此可以认为有标记的鱼与水库中其他鱼充分混合，具有等可能性.

解： 假设水库中共有 n 尾鱼.假定每尾鱼被捕的可能性是相同的，从水库中任捕一尾，把“捕到带标记的鱼”记作事件 A，那么 $P(A)=\frac{2\,000}{n}$.

第二次从水库中捕出 2 000 尾，观察每尾鱼是否带有标记，共观察 2 000 次.由于水库中鱼的数量远大于 2 000，可以近似地看作伯努利试验，因此 $\hat{P}(A)=\frac{40}{2\,000}$.

由上述两式，得 $\frac{2\,000}{n}\approx\frac{40}{2\,000}$，解得 $n\approx 100\,000$.

所以，估计水库中有鱼 100 000 尾.

说明： 若水库中鱼的数量不满足“远大于 2 000”这一条件，则不能将问题近似视为伯努利试验.在学习了必修部分统计内容后，可从统计估计的角度来进一步理解此问题.

【变式练习二】

1. 若独立地重复一个伯努利试验 n 次，记成功的频率为 $f(n)$，则随着 n 的逐渐增大，有　　（　　）

A. $f(n)$ 与某个常数越来越接近　B. $f(n)$ 与某个常数差的绝对值逐渐减少

C. $f(n)$ 无限趋近于某个常数　　D. $f(n)$ 的值趋于稳定

2. 从自动打包机包装的食盐中，随机抽取 20 袋，测得各袋的质量分别为(单位：克)：494，496，494，495，498，497，501，502，504，496，497，503，506，508，507，492，496，500，501，499.则该自动包装机包装的袋装食盐质量在 497.5 克到 501.5 克之间的概率约是________.

3. 某水产试验基地实行某种鱼的人工孵化，10 000 个鱼卵能孵出 8 513 尾鱼苗.问：要孵出 50 000 尾鱼苗，大概需要准备多少个鱼卵？

三、随机事件的独立性

【知识概述】

如果两个随机试验的结果互相不影响，那么称这两个随机试验是相互独立的.

如果两个事件 A、B 满足两个事件同时发生的概率等于它们各自发生概率的乘积，即

$$P(A\cap B)=P(A)P(B),$$

那么称事件 A 与 B(相互)独立(independent).

分别取自这两个独立随机试验的两个事件是相互独立的.一般地，分别取自若干个独立随机试验的事件也是独立的.

当两个事件的独立性不能通过随机试验的独立性来判断时，要直接用等式

$$P(A\cap B)=P(A)P(B)$$

来检验两个事件的独立性.

如果 A、B 两个事件独立，那么 A 与 $\bar{B}$、$\bar{A}$ 与 B、$\bar{A}$ 与 $\bar{B}$ 也独立.

【本质提炼】

两个事件相互独立指一个事件的发生对另一个事件发生的概率没有影响.

【基本模型】

1. 判断两个事件的独立性：若两个事件 A、B 满足 $P(A\cap B)=P(A)P(B)$，则事件 A 与 B 独立.

2. 利用事件的独立性，计算一些随机事件的概率.常用的结论有：若事件 A、B 独立，则 $P(A\cap B)=P(A)P(B)$，$P(A\cap \bar{B})=P(A)P(\bar{B})$，$P(A\cup B)=1-P(\bar{A})P(\bar{B})$ 等.

例 1　把 1、2、3、4、5、6、7、8、9、10 分别写在 10 张形状大小相同的卡片上，从中抽取一张卡片，设事件 A 表示“卡片上是偶数”，事件 B 表示“卡片上是 5 的倍数”，事件 C 表示“卡片上是合数”.问：

(1) 事件 A 与事件 B 是否独立？

(2) 事件 A 与事件 C 是否独立？

分析： 这是检验事件独立性的问题，关键在于利用事件独立性的定义进行判断.

解： 在这 10 个数中，偶数共有 5 个，5 的倍数共有 2 个，合数共有 5 个，有

$$P(A)=\frac{1}{2},\ P(B)=\frac{1}{5},\ P(C)=\frac{1}{2}.$$

(1) 事件 A 与 B 同时发生指的是卡片上的数是 10，所以 $P(A\cap B)=\frac{1}{10}$.

这样
$$P(A\cap B)=\frac{1}{10}=\frac{1}{2}\times\frac{1}{5}=P(A)P(B),$$

从而事件 A、B 是独立的.

(2) 事件 A 与 C 同时发生指的是卡片上的数是 4、6、9 或 10，所以

$$P(A\cap C)=\frac{2}{5}.$$

所以 $P(A\cap C)\neq P(A)P(C)$，从而事件 A、C 不独立.

说明：从这个问题可以看到，在许多情况下，事件的独立性未必可以通过直观感觉得到.

例2 掷两颗骰子，求：

(1) 它们的点数都是偶数的概率；

(2) 它们的点数之和是偶数的概率.

分析：这是一个古典概率模型的问题，关键在于明确：(1) 掷两颗骰子是两个独立随机试验，分别取自其中的两个事件均相互独立；(2) 点数之和为偶数包含两种情况，即两颗骰子的点数均为奇数或两颗骰子的点数均为偶数.

解：设 A_1 表示事件"第一颗骰子的点数是偶数"，A_2 表示事件"第二颗骰子的点数是偶数"，有 $P(A_1)=P(A_2)=\frac{3}{6}=\frac{1}{2}$.

(1) 设 A 表示事件"它们的点数都是偶数"，则 $A=A_1\cap A_2$，由独立性，就有

$$P(A)=P(A_1)P(A_2)=\frac{1}{4}.$$

(2) 设 B 表示事件"它们的点数之和是偶数"，则两颗骰子的点数均为奇数或均为偶数，即

$$B=A\cup(\overline{A_1}\cap\overline{A_2}).$$

由于 A_1 与 A_2 独立，故 $\overline{A_1}$ 与 $\overline{A_2}$ 独立，就有

$$P(B)=P(A)+P(\overline{A_1}\cap\overline{A_2})=\frac{1}{4}+\frac{1}{2}\times\frac{1}{2}=\frac{1}{2}.$$

说明：在此问题的求解中，利用事件独立性简化计算，避免了较为复杂的计数过程.一般地，在求解较为复杂的概率问题时，常将待求事件表示为若干个较为简单的、易于求概率的事件的运算，然后利用概率的可加性、事件独立性进行计算.

例3 系统中每个元件正常工作的概率都是 p $(0<p<1)$，各个元件正常工作的事件相互独立.如果系统中有多于一半的元件正常工作，系统就能正常工作.系统正常工作的概率称为系统的可靠性.某系统现有一个元件，为了改善系统的性能，拟增加两个元件.试问：增加两个元件后，能否提高系统的可靠性？

分析：这是一个伯努利试验与不等式性质的综合问题，关键在于完整考虑系统正常工作的所有情况，利用事件独立性计算概率，再将两种情况进行比较.

解：当系统有一个元件时，系统的可靠性为 p.

当系统有三个元件时，如果系统中至少有两个元件正常工作，系统就能正常工

作.将三个元件编号,事件"系统正常工作"包含下列四种情况：123,12,13,23.其中123表示三个元件均正常工作,12表示仅有1、2号元件正常工作,其余同理.由独立性,这四种情况的概率分别为：

$$p^3,\ p^2(1-p),\ p^2(1-p),\ p^2(1-p).$$

利用可加性,知系统正常工作的概率为 $p^3+3p^2(1-p)$.

下面比较 p 和 $p^3+3p^2(1-p)$ 的大小.经计算可知

$$[p^3+3p^2(1-p)]-p=p(1-p)(2p-1).$$

由于 $0<p<1$,故 $p(1-p)>0$.进而,当 $0<p<\frac{1}{2}$ 时,增加两个元件降低系统的可靠性;当 $p=\frac{1}{2}$ 时,增加两个元件不改变系统的可靠性;当 $\frac{1}{2}<p<1$ 时,增加两个元件提高系统的可靠性.

说明：一般地,若一个伯努利试验成功的概率为 p,则独立地重复这个试验 n 次,成功次数为 k 的概率为 $P(X=k)=C_n^k p^k(1-p)^{n-k}$.

例4　某超市为了了解顾客的购物量及结算时间等信息,安排一名员工随机收集了在该超市购物的100位顾客的相关数据,如表7-2所示：

表7-2

一次购物量	1至4件	5至8件	9至12件	13至16件	17件及以上
顾客人数/人	15	30	25	20	10
结算时间/分钟	1	1.5	2	2.5	3

若某顾客到达收银台前恰好有两位顾客需结算,且各顾客的结算相互独立,求该顾客结算前等候时间不超过2.5分钟的概率(将频率视为概率).

分析：这是频率估计概率与事件独立性的综合问题,从表中可以求得顾客结算时间取值的经验概率,关键在于两位顾客的结算时间是有先后顺序的.

解：分别用 I_1、I_2、I_3、I_4、I_5 表示事件"顾客结算时间为1分钟""顾客结算时间为1.5分钟""顾客结算时间为2分钟""顾客结算时间为2.5分钟""顾客结算时间为3分钟",有

$$P(I_1)=0.15,\ P(I_2)=0.3,\ P(I_3)=0.25,\ P(I_4)=0.2,\ P(I_5)=0.1.$$

设 A 表示事件"该顾客结算前等候时间不超过2.5分钟",则事件 A 包含下列三种情况：两位顾客的结算时间均为1分钟;第一位顾客的结算时间为1分钟且第二位

顾客的结算时间为1.5分钟；第一位顾客的结算时间为1.5分钟且第二位顾客的结算时间为1分钟.

由于两位顾客结算相互独立，由可加性知

$$P(A)=P(I_1)P(I_1)+P(I_1)P(I_2)+P(I_2)P(I_1)=0.1125.$$

说明：此题若将结算前等候时间改为更大的数值(如3.5或4)，则是对计数水平要求较高的变式设计，此时可以通过列表法来枚举所有情况.

【变式练习三】

1. 已知事件A、B是独立的.如果$P(A)=0.3$，$P(B)=0.8$，那么$P(A\cap B)=$________，$P(A\cap\bar{B})=$________.

2. 6张奖券中有2张是有奖的，先后由甲、乙两人各抽一张.对于以下两种情况，分别研究“甲中奖”和“乙中奖”这两个事件是否独立.

(1) 抽后返回奖券；

(2) 抽后不返回奖券.

3. 甲、乙两人进行5局3胜制的比赛，每局两人获胜的可能性相等.若已知第一局甲胜，求甲最终获胜的概率.

第一单元测试题

1. 口袋中有三个白球和三个红球，从中任意摸出两个球.分别用A、B、C、D表示事件“摸出两个白球”“摸出两个红球”“摸出一个白球和一个红球”“至少摸出一个白球”，则其中互为对立事件的有________，互斥的有________.

2. 若同一年出生的n个人中至少有两个人的出生月份相同是必然事件，则n的最小值是________.

3. 从一副混合后的扑克牌(52张)中，随机抽取1张.若事件A为“抽得红桃K”，事件B为“抽得黑桃”，则概率$P(A\cup B)=$________.

4. 连续4次抛掷一枚硬币，至少出现1次正面的概率是________.

5. 甲、乙两人进行三局比赛，并规定如果有一人胜满两局，则比赛结束.若每局比赛甲获胜的概率为$\dfrac{2}{3}$，则比赛以甲2胜1负而结束的概率是________.

6. 在进行抛掷一枚均匀硬币的试验时，以下说法正确的是　　(　　)

A. 若前一次抛掷得正面朝上，则后一次抛掷一定得反面朝上

B. 在1000次抛掷中，正面朝上应有500次

C. 随着抛掷次数的逐渐增加，正面朝上出现的频率的近似值为 $\frac{1}{2}$

D. 随着抛掷次数的逐渐增加，正面朝上出现的频率越来越趋于稳定

7. 如果事件 A、B 互斥，那么 (　　)

A. $A \cup B$ 是必然事件　　B. $\bar{A} \cup \bar{B}$ 是必然事件

C. $\bar{A}$ 与 $\bar{B}$ 互斥　　D. $\bar{A}$ 与 $\bar{B}$ 一定不互斥

8. 掷三颗骰子，记点数之和被 3 除余数为 i 的概率为 $P_i(i=0, 1, 2)$，则 (　　)

A. $P_0=P_1=P_2$　B. $P_0>P_1=P_2$　C. $P_0<P_1=P_2$　D. $P_0>P_1>P_2$

9. 甲、乙两名实习生加工零件为一等品的概率分别是 0.75 和 0.8. 甲、乙每人独立地加工一个零件，求：

(1) 只有甲生产的零件为一等品的概率；

(2) 至少有一个零件为一等品的概率.

10. 已知关于 x 的一元二次方程 $x^2-bx+c=0$，其中 b、c 分别是掷两颗骰子得到的点数. 求下列事件的概率：

(1) 方程有两个不相等的实根；

(2) $x=2$ 是方程的根.

第二单元　统　　计

单元教学目标

1. 了解总体、样本、样本量的概念，了解数据的随机性.

2. 知道获取数据的基本途径，包括统计报表和年鉴、社会调查、试验设计、普查和抽样、互联网等.

3. 通过实例，了解简单随机抽样的含义及其解决问题的过程，掌握两种简单随机抽样方法：抽签法和随机数法.

4. 通过实例，了解分层随机抽样的特点和适用范围，了解分层随机抽样的必要性，掌握各层样本量比例分配的方法.

5. 在简单的实际情境中，能根据实际问题的特点，设计恰当的抽样方法解决问题.

6. 根据实际问题的特点，选择恰当的统计图表对数据进行可视化描述，体会合理使用统计图表的重要性.

7. 结合实例，能用样本估计总体的集中趋势参数(平均数、中位数、众数)，理解集中趋势参数的统计含义.

8. 结合实例，能用样本估计总体的离散程度参数（标准差、方差、极差），理解离散程度参数的统计含义，能用样本估计总体的取值规律.

9. 结合实例，能用样本估计百分位数，理解百分位数的统计含义.

单元教学安排

本单元教学建议课时数及具体分配如下.

单　元　内　容	课　　时
总体与样本及数据的获取	2 课时
抽样方法	2 课时
统计图表	2 课时
统计估计	3 课时
统计活动案例	1 课时

单元教学内容

本单元内容包括：总体与样本、数据的获取、抽样方法、统计图表、统计估计、统计估计活动等.

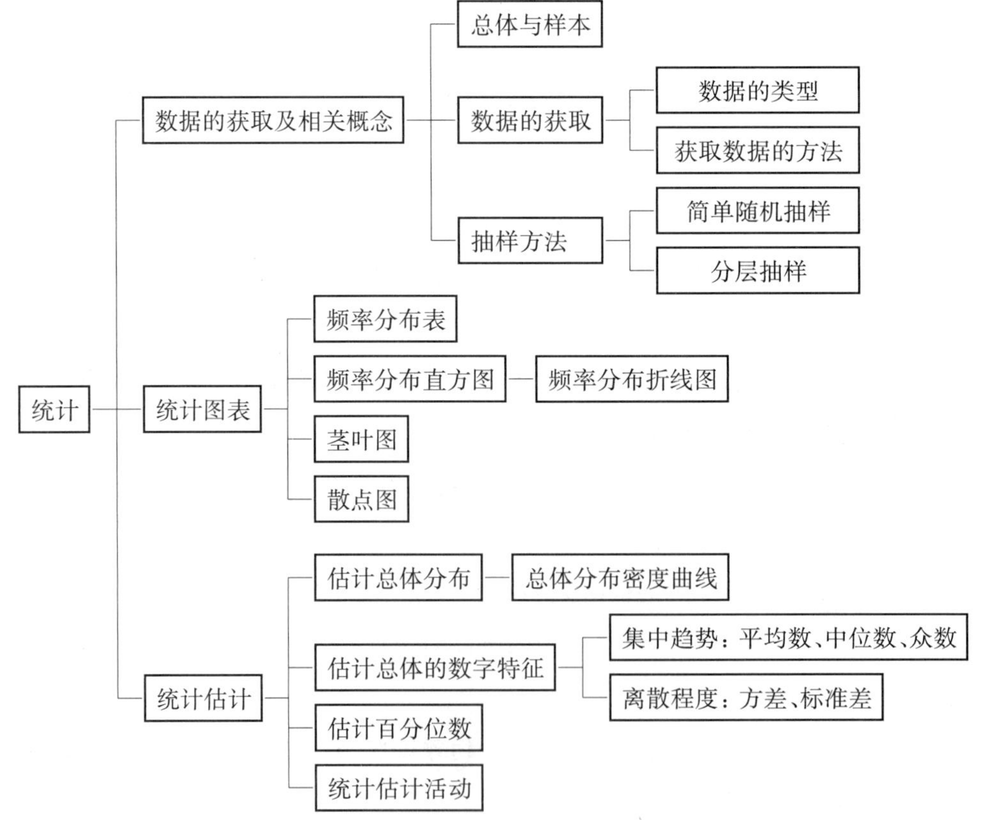

单元教学实施

根据学生统计的学习现状，教学中应突出培养学生的数据分析核心素养.注意本单元教学展开的基本线索，把“归纳推理”思想贯穿全单元.通过具体实例，从数据出发，从特殊到一般，用鼓励学生亲自操作参与数据分析的方法进行教学.

1. 要引导学生以随机思想、统计观点来看待总体与样本数据的相互关系.如果得到的是总体数据，要注意虽然总体是确定的，但总体数据也是通过观测或者实验等途径获得，具有随机性；通常我们得到的是总体的一个样本数据，也具有随机性.

2. 在实施案例教学时，要分析数据获得过程，辨析数据的可靠性，弄清数据的来源背景.通过具体实例使学生了解统计数据的质量对统计归纳的直接影响.

3. 设计用样本数据估计总体分布规律的学生活动.教师可以通过设置问题情境，提出如何用样本数据估计总体分布规律.可以通过回顾初中的统计初步、频数(率)分布直方图，激发学生探求新知的兴趣，适当渗透归纳的思想、估计的思想.

4. 学生能够很好地掌握数据的计算，但难以理解其中蕴含的统计思想.在教学中，讲清离散程度或集中程度的意义与公式的特征，并把公式与相应估计对应起来.通过解决实际问题，既要掌握数据的计算方法，更要引导学生从归纳分析的角度把握统计估计的意义.

5. 教师应注重信息技术与统计教学的融合，数据的录入、处理不应成为教学的障碍.例如，利用互联网获取数据，利用计算机录入数据、生成统计图表，指导学生用计算器、计算机来进行具体的数据计算等.使学生不过分关注操作和计算，通过较为系统地经历数据收集与处理的全过程，体会统计所蕴含的丰富思想.

一、数据的获取

【知识概述】

在统计问题中，研究对象的全体叫做总体(population)，总体中的每一个对象叫做个体(element)，总体中所含个体的数量，称为总体的容量.从总体中抽取的一部分个体叫做这个总体的一个样本(sample)，样本所含个体的数量称为样本量(sample size)，也称样本容量.

按照收集数据的不同方法，可以将数据分为观测数据(observational data)和实验数据(experimental data).其中，获取观测数据的主要方法是普查(census)和抽样调查

(sampling survey).

科学的抽样(sampling)方法必须使样本具有代表性,即选取的样本能够客观地放映总体的情况,没有人为的主观偏向.常用的抽样方法有简单随机抽样(simple random sampling)与分层随机抽样(stratified sampling)等.在分层抽样中,所分的各个部分称为“层”,一般可按照总体中个体的分类属性进行分层.

【本质提炼】

数据具有随机性.

在简单随机抽样和分层随机抽样中,总体中的每一个个体被选入样本的可能性相同.

【基本模型】

根据实际问题的特点,选择恰当的抽样方法进行抽样:如果总体中的个体差异较小,可以选择简单随机抽样;如果总体是由特征差异明显的几个部分组成,可以选择分层随机抽样.

例1 为了解上海市民对生活垃圾分类实施的感受度,上海市文明办、市志愿者协会、上海社科院社会学所开展了面向全市注册志愿者和市民的问卷调查,共回收有效问卷 1 477 份,其中市民问卷 877 份,志愿者问卷 600 份.

(1) 在这项调查中,总体和样本分别是什么?样本量是多少?

(2) 这项调查获得的数据是观测数据还是实验数据?

分析: 这是统计相关概念的基本问题,关键在于正确理解总体、样本、样本容量、数据类型等概念.

解: (1) 总体是上海市民对垃圾分类事实的感受度,样本是返回有效问卷的 1 477 位志愿者和市民对垃圾分类事实的感受度,样本量是 1 477.

(2) 这是通过抽样调查获得的数据,是观察数据.

说明: 根据需要,可以采用来源可靠的已有统计数据来获得观察数据,如文献、统计报表、年鉴、行业协会数据等.

例2 一支运动队有男运动员 56 人,女运动员 40 人.为了解该运动队中运动员的体能状况,从中抽取 24 名运动员进行体能测试.问:应当如何抽取?男、女运动员各要抽取多少人?

分析: 这是分层抽样的问题,分层抽样的特点是各层中抽取比例相同.

解: 由于不同性别运动员的体能情况差异较大,因此先采用分层抽样的方法求出不同性别运动员的抽样人数,然后在每一层中采用简单随机抽样.

设抽取男运动员 m 人，女运动员 n 人，根据分层抽样原理，有 $\frac{m}{56}=\frac{n}{40}=\frac{24}{96}$，解得 $m=14$，$n=10$.

说明：在分层抽样中，抽取比例 $=\frac{\text{样本容量}}{\text{总体的容量}}$，每一层抽取的样本数 = 该层的个体数 × 抽取比例.

【变式练习一】

1. 一个总体含有 200 个个体.以简单随机抽样方式从该总体中抽取一个容量为 10 的样本，则指定的某个个体被抽到的概率为________.

2. 某企业从甲、乙、丙三地招聘新员工，其中 39 人招自甲地，91 人招自乙地，其余人招自丙地.为了解他们对企业发展的意见和建议，采用分层抽样的方法，从这批新员工中抽取 56 人进行调研.若被抽中的人中来自丙地的有 16 人，则新招的员工总共有________人.

3. 某银行为了解调查客户满足度，在营业窗口安装了服务评价器，客户在办理完业务后可以按下“非常满意”“满意”“一般”和“不满意”四个按钮中的任意一个.在一个月的时间内，共有 1 937 位客户选择“非常满意”，272 位客户选择“满意”，20 位客户选择“一般”，1 位客户选择“不满意”.

(1) 此项调查的样本量是多少？

(2) 银行声称有 $\frac{2\,199}{2\,220}\approx 99\%$ 的客户对服务满意，判断这种说法是否准确，并说明理由.

二、统计图表

【知识概述】

频率分布表与频率分布直方图：频率分布表指表示样本数据频率分布规律的表格.利用频率分布表，在直角坐标系中，横轴表示样本数据，纵轴表示频率与组距的比值，可以绘制频率分布直方图(frequency distribution histogram).在频率分布直方图中，按照分组原则在两侧各加一个附加组，将这两个组的频率取值为 0，从左至右连接各矩形上底边的中点，可以得到一条折线，称为频率分布折线图，简称频率折线图.

茎叶图：茎叶图(stem-and-leaf plot)将样本数据按位数进行比较，将大小基本不变或变化不大的位数作为一个主干(茎)，将变化大的位数作为分枝(叶)，列在主干的后面.

散点图：散点图(scatter plot)是指将两组数据作为坐标，数据点在平面直角坐标系内形成的统计图.

【本质提炼】

统计图表是数据可视化描述的一种重要工具.

【基本模型】

根据数据特征以及分析需要，选择合适的统计图表呈现数据：频率分布表和频率分布直方图可用于表示样本数据在不同区间上的频率分布情况；茎叶图保留了所有原始数据信息，通常在数据量不大的情况下使用；散点图通常用于考察两组数据之间的变化关系.

例1　30个妇女的血液中含钾的数据(单位：毫克/升)，记录如下：

表 7-3

3.2	4.9	3.8	3.6	3.4	5.8	5.3	4.6	5.1	3.6
6.0	4.7	4.3	4.2	4.4	4.2	3.9	3.8	3.7	4.2
2.7	4.0	4.2	4.3	4.3	5.1	5.2	4.7	4.5	4.9

根据表7-3中的数据，制作30名妇女血液中含钾量的频率分布表，并绘制频率分布直方图.

分析：这是频率分布直方图的问题，首先要制作频率分布表，再利用频率分布表绘制频率分布直方图，将数据适当分组是关键.

解：这组数据最大数为6.0，最小数为2.7，极差为3.3. 取所有样本数据均在区间[2.6, 6.1]内，组距为0.5，将样本数据分为如下7组：[2.6, 3.1)、[3.1, 3.6)、…、[5.6, 6.1]，制作频率分布表，如表7-4所示.

表 7-4

含钾量	频数	频率	累积频数
[2.6, 3.1)	1	0.03	1
[3.1, 3.6)	2	0.07	3
[3.6, 4.1)	7	0.27	10
[4.1, 4.6)	9	0.30	19
[4.6, 5.1)	5	0.17	24
[5.1, 5.6)	4	0.13	28
[5.6, 6.1]	2	0.07	30

依据上述频率分布表，绘制频率分布直方图，如图 7-1-1 所示.

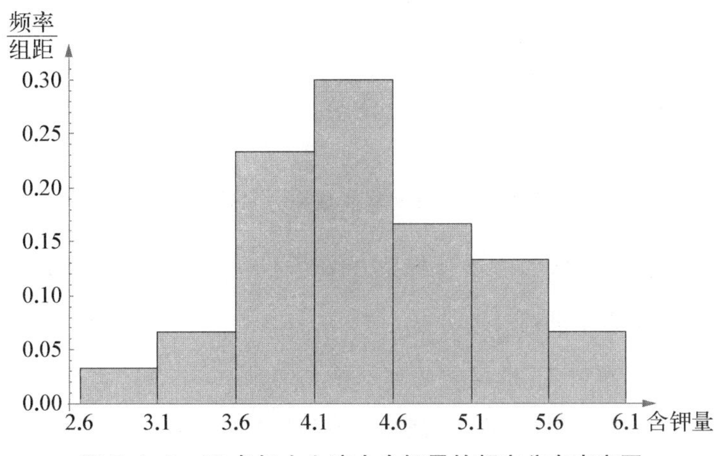

图 7-1-1　30 名妇女血液中含钾量的频率分布直方图

说明： 在制作频率分布表时，当数据在 120 个以内时，通常按数据的多少分为 5～12 组.在频率分布直方图中，每一个小矩形的面积表示了数据落在该组内的频率.

例 2　某校九年级学生进行了一次测试，某班成绩如表 7-5 所示.

表 7-5

学号	1	2	3	4	5	6	7	8	9	10	11	12	13
性别	女	女	男	男	男	男	男	男	女	男	男	男	男
成绩	80	59	87	76	59	55	70	81	70	69	70	75	73
学号	14	15	16	17	18	19	20	21	22	23	24	25	26
性别	男	男	女	男	女	女	女	女	男	男	男	男	男
成绩	65	75	73	80	64	77	78	77	97	82	70	85	75
学号	27	28	29	30	31	32	33	34	35	36	37	38	39
性别	女	女	女	男	女	男	女	女	女	男	男	男	女
成绩	70	89	87	62	62	78	82	84	53	76	76	69	78

分别绘制女生和男生的成绩分布茎叶图，并比较女生和男生的成绩分布.

分析： 这是茎叶图的基本问题，由于成绩都是两位数，因此选择十位数作为“茎”，个位数作为“叶”，并将男、女生成绩分列在两边.

解： 把成绩的十位数作为“茎”，个位数作为“叶”分列在两边，绘制茎叶图，如图 7-1-2 所示.

女　生		男　生
995	5	3
95	6	2249
65533000	7	0056677888
710	8	0224579
	9	7

图 7-1-2　某班学生成绩分布茎叶图

从图中可以看出，男生的成绩整体高于女生的成绩.此外，女生的成绩分布集中程度较高，男生的成绩分布相对较分散.

说明： 在茎叶图中，“茎”根据需要可以是任何位数，但“叶”只能是一位数.当数据的位数较多时，需要适当选择“茎”的位数，“叶”的值可以通过四舍五入得到.

例 3　表 7-6 是历届奥运会男子 100 米比赛的夺冠成绩.根据下表绘制散点图，并观察奥运会男子 100 米夺冠成绩随时间的变化趋势.

表 7-6

年　份	1896	1900	1904	1906	1908	1912	1920	1924	1928	1932
成绩/秒	12	11	11	11.2	10.8	10.8	10.8	10.6	10.8	10.38
年　份	1936	1948	1952	1956	1960	1964	1968	1972	1976	1980
成绩/秒	10.3	10.3	10.4	10.5	10.2	10	9.95	10.14	10.06	10.25
年　份	1984	1988	1992	1996	2000	2004	2008	2012	2016	
成绩/秒	9.99	9.92	9.96	9.84	9.87	9.85	9.69	9.63	9.81	

分析： 这是散点图的问题，可以把年份作为横坐标，夺冠成绩作为纵坐标，在直角坐标系中绘制出相应的点.

解： 将年份作为横坐标，夺冠成绩作为纵坐标，绘制散点图，如图 7-1-3 所示.

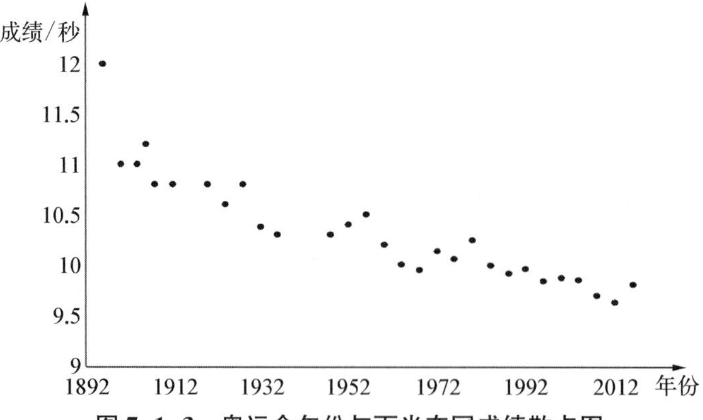

图 7-1-3　奥运会年份与百米夺冠成绩散点图

从图中可以知道，随着年份的增加，奥运会100米夺冠成绩呈现逐渐减小的趋势.

说明： 散点图可以用来观察成对数据之间是否存在某种变化关系.

【变式练习二】

1. 某良种培育基地正在培育一种小麦新品种A，将其与原有的一个优良品种B进行对照试验，两种小麦各种植了15亩，所得亩产数据(单位：千克)如下：

品种A：367，359，367，368，375，388，392，399，400，405，412，414，415，421，423；

品种B：363，371，374，383，385，386，391，392，394，394，395，397，397，400，401.

分别绘制品种A和品种B的亩产数据分布茎叶图，并比较两个品种小麦的亩产分布.

2. 在报纸、杂志或网络上找一些统计数据，并考虑哪种统计图表可以较为合适地呈现这些数据.

三、统计估计

【知识概述】

估计总体的分布：根据大数定律，当样本容量不断增大时，样本中每组数据的频率会越来越稳定于一个相应的概率.因此，可以用样本的频率分布来估计总体的分布情况，用样本的频率分布折线图来估计总体分布密度曲线.

估计总体的数字特征：反映一组数据某种特征的量称为这组数据的数字特征.平均数、中位数和众数等，是用来刻画一组数据的集中趋势的数字特征，方差和标准差是用来刻画一组数据离散程度的数字特征.可以通过样本数据的平均数、中位数和众数，来估计总体的平均数、中位数和众数；通过样本数据的方差和标准差，来估计总体的方差和标准差.

估计百分位数：当样本容量很大时，可以将数据分为100个部分，每一部分包含1%的数据，第k百分位数(the kth percentile)是指将一组数据从小到大排列后，将数据分成两部分：小于或等于第k百分位数的数据占$k\%$，大于或等于第k百分位数的数据占$(100-k)\%$.

【本质提炼】

统计估计指利用样本数据来对总体的信息进行估计，包括估计总体的分布和数字特征.

【基本模型】

1. 样本的频率分布折线图来估计总体分布密度曲线.

2. 估计总体的数字特征：

设样本数据为 x_1, x_2, …, x_n，则样本平均数 $\bar{x}=\dfrac{x_1+x_2+\cdots+x_n}{n}$.

样本数据的方差 $s^2=\dfrac{(x_1-\bar{x})^2+(x_2-\bar{x})^2+\cdots+(x_n-\bar{x})^2}{n}$.

样本数据的标准差 $s=\sqrt{\dfrac{(x_1-\bar{x})^2+(x_2-\bar{x})^2+\cdots+(x_n-\bar{x})^2}{n}}$.

在实验中，为了消除系统性偏差，常用 $\sqrt{\dfrac{(x_1-\bar{x})^2+(x_2-\bar{x})^2+\cdots+(x_n-\bar{x})^2}{n-1}}$ 作为总体标准差的估计值.

3. 估计百分位数.

例1 为了解甲、乙两种离子在小鼠体内的残留程度，进行如下试验：将 200 只小鼠随机分成 A、B 两组，每组 100 只，其中 A 组小鼠给服甲离子溶液，B 组小鼠给服乙离子溶液，每只小鼠给服的溶液体积相同、摩尔浓度相同.经过一段时间后用某种科学方法测算出残留在小鼠体内离子的百分比.根据试验数据分别得到如下直方图 7-1-4.

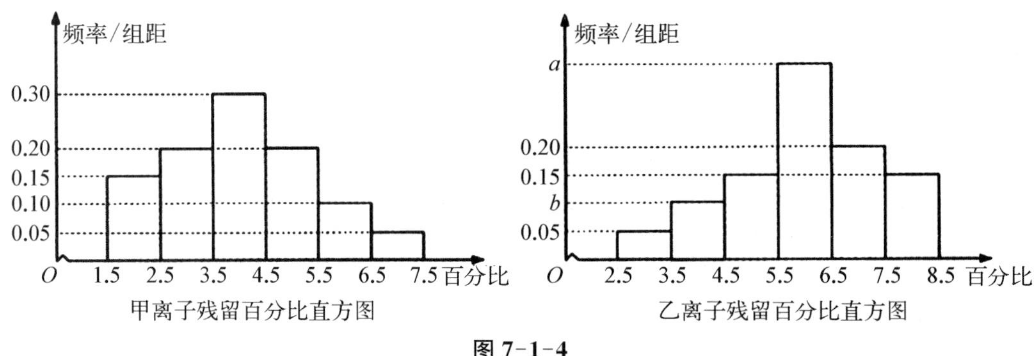

图 7-1-4

记 C 为事件："乙离子残留在体内的百分比不低于 5.5"，根据直方图得到 $P(C)$ 的估计值为 0.70.

(1) 求乙离子残留百分比直方图中 a、b 的值；

(2) 分别估计甲、乙离子残留百分比的平均值(同一组中的数据用该组区间的中点值为代表).

分析： 这是频率分布直方图和统计估计的综合问题，利用频率分布直方图中所有小矩形的面积之和等于 1 求出 a，b 的值，然后用样本均值估计总体均值.

解： (1) 设根据乙离子残留百分比直方图，用频率估计概率，得

$$\hat{P}(C) = a + 0.20 + 0.15 = 0.70,$$

解得 $a = 0.35$.

又因为频率分布直方图中各矩形的面积之和等于 1，得

$$0.05 + b + 0.15 + 0.35 + 0.20 + 0.15 = 1,$$

解得 $b = 0.10$.

(2) 对于 A 组，各区间的中点值分别为 2、3、4、5、6、7，故这 100 只小鼠甲离子残留百分比的平均值为

$$2 \times 0.15 + 3 \times 0.20 + 4 \times 0.30 + 5 \times 0.20 + 6 \times 0.10 + 7 \times 0.05 = 4.05.$$

对于 B 组，各区间的中点值分别为 3、4、5、6、7、8，故这 100 只小鼠乙离子残留百分比的平均值为

$$3 \times 0.05 + 4 \times 0.10 + 5 \times 0.15 + 6 \times 0.35 + 7 \times 0.20 + 8 \times 0.15 = 6.00.$$

说明： 一般地，若问题中没有给出原始数据，只给了频率分布直方图，则样本均值 $\bar{x} = x_1 f_1 + x_2 f_2 + \cdots + x_m f_m$，其中 x_i、f_i 分别是第 i $(1 \leqslant i \leqslant m)$ 组的中点值和频率.

例 2 两名运动员在某次测试中各射箭 20 次，两人的测试成绩如下：

表 7-8

甲的成绩	环数	7	8	9	10
	频数	2	6	7	5
乙的成绩	环数	7	8	9	10
	频数	3	4	6	7

试比较两名运动员的射箭水平.

分析： 这是用样本数据的数字特征来估计总体的数字特征的问题，关键是用平均环数描述两名运动员的平均水平，用环数的标准差描述两名运动员环数的波动情况.

解： 根据表 7-8 中的数据，甲、乙两名运动员的平均环数分别为

$$\bar{x}_{甲} = 8.75,\ \bar{x}_{乙} = 8.85.$$

进而可以计算出甲、乙两名运动员的环数的标准差分别为

$$\bar{s}_{甲}=0.94,\ \bar{s}_{乙}=1.06.$$

所以，乙运动员的平均环数较高，甲运动员的环数较为稳定.

说明： 在此问题中，两名运动员的环数的分布都比较均匀，因此使用平均环数来描述两名运动员的平均水平.如果数据中含有异常值，那么可选用中位数作为描述集中趋势的数字特征.

例3 某制药公司为了研究一种降血糖药的有效性，给 50 名糖尿病患者服用该药，一个月后测得空腹血糖值(单位：mmol/L)如下：

表 7-9

4.5	5.6	4.8	5.5	5.9	3.9	4.8	4.9	5.3	5.7
5.9	6.9	4.1	6.5	4.5	4.4	8.5	5.3	5.9	6.3
4.7	5.8	5.8	5.1	6.2	6.3	6.1	6.3	5.0	5.9
5.4	5.7	6.1	7.1	8.0	5.3	5.6	5.2	6.3	7.5
4.8	6.5	3.4	3.3	4.8	4.4	6.1	3.4	4.9	4.5

制药公司为了决定是否继续研发此药，需估计此药对糖尿病患者的有效比例.若已知空腹血糖值大于 7.0 mmol/L 为糖尿病，根据表 7-9 的数据，估计该药对百分之多少的糖尿病患者有效.

分析： 这是用样本数据估计百分位数的问题，将数据从小到大排序后，按照百分位数的定义估计 7.0 在总体中的百分位数.

解： 首先，将这组数据从小到大进行排序，所得结果如下表：

表 7-10

3.3	3.4	3.4	3.9	4.1	4.4	4.4	4.5	4.5	4.5
4.7	4.8	4.8	4.8	4.8	4.9	4.9	5	5.1	5.2
5.3	5.3	5.3	5.4	5.5	5.6	5.6	5.7	5.7	5.8
5.8	5.9	5.9	5.9	5.9	6.1	6.1	6.1	6.2	6.3
6.3	6.3	6.3	6.5	6.5	6.9	7.1	7.5	8	8.5

由于有序样本中第 46 个数 6.9 和第 47 个数 7.1 的平均数是 7.0，并且 $\frac{46}{50}=92\%$，知 7.0 是样本数据的第 92 百分数.

所以，估计该药对 92%的糖尿病患者有效.

说明：本题中的样本量较小.如果要得到更为可靠的结论，那么需要增加样本量.

【变式练习三】

1. 某网站通过网站问卷调查了 60 名网友 11 月 11 日这天的网购情况，得到如下数据统计表.

网购金额/千元	频　数	组中值 x_m	$f \cdot x_m$
(0，1]	3		
(1，2]	9		
(2，3]	9		
(3，4]	15		
(4，5]	18		
(5，6]	6		

(1) 补全表格中的数据；

(2) 估计该网站的网友在 11 月 11 日这天网购的平均金额.

2. 为了研究一种新药的疗效，选 100 名患者随机分成两组，每组各 50 名，一组服药，另一组不服药.一段时间后，记录了两组患者的生理指标 x 和 y 的数据，并制成下图，其中“ * ”表示服药者，“＋”表示未服药者.

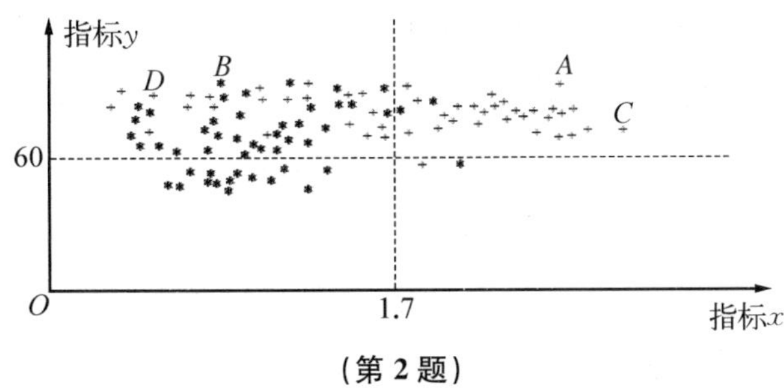

(第 2 题)

试判断这 100 名患者中服药者与未服药者的如下信息：

(1) 指标 x 数据的平均值的大小(只需写出结论)；

(2) 指标 y 数据的方差的大小(只需写出结论).

3. 一组样本数据的容量为 750，a 是数据中的第 64 百分位数.若在这组数据中大于 b 且小于 a 的样本共有 68 个，则 b 是数据中的　(　　)

A. 第 45 百分位数　　B. 第 50 百分位数

C. 第 55 百分位数　　D. 第 60 百分位数

第二单元测试题

1. 为了调查某校 1 200 名学生的身体素质情况，抽取其中 200 名学生，测试他们 800 米跑的成绩.在这项调查中，样本是________.

2. 某工厂生产 A、B、C 三种不同型号的产品，产品数量之比依次为 2∶3∶5.现用分层抽样的方法，从中抽出一个容量为 n 的样本.若样本中 A 型号产品有 16 件，则样本容量 $n=$________.

3. 我国古代数学名著《数书九章》有“米谷粒分”题：粮仓开仓收粮，有人送来米 1 534 石，验得米内夹谷，抽样取米一把，数得 254 粒内夹谷 28 粒，则这批米内夹谷约为________石(保留整数).

4. 已知总体的各个体的值由小到大依次为：2、3、3、7、a、b、12、13.7、18.3、20，且总体中位数为 10.5. 若要使该总体的方差最小，则 a、b 的取值分别是________.

5. 为了了解学生遵守《中华人民共和国交通安全法》的情况，调查部门在学校门口进行了如下的随机调查：向被调查者提出两个问题：(1) 你的学号是奇数吗? (2) 在过路口的时候你是否闯过红灯? 要求被调查者背对调查人员抛掷一枚硬币，如果出现正面，就回答第(1)个问题；否则就回答第(2)个问题.被调查者不必告诉调查人员自己回答的是哪一个问题，只需要回答“是”或“不是”.因为只有被调查人本人知道回答了哪个问题，所以都如实做了回答.如果被调查的 600 人中有 180 人回答了“是”，由此可以估计在这 600 人中闯过红灯的人数是________.

6. 演讲比赛共有 9 位评委分别给某选手的原始评分.评定该选手的成绩时，从 9 个原始评分中去掉 1 个最高分，1 个最低分，得到 7 个有效分. 7 个有效分与 9 个原始评分相比，不变的数字特征是　　(　　)

A. 中位数　　B. 平均数　　C. 方差　　D. 极差

7. 为了研究某药品的疗效，选取若干名志愿者进行临床试验.所有志愿者的舒张压数据(单位：kPa)的分组区间为[12, 13)，[13, 14)，[14, 15)，[15, 16)，[16, 17]，将其按从左到右的顺序分别编号为第一组、第二组、第三组、第四组、第五组.如图是根据试验数据制成的频率分布直方图，已知第一

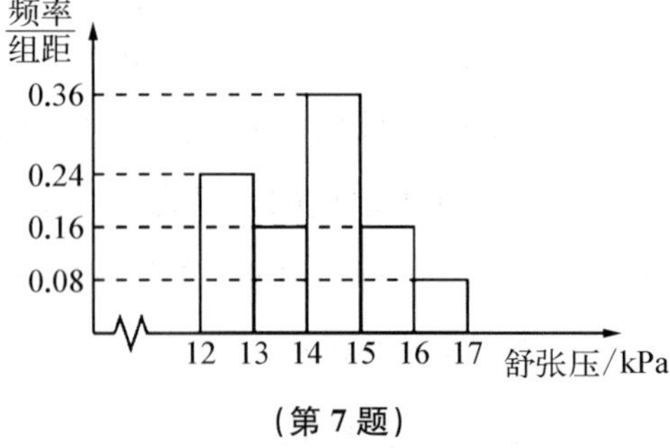

(第 7 题)

组与第二组共有20人,第三组中没有疗效的有6人,则第三组中有疗效的人数为　(　　)

A. 6　　B. 8　　C. 12　　D. 18

8. 在发生某公共卫生事件期间,有专业机构认为该事件在一段时间内没有发生大规模群体感染的标志为"连续10天,每天新增疑似病例不超过7人".根据过去10天甲、乙、丙、丁四地新增疑似病例数据,一定符合该标志的是　(　　)

A. 甲地:总体均值为3,中位数为4

B. 乙地:总体均值为1,总体方差大于0

C. 丙地:中位数为2,众数为3

D. 丁地:总体均值为2,总体方差为3

9. 在某次运动会上,两名射击运动员甲、乙在比赛中打出如下环数:

甲	9.4	8.7	7.5	8.4	10.1	10.5	10.7	7.2	7.8	10.8
乙	9.1	8.7	7.1	9.8	10.1	9.2	10.1	9.2	10.1	9.1

(1) 分别绘制甲、乙两人环数的茎叶图,并比较甲、乙两人环数分布;

(2) 分别计算甲、乙两人的平均环数和环数的标准差,并估计哪位运动员的成绩较为稳定.

10. 从某校高一年级的864名新生中用分层抽样法抽取一个容量为100的身高样本,如下表所示(单位:cm).

168	165	171	167	170	165	170	152	175	174
165	170	168	169	171	166	164	155	164	158
170	155	166	158	155	160	160	164	156	162
160	170	168	164	174	170	165	179	163	172
180	174	173	159	163	172	167	160	164	169
151	168	158	168	176	155	165	165	169	162
177	158	175	165	169	151	163	166	163	167
178	165	158	170	169	159	155	163	153	155
167	163	164	158	168	167	161	162	167	168
161	165	174	156	167	166	162	161	164	166

(1) 作出该样本的频率分布表;

(2) 估计身高不小于170的学生所占的百分比.

第二节 概率与统计(选择性必修)

第一单元 计数原理

单元教学目标

1. 了解分类加法计数原理、分步乘法计数原理及其意义.

2. 理解排列、组合的概念,能利用计数原理推导排列数公式、组合数公式.

3. 能用多项式运算法则和计数原理证明二项式定理,会用二项式定理解决与二项展开式有关的简单问题.

单元教学安排

本单元教学建议课时数及具体分配如下.

单元内容	课时
乘法原理与加法原理	1 课时
排列	2 课时
组合	2 课时
计数原理在古典概率中的应用	1 课时
二项式定理	2 课时

单元教学内容

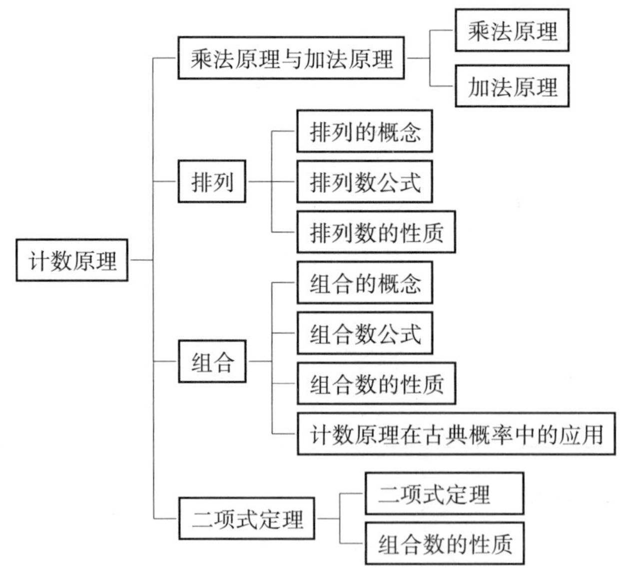

单元教学实施

本单元主要学习两个计数基本原理、排列、组合、二项式定理及其应用.根据学生的学习现状,教学中应突出培养学生的逻辑推理、数学抽象、数学建模核心素养.

1. 应通过具体案例,引导学生不断感悟和总结两个计数基本原理.在教学中,要强调计数原理的思想和方法,引导学生理解许多计数问题可以归结为分类和分步两类问题,引导学生根据计数原理分析、处理问题,而不是机械地套用公式,同时要避免烦琐的、技巧性过高的计数问题.

2. 排列、组合是两类特殊而重要的计数问题.在教学中通过具体实例,使得学生理解排列和组合的异同.在用排列数公式和组合数公式解决计数问题时,避免片面地将问题归结为排列、组合两类,而是要引导学生学会用计数原理来分析问题.

3. 二项式定理是初中多项式运算法则的推广,也是进一步研究随机变量及其分布的准备知识.在教学中,应注重二项式定理与前面知识的联系.通过二项式定理的学习,加深学生对两个计数基本原理以及组合数的理解,提高学生的分析问题能力和代数推理能力.

一、乘法原理与加法原理

【知识概述】

乘法原理和加法原理是关于计数的两个基本原理,也是理解排列组合知识的基础.做一件事情,我们按照是否能够完成事情进行分类,确定采用乘法原理还是加法原理,再进行计数.

【本质提炼】

乘法原理本质上是完成一件事情分几步计数(步骤结束事情才完成);加法原理本质上是完成一件事情按类计数(每一类都完成了事情).

【基本模型】

乘法原理(分步计数原理):做一件事,需要依次完成 n 个步骤,其中完成第一步有 a_1 种不同的方法,完成第二步有 a_2 种不同的方法,…,完成第 n 步有 a_n 种不同的方法.那么完成这件事共有 $a_1a_2\cdots a_n$ 种不同的方法.

加法原理(分类计数原理):做一件事,完成它有 n 类办法,其中第一类办法有 a_1 种不同的方法,第二类办法有 a_2 种不同的方法,…,第 n 类办法有 a_n 种不同的方法.那么完成这件事共有 $a_1+a_2+\cdots+a_n$ 种不同的方法.

例1　将 3 封不同的信放入 4 个不同的信箱中.

(1) 若每个信箱可放入信的数目不限,共有多少种不同的放法?

(2) 若每个信箱至多可放入 1 封信,共有多少种不同的放法?

分析: 这是一个简单的计数问题,关键在于将问题分步,并确定完成每一步的方法数.

解: 把 3 封信编号,分别记为 1、2、3 号.

(1) 把 3 封信放入信箱中,可以分三个步骤完成.

第一步:把 1 号信放入信箱,从 4 个信箱中任选 1 个,有 4 种选法;

第二步:把 2 号信放入信箱,从 4 个信箱中任选 1 个,有 4 种选法;

第三部:把 3 号信放入信箱,从 4 个信箱中任选 1 个,有 4 种选法.

根据乘法原理,不同放法的种数为 $4\times4\times4=64$.

因此,有 64 种不同的放法.

(2) 把 3 封信放入信箱中,可以分三个步骤完成.

第一步:把 1 号信放入信箱,从 4 个信箱中任选 1 个,有 4 种选法;

第二步:把 2 号信放入信箱,因为每个信箱至多可放入 1 封信,所以从第一步余下的信箱中任选 1 个,有 3 种选法;

第三步:把 3 号信放入信箱,因为每个信箱至多可放入 1 封信,所以从前两步余下的信箱中任选 1 个,有 2 种选法.

根据乘法原理,不同放法的种数为 $4\times3\times2=24$.

因此,有 24 种不同的放法.

说明: 若 3 封信是相同的,则不能按上述的方法把问题分步,用乘法原理解决问题.

例2　用 0、1、2 三个数字可以组成多少个没有重复数字的整数?

分析: 由于整数的位数没有确定,关键在于将整数按位数分类,并分别计算个数.

解: 由于没有重复数字,故该整数最多是三位数.按整数的位数可以分成三类.

一位数:有 0、1、2 共 3 个;

二位数:有 10、20、12、21 共 4 个;

三位数:有 120、102、210、201 共 4 个.

根据加法原理,用 0, 1, 2 三个数字可以组成 $3+4+4=10$ 个没有重复数字的整数.

说明: 在用加法原理求解计数问题时,关键在于将问题分为不重复、无遗漏的若干类办法，并且每一类办法中的每一种方法都可以单独完成这件事.

例3　用0到9这十个数字可以组成多少个没有重复数字的四位偶数？

分析：一个四位偶数的个位上的数字必是偶数，因为不允许有重复数字出现，且千位数不为0，所以符合条件的数可以按个位数上的数字是0或非零偶数（2、4、6、8）分类.

解：将符合条件的数按个位上的数字是0或非零偶数分成两类.

① 个位上的数字是0.这样的四位数可以分以下三个步骤确定.

第一步：千位上的数字从1到9中任选1个，有9种选法；

第二步：百位上的数字从余下的8个数字中任选1个，有8种选法；

第三步：十位上的数字从余下的7个数字中任选1个，有7种选法.

根据乘法原理，这一类四位偶数的个数为$9\times8\times7=504$.

② 个位数上的数字是非零偶数.这样的四位数可以分以下四个步骤确定.

第一步：个位上的数字从2、4、6、8中任选1个，有4种选法；

第二步：千位上的数字从余下的8个非零数字中任选1个，有8种选法；

第三步：百位数上的数字从余下的8个数字中任选1个，有8种选法；

第四步：十位上的数字从余下的7个数字中任选1个，有7种选法.

根据乘法原理，这一类四位偶数的个数为$4\times8\times8\times7=1\,792$.

综合①②，根据加法原理，用0到9这十个数字共可以组成$504+1\,792=2\,296$个没有重复数字的四位偶数.

说明：在较为复杂的计数问题中，常常需要综合运用乘法原理和加法原理进行计算.

【变式练习一】

1. 已知函数$y=f(x)$的定义域为$\{1, 2, 3\}$，值域为A.

(1) 若$A=\{1, 2, 3\}$，求满足要求的函数$y=f(x)$的个数；

(2) 若$A\subseteq\{1, 2, 3\}$，求满足要求的函数$y=f(x)$的个数.

2. 从1，2，3，…，9这9个数中，取出3个不同的数，使它们能够构成等差数列，则不同的取法有________种.

3. 有A、B、C、D、E五列火车停在某车站并行的5条火车轨道上.如果快车A不能停在第3道上，慢车B不能停在第1道上，那么这五列火车的停车方法有多少种？

二、排列

【知识概述】

从 n 个互不相同的元素中，取出 m $(m \leqslant n)$ 个不同的元素按照一定的顺序排成一列，叫做从 n 个元素中取出 m 个元素的一个排列(permutation).

从 n 个互不相同的元素中，取出 m $(m \leqslant n)$ 个不同的元素的所有排列的个数，叫做从 n 个元素中取出 m 个元素的排列数，用符号 P_n^m 表示.

根据乘法原理，可以得到排列数公式：

$$\mathrm{P}_n^m = n(n-1)(n-2)\cdots(n-m+1) = \frac{n!}{(n-m)!},$$

其中 m 及 n 是正整数，且 $m \leqslant n$.

排列具有以下两个特征：(1) 互异性；(2) 有序性.

【本质提炼】

从 n 个互不相同的元素中，取出 m $(m \leqslant n)$ 个不同的元素的所有排列的计数.

【基本模型】

1. 利用树形图、表格等方法写出所有排列.

2. 利用排列及排列数公式求解简单的计数问题.对于某些元素受限制的排列问题，常用的方法有插空法、捆绑法等.

3. 利用排列数公式 $\mathrm{P}_n^m = \dfrac{n!}{(n-m)!}$ 证明简单的排列恒等式，求解与排列数有关的方程和不等式.

例1　用数字 1、2、3、4、5、6、7 可以组成多少个没有重复数字且大于 3 000 的四位数？

分析：由于四位数的千位必须大于等于 3，因此可以分两个步骤考虑：先排千位数字，再排百位、十位和个位的数字.

解：千位上的数字从 3、4、5、6、7 中任取 1 个，有 P_5^1 种情形；百位、十位和个位上的数字，可以从余下的 6 个数字中任取 3 个，有 P_6^3 种情形.根据乘法原理，所求的三位数的个数为 $\mathrm{P}_5^1\mathrm{P}_6^3 = 600$.

说明：在求解排列问题时，受限的元素或受限的位置通常优先考虑.

例2　6 个人排成一排照相.

(1) 若甲、乙两人不能相邻，共有多少种不同排法？

(2) 若甲、乙两人都与丙相邻，共有多少种不同排法？

(3) 若丙只能站在甲、乙两人之间(未必相邻)，共有多少种不同排法？

分析：这是元素受限制的排列问题，关键在于合理分步，使得受限元素满足题目要求的限制.

解：(1) 由于甲、乙两人不能相邻，可以分两步完成排列.

第一步：先对甲、乙以外的 4 个人进行排列，共有 P_4^4 种情形，这 4 人形成了 5 个空位；

第二步：再将甲和乙分别插入这 5 个空位中的 2 个，共有 P_5^2 种情形.

根据乘法原理，符合条件的排法个数为 $P_4^4P_5^2=480$.

(2) 由于甲、乙两人都和丙相邻，因此可以首先确定甲、乙、丙三人的相对位置，分两步完成排列.

第一步：先对甲、乙、丙三人进行排列，由于丙必定在甲、乙两人之间，共有 P_2^2 种情形；

第二步：把甲、乙、丙三人看成一组，与余下的 3 人进行排列，共有 P_4^4 种情形.

根据乘法原理，符合条件的排法个数为 $P_2^2P_4^4=48$.

(3) 由于丙在甲、乙两人之间，可以分两步完成排列.

第一步：将一排的 6 个位置从左向右依次编号为 1 到 6，首先确定余下 3 人的所在位置的编号，共有 P_6^3 种情形；

第二步：再将甲、乙、丙三人排入剩下的 3 个位置中，由于丙必定在中间，共有 P_2^2 种情形.

根据乘法原理，符合条件的排法个数为 $P_6^3P_2^2=240$.

说明：在求解排列问题时，必须相邻的元素通常用捆绑法；必须不相邻的元素通常用插空法；如果某些元素有相对固定的顺序，可以为有相对固定顺序的元素留下位置.

例 3　已知 n 是正整数，求证：$P_1^1+2P_2^2+3P_3^3+\cdots+nP_n^n=P_{n+1}^{n+1}-1$.

分析：这是一个排列恒等式，关键在于利用排列数公式，将恒等式的左端进行转化.

证明：根据排列数公式，可以得到

$$nP_n^n=n\cdot n!=[(n+1)-1]\cdot n!=(n+1)!-n!=P_{n+1}^{n+1}-P_n^n.$$

因此

$$\begin{aligned}\mathrm{P}_1^1+2\mathrm{P}_2^2+3\mathrm{P}_3^3+\cdots+n\mathrm{P}_n^n&=(\mathrm{P}_2^2-\mathrm{P}_1^1)+(\mathrm{P}_3^3-\mathrm{P}_2^2)+\cdots+(\mathrm{P}_{n+1}^{n+1}-\mathrm{P}_n^n)\\&=\mathrm{P}_{n+1}^{n+1}-\mathrm{P}_1^1=\mathrm{P}_{n+1}^{n+1}-1.\end{aligned}$$

所以，$\mathrm{P}_1^1+2\mathrm{P}_2^2+3\mathrm{P}_3^3+\cdots+n\mathrm{P}_n^n=\mathrm{P}_{n+1}^{n+1}-1$.

说明： 常用的排列恒等式有 $\mathrm{P}_n^m=(n-m+1)\mathrm{P}_n^{m-1}$，$\mathrm{P}_n^m=n\mathrm{P}_{n-1}^{m-1}$，$\mathrm{P}_n^m+m\mathrm{P}_n^{m-1}=\mathrm{P}_{n+1}^m$ 等.

例 4 解关于正整数 n 的方程：$\mathrm{P}_n^5+\mathrm{P}_n^4=4\mathrm{P}_n^3$.

分析： 这是一个关于排列数的方程，关键在于利用排列数公式将方程进行转化，求解时需注意 n 的取值范围.

解： 首先，由排列数的定义，有 $n\geqslant 5$. 根据排列数公式，原方程可化为

$$n(n-1)(n-2)(n-3)(n-4)+n(n-1)(n-2)(n-3)=4n(n-1)(n-2).$$

由于 $n\geqslant 5$，上式可化简为 $(n-3)(n-4)+(n-3)=4$，即

$$n^2-6n+5=0.$$

注意 n 的取值范围，可知 $n=5$.

说明： 在求解关于排列数的方程时，需注意自变量的取值范围.根据方程的形式，合理选择排列数公式 $\mathrm{P}_n^m=n(n-1)(n-2)\cdots(n-m+1)$ 或 $\mathrm{P}_n^m=\dfrac{n!}{(n-m)!}$ 进行化简.

【变式练习二】

1. 用 0 到 9 这十个数字可以组成多少个能被 5 整除的无重复数字的三位数？

2. 某高中组织新年活动，共有高一、高二年级各两个节目，高三年级一个节目.若要求同一年级的节目不能相邻，则不同的节目顺序共有________种.

3. 已知 m，n 为正整数，且 $m<n$. 求证：$\mathrm{P}_{n-1}^m=\left(1-\dfrac{m}{n}\right)\mathrm{P}_n^m$.

4. 解关于正整数 n 的不等式：$\mathrm{P}_{2n}^3>11\mathrm{P}_n^3$.

三、组合

【知识概述】

从 n 个互不相同的元素中，取出 m $(m\leqslant n)$ 个不同的元素作为一组，叫做从 n 个元素中取出 m 个元素的一个组合(combination).

从 n 个互不相同的元素中，取出 m $(m\leqslant n)$ 个不同的元素的所有组合的个数，

叫做从 n 个元素中取出 m 个元素的组合数，用符号 C_n^m 表示.

根据乘法原理和排列数公式，可以得到组合数公式：

$$\mathrm{C}_n^m=\frac{\mathrm{P}_n^m}{\mathrm{P}_m^m}=\frac{n(n-1)(n-2)\cdots(n-m+1)}{m!},$$

其中 m 及 n 是正整数，且 $m\leqslant n$.

组合数的两个基本运算性质：(1) $\mathrm{C}_n^m=\mathrm{C}_n^{n-m}$；(2) $\mathrm{C}_{n+1}^m=\mathrm{C}_n^m+\mathrm{C}_n^{m-1}$. 其中，$m$ 是自然数，n 是正整数，且 $m\leqslant n$.

组合具有以下两个特征：(1) 互异性；(2) 无序性.

【本质提炼】

从 n 个互不相同的元素中，取出 m ($m\leqslant n$) 个不同的元素的所有组合的个数.

【基本模型】

1. 利用树形图、表格等方法写出所有组合.

2. 利用组合及组合数公式求解简单的计数问题.对于某些元素受限制的计数问题，常用的方法有插空法、捆绑法等.

3. 利用组合数公式 $\mathrm{C}_n^m=\dfrac{n!}{m!\ (n-m)!}$ 证明简单的组合恒等式，求解与组合数有关的方程和不等式.

4. 利用排列组合的知识求解古典概率问题：在古典概率模型中，随机事件 A 发生的概率为 $P(A)=\dfrac{|A|}{|\Omega|}$.

例1　从 1、2、3、4、5、6、7 这七个数中任取四个，使得取出的数的和为奇数，一共有多少种不同的取法？

分析： 由于取出的数的和为奇数，故取出的数中奇数的个数必为奇数，可以按取出的数中奇数的个数分类计算.

解： 由题意，取出的数中奇数的个数必为奇数，故可以分为两类.

① 取出 1 个奇数和 3 个偶数，可分成以下两个步骤：

第一步：从 1、3、5、7 中任选 1 个，有 C_4^1 种选法；

第二步：从 2、4、6 中任选 3 个，有 C_3^3 种选法.

根据乘法原理，不同取法的种数为 $\mathrm{C}_4^1\mathrm{C}_3^3=4$.

② 取出 3 个奇数和 1 个偶数，可分成以下两个步骤：

第一步：从 1、3、5、7 中任选 3 个，有 C_4^3 种选法；

第二步：从 2、4、6 中任选 1 个，有 C_3^1 种选法.

根据乘法原理，不同取法的种数为 $C_4^3C_3^1=12$.

综合①②，根据加法原理，满足题目要求的不同取法的种数为 $4+12=16$.

说明： 在求解计数问题时，常常需要利用乘法原理和加法原理，将问题分解为若干个易于解决的排列或组合问题.

例 2 （1）一条路上有编号为 1、2、3、…、10 的十盏路灯.为了节约用电，准备把其中的三盏关闭，但不能同时关闭相邻的两盏或三盏，则共有多少种不同的关灯方法？

（2）把 8 个相同的小球放到三个不同的盒子中，每个盒子至少放一个，共有多少种不同的放法？

分析：（1）是元素受限制的计数问题，（2）是相同元素的分组问题，关键在进行合理转化，把问题转化为常规的组合问题.

解：（1）由于三盏关闭的路灯互不相邻，因此可以视作七盏亮着的路灯形成了 8 个空位，将三盏关闭的路灯插入这 8 个空位中的 3 个，共有 $C_8^3=56$ 种不同的关灯方法.

（2）首先将三个盒子编号.把 8 个相同的小球排成一行，8 个小球之间形成了 7 个空位，用两块"隔板"把 8 个小球隔成有序的 3 组，每个盒子按编号分到对应组的小球，共有 $C_7^3=35$ 种不同的放法.

说明： 在求解计数问题时，必须相邻的元素通常用捆绑法；必须不相邻的元素通常用插空法.对于相同元素的分组问题，可以考虑使用隔板法.

例 3 已知 k、m、n 是正整数，且 $n>m>k$. 求证：$C_n^mC_m^k=C_n^kC_{n-k}^{n-m}$.

分析： 这是一个组合恒等式，关键在于利用组合数公式，将恒等式进行转化.

证明： 根据组合数公式，可以得到

$$\begin{aligned}C_n^mC_m^k&=\frac{n!}{m!\,(n-m)!}\cdot\frac{m!}{k!\,(m-k)!}\\&=\frac{n!}{(n-m)!\,k!\,(m-k)!}\\&=\frac{n!}{k!\,(n-k)!}\cdot\frac{(n-k)!}{(n-m)!\,(m-k)!}\\&=C_n^kC_{n-k}^{n-m}.\end{aligned}$$

说明： 常用的组合恒等式有 $C_n^m=C_n^{n-m}$，$kC_n^k=nC_{n-1}^{k-1}$，$C_{n+1}^m=C_n^m+C_n^{m-1}$ 等.

例 4 某次测试共有 10 道备用试题，甲同学在这 10 道题中能够答对 6 道.现从

备用试题中随机抽考 5 题，规定答对 5 题或 4 题为优秀.求甲同学获优秀的概率.

分析：这是一个古典概率模型的问题，关键在于选取等可能的样本空间，构造古典概率模型，并利用排列组合知识计算基本事件的个数.

解：不计试题的先后顺序，从 10 道备用试题中随机抽考 5 题，所有基本事件的个数为 C_{10}^{5}，并且每个基本事件发生的概率都相等.

设 A 表示事件“甲同学获得优秀”.“甲同学获得优秀”可以分为两种情况：(1) 甲同学答对 5 题；(2) 甲同学答对 4 题.由乘法原理和加法原理，易知 A 包含的基本事件有 $C_6^5C_4^0+C_6^4C_4^1$ 个，所以事件 A 的概率是

$$P(A)=\frac{C_6^5C_4^0+C_6^4C_4^1}{C_{10}^5}=\frac{11}{42}.$$

说明：对于同一个概率问题，可以选取不同的样本空间进行计算.若考虑试题的先后顺序，则基本事件的个数为 P_{10}^{5}，得到的仍然是一个古典概率模型，同样可以得到 $P(A)=\frac{11}{42}$.

【变式练习三】

1. 将 5 个志愿者分成三组，承担高速道口执勤任务，其中早班、中班各需两人，晚班需一人，不同的选法有多少种？

2. 空间中，一个六棱锥的 7 个顶点可以确定多少个平面？

3. 8 个相同的小球排成一行，涂上红、白两种颜色，5 个涂红色，3 个涂白色.则恰好有 8 个连续的小球涂红色的涂色方法共有________种.

4. 证明：$C_2^2+C_3^2+C_4^2+\cdots+C_n^2=C_{n+1}^3$.

5. 解关于正整数 n 的方程：$C_{16}^{n}=C_{16}^{3n-4}$.

6. 从 1、2、3、4、5、6 中任取两个数，求取出的两数之积为偶数的概率.

四、二项式定理

【知识概述】

设 n 是正整数，等式 $(a+b)^n=C_n^0a^n+C_n^1a^{n-1}b+C_n^2a^{n-2}b^2+\cdots+C_n^ra^{n-r}b^r+\cdots+C_n^nb^n$ 称为二项式定理. $C_n^ra^{n-r}b^r$ 表示 $(a+b)^n$ 的二项展开式中的第 $r+1$ 项，其中 $r=0, 1, 2, \cdots, n$.

【本质提炼】

二项式定理的本质是多项式运算法则在二项式上的应用.

【基本模型】

1. 组合数的性质：对于任意正整数 n，有 $C_n^0+C_n^1+C_n^2+\cdots+C_n^n=2^n$，$C_n^0-C_n^1+C_n^2-C_n^3+\cdots+(-1)^nC_n^n=0$，$C_n^0+C_n^2+C_n^4+\cdots=C_n^1+C_n^3+C_n^5+\cdots=2^{n-1}$.

2. 利用二项式定理，求二项展开式以及二项展开式中指定项的系数，求二项展开式中系数最大或最小的项.

3. 利用二项式定理，求解简单的整除性问题.常用的结论有：$m\mid(m+1)^n-1$，$m\mid(m-1)^{2n}-1$ 等.

4. 利用赋值法，求二项展开式中某些系数的表达式的值.一个常用的公式是 $(1+x)^n=C_n^0+C_n^1x+C_n^2x^2+\cdots+C_n^nx^n$.

5. 利用二项式定理，证明一些简单的组合恒等式.

例1　(1) 求 $\left(x-\dfrac{1}{x}\right)^4$ 的二项展开式；

(2) 求 $(2x+1)^6$ 的二项展开式中第三项的系数；

(3) 求 $\left(x+\dfrac{2}{x^2}\right)^9$ 的二项展开式中的常数项.

分析： 这是一个简单的二项定理应用问题，(3)的关键在于确定展开式中常数项的项数，并用二项式定理求出常数项.

解： (1) 由二项式定理，$\left(x-\dfrac{1}{x}\right)^4$ 的二项展开式是

$$x^4-4x^2+6-\frac{4}{x^2}+\frac{1}{x^4}.$$

(2) 由二项式定理，$(2x+1)^6$ 的二项展开式中的第 $r+1$ 项为 $C_6^r(2x)^{6-r}$，其中 $r=0,1,2,\cdots,6$. 令 $r=2$，得二项展开式中第三项的系数为 $2^4C_6^2=240$.

(3) 由二项式定理，$\left(x+\dfrac{2}{x^2}\right)^9$ 的二项展开式中的第 $r+1$ 项是

$$T_{r+1}=C_9^rx^{9-r}\left(\frac{2}{x^2}\right)^r=2^rC_9^rx^{9-3r}.$$

令 $9-3r=0$，解得 $r=3$. 故展开式的常数项是 $2^3C_9^3=672$.

说明： 在求二项展开式中的指定项时，需注意 $C_n^ra^{n-r}b^r$ 是展开式中的第 $r+1$ 项.

例2　求证：$8^{70}-1$ 是 49 的倍数.

分析： 注意到 $49=7^2$，故可把 8^{70} 写成 $(7+1)^{70}$，再利用二项式定理进行证明.

证明： 由二项式定理 $(a+1)^n = C_n^0 a^n + C_n^1 a^{n-1} + C_n^2 a^{n-2} + \cdots + C_n^{n-1} a + 1$，
令 $a=7$，$n=70$，得 $(7+1)^{70} = 7^{70} C_{70}^0 + 7^{69} C_{70}^1 + 7^{68} C_{70}^2 + \cdots + 7C_{70}^{69} + 1$，
从而 $8^{70} - 1 = 7^{70} C_{70}^0 + 7^{69} C_{70}^1 + 7^{68} C_{70}^2 + \cdots + 7^2 C_{70}^{68} + 7C_{70}^{69}$.

显然，等号右边的前 69 项都是 49 的倍数，最后一项 $7C_{70}^{69} = 490$ 也是 49 的倍数. 于是，$8^{70}-1$ 是 49 的倍数.

说明： 在求解正整数的乘幂的整除性问题时，通常将幂的底数写成除数的整数倍数加上一个较小的整数的形式，再用二项式定理展开后求解.

例 3　(1) 若 $x^6 = a_0 + a_1(x-2) + a_2(x-2)^2 + a_3(x-2)^3 + \cdots + a_6(x-2)^6$，求 $a_0 + a_1 + a_2 + \cdots + a_6$ 的值；

(2) 若 $(x^2+x-1)^5 = a_0 + a_1 x + a_2 x^2 + \cdots + a_{10} x^{10}$，求 $a_1 + a_3 + a_5 + a_7 + a_9$ 的值.

分析： 这是求展开式中某些系数的表达式的值的问题，关键在于根据所求表达式的形式，在展开式中代入适当的特殊值.

解： (1) 令 $x-2=y$，则 $x=y+2$，从而题目中的等式可改写为

$$(y+2)^6 = a_0 + a_1 y + a_2 y^2 + \cdots + a_6 y^6.$$

令 $y=1$，得 $a_0 + a_1 + a_2 + \cdots + a_6 = 3^6 = 729$.

(2) 在展开式中令 $x=1$，得 $a_0 + a_1 + a_2 + \cdots + a_{10} = 1$.

在展开式中令 $x=-1$，得 $a_0 - a_1 + a_2 - a_3 + \cdots - a_9 + a_{10} = -1$.

两式联立就得到 $a_1 + a_3 + a_5 + a_7 + a_9 = 1$.

说明： 用赋值法求展开式中某些系数的表达式的值，关键在于根据表达式的形式代入适当的特殊值. 赋值法并不仅限于二项展开式，对一般的多项展开式都可以使用.

例 4　求 $(1+2x)^{14}$ 的二项展开式中系数最大的项.

分析： 这是求二项展开式中系数最大的项的问题，关键在于利用组合数公式，研究展开式中任意相邻两项系数的大小关系.

解： 根据二项式定理，展开式中的第 $r+1$ 项是 $C_{14}^r (2x)^r$，其中 $r=0, 1, 2, \cdots, 14$. 设这一项的系数为 c_{r+1}，则 $c_{r+1} = 2^r C_{14}^r$，故 $c_{r+1} > 0$.

对于 $r=0, 1, 2, \cdots, 13$，有

$$\frac{c_{r+2}}{c_{r+1}} - 1 = \frac{2^{r+1} C_{14}^{r+1}}{2^r C_{14}^r} - 1 = \frac{27-3r}{r+1}.$$

所以,当 $r=0, 1, 2, \cdots, 8$ 时,$c_{r+2}>c_{r+1}$ 成立,即 $c_{10}>c_9>c_8>\cdots>c_1$;当 $r=9$ 时,$c_{r+2}=c_{r+1}$,即 $c_{11}=c_{10}$;当 $r=10, 11, 13$ 时,$c_{r+2}<c_{r+1}$ 成立,即 $c_{15}<c_{14}<c_{13}<c_{12}<c_{11}$.

因此,系数最大的项是第 10 项 $1\,025\,024x^9$ 和第 11 项 $1\,025\,024x^{10}$.

【变式练习四】

1. 若 $(2x+1)^n$ 的二项展开式中前三项的系数成等差数列,求 n 的值.

2. 利用二项式定理,求 47^{50} 被 8 除所得的余数.

3. 若 $(2x+1)^{11}=a_0+a_1x+a_2x^2+\cdots+a_{11}x^{11}$,则 $(a_0+a_2+a_4+\cdots+a_{10})^2-(a_1+a_3+a_5+\cdots+a_{11})^2=$________.

4. 求 $(1-2x)^8$ 的二项展开式中系数最大的项.

第一单元测试题

1. 某学生要从 2 本科技书、3 本小说书和 3 本历史书中任取 2 本书,共有________种不同的取法.

2. 五名志愿者分别承担某路口周一到周五的执勤工作,其中甲志愿者不能承担周一的执勤工作,则一共有________种不同的执勤安排.

3. 回文数是指从左到右读与从右到左读都一样的正整数,如 22、121、3443、24542 等,则四位回文数共有________个.

4. 用 1、2、3、4、5、6 组成没有重复数字的六位数,要求任意相邻的两个数字的奇偶性不同,且 1、2 相邻,则这样的六位数的个数为________.

5. 已知 $(1-x)^n=a_0+a_1x+a_2x^2+\cdots+a_nx^n$. 若 $2a_2+a_{n-5}=0$,则正整数 n 的值为________.

6. 若 n 为正整数,且 $n<14$,则 $(14-m)(15-m)\cdots(20-m)$ 等于 ( )

A. P_{14-m}^{7}　　B. P_{20-m}^{14-m}　　C. P_{20-m}^{6}　　D. P_{20-m}^{7}

7. 某公司推出了 3 种不同的积点卡,每份产品中随机装入一张卡片,集齐 3 种卡片可兑奖.现购买了 5 份产品,获奖的概率为 ( )

A. $\dfrac{31}{81}$　　B. $\dfrac{33}{81}$　　C. $\dfrac{48}{81}$　　D. $\dfrac{50}{81}$

8. 在 $(1-3x+2y)^5$ 的展开式中,含有 x 但不含有 y 的项的系数之和为( )

A. -31　　B. -32　　C. -33　　D. -34

9. 在 $(1+3x)^n$ 的二项展开式中,第 6 项与第 7 项的系数相同.

（1）求 n 的值；

（2）求展开式中系数最大的项.

10. 规定 $C_x^m=\dfrac{x(x-1)(x-2)\cdots(x-m+1)}{m!}$，其中 $x\in\mathbf{R}$，m 是正整数，且规定 $C_x^0=1$. 这是组合数 C_n^m（n、m 是正整数，且 $m\leqslant n$）的一种推广.

（1）求 C_{-15}^5 的值；

（2）组合数的两个性质：$C_n^m=C_n^{n-m}$，$C_n^m+C_n^{m-1}=C_{n+1}^m$ 是否都能推广到 C_x^m（$x\in\mathbf{R}$，m 是正整数）的情形？若能推广，写出推广的形式并给出证明；若不能推广，请说明理由.

第二单元　概　　率

单元教学目标

1. 结合古典概型，了解条件概率，能计算简单随机事件的条件概率.

2. 结合古典概型，了解条件概率与独立性的关系.

3. 结合古典概型，会利用乘法公式计算概率.

4. 结合古典概型，会利用全概率公式计算概率.

5. 通过具体实例，了解离散型随机变量的概念，理解离散型随机变量分布及其数字特征（均值、方差）.

6. 通过具体实例，了解伯努利试验，掌握二项分布及其数字特征，并能解决简单的实际问题.

7. 通过具体实例，了解超几何分布及其均值，并能解决简单的实际问题.

8. 通过误差模型，了解服从正态分布的随机变量. 通过具体实例，借助频率直方图的几何直观，了解正态分布的特征.

9. 了解正态分布的均值、方差及其含义.

单元教学安排

本单元教学建议课时数及具体分配如下.

单元内容	课　　时
条件概率与相关公式	2 课时
随机变量的分布与特征	3 课时
常用分布	4 课时

单元教学内容

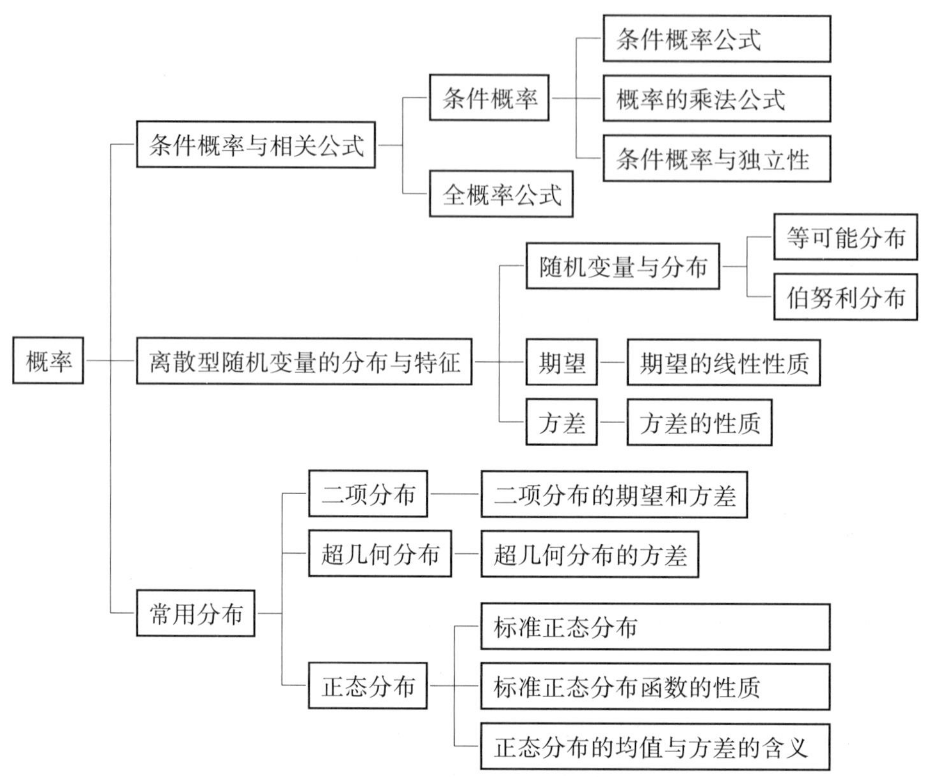

单元教学实施

教学中应突出培养学生分析随机现象的能力，提升学生的数学抽象、逻辑推理、数学建模等核心素养.注意本单元教学展开的基本线索，是通过引入随机变量的概念，把对随机现象规律的研究数学化，从而可以利用数学方法研究随机现象的规律性.

设计典型实例，帮助学生更好地理解概念内涵.例如，通过抛硬币、摸球、抽签等，归纳出随机变量的内涵：随机变量就是一个从试验结果到实数集的对应，随机变量和函数的区别在于定义域不一定是实数集，而是样本空间.又如，通过射击环数、分配奖金等，归纳出离散型随机变量期望的内涵——期望表示随机变量的“均值”.

教学中要注重创设情境，应在引导学生利用所学知识解决一些实际问题的基础上，再适当进行严格、准确的描述.例如条件概率、全概率公式等.

教师应注重信息技术与数学课程的融合.如利用多媒体技术呈现实际应用问题，利用计算机来处理求期望与方差过程中的复杂运算，帮助学生更好地理解随机变量、随机变量的分布以及随机变量的数字特征，直观展示正态分布曲线等.

一、条件概率与相关公式

【知识概述】

对于一个随机试验，在事件 A 发生的条件下，事件 B 发生的概率，称为条件概率(conditional probability)，记为 $P(B \mid A)$.

条件概率公式：$P(B \mid A)=\dfrac{P(A \cap B)}{P(A)}$；概率的乘法公式：$P(A \cap B)=P(A)P(B \mid A)$.

若事件 A 与 B 独立，则有 $P(B \mid A)=P(B)$；反之也成立.即两个事件独立的充要条件是条件概率等于概率.

全概率公式：设样本空间 Ω 可分成 n 个两两互斥的事件 Ω_1，Ω_2，…，Ω_n，则事件 A 的概率 $P(A)=\sum\limits_{k=1}^{n} P(A \mid \Omega_k)P(\Omega_k)$.

【本质提炼】

条件概率是指所考察的事件在其他事件发生的条件下的概率.

【基本模型】

1. 利用条件概率公式 $P(B \mid A)=\dfrac{P(A \cap B)}{P(A)}$ 计算简单的条件概率.

2. 利用概率的乘法公式 $P(A \cap B)=P(A)P(B \mid A)$ 计算积事件的概率.

3. 利用全概率公式 $P(A)=\sum\limits_{k=1}^{n} P(A \mid \Omega_k)P(\Omega_k)$ 计算概率.

例 1　从三位男生和三位女生中任选两人参加某项活动.已知选出的两人中至少有一位女生，求男生甲入选的概率.

分析：这是一个简单的条件概率问题，关键在求出对应事件的概率，并用条件概率公式求解.

解：设事件 A 表示“至少有一位女生入选”，事件 B 表示“男生甲入选”，题目所求的概率是事件 A 发生的条件下，事件 B 发生的概率，即求 $P(B \mid A)$.

因为基本事件的个数为 C_6^2，事件 A 中包含的基本事件个数为 $C_6^2-C_3^2$，事件 $A \cap B$ 中包含的基本事件个数为 C_3^1，所以 $P(A)=\dfrac{C_6^2-C_3^2}{C_6^2}=\dfrac{4}{5}$，$P(A \cap B)=\dfrac{C_3^1}{C_6^2}=\dfrac{1}{5}$. 因此

$$P(B \mid A)=\frac{P(A \cap B)}{P(A)}=\frac{\frac{1}{5}}{\frac{4}{5}}=\frac{1}{4}.$$

说明: 在求条件概率时,要注意区分是在哪一个事件成立的条件下求另一个事件发生的概率.

例2 在一个盒子中有大小与质地相同的 5 个红球和 5 个白球,不放回地摸两次球,每次摸出一个.求:

(1) 在第一次摸到红球的条件下,第二次也摸到红球的概率;

(2) 两次都摸到红球的概率.

分析: 问题(1)所求的是条件概率,问题(2)所求的是事件积的概率,因此可以用概率的乘法公式求解.

解: 用 A_i 表示"第 i 次摸到红球" $(i=1, 2)$.

(1) 事件 A_1 发生之后,盒子中还有 4 个红球和 5 个白球,故所求的条件概率为

$$P(A_2 \mid A_1)=\frac{4}{9}.$$

(2) 由题目条件知 $P(A_1)=\frac{1}{2}$,由(1)知 $P(A_2 \mid A_1)=\frac{4}{9}$,根据概率的乘法公式,事件 A_1、A_2 同时发生的概率为

$$P(A_1 \cap A_2)=P(A_1)P(A_2 \mid A_1)=\frac{1}{2} \times \frac{4}{9}=\frac{2}{9}.$$

说明: 此问题也可以先求 $P(A_1 \cap A_2)$,再利用条件概率公式求 $P(A_2 \mid A_1)$. 条件概率公式和概率的乘法公式是等价的.

例3 罐子中有 b 个黑球,r 个红球.从中随机摸出一个球,观察其颜色后放回,并在罐子中加入同色球 c 个.再从罐子中第二次摸出一个球,求第二次摸出的是黑球的概率.

分析: 第二次取出黑球的概率与第一次取出的球的颜色有关,因此可以用全概率公式求解.

解: 设事件 A 表示"第一次摸出的是黑球",事件 B 表示"第二次摸出的是黑球".

由题意可知,$P(A)=\frac{b}{b+r}$,$P(\bar{A})=\frac{r}{b+r}$.

第二次摸球时有两种可能的情况:一种是 A 发生,即第一次摸出的是黑球,此时

罐子中有 $b+c$ 个黑球，r 个红球，此时的条件概率为 $P(B \mid A)=\dfrac{b+c}{b+c+r}$；另一种是 A 没有发生，即第一次摸出的是红球，此时罐子中有 b 个黑球，$r+c$ 个红球，此时的条件概率为 $P(B \mid \bar{A})=\dfrac{b}{b+c+r}$. 利用全概率公式，事件 B 发生的概率为

$$\begin{aligned}P(B) &= P(A)P(B \mid A)+P(\bar{A})P(B \mid \bar{A}) \\ &= \frac{b}{b+r} \cdot \frac{b+c}{b+c+r}+\frac{r}{b+r} \cdot \frac{b}{b+c+r} \\ &= \frac{b}{b+r}.\end{aligned}$$

说明： 此问题是波利亚罐子模型. 可以证明：反复进行上述操作，第 n 次摸出的是黑球的概率仍是 $\dfrac{b}{b+r}$.

【变式练习一】

1. 掷一颗骰子，令事件 $A=\{2, 3, 5\}$，$B=\{2, 4, 6\}$，求 $P(A \mid B)$.

2. 抛掷一枚均匀的硬币两次.

(1) 已知第一次出现正面，求第二次也出现正面的概率；

(2) 已知其中有一次出现正面，求另一次也出现正面的概率.

3. 某保险公司把被保险人分为 3 类：“谨慎的”“一般的”“冒失的”. 统计资料表明，这 3 类被保险人在一年内发生事故的概率依次为 0.05、0.15 和 0.30. 若“谨慎的”被保险人占 20%，“一般的”被保险人占 50%，“冒失的”被保险人占 30%，随机抽取该保险公司的一位被保险人，此人在一年内出事故的概率是多少？

二、离散型随机变量的分布与特征

【知识概述】

以样本空间作为定义域的一个函数 X 称为一个随机变量(random variable)，即对样本空间 Ω 中任意给定的元素 ω，都有唯一的实数 $X(\omega)$ 与之对应.

随机变量所有可能的取值及其相应的概率，称为随机变量的分布.

当随机变量取所有值的概率均相等时，称它是等可能分布或均匀分布的. 只取两个值的随机变量称为伯努利型，其分布称为伯努利分布.

对随机变量的相应取值进行加权平均后所得到的值，称为随机变量的期望(expectation). 如果随机变量 X 的分布是

$$\begin{pmatrix} x_1 & x_2 & \cdots & x_n \\ p_1 & p_2 & \cdots & p_n \end{pmatrix},$$

那么它的期望为 $E[X]=x_1p_1+x_2p_2+\cdots+x_np_n$.

期望的线性性质:

1. 如果 X 是一个随机变量, a 是一个实数,那么 $E[aX]=aE[X]$.

2. 如果 X、Y 是两个随机变量,那么 $E[X+Y]=E[X]+E[Y]$.

在数学上,用随机变量与其期望的偏差的平方的期望来衡量随机变量的分散度,称为随机变量的方差(variation).随机变量 X 的方差 $D[X]$ 定义为:

$$D[X]=E[(X-E[X])^2].$$

根据期望的线性性质,可以得到方差的计算公式:

$$D[X]=E[X^2]-(E[X])^2.$$

【本质提炼】

随机变量是定义在样本空间上的一个函数.

随机变量的期望描述它的中心位置,方差描述它与其期望的偏离度,即其随机程度.

【基本模型】

1. 用随机变量表示随机现象的结果,求随机变量的分布.

2. 利用公式 $E[X]=x_1p_1+x_2p_2+\cdots+x_np_n$, 求离散型随机变量的期望.

3. 利用方差的计算公式 $D[X]=E[X^2]-(E[X])^2$, 求离散型随机变量的方差.

4. 方差的两个性质:

(1) 如果 X 是一个随机变量, a 是一个实数,那么 $D[aX]=a^2D[X]$.

(2) 如果 X、Y 分别是两个独立的随机试验所对应的随机变量,那么 $D[X+Y]=D[X]+D[Y]$.

例1 一个罐子中有 3 个白球和 2 个黑球,不放回地依次从罐子中摸球,直到摸到白球为止.用 X 表示摸出的球的总数,求 X 的分布.

分析: 这是一个求离散型随机变量的分布的问题,关键在求出随机变量 X 的所有可能的取值及其对应的概率.

解: 由题意,知 X 的可能取值是 1、2、3.

利用概率的乘法公式,可以分别求得

$$P(X=1)=\frac{3}{5},\ P(X=2)=\frac{2}{5}\times\frac{3}{4}=\frac{3}{10},\ P(X=3)=\frac{2}{5}\times\frac{1}{4}\times\frac{3}{3}=\frac{1}{10}.$$

所以 X 的分布是

$$\begin{pmatrix} 1 & 2 & 3 \\ \frac{3}{5} & \frac{3}{10} & \frac{1}{10} \end{pmatrix}.$$

说明：若随机变量 X 的取值为 x_1，x_2，…，x_n，对应的概率分别为 p_1，p_2，…，p_n，则有 $p_1+p_2+\cdots+p_n=1$.

例2　一接待中心有 A、B、C 三部热线电话.已知某一时刻电话 A、B 占线的概率均为 0.5，电话 C 占线的概率为 0.4，各部电话是否占线相互之间没有影响.假设该时刻有 X 部电话占线，求 X 的期望.

分析：这是一个求离散型随机变量期望的问题，关键在于求出随机变量 X 的分布，进而计算其期望.也可利用期望的线性性质求解.

解：解法一，由题意，可知 X 的可能取值是 0、1、2、3.

由概率的可加性及独立事件的概率公式，可以分别求得

$$P(X=0)=0.5^2\times0.6=0.15,$$
$$P(X=1)=\mathrm{C}_2^1\,0.5^2\times0.6+0.5^2\times0.4=0.4,$$
$$P(X=2)=0.5^2\times0.6+\mathrm{C}_2^1\,0.5^2\times0.4=0.35,$$
$$P(X=3)=0.5^2\times0.4=0.1.$$

所以 X 的期望是 $E[X]=0\times0.15+1\times0.4+2\times0.35+3\times0.1=1.4$.

解法二，用 X_1、X_2、X_3 表示该时刻 A、B、C 三部电话的占线情况，即若电话占线，则对应的随机变量取值为 1；若电话不占线，则对应的随机变量取值为 0. 由题意，可知 $E[X_1]=E[X_2]=0.5$，$E[X_3]=0.4$.

容易知道，$X=X_1+X_2+X_3$. 根据期望的线性性质，就得到

$$E[X]=E[X_1]+E[X_2]+E[X_3]=0.5+0.5+0.4=1.4.$$

说明：从上述问题可以看到，若能把随机变量表示为若干个较为简单的随机变量的线性组合，则可利用期望的线性性质计算期望.

例3　投掷两颗骰子，用 X 表示较小的点数(当点数相同时，X 表示共同的点数).求 X 的期望与方差.

分析：这是一个求离散型随机变量方差的问题，关键在于求出随机变量 X 的分布，进而计算其方差.

解：由题意，可知 X 的可能取值是 1、2、3、4、5、6.

利用古典概率公式，可以得到 $P(X=6)=\frac{1}{36}$，$P(X=5)=\frac{3}{36}=\frac{1}{12}$，$P(X=4)=\frac{5}{36}$，$P(X=3)=\frac{7}{36}$，$P(X=2)=\frac{9}{36}=\frac{1}{4}$，$P(X=1)=\frac{11}{36}$.

可以得到

$$E[X]=6\times\frac{1}{36}+5\times\frac{1}{12}+4\times\frac{5}{36}+3\times\frac{7}{36}+2\times\frac{1}{4}+1\times\frac{11}{36}=\frac{91}{36},$$

$$E[X^2]=6^2\times\frac{1}{36}+5^2\times\frac{1}{12}+4^2\times\frac{5}{36}+3^2\times\frac{7}{36}+2^2\times\frac{1}{4}+1^2\times\frac{11}{36}=\frac{301}{36}.$$

于是 $D[X]=E[X^2]-(E[X])^2=\frac{2\,555}{1\,296}$.

【变式练习二】

1. 一个罐子中有 4 个白球和 3 个黑球，从中不放回地摸 2 个球，用 X 表示摸到的黑球数.求 X 的分布.

2. 抛掷 4 枚均匀的硬币，用 X 表示正面朝上的枚数.求 X 的期望.

3. 设袋子中装有 3 个红球，2 个黄球，1 个蓝球，且规定：取出 1 个红球得 1 分，取出 1 个黄球得 2 分，取出 1 个蓝球得 3 分.现从该袋子中任取 1 个球，用 X 表示取出此球所得分数，求 X 的方差.

三、常用分布

【知识概述】

二项分布：独立地重复一个成功概率为 p 的伯努利试验 n 次，其成功次数的分布称为二项分布(binomial distribution)，亦称成功次数 X 服从二项分布 $B(n, p)$.

若 X 服从二项分布 $B(n, p)$，则 $P(X=k)=C_n^k p^k q^{n-k}$，其中 $k=0, 1, 2, \cdots, n$.

若 X 服从二项分布 $B(n, p)$，则 $E[X]=np$，$D[X]=np(1-p)$.

超几何分布：从一个装有 a 个白球、b 个黑球的袋中随机且不放回地取 n 个球，其中白球数的分布称为超几何分布(hyper-geometric distribution).

若 X 服从上述超几何分布，则 $P(X=k)=\frac{C_a^k C_b^{n-k}}{C_{a+b}^n}$，其中 k 满足 $k\leqslant n$，$k\leqslant a$，

$n-k \leqslant b$，并且有 $E[X]=\dfrac{na}{a+b}$.

正态分布：若随机变量 X 的密度函数为 $\varphi_{\mu,\sigma^2}(x)=\dfrac{1}{\sqrt{2\pi\sigma^2}}\mathrm{e}^{-\frac{(x-\mu)^2}{2\sigma^2}}$，则称 X 服从参数为 μ、σ^2 的正态分布(normal distribution)，记为 $X \sim N(\mu,\sigma^2)$. 其中，参数 μ 表示该正态分布的期望，参数 σ^2 表示该正态分布的方差，且总是假设 $\sigma>0$.

当 $\mu=0$，$\sigma^2=1$ 时，相应的正态分布称为标准正态分布，记作 $X \sim N(0,1)$，其密度函数 $y=\dfrac{1}{\sqrt{2\pi}}\mathrm{e}^{-\frac{x^2}{2}}$，$-\infty<x<+\infty$，称为标准正态分布的密度函数，简记作 $y=\varphi(x)$.

若 $X \sim N(\mu,\sigma^2)$，则 $\dfrac{X-\mu}{\sigma} \sim N(0,1)$.

用 $\Phi(x)$ 表示标准正态密度函数 $y=\varphi(x)$ 从 $-\infty$ 到 x 的累积面积，称为标准正态分布函数.标准正态分布函数 $y=\Phi(x)$ 满足 $\Phi(-x)=1-\Phi(x)$.

【本质提炼】

二项分布描述的是放回抽样问题，超几何分布描述的是不放回抽样问题.

正态分布是概率统计中最重要的一种分布，它是自然界中最常见的一种分布.

【基本模型】

1. 利用二项式分布求解一些概率问题；求服从二项分布的随机变量的期望与方差.

2. 利用超几何分布求解一些概率问题；求服从超几何分布的随机变量的期望.

3. 通过计算器或者查表，利用标准正态分布函数 $y=\Phi(x)$ 计算服从正态分布的随机变量 X 落在某个区间上的概率.

例1　一批产品的次品率为 0.1. 从这批产品中每次随机抽取一件，并有放回地抽取 10 次.用 X 表示抽到次品的件数，求：(1) $P(X=3)$ (精确到 0.001)；(2) $E[X]$.

分析：这是一个放回抽样问题，因此 X 服从二项分布.

解：由题意，可知 X 服从二项分布 $B(10,0.1)$.

(1) 根据二项分布公式，可知 $P(X=3)=\mathrm{C}_{10}^{3}\times 0.1^3\times 0.9^7\approx 0.057$.

(2) 根据二项分布的期望公式，可知 $E[X]=10\times 0.1=1$.

说明：若随机变量 X 符合二项分布 $B(n,p)$，则 $E[X]=np$，$D[X]=np(1-p)$.

例2　罐子里有 8 个白球和 2 个黑球.从罐子中任取 3 个球，用 X 表示白球个数，求 X 的分布、期望和方差.

分析：这是一个不放回抽样，因此 X 服从超几何分布.

解：由题意，可知 X 的可能取值为 1、2、3.

容易知道，X 的分布是 $P(X=k)=\dfrac{C_8^k C_2^{3-k}}{C_{10}^3}\ (k=1,\ 2,\ 3)$.

X 的期望是 $E[X]=1\times\dfrac{1}{15}+2\times\dfrac{7}{15}+3\times\dfrac{7}{15}=\dfrac{12}{5}$.

可以得到 $E[X^2]=1^2\times\dfrac{1}{15}+2^2\times\dfrac{7}{15}+3^2\times\dfrac{7}{15}=\dfrac{92}{15}$，

所以，X 的方差是 $D[X]=E[X^2]-(E[X])^2=\dfrac{28}{75}$.

说明：若随机变量 X 符合超几何分布 $H(n,\ K,\ N)$，则 $E[X]=n\dfrac{K}{N}$.

例3　已知随机变量 X 服从正态分布 $N(3,\ 4^2)$，求 $P(-5<X<7)$（精确到 0.1%）.

分析：这是一个求服从正态分布的随机变量落在某个区间的概率的问题，关键在于将该随机变量标准化，然后利用标准正态分布函数 $y=\Phi(x)$ 的性质求解.

解：令 $Y=\dfrac{X-3}{4}$，则 $Y\sim N(0,\ 1)$. 因此，有

$$\begin{aligned}P(-5<X<7)&=P(-2<Y<1)=\Phi(1)-\Phi(-2)\\&=\Phi(1)-(1-\Phi(2))\approx 0.841\,3-(1-0.977\,2)\\&=0.818\,5\approx 81.9\%.\end{aligned}$$

【变式练习三】

1. 已知随机变量 X 服从二项分布 $B(n,\ p)$，若 $E[X]=40$，$D[X]=24$，求 n 的值.

2. 某批 n 件产品的次品率为 2%，现从中任意抽取 3 件进行检验.问：当 $n=500$、5 000、50 000 时，分别以放回和不放回的方式抽取，恰好抽到 1 件次品的概率各是多少？

3. 已知随机变量 X 服从正态分布 $N(2,\ \sigma^2)$，且 $P(-2<X\leqslant 6)=0.8$. 求 $P(X>6)$ 的值.

第二单元测试题

1. 某中学高三学生参加学业水平考试的合格率为 98%，其中 70% 的学生又通过高考升入大学，则从该中学任选一位学生，这位学生升入大学的概率是________.

2. 连续掷一枚均匀硬币两次，已知第一次得到正面朝上，则第二次也得到正面朝上的概率为________.

3. 抛掷三颗骰子，已知所得的三个点数互不相同，则得到 1 点的概率为________.

4. 已知随机变量 X 的所有的取值为1、2、3,对应的概率依次为 p_1、p_2、p_3. 若 p_1、p_2、p_3 依次成等差数列,且 $E[X]=\frac{5}{3}$, 则 $p_1=$________.

5. 有甲、乙两个袋子,甲袋中有3个白球,2个黑球;乙袋中有4个白球,4个黑球.现从甲袋中任取2个球放入乙袋,然后从乙袋中任取1个球,则此球为白球的概率是________.

6. 以下选项中是随机变量的分布的是　(　　)

A. $\begin{pmatrix} 0 & 1 \\ 1 & 1 \end{pmatrix}$　　B. $\begin{pmatrix} 0 & 1 & 2 \\ \frac{1}{2} & \frac{1}{3} & \frac{1}{4} \end{pmatrix}$

C. $\begin{pmatrix} -1 & 0 & 1 \\ \frac{1}{6} & \frac{1}{3} & \frac{1}{2} \end{pmatrix}$　　D. $\begin{pmatrix} 3 & 4 & 5 \\ 0.3 & 0.8 & -0.1 \end{pmatrix}$

7. 某校有400名学生,一次考试的成绩 X 服从正态分布 $N(100, \sigma^2)$. 若已知 $P(90<X<100)=0.4$, 则此次考试中成绩不低于110分的学生人数约为　(　　)

A. 40　　B. 60　　C. 80　　D. 100

8. 某群体中的每位成员使用移动支付的概率都为 p, 各成员的支付方式相互独立.设 X 为该群体的10位成员中使用移动支付的人数,若 $D[X]=2.4$, 且 $P(X=4)<P(X=6)$, 则 p 的值为　(　　)

A. 0.7　　B. 0.6　　C. 0.4　　D. 0.3

9. 设篮球队 A 与 B 进行比赛,每场比赛均有一队获胜,若有一队胜3场则比赛结束.假定 A、B 两队在每场比赛中获胜的概率都是 $\frac{1}{2}$, 且各场比赛的结果相互独立.若用 X 表示需要进行的比赛场数,求 X 的分布与期望.

10. 某射击比赛,开始时在距目标100米处射击,如果命中记3分,且停止射击;若第一次射击未命中,可以进行第二次射击,但目标已在150米处,此时命中记2分,且停止射击;若第二次射击未命中,还可以进行第三次射击,但目标已在200米处,此时命中记1分,且停止射击;若三次都未命中,则记0分.已知一名射手在100米处击中目标的概率为 $\frac{1}{2}$, 他的命中率与目标的距离的平方成反比,且各次射击都是相互独立的.

(1) 求这名射手在射击比赛中命中目标的概率;

(2) 求这名射手在比赛中得分的期望.

第三单元 统 计

单元教学目标

1. 结合实例，了解样本相关系数的统计含义，了解样本相关系数与标准化数据向量夹角的关系.

2. 结合实例，会通过相关系数比较多组成对数据的相关性.

3. 结合具体实例，了解一元线性回归模型的含义，了解模型参数的统计意义，了解最小二乘原理，掌握一元线性回归模型参数的最小二乘估计方法，会使用相关的统计软件.

4. 针对实际问题，会用一元线性回归模型进行预测.

5. 通过实例，理解 2×2 列联表的统计意义.

6. 通过实例，了解 2×2 列联表独立性检验及其应用.

单元教学安排

本单元教学建议课时数及具体分配如下.

单元内容	课时
成对数据的相关分析	2 课时
一元线性回归分析	3 课时
2×2 列联表	2 课时

单元教学内容

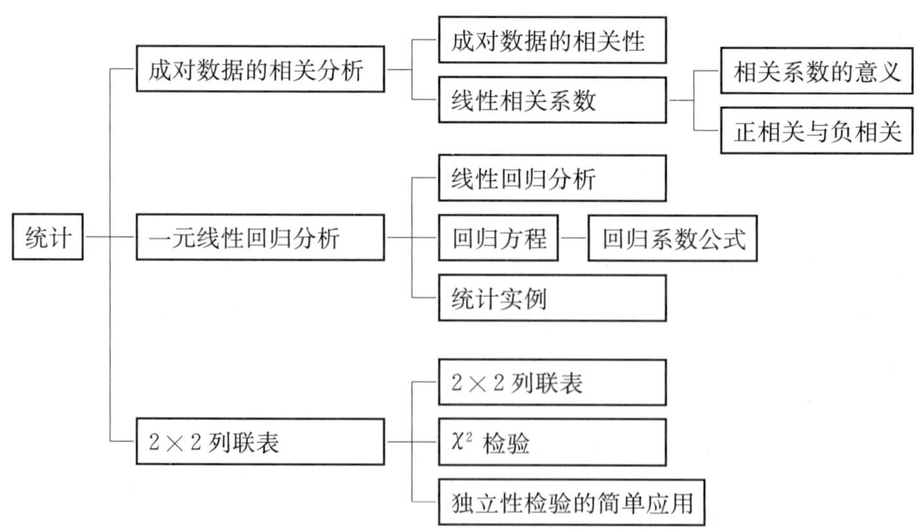

单元教学实施

根据学生统计的学习现状，教学中应突出培养学生的数据分析、数学抽象、逻辑推理核心素养.注意本单元教学展开的基本线索，是研究两个随机变量的相互关系.

1. 应通过具体案例，引导学生理解两个随机变量的相关性可以通过成对样本数据进行分析；理解利用一元线性回归模型可以研究变量之间的线性相关关系，进行预测；理解利用 2×2 列联表可以检验两个随机变量的独立性.

2. 学生能够很好地掌握数据的计算，但难以理解其中蕴含的统计思想.在教学中，要讲清线性相关系数、线性回归模型、χ^2 检验等背后的统计思想，并把公式与相应统计实例结合起来.通过解决实际问题，既要掌握数据的计算方法，更要引导学生从归纳、估计的角度把握统计分析的意义.

3. 教师应注重信息技术与统计教学的融合，数据的录入、处理不应成为教学的障碍.例如，利用互联网获取数据，利用计算机录入数据、生成统计图表，指导学生用计算器、计算机来进行具体的数据计算等.使学生不过分关注操作和计算，通过较为系统地经历数据收集与处理的全过程，体会统计所蕴含的丰富思想.

一、成对数据的相关分析

【知识概述】

我们把来自同一对象的两组数据称为成对数据.研究成对数据相关性的方法称为相关分析(correlation analysis).

设由变量 x 和 y 获得的两组数据分别为 x_i 和 $y_i(i=1,\ 2,\ \cdots,\ n)$，两组数据 x_i 和 y_i 的线性相关系数(linear correlation coefficient)是度量两个变量 x 和 y 之间线性相关程度的统计量，其计算公式为：

$$r=\frac{\sum\limits_{i=1}^{n}(x_i-\bar{x})(y_i-\bar{y})}{\sqrt{\sum\limits_{i=1}^{n}(x_i-\bar{x})^2\sum\limits_{i=1}^{n}(y_i-\bar{y})^2}}.$$

线性相关系数通常简称为相关系数(correlation coefficient)，也称为皮尔逊相关系数(Pearson's correlation coefficient).

可以证明，相关系数 r 的值满足 $|r|\leqslant1$. $|r|$ 越接近 1，两个变量的线性相关程

度越高；$|r|$越接近0，两个变量的线性相关程度越低. $r>0$时，称两个变量正相关；$r<0$时，称两个变量负相关.

【本质提炼】

线性相关系数是两个标准化数据向量夹角的余弦值.

【基本模型】

1. 利用散点图观察两组的相关性.

2. 利用计算机或计算器计算两组数据的相关系数.

例1 通过随机抽样，我们获得某种产品加工前含水率(%)与加工后含水率(%)的一组测试数据，如表7-11所示.

表7-11

加工前含水率(%)	16.7	18.2	18.2	17.9	17.4	16.6	17.2	17.7	15.7	17.1
加工后含水率(%)	17.1	18.4	18.6	18.5	18.2	17.1	18.0	18.2	16.0	17.5

请绘制上述数据的散点图，并依据散点图观察两组数据的相关性.

分析：这是散点图的问题，可以把加工前含水率作为横坐标，加工后含水率作为纵坐标，在直角坐标系中绘制出相应的点.

解：将加工前含水率作为横坐标，加工后含水率作为纵坐标，在直角坐标系中绘制出相应的点，就得到加工前含水率和加工后含水率的散点图(图7-2-1).

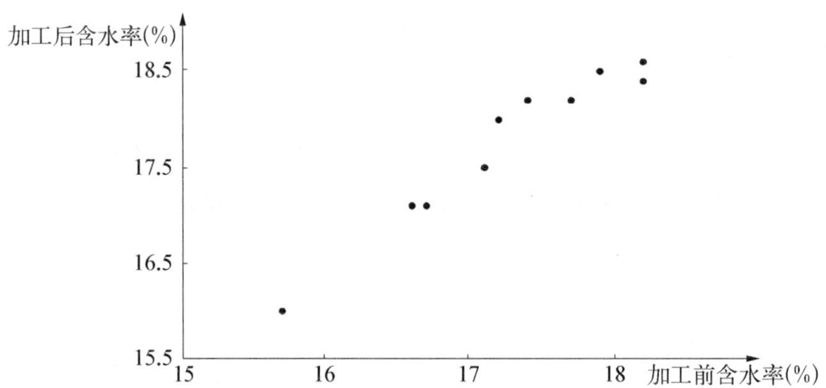

图7-2-1 某种产品加工前含水率和加工后含水率散点图

从图7-2-1可以看出，加工后含水率大体上随着加工前含水率的上升而增加，但也有一些例外情况.例如，加工前含水率都是18.2%，但不同产品的加工后含水率分别是18.4%和18.6%，说明在加工前含水率不变的情况下，加工后含水率仍可能发生变化.类似地,加工前含水率改变,加工后含水率也可能基本不变.

从整体上看,所有点都在一条直线的附近波动,因此两个变量之间具有一种线性相关关系.

说明: 可以用散点图来观察成对数据之间的相关性.

例2 计算例1中产品加工前含水率与加工后含水率之间的相关系数,并判断两个变量的相关程度.

分析: 这是计算两组数据的相关系数的问题,可以通过计算机或计算器,利用相关系数公式进行计算.

解: 把表7-11中的数据代入相关系数公式,通过计算机算得 $r \approx 0.971$. 这说明产品加工前含水率与加工后含水率之间具有很高的线性相关性.

说明: 反之,如果两组数据的相关系数 r 满足 $|r|$ 很接近0,则说明两个变量的线性相关程度很低,但并不能说两个变量之间没有相关性.

例3 表7-12是历届奥运会男子100米比赛的夺冠成绩.试计算奥运会男子100米夺冠成绩时间和年份的相关系数.

表 7-12

年　份	1896	1900	1904	1906	1908	1912	1920	1924	1928	1932
成绩/秒	12	11	11	11.2	10.8	10.8	10.8	10.6	10.8	10.38
年　份	1936	1948	1952	1956	1960	1964	1968	1972	1976	1980
成绩/秒	10.3	10.3	10.4	10.5	10.2	10	9.95	10.14	10.06	10.25
年　份	1984	1988	1992	1996	2000	2004	2008	2012	2016	
成绩/秒	9.99	9.92	9.96	9.84	9.87	9.85	9.69	9.63	9.81	

解: 把表7-12中的数据代入相关系数公式,通过计算机算得 $r \approx -0.911$.

【变式练习一】

1. 通过随机抽样,我们得到如下样本数据.

x	1	2	3	4	5	6	7	8
y	4.0	2.5	−0.5	0.4	−2.0	−3.0	−6.2	−7.1
z	0.3	−0.1	0.8	1.4	2.7	2.6	3.8	5.1

通过表格中的数据可以推断　(　　)

A. x 和 y、x 和 z 均正相关　　B. x 和 y、x 和 z 均负相关

C. x 和 y 正相关,x 和 z 负相关　　D. x 和 y 负相关,x 和 z 正相关

2. 下图是我国 2008 年至 2014 年生活垃圾无害化处理量的折线图，其中年生活垃圾无害化处理量为 y(亿吨)，年份为 t.

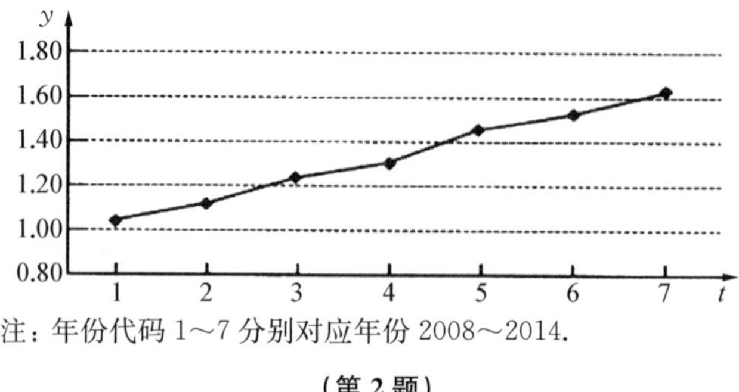

注：年份代码 1～7 分别对应年份 2008～2014.

(第 2 题)

由折线图看出，变量 y 与 t 具有线性相关关系，请用相关系数加以说明.

参考数据：$\sum_{i=1}^{7} y_i = 9.32$，$\sum_{i=1}^{7} t_i y_i = 40.17$，$\sqrt{\sum_{i=1}^{7} (y_i - \bar{y})^2} = 0.55$.

3. 用经过匿名处理的本班同学最近一次期中或期末测试的各科成绩表，考察不同科目测试成绩之间的相关性.

二、一元线性回归分析

【知识概述】

给定一组有线性相关关系的成对数据 (x_1, y_1)、(x_2, y_2)、…、(x_n, y_n) 和一个线性方程 $y = ax + b$. 当变量 x 取值 $x_i (i = 1, 2, \cdots, n)$ 时，令 $\widehat{y_i} = ax_i + b$，把 $y_i - \widehat{y_i}$ 称为在 x_i 处的离差(dispersion).

用离差的平方和 $Q = \sum_{i=1}^{n} (y_i - \widehat{y_i})^2$ 来刻画直线与点之间的拟合程度，Q 称为拟合误差(fitting error).把拟合误差取得最小值的线性方程(线性模型)记为

$$y = \widehat{a}x + \widehat{b},$$

并称之为变量 y 随 x 波动的回归方程(regression equation)或回归模型(regression model)，其中自变量 x 称为解释变量(explanatory variable)，因变量 y 称为反应变量(response variable).回归方程所定义的直线称为回归直线(regression line)，回归方程的系数(或称回归模型的参数) $\widehat{a}$ 与 $\widehat{b}$ 称为回归系数(regression coefficients).由一组有某种线性关系的成对数据求其回归方程的方法称为一元线性回归分析(regression analysis).

回归系数 $\hat{a}$ 与 $\hat{b}$ 的计算公式如下：

$$\begin{cases} \hat{a}=\dfrac{\sum\limits_{i=1}^{n}(x_i-\bar{x})(y_i-\bar{y})}{\sum\limits_{i=1}^{n}(x_i-\bar{x})^2}=\dfrac{\sum\limits_{i=1}^{n}x_iy_i-n\bar{x}\,\bar{y}}{\sum\limits_{i=1}^{n}x_i^2-n\bar{x}^2}, \\ \hat{b}=\bar{y}-\hat{a}\,\bar{x}=\dfrac{\sum\limits_{i=1}^{n}y_i-\hat{a}\sum\limits_{i=1}^{n}x_i}{n}. \end{cases}$$

基于所有离差的平方和取最小值的回归方法称为最小二乘法(least squares)，由最小二乘法导出的估计量称为最小二乘估计量，所得到的回归系数 $\hat{a}$ 与 $\hat{b}$ 又称为模型参数 a 与 b 的最小二乘估计(least squares estimate).

除了具有线性关系的数据分布以外，线性回归分析还可以处理呈指数分布性状的数据分布.

【本质提炼】

线性回归就是要寻找一条直线，并且让这条直线尽可能地"接近"坐标系中的数据点.

【基本模型】

1. 利用一元线性回归分析求一组成对数据的回归方程.

2. 利用一元线性回归分析，求一组呈指数分布的成对数据的回归方程.

例 1　依据表 7-11 给出的某种产品加工前含水率(%)与加工后含水率(%)的一组测试数据，试预测当产品加工前含水率为 19% 时，加工后含水率的数值.

分析：依据由数据得到的散点图 7-2-2，我们知道这两个变量之间大致呈一种线性

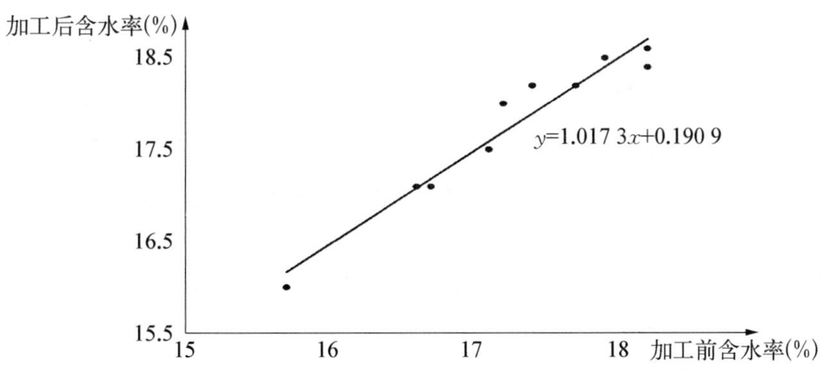

图 7-2-2　某种产品加工前含水率和加工后含水率散点图

相关关系.关键在于求出“加工后含水率”(y)关于“加工前含水率”(x)的回归方程.

解：将加工前含水率作为横坐标，加工后含水率作为纵坐标，在直角坐标系中绘制出相应的点，就得到加工前含水率和加工后含水率的散点图.

根据表格中的数据，可以求得所求的回归方程为：$y=1.017\,3x+0.190\,9$.

根据所得的回归方程，对于加工前含水率为 19% 的产品，可以预测其加工后含水率为 $1.017\,3\times 19+0.190\,9=19.519\,6(\%)$.

说明：可以使用电子表格办公软件求出回归直线以及回归方程.

例2 某地区不同身高的未成年男性的身高(单位：cm)和体重(单位：kg)的平均值如表 7-13 所示.

表 7-13

身高/cm	60	70	80	90	100	110
体重/kg	6.13	7.90	9.99	12.15	15.02	17.50
身高/cm	120	130	140	150	160	170
体重/kg	20.92	26.86	31.11	38.85	47.25	55.05

试建立该地区未成年男性的体重关于身高的回归方程.

分析：观察根据表中数据所做的散点图可以发现，身高与体重之间有明显的指数增长的性状.因此，可以通过将体重取对数，转化为线性回归问题.

解：根据表 7-13 中的数据作散点图(图 7-2-3).

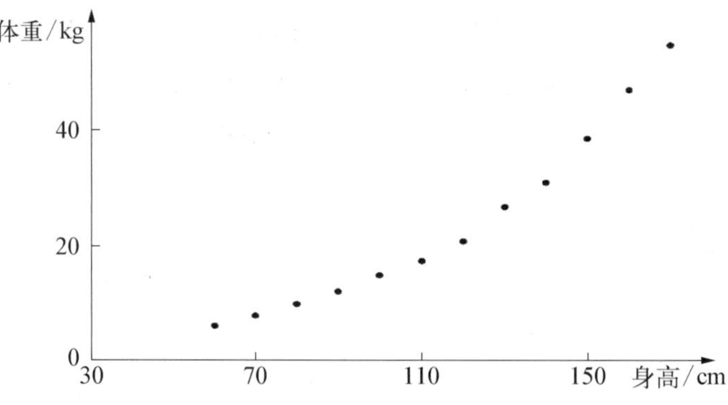

图 7-2-3 某地区未成年男性的身高和体重散点图

从图上可以看出，身高与体重之间不是线性关系，而是有明显的指数增长的性状.

我们将体重取自然对数，可得表 7-14：

表 7-14

身高 x	60	70	80	90	100	110
体重 y	6.13	7.90	9.99	12.15	15.02	17.50
$\ln y$	1.81	2.07	2.3	2.5	2.71	2.86
身高 x	120	130	140	150	160	170
体重 y	20.92	26.86	31.11	38.85	47.25	55.05
$\ln y$	3.04	3.29	3.44	3.66	3.86	4.01

对表 7-14 中的变量 x(身高)和 $\ln y$ 绘制散点(图 7-2-4).

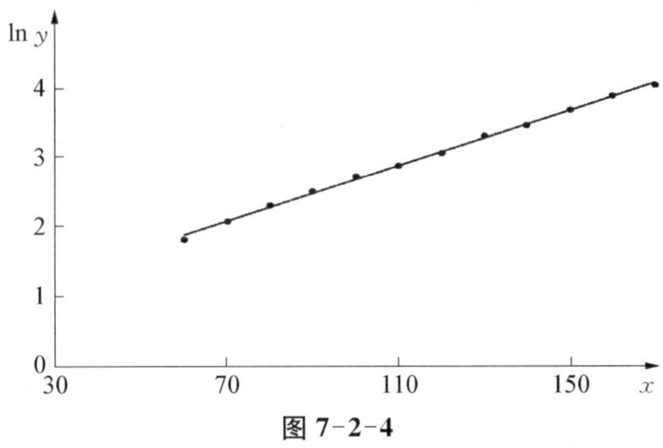

图 7-2-4

从图 7-2-4 中可以看出各数据点之间呈线性关系，我们做线性回归分析，求得 x 与 $\ln y$ 之间的线性拟合 $\ln y = 0.020x + 0.693$，因此体重 y 与身高 x 之间的回归方程为 $y = e^{0.020x+0.693}$.

说明： 在进行线性回归分析之前，首先要保证研究的成对数据之间呈线性关系，否则求得的回归方程是没有意义的.

【变式练习二】

1. 某大学随机选取了 100 位女生，获得了这些女生的身高(单位：cm)与体重(单位：kg)的数据，由此建立的身高(y)与体重(x)的回归方程为 $y = 0.849x - 85.712$. 用这个模型预测一名身高为 172 cm 的女大学生的体重，则正确的叙述是　(　　)

A. 体重一定是 60.316 kg

B. 体重在 60.316 kg 以上

C. 体重在 60.316 kg 左右

D. 体重在 60.316 kg 以下

2. 研究某灌溉渠道水的流速 y(单位：米/秒)与水深 x(单位：米)之间的关系，

测得一组数据如下：

x	1.40	1.50	1.60	1.70	1.80	1.90	2.00	2.10
y	1.70	1.79	1.88	1.95	2.03	2.10	2.16	2.21

(1) 求变量 y 关于 x 的线性回归方程；

(2) 预测水深为 1.95 米时水的流速.

3. 一只红铃虫的产卵数 y（单位：个）和温度 x（单位：℃）有关.现收集了 7 组观测数据如下表，试建立 y 与 x 之间的回归方程.

x	21	23	25	27	29	32	35
y	7	11	21	24	66	115	325

三、2×2 列联表

【知识概述】

将观察值按两个分类变量（categorical variable）分类时所列出的 2 行、2 列的频数表格，称为 2 行×2 列列联表，简称 2×2 列联表，也称为四格表.

为了检验两个随机变量是否有关，可以使用 χ^2 检验，也称为 2×2 列联表独立性检验（independence test in contingency table）.2×2 列联表独立性检验通常有如下步骤：

(1) 提出两个随机变量没有关系的原假设（null hypothesis）H_0.

(2) 确定显著性水平 α，教材中规定 $\alpha=0.05$，即 $P(\chi^2\geqslant 3.841)\approx 0.05$.

(3) 计算统计量 χ^2 的值.

(4) 统计决断：比较上述 χ^2 的值与 3.841 的大小，若 χ^2 值 $\geqslant 3.841$，则拒绝（否定）H_0；若 χ^2 值 < 3.841，则接受 H_0. 根据上述推断作出结论.

统计量 χ^2 的计算公式为：

$$\chi^2=\frac{n(ad-bc)^2}{(a+b)(c+d)(a+c)(b+d)},$$

其中 $n=a+b+c+d$.

【本质提炼】

χ^2 检验就是通过观察值来推断两个变量是否相互独立，是一种统计推断.

【基本模型】

利用 χ^2 检验判断两个变量是否相互独立.

例1 某商场为了提高服务质量,随机调查了 50 名男顾客和 50 名女顾客,每位顾客对该商场的服务给出满意或不满意的评价,得到下表 7-15:

表 7-15

	满　意	不满意
男顾客	40	10
女顾客	30	20

(1) 分别估计男、女顾客对该商场服务满意的概率;

(2) 能否判断男、女顾客对该商场服务的评价有差异?

分析: 这是一个独立性检验的问题,关键在于计算统计量 χ^2 的值,进而做出推断.

解: (1) 由调查数据,男顾客中对该商场服务满意率为 $\frac{40}{50}=0.8$,因此男顾客对该商场服务满意的概率的估计值为 0.8.

女顾客中对该商场服务满意率为 $\frac{30}{50}=0.6$,因此女顾客对该商场服务满意的概率的估计值为 0.6.

(2) 把性别作为一个分类变量,把对商场服务的评价是否满意作为另一个分类变量,问题为判断顾客性别与对商场服务的评价是否有关.

① 提出原假设 H_0: 男、女顾客对商场服务的评价没有显著差异.

② 确定显著性水平 $\alpha=0.05$.

③ 计算 $\chi^2=\frac{100\times(40\times20-10\times30)^2}{50\times50\times70\times30}\approx4.762$.

④ 由于 $4.762>3.841$, χ^2 的值超过了 α 所确定的界限,从而否定假设,即判定男、女顾客对该商场服务的评价有差异.

说明: 需注意独立性检验是一种统计推断,在统计上由于小概率事件发生而作出拒绝原假设的推断还是有风险的.

例2 某工厂为提高生产效率,开展技术创新活动,提出了完成某项生产任务的两种新的生产方式.为比较两种生产方式的效率,选取 40 名工人,将他们随机分成两组,每组 20 人.第一组工人用第一种生产方式,第二组工人用第二种生产方式.根据工人完成生产任务的工作时间(单位:分钟)绘制了如下茎叶图 7-2-5:

第一种生产方式		第二种生产方式
8	6	5 5 6 8 9
9 7 6 2	7	0 1 2 2 3 4 5 6 6 8
9 8 7 7 6 5 4 3 3 2	8	1 4 4 5
2 1 1 0 0	9	0

图 7-2-5　某工厂工人完成任务时间茎叶图

（1）根据茎叶图判断哪种生产方式的效率更高，并说明理由；

（2）求 40 名工人完成生产任务所需时间的中位数 m，并将完成生产任务所需时间超过 m 和不超过 m 的工人数填入下面的列联表：

表 7-16

	超过 m	不超过 m
第一种生产方式		
第二种生产方式		

（3）根据列联表，能否认为两种生产方式的效率有差异？

分析：这是一个独立性检验的问题，关键在于正确读取茎叶图，将数据填入列联表，再进行独立性检验.

解：（1）由茎叶图可知，用第一种生产方式的工人完成生产任务平均所需时间高于 80 分钟，用第二种生产方式的工人完成生产任务平均所需时间低于 80 分钟，因此第二种生产方式的效率更高.

（2）由茎叶图可知 $m=\dfrac{79+81}{2}=80$. 进而可得列联表如下：

表 7-17

	超过 m	不超过 m
第一种生产方式	15	5
第二种生产方式	5	15

（3）把生产方式作为一个分类变量，把完成生产任务时间是否超过中位数作为另一个分类变量，问题为判断生产方式与完成生产任务时间否有关.

① 提出原假设 H_0：两种生产方式完成生产任务时间没有显著差异.

② 确定显著性水平 $\alpha=0.05$.

③ 计算 $\chi^2=\dfrac{40\times(15\times15-5\times5)^2}{20\times20\times20\times20}=10$.

④ 由于 $10>3.841$，χ^2 的值超过了 α 所确定的界限，从而否定假设，即判定两种生产方式的效率有差异.

说明： 在 2×2 列联表独立性检验中，如果发现某个格子中的预期值小于 5，那么说明样本频数不足，独立性检测的可靠性较低.本题中的样本量较小，若要得到更加可靠的结论，需要增加样本量.

【变式练习三】

1. 某海水养殖场进行某水产品的新、旧网箱养殖方法的产量对比.收获时各随机抽取了 100 个网箱，测量各箱水产品的产量(单位：kg)，得到如下的列联表：

	箱产量 <50 kg	箱产量 $\geqslant 50$ kg
旧养殖法	62	38
新养殖法	34	66

能否认为箱产量与养殖方法有关？

2. 某药企为了调查性别与肥胖症的关系，调查了本市 149 位成年人的肥胖程度，得到了如下的列联表.

	不肥胖	肥　胖	合　计
男	19	24	43
女	49	57	106
合计	68	91	149

能否认为患肥胖症与性别相关？

3. 近几年出现各种食品安全问题，食品添加剂会引起血脂增高、血压增高、血糖增高等疾病.为了解三高疾病是否与性别有关，某医院随机对入院的 60 人进行了问卷调查，得到了如下的列联表.

	患三高疾病	未患三高疾病	合　计
男		6	30
女			
合计	36		

请将列联表补充完整，并判断患三高疾病是否与性别有关.

第三单元测试题

1. 已知方程 $y=0.85x-82.71$ 是女大学生的体重(单位：kg)关于身高(单位：cm)的回归方程.那么针对某个数据点 (165，57) 的离差是________.

2. 在研究两个变量的相关关系时，观察散点图发现样本点集中于某一条曲线 $y=e^{bx+a}$ 的周围.令 $z=\ln y$，求得回归方程 $z=0.25x-2.58$，则该模型的回归方程为________.

3. 为了考察某种病毒疫苗的效果，随机抽取 100 只小鼠进行试验，得到如下的列联表：

	感　染	未感染	合　计
服　药	10	40	50
未服药	20	30	50
合　计	30	70	100

已知 $P(\chi^2>0.100)=2.706$，$P(\chi^2>0.050)=3.841$，$P(\chi^2>0.025)=5.024$. 根据表中数据，有________%的把握认为小动物是否感染与服用疫苗有关.

4. 已知变量 x、y 有如下观察数据：

x	0	1	2	3	4
y	2.4	3.1	4.2	4.8	5.9

若 y 关于 x 的回归方程是 $y=0.87x+a$，则 a 的值为________.

5. 用最小二乘法求回归方程是为了使　　(　　)

A. $\sum_{i=1}^{n}(y_i-\bar{y})=0$　　B. $\sum_{i=1}^{n}(y_i-\hat{y_i})=0$

C. $\sum_{i=1}^{n}|y_i-\hat{y_i}|$ 最小　　D. $\sum_{i=1}^{n}(y_i-\hat{y_i})^2$ 最小

6. 如果两组数据的相关系数为负数，那么说明　　(　　)

A. 两个随机变量之间存在完全同向的联动关系，即同时增大或同时减小

B. 两个随机变量之间存在完全反向的联动关系，即增大或减小是相反的

C. 两个随机变量有同向变动的倾向

D. 两个随机变量有反向变动的倾向

7. 已知变量 x、y、z 有如下观测数据：

x	10	11.3	11.8	12.5	13
y	1	2	3	4	5
z	5	4	3	2	1

设 r_1 表示变量 x 与 y 之间的线性相关系数，r_2 表示变量 x 与 z 之间的线性相关系数，则（　　）

A. $r_2 < r_1 < 0$　　B. $0 < r_2 < r_1$

C. $r_2 < 0 < r_1$　　D. $r_1 = r_2$

8. 随着我国经济的发展，居民的储蓄存款逐年增长.设某地区城乡居民人民币储蓄存款(年底余额)如下表：

年　份	2013	2014	2015	2016	2017
时间代号 t	1	2	3	4	5
储蓄存款 y/千亿元	5	6	7	8	10

(1) 求 y 关于 t 的回归方程；

(2) 用所求回归方程预测该地区 2018 年的人民币储蓄存款.

9. 某高校共有 15 000 人，其中男生 10 500 人，女生 4 500 人.为调查该校学生每周平均体育运动时间的情况，采用分层抽样的方法，收集 300 位学生每周平均体育运动时间的样本数据(单位：小时).

(1) 应收集多少位女生样本数据？

(2) 根据这 300 个样本数据，得到学生每周平均体育运动时间的频率分布直方图(如图所示)，其中样本数据分组区间为：[0, 2]、(2, 4]、(4, 6]、(6, 8]、(8, 10]、(10, 12]. 估计该校学生每周平均体育运动时间超过 4 个小时的概率.

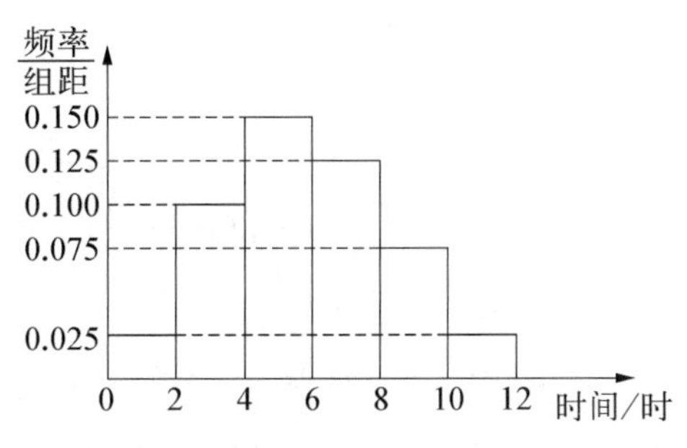

(3) 在样本数据中，有 60 位女生的每周平均体育运动时间超过 4 个小时.请完成每周平均体育运动时间与性别的列联表，并判断能否认为该校学生的每周平均体育运动时间与性别有关.

	每周平均体育运动时间不超过 4 小时	每周平均体育运动时间超过 4 小时	合计
男生			
女生			
合计			

第三节 数学建模(必修与选择性必修)

单元教学目标

第一阶段:简单建模

1. 了解数学建模的概念,初步掌握五步建模法,能用五步建模法解决简单的数学建模问题.

2. 初步感受数学建模的过程,理解用数学工具解决实际问题的方法.

3. 初步培养运用数学建模方法解决实际问题的意识,培养数学建模思想.

第二阶段:典型案例建模

1. 掌握一些典型的数学建模案例,对于类似的问题会按照典型案例的方法来解决.

2. 通过典型案例建模的过程,更进一步认识数学建模的过程.

3. 进一步培养用数学建模方法解决实际问题的意识,培养数学建模思想.

第三阶段:综合建模

1. 灵活运用五步建模法提出问题并解决问题,能用计算机进行运算编程解决数学问题.

2. 经历数学建模的完整过程,在过程中学会学习,在过程中提高能力.

3. 通过数学建模的过程培养科学思维方法,提高创新能力,培养数学建模思想,培养合作精神.

需要说明的是,从高中数学课程标准的要求来看,并非所有的班级和学生都需要经历这样的三个阶段.在实际教学中可根据学情的不同来制定目标,确定是否进行下一阶段的教学,可以只进行简单建模的教学,也可以适当地进行典型案例的教学.当然,在时间和精力允许的情况下,可以鼓励学生尝试进行综合建模活动.

单元教学安排

本单元教学建议课时数及具体分配如下.

单　元　内　容	课　　时
数学建模活动案例(必修/选择性必修)	2/2
数学建模活动 A(必修/选择性必修)	3/1
数学建模活动 B(必修/选择性必修)	1/1

单元教学内容

数学建模活动是对现实问题进行数学抽象,用数学语言表达问题、用数学方法构建模型解决问题的过程.是基于数学思维运用模型解决实际问题的一类综合实践活动,是高中阶段数学课程的重要内容,出现在必修课程和选择性必修课程中.

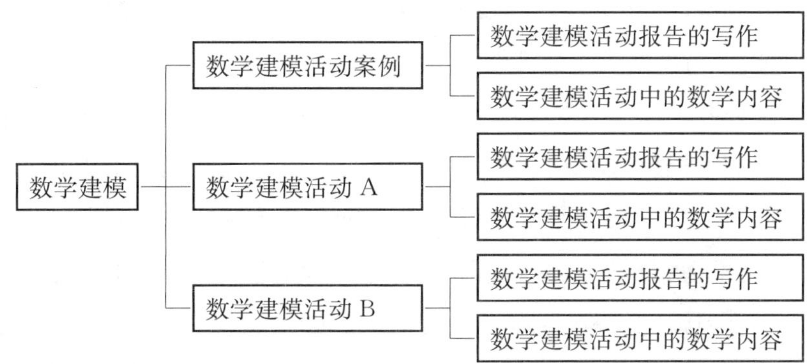

单元教学实施

1. 合理安排教学课时,合理选择建模层次.

根据《普通高中数学课程标准(2017 年版)》,在必修课程中有 6 课时的数学建模与数学探究活动,建议其中 4 课时用于数学建模活动,另外 2 课时用于数学学科内部的探究活动.教师可在对数学建模做一般性引导之后,从教材第 1 部分选用一个活动,与学生共同完成建模全过程,撰写数学建模活动报告,然后让学生组成小组,从第 2 部分中自主选用一个活动,参照教材的活动提示完成建模过程,由教师给予适当的帮助.

在选择性必修课程中有 4 课时的数学建模活动与数学探究活动,学生可以自主选择.选择数学建模活动的学生可以先从教材第 1 部分选择一个活动自行或在教师指导下进行预热,然后从第 2 部分或第 3 部分选择感兴趣的活动,自主完成数学建模的全过程,在这一阶段的学习中,鼓励学生在客观世界和科技实践中自行发现问题,提炼问题,开展数学建模活动.

2. 开发资源,用好成果.

中学数学建模的教与学是一个相对较新的数学课程领域,基本上没有专门的教辅和教参可以利用,因此教师特别需要构建自己动态的资源库.包括:教师和学生共同的建模过程积累的成果、教训,学生之间的想法、创意和他们之间的相互影响,学生家长和其他行业的朋友的实践和经验等.

3. 改善评价,鼓励个性,促发创新.

在数学建模活动的教学评价中,应当特别关注过程和学生的参与程度,引导每个学生都积极参加,可以是个体活动,也可以是小组活动等.数学建模活动与常规学习很大的不同是解决问题方法、策略、彰显个性的不同.教师要鼓励“扬长”而不是一味“补短”.在数学建模活动中,教师要转变角色,不要试图总当灯塔照亮学生前行的道路,不如成为学生建模学习的引领者、参谋、合作者、裁判、欣赏者.

4. 巧设情境,帮助学生学会选题.

数学建模是一种以“问题引领”向学生生活领域延伸的课程,其突出特征是围绕着一个学生能够提出、发现、解决、理解、拓展的问题或问题串展开的过程.因而,建模和探究比其他任何数学课程都更强调问题情境、问题引领、问题意识和问题解决,强调数学与生活、数学与学生自己的学习经验的联系.寻找并确定课题的过程是一个培养思维习惯的过程.教师指导的重点要放在激发学生的研究兴趣,激励学生的研究动能,激活学生的研究思维.前两点着眼于培养学生的自主精神,第三点着眼于提高学生的思维品质.激励学生自主提出问题,可采用诸如“环境激发”“反思建议”等方式.

5. 在数学建模活动活动中,应鼓励学生使用信息技术.

数学建模活动

【知识概述】

数学建模活动出现在必修和选择性必修课程中,两类课程中均分 3 部分展开.第 1 部分给出若干个建模案例,每个案例包含完整的数学建模过程,目的是指导学生经历完整的数学建模活动,并学习如何撰写数学建模活动报告.第 2 部分(A 组)和第 3 部分(B 组)提供了若干供学生课余活动选用的建模案例,分别呈半开放式和全开放式.这些建模活动的解决需要较强的数学应用能力和合作交流能力.

【本质提炼】

数学建模活动是用数学的语言表达现实世界的过程.

【基本模型】

1. 数学建模活动的基本过程

数学建模过程主要包括以下五个步骤：

（1）在实际情境中从数学的视角发现问题、提出问题；

（2）分析问题、构建模型；

（3）确定参数、计算求解；

（4）检验结果、改进模型；

（5）最终解决实际问题.

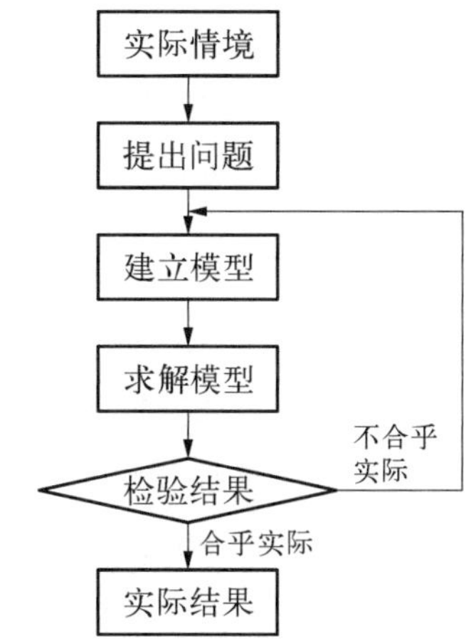

2. 课题研究过程的四个环节

数学建模活动以课题研究的形式开展.课题研究的过程包括选题、开题、做题、结题四个环节.学生需要撰写开题报告，教师要组织开展开题交流活动，开题报告应包括选题意义、文献综述、解决问题思路、研究计划、预期结果等.做题是解决问题的过程，包括描述问题、教学表达、建立模型、求解模型、得到结论、反思完善等.结题包括撰写研究报告和报告研究结果，由教师组织学生开展结题答辩.根据选题的内容，报告可以采用专题作业、测量报告、算法程序、制作的实物、研究报告或小论文等多种形式.

案例1　牙签现象的背后

（一）创设现实情境，提出合适的数学问题

教师：老师手里有一个截面是抛物线的光滑玻璃杯和一些质地均匀但长短不一的牙签，将几根不太短的长短不一的牙签放入玻璃杯，摇晃后置于桌面，反复做几次，观察现象，总结可能的结论.

教师：你们发现有什么规律？

学生：牙签似乎都交于同一点.

教师：很好，大家的观察非常仔细，牙签放入玻璃杯静止后都经过同一点，这个点有什么特殊的意义，你们想不想研究？

学生：想！

教师：先从物理角度来讲，牙签在什么时候才会静止不动？

学生：当牙签的重心离地面最低的时候.

教师：牙签的重心在哪儿？

学生：牙签的中点.

教师：那么，这个实验所涉及的问题可以转换为一个什么样的数学问题呢？

（学生热烈地讨论，教师巡视）

（二）学生思考、交流，建立问题的数学模型

学生：我觉得可以转化为一条直线与抛物线相交于两个不同的点，这两个点的距离是定值，什么时候这两个点的中点到抛物线的准线的距离最近.

教师：为什么是研究到准线的距离？

学生：当玻璃杯竖直放置时，抛物线的准线与水平面平行，牙签到地面的距离可以转化为到准线的距离.

教师：刚才大家总结实验的结果，这些线段都将通过一个定点，这个定点是什么点呢？

学生：可以作大胆的猜想，就是抛物线的焦点.

教师：为什么猜测是抛物线的焦点？

学生：因为在前面学习圆锥曲线时，都会研究一些特殊的点，比如圆锥曲线与坐标轴的交点、圆锥曲线的中心、焦点等，该实验中的几根牙签的交点肯定不是圆锥曲线与坐标轴的交点和抛物线的中心，所以我猜测大概是抛物线的焦点.

教师：很有道理，其他同学同意这个猜测吗？

学生：同意.

教师：刚才我们通过分析观察到的现象，作出了大胆的猜测.尽管较为合理，但同学们都知道数学是一门特别严谨的学科，我们该如何证明刚才的猜测是正确的呢？请同学思考讨论.

学生：如图 7-3-1，设抛物线方程为 $x^2=2py$，焦点为 F，线段 AB 长为定值 l，根据抛物线的定义，线段 AB 的中点 P 到准线的距离是

$$PP_1=\frac{AA_1+BB_1}{2}=\frac{FA+FB}{2}\geqslant l,$$

当直线 AB 经过焦点 F 时，取到等号.

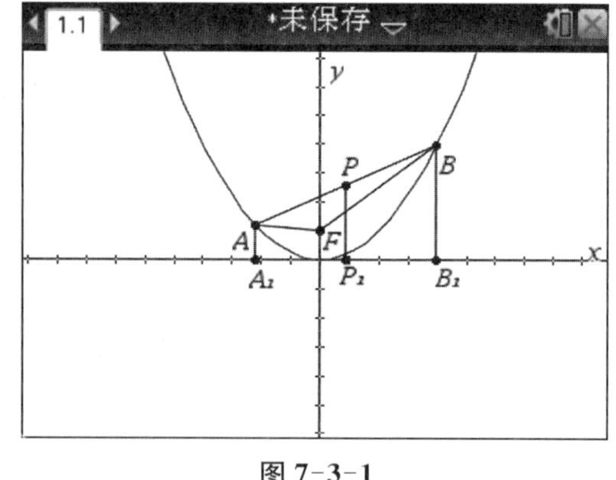

图 7-3-1

教师：请解释一下，为什么这样就解决了“牙签都交于同一点”的现象呢？

学生：当牙签经过抛物线的焦点时，牙签的重心才会离地面最近，牙签就会处于静止状态，每一根牙签都是这样，所以牙签就交于一点.

（三）反思探究过程，探究问题的数学本质

教师：很好，通过严格的证明，我们揭示了刚才实验中的现象，那么这个问题是

不是就完全解决了呢?(引出矛盾,引发认知冲突,激起学生强烈的好奇心)

学生:如果拿一根很短的牙签放入杯子,此时牙签不经过抛物线的焦点.

教师:我们马上用试验验证一下.看,这显然是不可能的,那么上面的解法是不是有问题呢?到底问题出在什么地方?

学生:是不是可以这样认为,牙签的长度是决定静止时位置的因素,应该有一个临界值,长度小于临界值的牙签就趋于水平位置,大于临界值的牙签就交于一点,但这个临界值是什么我不清楚.

学生:这个问题与牙签的长短有关,当牙签的长度大于或等于过焦点的垂直于抛物线的对称轴的弦长时,牙签过焦点;当牙签的长小于刚才的弦长时,就一定不经过焦点.

教师:那么我们是否要分类讨论来研究这个问题,当牙签不够长的时候静止在什么位置?评判牙签是否够长的标准是什么?

学生:先来解决过焦点的弦长最短问题.

设抛物线方程为 $x^2=2py(p>0)$,过焦点的直线为 $y=kx+\frac{p}{2}$,$k\in\mathbf{R}$,设弦长为 l,交抛物线于点 $A(x_1, y_1)$,$B(x_2, y_2)$.

联立方程组,得

$$\begin{cases}x^2=2py,\\ y=kx+\frac{p}{2},\end{cases}\quad 即\ x^2-2pkx-p^2=0,$$

所以

$$\begin{aligned}l&=y_1+\frac{p}{2}+y_2+\frac{p}{2}=\left(kx_1+\frac{p}{2}\right)+\frac{p}{2}+\left(kx_2+\frac{p}{2}\right)+\frac{p}{2}\\&=k(x_1+x_2)=2p=2pk^2+2p.\end{aligned}$$

所以,当 $k=0$,即直线过焦点且垂直于抛物线对称轴时,弦长最短.也就是说,如果牙签的长度比 $2p$ 小,肯定不能过抛物线的焦点.

教师:很好!这样我们解决了临界值问题,并且找到了这个临界值.现在还剩下一个问题,当牙签的长度小于这个临界值时,为什么静止时牙签会处于水平位置?

学生:设抛物线方程为 $x^2=2py$,AB 长为 $l(l<2p)$,直线 AB 方程为 $y=kx+b$. 由 $\begin{cases}x^2=2py,\\ y=kx+b,\end{cases}$ 即 $x^2-2pkx-2pb=0$,得

$$l=\sqrt{1+k^2}\ |x_1-x_2|=\sqrt{1+k^2}\sqrt{(x_1+x_2)^2-4x_1x_2},$$

即 $l^2=(1+k^2)(4p^2k^2+8pb)$，$2b=\dfrac{l^2}{4p}\dfrac{1}{1+k^2}-pk^2$，

$$\begin{aligned}y_1+y_2&=kx_1+b+kx_2+b=pk^2+\frac{l^2}{4p(1+k^2)}\\&=p(1+k^2)+\frac{l^2}{4p(1+k^2)}-p,\ l<2p.\end{aligned}$$

所以，当 $k=0$ 时，y_1+y_2 取到最小值.

教师：非常好，我们通过严密的逻辑推理证明了前面的猜想，用数学的方法完美地解释了生活中的现象，希望同学们今后多用数学的眼光观察世界，多用数学的方法解决生活中的一些问题.对于这个问题，我们还可以进一步思考，如果是椭圆型、双曲线型的玻璃杯，是不是也会有类似的结论呢？

说明：本建模案例巧妙地设计了一个简单的实验，借助生活中的现象，创设现实情境，吸引学生的注意力，激发学生对于问题的探究欲望.在观察实验，总结实验现象的过程中，培养学生观察世界和建立数学模型解决问题的能力，发展学生数学抽象、数学建模及逻辑推理等数学核心素养.

案例 2　国民收入、消费与投资的关系

（一）发现问题、提出问题

在政府印发的文件中，我们经常可以看到有关经济增长与投资、消费的内容.

例如，《国务院关于促进创业投资持续健康发展的若干意见》（国发[2016]53 号）指出："近年来，我国创业投资快速发展，不仅拓宽了创业企业投融资渠道、促进了经济结构调整和产业转型升级，增强了经济发展新动能，也提高了直接融资比重、拉动了民间投资服务实体经济，激发了创业创新、促进了就业增长."

2016 年 11 月，《国务院办公厅关于进一步扩大旅游文化体育健康养老教育培训等领域消费的意见》（国办发[2016]85 号）指出："当前，我国国内消费持续稳定增长，为经济运行总体平稳、稳中有进发挥了基础性作用.顺应群众期盼，以改革创新增加消费领域特别是服务消费领域有效供给、补上短板，有利于改善民生、促进服务业发展和经济转型升级、培育经济发展新动能."

习惯上，人们总是用收入来衡量经济状况，因此所谓经济增长或者经济发展，通常指的是收入增加.

那么,怎样描述投资与经济增长之间的关系呢？为什么说消费增长有利于经济发展呢？这些现象能用数学语言来描述吗？

(二) 分析问题、建立模型

要用数学语言描述经济增长、投资、消费之间的关系,实际上是要研究国民收入(简称为收入,用 Y 表示)、国民投资(简称为投资,用 l 表示)、国民消费(简称为消费,用 C 表示)之间的关系.

简单起见,可以作出以下假设:

(1) 收入、投资、消费都用同一单位来衡量,为了方便,以下均省略单位;

(2) 收入只用于投资和消费;

(3) 消费可以分为两部分,一部分为基本消费(用 C_0 表示),另一部分与收入成正比,比例系数为 a.

值得注意的是,以上假设都是合理的.例如,一个家庭的收入,一般而言,不是用于投资(如储蓄、购买理财产品等),就是用于消费(如家庭成员的生活支出等);一个家庭的消费,一部分用于满足基本生活需求(如购买食品等),而另一部分则依赖于收入的多少(如家庭成员的旅游支出等).

由假设可知,收入、投资、消费之间的关系可描述为 $Y=C+I$, $C=C_0+aY$.

在经济学中,这通常称为凯恩斯静态模型,因为这是英国经济学家凯恩斯最先得出的.

依此经济现象,可以通过凯恩斯静态模型中量之间的关系来体现.例如,如果不存在透支消费,那就意味着消费不大于收入,即 $C\leqslant Y$, 因此 $aY<C_0+aY\leqslant Y$, 从而有 $a<1$.

另外,如果将消费看成收入的函数,那么这个函数在任意区间$[Y_1, Y_2]$上的平均变化率均为 $\dfrac{\Delta C}{\Delta Y}=\dfrac{C_0+aY_2-(C_0+aY_1)}{Y_2-Y_1}=a$.

这表示收入每增加一个单位,消费将增加 a 个单位.因此, a 通常称为边际消费倾向.

(三) 确定参数、计算求解

1. 收入与消费的关系.

为了探讨经济增长(即收入)与消费的关系,可以将收入看成消费的函数,即 $Y=\dfrac{1}{a}C-\dfrac{C_0}{a}$, 其中 C_0 与 a 均为参数.可以算出,这个函数在任意区间内的平均变化率

均为 $\frac{\Delta Y}{\Delta C}=\frac{1}{a}$，这表示消费每增加一个单位，收入将增加 $\frac{1}{a}$ 个单位.

例如，当 $C_0=10$，$a=\frac{4}{5}$ 时，有 $Y=\frac{5}{4}C-\frac{25}{2}$.

如果消费 $C=30$，那么 $Y=\frac{5}{4}\times 30-\frac{25}{2}=25$；

如果消费 $C=35$，那么 $Y=\frac{5}{4}\times 35-\frac{25}{2}=31.25$.

可以看到，消费增长 5 个单位时，收入增加了 6.25 个单位.

2. 收入与投资的关系 $Y=\frac{1}{a}C-\frac{C_0}{a}$.

为了探讨经济增长（即收入）与投资的关系，可以将收入看成投资的函数，消去 C 可得 $Y=\frac{1}{1-a}C_0-\frac{C_0}{1-a}$，此时，$C_0$ 与 a 均为参数可以算出，这个函数在任意区间内的平均变化率均为 $\frac{\Delta Y}{\Delta I}=\frac{1}{1-a}$，表示投资每增加 1 个单位，收入将增加 $\frac{1}{1-a}$ 个单位.

例如，当 $C_0=10$，$a=\frac{4}{5}$ 时，有 $Y=5I+50$.

如果投资 $I=10$，那么 $Y=5\times 10+50=100$；

如果投资 $I=15$，那么 $Y=5\times 15+50=125$.

可以看到，投资增长 5 个单位时，收入增加了 25 个单位.

（四）验证结果、改进模型

从上述计算结果可以看出，当消费增长或者投资增长时，都将导致收入增加（这样一来，我们也就完成了本章导语中投资与经济增长之间关系问题的解答）.而且，一般情况下，收入增加比消费增长或投资增长快.事实上，当 $0<a<1$ 时，可知 $\frac{1}{a}>1$ 且 $1-\frac{1}{a}>1$.

这就是说，平均变化率 $\frac{1}{a}$ 和 $\frac{1}{1-a}$ 都大于 1.经济学上将这种现象称为乘数效应.

可以看出，凯恩斯静态模型能够较好地描述收入、投资与消费的关系.

说明： 这个模型中，为了简单起见，假设了基本消费以外的消费与收入成正比，但实际的情况可能会更加复杂，模型的改进可以从这方面入手.

【变式练习】

1.（地球半径的测算）你想知道人们最早是怎样测算出地球大小的吗？请看如下史实：公元前 240 年左右，有一位名叫埃拉托色尼的古希腊数学家住在亚历山大里亚城.他据测量知，夏至这一天的正午，太阳光线偏离该地铅锤方向 7.2 度.他又了解到：在该城正南 5 000 斯塔迪姆（一种长度单位，1 斯塔迪姆约为 0.16 千米）处的塞尼城，夏至这一天的正午，太阳正好悬在头顶，凡是直立的物体都没有影子，凡井壁铅直的深井底部都可射进太阳光，太阳光线可看成是平行地射向这两个地方的.于是，他由此推知：大地是一个球面，且据此算出了地球经线的周长.你能根据上述史实算出地球经线的周长和半径吗？

2.（家具搬运问题）在生活中搬运物件时常会遇到这样难堪的事：一件大家具好不容易搬进了大门，却搬不进电梯；好不容易搬上了楼，却不能拐过走廊或者搬进房门.这时，为避免浪费时间和人力，是不是事先测量家具、走廊或电梯的尺寸，计算家具是否能搬进电梯或房间更好呢？请对下例作分析计算，看看能否成功地把物件搬运到目的地？

例：商店的一辆送货小推车，长 2.2 m，宽 1 m，能否拐进居民大楼 1.5 m 宽的直角走廊？

单元测试题(30 分钟)

在生活中搬运物件时常会遇到这样难堪的事：一件大家具好不容易搬进了大门，却搬不进电梯；好不容易搬上了楼，却不能拐过走廊或者搬进房门.这时，为避免浪费时间和人力，是不是事先测量家具、走廊或电梯的尺寸，计算家具是否能搬进电梯或房间更好呢？请对下例作分析计算，看看能否成功地把物件搬运到目的地.

例：一条直角走廊宽 1.3 m，一件水平截面如图所示的家具 $ABCDE$，是否能拐进这条直角走廊？

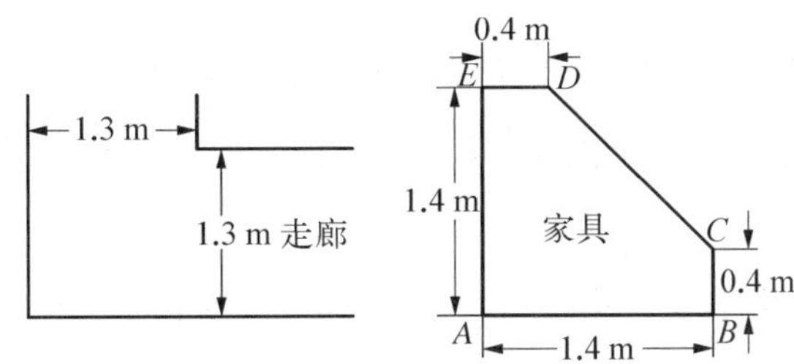

第八章
函数(选择性必修)核心知识的认知与教学

第一节　数　　列

“数列”内容隶属于高中数学选择性必修课程函数主题，主要包括：等差数列、等比数列、一般数列与数学归纳法.

单元教学目标

1. 通过日常生活和数学中的实例，理解数列的概念和表示方法(列表、图像、通项公式)，理解数列与数集的不同.

2. 理解等差、等比数列的概念，探索并掌握它们的通项公式、前 n 项和公式；能发现数列的等差关系或等比关系，并解决相应的问题.

3. 体会等差数列与一元一次函数、等比数列与指数函数的关系；会从函数的角度探索并掌握数列的性质及其研究方法.

4. 理解直观描述的数列极限的意义，理解无穷等比数列前 n 项和 S_n 的极限 $\sum\limits_{i=1}^{\infty} aq^{i-1}$ 的含义并会解决实际问题.

5. 理解通项公式和递推公式是描述数列的简洁形式，会求简单的递推数列的通项公式；经历“从特殊到一般，从具体到抽象”的科学探究过程，领会并认同该思想方法.

6. 理解数学归纳法的原理，能用数学归纳法证明数列中的一些简单命题.

7. 会用数列的知识解决简单的实际问题；通过数列的应用，发展数学建模能力.

单元教学安排

在必修课程中，学生学习了函数的概念和性质，总结了研究函数的基本方法，掌握了一些具体的基本函数类，探索了函数的应用.数列是一类特殊的函数，在本单元的学习中，我们先研究两类特殊数列：等差数列和等比数列;再研究一般数列的概念、性质和递推关系.本单元简单介绍数学归纳法及其应用,并探究用迭代序列求 $\sqrt{2}$ 的近似值.

本单元教学建议课时数及具体分配如下.

单　元　内　容	课　　时
等差数列	3 课时
等比数列	4 课时
一般数列	4 课时
数学归纳法	2 课时
用迭代序列求 $\sqrt{2}$ 的近似值	1 课时

单元教学内容

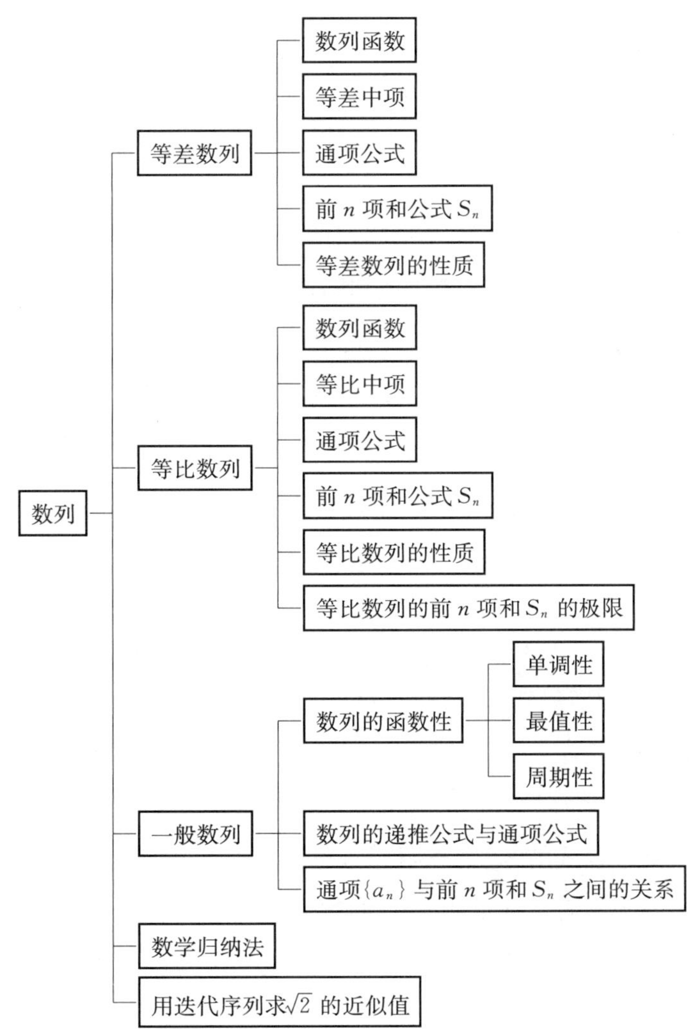

单元教学实施

数列是按一定顺序排列起来的一列数，数列的通项 a_n 与项的序数 n 存在着对应关系.本单元采用从特殊到一般，具体到抽象的方法，先研究两类特殊的数列——等差数列、等比数列，再在此基础上研究一般的数列.同时，介绍数学归纳法这一与数列有关的重要数学演绎证明方法.借助大量的生活情境与数学史的引入，使学生归纳、抽象出等差数列、等比数列、数列的概念；并借助高斯、杨辉、“古印度棋盘问题”等诸多数学史的介绍，推动、促进学生的兴趣与探究，理解概念后又应用于实际问题，发展学生的建模素养.“从问题中来，到问题中去”，本单元的学习贴近生活，让学生感受学习数列的必要性，激发学习数列的兴趣.

通过日常生活中的实例，理解等差数列的概念和通项公式的意义.借助高斯求 $1+2+3+\cdots+100$ 的值的方法，探索并掌握等差数列的前 n 项和公式，并介绍求和符号 $\sum\limits_{i=1}^{n} a_i$. 理解等差数列的通项公式与前 n 项和公式的关系，在具体的问题情境中，发现数列的等差关系，并解决相应的问题.在研究等差数列的过程中，体会等差数列与一元一次函数的关系.

通过日常生活中的实例，理解等比数列的概念和通项公式的意义.借助“古印度棋盘上的麦粒”问题，探索并掌握等比数列的前 n 项和公式，理解等差数列的通项公式与前 n 项和公式的关系.在具体的问题情境中，发现数列的等差关系，并解决相应的问题.在研究等差数列的过程中，体会等比数列与指数函数的关系.由《庄子 · 天下篇》中“一尺之棰，日取其半，万世不竭”，引出数列极限的概念，知道以 a 为首项的等比数列，当公比 q 满足 $|q|<1$ 时，有 $\sum\limits_{i=1}^{\infty} aq^{i-1}=\frac{a}{1-q}$. 能将循环小数转化为分数，会解决实际问题.

数列 $\{a_n\}$ 的项 a_n 与项的序数 n 存在着对应关系.数列按项数分为有穷数列、无穷数列；按单调性分为增数列(严格增数列)、减数列(严格减数列)、常数列.理解数列通项公式和递推关系是表示数列的重要方法，会用转化的方法解决简单的递推数列有关的问题.

通过对数列通项公式的“归纳－猜想－论证”和“多米诺骨牌”游戏的举例，介绍数学归纳法这一与数学有关的重要方法.通过对数列求和公式的归纳证明，掌握数学归纳法的两个步骤，“大胆猜想，小心求证”，能用数学归纳法证明数列中的一些简单命题.

本单元的教学重点是帮助学生理解数列是一类特殊的函数，是数学重要的研究对象，是研究其他类型函数的基本工具，在日常生活中也有着广泛的应用.教学中应注重创设情境，秉承从特殊到一般，具体到抽象的数学思想方法.重点提升学科核心素养中的数学抽象、逻辑推理、数学建模等核心素养.

一、等差数列

【知识概述】

一个数列从第 2 项起，每一项与前一项的差都等于同一个常数，这个数列就叫做等差数列，而这个常数就叫做等差数列的公差.我们通过归纳获得通项公式，通项公式反映数列的规律，等差数列的通项公式可以视为定义在自然数集上的一次函数.通项公式 a_n 与前 n 项和公式的关系为 $S_n=\sum\limits_{i=1}^{n}a_i=\dfrac{a_1+a_n}{2}n$.

【本质提炼】

等差数列是定义在 $\mathbf{N}^*$（或其子集）上的特殊的一次函数.

【基本模型】

1. 数列函数

等差数列 $\{a_n\}$ 的项 a_n 与序数 n 的对应关系可视为一次函数，公差 d 即函数的斜率，序列 (n, a_n) 即对应直线上的点列.

等差数列的通项公式 $a_n=a_1+(n-1)d$ 也可表示为 $a_n=f(n)=dn+a_1-d$，即一元一次函数上的点列 $(d\neq 0)$.

当 $d>0$ 时，数列 $\{a_n\}$ 单调递增；当 $d<0$ 时，数列 $\{a_n\}$ 单调递减.

2. 等差中项

若 a，A，b 是等差数列，则 $A=\dfrac{a+b}{2}$ 叫做 a 与 b 的等差中项.如果三个数成等差数列，那么等差中项等于其前后两项的算术平均数.

3. 等差数列 $\{a_n\}$ 的通项公式

等差数列 $\{a_n\}$ 的通项公式可表示为 $a_n=a_1+(n-1)d$；

此公式可变形为 $a_n=a_m+(n-m)d\ (n>m)$；

也可变形为 $d=\dfrac{a_n-a_m}{n-m}$，将等差数列视作一次函数上的点列，公差 d 即一次函数的斜率.

4. 等差数列的前 n 项和公式 S_n

由等差数列的对称性得到的前 n 项和公式：$S_n=\frac{a_1+a_n}{2}n$；

用基本量表示的前 n 项和公式：$S_n=na_1+\frac{n(n-1)}{2}d$；

或视为二次函数 $S_n=f(n)=\frac{d}{2}n^2+\left(a_1-\frac{d}{2}\right)n$ $(d\neq 0)$，帮助我们进一步理解等差数列的函数性质.

5. 等差数列的性质

(1) 若 $\{a_n\}$ 是等差数列，正整数 m、n、p、q 满足 $m+n=p+q$，则 $a_m+a_n=a_p+a_q$.

(2) 若等差数列 $\{a_n\}$ 的前 n 项和 $S_n=pn^2+qn+r$ (p、q、r 均为常数)，则 $r=0$.

(3) 若等差数列 $\{a_n\}$ 的前 n 项和为 S_n，则 S_n，$S_{2n}-S_n$，$S_{3n}-S_{2n}$，…，$S_{kn}-S_{(k-1)n}$，… ($k\geqslant 3$，k、$n\in\mathbf{N}^*$) 也为等差数列，其公差为 n^2d.

(4) 若等差数列 $\{a_n\}$ 的前 n 项和为 S_n，当 $d\neq 0$ 时，$S_n=\frac{d}{2}n^2+\left(a_1-\frac{d}{2}\right)n$ 的图像是过原点的抛物线上的点列，且

当 $d>0$ 时，$S_n=\frac{d}{2}n^2+\left(a_1-\frac{d}{2}\right)n$ 有最小值；

当 $d<0$ 时，$S_n=\frac{d}{2}n^2+\left(a_1-\frac{d}{2}\right)n$ 有最大值.

例1　已知等差数列 7，4，1，….

(1) 求该数列的第 20 项；

(2) -245 是不是该等差数列的项？如果是，是第几项？

分析：已知等差数列的第 1 项、第 2 项，即可求得数列的通项公式.

解：(1) 由 $a_1=7$，$a_2=4$，得该数列的公差 $d=4-7=-3$.

又 $n=20$，故 $a_{20}=7+(20-1)\times(-3)=-50$.

(2) 因为该数列的公差 $d=-3$，所以这个数列的通项公式为 $a_n=7+(n-1)\times(-3)=10-3n$.

假设 -245 是这个数列中的第 n 项，则 $-245=10-3n$，解得 $n=85$.

所以 -245 是这个数列的第 85 项.

说明：特殊数列的项与系数的对应关系能用函数解析式表示，也就是数列的通

项公式.可以利用函数方程思想,判断-245是否为该等差数列的项.

例2 已知a、b、c三个实数的倒数成等差数列,求证:$\frac{b+c}{a}$,$\frac{a+c}{b}$,$\frac{a+b}{c}$也成等差数列.

分析:由三个数组成的等差数列问题,可借助等差中项解决问题.

解:由题意,可知$\frac{2}{b}=\frac{1}{a}+\frac{1}{c}$,去分母、化简整理,得$2ac=b(a+c)$.

$$因为\frac{b+c}{a}+\frac{a+b}{c}=\frac{bc+c^2+a^2+ab}{ac}=\frac{b(a+c)+a^2+c^2}{ac}$$
$$=\frac{2ac+a^2+c^2}{ac}=\frac{(a+c)^2}{ac}=\frac{(a+c)^2}{\frac{1}{2}b(a+c)}=\frac{2(a+c)}{b},$$

所以$\frac{b+c}{a}$,$\frac{a+c}{b}$,$\frac{a+b}{c}$也成等差数列.

说明:证明数列是否为等差数列,常用等差数列的定义$a_n-a_{n-1}=d\ (n\geqslant 2)$来证明.此题项数仅有三项,因而选择“等差中项”来证明.

例3 某剧院的座位从第2排起每一排都比前一排多相等数目的座位,若第3排有22个人,第8排有32个人,问:第10排有多少个人?

分析:剧院每一排的座位数呈等差数列,可求出数列的通项公式.

解:由题意,可知剧院看台每排的座位数成等差数列.设该数列为$\{a_n\}$,其公差为d,则$a_3=22$,$a_8=32$.由等差数列的通项公式,得$\begin{cases}a_1+2d=22,\\a_1+7d=32,\end{cases}$解得$\begin{cases}a_1=18,\\d=2.\end{cases}$

所以$a_{10}=18+(10-1)\times 2=36$.

答:第10排有36个人.

说明:本题由等差数列$\{a_n\}$的通项公式$a_n=a_1+(n-1)d$求解而得,也可以用公式的变形$d=\frac{a_n-a_m}{n-m}$求出公差$d=\frac{32-22}{8-3}=2$,运算更为简便.

例4 在等差数列$\{a_n\}$中,其前n项和为S_n.已知公差$d=3$,$S_{25}=925$.

(1) 写出$\sum_{i=1}^{50}a_{2i-1}$的具体展开式,并求其值;

(2) 用求和符号表示$a_2+a_4+a_6+\cdots+a_{100}$,并求其值.

分析:可借助数列的求和公式$S_n=na_1+\frac{n(n-1)}{2}d$,先求出数列的首项;

两个问题都知晓数列 $\{a_n\}$ 的首项、末项、项数，故选择用求和公式 $S_n=\frac{a_1+a_n}{2}n$ 求和.

解：因为 $S_n=na_1+\frac{n(n-1)}{2}d$，所以 $S_{25}=25a_1+\frac{25(25-1)}{2}\times 3=925$，得 $a_1=1$，$a_n=1+3(n-1)=3n-2$.

(1) 由题意，得 $\sum_{i=1}^{50}a_{2i-1}=a_1+a_3+a_5+\cdots+a_{99}=\frac{a_1+a_{99}}{2}\times 50=\frac{1+3\times 99-2}{2}\times 50=7\ 400$.

(2) 由题意，得 $a_2+a_4+a_6+\cdots+a_{100}=\sum_{i=1}^{50}a_{2i}=\frac{a_2+a_{100}}{2}\times 50=\frac{3\times 2-2+3\times 100-2}{2}\times 50=7\ 550$.

说明：等差数列的求和公式中涉及 5 个量：首项 a_1、项序数 n、公差 d、通项 a_n、前 n 项和 S_n，5 个量中只要知道其中任意 3 个，就可以得出另外 2 个量；求和公式可以根据具体给出条件选择 $S_n=\frac{a_1+a_n}{2}n$ 或 $S_n=na_1+\frac{n(n-1)}{2}d$；要理解 $\sum_{i=1}^{n}a_i$ 的含义.

例 5 在等差数列 $\{a_n\}$ 中，$a_1=25$，前 n 项和为 S_n. 若 $S_9=S_{17}$，n 为何值时 S_n 最大？最大值为多少？

分析：可借助数列的求和公式 $S_n=na_1+\frac{n(n-1)}{2}d$，先求出公差的取值范围；又等差数列的前 n 项和公式可表示为 $S_n=pn^2+qn$，可借助二次函数的性质求出最值.

解：由题意，得 $9a_1+\frac{9\times 8}{2}d=17a_1+\frac{17\times 16}{2}d$，即 $8a_1+100d=200+100d=0$，得 $d=-2$.

所以，$S_n=na_1+\frac{n(n-1)}{2}d=25n-n^2+n=-(n-13)^2+169$，即 $n=13$ 时 S_n 有最大值，最大值为 169.

说明：本题的方法较多，除了解答中用基本量法表示 S_n 求出最值，也可根据等差数列的求和公式 $S_n=pn^2+qn$ 对应的图像是过原点的一元二次函数，利用抛物线的对称性求出 S_n 的最值，等等.

【变式练习一】

1. 记 S_n 为等差数列 $\{a_n\}$ 的前 n 项和,已知 $a_1=-7$, $S_3=-15$.

(1) 求 $\{a_n\}$ 的通项公式.

(2) 求 S_n,并求 S_n 的最小值.

2. 给定常数 $c>0$,定义函数 $f(x)=2|x+c+4|-|x+c|$. 数列 a_1, a_2, a_3, … 满足 $a_{n+1}=f(a_n)$, $n\in\mathbf{N}^*$.

(1) 若 $a_1=-c-2$,求 a_2 及 a_3.

(2) 求证:对任意 $n\in\mathbf{N}^*$, $a_{n+1}-a_n\geqslant c$.

(3) 是否存在 a_1,使得 a_1, a_2, a_3, …, a_n, …成等差数列? 若存在,求出所有这样的 a_1;若不存在,说明理由.

二、等比数列

【知识概述】

一个数列从第 2 项起,每一项与前一项的比都等于同一个非零常数,这个数列就叫做等比数列,而这个常数就叫做等差数列的公比.既是等差数列又是等比数列的数列称为“常数列”.我们通过归纳获得等比数列的通项公式 $a_n=a_1q^{n-1}$, $n\in\mathbf{N}^*$. 通项公式反映数列的规律,当公比 $q>0$ 且 $q\neq 1$ 时,等比数列的通项公式可以视为定义在自然数集上的指数函数.等比数列的前 n 项和公式为 $S_n=\sum_{i=1}^{n}a_i=\begin{cases}\dfrac{a_1(1-q^n)}{1-q}, & q\neq 1,\\ na_1, & q=1.\end{cases}$ 当 $|q|<1$ 时,有 $\lim_{n\to+\infty}S_n=\sum_{i=1}^{\infty}a_1q^{i-1}=\dfrac{a_1}{1-q}$.

【本质提炼】

等比数列是定义在 $\mathbf{N}^*$ (或其子集)上的一类特殊的函数.

【基本模型】

1. 数列函数:

等比数列 $\{a_n\}$ 的项 a_n 与序数 n 的对应关系可视为指数型函数($q>0$ 且 $q\neq 1$),公比 q 即对应指数型函数的底数;但当 $q<0$ 时,等比数列与指数型函数又存在着差异.

当 $a_1>0$, $q>1$ 或 $a_1<0$, $0<q<1$ 时,数列 $\{a_n\}$ 单调递增;

当 $a_1>0$, $0<q<1$ 或 $a_1<0$, $q>1$ 时,数列 $\{a_n\}$ 单调递减.

2. 等比中项:

在两个非零实数 a 与 b 中间插入一个数 G,使 a、G、b 成等比数列.根据等比数列的定义，有 $G=\sqrt{ab}$ 或 $G=-\sqrt{ab}$，则 G 叫做 a 与 b 的等比中项.如果三个数成等比数列，那么等比中项等于其前后两项的几何平均数.

3. 等比数列 $\{a_n\}$ 的通项公式：

等比数列 $\{a_n\}$ 的通项公式可表示为 $a_n=a_1q^{n-1}$；此公式可变形为 $a_n=a_mq^{n-m}$ $(n>m)$.

4. 等比数列的前 n 项和公式 S_n：

用通项表示的前 n 项和公式：$S_n=\sum\limits_{i=1}^{n}a_i=\begin{cases}\dfrac{a_1-qa_n}{1-q}, & q\neq 1,\\ na_1, & q=1.\end{cases}$

用基本量表示的前 n 项和公式：$S_n=\sum\limits_{i=1}^{n}a_i=\begin{cases}\dfrac{a_1(1-q^n)}{1-q}, & q\neq 1,\\ na_1, & q=1.\end{cases}$

5. 等比数列的性质：

(1) 若 $\{a_n\}$ 是等比数列，正整数 m、n、p、q 满足 $m+n=p+q$，则 $a_m\cdot a_n=a_p\cdot a_q$.

(2) 若等比数列 $\{a_n\}$ 的前 n 项和为 S_n，则 S_n，$S_{2n}-S_n$，$S_{3n}-S_{2n}$，…，$S_{kn}-S_{(k-1)n}$，…$(k\geqslant 3,\ k、n\in\mathbf{N}^*)$ 也为等比数列，公比为 q^n.

(3) 若等比数列 $\{a_n\}$ 的前 n 项和 $S_n=Aq^n+B\ (q\neq 0,\ 1)$，则 $A+B=0$.

6. 等比数列的前 n 项和 S_n 的极限：

(1) 一个数列 $\{a_n\}$ 中，如果当 n 无限增大时，a_n 的值越来越趋近于某个确定的常数 a，那么称这个数列的极限为 a，记作 $\lim\limits_{n\to+\infty}a_n=a$.

(2) 以 a 为首项的等比数列，当公比 $|q|<1$ 时，有 $\lim\limits_{n\to+\infty}S_n=\sum\limits_{i=1}^{\infty}aq^{i-1}=\dfrac{a}{1-q}$.

例1　已知 $f(x)=\dfrac{3-x}{3}$，又数列 $\{a_n\}$ 中，$a_1=1$，$a_n=f(a_{n-1})$，求证：$\left\{a_n-\dfrac{3}{4}\right\}$ 是等比数列.

分析：利用等比数列的定义，证明从第二项起每一项与前一项的比都等于同一个非零常数.

解：由题意，得 $a_n=\dfrac{3-a_{n-1}}{3}$，所以，当 $n\geqslant 2$ 时，

$$\frac{a_n-\frac{3}{4}}{a_{n-1}-\frac{3}{4}}=\frac{\frac{3-a_{n-1}}{3}-\frac{3}{4}}{a_{n-1}-\frac{3}{4}}=\frac{\frac{1}{4}-\frac{a_{n-1}}{3}}{a_{n-1}-\frac{3}{4}}=-\frac{1}{3}.$$

又 $a_1-\frac{3}{4}=\frac{1}{4}$，所以 $\left\{a_n-\frac{3}{4}\right\}$ 是以 $\frac{1}{4}$ 为首项，$-\frac{1}{3}$ 为公比的等比数列.

说明： 等比数列作为一类特殊的数列，与指数型函数存在着共性和差异.证明数列为等比数列应注意证明公比为非零常数，首项非零.

例2　已知两个正数 a、b 的等差中项为 4，求 a、b 的等比中项的最大值.

分析： 由等差中项、等比中项的定义建立关系，借助基本不等式解决问题.

解： 因为 a、b 的等差中项为 4，所以 $\frac{a+b}{2}=4$，即 $a+b=8$.

利用基本不等式，得 $a+b=8\geqslant 2\sqrt{ab}$（当且仅当 $a=b=4$ 时等号成立）.

所以 $\sqrt{ab}\leqslant 4$，即 a、b 的等比中项的最大值为 4.

说明： 如果三个数成等差数列，那么等差中项等于其前后两项的算术平均数，等比中项等于其前后两项的几何平均数.

例3　在公差不为 0 的等差数列 $\{a_n\}$ 中，$a_1=2$，$\{a_n\}$ 的部分项按原来的顺序由小到大组成等比数列 $\{a_{k_n}\}$，且 $k_1=1$，$k_2=3$，$k_3=11$.

(1) 求该等比数列的公比 q；

(2) 求 a_{k_n} 及 k_n.

分析： 可利用基本量法，由 a_1、a_3、a_{11} 成等比数列，求得等差数列的公差及等比数列的公比，进而求得 a_{k_n} 及 k_n.

解： (1) 由 $a_3^2=a_1a_{11}$，得 $(a_1+2d)^2=a_1(a_1+10d)$，则 $d=0$（舍去）或 $d=3$.

而 $q=\frac{a_3}{a_1}=\frac{a_1+2d}{a_1}$，所以 $q=4$.

(2) 等比数列中 $a_{k_n}=2\times 4^{n-1}$；等差数列中 $a_{k_n}=2+(k_n-1)\times 3$.

故 $k_n=\frac{2\times 4^{n-1}+1}{3}$.

说明： 本例为等差数列的等比子数列问题，借助基本量的解法具有一般性.

例4　已知数列 $\{a_n\}$ 是等比数列，首项为 a_1，公比为 q，S_n 为 $\{a_n\}$ 的前 n 项和.求 $\sum_{i=1}^{n}S_i=S_1+S_2+\cdots+S_n$.

分析：先用基本量表示 $\{a_n\}$ 的前 n 项和，再将 S_n 整理为一个常数列和一个等比数列的和，用分组求和法求 $\sum_{i=1}^{n} S_i$.

解：当 $q=1$ 时，$S_n=na_1$；$\sum_{i=1}^{n} S_i=\frac{n^2+n}{2}a_1$.

当 $q\neq 1$ 时，$S_n=\frac{a_1(1-q^n)}{1-q}=\frac{a_1}{1-q}-\frac{a_1}{1-q}q^n$.

所以
$$\sum_{i=1}^{n} S_i=\frac{na_1}{1-q}-\frac{a_1}{1-q}(q+q^2+\cdots+q^n),$$
$$\sum_{i=1}^{n} S_i=\frac{na_1}{1-q}-\frac{a_1}{1-q}\cdot\frac{q(1-q^n)}{1-q}=\frac{na_1}{1-q}-\frac{a_1q(1-q^n)}{(1-q)^2}.$$
$$\sum_{i=1}^{n} S_i=\begin{cases}\frac{n^2+n}{2}a_1, & q=1,\\ \frac{na_1}{1-q}-\frac{a_1q(1-q^n)}{(1-q)^2}, & q\neq 1.\end{cases}$$

说明：在等比数列的求和公式应用中，应注意对公比 q 的分类讨论.

例5　若等比数列 $\{a_n\}$ 的前 n 项和 $S_n=4^n+a$，求 a 的值.

分析：若数列 $\{a_n\}$ 为等比数列，则由 $a_n=S_n-S_{n-1}$ 可求得公比 q，再借助 $\frac{a_2}{a_1}=q$ 可得 a 的值.

解：当 $n=1$ 时，可得 $a_1=4+a$；当 $n\geqslant 2$ 时，$a_n=S_n-S_{n-1}=3\times 4^{n-1}$，从而 $\frac{a_{n+1}}{a_n}=\frac{3\times 4^n}{3\times 4^{n-1}}=4$，$n\geqslant 2$.

所以，当且仅当 $\frac{a_2}{a_1}=\frac{12}{4+a}=4$ 时，数列 $\{a_n\}$ 为等比数列.

所以，当 $a=-1$ 时，数列 $\{a_n\}$ 为等比数列.

说明：等比数列 $\{a_n\}$ 的前 n 项和公式 $S_n=\frac{a_1(1-q^n)}{1-q}$ 也可以表示为 $S_n=\frac{a_1}{1-q}-\frac{a_1}{1-q}q^n$. 所以，若等比数列前 n 项和为 $S_n=Aq^n+B$，则 $A+B=0$.

例6　如图 8-1-1，对于一个边长为 1 的正三角形，挖去以三边中点为顶点的小正三角形，得到一个新的图形，这样的过程称为第 1 次“镂空操作”；对剩下的 3 个小正三角形再各进行一次“镂空操作”，又得到一个新的图形；再对剩下的小三角形重复进行上述操作；……问：无限次操作后，挖去的所有小三角形面积之和？

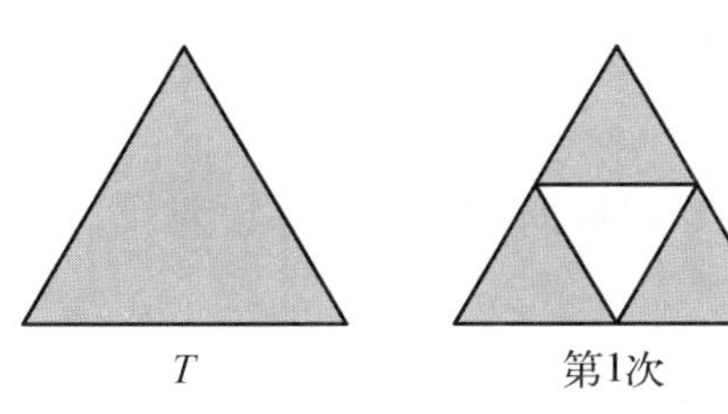

图 8-1-1

分析：设第 n 次挖去的三角形面积为 a_n，则 $a_n=3\times\left(\frac{1}{2}\right)^2a_{n-1}=\frac{3}{4}a_{n-1}$，即求无穷等比数列的各项和.

解：设第 n 次挖去的三角形面积为 a_n，则 $a_1=\frac{\sqrt{3}}{16}$.

因为第 $n+1$ 次挖去的三角形的边长是第 n 次挖去的三角形边长的 $\frac{1}{2}$，所以第 $n+1$ 次挖去的单个三角形的面积是第 n 次挖去的单个三角形面积的 $\frac{1}{4}$ 倍.又第 $n+1$ 次挖去的三角形个数是第 n 次挖去的三角形个数的 3 倍，所以 $a_{n+1}=3\times\frac{1}{4}a_n$.

所以，被挖去的所有三角形的面积之和为 $\lim\limits_{n\to+\infty}S_n=\dfrac{\frac{\sqrt{3}}{16}}{1-\frac{3}{4}}=\frac{\sqrt{3}}{4}$.

说明：本题考查了无穷等比数列前 n 项和公式 S_n 的极限，解题的关键是：将实际问题转化为数学问题，建立递推关系，写出首项 a_1 和公比 q.

【变式练习二】

1. 我国古代数学名著《算法统宗》中有如下问题："远望巍巍塔七层，红光点点倍加增，共灯三百八十一，请问尖头几盏灯？"意思是：一座 7 层塔共挂了 381 盏灯，且相邻两层中的下一层灯数是上一层灯数的 2 倍，则塔的顶层的灯的盏数为　（　　）

A. 1 盏　　B. 3 盏　　C. 5 盏　　D. 9 盏

2. 已知数列 $\{a_n\}$ 和 $\{b_n\}$，其中 $a_n=n^2(n\in\mathbf{N}^*)$，$\{b_n\}$ 的项是互不相等的正整数.若对于任意 $n\in\mathbf{N}^*$，数列 $\{b_n\}$ 中的第 a_n 项等于 $\{a_n\}$ 中的第 b_n 项，则 $\dfrac{\lg(b_1b_4b_8b_{16})}{\lg(b_1b_2b_3b_4)}=$________.

3. 对于给定数列 $\{a_n\}$，若数列 $\{b_n\}$ 满足：对任意 $n\in\mathbf{N}^*$，都有 $(a_n-b_n)(a_{n+1}-b_{n+1})<0$，则称数列 $\{b_n\}$ 是数列 $\{a_n\}$ 的"相伴数列".

(1) 若 $b_n=a_n+c_n$，且数列 $\{b_n\}$ 是 $\{a_n\}$ 的“相伴数列”，试写出 $\{c_n\}$ 的一个通项公式，并说明理由；

(2) 设 $a_n=2n-1$，证明：不存在等差数列 $\{b_n\}$，使得数列 $\{b_n\}$ 是 $\{a_n\}$ 的“相伴数列”；

(3) 设 $a_n=2^{n-1}$，$b_n=bq^{n-1}$（其中 $q<0$），若 $\{b_n\}$ 是 $\{a_n\}$ 的“相伴数列”，试分析实数 b、q 的取值应满足的条件.

三、一般数列

【知识概述】

按照一定顺序排列的一列数统称为一个数列.数列与数集不同，给定一个数列 $\{a_n\}$，项 a_n 与序数 n 存在着对应关系，即数列是定义在正整数集(或其子集)上的函数.数列的表示方法有列表法、图像法、通项公式，数列的递推公式和通项公式是描述数列的简洁形式.项数有限的数列叫做有穷数列，项数无限的数列叫做无穷数列.

【本质提炼】

数列是定义在 $\mathbf{N}^*$ (或其子集)上的一种特殊函数.数列与函数存在着共性与差异.

【基本模型】

1. 数列函数：

(1) 数列的单调性：

从第 2 项起，每一项都不小于前一项的数列 $\{a_n\}$ 叫做增数列，此时 $a_{n+1}\geqslant a_n$ $(n\in\mathbf{N}^*)$. 特别地，从第 2 项起，每一项都大于前一项的数列 $\{a_n\}$ 叫做严格增数列，此时 $a_{n+1}>a_n(n\in\mathbf{N}^*)$；

从第 2 项起，每一项都不大于前一项的数列 $\{a_n\}$ 叫做减数列，此时 $a_{n+1}\leqslant a_n(n\in\mathbf{N}^*)$. 特别地，从第 2 项起，每一项都小于前一项的数列 $\{a_n\}$ 叫做严格减数列，此时 $a_{n+1}<a_n(n\in\mathbf{N}^*)$；

各项均相等的数列叫做常数列.

(2) 数列的最值：

若存在常数 $N\in\mathbf{N}^*$，对任意 $n\in\mathbf{N}^*$，有 $a_n\leqslant a_N$，则称 a_N 为数列 $\{a_n\}$ 的最大项；

若存在常数 $N\in\mathbf{N}^*$，对任意 $n\in\mathbf{N}^*$，有 $a_n\geqslant a_N$，则称 a_N 为数列 $\{a_n\}$ 的最小项.

(3) 数列的周期性:

若对任意 $n \in \mathbf{N}^*$,存在常数 $T \in \mathbf{N}^*$,使得 $a_{n+T}=a_n$ 成立,则称数列 $\{a_n\}$ 为周期数列,常数 T 称为数列 $\{a_n\}$ 的周期.

2. 利用递推公式表示数列:

如果已知数列 $\{a_n\}$ 的任一项 a_n 与它的前一项 a_{n-1} (或前几项)间的关系可用一个公式来表示,那么这个公式就叫做这个数列的递推公式.递推公式也是定义数列的一种方法.

数列常见的递推公式:$\begin{cases} a_{n+1}=Aa_n+B, \\ a_1=a; \end{cases}$ $\begin{cases} a_{n+1}=A(n)a_n+B(n), \\ a_1=a. \end{cases}$

当数列的通项公式不容易被发现时,可借助数列的递推关系来描述该数列,并用转化的方法得到数列 $\{a_n\}$ 的通项公式.

3. 通项 $\{a_n\}$ 与前 n 项和为 S_n 之间的关系:

$$a_n=\begin{cases} S_1, & n=1, \\ S_n-S_{n-1}, & n \geqslant 2. \end{cases}$$

例 1　已知数列 $\{a_n\}$ 的通项公式为 $a_n=\dfrac{n-3}{2^n}$,判断数列 $\{a_n\}$ 的单调性并求最值.

分析: 这个数列是由等差数列和等比数列的积(商)运算构成的,从函数角度无法判断单调性.利用数列单调性的定义,“作差”判断.

解: $a_{n+1}-a_n=\dfrac{n-2}{2^{n+1}}-\dfrac{n-3}{2^n}=\dfrac{4-n}{2^{n+1}}$.

当 $n=1$、2、3 时,数列 $\{a_n\}$ 为严格单调增数列;当 $n \geqslant 5$, $n \in \mathbf{N}^*$ 时,数列 $\{a_n\}$ 为严格单调减数列.

当 $n=4$ 或 5 时,数列的最大项为 $a_4=a_5=\dfrac{1}{16}$.

说明: 数列的单调性可借助数列对应函数的性质判断,或借助数列单调性的定义判断.本题中,并不能简单根据对应函数的性质判断其单调性,所以需要借助定义法判断单调性并求出最值.

例 2　已知数列 $\{a_n\}$ 的递推公式为 $\begin{cases} a_n=3a_{n-1}+2, \ n \geqslant 2, \\ a_1=1. \end{cases}$

(1) 求证:$\{a_n+1\}$ 为等比数列;

(2) 求 $\{a_n\}$ 的通项公式.

分析： 此数列的递推公式为一阶线性递推关系，可以用转化的方法证明第(1)问，并利用第(1)问的结论求出第(2)问数列 $\{a_n\}$ 的通项公式.

解： (1) 在上述等式的两边同时加1，得 $a_n+1=3a_{n-1}+3=3(a_{n-1}+1)$ $(n\geqslant 2)$.

由递推公式，易证 $a_n>0(n\geqslant 1)$，于是 $a_{n-1}+1>0$ $(n\geqslant 2)$.

故 $\dfrac{a_n+1}{a_{n-1}+1}=3$ $(n\geqslant 2)$.

所以，$\{a_n+1\}$ 是以 $a_1+1=2$ 为首项、3为公比的等比数列.

(2) 因为 $\{a_n+1\}$ 是以 $a_1+1=2$ 为首项、3为公比的等比数列，所以 $a_n+1=(a_1+1)\times 3^{n-1}=2\times 3^{n-1}(n\geqslant 1)$.

从而 $a_n=2\times 3^{n-1}-1$ $(n\in \mathbf{N}^*)$，这就是 $\{a_n\}$ 的一个通项公式.

说明： 对满足一阶线性递推关系的递推公式，也可以借助待定系数法，将数列 $\{a_n+\lambda\}$ 转化为等比数列，并求出数列 $\{a_n\}$ 的通项公式.

例3　已知数列 $\{a_n\}$ 的前 n 项和为 S_n，若 $a_1=1$，$a_{n+1}=\dfrac{1}{3}S_n(n\in \mathbf{N}^*)$，求数列 $\{a_n\}$ 的通项公式.

分析： 可由 $a_n=S_n-S_{n-1}$，消去 S_n，得到与 a_n 有关的递推关系，进而求得数列 $\{a_n\}$ 的通项公式.

解： 由题意，当 $n\in \mathbf{N}^*$ 时，$a_{n+1}=\dfrac{1}{3}S_n$. 则当 $n\geqslant 2$ 时，$a_n=\dfrac{1}{3}S_{n-1}$.

两式相减，得 $a_{n+1}-a_n=\dfrac{1}{3}S_n-\dfrac{1}{3}S_{n-1}=\dfrac{1}{3}a_n$，即 $a_{n+1}=\dfrac{4}{3}a_n(n\geqslant 2)$.

所以，当 $n\geqslant 2$ 时，$a_n=a_2\times\left(\dfrac{4}{3}\right)^{n-2}=\left(\dfrac{1}{3}S_1\right)\times\left(\dfrac{4}{3}\right)^{n-2}=\dfrac{1}{3}\times\left(\dfrac{4}{3}\right)^{n-2}$.

综上所述，$a_n=\begin{cases}\dfrac{1}{3}\times\left(\dfrac{4}{3}\right)^{n-2}, & n\geqslant 2,\\ 1, & n=1.\end{cases}$

说明： 已知通项 $\{a_n\}$ 与前 n 项和 S_n 之间的关系时，可以消元 S_n，得到 a_n 的递推关系式，但应注意 n 的取值范围；也可消元 a_n，直接得到 S_n 的递推关系式，先求数列 $\{a_n\}$ 的前 n 项和 S_n，再求通项公式 $\{a_n\}$.

【变式练习三】

1. 若数列 $\left\{n(n+4)\left(\dfrac{2}{3}\right)^n\right\}$ 中的最大项是第 k 项，则 $k=$____________.

2. 设 S_n 是数列 $\{a_n\}$ 的前 n 项和,且 $a_1=-1$, $a_{n+1}=S_nS_{n+1}$,则 $S_n=$__________.

3. 定义首项为 1 且公比为正数的等比数列为“M-数列”.

(1) 已知等比数列 $\{a_n\}$ $(n\in\mathbf{N}^*)$ 满足:$a_2a_4=a_5$, $a_3-4a_2+4a_4=0$,求证:数列 $\{a_n\}$ 为“M-数列”.

(2) 已知数列 $\{b_n\}$ $(n\in\mathbf{N}^*)$ 满足:$b_1=1$, $\dfrac{1}{S_n}=\dfrac{2}{b_n}-\dfrac{2}{b_{n+1}}$,其中 S_n 为数列 $\{b_n\}$ 的前 n 项和.

① 求数列 $\{b_n\}$ 的通项公式;

② 设 m 为正整数,若存在“M-数列” $\{c_n\}$ $(n\in\mathbf{N}^*)$,对任意正整数 k,当 $k\leqslant m$ 时,都有 $c_k\leqslant b_k\leqslant c_{k+1}$ 成立,求 m 的最大值.

四、*数学归纳法

【知识概述】

由特殊到一般的推理方法,叫做归纳法.

一般地,证明一个与正整数 n 有关的命题,可由下列步骤进行:

(1) 证明当 n 取第一个值 $n_0(n_0\in\mathbf{N}^*)$ 时,命题成立;

(2) 假设当 $n=k$ $(k\geqslant n_0, k\in\mathbf{N}^*)$ 时命题成立,证明当 $n=k+1$ 时命题也成立.

那么,命题对于从 n_0 开始的所有正整数 n 都成立.这种证明方法叫做数学归纳法.

由于正整数的个数是无限个,因此对于“与正整数 n 有关的命题”是不可能用有限次验证的方法去证明的,而数学归纳法及其步骤则可作为从有限到无限,保证其结论正确、可靠的数学方法.

【本质提炼】

数学归纳法是用有限的步骤证明与自然数相关的“无限”数学命题的方法.数学归纳法不同于归纳推理,是演绎推理,是一种严密的数学证明方法.

【基本模型】

1. 数学归纳法:

适用于证明一个与正整数 n 有关的命题.步骤(1)“证明当 n 取第一个值 $n_0(n_0\in\mathbf{N}^*)$ 时,命题成立”是命题论证的基础;步骤(2)“假设当 $n=k$ $(k\geqslant n_0, k\in\mathbf{N}^*)$ 时命题成立,证明当 $n=k+1$ 时命题也成立”是判断命题能否递推下去的保证.这两个步骤缺一不可.

2. 数学归纳法的应用：

在数学问题的探索中，为了寻求一般规律，往往先考察一些特例，进行归纳，形成猜想，再去证明这些猜想正确与否.一些与正整数 n 有关的命题可由"归纳—猜想—论证"的方法得到.

例1 用数学归纳法证明：$1^2-2^2+3^2-4^2+\cdots+(2n-1)^2-(2n)^2=-n(2n+1)$.

分析：本题已明确数学归纳法的证明方法，注意数学归纳法的两个步骤.

解：(1) 当 $n=1$ 时，左边 $=1^2-2^2=-3$，右边 $=-1\times(2\times1+1)=-3$，等式成立.

(2) 假设当 $n=k$ $(k\in\mathbf{N}^*,\ k\geqslant1)$ 时等式成立，即

$$1^2-2^2+3^2-4^2+\cdots+(2k-1)^2-(2k)^2=-k(2k+1),$$

那么当 $n=k+1$ 时，

$$\begin{aligned}&1^2-2^2+3^2-4^2+\cdots+(2k-1)^2-(2k)^2+(2k+1)^2-(2k+2)^2\\&=-k(2k+1)+(2k+1)^2-(2k+2)^2\\&=-2k^2-5k-3=-(k+1)(2k+3)\\&=-(k+1)[2(k+1)+1],\end{aligned}$$

等式也成立.

根据(1)和(2)，可以断定 $1^2-2^2+3^2-4^2+\cdots+(2n-1)^2-(2n)^2=-n(2n+1)$ 对任何 $n\in\mathbf{N}^*$ 都成立.

说明：在用数学归纳法证明时，首先要分析清楚等式两边的结构特点，在第(2)步的证明过程中，将"$n=k+1$"时的等式转化成与归纳假设"$n=k$"时的等式结构相同的形式；其次应注意"$n=k$ 时"与"$n=k+1$ 时"之间的项数变化.在这里，当"$n=k+1$"时左边的项数比"$n=k$"时左边的项数增加了两项：$(2k+1)^2$ 和 $-(2k+2)^2$.因此，要根据等式特点仔细分析项数与各项的变化情况.

例2 是否存在常数 a、b、c 使等式

$$1\cdot2^2+2\cdot3^2+\cdots+n\cdot(n+1)^2=\frac{n(n+1)}{12}(an^2+bn+c)$$

对一切正整数 n 都成立？若存在，用数学归纳法证明你的结论；若不存在，请说明理由.

分析：假设存在，分别写出 $n=1$、2、3 时的等式，求得 a、b、c 的值，再用数学归纳法证明.

解：分别代入 $n=1$、2、3，得 $\begin{cases}1\cdot 2^2=\dfrac{2}{12}(a+b+c)=4,\\ 1\cdot 2^2+2\cdot 3^2=\dfrac{6}{12}(4a+2b+c)=22,\\ 1\cdot 2^2+2\cdot 3^2+3\cdot 4^2=\dfrac{12}{12}(9a+3b+c)=70.\end{cases}$

解得 $a=3$，$b=11$，$c=10$.

于是，对于 $n=1$、2、3，都有

$$1\cdot 2^2+2\cdot 3^2+\cdots+n\cdot(n+1)^2=\frac{n(n+1)}{12}(3n^2+11n+10) \qquad (*)$$

成立.

下面用数学归纳法证明：对于一切正整数 n，$(*)$式都成立.

(1) 当 $n=1$ 时，由上述知，$(*)$式成立.

(2) 假设当 $n=k$ $(k\in\mathbf{N}^*,\ k\geqslant 1)$ 时$(*)$式成立，即

$$1\cdot 2^2+2\cdot 3^2+\cdots+k\cdot(k+1)^2=\frac{k(k+1)}{12}(3k^2+11k+10).$$

当 $n=k+1$ 时，

$$\begin{aligned}&1\cdot 2^2+2\cdot 3^2+\cdots+k\cdot(k+1)^2+(k+1)\cdot(k+2)^2\\ =&\frac{k(k+1)}{12}(3k^2+11k+10)+(k+1)(k+2)^2\\ =&\frac{(k+1)(k+2)}{12}(3k^2+5k+12k+24)\\ =&\frac{(k+1)(k+2)}{12}[3(k+1)^2+11(k+1)+10].\end{aligned}$$

由此可知，当 $n=k+1$ 时，$(*)$式也成立.

综上所述，当 $a=3$，$b=11$，$c=10$ 时，题设的等式对于一切正整数 n 都成立.

说明：这类问题通常先算出前几项的值，再根据部分已知事实进行猜想.但由于猜想是建立在事实不够充分的基础上，因此还存在正确或错误两种可能性，必须进一步进行证明，这时就可用数学归纳法.这才能真正体现归纳—猜想—论证这样一种科学的思维模式.

【变式练习四】

1. 用数学归纳法证明：$3^{4n+2}+5^{2n+1}$($n\in\mathbf{N}^*$)能被14整除.

2. 观察下列等式：

$1=1$ 第1个等式

$2+3+4=9$ 第2个等式

$3+4+5+6+7=25$ 第3个等式

$4+5+6+7+8+9+10=49$ 第4个等式

照此规律下去.(1) 写出第5个等式；(2) 你能作出什么一般性的猜想？请用数学归纳法证明猜想.

单元测试题

1. 已知 $\{a_n\}$ 是等差数列，且 $a_1=3$，$a_2+a_5=36$，则 $\{a_n\}$ 的通项公式为________________.

2. 在等差数列 $\{a_n\}$ 中，$a_1=7$，公差为 d，前 n 项和为 S_n，当且仅当 $n=8$ 时 S_n 取最大值，则 d 的取值范围为________.

3. 已知等比数列 $\{a_n\}$ 的各项均为实数，其前 n 项的和为 S_n，且 $S_3=\dfrac{1}{4}$，$S_6=\dfrac{63}{4}$，则 $a_8=$________.

4. 已知等比数列 $\{a_n\}$ 的各项均为正数，且 $a_1a_5=4$，则 $\log_2a_1+\log_2a_2+\log_2a_3+\log_2a_4+\log_2a_5=$________.

5. 设 S_n 为数列 $\{a_n\}$ 的前 n 项和，若 $S_n=2a_n+1$，则 $S_6=$__________.

6. 设 S_n 是数列 $\{a_n\}$ 的前 n 项和，且 $a_1=-1$，$a_{n+1}=S_nS_{n+1}$，则 $S_n=$________.

7. 设等比数列 $\{a_n\}$ 的通项公式为 $a_n=q^n-1$ ($n\in\mathbf{N}^*$) 前 n 项的和为 S_n. 若 $\lim\limits_{n\to+\infty}\dfrac{S_n}{a_{n+1}}=\dfrac{1}{2}$，则 $q=$____________.

8. 已知集合 $A=\{x\mid x=2n-1,n\in\mathbf{N}^*\}$，$B=\{x\mid x=2^n,n\in\mathbf{N}^*\}$. 将 $A\cup B$ 的所有元素从小到大依次排列构成一个数列 $\{a_n\}$. 记 S_n 为数列 $\{a_n\}$ 的前 n 项和，则使得 $S_n>12a_{n+1}$ 成立的 n 的最小值为__________.

9. 现有三根针和套在一根针上的若干大小不等的穿孔金属片，按下列规则，把全部金属片从一根针上全部移到另一根针上：

① 每次只能移动1个金属片；

② 在每次移动过程中，每根针上较大的金属片不能放在较小的金属片上面.

如图，将 A 针上所有金属片移到 C 针上，B 针可以作为过渡针使用，将 n 个金属片从 1 号针移到 3 号针至少需要的移动次数记为 a_n.

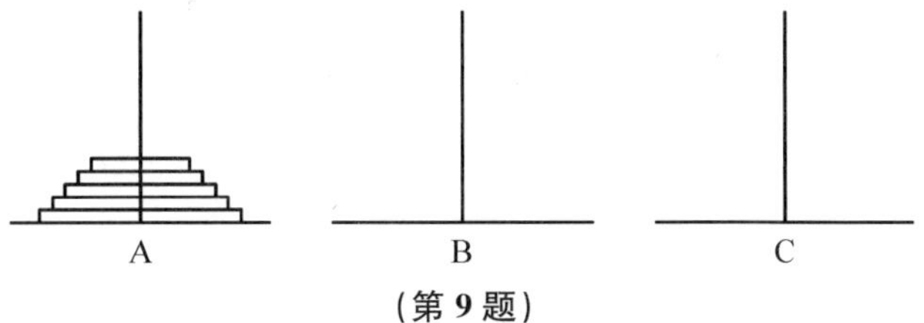

(第 9 题)

(1) 写出数列 $\{a_n\}$ 的一个递推公式；

(2) 求数列 $\{a_n\}$ 的一个通项公式.

10. 已知数列 $\{a_n\}$ 和 $\{b_n\}$ 满足 $a_1a_2\cdots a_n=(\sqrt{2})^{b_n}(n\in\mathbf{N}^*)$. 若 $\{a_n\}$ 为等比数列，且 $a_1=2$, $b_3=6+b_2$.

(1) 求 $\{a_n\}$ 与 $\{b_n\}$.

(2) 设 $c_n=\dfrac{1}{a_n}-\dfrac{1}{b_n}(n\in\mathbf{N}^*)$，记数列 $\{c_n\}$ 的前 n 项和为 S_n.

① 求 S_n；

② 求正整数 k，使得对任意 $n\in\mathbf{N}^*$，均有 $S_k\geqslant S_n$.

第二节　一元函数的导数及其应用

单元教学目标

1. 通过分析实例，经历由平均变化率过渡到瞬时变化率的过程，了解导数概念的实际背景，知道瞬时变化率就是导数，理解导数的几何意义，体会导数的思想及其内涵.

2. 能利用给出的基本初等函数的导数公式和导数的四则运算法则求简单函数的导数，能求简单的复合函数(仅限于形如 $f(ax+b)$)的导数.

3. 结合实例，借助几何直观探索并了解函数的单调性与导数的关系；能利用导数研究函数的单调性，会求不超过三次的多项式函数的单调区间.

4. 结合函数的图像，了解函数在某点取得极值的必要条件和充分条件；会用导数求不超过三次的多项式函数的极大值、极小值，以及在给定区间上不超过三次的多项式函数的最大值、最小值.

5. 通过使利润最大、用料最省、效率最高等优化问题，体会导数在解决实际问题中的作用.

6. 了解微积分创立的时代背景和有关人物的资料，体会微积分的建立在人类文化发展中的意义和价值.

单元教学安排

本单元教学建议课时数及具体分配如下.

单 元 内 容	课 时
导数的概念及意义	4
导数的运算	3
导数的应用	6

单元教学内容

导数是继必修课程中学习的基本初等函数的概念和性质及选择性必修课程中解析几何的基础知识之后进一步学习的内容.

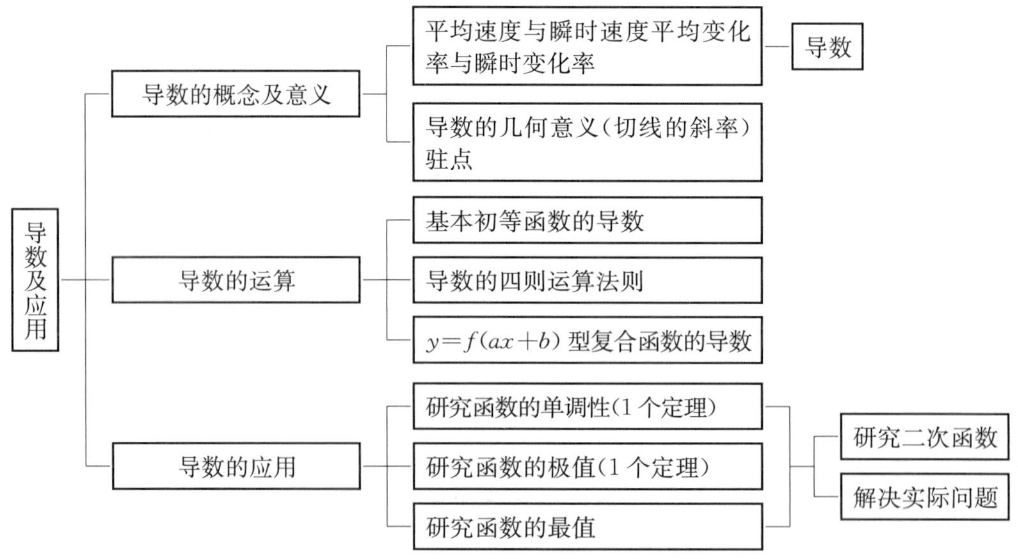

单元教学实施

在“导数的概念及意义”教学时要突出导数概念产生的实际背景，通过典型实例，引导学生经历从平均变化率到瞬时变化率的过程，从而理解导数概念的本质——导数就是瞬时变化率.在此基础上,借助函数图像的直观,阐明曲线的切线斜率和导数间的关系.在介绍导数的定义、几何意义的过程中,注意揭示"逼近""以直代曲""数形结合"等数学思想.

"导数的运算"教学要注意特殊——一般——特殊的原则.首先通过求若干常见函数的导数,引导学生学习根据定义求导数的方法,帮助学生进一步理解导数概念;在直接给出公式和运算法则后,通过例题和习题引导学生模仿、操作,以达到能用基本初等函数的导数公式与运算法则求简单函数的导数的目的.

在"导数的应用"教学时,要注意强调"运用导数研究函数的单调性"的基础地位,在此基础上可方便地展开对函数极值、函数最大(小)值的研究.在以导数为工具研究函数的单调性教学中,注意引导学生与必修课程第5章中的"直接根据函数单调性的定义,研究函数的单调性"的做法相比较,体会导数在研究函数(如熟悉的二次函数、陌生的三次函数等)中的优越性.继而对函数研究的方法有较全面的掌握.

生活中经常遇到求利润最大、用料最省、效率最高等问题,这些问题称为优化问题.优化问题有时也称为最值问题.解决这些问题具有非常现实的意义.这些问题通常可以转化为数学中的函数问题,进而转化为求函数的最大(小)值问题.导数是求函数最大(小)值的强有力工具.在本小节教学中,考虑到学生都具有一定的生活经验,建议可引导学生先从生活经验的角度思考如何看待问题.在生活经验的基础上,逐步引入到数学问题中,在数学问题中,按照学生的思维过程,逐步展开问题、解决问题.解决完问题后,再给学生提出一些有思维价值的思考题目,作为正文例题的延续.在分析问题、解决问题的过程中,让学生体会数学建模的过程,培养学生主动发现问题、分析问题、解决问题的能力,进一步培养学生应用数学的意识.

本单元在教学时要注重思考方法的渗透,即以已知探求未知;注重抽象概念不同意义间的转换,即从实际意义、数值意义、几何意义等方面理解导数的内涵与思想,这样能促进学生对数学研究的基本思考方式和方法的掌握.本单元重点提升学科核心素养中的数学抽象、数学建模、数学运算和逻辑推理素养.

一、导数

【知识概述】

导数以物理中的平均速度与瞬时速度,数学中曲线的割线与切线作为学习的基础,以函数为研究对象,以刻画函数的局部变化为研究目的,是研究函数性质的基本工具.导数是微积分的核心内容之一，是现代数学的基本概念，蕴含微积分的基本思想.导数概念的建立蕴含着极限（逼近）与数学建模的思想，有利于发展数学抽象核心素养.

导数可以描述任何事物的瞬时变化率，它反映函数 $f(x)$ 在点 x 处变化的快慢，函数图像上某点处的切线的斜率就是函数在该点处的导数.在物理中，导数的一种意义就是瞬时速度，反映物体在某一时刻运动的快慢.

【本质提炼】

导数反映函数在一点处变化快慢程度的变化率.

【基本模型】

1. 变化率：

正如“本质提炼”中所讲，许多实际问题都归结为变化率的问题，教材中出现的相关问题有：物体的运动速度变化、细菌数量变化、流水量变化、水面波纹面积变化等，除此之外，效率、点密度等也是如此.如上这些问题均抽象为平均变化率与瞬时变化率.导数可统一地定量刻画上述情境中的瞬时变化率.

2. 曲线的切线：

函数的图像是一条曲线，曲线割线的斜率就是函数的平均变化率，切线是割线的极限状态，切线斜率是割线斜率的极限值.某点处的切线是曲线在该点附近性质的最好描述.曲线的切线是平面几何中定义过的圆的切线概念的一般化.

3. 极限思想：

有时我们要确定某一个量，首先确定的不是这个量的本身而是它的近似值，而且所确定的近似值也不仅仅是一个而是一连串越来越准确的近似值；然后通过考察这一连串近似值的趋向，把那个量的准确值确定下来.这就是运用了极限的思想方法.

严格来讲，所谓极限的思想，是指用极限概念分析问题和解决问题的一种数学思想.用极限思想解决问题的一般步骤可概括为：对于被考察的未知量，先设法构思一个与它有关的变量，确认这变量通过无限过程的结果就是所求的未知量；最后用极限计算来得到这结果.

与一切科学的思想方法一样，极限思想也是社会实践的产物.极限的思想可以追溯到古代，刘徽的割圆术就是建立在直观基础上的一种原始的极限思想的应用；古希腊人的穷竭法也蕴含了极限思想.

极限思想揭示了变量与常量、无限与有限的对立统一关系，是唯物辩证法的对立统一规律在数学领域中的应用.借助极限思想，人们可以从有限认识无限，从“不变”认识“变”，从直线形认识曲线形，从量变认识质变，从近似认识精确.

导数概念的建立充分体现了极限思想.若我们利用极限思想去思考某些传统的初等数学内容,可以更深刻、更普遍地揭露其本质.

例1 试以中学数学中的具体事例解释极限思想.

(1) 圆的周长和面积：可以利用圆内接正多边形的周长和面积逐步逼近的方法,进行直观的描述,并进而精确定义为：它的内接或外切正多边形的周长和面积当边长趋于零时的极限.

(2) 圆柱、圆锥的体积：可以定义为它们的内接或外切正棱柱、棱锥的体积当底面正多边形的边长趋于零时的极限.

例2 等速旋转的角速度等于旋转角与对应时间的比,试由此给出变速旋转的角速度的定义.

分析：速度问题是引入导数概念的经典问题,导数的概念在于刻画瞬时变化率,同样适用于本例中的旋转运动.正如教材中所言：在研究物体的变速运动时,我们可以通过把时间分成若干个小的时间段,并计算每个时间段内物体的平均速度.当在一个时间点附近的时间段越来越小时,如果相应的平均速度趋近于一个稳定值,这个稳定值就是运动物体在这个时间点的瞬时速度.

解：设 t_0 为任一确定时刻,t_0 到 t 转过的角度为 $\Delta\theta$,记 $\Delta t=t-t_0$,则在 Δt 时间内,旋转的平均角度为 $\omega=\dfrac{\Delta\theta}{\Delta t}$.若 $\lim\limits_{\Delta t\to 0}\dfrac{\Delta\theta}{\Delta t}$ 存在,则此极限可定义为变速旋转在 t_0 时刻的角速度.

说明：(1)“$\Delta t\to 0$”的意义：Δt 与 0 的距离要多近有多近,即 $|\Delta t-0|$ 可以小于给定的任意小的正数,但始终 $\Delta t\neq 0$；当 $\Delta t\to 0$ 时,若存在一个常数与 $\dfrac{\Delta\theta}{\Delta t}$ 无限地接近,则该常数即定义为 t_0 时刻的角速度.

(2) 类似的问题：若一轴的热膨胀是均匀的,则当温度升高 1℃时其单位长的增量就叫该轴的线膨胀系数.但在一般情况下,轴的热膨胀是不均匀的,即轴长 l 是温度 t 的函数 $l=f(t)$,试给出温度 t 时的线膨胀系数的定义.

例3 已知在使用某种杀菌剂 t 小时后,室内的细菌数量为：$f(t)=10^5+10^4t-10^3t^2$,求 $\lim\limits_{h\to 0}\dfrac{f(10-2h)-f(10)}{h}$ 的值.

分析：$f'(10)=\lim\limits_{h\to 0}(-10^4-10^3h)=-10^4$.根据导数的定义,此处可以直接使用该结果,但必须正确运用导数的定义.

解：$\lim\limits_{h\to 0}\dfrac{f(10-2h)-f(10)}{h}=(-2)\cdot\lim\limits_{h\to 0}\dfrac{f(10-2h)-f(10)}{-2h}=-2f'(10)=2\,000$.

说明：在理解导数的定义 $f'(x_0)=\lim\limits_{\Delta x\to 0}\dfrac{\Delta y}{\Delta x}=\lim\limits_{\Delta x\to 0}\dfrac{f(x_0+\Delta x)-f(x_0)}{\Delta x}$ 时，关键是对增量 Δx（此处是 h）的理解，要认识到这里的增量的形式是多种多样的，但不论选择哪一种形式，相应 Δy 中也必须选择对应的形式，才能得到与其对应的解.例如，上述解法中，在应用导数定义求解时，Δy 中 t 的增量为 $-2h$，则分母也应为 $-2h$.上述解法体现了整体处理的数学思想，在学习 $f(ax+b)$ 型复合函数的求导时还会遇到类似的情形.

例 4　已知 $f(x)=-2x^2+x$，过点 $P(1,7)$ 作曲线 $y=f(x)$ 的切线，求切线方程.

分析：如下错误解法是容易出现的：根据导数的几何意义可知所求切线的斜率 $k=f'(1)=\lim\limits_{h\to 0}\dfrac{f(1+h)-f(1)}{h}=\lim\limits_{h\to 0}(-2h-3)=-3$，故切线方程为 $y-7=(-3)\times(x-1)$，即 $y=-3x+10$.该解错在对导数几何意义的理解有误，切线的斜率应是直线在切点处对应的导数值，而此处的点 $P(1,7)$ 不在曲线上.

解：设切点为 $Q(x_0,y_0)$，则切线的斜率为

$$k=f'(x_0)=\lim_{h\to 0}\frac{f(x_0+h)-f(x_0)}{h}=-4x_0+1,$$

则切线方程为 $y-7=(-4x_0+1)(x_0-1)$.

因为 $Q(x_0,y_0)$ 在切线上，又在曲线 $y=f(x)$ 上，故有

$$\begin{cases}y_0=(-4x_0+1)(x_0-1)+7,\\ y_0=-2x_0^2+x_0,\end{cases}\text{解得 } x_0=-1 \text{ 或 } x_0=3.$$

所以，切线方程为 $y=5x+2$ 或 $y=-11x+18$.

说明：(1) 求过某点的某曲线的切线方程时，一般第一步考察所给点是否为切点，若不是，则须设切点；第二步通过求切点的导数求直线斜率；第三步才是利用直线的点斜式方程正确写出切线方程.

(2) 本题还可以用解析几何的方法，设切线方程为 $y-7=k(x-1)$，与曲线组成方程组，根据 $\Delta=0$ 可求得 k 的值，进而求得切线方程.但这种方法不具有普遍性，如把曲线 $y=-2x^2+x$ 换成 $y=\sqrt{x}$ 或 $y=x^3$，该法将不适用.而本例提供的解法具有

一般意义.

例5　已知直线 l 与抛物线 C_1：$y=-x^2$，C_2：$y=-x^2+ax$ 分别相切于点 A、B，且 $|AB|=\frac{3\sqrt{5}}{4}$，求 a 的值.

分析：1. 利用导数的几何意义求出切线的斜率关于切点坐标的表达式；2. 由公切线得切点坐标关于所求待定系数的表达式；3. 把已知弦长转化为关于所求待定系数的方程.

解：利用导数的定义易求得 $(-x^2)'|_{x=x_0}=-2x_0$，$(-x^2+ax)'|_{x=t_0}=-2t_0+a$，故 C_1 在点 A 的切线方程为 $y+x_A^2=-2x_A(x-x_A)$，即 $y=-2x_Ax+x_A^2$. C_2 在点 B 的切线方程为 $y+x_B^2-ax_B=(-2x_B+a)(x-x_B)$，即 $y=(-2x_B+a)x+x_B^2$. 因为 l 是 C_1 与 C_2 的公切线，所以 $\begin{cases}2x_A=2x_B-a,\\ x_A^2=x_B^2,\end{cases}$ 解得 $\begin{cases}x_A=-\frac{a}{4},\\ x_B=\frac{a}{4}.\end{cases}$ 因为 $|AB|=\frac{3\sqrt{5}}{4}$，故 $\sqrt{1+\left(\frac{a}{2}\right)^2}\,|x_A-x_B|=\frac{3\sqrt{5}}{4}$，所以 $a=\pm\sqrt{5}$.

说明：导数与解析几何或函数图像的混合问题是一种重要类型，也是高考中考查综合能力的一个方向. 对于本例，一般地，利用导数几何意义可分别求出公切线在两切点的斜率，由同一条直线的斜率、截距相等，列出关于切点坐标的方程组，解得切点坐标，由相关公式把已知数量关系转化为所求待定系数的方程.

【变式练习一】

1. 在初速为 v 的匀加速直线运动中，路程 L 和时间 x 的关系为 $L=L(x)=vx+\frac{ax^2}{2}$.

(1) 求 L 关于 x 的瞬时变化率，并说明其物理意义；

(2) 求运动物体的瞬时速度关于 x 的瞬时变化率，说明其物理意义.

2. 当圆的半径 r 变化时，圆面积 S 关于 r 的瞬时变化率有什么几何意义？

当圆的直径 D 变化时，圆周长 C 关于 D 的瞬时变化率有什么几何意义？

3. 求抛物线 $x^2=2py\ (p>0)$ 上的点 $M(x_0, y_0)$ 处的切线方程，分别对曲线 $y^2=2px\ (p>0)$、$x^2+y^2=r^2(r>0)$、$\frac{x^2}{a^2}+\frac{y^2}{b^2}=1\ (a>b>0)$、$\frac{x^2}{a^2}-\frac{y^2}{b^2}=1\ (a、b>0)$ 探索类似的问题.

二、导数的运算

【知识概述】

首先根据导数定义推导常数函数与几个特殊的幂函数的导数(导函数),接着直接给出一些基本初等函数的求导公式,从而将求导运算转化为简单的代入求值运算.而导数四则运算法则的给出,则将由基本初等函数经过有限次四则运算产生的初等函数的求导归结为基本初等函数的求导. $f(ax+b)$ 型复合函数的求导法则则解决了经过一类特殊的复合运算产生的函数的求导问题.

数学无处不运算(四则运算、复合运算、极限运算等).由基本数学对象通过运算可以产生无数新的数学对象,而运算法则可以将对这些新的数学对象性质的研究归结为对基本数学对象的研究,体现了数学中的基底思想.

【本质提炼】

导数是一类特殊的极限运算,导数的运算就是函数极限的运算.

【基本模型】

1. 常用的求导公式与法则:

(1) $(C)'=0$, C 为常数;

(2) $(x^{\alpha})'=\alpha x^{\alpha-1}$,$\alpha$ 为常数;

(3) $(\mathrm{e}^x)'=\mathrm{e}^x$, $(a^x)'=a^x\ln a$ $(a\in\mathbf{R},\ a>0,\ a\neq1)$;

(4) $(\ln x)'=\dfrac{1}{x}$, $(\log_a x)'=\dfrac{1}{x\ln a}$ $(a\in\mathbf{R},\ a>0,\ a\neq1)$;

(5) $(\sin x)'=\cos x$, $(\cos x)'=-\sin x$;

(6) $(f(x)\pm g(x))'=f'(x)\pm g'(x)$;

(7) $(f(x)g(x))'=f'(x)g(x)+f(x)g'(x)$, 特别地 $(Cf(x))'=Cf'(x)$, C 为常数;

(8) $\left(\dfrac{f(x)}{g(x)}\right)'=\dfrac{f'(x)g(x)-f(x)g'(x)}{(g(x))^2}$, 特别地, $\left(\dfrac{1}{g(x)}\right)'=\dfrac{-g'(x)}{(g(x))^2}$, $g(x)\neq0$;

(9) $(f(ax+b))'=af'(u)$, 其中 $u=ax+b$.

注:和、差、积的导数法则可推广到任意有限多个函数的情形,即

$$(f_1(x)\pm f_2(x)\pm\cdots\pm f_n(x))'=f'_1(x)\pm f'_2(x)\pm\cdots\pm f'_n(x),$$

$$(f_1(x)f_2(x)\cdots f_n(x))'=f'_1(x)f_2(x)f_n(x)+f_1(x)f'_2(x)f_3(x)\cdots f_n(x)+\cdots+f_1(x)f_2(x)\cdots f_{n-1}(x)f'_n(x).$$

2. 代数变形中的分子有理化、添减项、整体代换等：

(1) 分子有理化：

将分子为两个根号式相减的分式(或者分母为1)通过分子、分母同时乘两个根号式相加的多项式，使得凑成平方差公式，从而将分子化为有理式的过程称为分子有理化.分子有理化可以通过统一分子，实现一些在标准形式下不易进行的大小比较.在用定义法证明单调性以及微积分中进行极限计算时常常使用该变形方法.例如，在用定义法求函数 $f(x)=\sqrt{x}$ 的导数时，一步关键的变形是：

$$\frac{f(x+h)-f(x)}{h}=\frac{\sqrt{x+h}-\sqrt{x}}{h}=\frac{(\sqrt{x+h}-\sqrt{x})(\sqrt{x+h}+\sqrt{x})}{h(\sqrt{x+h}+\sqrt{x})}$$
$$=\frac{1}{\sqrt{x+h}+\sqrt{x}}.$$

(2) 添减项：

在进行代数变形时，有时采用添项、减项的方法，在保持恒等变形的前提下，达到“整体运用已知条件”的目的，这种方法可称为添减项法.例如，在用导数定义推导积函数的导函数公式时，一步关键的变形是：

$$\begin{aligned}&f(x+h)g(x+h)-f(x)g(x)\\&=f(x+h)g(x+h)-f(x)g(x+h)+f(x)g(x+h)-f(x)g(x)\\&=[f(x+h)-f(x)]g(x+h)+f(x)[g(x+h)-g(x)].\end{aligned}$$

这种变形方法还出现在因式分解、用数学归纳法证明整除性问题等情境中.不等式背景下采用的变形 $ab=\frac{1}{2}(2ab)\leqslant\frac{1}{2}\left(\frac{2a+b}{2}\right)^2=\frac{m^2}{8}$ (其中 a、$b\in\mathbf{R}^+$，且 $2a+b=m$ 为定值) 也可纳入此类方法.

(3) 整体代换：

整体代换就是将某些未知量的关系式当作整体，而不是具体求解，这是换元思想的延伸.例如，在推导复合函数 $f(ax+b)$ 的求导法则时，令 $ax+b=u$ 就属于此类变形，如下：

因为当 $h\neq0$ 时，有

$$\frac{f(a(x+h)+b)-f(ax+b)}{h}=a\cdot\frac{f(u+ah)-f(u)}{ah},$$

且注意到 h 趋近于 0 当且仅当 ah 趋近于 0，所以

$$\lim_{h\to 0}\frac{f(a(x+h)+b)-f(ax+b)}{h}=a\lim_{ah\to 0}\frac{f(u+ah)-f(u)}{ah}.$$

这就给出了 $f(ax+b)$型复合函数的如下求导法则：

$$(f(ax+b))'=af'(u)(\text{其中 } u=ax+b).$$

事实上，上述三种变形策略均体现了整体处理的思想.

例 1　(1) 已知 $\lim\limits_{x\to 0}\dfrac{\sin x}{x}=1$，求证：$(\sin x)'=\cos x$；$(\cos x)'=-\sin x$；(2) 用求导的方法由二倍角正弦公式证明二倍角余弦公式，或反之.

分析： 第(1)题的证明唯有利用导数的定义，注意在进行代数变形时要选用合适的三角公式. 第(2)题的证明可尝试对条件中的公式两边求导.

证明： (1) $\lim\limits_{\Delta x\to 0}\dfrac{\sin(x+\Delta x)-\sin x}{\Delta x}=\lim\limits_{\Delta x\to 0}\dfrac{2\cos\dfrac{x+\Delta x+x}{2}\sin\dfrac{x+\Delta x-x}{2}}{\Delta x}$

$=\lim\limits_{\Delta x\to 0}\dfrac{2\cos\dfrac{2x+\Delta x}{2}\sin\dfrac{\Delta x}{2}}{\Delta x}=\lim\limits_{\Delta x\to 0}\dfrac{\sin\dfrac{\Delta x}{2}}{\dfrac{\Delta x}{2}}\cdot\lim\limits_{\Delta x\to 0}\cos\dfrac{2x+\Delta x}{2}=1\cdot\cos x=\cos x$.

类似可证 $(\cos x)'=-\sin x$.

(2) 对恒等式 $\sin 2x=2\sin x\cos x$ 两边求导，得

$$2\cos 2x=2(\sin x)'\cos x+2\sin x(\cos x)'=2\cos^2 x-2\sin^2 x,$$

即有 $\cos 2x=\cos^2 x-\sin^2 x$. 反之类似可证.

说明： (1) 借助于信息技术所呈现的表格或图像，我们可直观地获得对 $\lim\limits_{x\to 0}\dfrac{\sin x}{x}=1$ 的认知，进而可由此初步体会弧度制的优越性. (2) 本例体现了正弦与余弦之间的"亲密"关系，其实余弦函数可看作以正弦函数为外函数、一次函数为内函数的复合函数，反之亦然. (3) 用函数的观点，借助以导数概念为核心的微积分方法可获得很多三角恒等式的另样证明，会让我们收获一些全新的感受.

例 2　求下列各函数的导数：(1) $y=\sqrt[3]{x\sqrt{x}}$；(2) $y=\ln\sqrt{\dfrac{x-1}{x+1}}$.

分析：可先对函数进行代数运算将函数化简后，再用运算法则及基本求导公式进行求导运算.

解：(1) 因为 $y=\sqrt[3]{x\sqrt{x}}=x^{\frac{1}{3}}x^{\frac{1}{6}}=x^{\frac{1}{2}}$，所以 $y'=(x^{\frac{1}{2}})'=\frac{1}{2\sqrt{x}}$.

(2) 因为 $y=\ln\sqrt{\frac{x-1}{x+1}}=\frac{1}{2}[\ln(x-1)-\ln(x+1)]$，所以 $y'=\frac{1}{2}\left(\frac{1}{x-1}-\frac{1}{x+1}\right)=\frac{1}{x^2-1}$.

说明：求给定表达式的函数的导数时，常通过代数变形将其表达为基本初等函数的运算结果，再使用求导法则实施计算.

例3　设函数 $y=f(x)$ 的定义域为所有非零实数的全体，对任何非零实数 x、y 均有 $f(xy)=f(x)+f(y)$，且 $f'(1)$ 存在，试讨论 $f'(x)$ 还在哪些点处存在并求出 $f'(x)$.

分析：由于本题中函数 $f(x)$ 的解析式未知，故而无法直接利用导数的运算法则.宜返璞归真，从已知条件出发，利用导数的定义寻求突破.

解：由 $f(xy)=f(x)+f(y)$，可得 $f(y)=f(1)+f(y)$，故 $f(1)=0$，从而对任意不为零的实数 x，有

$$\begin{aligned}\frac{\Delta y}{\Delta x}&=\frac{f(x+\Delta x)-f(x)}{\Delta x}=\frac{f\left[x\left(1+\frac{\Delta x}{x}\right)\right]-f(x)}{\Delta x}\\&=\frac{f(x)+f\left(1+\frac{\Delta x}{x}\right)-f(x)}{\Delta x}=\frac{f\left(1+\frac{\Delta x}{x}\right)-f(1)}{\Delta x}\\&=\frac{f\left(1+\frac{\Delta x}{x}\right)-f(1)}{\frac{\Delta x}{x}}\cdot\frac{1}{x}\to\frac{f'(1)}{x},\ (\Delta x\to 0)\end{aligned}$$

即 $f'(x)=\frac{f'(1)}{x}$.

说明：基本初等函数的导函数以及导数的运算法则都是利用导数的定义与极限的运算性质推导出来的，因此回归定义是最本源的方法.以下类似问题作为思考题留给读者：设函数 $y=f(x)$ 的定义域为全体实数，对任何实数 x、y 恒有 $f(x+y)=f(x)+f(y)+2xy$，且 $f'(0)$ 存在，试求 $f'(x)$.

【变式练习二】

1. 用定义法证明：$(\sqrt[3]{x^2})'=\frac{2}{3}x^{-\frac{1}{3}}$.

2. 求下列函数的导数：

(1) $y=(2x-1)^2(2-3x)^3$；　　(2) $y=(3x+2)\sin 5x$；

(3) $y=\mathrm{e}^{2x}\cos 3x$；　　(4) $y=2^x\log_3(4x-1)$.

3. 试用 $f(x)$ 及 $f(x)$ 的导数 $f'(x)$ 表示 $[f(x)+3]^2$ 的导数.

三、导数在研究函数中的应用

【知识概述】

本节以导数的定义和运算作为学习的基础，以函数单调性的判定、极值与最值的求法作为研究的主要对象，常见的问题有"判断函数的单调性""求函数的极值或最值"等，其中判断函数的单调性是基础.问题求解中新旧方法的比较常常给我们这样的体会：导数是研究函数性质通用和便捷的工具，它不仅可以解决很多以前令我们束手无策的函数，对早已熟悉的函数本身与数形结合的思想也会获得新的认识.

【本质提炼】

用导数的符号判断函数的单调性，是以函数在区间内点的瞬时变化率刻画函数值在区间上的整体变化.

极值出现在单调性发生改变的时刻，是函数在定义域内某点附近的局部性质；最值反映了函数在定义域上的整体情况.

【基本模型】

1. 有关单调性、极值、最值的一般结论：

(1) 函数单调性判定定理：在区间 I 上，若 $f'(x)>0$，则函数 $y=f(x)$ 在该区间上是严格增函数；若 $f'(x)<0$，则函数 $y=f(x)$ 在该区间上是严格减函数.

(2) 可导函数的极值点是其导函数的零点.求函数极值的基本步骤：① 确定函数的定义域；② 求方程 $f'(x)=0$ 的根，即函数 $y=f(x)$ 的驻点；③ 检查这些根的左右两侧的符号，确定极值点，求出极值.(最好通过列表法)

(3) 任何初等函数在其定义区间上都是连续函数，闭区间上的连续函数都有最大值和最小值.求函数 $y=f(x)$ 在区间 $[a, b]$ 上的最大(小)值的基本步骤：① 求 $f(x)$ 在区间 (a, b) 上的极值；② 将 $f(x)$ 的各极值与间端点处的函数值 $f(a)$、$f(b)$ 作比较，其中最大的一个是最大值，最小的一个是最小值.

基本初等函数是指常量函数、幂函数、指数函数、对数函数、三角函数、反三角函数.由基本初等函数经过有限次四则运算及复合运算所得的函数称为初等函数.

2. 一元二次函数的相关性质(仅给出 $a>0$ 情形下的结论):

函数 $y=ax^2+bx+c\ (a>0)$ 的单调减区间为 $\left(-\infty,-\frac{b}{2a}\right)$,单调增区间为 $\left(-\frac{b}{2a},+\infty\right)$. 在 $x_0=-\frac{b}{2a}$ 处取得极小值 $\frac{4ac-b^2}{4a}$. 这个极小值也是该函数在区间 $(-\infty,+\infty)$ 上的最小值.

当 $\Delta=b^2-4ac>0$ 时,不等式 $ax^2+bx+c\geqslant 0$ 的解集为 $\left(-\infty,\frac{-b-\sqrt{b^2-4ac}}{2a}\right]\cup\left[\frac{-b+\sqrt{b^2-4ac}}{2a},+\infty\right)$;当 $\Delta\leqslant 0$ 时,该不等式的解集为 $\mathbf{R}$.

3. 一元三次函数的相关性质(仅给出 $a>0$ 情形下的结论):

设 $F(x)=ax^3+bx^2+cx+d\ (a>0)$,则 $F'(x)=3ax^2+2bx+c$ 是二次函数,记 $\Delta=(2b)^2-4\cdot 3a\cdot c=4(b^2-3a\cdot c)$. 可能有三种情形:

情形 1　当 $b^2-3ac<0$ 时,函数 $F'(x)$ 没有零点且在区间 $(-\infty,+\infty)$ 上恒正,$y=F(x)$ 在区间 $(-\infty,+\infty)$ 上是严格增函数.

情形 2　当 $b^2-3ac=0$ 时,函数 $F'(x)$ 有一个零点 $x=\omega$,$F'(x)$ 在区间 $(-\infty,\omega)\cup(\omega,+\infty)$ 上恒正,$y=F(x)$ 在区间 $(-\infty,+\infty)$ 上是严格增函数.

情形 3　当 $b^2-3ac>0$ 时,函数 $F'(x)$ 有两个零点 $x=u$ 和 $x=v$,设 $u<v$. $F'(x)$ 在区间 $(-\infty,u)$ 和区间 $(v,+\infty)$ 上为正,在区间 (u,v) 上为负.对应地,$y=F(x)$ 在区间 $(-\infty,u)$ 上是严格增函数,在区间 (u,v) 上是严格减函数,在区间 $(v,+\infty)$ 上是严格增函数.从而 $y=F(x)$ 在 $x=u$ 处取极大值,在 $x=v$ 处取极小值.

需要指出的是,探索一元三次函数性质的方法只不过是上述一般结论的直接应用,也适用于其他可求导的函数.因此,重要的是方法,三次函数的这些结论不必记忆.

例 1　已知 $f(x)=x-\frac{2}{x}+a(2-\ln x)\ (a>0)$,讨论函数 $y=f(x)$ 的单调性.

分析: 显然,本题用函数单调性的定义求解已无法奏效,而导数工具却能轻松应对.

解: $y=f(x)$ 的定义域是 $(0,+\infty)$,$f'(x)=1+\frac{2}{x^2}-\frac{a}{x}=\frac{x^2-ax+2}{x^2}$. 设

$g(x)=x^2-ax+2$，二次方程 $g(x)=0$ 的判别式 $\Delta=a^2-8$.

当 $\Delta=a^2-8<0$，即 $0<a<2\sqrt{2}$ 时，对一切 $x>0$ 都有 $f'(x)>0$，此时 $y=f(x)$ 在区间 $(0,+\infty)$ 上是增函数.

当 $\Delta=a^2-8=0$，即 $a=2\sqrt{2}$ 时，仅对 $x=\sqrt{2}$ 有 $f'(x)=0$，对其余的 $x>0$ 都有 $f'(x)>0$，此时 $y=f(x)$ 在区间 $(0,+\infty)$ 上也是增函数.

当 $\Delta=a^2-8>0$，即 $a>2\sqrt{2}$ 时，方程 $g(x)=0$ 有两个不同的实根 $x_1=\dfrac{a-\sqrt{a^2-8}}{2}$，$x_2=\dfrac{a+\sqrt{a^2-8}}{2}$，$0<x_1<x_2$.

表 8-1

x	$(0, x_1)$	x_1	(x_1, x_2)	x_2	$(x_2, +\infty)$
$f'(x)$	+	0	−	0	+
$f(x)$	单调递增	极大	单调递减	极小	单调递增

此时 $y=f(x)$ 在区间 $\left(0,\dfrac{a-\sqrt{a^2-8}}{2}\right)$ 上是增函数，在区间 $\left(\dfrac{a-\sqrt{a^2-8}}{2},\dfrac{a+\sqrt{a^2-8}}{2}\right)$ 上是减函数，在区间 $\left(\dfrac{a+\sqrt{a^2-8}}{2},+\infty\right)$ 上是增函数.

说明： 本题主要考查函数的定义域，利用导数等知识研究函数的单调性，考查分类讨论的思想方法和运算求解的能力.

例 2　设函数 $y=2x^3+3ax^2+3bx+8c$ 在 $x=1$ 及 $x=2$ 时取得极值.

(1) 求 a、b 的值；

(2) 若对于任意的 $x\in[0,3]$，都有 $y<c^2$ 成立，求 c 的取值范围.

分析： 根据可导函数的极值点是导函数的零点可知，(1)可转化为解方程组问题. 而含参不等式恒成立问题常通过参变分离转化为函数最值问题.

解： (1) 记 $f(x)=2x^3+3ax^2+3bx+8c$，则 $f'(x)=6x^2+6ax+3b$. 由函数 $y=f(x)$ 在 $x=1$ 及 $x=2$ 取得极值，则有 $f'(1)=0$，$f'(2)=0$，即 $\begin{cases}6+6a+3b=0,\\24+12a+3b=0,\end{cases}$ 解得 $a=-3$，$b=4$.

(2) 由(1)可知，$f(x)=2x^3-9x^2+12x+8c$，则

$$f'(x)=6x^2-18x+12=6(x-1)(x-2).$$

当 $x\in(0,1)$ 时，$f'(x)>0$；当 $x\in(1,2)$ 时，$f'(x)<0$；当 $x\in(2,3)$ 时，$f'(x)>0$.

所以，当 $x=1$ 时，$f(x)$ 取得极大值 $f(1)=5+8c$. 又 $f(0)=8c$，$f(3)=9+8c$. 则当 $x\in[0,3]$ 时，$f(x)$ 的最大值为 $f(3)=9+8c$.

因为对于任意的 $x\in[0,3]$，有 $f(x)<c^2$ 恒成立，所以 $9+8c<c^2$，解得 $c<-1$ 或 $c>9$，因此 c 的取值范围为 $(-\infty,-1)\cup(9,+\infty)$.

说明：本题主要考查利用导数等知识研究函数的极值与最值.可以发现，在导数这种工具的作用下，可以很方便地把问题转化为简单的解方程组、实数之间的比较大小等问题.

例3　已知 $f(x)=a^x$，$g(x)=\log_a x$，其中 $a>1$.

(1) 求函数 $y=f(x)-x\ln a$ 的单调区间；

(2) 若曲线 $y=f(x)$ 在点 $(x_1,f(x_1))$ 处的切线与曲线 $y=g(x)$ 在点 $(x_2,g(x_2))$ 处的切线平行，证明：$x_1+g(x_2)=-\dfrac{2\ln\ln a}{\ln a}$；

(3) 证明：当 $a\geqslant e^{\frac{1}{e}}$ 时，存在直线 l，使 l 是曲线 $y=f(x)$ 的切线，也是曲线 $y=g(x)$ 的切线.

分析：本题比较综合，需在导数统领下，调用代数与几何中的大量知识，在函数与方程之间灵活转化，善于借助图像直观理解、运用代数对象的含义与作用是解题关键.

解：(1) 记 $h(x)=f(x)-x\ln a$，则由已知，得 $h(x)=a^x-x\ln a$，有 $h'(x)=a^x\ln a-\ln a$.

令 $h'(x)=0$，解得 $x=0$.

由 $a>1$，可知当 x 变化时，$h'(x)$、$h(x)$ 的变化情况如下表：

表 8-2

x	$(-\infty,0)$	0	$(0,+\infty)$
$h'(x)$	$-$	0	$+$
$h(x)$	↘	极小值	↗

所以，函数 $y=h(x)$ 的单调递减区间为 $(-\infty,0)$，单调递增区间为 $(0,+\infty)$.

(2) 证明：由 $f'(x)=a^x\ln a$，可得曲线 $y=f(x)$ 在点 $(x_1,f(x_1))$ 处的切线斜率为 $a^{x_1}\ln a$.

由 $g'(x)=\dfrac{1}{x\ln a}$，可得曲线 $y=g(x)$ 在点 $(x_2,\ g(x_2))$ 处的切线斜率为 $\dfrac{1}{x_2\ln a}$.

因为这两条切线平行,故有 $a^{x_1}\ln a=\dfrac{1}{x_2\ln a}$，即 $x_2a^{x_1}(\ln a)^2=1$.

两边取以 a 为底的对数,得 $\log_a x_2+x_1+2\log_2\ln a=0$，所以 $x_1+g(x_2)=-\dfrac{2\ln\ln a}{\ln a}$.

(3) 证明：曲线 $y=f(x)$ 在点 $(x_1,\ a^{x_1})$ 处的切线 l_1：$y-a^{x_1}=a^{x_1}\ln a\cdot(x-x_1)$.

曲线 $y=g(x)$ 在点 $(x_2,\ \log_a x_2)$ 处的切线 l_2：$y-\log_a x_2=\dfrac{1}{x_2\ln a}\cdot(x-x_2)$.

要证明当 $a\geqslant e^{\frac{1}{e}}$ 时,存在直线 l,使得 l 是曲线 $y=f(x)$ 的切线,也是曲线 $y=g(x)$ 的切线,只需证明当 $a\geqslant e^{\frac{1}{e}}$ 时,存在 $x_1\in(-\infty,\ +\infty)$，$x_2\in(0,\ +\infty)$，使得 l_1 和 l_2 重合.即只需证明当 $a\geqslant e^{\frac{1}{e}}$ 时,方程组

$$\begin{cases} a^{x_1}\ln a=\dfrac{1}{x_2\ln a}, & ① \\ a^{x_1}-x_1a^{x_1}\ln a=\log_a x_2-\dfrac{1}{\ln a} & ② \end{cases}$$

有解,

由①,得 $x_2=\dfrac{1}{a^{x_1}(\ln a)^2}$，代入②,得

$$a^{x_1}-x_1a^{x_1}\ln a+x_1+\frac{1}{\ln a}+\frac{2\ln\ln a}{\ln a}=0. \qquad ③$$

因此,只需证明当 $a\geqslant e^{\frac{1}{e}}$ 时,关于 x_1 的方程③有实数解.

设 $u(x)=a^x-xa^x\ln a+x+\dfrac{1}{\ln a}+\dfrac{2\ln\ln a}{\ln a}$，即要证明当 $a\geqslant e^{\frac{1}{e}}$ 时,函数 $y=u(x)$ 存在零点.

$u'(x)=1-(\ln a)^2xa^x$，可知 $x\in(-\infty,\ 0)$ 时，$u'(x)>0$；$x\in(0,\ +\infty)$ 时，$u'(x)$ 单调递减.又 $u'(0)=1>0$，$u'\left[\dfrac{1}{(\ln a)^2}\right]=1-a^{\frac{1}{(\ln a)^2}}<0$，故存在唯一的 x_0，且 $x_0>0$，使得 $u'(x_0)=0$，即 $1-(\ln a)^2x_0a^{x_0}=0$.

由此可得 $y=u(x)$ 在区间 $(-\infty, x_0)$ 上单调递增,在区间 $(x_0, +\infty)$ 上单调递减;$y=u(x)$ 在 $x=x_0$ 处取得极大值 $u(x_0)$.

因为 $a \geqslant e^{\frac{1}{e}}$,故 $\ln(\ln a) \geqslant -1$,所以

$$\begin{aligned} u(x_0) &= a^{x_0} - x_0 a^{x_0} \ln a + x_0 + \frac{1}{\ln a} + \frac{2\ln\ln a}{\ln a} \\ &= \frac{1}{x_0 (\ln a)^2} + x_0 + \frac{2\ln\ln a}{\ln a} \geqslant \frac{2+2\ln\ln a}{\ln a} \geqslant 0. \end{aligned}$$

下面证明存在实数 t,使得 $u(t)<0$.

由(1),可得 $a^x \geqslant 1+x\ln a$,当 $x > \frac{1}{\ln a}$ 时,有

$$\begin{aligned} u(x) &\leqslant (1+x\ln a)(1-x\ln a) + x + \frac{1}{\ln a} + \frac{2\ln\ln a}{\ln a} \\ &= -(\ln a)^2 x^2 + x + 1 + \frac{1}{\ln a} + \frac{2\ln\ln a}{\ln a}. \end{aligned}$$

所以,存在实数 t,使得 $u(t)<0$.

因此,当 $a \geqslant e^{\frac{1}{e}}$ 时,存在 $x_1 \in (-\infty, +\infty)$,使得 $u(x_1)=0$.

所以,当 $a \geqslant e^{\frac{1}{e}}$ 时,存在直线 l,使 l 是曲线 $y=f(x)$ 的切线,也是曲线 $y=g(x)$ 的切线.

说明: 本题主要考查导数的运算、导数的几何意义、运用导数研究指数函数与对数函数的性质等基础知识和方法.考查函数与方程思想、化归思想.考查抽象概括能力、综合分析问题和解决问题的能力.

【变式练习三】

1. 已知 $f(x)=\frac{2x-b}{(x-1)^2}$,求函数 $y=f(x)$的导函数 $f'(x)$,并确定函数 $y=f(x)$ 的单调区间.

2. 设 $f(x)=tx^2+2t^2x+t-1$ $(x\in \mathbf{R}, t>0)$.

(1) 求函数 $y=f(x)$ 的最小值 $h(t)$;

(2) 若 $h(t)<-2t+m$ 对 $t\in(0, 2)$ 恒成立,求实数 m 的取值范围.

3. 已知 $f(x)=\ln(ax+1)+\frac{1-x}{1+x}$, $x\geqslant 0$,其中 $a>0$.

(1) 若函数 $y=f(x)$ 在 $x=1$ 处取得极值,求 a 的值;

(2) 求函数 $y=f(x)$ 的单调区间;

(3) 若函数 $y=f(x)$ 的最小值为 1,求 a 的取值范围.

四、利用导数解决实际问题

【知识概述】

数学应用价值的渗透贯穿整个高中数学教学,导数的应用是其中的一部分.本节安排在学生学完导数的概念及导数在函数中的应用之后,意在体会导数的实际应用价值的同时,渗透数学建模思想.本节呈现了建模后以导数为工具求解生活中的一些用料最省、利润最大、效率最高等问题的过程.

【本质提炼】

生活中的优化问题通常可以转化为求函数的最值问题,导数是求函数最值问题的强有力工具.

【基本模型】

1. 解决优化问题的基本思路:

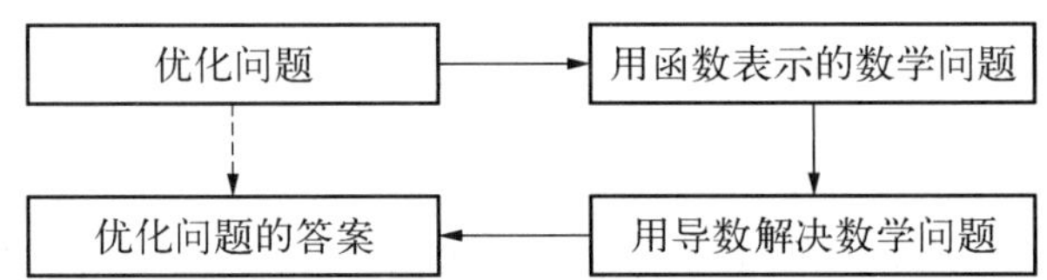

2. 用导数法求解生活中的优化问题的主要步骤:(1) 列出实际问题的数学模型,写出实际问题与变量之间的函数关系 $y=f(x)$;(2) 求函数的导数 $f'(x)$,解方程 $f'(x)=0$;(3) 比较函数在区间端点和使 $f'(x)=0$ 的点的取值大小,最大(小)者为最大(小)值;(4) 根据实际问题的意义给出答案.

例 1　某电子公司开发一种智能手机的配件,每个配件的成本是 15 元,销售价是 20 元,月平均销售 a 件.通过改进工艺,每个配件的成本不变,质量和技术含金量提高.市场分析的结果表明,如果每个配件的销售价提高的百分率为 x $(0<x<1)$,那么月平均销售量减少的百分率为 x^2. 记改进工艺后电子公司销售该配件的月平均利润是 y(元).

(1) 写出 y 与 x 的函数关系式;

(2) 改进工艺后,试确定该智能手机配件的售价,使电子公司销售该配件的月平均利润最大.

分析: 分析理解题意进而建立函数模型的过程并不陌生,关键是对函数模型的求解需要以导数为工具.严格按照上一节介绍的求最值的步骤即可顺利获解.

解：(1) 改进工艺后，每个配件的销售价为 $20(1+x)$，月平均销售量为 $a(1-x^2)$ 件，则月平均利润 $y=a(1-x^2)[20(1+x)-15]$，所以 y 与 x 的函数关系式为 $y=5a(1+4x-x^2-4x^3)(0<x<1)$.

(2) 由 $y'=5a(4-2x-12x^2)=0$，得 $x_1=\dfrac{1}{2}$，$x_2=-\dfrac{2}{3}$（舍去）.

当 $0<x<\dfrac{1}{2}$ 时，$y'>0$；当 $\dfrac{1}{2}<x<1$ 时，$y'<0$. 所以函数 $y=5a(1+4x-x^2-4x^3)$ $(0<x<1)$ 在 $x=\dfrac{1}{2}$ 处取得最大值.故改进工艺后，每个配件的销售价为 $20\left(1+\dfrac{1}{2}\right)=30$ 元时，该电子公司销售该配件的月平均利润最大.

说明：解决实际应用问题首先要弄清题意，分清条件和结论，理顺数量关系，初步选择数学模型，然后将自然语言转化为数学语言，将文字语言转化为符号语言，利用数学知识，建立相应的数学模型；继而运用处理纯粹数学问题的工具求解即可.

例 2　圆柱形金属饮料罐的容积一定时，它的高与半径应怎样选择，才能使所用材料最省？

分析：本例显然属于“条件最值问题”，通过消元归一可转化为一元函数.运用导数即可求解.

解：设圆柱的高为 h，底半径为 R，则表面积 $S=2\pi Rh+2\pi R^2$.

由 $V=\pi R^2 h$，得 $h=\dfrac{V}{\pi R^2}$，因此 $S(R)=2\pi R\cdot\dfrac{V}{\pi R^2}+2\pi R^2=\dfrac{2V}{R}+2\pi R^2$，$R>0$.

令 $S'(R)=-\dfrac{2V}{R^2}+4\pi R=0$，解得 $R=\sqrt[3]{\dfrac{V}{2\pi}}$.

当 $R\in\left(0,\sqrt[3]{\dfrac{V}{2\pi}}\right)$ 时，$S'(R)<0$；当 $R\in\left(\sqrt[3]{\dfrac{V}{2\pi}},+\infty\right)$ 时，$S'(R)>0$.

因此，$R=\sqrt[3]{\dfrac{V}{2\pi}}$ 是函数 $S(R)$ 的极小值，也是最小值点.此时

$$h=\frac{V}{\pi R^2}=2\sqrt[3]{\frac{V}{2\pi}}=2R.$$

答：当罐高与底面直径相等时，所用材料最省.

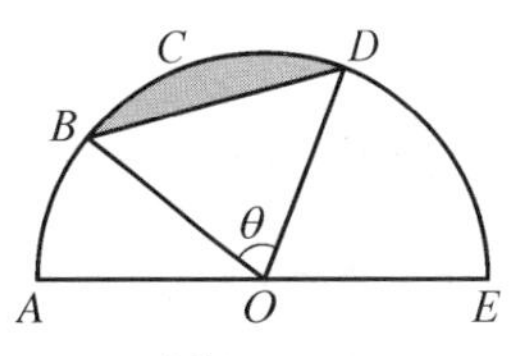

图 8-2-1

例 3　某中学新校区内有一块以 O 为圆心，R（单位：米）为半径的半圆形荒地(图 8-2-1)，校总务处计划对其开发

利用，其中弓形 BCD 区域(阴影部分)用于种植观赏植物，$\triangle OBD$ 区域用于种植花卉出售，其余区域用于种植草皮出售.已知种植观赏植物的成本是每平方米 20 元，种植花卉的利润是每平方米 80 元，种植草皮的利润是每平方米 30 元.

(1) 设 $\angle BOD=\theta$ (单位：弧度)，用 θ 表示弓形 BCD 的面积 $S_{弓}=f(\theta)$.

(2) 如果该校总务处邀请你规划这块土地，如何设计 $\angle BOD$ 的大小才能使总利润最大？请求出该最大值.

分析：解决本题的关键是将实际问题转化为函数问题.接下来利用导数研究该函数在给定区间上的性质即可.

解：(1) 扇形 BOD 的面积 $S_{扇}=\frac{1}{2}R^2\theta$，$S_{\triangle BOD}=\frac{1}{2}R^2\sin\theta$，

$$S_{弓}=f(\theta)=S_{扇}-S_{\triangle BOD}=\frac{1}{2}R^2(\theta-\sin\theta).$$

(2) 设总利润为 y 元，种植草皮利润为 y_1 元，种植花卉利润为 y_2 元，种植学校观赏植物成本为 y_3 元，则

$$y_1=30\left(\frac{1}{2}\pi R^2-\frac{1}{2}R^2\theta\right),\ y_2=80\times\frac{1}{2}R^2\sin\theta,\ y_3=20\times\frac{1}{2}R^2(\theta-\sin\theta).$$

$$\begin{aligned}y&=y_1+y_2-y_3\\&=30\left(\frac{1}{2}\pi R^2-\frac{1}{2}R^2\theta\right)+80\times\frac{1}{2}R^2\sin\theta-20\times\frac{1}{2}R^2(\theta-\sin\theta).\\&=5R^2[3\pi-(5\theta-10\sin\theta)].\end{aligned}$$

设 $g(\theta)=5\theta-10\sin\theta$，$\theta\in(0,\pi)$，则 $g'(\theta)=5-10\cos\theta$. 令 $g'(\theta)=0$，得 $\theta=\frac{\pi}{3}$. 当 $\theta\in\left(0,\frac{\pi}{3}\right)$ 时，$g'(\theta)<0$，$g(\theta)$ 单调递减；当 $\theta\in\left(\frac{\pi}{3},\pi\right)$ 时，$g'(\theta)>0$，$g(\theta)$ 单调递增.

所以当 $\theta=\frac{\pi}{3}$ 时，$g(\theta)$ 取得极小值，也就是最小值为 $g\left(\frac{\pi}{3}\right)=\frac{5\pi}{3}-5\sqrt{3}$，此时总利润最大，最大总利润为 $y=5R^2\left[3\pi-\left(\frac{5\pi}{3}-5\sqrt{3}\right)\right]=5R^2\left(\frac{4\pi}{3}+5\sqrt{3}\right)$. 所以，当扇形的圆心角为 $\frac{\pi}{3}$ 时，总利润取得最大值为 $5R^2\left(\frac{4\pi}{3}+5\sqrt{3}\right)$ 元.

说明：本题主要考查阅读能力及建模能力，利用导数研究函数的单调性，属于难题.与实际应用相结合的题型也是高考命题的动向，这类问题的特点是通过现实生活

的事例考查书本知识,解决这类问题的关键是耐心读题、仔细理解题,只有吃透题意,才能将实际问题转化为数学模型进行解答.本例出现的函数模型若无导数作为工具,采用列表、描点等方法将只能获得问题的近似解.

【变式练习四】

1. 用长为 18 m 的钢条围成一个长方体形状的框架,要求长方体的长与宽之比为 2∶1,问:该长方体的长、宽、高各为多少时,其体积最大?最大体积是多少?

2. (2016 江苏高考)现需要设计一个仓库,它由上下两部分组成,上部分的形状是正四棱锥 $P\text{-}A_1B_1C_1D_1$,下部分的形状是正四棱柱 $ABCD\text{-}A_1B_1C_1D_1$(如图所示),并要求正四棱柱的高 O_1O 是正四棱锥的高 PO_1 的 4 倍.

(1) 若 $AB=6$ m,$PO_1=2$ m,则仓库的容积是多少?

(2) 若正四棱柱的侧棱长为 6 m,则当 PO_1 为多少时,仓库的容积最大?

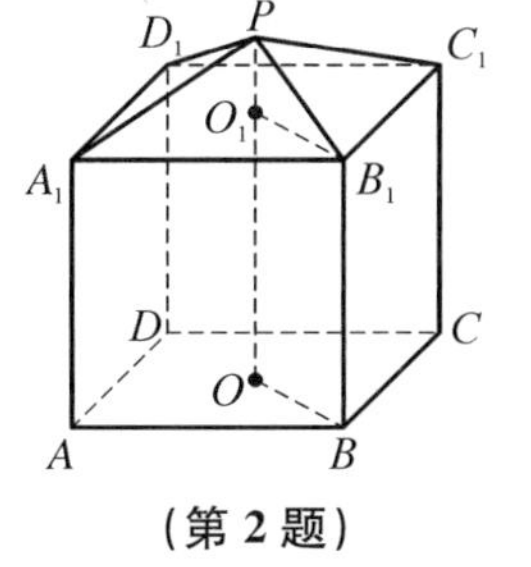

(第 2 题)

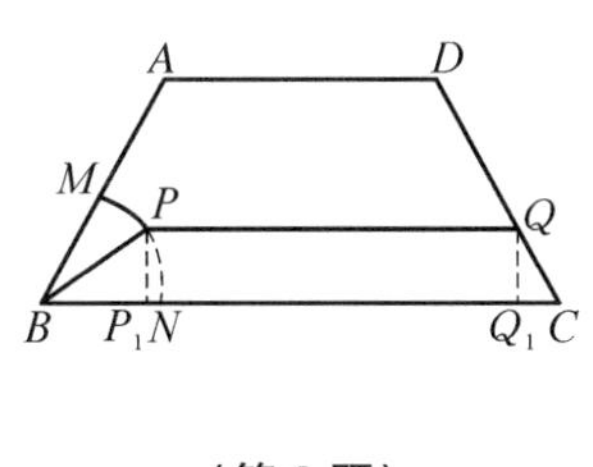

(第 3 题)

3. 如图,某公园中间有一块等腰梯形状绿化区 $ABCD$,AB、CD 的长度相等,均为 2 百米,BC 的长度为 4 百米,其中 BMN 是半径为 1 百米的扇形,$\angle ABC=\frac{\pi}{3}$. 管理部门欲在绿化区 $ABCD$ 中修建从 M 到 C 的观赏小路"弧 $MP\text{-}PQ\text{-}QC$",其中 P 为弧 MN 上异于 M、N 的一点,小路 PQ 与 BC 平行.设 $\angle PBC=\theta$.

(1) 用 θ 表示 PQ 的长度,并写出 θ 的范围;

(2) 当 θ 取何值时,才能使得修建的观赏小路"弧 $MP\text{-}PQ\text{-}QC$"的总长最短?请说明理由.

单元测试题

1. 在高台跳水运动中,t s 时运动员相对于水面的高度是 $h(t)=-4.9t^2+6.5t+10$(单位:m),求高台跳水运动中运动员在 $t=1$ s 时的瞬时速度,并解释此时的运动状况.

2. 设 l 是 $y=\frac{1}{x}$ 图像的一条切线,求证:l 与坐标轴所围成的三角形的面积与切点无关.

3. 设函数 $f(x)=x\mathrm{e}^{kx}(k\neq 0)$，若函数 $f(x)$ 在区间 $(-1,1)$ 上单调递增，求 k 的取值范围.

4. 某粮库拟建一个储粮仓如图所示，其下部是高为 2 的圆柱，上部是母线长为 2 的圆锥，现要设计其底面半径和上部圆锥的高.若设圆锥的高 AO_1 为 x，储粮仓的体积为 y. 问：当 x 为何值时，储粮仓的体积 y 最大？

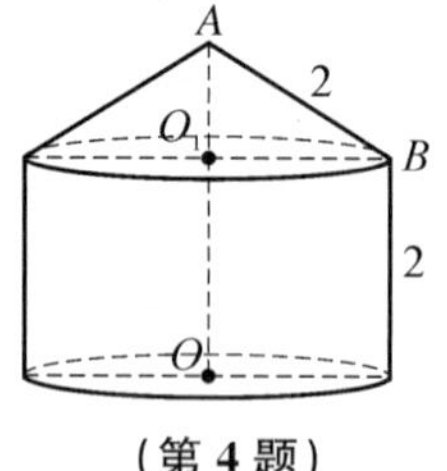

(第 4 题)

5. 设 $f(x)=-x(x-a)^2(x\in\mathbf{R})$，其中 $a\in\mathbf{R}$.

(1) 当 $a=1$ 时，求曲线 $y=f(x)$ 在点 $(2,f(2))$ 处的切线方程；

(2) 当 $a\neq 0$ 时，求函数 $y=f(x)$ 的极大值和极小值；

(3) 当 $a>3$ 时，证明：存在 $k\in[-1,0]$，使得不等式 $f(k-\cos x)\geqslant f(k^2-\cos^2 x)$ 对任意的 $x\in\mathbf{R}$ 恒成立.

第九章
几何与代数(选择性必修)核心知识的认知与教学

本章是几何与代数选择性必修部分,包括空间向量与解析几何内容.

第一节　空间向量及其应用

空间向量是用代数方法解决几何问题的一种重要工具,也是几何代数化的体现.在学生完成了“空间直线与平面”“简单几何体”的学习内容后,空间向量的引入让学生从另一个角度理解空间知识、解决空间立体几何问题.

本节知识在学习平面向量基础上,将平面向量相关概念、性质、定理推广到空间.通过建立空间直角坐标系,利用空间向量的坐标运算研究空间直线、平面的位置关系和度量关系.本节内容设计为两个单元,第一单元为“空间向量基本定理及坐标表示”;第二单元为“空间向量在立体几何中的应用”.

第一单元　空间向量基本定理及坐标表示

单元教学目标

1. 理解空间向量共面的充要条件，理解空间向量分解定理.
2. 会建立空间直角坐标系,能用坐标表示向量.
3. 掌握空间向量的线性运算、实数与向量相乘及数量积的坐标表示.
4. 掌握向量垂直和平行关系的坐标表示.

单元教学安排

本单元的教学建议课时数及具体分配如下.

单　元　内　容	课　　时
空间向量基本定理	2
空间向量的坐标表示	3

单元教学内容

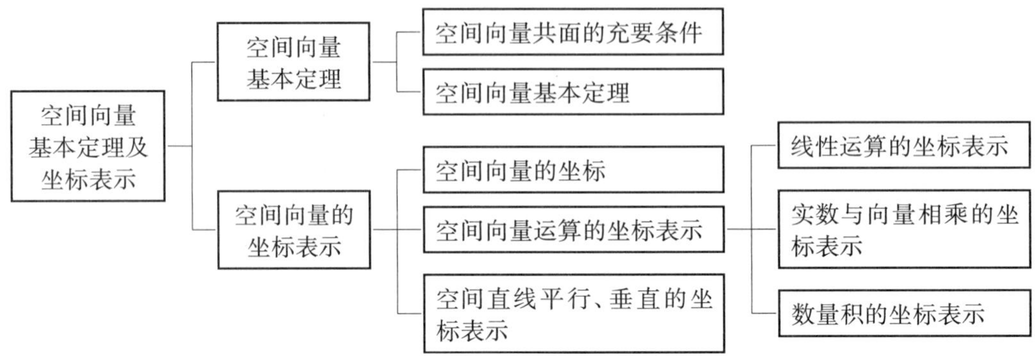

单元教学实施

本单元的教学建议先复习平面向量的相关概念、运算法则和坐标表示方法.通过类比引导学生在已有知识的基础上获得空间向量的概念及相关定理.

类比平面向量坐标的定义,通过建立空间直角坐标系让学生掌握空间向量的坐标.在平面向量运算的坐标表示的相关结论基础上,以任务驱动的方式引导学生自主探究获取空间向量运算的坐标表示.

一、空间向量基本定理

【知识概述】

在空间,平面向量基本定理是向量共面的充要条件,而空间向量基本定理恰是平面向量基本定理的推广.向量基本定理是向量正交分解的理论依据,也是向量坐标表示的基础.空间向量的坐标正是在此基础上得到的.向量的坐标表示是空间向量分解定理的具体应用.

【本质提炼】

空间任意三个不共面的向量的线性组合的结果是向量,空间任一向量也可以分解为三个不共面向量的线性组合,即空间任意一个向量都可被“基向量”唯一表示.空间向量基本定理将向量与有序数对建立了一一对应.

【基本模型】

1. 向量共面的充要条件：如果 $\vec{e_1}$ 与 $\vec{e_2}$ 是两个不平行的向量，那么空间中的向量 $\vec{a}$ 与 $\vec{e_1}$、$\vec{e_2}$ 共面的充要条件是存在唯一的一对实数 λ 和 μ 使得 $\vec{a}=\lambda\vec{e_1}+\mu\vec{e_2}$.

2. 空间向量基本定理：如果 $\vec{e_1}$、$\vec{e_2}$ 与 $\vec{e_3}$ 是不共面的向量，那么对空间中任意一个 $\vec{a}$，存在唯一的一组实数 λ、μ 与 v，使得 $\vec{a}=\lambda\vec{e_1}+\mu\vec{e_2}+v\vec{e_3}$. $\vec{a}$ 称为 $\vec{e_1}$、$\vec{e_2}$ 和 $\vec{e_3}$ 的一个线性组合. $\vec{e_1}$、$\vec{e_2}$ 与 $\vec{e_3}$ 也称为一组"基向量".

例 1　已知 A、B、C 三点不共线，对平面外任一点 O，满足条件 $\overrightarrow{OP}=\frac{1}{5}\overrightarrow{OA}+\frac{2}{5}\overrightarrow{OB}+\frac{2}{5}\overrightarrow{OC}$，试判断点 P 与 A、B、C 是否一定共面.

分析： A、B、C 是不共线的三点，所以 A、B、C 可以构成一组基向量. 根据向量共面的充要条件，只要通过向量的运算将 $\overrightarrow{AP}$ 表示成 $\overrightarrow{AB}$、$\overrightarrow{AC}$ 的线性组合，就能得到四点共面.

解： 因为 $5\overrightarrow{OP}=\overrightarrow{OA}+2\overrightarrow{OB}+2\overrightarrow{OC}$，所以

$$\overrightarrow{OP}-\overrightarrow{OA}=2(\overrightarrow{OB}-\overrightarrow{OP})+2(\overrightarrow{OC}-\overrightarrow{OP}),$$
$$\overrightarrow{AP}=2\overrightarrow{PB}+2\overrightarrow{PC},$$
$$\overrightarrow{AP}=2(\overrightarrow{PA}+\overrightarrow{AB})+2(\overrightarrow{PA}+\overrightarrow{AC})=4\overrightarrow{PA}+2\overrightarrow{AB}+2\overrightarrow{AC}.$$

所以 $5\overrightarrow{AP}=2\overrightarrow{AB}+2\overrightarrow{AC}$，$\overrightarrow{AP}=\frac{2}{5}\overrightarrow{AB}+\frac{2}{5}\overrightarrow{AC}$.

由向量共面充要条件，可知 $\overrightarrow{AP}$、$\overrightarrow{AB}$ 和 $\overrightarrow{AC}$ 共面，所以点 P 与 A、B、C 共面.

例 2　如图 9-1-1，在空间四边形 $OABC$ 中，其对角线 OB、AC，M、N 分别是对边 OA、BC 的中点，点 G 在线段 MN 上，且 $MG=2GN$. 用基底向量 $\overrightarrow{OA}$、$\overrightarrow{OB}$、$\overrightarrow{OC}$ 表示向量 $\overrightarrow{OG}$.

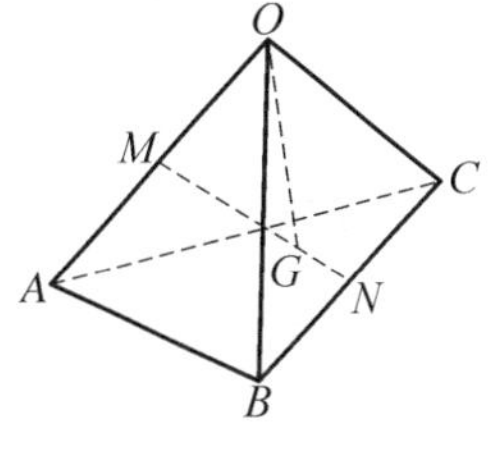

图 9-1-1

分析： 结合图形，利用向量的平行四边形法则和三角形法则将 $\overrightarrow{OG}$ 表示成基向量的线性组合.

解： $\overrightarrow{OG}=\overrightarrow{OM}+\overrightarrow{MG}=\overrightarrow{OM}+\frac{2}{3}\overrightarrow{MN}=\frac{1}{2}\overrightarrow{OA}+\frac{2}{3}(\overrightarrow{ON}-\overrightarrow{OM})$

$$=\frac{1}{2}\overrightarrow{OA}+\frac{2}{3}\left[\frac{1}{2}(\overrightarrow{OB}+\overrightarrow{OC})-\frac{1}{2}\overrightarrow{OA}\right]$$

$$=\frac{1}{2}\overrightarrow{OA}+\frac{1}{3}(\overrightarrow{OB}+\overrightarrow{OC})-\frac{1}{3}\overrightarrow{OA}=\frac{1}{6}\overrightarrow{OA}+\frac{1}{3}\overrightarrow{OB}+\frac{1}{3}\overrightarrow{OC}.$$

所以 $\overrightarrow{OG}=\frac{1}{6}\overrightarrow{OA}+\frac{1}{3}\overrightarrow{OB}+\frac{1}{3}\overrightarrow{OC}$.

【变式练习一】

1. O 为空间中任意一点，A、B、C 三点不共线，且 $\overrightarrow{OP}=\frac{3}{4}\overrightarrow{OA}+\frac{1}{8}\overrightarrow{OB}+t\overrightarrow{OC}$，若 P、A、B、C 四点共面，则实数 $t=$________.

2. 在平行六面体 $ABCD\text{-}A_1B_1C_1D_1$ 中，若 $\overrightarrow{AC_1}=x\overrightarrow{AB}+2y\overrightarrow{BC}+3z\overrightarrow{C_1C}$，则 $x+y+z=$________.

3. 如图，在四面体 $ABCD$ 中，M 是棱 BC 上的点，$BM=2MC$，N 是棱 AD 的中点.若 $\overrightarrow{MN}=x\overrightarrow{AB}+y\overrightarrow{AC}+z\overrightarrow{AD}$，其中 x、y、z 实数，则 xyz 的值是________.

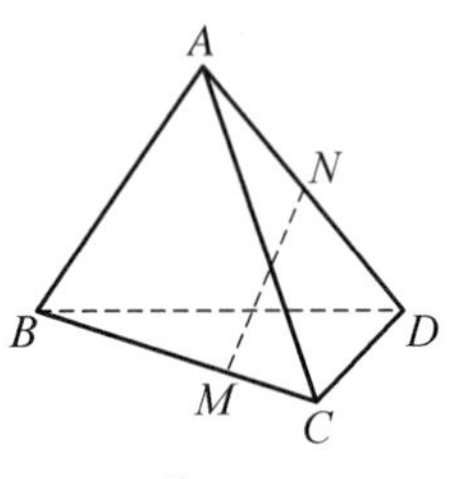

（第 3 题）

二、空间向量的坐标表示

【知识概述】

空间向量的坐标定义与平面向量的坐标定义类似.在空间直角坐标系下，空间向量的线性运算、实数与向量相乘、数量积、空间直线的平行关系和垂直关系都可由坐标进行表示.

坐标的引入使向量的运算有了代数形式.借助空间向量通过代数运算研究空间线面关系将几何问题代数化，为解决立体几何问题找到了通法.向量的工具作用也得以进一步体现.

【本质提炼】

建立空间直角坐标系后，由空间向量基本定理可知，空间任一向量都可被唯一地表示为两两垂直的基向量的线性组合（正交分解）.线性组合中的对应系数就是空间向量的坐标.

【基本模型】

1. 向量的坐标表示：设 $P(x_1, y_1, z_1)$，$Q(x_2, y_2, z_2)$，则 $\overrightarrow{PQ}=(x_1-x_2, y_1-y_2, z_1-z_2)$.

2. 向量运算的坐标表示：设 $\vec{a}=(x_1, y_1, z_1)$，$\vec{b}=(x_2, y_2, z_2)$，夹角为 θ.

向量线性运算的坐标表示：$\vec{a}\pm\vec{b}=(x_1\pm x_2, y_1\pm y_2, z_1\pm z_2)$.

实数与向量相乘的坐标表示：$\lambda\vec{a}=(\lambda x_1, \lambda y_1, \lambda z_1)$，$\lambda\in\mathbf{R}$.

数量积的坐标表示：$\vec{a}\cdot\vec{b}=x_1x_2+y_1y_2+z_1z_2$.

向量夹角公式：$\cos\theta=\dfrac{x_1x_2+y_1y_2+z_1z_2}{\sqrt{x_1^2+y_1^2+z_1^2}\cdot\sqrt{x_2^2+y_2^2+z_2^2}}$.

3. 空间向量平行垂直的充要条件：设$\vec{a}=(x_1, y_1, z_1)$，$\vec{b}=(x_2, y_2, z_2)$.

向量垂直的充要条件：$\vec{a}\perp\vec{b}\Leftrightarrow x_1x_2+y_1y_2+z_1z_2=0$.

向量平行的充要条件：存在$\lambda\in\mathbf{R}$，使得$x_1=\lambda x_2$，$y_1=\lambda y_2$，$z_1=\lambda z_2$.

例1　如图 9-1-2，三棱柱 ABC-$A_1B_1C_1$ 中，侧棱与底面垂直，$CA=CB=1$，$\angle BCA=90°$，棱 $AA_1=2$，M、N 分别是 A_1B_1、A_1A 的中点.

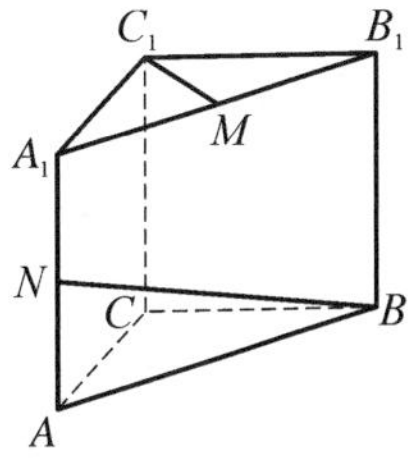

图 9-1-2

(1) 求 $\overrightarrow{BN}$ 的长；

(2) 求 $\overrightarrow{BA_1}$、$\overrightarrow{CB_1}$ 的夹角；

(3) 求证：$A_1B\perp C_1M$.

分析： 通过建立空间直角坐标系，根据向量夹角的坐标公式求向量夹角，通过向量垂直的充要条件证明两直线垂直.

解： 以 C 为原点，射线 CA、CB、CC_1 为 x 轴、y 轴、z 轴正方向建立空间直角坐标系 C-xyz.

(1) 由题意，得 $B(0, 1, 0)$，$N(1, 0, 1)$，则

$$|\overrightarrow{BN}|=\sqrt{(1-0)^2+(0-1)^2+(1-0)^2}=\sqrt{3}.$$

(2) 由题意，得 $A_1(1, 0, 2)$，$B(0, 1, 0)$，$C(0, 0, 0)$，$B_1(0, 1,2)$，则

$$\overrightarrow{BA_1}=(1, -1, 2),\ \overrightarrow{CB_1}=(0, 1, 2),$$

$$\overrightarrow{BA_1}\cdot\overrightarrow{CB_1}=3,\ |\overrightarrow{BA_1}|=\sqrt{6},\ |\overrightarrow{CB_1}|=\sqrt{5}.$$

所以，$\overrightarrow{BA_1}$、$\overrightarrow{CB_1}$ 的夹角为 $\arccos\dfrac{\sqrt{30}}{10}$.

(3) 由题意，得 $C_1(0, 0, 2)$，$M\left(\dfrac{1}{2}, \dfrac{1}{2}, 2\right)$，所以

$$\overrightarrow{A_1B}=(-1, 1, -2),\ \overrightarrow{C_1M}=\left(\frac{1}{2}, \frac{1}{2}, 0\right),\ \overrightarrow{A_1B}\cdot\overrightarrow{C_1M}=0.$$

所以 $\overrightarrow{A_1B}\perp\overrightarrow{C_1M}$，$A_1B\perp C_1M$.

例2　在长方体 $ABCD$-$A_1B_1C_1D_1$ 中，$AB=1$，$BC=\sqrt{3}$，点 M 在棱 CC_1 上且 $MD_1\perp MA$，则当 $\triangle MAD_1$ 的面积最小时，求棱 CC_1 的长.

分析: 本题通过向量垂直的充要条件,利用坐标运算建立面积关于棱 CC_1 的函数关系.将几何中的最值问题转化为函数最值问题求解.

解: 如图 9-1-3,建立空间直角坐标系, $D(0, 0, 0)$.

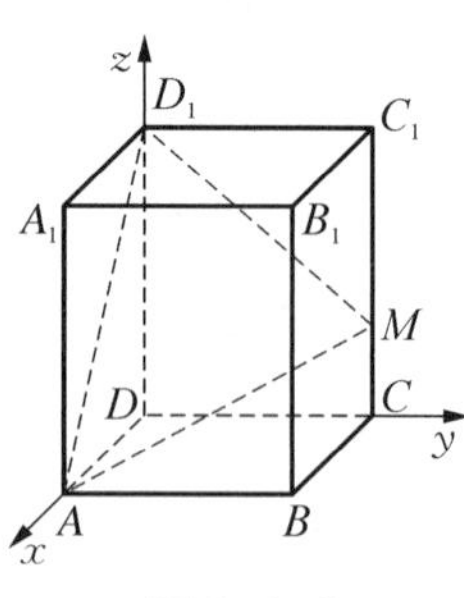

图 9-1-3

设 $M(0, 1, t)$, $D_1(0, 0, z)$, $A(\sqrt{3}, 0, 0)(z \geqslant t \geqslant 0, z \neq 0)$, 则

$$\overrightarrow{MD_1}=(0, -1, z-t), \overrightarrow{AM}=(-\sqrt{3}, 1, t).$$

因为 $\overrightarrow{MD_1} \perp \overrightarrow{AM}$,所以 $\overrightarrow{MD_1} \cdot \overrightarrow{AM}=-1+t(z-t)=0$, 即 $z-t=\frac{1}{t}$. 所以,

$$S_{\triangle AMD_1}=\frac{1}{2}|\overrightarrow{AM}||\overrightarrow{MD_1}|=\frac{1}{2}\sqrt{1^2+(\sqrt{3})^2+t^2} \cdot \sqrt{1^2+(z-t)^2}$$

$$=\frac{1}{2}\sqrt{4+t^2} \cdot \sqrt{1+(z-t)^2}=\frac{1}{2}\sqrt{(4+t^2)\left(1+\frac{1}{t^2}\right)}$$

$$=\frac{1}{2}\sqrt{5+t^2+\frac{4}{t^2}} \geqslant \frac{1}{2}\sqrt{5+2\sqrt{t^2 \cdot \frac{4}{t^2}}}=\frac{3}{2}.$$

当且仅当 $t=\sqrt{2}$, $z=\frac{3\sqrt{2}}{2}$ 时取等号,所以 $CC_1=z=\frac{3\sqrt{2}}{2}$.

【变式练习二】

1. 已知点 $A(4, 1, 3)$, $B(2, -5, 1)$, C 为线段 AB 上一点且 $\frac{|\overrightarrow{AC}|}{|\overrightarrow{AB}|}=\frac{1}{3}$, 则点 C 的坐标为________.

2. 已知向量 $\vec{a}=(0, 1, 1)$, $\vec{b}=(1, -2, 1)$. 若向量 $\vec{a}+\vec{b}$ 与向量 $\vec{c}=(-2, m, -4)$ 平行,则实数 m 的值为__________.

3. 若向量 $\vec{a}=(2, -1, 2)$, $\vec{b}=(-4, 2, m)$, 且 $\vec{a}$ 与 $\vec{b}$ 的夹角为钝角,则实数 m 的取值范围为_______________.

第一单元测试题

1. 若 $\{a, b, c\}$ 是空间的一个基底,则下列各组中不能构成空间一个基底的是 (　　)

A. $a, 2b, 3c$　　　　B. $a+b, b+c, c+a$

C. $a+b+c$，$b+c$，c　　　　D. $a+2b$，$2b+3c$，$3a-9c$

2. 已知 $A(1, 0, 0)$，$B(0, -1, 1)$，O 为坐标原点，$\overrightarrow{OA}+\lambda\overrightarrow{OB}$ 与 $\overrightarrow{OB}$ 的夹角为 $120°$，则 λ 的值为　(　　)

A. $\pm\frac{\sqrt{6}}{6}$　　　　B. $\frac{\sqrt{6}}{6}$

C. $-\frac{\sqrt{6}}{6}$　　　　D. $\pm\sqrt{6}$

3. 已知点 $A(1, 2, 3)$，$B(2, 1, 2)$，$P(1, 1, 2)$，$O(0, 0, 0)$，点 Q 在直线 OP 上运动，当 $\overrightarrow{QA}\cdot\overrightarrow{QB}$ 取得最小值时，点 Q 的坐标为________.

4. 如图，在平行六面体 $ABCD\text{-}A_1B_1C_1D_1$ 中，$AB=AD=AA_1=1$，$\angle BAD=\angle BAA_1=\angle DAA_1=60°$. 求 AC_1 的长.

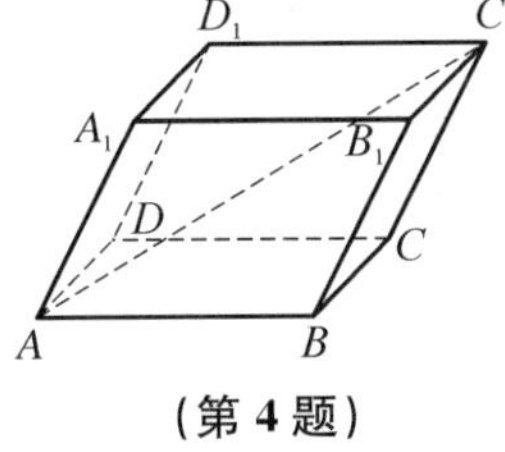

(第 4 题)

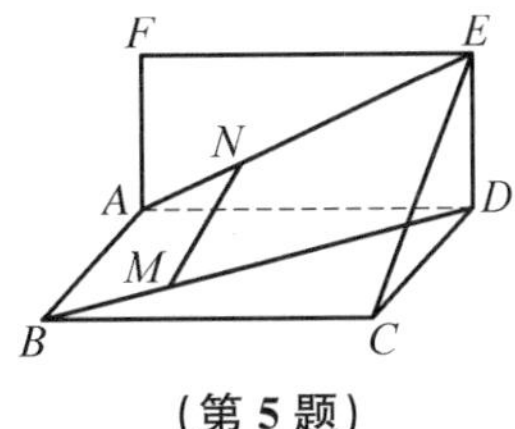

(第 5 题)

5. 如图，已知矩形 $ABCD$ 和矩形 $ADEF$ 所在平面互相垂直，点 M、N 分别在对角线 BD、AE 上，且 $BM=\frac{1}{3}BD$，$AN=\frac{1}{3}AE$. 求证：$MN\,/\!/$ 平面 CDE.

6. 已知点 $A(4, 4, 0)$，$B(3, a, a-2)$，且 $|\overrightarrow{AB}|=\sqrt{3}$.

(1) 若点 C 的坐标为 $(2, 2, 2)$，求证：A、B、C 三点共线；

(2) 若点 D 的坐标为 $(5, 4, 1)$，试判断 $\triangle ABD$ 的形状.

第二单元　空间向量在立体几何中的应用

单元教学目标

1. 掌握直线的方向向量和平面的法向量的概念；会求直线的方向向量和平面的法向量.

2. 会把空间直线、平面的位置关系转化为向量关系，能用向量的方法证明空间直线、平面的平行和垂直.

3. 掌握用向量的方法计算异面直线所成角、直线与平面所成角、二面角的大小.

4. 掌握用向量的方法求空间点到面、线到面、面到面的距离.

单元教学安排

本单元的教学建议课时数及具体分配如下.

单 元 内 容	课 时
判断空间直线、平面的位置关系	1
求距离	1
求角的大小	2

单元教学内容

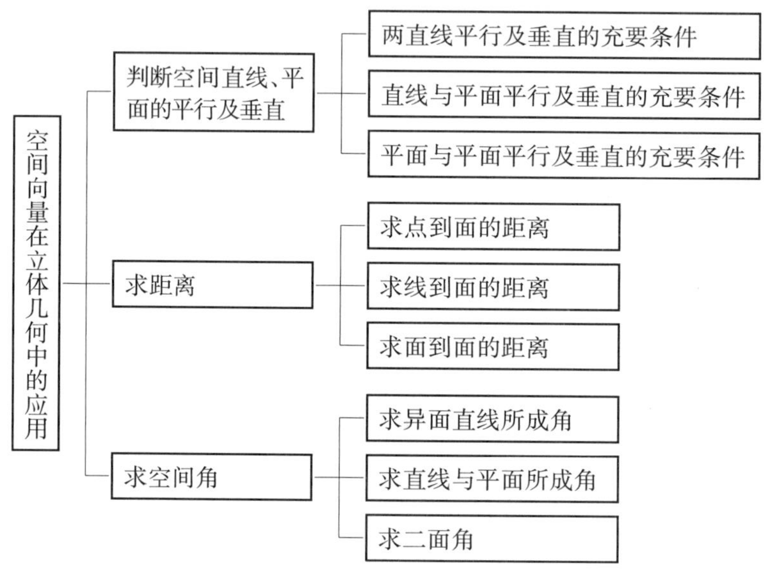

单元教学实施

本单元主要学习运用空间向量研究几何图形的位置关系和度量关系.教学中应注重体现向量的代数特点带来的解决立体几何问题的优势.教材中并未给出判断直线和平面位置关系的三个充要条件的证明,教学时可通过实物模型引导学生完成直观认知.

用向量解决几何问题虽然使用的是代数方法,但是分析空间元素的位置关系,建立计算模型依然需要空间想象能力.因此,运用向量不能弱化对学生空间想象能力、分析推理能力的培养.可通过一题多解的方式引导学生对比不同的解决问题的方法,并体会方法所蕴含的数学思想.

通过设计典型例题,帮助学生形成利用向量解决空间问题的解题流程,培养学生的算法思维,提高计算能力.

一、平行与垂直的判断

【知识概述】

利用向量判断空间直线和平面的位置关系，主要应用在平行关系和垂直关系上.判定平行关系有三个充要条件：线线平行、线面平行、面面平行；判定垂直关系也有三个充要条件：线线垂直、线面垂直、面面垂直.

【本质提炼】

空间直线和平面的位置关系通过直线的方向向量和平面的法向量来表示.由直线方向向量和平面法向量所具有的平行或垂直关系来判断空间线面间的平行和垂直.

【基本模型】

1. 平行：

设直线 l 的方向向量为$\vec{d}$，平面 α 的法向量为 $\vec{n}$.

直线平行的充要条件：$l_1 \parallel l_2 \Leftrightarrow \vec{d}_1 \parallel \vec{d}_2$；

平面外直线 l 与平面α 平行的充要条件：$l \parallel \alpha \Leftrightarrow \vec{d} \perp \vec{n}$；

平面平行的充要条件：$\alpha_1 \parallel \alpha_2 \Leftrightarrow \vec{n}_1 \parallel \vec{n}_2$.

2. 垂直：

设直线 l 的方向向量为$\vec{d}$，平面 α 的法向量为 $\vec{n}$.

直线垂直的充要条件：$l_1 \perp l_2 \Leftrightarrow \vec{d}_1 \perp \vec{d}_2$；

直线 l 与平面α 垂直的充要条件：$l \perp \alpha \Leftrightarrow \vec{d} \parallel \vec{n}$；

平面垂直的充要条件：$\alpha_1 \perp \alpha_2 \Leftrightarrow \vec{n}_1 \perp \vec{n}_2$.

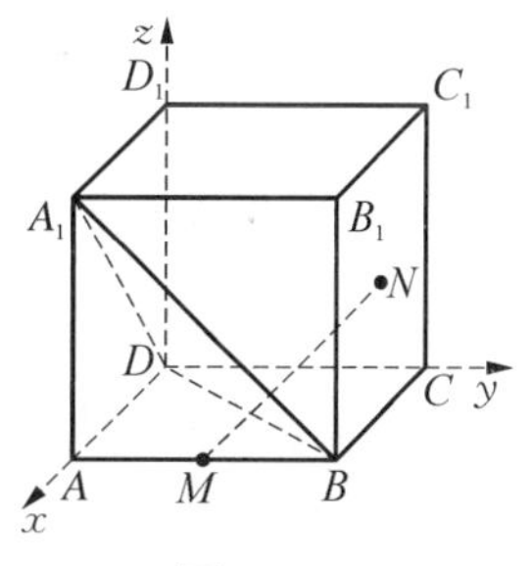

图 9-1-4

例 1　如图 9-1-4，正方体 $ABCD$-$A_1B_1C_1D_1$ 中，M、N 分别为AB、B_1C 的中点.证明：$MN \perp$平面 A_1BD.

分析：利用正方体建立空间直角坐标系是常用方法.因此本题可用向量方法证明线面垂直.

证明：以 D 为原点，射线 DA、DC、DD_1 分别为 x、y、z 轴的正方向，建立空间直角坐标系 D-xyz.设正方体的棱长为 2，则 $D(0, 0, 0)$，$A_1(2, 0, 2)$，$B(2,2, 0)$，$B_1(2, 2, 2)$，$C(0, 2, 0)$，$D_1(0, 0, 2)$.

设平面 A_1BD 的法向量为 $\vec{n}=(x, y, z)$，则

$$\overrightarrow{DA_1}=(2, 0, 2),\ \overrightarrow{DB}=(2,2, 0),\ \begin{cases}2x+2z=0,\\2x+2y=0.\end{cases}$$

所以取 $\vec{n}=(-1, 1, 1)$.

因为 M、N 分别为 AB、B_1C 的中点，所以 $\overrightarrow{MN}=(-1, 1, 1)$，$\overrightarrow{MN} \parallel \vec{n}$.

所以 $MN \perp$ 平面 A_1BD.

说明： 利用向量解决几何问题，正确建立坐标系，确定点的坐标是解题的基础.正确求出直线的方向向量和平面的法向量是解题的关键.

例 2 如图 9-1-5，在棱长为 2 的正方体 $ABCD-A_1B_1C_1D_1$ 中，E、F、M、N 分别是棱 AB、AD、A_1B_1、A_1D_1 的中点，点 P、Q 分别在棱 DD_1、BB_1 上移动，且 $DP=BQ=1$. 求证：直线 $BC_1 \parallel$ 平面 $EFPQ$

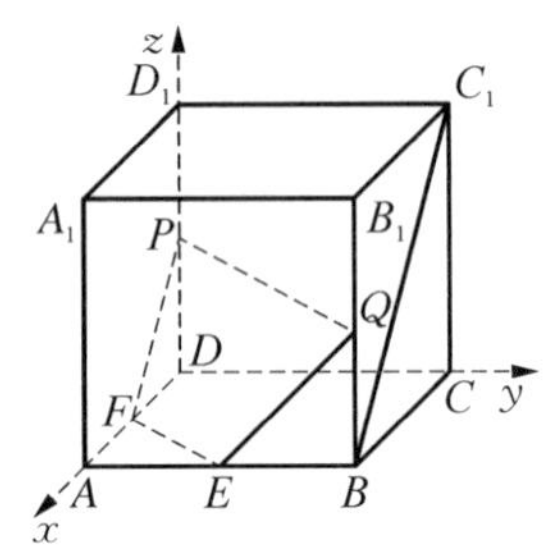

图 9-1-5

分析： 利用向量代数形式证明 $BC_1 \parallel FP$，再结合线面平行判定定理证明直线 $BC_1 \parallel$ 平面 $EFPQ$.

证明： 以 D 为原点，射线 DA、DC、DD_1 分别为 x、y、z 轴的正半轴建立空间直角坐标系 $D-xyz$. 由已知，得 $B(2, 2, 0)$，$C_1(0, 2, 2)$，所以

$$\overrightarrow{BC_1}=(-2, 0, 2), E(2, 1, 0), F(1, 0, 0), P(0, 0, 1).$$

所以 $\overrightarrow{FP}=(-1, 0, 1)$.

所以 $\overrightarrow{BC_1}=2\overrightarrow{FP}$，即 $BC_1 \parallel FP$. 又 $FP \subset$ 平面 $EFPQ$，且 BC_1 不在平面 $EFPQ$ 上，所以直线 $BC_1 \parallel$ 平面 $EFPQ$.

说明： 本题通过证明线线平行进而证明线面平行.此外，本题还可以通过证明方向向量与法向量垂直来证明线面平行.在处理问题时要结合图形灵活运用判定位置关系的充要条件.

【变式练习一】

1. 若直线 l 的方向向量 $\vec{a}=(1, 2, -1)$，平面 α 的一个法向量 $\vec{m}=(-2, -4, k)$，且 $l \perp \alpha$，则实数 $k=$__________.

2. 如图，在正方体 $ABCD-A_1B_1C_1D_1$ 中，棱长为 a，M、N 分别为 A_1B、AC 的中点，则 MN 与平面 BB_1C_1C 的位置关系是________.

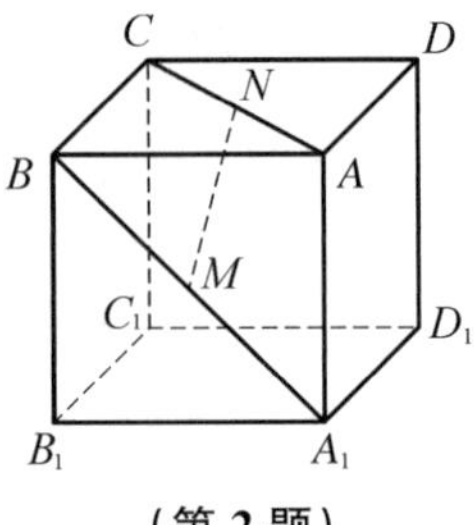

（第 2 题）

3. 给出下列命题：

① 直线 l 的方向向量为 $\vec{a}=(1, -1, 2)$，直线 m 的方向向量 $\vec{b}=\left(2, 1, -\frac{1}{2}\right)$，则 l 与 m 垂直；

② 直线 l 的方向向量 $\vec{a}=(0,1,-1)$，平面 α 的法向量 $\vec{n}=(1,-1,-1)$，则 $l\perp\alpha$；

③ 平面 α、β 的法向量分别为 $\overrightarrow{n_1}=(0,1,3)$，$\overrightarrow{n_2}=(1,0,2)$，则 $\alpha /\!/ \beta$；

④ 平面 α 经过三点 $A(1,0,-1)$，$B(0,1,0)$，$C(-1,2,0)$，向量 $\vec{n}=(1,u,t)$ 是平面 α 的法向量，则 $u+t=1$.

其中，真命题是________.

二、求空间角

【知识概述】

教材中的空间角是指异面直线所成角、直线与平面所成角和二面角.直线方向向量和平面法向量的夹角与空间角之间的代数关系是利用向量求解空间角的基础.利用向量公式可以将空间角问题转化为向量夹角问题.

利用空间向量求空间角主要利用向量夹角公式.向量求角的优势在于避免了空间角转化为平面角的过程中所涉及的相关几何性质的推理论证.利用向量的求解过程清晰易懂，有章可循，一定程度上降低了问题的思维难度.

【本质提炼】

利用空间向量求异面直线所成角、线面角、二面角.

【基本模型】

1. 异面直线所成角：设两条异面直线的方向向量为 $\overrightarrow{d_1}$、$\overrightarrow{d_2}$，方向向量的夹角为 φ，异面直线所成角为 θ，则 $\cos\theta=|\cos\varphi|=\dfrac{|\overrightarrow{d_1}\cdot\overrightarrow{d_2}|}{|\overrightarrow{d_1}||\overrightarrow{d_2}|}$.

2. 直线与平面所成角：设直线的方向向量为 $\vec{d}$，平面的法向量为 $\vec{n}$，$\vec{d}$ 与 $\vec{n}$ 的夹角为 φ，直线与平面所角为 θ，则 $\sin\theta=|\cos\varphi|=\dfrac{|\vec{d}\cdot\vec{n}|}{|\vec{d}||\vec{n}|}$.

3. 二面角：设两个平面的法向量为 $\overrightarrow{n_1}$、$\overrightarrow{n_2}$，法向量夹角为 φ，两个平面所成的二面角(或直二面角)为 θ，则 $\cos\theta=|\cos\varphi|=\dfrac{|\overrightarrow{n_1}\cdot\overrightarrow{n_2}|}{|\overrightarrow{n_1}||\overrightarrow{n_2}|}$.

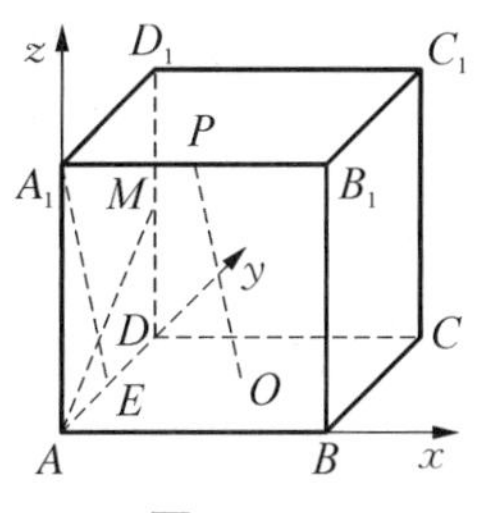

图 9-1-6

例1 正方体 $ABCD-A_1B_1C_1D_1$ 中，M 是棱 DD_1 的中点，点 O 为底面 $ABCD$ 的中心，P 为棱 A_1B_1 上任一点.求异面直线 OP 与 AM 所成的角.

解： 如图 9-1-6，建立空间直角坐标系.设正方体的棱长为

1,则 $A(0,\ 0,\ 0)$,$M\left(0,\ 1,\ \frac{1}{2}\right)$,$O\left(\frac{1}{2},\ \frac{1}{2},\ 0\right)$.

设 $P(m,\ 0,\ 1)$,则 $\overrightarrow{AM}=\left(0,\ 1,\ \frac{1}{2}\right)$,$\overrightarrow{OP}=\left(m-\frac{1}{2},\ -\frac{1}{2},\ 1\right)$.

所以 $\cos\langle\overrightarrow{AM},\ \overrightarrow{OP}\rangle=\frac{\overrightarrow{AM}\cdot\overrightarrow{OP}}{|\overrightarrow{AM}||\overrightarrow{OP}|}=\frac{1\times\left(-\frac{1}{2}\right)+\frac{1}{2}\times 1}{|\overrightarrow{AM}||\overrightarrow{OP}|}=0$.

所以 $\overrightarrow{AM}\perp\overrightarrow{OP}$,异面直线 OP 与 AM 所成的角的大小为 $\frac{\pi}{2}$.

例2 如图 9-1-7,四棱锥 P-$ABCD$ 中,$PA\perp$ 底面 $ABCD$,$AD\parallel BC$,$AB=AD=AC=3$,$PA=BC=4$,M 为线段 AD 上一点,$AM=2MD$,N 为 PC 的中点.求直线 AN 与平面 PMN 所成角的正弦值.

分析: 本题探究点 A 到平面 PMN 的距离比较困难,若利用向量求解则不需找垂直关系,通过计算平面法向量与直线方向向量的夹角就可求解.这也是利用向量解决几何问题的优势.此外,本题要关注底面 $ABCD$ 是个梯形而不是正方形.

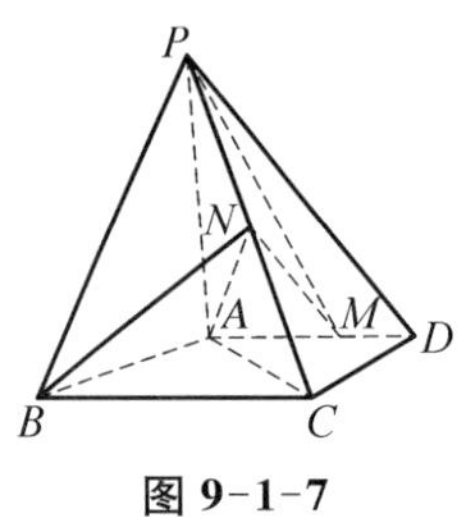

图 9-1-7

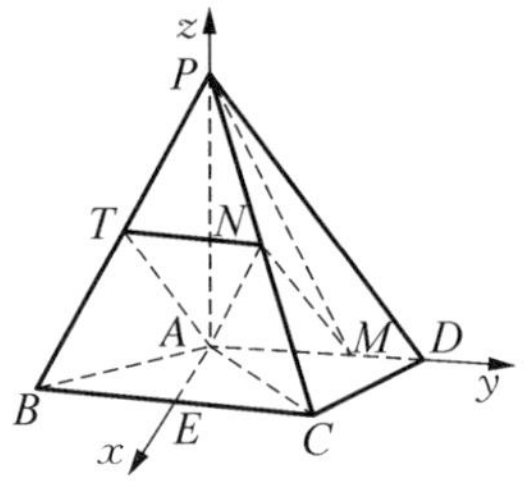

图 9-1-8

解: 如图 9-1-8,取 BC 的中点 E,连接 AE.

由 $AB=AC$,得 $AE\perp BC$,所以 $AE\perp AD$,$AE=\sqrt{AB^2-BE^2}=\sqrt{5}$.

以 A 为坐标原点,$\overrightarrow{AE}$ 的方向为 x 轴正方向,建立如图 9-1-8 所示的空间直角坐标系 A-xyz.

由题意,知 $P(0,\ 0,\ 4)$,$M(0,\ 2,\ 0)$,$C(\sqrt{5},\ 2,\ 0)$,$N\left(\frac{\sqrt{5}}{2},\ 1,\ 2\right)$,$\overrightarrow{PM}=(0,\ 2,\ -4)$,$\overrightarrow{PN}=\left(\frac{\sqrt{5}}{2},\ 1,\ -2\right)$,$\overrightarrow{AN}=\left(\frac{\sqrt{5}}{2},\ 1,\ 2\right)$.

设 $\vec{n}=(x,\ y,\ z)$ 为平面 PMN 的一个法向量,则 $\begin{cases}\vec{n}\cdot\overrightarrow{PM}=0,\\ \vec{n}\cdot\overrightarrow{PN}=0,\end{cases}$ 即

$\begin{cases} 2y-4z=0, \\ \dfrac{\sqrt{5}}{2}x+y-2z=0. \end{cases}$ 不妨取 $\vec{n}=(0, 2, 1)$. 设 AN 与平面 PMN 所成的角为 θ，则

$$\sin\theta=\frac{|\vec{n}\cdot\overrightarrow{AN}|}{|\vec{n}||\overrightarrow{AN}|}=\frac{8\sqrt{5}}{25}.$$

说明： 建立直角坐标系要寻找三条两两垂直的直线.

例3 如图 9-1-9，在直三棱柱 $ABC\text{-}A_1B_1C_1$ 中，$AA_1=BC=AB=2$, $AB\perp BC$. 求二面角 $B_1\text{-}A_1C\text{-}C_1$ 的大小.

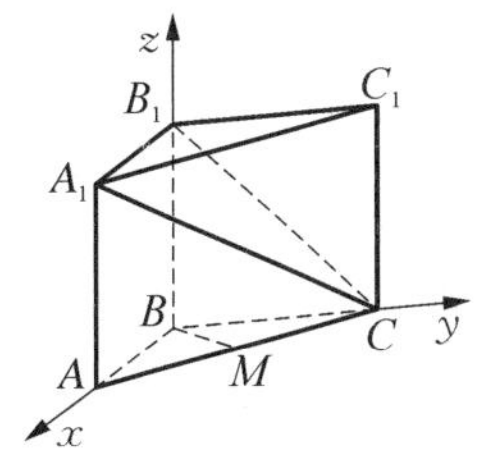

图 9-1-9

分析： 本题中，两个半平面的位置不太容易找到它们的平面角，利用向量将问题转化为求两个平面法向量的夹角就能顺利解决这个问题.

解： 以 B 为原点，分别以 $\overrightarrow{BA}$、$\overrightarrow{BC}$、$\overrightarrow{BB_1}$ 的方向为 x 轴、y 轴、z 轴的正方向建立空间直角坐标系，则 $B(0, 0, 0)$, $A(2, 0, 0)$, $C(0, 2, 0)$, $A_1(2, 0, 2)$, $B_1(0, 0, 2)$, $C_1(0, 2, 2)$.设 AC 的中点为 M，则 $M(1, 1, 0)$.

因为 $BM\perp$平面 AC_1C，所以 $\overrightarrow{BM}=(1, 1, 0)$ 是平面 AC_1C 的一个法向量.

设平面 A_1B_1C 的一个法向量为 $\vec{n}=(x, y, z)$，则 $\vec{n}\cdot\overrightarrow{A_1B_1}=0$, $\vec{n}\cdot\overrightarrow{A_1C}=0$.

又 $\overrightarrow{A_1C}=(-2, 2, -2)$, $\overrightarrow{A_1B_1}=(-2, 0, 0)$，得 $\begin{cases} -2x=0, \\ -2x+2y-2z=0. \end{cases}$

不妨令 $z=1$，解得 $\vec{n}=(0, 1, 1)$.

设所求二面角大小为 θ，由图形知 θ 为锐角.

因为 $\cos\theta=\dfrac{|\vec{n}\cdot\overrightarrow{BM}|}{|\vec{n}||\overrightarrow{BM}|}=\dfrac{1}{2}$，　所以 $\theta=\dfrac{\pi}{3}$，所求二面角的大小为 $\dfrac{\pi}{3}$.

说明： 利用向量的方法不需要确定二面角的平面角，大大降低了问题的难度.当图形的位置不容易确定平面角时，向量是一个能较容易解决问题的方法.但是在解题过程中要注意计算的正确性.

【变式练习二】

1. 如图，已知正三棱柱 $ABC\text{-}A_1B_1C_1$ 的侧棱长与底面边长相等，则 AB_1 与侧面 ACC_1A_1 所成角的正弦值是________.

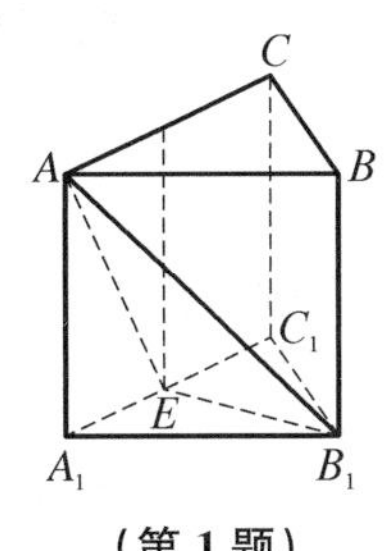

(第 1 题)

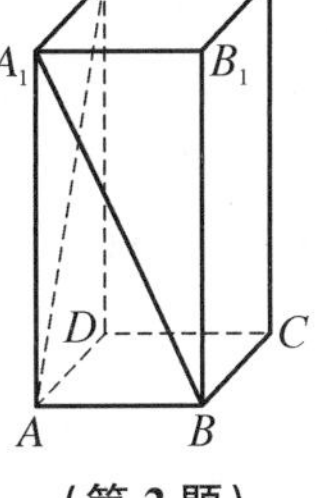

(第 2 题)

2. 如图，在正四棱柱 $ABCD\text{-}A_1B_1C_1D_1$

中，$AA_1=2AB$，则异面直线 A_1B 与 AD_1 夹角的余弦值为________.

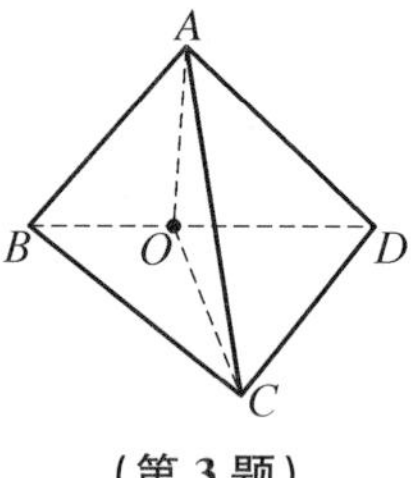

（第 3 题）

3. 如图，将正方形 $ABCD$ 沿对角线 BD 折成直二面角，则平面 ABC 与平面 BCD 的夹角的余弦值为________.

三、求距离

【知识概述】

空间距离问题主要解决点到面的距离、线到面的距离和面到面的距离.三类距离都可转化为点到面的距离.利用向量求平面 α 外点 A 到平面 α 的距离不需要寻找垂直关系，只需在平面 α 上任意找一个点 M，通过 $\overrightarrow{AM}$ 在该平面法向量上的射影的绝对值与点 A 到平面 α 的距离相等，即可求出点 A 到平面 α 的距离.

【本质提炼】

利用向量求点到平面的距离本质就是求向量的投影.由向量投影公式可推导距离公式.距离值与平面内所需点的位置无关.

【基本模型】

平面外点 A 到平面 α 的距离：在平面 α 上任取点 B，则 $d=\dfrac{|\overrightarrow{AB}\cdot\vec{n}|}{|\vec{n}|}$.

例 1　如图 9-1-10，在长方体 $ABCD-A_1B_1C_1D_1$ 中，$AB=2$，$AD=1$，$AA_1=1$，E 为棱 AB 的中点.

(1) 求点 E 到平面 A_1DC_1 的距离；

(2) 求直线 B_1C 到平面 A_1DC_1 的距离.

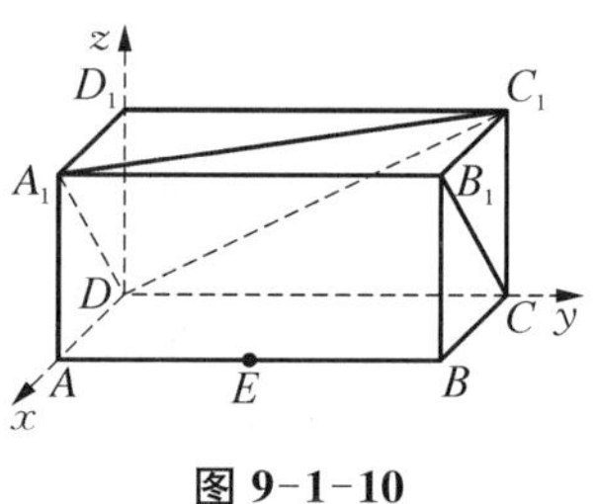

图 9-1-10

分析： 利用长方体构建坐标系，求出平面 A_1DC_1 的法向量.第(1)题直接由向量距离公式求解；第(2)题可转化为求点 C 到平面 A_1DC_1 的距离.

解：(1) 以 D 为坐标原点，射线 DA、DC、DD_1 依次为 x、y、z 轴，建立空间直角坐标系，则 $E(1,\ 1,\ 0)$，$A_1(1,\ 0,\ 1)$，$C_1(0,\ 2,\ 1)$，所以 $\overrightarrow{DA_1}=(1,\ 0,\ 1)$，$\overrightarrow{DC_1}=(0,\ 2,\ 1)$，$\overrightarrow{DE}=(1,\ 1,\ 0)$.

设平面 DA_1C_1 的法向量为 $\vec{n}=(x,\ y,\ z)$，由 $\begin{cases}\vec{n}\cdot\overrightarrow{DA_1}=0,\\ \vec{n}\cdot\overrightarrow{DC_1}=0,\end{cases}$ 得 $\begin{cases}x+z=0,\\ 2y+z=0.\end{cases}$

不妨取 $\vec{n}=\left(-1,-\frac{1}{2},1\right)$，则点 E 到平面 A_1DC_1 的距离为 $d=\frac{|\vec{n}\cdot\overrightarrow{DE}|}{|\vec{n}|}=1$.

(2) 因为 $B_1(1,2,1)$，$C(0,2,0)$，所以 $\overrightarrow{B_1C}=(-1,0,-1)$.

因为 $\overrightarrow{B_1C}\cdot\vec{n}=0$，所以 B_1C // 平面 A_1DC_1.

在平面 A_1DC_1 上取点 D，可得 $\overrightarrow{CD}=(0,-2,0)$，所以点 C 到平面 A_1DC_1 的距离 $d=\frac{|\overrightarrow{CD}\cdot\vec{n}|}{|\vec{n}|}=\frac{2}{3}$.

所以，直线 B_1C 到平面 A_1DC_1 的距离为 $\frac{2}{3}$.

【变式练习三】

1. 在棱长为 2 的正方体 $ABCD$-$A_1B_1C_1D_1$ 中，E、F 分别是棱 AB、BC 的中点，则点 C 到平面 B_1EF 的距离是________.

2. 若正四棱柱 $ABCD$-$A_1B_1C_1D_1$ 的底面边长为 1，AB_1 与底面 $ABCD$ 成 $60°$ 角，则 A_1C_1 到底面 $ABCD$ 的距离为________.

第二单元测试题

1. 已知平面 α 的一个法向量 $\vec{a}=\left(x,2y-1,-\frac{1}{4}\right)$，$\vec{b}=(-1,2,1)$，$\vec{c}=\left(3,\frac{1}{2},-2\right)$，且 $\vec{b}$ 和 $\vec{c}$ 都与 α 平行，则 $\vec{a}$ 等于________.

2. 在正四棱柱 $ABCD$-$A_1B_1C_1D_1$ 中，若 $AA_1=2AB$，则异面直线 A_1B 与 AD_1 所成角的余弦值为________.

3. 在正三棱柱 ABC-$A_1B_1C_1$ 中，若 $AB=2$，$AA_1=1$，则点 A 到平面 A_1BC 的距离为________.

4. 已知长方体 $ABCD$-$A_1B_1C_1D_1$ 中，$AA_1=\frac{1}{2}$，$AB=1$，$AD=\sqrt{3}$，则直线 AA_1 与平面 A_1BD 所成的角为________.

5. 如图，在长方体 $ABCD$-$A_1B_1C_1D_1$ 中，M 为正方形 $A_1B_1C_1D_1$ 的中心，N 为棱 AA_1 的中点，$AB=AD=1$，$AA_1=2$.

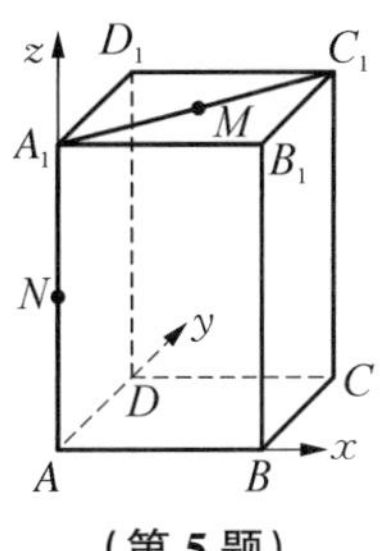

(第 5 题)

(1) 求 $|\overrightarrow{CN}|$；

(2) 求证：$A_1C\perp D_1M$；

(3) 求异面直线 CA_1 与 DC_1 所成角的余弦值.

6. 如图，$AE \perp$ 平面 $ABCD$，$CF // AE$，$AD // BC$，$AD \perp AB$，$AB = AD = 1$，$AE = BC = 2$.

(1) 求证：$BF //$ 平面 ADE；

(2) 求直线 CE 与平面 BDE 所成角的正弦值；

(3) 若二面角 $E-BD-F$ 的余弦值为 $\frac{1}{3}$，求线段 CF 的长.

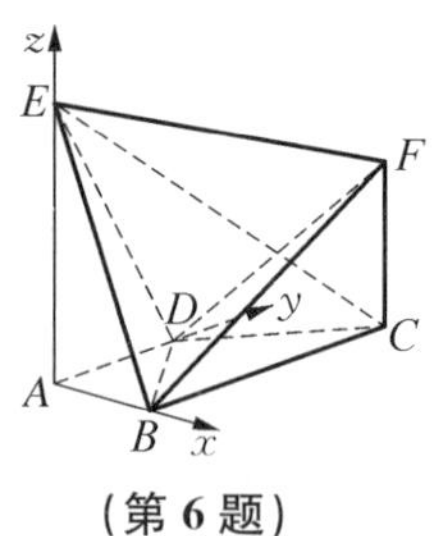

(第 6 题)

第二节 解 析 几 何

“解析几何”内容隶属于高中数学几何与代数主题，主要包括：直线与方程、圆锥曲线与方程（含圆与方程）、* 曲线和方程（含参数方程与极坐标）.

第一单元 直线与方程

单元教学目标

1. 在平面直角坐标系中，结合具体图形，探索确定直线位置关系的几何要素.

2. 理解直线的倾斜角和斜率的概念，经历用代数方法刻画直线斜率的过程，掌握过两点的直线斜率的计算公式；能根据斜率判定两条直线的平行或垂直.

3. 根据确定直线位置的几何要素，探索并掌握直线方程的几种形式（点斜式、两点式和一般式）.

4. 能用解方程组的方法求两条直线的交点坐标；能根据斜率判定两条直线平行或垂直；建立两条相交直线的夹角与它们的法向量夹角之间的关系；会求两条相交直线的夹角.

5. 经历探求点到直线的距离的过程，掌握点到直线的距离公式，会求两条平行直线间的距离.

单元教学安排

本单元教学建议课时数及具体分配如下.

单 元 内 容	课 时
直线的倾斜角与斜率	1
直线的方程	4
两条直线的位置关系	3
点到直线的距离	2

单元教学内容

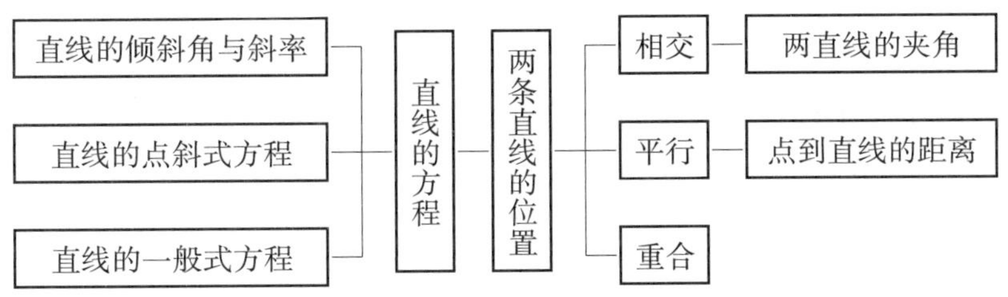

单元教学实施

根据学生对直线的学习现状，教学中应突出培养学生的直观想象、数学运算、数学建模、逻辑推理和数学抽象的核心素养.注意本单元教学展开的基本线索，把“数形结合”思想贯穿于全单元.通过具体实例，鼓励学生在不同情境中体会用代数方法研究直线性质和关系的解析几何研究思路.

在教学中，引导学生经历以下过程：将直线的倾斜角代数化，探索确定直线位置的几何要素，建立直线的方程，把直线问题转化为代数问题；处理代数问题；分析代数结果的几何含义，最终解决几何问题.这种数形结合的思想贯穿教学的始终，并且在后续课程中不断体现.

本单元的重点是直线的倾斜角与斜率、直线的方程、直线的交点坐标与点到直线的距离公式，重点方法和思想是形成用代数方法解决几何问题的能力，体会数形结合的思想.

单元教学实施过程中应充分发挥信息技术的作用，通过计算机软件辅助教学，帮助学生更精确地理解曲线的形状，从而更好地利用代数方法进行描述.

一、直线的方程

【知识概述】

直线的方程是直线的代数表达形式，通过方程解的研究说明直线的位置关系或通过直线与“另一直线”的交角说明倾斜程度.前人将“另一直线”固化，视为平面直角坐标系的横轴，就产生了直线的倾斜角与斜率.

若直线 l 与 x 轴有唯一交点 A，将 x 轴绕点 A 沿逆时针方向旋转到与 l 重合时所转过的最小正角 θ 叫做直线 l 的倾斜角.当直线 l 与 x 轴平行或重合时，规定倾斜角为 0.当倾斜角 $\theta \neq \frac{\pi}{2}$ 时，定义 $\tan\theta$ 为直线 l 的斜率，常用字母 k 表示，即 $k=$

$\tan\theta$；当 $\theta=\dfrac{\pi}{2}$ 时，直线 l 的斜率不存在.

【本质提炼】

方程的解作为实数对所对应的点的集合是直线，直线上的点所对应的坐标是方程的解.

【基本模型】

1. 斜率与倾斜角：

(1) 若直线上两点 $A(x_1, y_1)$，$B(x_2, y_2)$，当 $x_1\neq x_2$ 时，斜率 $k=\dfrac{y_2-y_1}{x_2-x_1}$；

(2) 若斜率 $k\geqslant 0$，则倾斜角 $\alpha=\arctan k$；若斜率 $k<0$，则倾斜角 $\alpha=\pi+\arctan k$.

2. 直线方程：

点斜式：$y-y_0=k(x-x_0)$；

斜截式：$y=kx+b$；

两点式：$\dfrac{y-y_1}{y_2-y_1}=\dfrac{x-x_1}{x_2-x_1}$ ($y_1\neq y_2$ 且 $x_1\neq x_2$) 或 $(x_2-x_1)(y-y_1)=(y_2-y_1)(x-x_1)$；

一般式：$ax+by+c=0$ (a、b 不同时为零)；

点法向式：$a(x-x_0)+b(y-y_0)=0$.

例 1　已知直线 l 上两点 A、B，求直线 l 的倾斜角 α 和斜率 k.

(1) $A(1, 3)$，$B(5, -1)$；

(2) $A(1, 2)$，$B(1, -1)$；

(3) $A(0, 5)$，$B(-1, 5)$.

分析： 知道直线上两点，由公式即可求出相应的斜率和倾斜角.当两点的横坐标相同时，应注意斜率不存在.

解： (1) $k=\dfrac{-4}{4}=-1$，$\alpha=\pi+\arctan(-1)=\dfrac{3}{4}\pi$.

(2) k 不存在，$\alpha=\dfrac{1}{2}\pi$.

(3) $k=\dfrac{0}{-1}=0$，$\alpha=0$.

说明： 已知直线上两点的坐标，求直线的斜率和倾斜角.一般先求直线的斜率，再求直线的倾斜角.需特别关注直线的斜率不存在的情形，当直线的斜率不存在，即直

线垂直于 x 轴时,直线的倾斜角为 $\frac{\pi}{2}$;当斜率 $k \geqslant 0$ 时,倾斜角 $\alpha = \arctan k$;当斜率 $k < 0$ 时,倾斜角 $\alpha = \pi + \arctan k$.

例2 根据所给条件求直线的方程:

(1) 经过点 $(1, 0)$,倾斜角的正弦值为 $\frac{\sqrt{10}}{10}$;

(2) 经过点 $(4, 1)$,且在两坐标轴上的截距相等.

分析: 已知直线倾斜角的正弦值,只需转化为其正切值即斜率,可用点斜式方程求解.第(2)题的关键在于如何转换截距相等这个条件,应关注截距为 0,相当于过原点;截距不为 0,相当于斜率为 -1.

解: (1) 由题设,知该直线的斜率存在,故可采用点斜式.

设倾斜角为 α,则 $\sin\alpha = \frac{\sqrt{10}}{10}$ $(0 \leqslant \alpha < \pi)$,从而 $\cos\alpha = \pm\frac{3\sqrt{10}}{10}$,则 $k = \tan\alpha = \pm\frac{1}{3}$.

所以,所求直线方程为 $y = \pm\frac{1}{3}(x-1)$,即 $x+3y-1=0$ 或 $x-3y-1=0$.

(2) 设直线 l 在 x 轴、y 轴上的截距均为 m.

若 $m=0$,即 l 过点 $(0, 0)$ 和 $(4, 1)$,所以 l 的方程为 $x-4y=0$.

若 $m \neq 0$,则 $k = \frac{0-m}{m-0} = -1$,所以 l 的方程为 $y-1=-1(x-4)$,即 $x+y-5=0$.

综上所述,直线 l 的方程为 $x-4y=0$ 或 $x+y-5=0$.

说明: 根据各种形式的方程,常采用待定系数法求出相应的系数.若涉及斜率,则需考虑斜率存在与否;若涉及截距,则需考虑是否为零截距.当然,截距不为零时,还可以使用截距式方程 $\frac{x}{a}+\frac{y}{b}=1$.

【变式练习一】

1. 已知 $M(-1, -5)$,$N(3, -2)$,若直线 l 的倾斜角是直线 MN 的倾斜角的一半,求直线 l 的斜率.

2. 已知三角形的一个顶点 $A(-4, 2)$,两条中线所在直线方程分别为 $3x-2y+2=0$ 和 $3x+5y-12=0$,求边 BC 所在直线方程.

3. 已知直线 l 过点 $P(3, 2)$，且与 x 轴、y 轴的正半轴分别交于 A、B 两点，如图所示.求 $\triangle ABO$ 面积的最小值及此时直线 l 的方程.

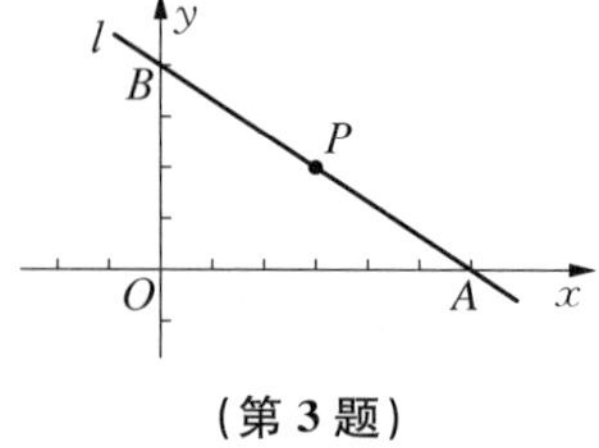

（第 3 题）

二、两直线之间的位置关系

【知识概述】

在平面几何中，我们已经定性地研究过两直线的位置关系，现在通过直线方程研究位置关系.设两直线的方程是：l_1：$a_1x+b_1y+c_1=0$，l_2：$a_2x+b_2y+c_2=0$.它们相交，交点的坐标一定是这两个方程的唯一公共解；反之，如果这两个二元一次方程组只有唯一公共解，那么以这个解为坐标的点必是两直线的交点.若两直线平行、重合，则两直线方程的对应项系数有比例关系.

两条相交直线 l_1、l_2 所成的锐角或直角(用 α 表示)，叫做两条相交直线的夹角；当直线 $l_1 \parallel l_2$ 或直线 l_1 与 l_2 重合时，规定 $\alpha=0$.

【本质提炼】

在平面直角坐标系中，通过研究对应方程组公共解的个数来判断两直线之间的位置关系及两条直线位置关系的代数表达.

【基本模型】

1. 两直线位置关系的判断：

设 l_1：$a_1x+b_1y+c_1=0$ (a_1、b_1 不全为零)与 l_2：$a_2x+b_2y+c_2=0$ (a_2、b_2 不全为零).

(1) l_1 与 l_2 重合 $\Leftrightarrow$ 存在 $\lambda \in \mathbf{R}$，使得 $a_1=\lambda a_2$，$b_1=\lambda b_2$，$c_1=\lambda c_2$；

(2) $l_1 \parallel l_2 \Leftrightarrow$ 存在 $\lambda \in \mathbf{R}$，使得 $a_1=\lambda a_2$，$b_1=\lambda b_2$，但 $c_1 \neq \lambda c_2$；

(3) l_1 与 l_2 相交 $\Leftrightarrow a_1b_2 \neq a_2b_1$.

若 l_2 的方程中三个系数 a_2、b_2、c_2 均不为零，则上述充要条件可写成：

(1) l_1 与 l_2 重合 $\Leftrightarrow \dfrac{a_1}{a_2}=\dfrac{b_1}{b_2}=\dfrac{c_1}{c_2}$；

(2) $l_1 \parallel l_2 \Leftrightarrow \dfrac{a_1}{a_2}=\dfrac{b_1}{b_2} \neq \dfrac{c_1}{c_2}$；

(3) l_1 与 l_2 相交 $\Leftrightarrow \dfrac{a_1}{a_2} \neq \dfrac{b_1}{b_2}$.

2. 两直线的夹角：

设 l_1：$a_1x+b_1y+c_1=0$ (a_1、b_1 不全为零) 与 l_2：$a_2x+b_2y+c_2=0$ (a_2、b_2 不

全为零). 通过数形结合,两直线的夹角可以转化为对应法向量的夹角(或其补角),而向量所成角可由向量的数量积运算得出,这也体现了转化的思路.

设 l_1 与 l_2 的夹角为 α, l_1 与 l_2 的法向量分别为 $\vec{n}_1$ 与 $\vec{n}_2$, 其夹角为 θ, 且 $\overrightarrow{n_1}=(a_1, b_1)$, $\overrightarrow{n_2}=(a_2, b_2)$, 可得

$$\cos\alpha=|\cos\theta|=\left|\frac{\overrightarrow{n_1}\cdot\overrightarrow{n_2}}{|\overrightarrow{n_1}|\cdot|\overrightarrow{n_2}|}\right|=\frac{|a_1a_2+b_1b_2|}{\sqrt{a_1^2+b_1^2}\cdot\sqrt{a_2^2+b_2^2}},$$

即为直线 l_1 与 l_2 的夹角公式.

特别地,当且仅当 $a_1a_2+b_1b_2=0$ 时, l_1 与 l_2 的夹角为 $\frac{\pi}{2}$, l_1 与 l_2 垂直,即

$$l_1\perp l_2\Leftrightarrow\overrightarrow{n_1}\perp\overrightarrow{n_2}\Leftrightarrow a_1a_2+b_1b_2=0.$$

例 1　已知直线 l_1: $mx+3y+m+3=0$, l_2: $x+(m-2)y+2=0$, 分别求实数 m 的取值范围,使得:

(1) l_1 与 l_2 相交;　(2) l_1 与 l_2 平行;　(3) l_1 与 l_2 重合;　(4) l_1 与 l_2 垂直.

分析: 判断两条直线的位置关系,注意考虑系数之间的关系,特别要注意直线平行与直线重合之间的差异.

解: 解方程 $m(m-2)=3\times1$, 得 $m=3$ 或 $m=-1$.

(1) 当 $m\neq3$ 且 $m\neq-1$ 时, $m(m-2)\neq3\times1$, 所以 l_1 与 l_2 相交.

(2) 当 $m=-1$ 时, $\frac{m}{1}=\frac{3}{m-2}\neq\frac{m+3}{2}$, 所以 l_1 与 l_2 平行.

(3) 当 $m=3$ 时, $\frac{m}{1}=\frac{3}{m-2}=\frac{m+3}{2}$, 所以 l_1 与 l_2 重合.

(4) 由 $m\times1+3(m-2)=0$, 解得 $m=\frac{3}{2}$. 即当 $m=\frac{3}{2}$ 时, l_1 与 l_2 垂直.

说明: 本题也可以利用两条直线的法向量之间的关系来判断是否相交,是否垂直.

例 2　求过直线 l_1: $x+y-3=0$ 与 l_2: $2x+y=0$ 的交点且满足下列条件的直线方程:

(1) 平行于 $3x+4y+1=0$;

(2) 垂直于 $2x+3y=0$.

分析: 平行于直线 $3x+4y+1=0$, 可以设直线方程为 $3x+4y+c_1=0$; 垂直与直线 $2x+3y=0$, 可以设直线方程为 $3x-2y+c_2=0$. 用待定系数解出方程即可.

解: 解方程组 $\begin{cases}x+y-3=0,\\2x+y=0,\end{cases}$ 得 $\begin{cases}x=-3,\\y=6.\end{cases}$ 所以 l_1 与 l_2 的交点是 $(-3, 6)$.

(1) 设平行于 $3x+4y+1=0$ 的直线方程为 $3x+4y+c=0$，把点 $(-3, 6)$ 代入，得 $c=-15$，所以所求的直线方程为 $3x+4y-15=0$.

(2) 设垂直于 $2x+3y=0$ 直线方程为 $3x-2y+m=0$，把点 $(-3, 6)$ 代入，得 $m=21$，所以所求的直线方程为 $3x-2y+21=0$.

说明： 直线的平行与垂直是两个特殊的位置关系，对其系数之间的对应关系需要理解并牢记.

例3 已知直线 l 过点 $P(-4, 1)$，且与直线 m：$3x-y+1=0$ 的夹角为 $\arccos\dfrac{3\sqrt{10}}{10}$，求直线 l 的方程.

分析： 本题以夹角为条件，可以设出点法向式方程，用待定系数法求解直线方程.

解： 设直线 l 的方程为 $a(x+4)+b(y-1)=0$(其中 $\vec{n}=(a, b)$ 为 l 的一法向量)，则

$$\frac{|3a-b|}{\sqrt{a^2+b^2}\sqrt{3^2+(-1)^2}}=\frac{3\sqrt{10}}{10}\text{，即 } 3\sqrt{a^2+b^2}=|3a-b|.$$

化简为 $b(3a+4b)=0$，解方程，得 $b=0$，$3a=-4b$.

当 $b=0$ 时，则 $a\neq 0$，此时方程为 $x=-4$；

当 $3a=-4b\neq 0$ 时，方程为 $4(x+4)-3(y-1)=0$，即 $4x-3y+19=0$.

综上所述，直线 l 的方程是 $x=-4$ 或 $4x-3y+19=0$.

说明： 本题是夹角公式的典型应用.采用待定系数法求直线方程.本题也可以设直线 l 的方程为 $y-1=k(x+4)$ 或 $x=-4$，再分类求解.用点斜式设方程时不要漏掉斜率不存在的情况.

【变式练习二】

1. m 为何值时，三条直线 l_1：$4x+y=4$，l_2：$mx+y=0$，l_3：$2x-3my=4$ 不能构成三角形？

2. 等腰三角形 ABC 中，$A(2, -1)$，底角 $\angle B=\arctan\dfrac{3}{4}$，$BC$ 所在直线的方程是 $2x-4y+5=0$，求两腰所在直线方程.

三、点到直线的距离

【知识概述】

从向量的视角看，点到直线的距离可视为点到直线上任意一点所构成的向量在

直线法向量上的投影的绝对值.

【本质提炼】

点到直线的距离是该点与直线上的任意动点这两点之间距离的最小值.

两平行直线 l_1、l_2 之间的距离可理解为 l_1 上的动点 P 与 l_2 上的动点 Q 之间距离 $|PQ|$ 的最小值.

【基本模型】

1. 已知直线 l: $ax+by+c=0$ (a、b 不全为零) 和点 $P(x_0, y_0)$, 直接利用 $d=\frac{|ax_0+by_0+c|}{\sqrt{a^2+b^2}}$ 计算或求解.

设两平行直线 l_1: $ax+by+c_1=0$, l_2: $ax+by+c_2=0$ (a、b 不全为零), 则它们之间的距离为 $d=\frac{|c_1-c_2|}{\sqrt{a^2+b^2}}$.

2. 对称问题:

(1) 点 $P(x_0, y_0)$ 关于点 $M(m, n)$ 的对称点 $P_1(2m-x_0, 2n-y_0)$.

直线 l_1: $ax+by+c=0$ 关于点 $M(m, n)$ 对称的直线可以转化点关于点的对称问题, 即 l_2: $a(2m-x_0)+b(2n-y_0)+c=0$.

(2) 点 $P(x_0, y_0)$ 关于直线 l: $ax+by+c=0$ ($ab\neq 0$) 的对称点 $P_2(x_1, y_1)$, 满足:

$\frac{y_1-y_0}{x_1-x_0}\cdot\left(-\frac{a}{b}\right)=-1$, 即 $PP_2\perp l$;

$a\frac{x_0+x_1}{2}+b\frac{y_0+y_1}{2}+c=0$, 即 PP_2 的中点在直线 l 上.

例1　求过点 $A(2, 1)$ 且原点到直线的距离为 2 的直线方程.

分析: 已知直线过定点, 确定直线的方程还需要明确一个量. 因此, 可设直线的点斜式方程, 借助距离公式得到关于斜率的方程, 即可求解.

解: 当斜率存在时, 设直线方程: $y-1=k(x-2)$ 即 $kx-y-2k+1=0$, 原点到直线的距离 $d=\frac{|2k-1|}{\sqrt{k^2+1}}=2$, 解得 $k=-\frac{3}{4}$;

当斜率不存在时, 则直线方程 $x=2$, 符合题意;

所以, 直线方程是 $3x+4y-10=0$ 或 $x=2$.

说明: 一般情形下, 当点到直线的距离小于两点间的距离时, 直线应有两解, 所以当计算得到的斜率仅有一解时, 勿忘斜率不存在的特殊情形.

例2 已知直线 l：$2x-3y+1=0$，点 $A(-1,-2)$. 求：

(1) 点 A 关于直线 l 的对称点 A' 的坐标；

(2) 直线 l 关于点 A 对称的直线 l' 的方程.

分析：本题为典型的对称问题，一是点关于线对称，可以设出对称点坐标，运用垂直平分两个条件解方程即可；二是线关于点对称，可以用代入法求出相应方程.

解：(1) 设 $A'(x, y)$，由已知，得 $\begin{cases}\dfrac{y+2}{x+1}\times\dfrac{2}{3}=-1,\\ 2\times\dfrac{x-1}{2}-3\times\dfrac{y-2}{2}+1=0,\end{cases}$ 解得 $\begin{cases}x=-\dfrac{33}{13},\\ y=\dfrac{4}{13}.\end{cases}$ 所以 $A'\left(-\dfrac{33}{13}, \dfrac{4}{13}\right)$.

(2) 设 $P(x, y)$ 为 l' 上任意一点，则 $P(x, y)$ 关于点 $A(-1,-2)$ 的对称点为 $P'(-2-x, -4-y)$，因为点 P' 在直线 l 上，所以

$$2(-2-x)-3(-4-y)+1=0\text{，即 }2x-3y-9=0.$$

说明：解决点关于直线对称问题要把握两点，点 M 与点 N 关于直线 l 对称，则线段 MN 的中点在直线 l 上，直线 l 与直线 MN 垂直.

若直线或点关于点成中心对称问题，则只需运用中点公式就可解决问题. 第(2)题也可以在直线 l 上任取两点 P_1、P_2，它们关于点 A 的对称点为 P_3、P_4，直线 P_3P_4 即为所求.

【变式练习三】

1. 证明：直线 l：$(m+2)x-(m+1)y-2(2m+3)=0$ $(m\in\mathbf{R})$ 与点 $A(-2, 2)$ 的距离 d 恒小于 $4\sqrt{2}$.

2. 在等腰直角三角形 ABC 中，$AB=AC=4$，P 是边 AB 上异于 A、B 的一点，光线从点 P 出发，经 BC、CA 反射后又回到点 P，若光线 QR 经过 $\triangle ABC$ 的重心，求线段 AP 的值.

第一单元测试题

1. 直线 $x\sin\alpha+y+2=0$ 的倾斜角的取值范围是____________.

2. 已知直线 $ax+2y-1=0$ 与直线 $2x-3y-1=0$ 垂直，则 a 的值为________.

3. 若直线 l_1：$(m+3)x+4y+3m-5=0$ 与 l_2：$2x+(m+5)y-8=0$ 平行,则 m 的值为________.

4. 已知点 $P(2, -3)$，$Q(3, 2)$，直线 $y=ax-2$ 与线段 PQ 相交，则实数 a 的取值范围是________.

5. 已知直线 l 的斜率为 1,与两坐标轴围成三角形的面积为 4,则直线 l 的方程为________.

6. 已知点 $A(4, 1)$，$B(0, 4)$，在直线 l：$y=3x-1$ 上找一点 P,求使 $|PA|-|PB|$ 最大时 P 的坐标是________.

7. 设 $m\in\mathbf{R}$，过定点 A 的动直线 $x+my=0$ 和过定点 B 的动直线 $mx-y-m+3=0$ 交于点 $P(x, y)$，则 $|PA|^2+|PB|^2$ 的值是________.

8. 过点 $(1, 6)$ 作直线 l，若直线 l 经过点 $(a, 0)$，$(0, b)$，且 $a\in\mathbf{N}^*$，$b\in\mathbf{N}^*$，则可作直线 l 的条数为________.

9. 已知直线 l_1：$ax+2y+3=0$ 和直线 l_2：$x+(a-1)y+a^2-1=0$.

(1) 若 $l_1\perp l_2$，求实数 a 的值；

(2) 若 $l_1 /\!/ l_2$，求实数 a 的值.

10. 已知 $m>0$，$n>0$，过 $P(m, n)$ 的直线 l 与 x 轴交于点 A,与 y 轴交于点 B,记 l 与坐标轴围成的三角形 AOB 的面积为 S.

(1) 若 $P(2, 4)$，且 $\overrightarrow{PA}=2\overrightarrow{PB}$，求直线 l 的方程；

(2) 若 A、B 都在正半轴上,求 S 的最小值；

(3) 写出面积 S 的取值范围与直线 l 条数的对应关系.(不需要证明)

(第 10 题)

第二单元　圆锥曲线与方程

单元教学目标

1. 在平面直角坐标系中,探索并掌握圆的标准方程和一般方程.

2. 能根据给定直线、圆的方程,判断直线与圆、圆与圆的位置关系.

3. 能用直线与圆的方程解决一些简单的数学问题和实际问题.

4. 经历从具体情境抽象出椭圆的过程,掌握椭圆的定义、标准方程及简单几何性质,了解椭圆的简单运用.

5. 了解抛物线与双曲线的定义、几何图形和标准方程,以及它们的简单几何性质,了解抛物线的简单运用.

6. 通过圆锥曲线与方程的学习,进一步体会数形结合的思想.

单元教学安排

本单元教学建议课时数及具体分配如下.

单 元 内 容	课 时
圆	5
椭圆	3
双曲线	3
抛物线	2

单元教学内容

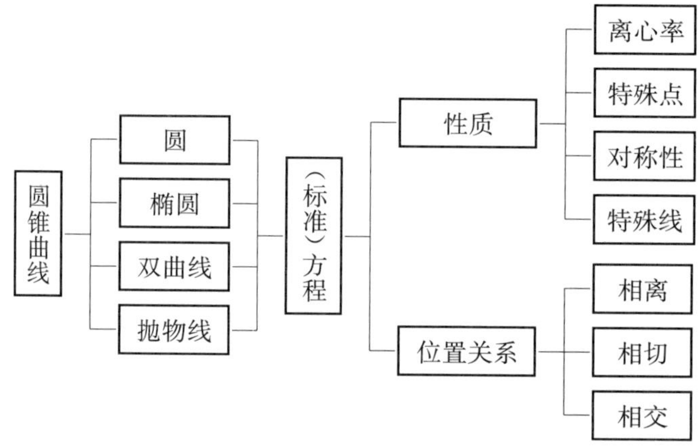

单元教学实施

根据学生解析几何的学习现状,教学中应突出培养学生的直观想象、数学运算、数学建模、逻辑推理和数学抽查等核心素养.注意本单元教学展开的基本线索,把“数形结合”思想贯穿全单元.通过具体实例,鼓励学生在不同情境中体会用代数方法研究曲线性质和关系的解析几何研究思路.

在教学中,引导学生经历以下过程:首先,通过实例了解几何图形的背景.例如,通过行星运行轨道、抛物运动轨迹等,使学生了解圆锥曲线的背景与应用.进而,结合情境清晰地描述图形的几何特征与问题.例如,椭圆是到两个定点的距离之和为定长的动点的轨迹等.再结合具体问题合理地建立坐标系,用代数语言描述这些特征与问题.最后,借助几何图形的特点,形成解决问题的思路,通过直观想象和代数运算得到结果,并给出几何解释解决问题.

单元教学实施过程中要重视方法的类比,注重揭示内在的联系.圆、圆锥曲线虽然研究的几何对象有别,但从思想方法的角度看却是一脉相承的.在教学中应注意类比,让学生体会相同的方法在研究不同对象时的作用.例如,椭圆的性质的研究方法也可以类比到双曲线和抛物线性质的研究.

单元教学实施过程中应充分发挥信息技术的作用,通过计算机软件辅助教学,帮助学生更精确地理解曲线的形状,从而更好地利用代数方法进行描述.

单元教学实施过程中应保障学生主体性,注意关心对学习方法的指导.解析几何的教学更重视学生的亲身体验,特别是将几何问题转化为代数问题后,常需要进行一定量的计算.需要学生脚踏实地地完成,不要只分析思路不动笔计算,应关注学生直观想象、数学运算等核心素养的形成.

一、圆

【知识概述】

在初中阶段,圆作为平面几何唯一的曲线图形,研究了圆的确定、圆的基本性质(对称性与旋转不变性),学习了与圆有关的一些结论,如垂径定理,圆心角、弧、弦、弦心距四者关系定理,圆周角定理等,定性地研究了直线与圆、圆与圆的位置关系.本单元借助圆的方程进一步研究特征,圆的方程建立了从轨迹(几何对象)到方程(代数对象)的对应,为后续通过方程来研究圆的几何性质及其与直线的位置关系奠定了基础.

【本质提炼】

圆是到一个定点的距离等于定长(大于零)的点的轨迹.

【基本模型】

1. 圆的标准方程:

圆心为 $C(a,b)$,半径为 $r(r>0)$ 的圆的标准方程为 $(x-a)^2+(y-b)^2=r^2$.特别地,当 $a=b=0$,即圆心在原点 $O(0,0)$ 时,圆的标准方程为 $x^2+y^2=r^2$.

2. 圆的一般方程:

当 $D^2+E^2-4F>0$ 时,$x^2+y^2+Dx+Ey+F=0$ 叫做圆的一般方程.它表示以 $\left(-\dfrac{D}{2},-\dfrac{E}{2}\right)$ 为圆心、$\dfrac{1}{2}\sqrt{D^2+E^2-4F}$ 为半径的圆.

圆方程的求解:无论是标准方程还是一般方程,确定一个圆都需要三个条件,因此选择适当的方程,用待定系数法求出相关的系数是确定圆方程的常用方法.

3. 圆的轨迹问题:

圆的轨迹问题主要可以应用圆的定义或者用轨迹方程的定义法直接进行求解,

求解过程中应当注意变量的范围.

4. 与圆有关的最值问题：

与圆有关的最值问题一般有两种类型：

(1) 距离的最值问题.常根据距离的几何意义，利用圆的几何性质数形结合进行求解.

(2) 与圆上点 (x, y) 有关的代数式的最值.

① 形如 $\dfrac{y-b}{x-a}$ 的最值问题，可转化为过点 (a, b) 和点 (x, y) 的直线的斜率的最值进行处理；

② 形如 $mx+ny$ 的最值问题，可转化为动直线的截距的最值进行处理；

③ 形如 $(x-a)^2+(y-b)^2$ 型的最值问题，可转化为动点 (x, y) 到定点 (a, b) 的距离平方进行处理.

例1 求经过点 $A(5, 2)$，$B(3, 2)$，圆心在直线 $2x-y-3=0$ 上的圆的方程.

分析： 本题给出圆上两点和圆心所在的直线方程，要确定该圆，关键在于求出圆心坐标.可利用圆心到点 A 和点 B 距离相等得到圆心所满足的另一条件，即可算出圆心坐标，进而求解出圆的方程.

解： 设圆心 $C(x_0, y_0)$，则 $\begin{cases}2x_0-y_0-3=0, \\ (x_0-5)^2+(y_0-2)^2=(x_0-3)^2+(y_0-2)^2.\end{cases}$ 解得 $x_0=4$，$y_0=5$，而半径 $r=|AC|=\sqrt{(5-4)^2+(2-5)^2}=\sqrt{10}$.

所以，所求圆的方程为 $(x-4)^2+(y-5)^2=10$.

说明： 本题还可以利用圆的几何性质，即圆心在线段 AB 的垂直平分线和已知直线的交点处，先求出直线 AB 的垂直平分线，再和已知直线联立，求出圆心坐标，后同例题解法；本题也可设圆的一般方程，代入条件进行求解，但运算量较大.

例2 求经过点 $A(0, 5)$，且与直线 $x-2y=0$ 和 $2x+y=0$ 都相切的圆的方程.

分析： 本题给出圆上点，故只需求出圆心坐标.又圆与两已知直线相切，所以圆心到这两条直线的距离相等，即可据此求出圆心坐标.

解： 设圆心为 (a, b)，半径为 $r(r>0)$.

因为圆和直线 $x-2y=0$ 相切，所以 $r=\dfrac{|a-2b|}{\sqrt{5}}$，即

$$5r^2=(a-2b)^2. \quad ①$$

因为圆和直线 $2x+y=0$ 相切，所以 $r=\dfrac{|2a+b|}{\sqrt{5}}$，即

$$5r^2=(2a+b)^2. \tag{②}$$

联立①②，解得 $a+3b=0$ 或 $3a-b=0$.

又因为圆过点 $A(0, 5)$，所以

$$a^2+(5-b)^2=r^2. \tag{③}$$

当 $a+3b=0$ 时，代入①③，得 $b^2-2b+5=0$ 无解；

当 $3a-b=0$ 时，代入①③，得 $a^2-6a+5=0$，解得 $a=1$ 或 $a=5$. 即：圆心是 $(1, 3)$，半径为 $\sqrt{5}$；或圆心是 $(5, 15)$，半径为 $5\sqrt{5}$.

所以，所求圆的方程为 $(x-1)^2+(y-3)^2=5$ 或 $(x-5)^2+(y-15)^2=125$.

说明：本题也可由圆心到两条切线的距离相等，分析得到圆心在已知两直线的交角平分线上，通过数形结合可以推断出圆心只能在直线 $3x-y=0$ 上，从而确定圆心坐标得到圆的方程.

例3　若线段 AB 的长度是 10，它的两个端点分别在 x 轴、y 轴上滑动，求线段 AB 中点 P 的轨迹方程.

分析：由于 OAB 构成直角三角形，且该直角三角形的斜边长度为定值 10，因此斜边的中点到原点的距离为定值，根据圆的定义即可求出其相应轨迹方程.

解：因为 A、B 分别在 x 轴、y 轴上滑动，所以当 OAB 成三角形时，$\triangle OAB$ 为直角三角形，此时 $|OP|=\frac{1}{2}|AB|=5$，

当点 A 或 B 与点 O 重合时，也满足 $|OP|=5$.

所以点 P 的轨迹是以 O 为圆心、半径为 5 的圆，方程为 $x^2+y^2=25$.

说明：本题也可以用轨迹方程的一般求法，即设点 $P(x, y)$，由 P 是 AB 的中点，所以 $A(2x, 0)$，$B(0, 2y)$，再由 $|AB|=10$，同样可得.

例4　设 $A(-1, 0)$，$B(1, 0)$，动点 P 到点 A 的距离与到点 B 的距离的比为定值 $a(a>0)$，求点 P 的轨迹.

分析：建立曲线方程是解析几何的主要问题之一，其基本方法就是把几何条件代数化.得到方程后可以利用方程研究曲线的性质.

解：设动点 P 的坐标为 $P(x, y)$.

由 $\frac{|PA|}{|PB|}=a\ (a>0)$，得 $\frac{\sqrt{(x+1)^2+y^2}}{\sqrt{(x-1)^2+y^2}}=a$，化简，得

$$(1-a^2)x^2+(1-a^2)y^2+2(1+a^2)x+1-a^2=0.$$

当 $a \neq 1$ 时，整理，得 $\left(x-\frac{a^2+1}{a^2-1}\right)^2+y^2=\left(\frac{2a}{a^2-1}\right)^2$.

当 $a=1$ 时，化简，得 $x=0$.

所以，当 $a \neq 1$ 时，点 P 的轨迹是以 $\left(\frac{a^2+1}{a^2-1},\ 0\right)$ 为圆心、$\left|\frac{2a}{a^2-1}\right|$ 为半径的圆；当 $a=1$ 时，点 P 的轨迹为 y 轴.

说明：这个轨迹是阿波罗尼斯圆的一种特殊情形.阿波罗尼斯是古希腊几何学家，著有《圆锥曲线论》八卷等，他对圆锥曲线的研究为一千八百多年后开普勒、牛顿、哈雷等数理天文学家研究行星和彗星轨道提供了数学基础.(有兴趣的读者可以查阅相关介绍)

例5　已知实数 x、y 满足方程 $x^2+y^2-4x+1=0$.

(1) 求 $\frac{y}{x}$ 的最大值和最小值；

(2) 求 $y-x$ 的最大值和最小值；

(3) 求 x^2+y^2 的最大值和最小值.

分析：圆的方程可以化为标准方程，明确其圆心与半径；(1) 可以理解为求圆上点 $P(x,\ y)$ 与原点连线的斜率；(2) 令 $y-x=b$ 可理解为求与圆有公共点的动直线在 y 轴上的截距的最值；(3) 可理解为求圆上的点到圆点距离平方的最值.

解：原方程可化为 $(x-2)^2+y^2=3$，表示以$(2,\ 0)$为圆心、$\sqrt{3}$为半径的圆.

(1) $\frac{y}{x}$ 的几何意义是圆上一点 $(x,\ y)$ 与原点连线的斜率，所以设 $\frac{y}{x}=k$，即 $y=kx$.

当直线 $y=kx$ 与圆相切时，斜率 k 取最大值或最小值，此时 $\frac{|2k-0|}{\sqrt{k^2+1}}=\sqrt{3}$，解得 $k=\pm\sqrt{3}$ (图 9-2-1).

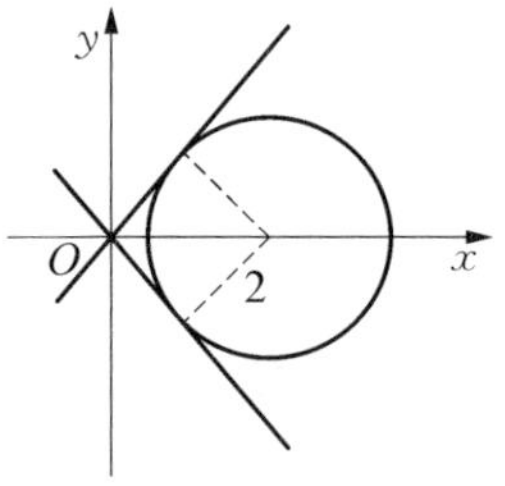

图 9-2-1

所以 $\frac{y}{x}$ 的最大值为$\sqrt{3}$，最小值为$-\sqrt{3}$.

(2) 令 $b=y-x$，则 b 可看作是直线 $y=x+b$ 在 y 轴上的截距.

当直线 $y=x+b$ 与圆相切时，截距 b 取得最大值或最小值，此时 $\frac{|2-0+b|}{\sqrt{2}}=\sqrt{3}$，解得 $b=-2\pm\sqrt{6}$ (图 9-2-2).

所以 $y-x$ 的最大值为$-2+\sqrt{6}$，最小值为$-2-\sqrt{6}$.

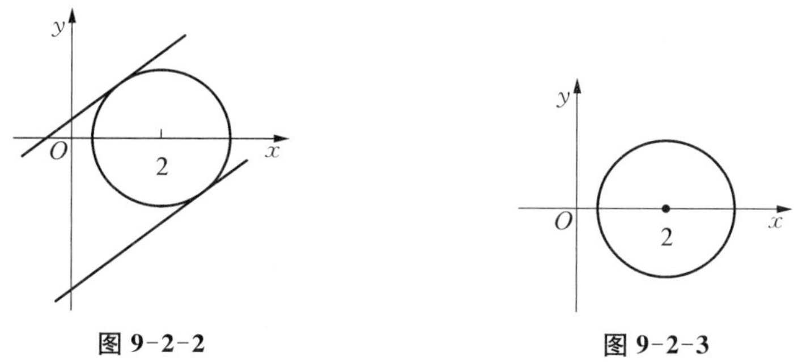

图 9-2-2　　　　图 9-2-3

(3) x^2+y^2 表示圆上的一点与原点距离的平方,由平面几何知识,在原点和圆心连线与圆的两个交点处取得最大值和最小值(图 9-2-3).

又圆心到原点的距离为 $\sqrt{(2-0)^2+(0-0)^2}=2$, 所以 x^2+y^2 的最大值是 $(2+\sqrt{3})^2=7+4\sqrt{3}$, x^2+y^2 的最小值是 $(2-\sqrt{3})^2=7-4\sqrt{3}$.

说明: 解这类问题的关键是理解所求代数式的几何意义,数形结合地思考;有些问题也可以用三角代换将问题转化成三角函数的最值进行求解.

【变式练习一】

1. 已知圆经过 $P(-2, 4)$, $Q(3, -1)$两点,并且在 x 轴上截得的弦长等于6,求该圆的方程.

2. 已知圆 $x^2+y^2=4$ 上一定点 $A(2, 0)$, $B(1, 1)$为圆内一点,P、Q 为圆上的动点.

(1) 求线段 AP 中点的轨迹方程;

(2) 若 $\angle PBQ=90°$, 求线段 PQ 中点的轨迹方程.

3. 已知 M 为圆 C: $x^2+y^2-4x-14y+45=0$ 上任意一点,且点 $Q(-2, 3)$.

(1) 求 $|MQ|$ 的最大值和最小值;

(2) 若 $M(m, n)$, 求 $\dfrac{n-3}{m+2}$ 的最大值和最小值.

二、直线与圆、圆与圆的位置关系

【知识概述】

1. 直线与圆的位置关系:

设圆 C: $(x-a)^2+(y-b)^2=r^2(r>0)$, 直线 l: $Ax+By+C=0$ (A、B 不全为 0).圆与直线的位置关系可分为:相离(0 个交点),相切(1 个交点),相交(2 个交点).

2. 圆与圆的位置关系：

两圆的位置关系分为：外离(4 条公切线)，外切(3 条公切线)，相交(2 条公切线)，内切(1 条公切线)，内含(没有公切线).

【本质提炼】

直线与圆、圆与圆位置关系的代数表达，即：将判断直线与圆的位置关系转化为判断直线与圆的方程组成的方程组的解的个数；将判断圆与圆的位置关系转化为判断方程组的解的个数.

【基本模型】

1. 利用圆心到直线的距离与圆的半径比较判断直线与圆的位置关系：

设圆 C：$(x-a)^2+(y-b)^2=r^2(r>0)$，直线 l：$Ax+By+C=0$ (A、B 不全为 0)，圆心 $C(a, b)$ 到直线 l 的距离为 d.

若 $d<r$，直线 l 与圆 C 相交；

若 $d=r$，直线 l 与圆 C 相切；

若 $d>r$，直线 l 与圆 C 相离.

2. 过一点求圆的切线：

(1) 若点在圆上，常将该点与圆心形成直线的法向量用点法向式方程求解；

(2) 若点在圆外，通常用待定系数法，设切线方程为 $y-y_0=k(x-x_0)$，利用圆心到切线的距离等于半径，得到方程进而求出 k. 注意考虑斜率不存在的情况.

3. 利用两圆圆心距与半径之间的比较判断圆与圆之间的位置关系：

设两个圆的半径分别为 r_1、r_2，圆心距为 d，则两圆位置关系如下表所示：

位置关系	外离	外切	相交	内切	内含
几何特征	$d>r_1+r_2$	$d=r_1+r_2$	$\lvert r_1-r_2\rvert<d<r_1+r_2$	$d=\lvert r_1-r_2\rvert$	$d<\lvert r_1-r_2\rvert$
代数特征	无实数解	一组实数解	两组实数解	一组实数解	无实数解
公切线条数	4	3	2	1	0

例1　已知点 $M(a, b)$ 在圆 O：$x^2+y^2=1$ 外，判断直线 $ax+by=1$ 与圆 O 的位置关系.

分析： 判断直线与圆的位置关系只需要比较圆心到直线的距离与半径即可.

解： 因为 $M(a, b)$ 在圆 O：$x^2+y^2=1$ 外，所以 $a^2+b^2>1$，而圆心 O 到直线 $ax+by=1$ 的距离 $d=\dfrac{\lvert a\cdot 0+b\cdot 0-1\rvert}{\sqrt{a^2+b^2}}=\dfrac{1}{\sqrt{a^2+b^2}}<1$，故直线与圆 O 相交.

说明：若把条件改为点 M 在圆上和圆内，直线 $ax+by=1$ 与圆 O 的关系同法可求.

例2　已知点 $M(3,1)$ 和圆 $(x-1)^2+(y-2)^2=4$.

(1) 求过点 M 的圆的切线方程；

(2) 若直线 $ax-y+4=0$ 与圆相切，求 a 的值；

(3) 若直线 $ax-y+4=0$ 与圆相交于 A、B 两点，且弦 AB 的长为 $2\sqrt{3}$，求 a 的值.

分析：点 M 在圆外，过点 M 的圆的切线有两条，可设直线的斜率为 k，得到关于 k 的方程，解出 k，即可求得；弦长可根据勾股定理，转化为圆心到直线的距离即可进行求解.圆中的弦长问题可以结合圆的几何性质进行求解.

解：(1) 圆心 $C(1,2)$，半径 $r=2$.

当直线的斜率不存在时，方程为 $x=3$. 此时圆心到直线 $x=3$ 的距离 $d=2=r$，

当直线的斜率存在时，设方程为 $y-1=k(x-3)$，即 $kx-y+1-3k=0$.

由题意，知 $\dfrac{|k-2+1-3k|}{\sqrt{k^2+1}}=2$，解得 $k=\dfrac{3}{4}$.

所以 $y-1=\dfrac{3}{4}(x-3)$，即 $3x-4y-5=0$.

故过点 M 的圆的切线方程为 $x=3$ 或 $3x-4y-5=0$.

(2) 由题意，得 $\dfrac{|a-2+4|}{\sqrt{a^2+1}}=2$，解得 $a=0$ 或 $a=\dfrac{4}{3}$.

(3) 因为圆心到直线 $ax-y+4=0$ 的距离为 $\dfrac{|a+2|}{\sqrt{a^2+1}}$，所以

$$\left(\frac{|a+2|}{\sqrt{a^2+1}}\right)^2+\left(\frac{2\sqrt{3}}{2}\right)^2=4，解得 a=-\frac{3}{4}.$$

说明：圆的弦长可以从代数和几何两种途径进行分析.

代数方法：将直线和圆的方程联立方程组，消元后得到一个一元二次方程.在判别式 $\Delta>0$ 的前提下，利用根与系数的关系，根据弦长公式求弦长.

几何方法：若圆心到弦所在直线的距离为 d，圆的半径长为 r，根据勾股定理可得弦长为 $2\sqrt{r^2-d^2}$.

例3　已知两圆 C_1：$x^2+y^2-2x-6y-1=0$ 和 C_2：$x^2+y^2-10x-12y+45=0$.

(1) 求证：圆 C_1 和圆 C_2 相交；

(2) 求圆 C_1 和圆 C_2 的公共弦所在直线的方程和公共弦长.

分析： 两圆的圆心和半径均可求，求证两圆相交只需证明圆心距小于半径之和，大于半径之差的绝对值；两圆方程相减，即可得公共弦所在的直线方程.

解： (1) 证明：圆 C_1 的圆心为 $C_1(1, 3)$，半径 $r_1=\sqrt{11}$，圆 C_2 的圆心为 $C_2(5, 6)$，半径 $r_2=4$，两圆圆心距 $d=|C_1C_2|=5$，$r_1+r_2=\sqrt{11}+4$，$|r_1-r_2|=4-\sqrt{11}$.

所以 $|r_1-r_2|<d<r_1+r_2$，圆 C_1 和圆 C_2 相交.

(2) 圆 C_1 和圆 C_2 的方程左、右分别相减，得 $4x+3y-23=0$，所以，两圆的公共弦所在直线的方程为 $4x+3y-23=0$.

圆心 $C_2(5, 6)$ 到直线 $4x+3y-23=0$ 的距离为 $\frac{|20+18-23|}{\sqrt{16+9}}=3$，故公共弦长为 $2\sqrt{16-9}=2\sqrt{7}$.

说明： 求两圆公共弦长，往往先算出公共弦所在的直线方程，再选其中一圆，由圆心到弦所在直线的距离 d、半弦长 $\frac{l}{2}$、半径 r 构成直角三角形，利用勾股定理求解.

【变式练习二】

1. 已知在圆 $x^2+y^2-4x+2y=0$ 内，过点 $E(1, 0)$ 的最长弦和最短弦分别是 AC 和 BD，则四边形 $ABCD$ 的面积为　　(　　)

A. $3\sqrt{5}$　　B. $6\sqrt{5}$　　C. $4\sqrt{15}$　　D. $2\sqrt{15}$

2. 已知过点 $A(0, 1)$ 且斜率为 k 的直线 l 与圆 C：$(x-2)^2+(y-3)^2=1$ 交于 M、N 两点.

(1) 求 k 的取值范围；

(2) 若 $\overrightarrow{OM}\cdot\overrightarrow{ON}=12$，其中 O 为坐标原点，求 $|MN|$.

三、椭圆

【知识概述】

平面上，与两定点 F_1、F_2 的距离的和等于常数 $2a$（$2a$ 大于 $|F_1F_2|$）的点 M 的轨迹叫做椭圆.将焦点分别置于 x 轴和 y 轴，可以得到椭圆两种类型的标准方程.

根据椭圆的标准方程，研究椭圆的对称性、顶点、范围、离心率等几何性质.在平面直角坐标系中，建立椭圆的标准方程，运用代数的方法研究椭圆的性质，是平面解析几何的一般思想.

【本质提炼】

椭圆是平面上到两定点距离之和为定值的点的轨迹;也可以看作由特殊位置的平面截圆锥侧面得到的曲线.

【基本模型】

1. 椭圆的定义:

在平面上,与两定点 F_1、F_2的距离的和等于常数 $2a$($2a$ 大于$|F_1F_2|$)的点M 的轨迹叫做椭圆.这两定点 F_1、F_2 叫做椭圆的焦点,两焦点间的距离 $|F_1F_2|$ 叫做椭圆的焦距, $|F_1F_2|=2c$.

若 $a=c$,则点 M 的轨迹为以 F_1F_2 为端点的线段;

若 $a<c$,则不存在这样的点 M 的轨迹.

2. 椭圆的标准方程和性质:

<table>
<tr><td colspan="2">标准方程</td><td>$\frac{x^2}{a^2}+\frac{y^2}{b^2}=1\ (a>b>0)$</td><td>$\frac{y^2}{a^2}+\frac{x^2}{b^2}=1\ (a>b>0)$</td></tr>
<tr><td colspan="2">图　形</td><td> 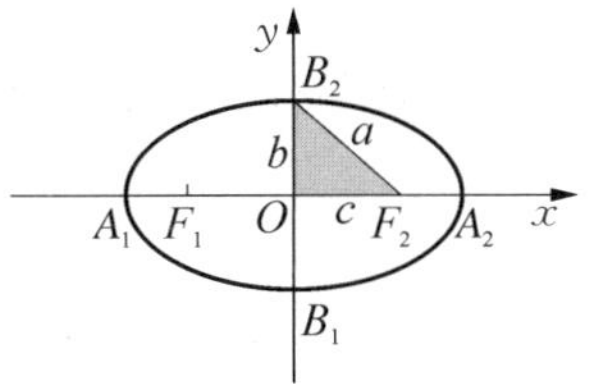y, B₂, a, b, A₁, F₁, O, c, F₂, A₂, x, B₁</td><td> 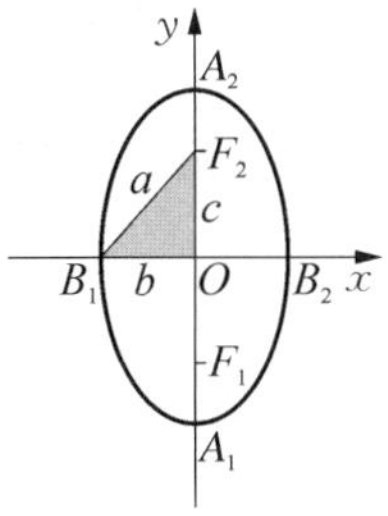y, A₂, F₂, a, c, B₁, b, O, B₂, x, F₁, A₁</td></tr>
<tr><td rowspan="5">性
质</td><td>范围</td><td>$-a\leqslant x\leqslant a$
$-b\leqslant y\leqslant b$</td><td>$-b\leqslant x\leqslant b$
$-a\leqslant y\leqslant a$</td></tr>
<tr><td>对称性</td><td colspan="2">对称轴:坐标轴;对称中心:原点</td></tr>
<tr><td>顶点</td><td>$A_1(-a,0)$, $A_2(a,0)$
$B_1(0,-b)$, $B_2(0,b)$</td><td>$A_1(0,-a)$, $A_2(0,a)$
$B_1(-b,0)$, $B_2(b,0)$</td></tr>
<tr><td>轴</td><td colspan="2">长轴 A_1A_2的长为 $2a$;短轴 B_1B_2的长为 $2b$</td></tr>
<tr><td>离心率</td><td colspan="2">$e=\frac{c}{a}\in(0,1)$</td></tr>
<tr><td colspan="2">a、b、c 的关系</td><td colspan="2">$a^2-b^2=c^2$</td></tr>
</table>

3. 直线与椭圆的位置关系:

设直线 l 的方程为 $f(x,y)=0$,椭圆的方程为 $F(x,y)=0$,直线与椭圆的交点情况可以转化为方程组 $\begin{cases}f(x,y)=0,\\F(x,y)=0\end{cases}$ 解的情况,进而可进一步研究弦长、中点等相关问题.

例 1　求与圆 C_1：$(x+3)^2+y^2=1$ 外切，且与圆 C_2：$(x-3)^2+y^2=81$ 内切的动圆圆心 P 的轨迹方程.

分析：借助动圆的半径，将圆与圆的关系转化为关于点 P 的关系式，明确点 P 的轨迹类型，进而求出轨迹方程.

解：设动圆的半径为 r，圆心为 $P(x, y)$，则有 $|PC_1|=r+1$，$|PC_2|=9-r$.

所以 $|PC_1|+|PC_2|=10>|C_1C_2|$，即 P 在以 $C_1(-3, 0)$，$C_2(3, 0)$ 为焦点，长轴长为 10 的椭圆上.

故点 P 的轨迹方程为 $\dfrac{x^2}{25}+\dfrac{y^2}{16}=1$.

说明：应用椭圆的定义解题时，应注意比较距离之和与两定点距离的大小，确定轨迹是椭圆还是线段.

例 2　已知椭圆两个焦点的坐标分别是 $(-2, 0)$，$(2, 0)$，并且经过点 $\left(\dfrac{5}{2}, -\dfrac{3}{2}\right)$，求它的标准方程.

分析：由椭圆的标准方程的定义及给出的条件，容易求出 a、b、c. 或者利用待定系数法求解.

解：设椭圆的标准方程为 $\dfrac{x^2}{a^2}+\dfrac{y^2}{b^2}=1\ (a>b>0)$.

因点 $\left(\dfrac{5}{2}, -\dfrac{3}{2}\right)$ 在椭圆上，则

$$\begin{cases}\dfrac{25}{4a^2}+\dfrac{9}{4b^2}=1,\\ a^2-b^2=4,\end{cases}\text{解得}\begin{cases}a=\sqrt{10},\\ b=\sqrt{6}.\end{cases}$$

所以，椭圆的标准方程为 $\dfrac{x^2}{10}+\dfrac{y^2}{6}=1$.

说明：利用待定系数法确定椭圆需注意焦点位置.

例 3　设点 $M(m, 0)$ 在椭圆 $\dfrac{x^2}{16}+\dfrac{y^2}{12}=1$ 的长轴上，点 P 是椭圆上任意一点. 当 $\overrightarrow{MP}$ 的模最小时，点 P 恰好落在椭圆的右顶点，求实数 m 的取值范围.

分析：本题的关键在于正确理解"当 $\overrightarrow{MP}$ 的模最小时，点 P 恰好落在椭圆的右顶点"，转化成代数语言即为"当 $x=4$ 时，$|\overrightarrow{MP}|$（函数）取得最小值".

解：设 $P(x, y)$ 为椭圆上的动点.由于椭圆方程为 $\frac{x^2}{16}+\frac{y^2}{12}=1$，故 $-4\leqslant x\leqslant 4$. 因为 $\overrightarrow{MP}=(x-m, y)$，所以 $|\overrightarrow{MP}|^2=(x-m)^2+y^2=(x-m)^2+12\times\left(1-\frac{x^2}{16}\right)=\frac{1}{4}x^2-2mx+m^2+12=\frac{1}{4}(x-4m)^2+12-3m^2$.

依题意可知，当 $x=4$ 时，$|\overrightarrow{MP}|^2$ 取得最小值.而 $x\in[-4, 4]$，故有 $4m\geqslant 4$，解得 $m\geqslant 1$. 又点 M 在椭圆的长轴上，即 $-4\leqslant m\leqslant 4$.

故实数 m 的取值范围是 $m\in[1, 4]$.

说明：正确理解并应用圆锥曲线的性质是解决此类问题的关键.本题中长轴意味着横坐标的范围，右顶点取最值转化为距离关于横坐标的函数取最值.

例 4　设圆 $x^2+y^2+2x-15=0$ 的圆心为 A，直线 l 过点 $B(1, 0)$ 且与 x 轴不重合，l 交圆 A 于 C、D 两点，过 B 作 AC 的平行线交 AD 于点 E.

(1) 证明：$|EA|+|EB|$ 为定值，并写出点 E 的轨迹方程；

(2) 设点 E 的轨迹为曲线 C_1，直线 l 交 C_1 于 M、N 两点，过 B 且与 l 垂直的直线与圆 A 交于 P、Q 两点，求四边形 $MPNQ$ 面积的取值范围.

分析：利用圆的性质，得出 $|EA|+|EB|$ 为定值，根据椭圆定义，可得出椭圆的标准方程；第(2)题利用直线与椭圆联立，将面积转化为斜率 k 的函数，进而求出面积的取值范围.

解：(1) 证明：因为 $|AD|=|AC|$，$EB\parallel AC$，故 $\angle EBD=\angle ACD=\angle ADC$，所以 $|EB|=|ED|$，故 $|EA|+|EB|=|EA|+|ED|=|AD|$.

又圆 A 的标准方程为 $(x+1)^2+y^2=16$，从而 $|AD|=4$，所以 $|EA|+|EB|=4$. 又 $|AB|=2$，由椭圆定义，可得点 E 的轨迹方程为：

$$\frac{x^2}{4}+\frac{y^2}{3}=1\ (y\neq 0).$$

(2) 当 l 与 x 轴不垂直时，设 l 的方程为 $y=k(x-1)\ (k\neq 0)$，$M(x_1, y_1)$，$N(x_2, y_2)$.

由 $\begin{cases} y=k(x-1), \\ \frac{x^2}{4}+\frac{y^2}{3}=1, \end{cases}$ 得 $(4k^2+3)x^2-8k^2x+4k^2-12=0$. 则

$$x_1+x_2=\frac{8k^2}{4k^2+3},\ x_1x_2=\frac{4k^2-12}{4k^2+3}.$$

所以 $|MN|=\sqrt{1+k^2}\ |x_1-x_2|=\dfrac{12(k^2+1)}{4k^2+3}$.

过点 $B(1,0)$ 且与 l 垂直的直线 m：$y=-\dfrac{1}{k}(x-1)$，则 A 到 m 的距离为 $\dfrac{2}{\sqrt{k^2+1}}$，所以 $|PQ|=2\sqrt{4^2-\left(\dfrac{2}{\sqrt{k^2+1}}\right)^2}=4\sqrt{\dfrac{4k^2+3}{k^2+1}}$.

故四边形 $MPNQ$ 的面积 $S=\dfrac{1}{2}|MN||PQ|=12\sqrt{1+\dfrac{1}{4k^2+3}}$.

可得当 l 与 x 轴不垂直时，四边形 $MPNQ$ 面积的取值范围为 $(12,8\sqrt{3})$.

当 l 与 x 轴垂直时，其方程为 $x=1$，$|MN|=3$，$|PQ|=8$，故四边形 $MPNQ$ 的面积为 12.

综上所述，四边形 $MPNQ$ 面积的取值范围为 $[12,8\sqrt{3})$.

说明：椭圆的定义揭示了椭圆的本质属性，正确理解、掌握定义是关键，应注意定义中的常数大于 $|F_1F_2|$，避免动点轨迹是线段或不存在的情况. 直线与椭圆相交问题中，应注意斜率不存在的情况的讨论，避免漏解.

【变式练习三】

1. 已知定点 $F_1(-4,0)$，$F_2(4,0)$ 和动点 $M(x,y)$，求满足 $|MF_1|+|MF_2|=2a(a>0)$ 的动点 M 的轨迹及其方程.

2. 已知椭圆 C：$\dfrac{x^2}{a^2}+\dfrac{y^2}{b^2}=1\ (a>b>0)$ 经过 $(1,1)$ 与 $\left(\dfrac{\sqrt{6}}{2},\dfrac{\sqrt{3}}{2}\right)$ 两点，过原点的直线 l 与椭圆 C 交于 A、B 两点，椭圆 C 上一点 M 满足 $|MA|=|MB|$.

(1) 求椭圆 C 的方程；

(2) 求证：$\dfrac{1}{|OA|^2}+\dfrac{1}{|OB|^2}+\dfrac{2}{|OM|^2}$ 为定值.

四、双曲线

【知识概述】

平面上到两个定点 F_1、F_2 的距离之差的绝对值等于常数 $2a(0<2a<|F_1F_2|)$ 的点的轨迹叫做双曲线. 由双曲线的标准方程研究双曲线的性质：对称性、顶点、范围、渐近线、离心率等.

【本质提炼】

双曲线是平面上到两定点距离之差的绝对值为定值的点的轨迹；也可以看作由

特殊位置的平面截圆锥侧面得到的曲线.

【基本模型】

1. 双曲线的定义：

平面上到两个定点 F_1、F_2 的距离之差的绝对值等于常数 $2a(0<2a<|F_1F_2|)$ 的点的轨迹叫做双曲线.这两个定点叫做双曲线的焦点，两焦点间的距离叫做焦距.

双曲线也可以表示为如下点集：

$$P=\{M\mid ||MF_1|-|MF_2||=2a\}.$$

需要注意的是，若 $2a=|F_1F_2|$ 时，上述集合 P 为以 F_1、F_2 为端点的两条射线；若 $2a>|F_1F_2|$ 时，集合 P 为空集，即不存在这样的轨迹.

2. 双曲线的标准方程和性质：

<table>
<tr><td colspan="2">标准方程</td><td>$\frac{x^2}{a^2}-\frac{y^2}{b^2}=1\ (a>0,\ b>0)$</td><td>$\frac{y^2}{a^2}-\frac{x^2}{b^2}=1\ (a>0,\ b>0)$</td></tr>
<tr><td colspan="2">图　形</td><td>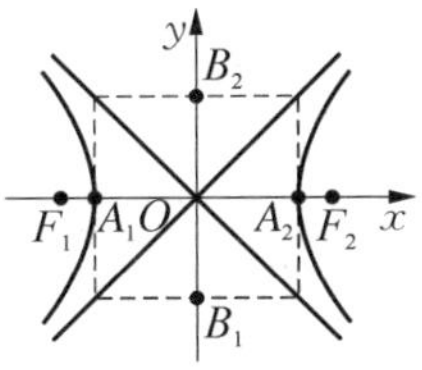</td><td>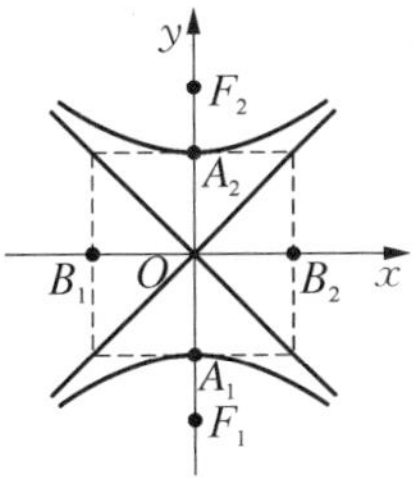</td></tr>
<tr><td rowspan="6">性
质</td><td>范围</td><td>$x\geqslant a$ 或 $x\leqslant -a$，$y\in\mathbf{R}$</td><td>$x\in\mathbf{R}$，$y\leqslant -a$ 或 $y\geqslant a$</td></tr>
<tr><td>对称性</td><td colspan="2">对称轴：坐标轴；对称中心：原点</td></tr>
<tr><td>顶点</td><td>$A_1(-a,\ 0)$，$A_2(a,\ 0)$</td><td>$A_1(0,\ -a)$，$A_2(0,\ a)$</td></tr>
<tr><td>渐近线</td><td>$y=\pm\frac{b}{a}x$</td><td>$y=\pm\frac{a}{b}x$</td></tr>
<tr><td>实虚轴</td><td colspan="2">线段 A_1A_2 叫做双曲线的实轴，它的长 $|A_1A_2|=2a$；线段 B_1B_2 叫做双曲线的虚轴，它的长 $|B_1B_2|=2b$</td></tr>
<tr><td>离心率</td><td colspan="2">$e=\frac{c}{a}$，$e\in(1,\ +\infty)$</td></tr>
<tr><td colspan="2">a、b、c 的关系</td><td colspan="2">$a^2-b^2=c^2$</td></tr>
</table>

例1　设双曲线与椭圆 $\frac{x^2}{27}+\frac{y^2}{36}=1$ 有相同的焦点，且与椭圆相交，一个交点 A 的纵坐标为 4，求此双曲线的标准方程.

分析：求解双曲线的标准方程，一般先判断其焦点在 x 轴上还是 y 轴上，再用待定系数法进行求解.

解: 由题意,可知双曲线焦点在 y 轴上.设双曲线的标准方程为 $\frac{y^2}{a^2}-\frac{x^2}{b^2}=1$ $(a>0,\ b>0)$,则 $c^2=36-27=9$, $c=3$.

又点 A 的纵坐标为 4,则横坐标为 $\pm\sqrt{15}$,于是有 $\begin{cases}\frac{16}{a^2}-\frac{15}{b^2}=1,\\a^2+b^2=9,\end{cases}$ 解得 $\begin{cases}a^2=4,\\b^2=5.\end{cases}$ 所以双曲线的标准方程为 $\frac{y^2}{4}-\frac{x^2}{5}=1$.

说明: 本题也可以先求出点 $A(\pm\sqrt{15},\ 4)$,再由双曲线的定义 $2a=||AF_1|-|AF_2||=4$,算出 $a=2$, $b^2=a^2-c^2=5$,进而求出双曲线的标准方程.

例 2 已知圆 $(x+2)^2+y^2=\frac{25}{4}$ 的圆心是 M,圆 $(x-2)^2+y^2=\frac{1}{4}$ 的圆心为 N,一动圆 P 与这两圆都外切.

(1) 求动圆的圆心 P 的轨迹方程;

(2) 若过点 N 的直线 l 与(1)中所求轨迹有两个交点 A、B,求 $\overrightarrow{AM}\cdot\overrightarrow{BM}$ 的取值范围.

分析: (1) 利用圆的外切关系,消去动圆半径,由双曲线定义可得轨迹方程;

(2) 直线与曲线联立,利用二次方程根与系数的关系,将问题转化为关于斜率 k 的表达式,从而求出 $\overrightarrow{AM}\cdot\overrightarrow{BM}$ 的范围.

解: (1) 设动圆 P 的半径为 r,则 $|PM|=r+\frac{5}{2}$, $|PN|=r+\frac{1}{2}$.相减,得 $|PM|-|PN|=2$.由双曲线定义,知点 P 的轨迹是以 M、N 为焦点,焦距为 4,实轴长为 2 的双曲线右支.其双曲线方程为 $x^2-\frac{y^2}{3}=1$ $(x\geqslant 1)$.

(2) 若直线的斜率存在,设斜率为 k,则 $\begin{cases}y=k(x-2),\\3x^2-y^2=3,\end{cases}$ 消去 y,得 $(3-k^2)x^2+4k^2x-4k^2-3=0$.

设 $A(x_1,\ y_1)$, $B(x_2,\ y_2)$, x_1、x_2 是上述方程的根,

$$\begin{cases}\Delta>0,\\x_1+x_2>0,\\x_1x_2>0,\end{cases}\text{解得 } k^2>3.$$

所以$\overrightarrow{AM}\cdot\overrightarrow{BM}=(-2-x_1)(-2-x_2)+y_1y_2=4+2(x_1+x_2)+x_1x_2+k^2(x_1-2)(x_2-2)=\frac{7k^2-9}{k^2-3}=7+\frac{12}{k^2-3}>7$.

当直线的斜率不存在时，$x_1=x_2=2$，$y_1=3$，$y_2=-3$，所以$\overrightarrow{AM}=(-4,-3)$，$\overrightarrow{BM}=(-4,3)$，$\overrightarrow{AM}\cdot\overrightarrow{BM}=7$.

所以，$\overrightarrow{AM}\cdot\overrightarrow{BM}\geqslant 7$.

例3　已知椭圆具有性质：若M、N是椭圆C上关于原点对称的两个点，点P是椭圆上任意一点，当直线PM、PN的斜率都存在，并记为k_{PM}、k_{PN}时，那么k_{PM}与k_{PN}之积是与点P位置无关的定值.试对双曲线C'：$\frac{x^2}{a^2}-\frac{y^2}{b^2}=1$写出具有类似特性的性质，并加以证明.

分析：大胆猜想、小心求证是处理这类问题一般思路.

解：类似的性质为：若M、N是双曲线$\frac{x^2}{a^2}-\frac{y^2}{b^2}=1$上关于原点对称的两个点，$P$是双曲线上任意一点，当直线$PM$、$PN$的斜率都存在，并记为$k_{PM}$、$k_{PN}$，那么$k_{PM}$与$k_{PN}$之积是与点$P$位置无关的定值.

设点$M(m,n)$，则点$N(-m,-n)$，其中$\frac{m^2}{a^2}-\frac{n^2}{b^2}=1$.

又设点$P(x,y)$，由$k_{PM}=\frac{y-n}{x-m}$，$k_{PN}=\frac{y+n}{x+m}$，得

$$k_{PM}\cdot k_{PN}=\frac{y-n}{x-m}\cdot\frac{y+n}{x+m}=\frac{y^2-n^2}{x^2-m^2},$$

将$y^2=\frac{b^2}{a^2}x^2-b^2$，$n^2=\frac{b^2}{a^2}m^2-b^2$代入，得$k_{PM}\cdot k_{PN}=\frac{b^2}{a^2}$.

说明：本题以椭圆、双曲线的基本性质为载体，考查类比、归纳、探索问题的能力.它是一道综合椭圆和双曲线基本知识的综合性题目，对思维能力有较高的要求.

【变式练习四】

1. 求与双曲线$\frac{x^2}{16}-\frac{y^2}{9}=1$共渐近线且过点$A(2\sqrt{3},-3)$的双曲线的标准方程.

2. 双曲线C：$\frac{x^2}{a^2}-\frac{y^2}{b^2}=1$上一点$(2,\sqrt{3})$到左、右两焦点距离的差为2.

(1) 求双曲线的方程.

(2) 设 F_1、F_2 是双曲线的左、右焦点，P 是双曲线上的点，若 $|PF_1|+|PF_2|=6$，求 $\triangle PF_1F_2$ 的面积.

(3) 过 $(-2, 0)$ 作直线 l 交双曲线 C 于 A、B 两点，若 $\overrightarrow{OP}=\overrightarrow{OA}+\overrightarrow{OB}$，是否存在这样的直线 l，使 $OAPB$ 为矩形？若存在，求出 l 的方程，若不存在，说明理由.

3. 已知等轴双曲线 C 的两个焦点 F_1、F_2 在直线 $y=x$ 上，线段 F_1F_2 的中点是坐标原点，且双曲线经过点 $\left(3, \frac{3}{2}\right)$.

(1) 若已知下列所给的三个方程中有一个是等轴双曲线 C 的方程：① $x^2-y^2=\frac{27}{4}$；② $xy=9$；③ $xy=\frac{9}{2}$. 请确定哪个是等轴双曲线 C 的方程，并求出此双曲线的实轴长.

(2) 现要在等轴双曲线 C 上选一处 P 建一座码头，向 $A(3, 3)$、$P(9, 1)$ 两地转运货物.经测算，从 P 到 A 、从 P 到 B 修建公路的费用都是每单位长度 a 万元，则码头应建在何处，才能使修建两条公路的总费用最低？

(3) 如图，函数 $y=\frac{\sqrt{3}}{3}x+\frac{1}{x}$ 的图像也是双曲线，请尝试研究此双曲线的性质，你能得到哪些结论？

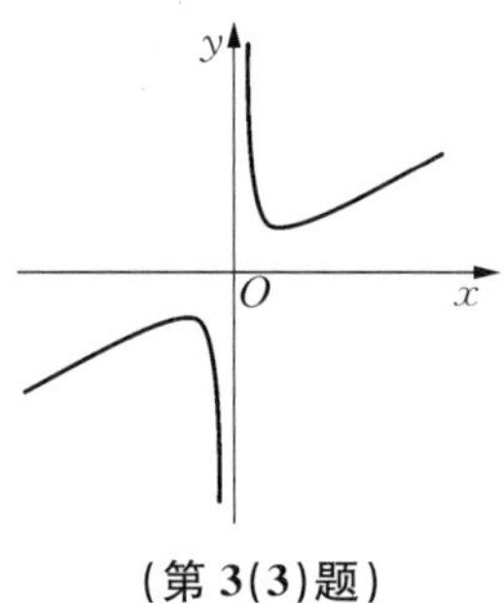

(第 3(3)题)

五、抛物线

【知识概述】

平面上到一个定点 F 和一条定直线 l(F 不在 l 上)距离相等的点的轨迹叫做抛物线.根据抛物线的标准方程研究它的对称性、顶点等几何性质.

【本质提炼】

抛物线是平面上到定点和定直线距离相等的点的轨迹；也可以看作由平行于圆锥母线的平面截圆锥侧面得到的曲线.

【基本模型】

1. 抛物线的定义：

平面上到一个定点 F 和一条定直线 l(F 不在 l 上)距离相等的点的轨迹叫做抛物线.点 F 叫做抛物线的焦点，直线 l 叫做抛物线的准线.

2. 抛物线的标准方程与性质：

标准方程	$y^2=2px$ $(p>0)$	$y^2=-2px$ $(p>0)$	$x^2=2py$ $(p>0)$	$x^2=-2py$ $(p>0)$
图　形				
顶点坐标	$O(0,0)$			
对称轴	x 轴		y 轴	
焦点坐标	$F\left(\frac{p}{2},0\right)$	$F\left(-\frac{p}{2},0\right)$	$F\left(0,\frac{p}{2}\right)$	$F\left(0,-\frac{p}{2}\right)$
准线方程	$x=-\frac{p}{2}$	$x=\frac{p}{2}$	$y=-\frac{p}{2}$	$y=\frac{p}{2}$
范　围	$x\geqslant 0,y\in\mathbf{R}$	$x\leqslant 0,y\in\mathbf{R}$	$y\geqslant 0,x\in\mathbf{R}$	$y\leqslant 0,x\in\mathbf{R}$
离心率	$e=1$			

例1　求满足焦点在直线 $2x+y-6=0$ 上的抛物线的标准方程.

分析：求抛物线的标准方程，只需求出相应的 p 的值，可用待定系数法解决问题.

解：由 $2x+y-6=0$，得其与坐标轴得交点分别为 $(0,6)$ 和 $(3,0)$，即抛物线的焦点坐标为$(0,6)$或$(3,0)$.

(1) 当焦点为$(0,6)$时，$\frac{p}{2}=6$，$p=12$，此时，抛物线方程为 $x^2=24y$.

(2) 当焦点为$(3,0)$时，$p=6$，此时抛物线方程为 $y^2=12x$.

说明：判断焦点位置是求解抛物线方程关键，直线 x、y 轴的交点均可作为焦点，需分类讨论.

例2　若抛物线 $y^2=2x$ 的焦点是 F，P 是抛物线上的动点，又有点 $A(3,2)$，求当 $|PA|+|PF|$ 取最小值时点 P 的坐标.

分析：要求 $|PA|+|PF|$ 的最小值，需要转换 $|PF|$ 为点 P 到准线 l 的距离，结合图像数形结合地分析计算.

解：将 $x=3$ 代入抛物线方程 $y^2=2x$，得 $y=\pm\sqrt{6}$.

因为 $\sqrt{6}>2$，所以 A 在抛物线内部，如图 9-2-4 所示.

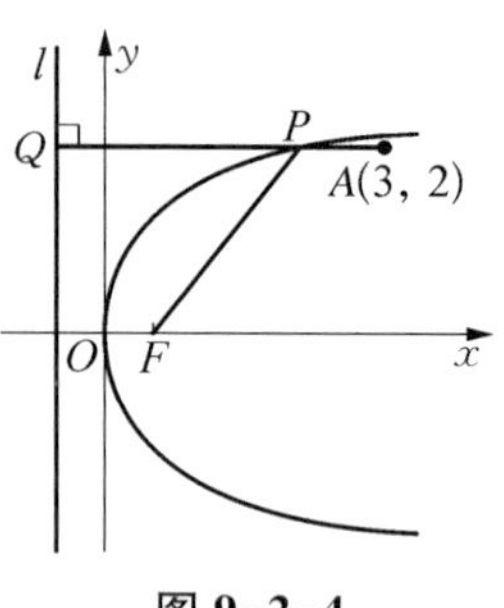

图 9-2-4

设抛物线上点 P 到准线 l：$x=-\frac{1}{2}$ 的距离为 d，由定义知 $|PA|+|PF|=|PA|+d$.

当 $PA\perp l$ 时，$|PA|+d$ 最小，最小值为$\frac{7}{2}$，此时点 P 的纵坐标为 2，代入 $y^2=2x$，得 $x=2$，

所以，点 P 的坐标为(2, 2).

说明：与抛物线准线(或焦点)相关的最值问题，一般情况下都与抛物线的定义有关.由于抛物线的定义在运用上有较大的灵活性，因此此类问题也有一定的难度.

例 3　在平面直角坐标系 xOy 中，直线 l 与抛物线 $y^2=2x$ 相交于 A、B 两点.

(1) 求证："如果直线 l 过点 $T(3, 0)$，那么 $\overrightarrow{OA}\cdot\overrightarrow{OB}=3$"是真命题；

(2) 写出(1)中命题的逆命题，判断它是真命题还是假命题，并说明理由.

分析：直线与抛物线相交问题常常转化为方程组进行处理，需关注直线斜率不存在的情况；第(2)题是证明假命题，可以举反例进行证明.

解：(1) 证明：设过点 $T(3, 0)$ 的直线 l 交抛物线 $y^2=2x$ 于点 $A(x_1, y_1)$、$B(x_2, y_2)$.

当直线 l 的斜率不存在时，直线 l 的方程为 $x=3$，此时，直线 l 与抛物线相交于点 $A(3, \sqrt{6})$、$B(3, -\sqrt{6})$. 所以 $\overrightarrow{OA}\cdot\overrightarrow{OB}=3$.

当直线 l 的斜率存在时，设直线 l 的方程为 $y=k(x-3)$，其中 $k\neq 0$，则

$$\begin{cases} y^2=2x, \\ y=k(x-3), \end{cases}$$

得 $ky^2-2y-6k=0$，则 $y_1y_2=-6$.

又因为 $x_1=\frac{y_1^2}{2}$，$x_2=\frac{y_2^2}{2}$，所以 $\overrightarrow{OA}\cdot\overrightarrow{OB}=x_1x_2+y_1y_2=\frac{1}{4}(y_1y_2)^2+y_1y_2=3$.

综上所述，命题"如果直线 l 过点 $T(3, 0)$，那么 $\overrightarrow{OA}\cdot\overrightarrow{OB}=3$" 是真命题.

(2) 逆命题是：设直线 l 交抛物线 $y^2=2x$ 于 A、B 两点，如果 $\overrightarrow{OA}\cdot\overrightarrow{OB}=3$，那么该直线过点 $T(3, 0)$.该命题是假命题.例如：取抛物线上的点 $A(2, 2)$，$B\left(\frac{1}{2}, 1\right)$，此时 $\overrightarrow{OA}\cdot\overrightarrow{OB}=3$，直线 AB 的方程为 $y=\frac{2}{3}(x+1)$，而 $T(3, 0)$ 不在直线 AB 上.

说明：由抛物线 $y^2=2x$ 上的点 $A(x_1,\ y_1)$、$B(x_2,\ y_2)$ 满足 $\overrightarrow{OA}\cdot\overrightarrow{OB}=3$，可得 $y_1y_2=-6$ 或 $y_1y_2=2$. 如果 $y_1y_2=-6$，可证得直线 AB 过点 $(3,\ 0)$；如果 $y_1y_2=2$，可证得直线 AB 过点 $(-1,\ 0)$，而不过点 $(3,\ 0)$.

本题也可以从正面考虑，假设直线 l 过 x 轴上的定点 $(m,\ 0)$，由第(1)题的方法类似可求 $m=3$ 或 $m=-1$，故并不一定过点 $(3,\ 0)$，为假命题.

【变式练习五】

1. 给定抛物线 $y^2=2x$，设 $A(a,\ 0)$，$a>0$，P 是抛物线上的一点，且 $|PA|=d$，试求 d 的最小值.

2. 已知 $\triangle ABC$ 的三个顶点在抛物线 Γ：$x^2=y$ 上运动，

(1) 求 Γ 的焦点坐标；

(2) 若点 A 在坐标原点，且 $\angle BAC=\dfrac{\pi}{2}$，点 M 在 BC 上，且 $\overrightarrow{AM}\cdot\overrightarrow{BC}=0$，求点 M 的轨迹方程.

第二单元测试题

1. 已知抛物线的顶点在原点，对称轴为坐标轴，焦点在直线 $x-2y-4=0$ 上，则抛物线的方程为____________.

2. 若双曲线的一个顶点坐标为 $(3,\ 0)$，焦距为 10，则它的标准方程为________.

3. 圆 $x^2+y^2-2x-5=0$ 和圆 $x^2+y^2+2x-4y-4=0$ 的交点为 A、B，则线段 AB 的垂直平分线方程为____________.

4. 椭圆 $\dfrac{x^2}{a^2}+\dfrac{y^2}{b^2}=1\ (a>b>0)$ 的左、右焦点为 F_1、F_2，$b=4$，离心率为 $\dfrac{3}{5}$，过 F_1 的直线交椭圆于 A、B 两点，则 $\triangle ABF_2$ 的周长为________.

5. 设椭圆 $\dfrac{x^2}{4}+\dfrac{y^2}{3}=1$ 的左、右焦点分别为 F_1、F_2，过焦点 F_1 的直线交椭圆于 M、N 两点，若 $\triangle MNF_2$ 的内切圆的面积为 π，则 $S_{\triangle MNF_2}=$________.

6. 已知双曲线 C：$x^2-\dfrac{y^2}{4}=1$，过点 $P(1,\ 1)$ 作直线 l，使 l 与 C 有且仅有一个公共点，则这样的直线 l 共有________条.

7. 经过抛物线 $y^2=2px\ (p>0)$ 的焦点作一条直线 l 交抛物线于 $A(x_1,\ y_1)$、$B(x_2,\ y_2)$，则 $\dfrac{y_1y_2}{x_1x_2}$ 的值为________.

8. P 为椭圆 $\frac{x^2}{a^2}+\frac{y^2}{b^2}=1\ (a>b>0)$ 上一点，F_1、F_2 是椭圆的左、右焦点，若使 $\triangle F_1PF_2$ 为等边三角形，则椭圆离心率为________.

9. 设抛物线 C：$y^2=2px\ (p>0)$ 的焦点为 F，经过点 F 的动直线 l 交抛物线 C 于 $A(x_1, y_1)$，$B(x_2, y_2)$ 两点，且 $y_1y_2=-4$.

(1) 求抛物线 C 的方程；

(2) 若 $\overrightarrow{OE}=2(\overrightarrow{OA}+\overrightarrow{OB})$ (O 为坐标原点)，且点 E 在抛物线 C 上，求直线 l 的倾斜角；

(3) 若点 M 是抛物线 C 的准线上的一点，直线 MF、MA、MB 的斜率分别为 k_0、k_1、k_2. 求证：当 k_0 为定值时，k_1+k_2 也为定值.

10. 已知动直线 l 与椭圆 C：$\frac{x^2}{2}+y^2=1$ 交于 $P(x_1, y_1)$，$Q(x_2, y_2)$ 两个不同的点，O 为坐标原点.

(1) 若直线 l 过点 $(1, 0)$，且原点到直线 l 的距离为 $\frac{\sqrt{2}}{2}$，求直线 l 的方程.

(2) 若 $\triangle OPQ$ 的面积 $S_{\triangle OPQ}=\frac{\sqrt{2}}{2}$，求证：$x_1^2+x_2^2$ 和 $y_1^2+y_2^2$ 均为定值.

(3) 椭圆 C 上是否存在三点 D、E、G，使得 $S_{\triangle ODE}=S_{\triangle ODG}=S_{\triangle OEG}=\frac{\sqrt{2}}{2}$？若存在，判断 $\triangle DEG$ 的形状；若不存在，请说明理由.

第三单元　曲线与方程

单元教学目标

1. 结合已学过的曲线及其方程的实例，了解曲线和方程的对应关系，进一步感受数形结合的基本思想.

2. 理解参数方程的概念，了解某些常用参数方程中参数的几何意义或物理意义.

3. 理解圆的参数方程，理解椭圆的参数方程，掌握参数方程与普通方程的互化法则.

4. 能在极坐标中用极坐标刻画点的位置，体会在极坐标系和平面直角坐标系中刻画点的位置的区别，能进行极坐标和直角坐标的互化.

5. 会根据所给条件建立直线、圆、等速螺线的极坐标方程.

单元教学安排

本单元教学建议课时数及具体分配如下.

单　元　内　容	课　　时
求轨迹方程	1
简单的参数方程	1
极坐标	3

单元教学内容

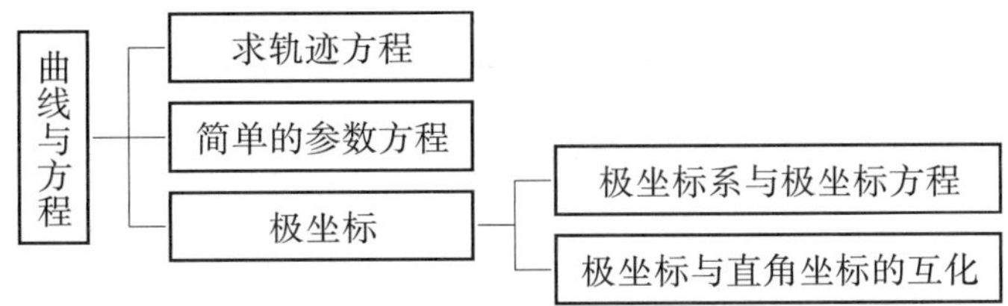

单元教学实施

1. 由于曲线和方程的对应关系比较抽象，学生不易理解，教师在教学中必须注意从学生的知识实际出发，利用既有的曲线和方程，帮助理解概念.

2. 求曲线的方程问题贯穿解析几何的始终，教学中所涉及的曲线应以学生学过的图形为主，求曲线的方程时所用到的代数运算不宜过繁，在教学举例中应尽量选用结论和运算都比较简明的问题，这样就有利于突出重点，阐明求曲线方程的每一个步骤的意义.

3. 坐标法思想、数形结合思想和参数法是极坐标和参数方程的教学重点.教学中只要介绍特殊位置的圆、直线等简单曲线的极坐标方程，对圆锥曲线的极坐标方程不作要求.同时，对求出的极坐标方程是曲线的极坐标方程也不作要求.

4. 教学中应通过对具体物理现象的分析引入参数方程，使学生了解参数的作用.应注意与信息技术的整合，可以应用计算机展现心脏线、螺线、玫瑰线等，使学生感受曲线的美.

一、曲线与方程

【知识概述】

在平面直角坐标系中，如果曲线 C 与方程 $F(x, y)=0$ 之间具有如下关系：

(1) 曲线 C 上点的坐标都是方程 $F(x, y)=0$ 的解，

(2) 以方程 $F(x, y)=0$ 的解为坐标的点都在曲线 C 上，

那么曲线 C 叫做方程 $F(x, y)=0$ 的曲线，方程 $F(x, y)=0$ 叫做曲线 C 的方程.

设曲线 C_1 的方程为 $F_1(x, y)=0$，曲线 C_2 的方程为 $F_2(x, y)=0$，则 C_1、C_2 的交点坐标即为方程组 $\begin{cases} F_1(x, y)=0, \\ F_2(x, y)=0 \end{cases}$ 的实数解.

【本质提炼】

曲线和方程是解析几何问题研究的基础，是曲线（几何对象）与方程（代数对象）的对应.从集合的角度看，是点的集合（曲线）与解的集合（方程）两集合的相等关系.

【基本模型】

1. 根据定义，判断曲线与方程之间的关系；

2. 根据直接法、相关点法（代入法）等求解轨迹方程.

直接法的一般思路：建系—设点—列式—化简—证明（一般省略）.

例1 (1) 已知点 $A(1, 0)$，$B(0, 1)$，线段 AB 的方程是不是 $x+y-1=0$，为什么？

(2) 到两坐标轴距离相等的点的轨迹 C 的方程是不是 $x-y=0$？为什么？

分析： 判断所给问题的正误，主要依据是曲线的方程及方程的曲线的定义.

解： (1) 不是. $\begin{cases} x=2, \\ y=-1 \end{cases}$ 是方程的解，但点 $(2, -1)$ 不在线段 AB 上.线段 AB 的方程为 $x+y-1=0\ (0 \leqslant x \leqslant 1)$.

(2) 不是.点 $(1, -1)$ 到两坐标轴的距离相等，但其坐标不满足 $x-y=0$. 轨迹 C 的方程为 $|x|=|y|$.

说明： 判断曲线的方程要从两个方面考虑，缺一不可.本题也可以从集合的角度进行思考，即判断点集与解集两集合是否相等.

例2 在 $\triangle ABC$ 中，已知顶点 $A(1, 1)$，$B(3, 6)$，且 $\triangle ABC$ 的面积等于 3，求顶点 C 的轨迹方程.

分析： 本题用直接法求轨迹方程.因面积为定值，故可得边 AB 上的高，由点到直线的距离公式，可列出曲线的方程.

解： 设顶点 C 的坐标为 (x, y)，点 C 到边 AB 的距离为 d，满足 $\frac{1}{2}|AB| \cdot d=3$.

因为直线 AB 的方程是 $5x-2y-3=0$，所以

$$d=\frac{|5x-2y-3|}{\sqrt{5^2+(-2)^2}}=\frac{|5x-2y-3|}{\sqrt{29}}.$$

又 $|AB|=\sqrt{29}$，所以 $\frac{1}{2}\times\sqrt{29}\times\frac{|5x-2y-3|}{\sqrt{29}}=3$，化简得 $|5x-2y-3|=6$，即 $5x-2y-9=0$ 或 $5x-2y+3=0$ 为所求顶点 C 的轨迹方程.

说明：用直接法求轨迹方程，需要准确找到条件所包含的相等关系，从而进行列式计算.得到方程后，需要考虑有没有多解或少解.证明的过程书写通常可以省略.

【变式练习一】

1. 设 $F(1, 0)$，点 M 在 x 轴上，点 P 在 y 轴上，且 $\overrightarrow{MN}=2\overrightarrow{MP}$，$\overrightarrow{PM}\perp\overrightarrow{PF}$，当点 P 在 y 轴上运动时，求点 N 的轨迹方程.

2. 如图，已知定点 $A(a, 0)$ $(a>0, a\neq 1)$ 和直线 l：$x=-1$，B 是直线 l 上的动点，$\angle BOA$ 的角平分线交 AB 于点 C. 求点 C 的轨迹方程.

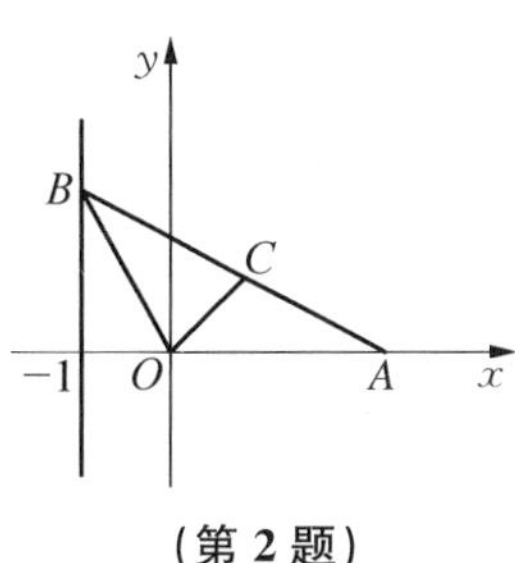

(第 2 题)

二、参数方程和极坐标

【知识概述】

若曲线 C 上任意一点 P 的坐标 x、y 均可以表示成变量 t 的函数 $\begin{cases}x=f(t),\\y=g(t);\end{cases}$ 反之，若对 t 的每个允许取值，由函数式 $\begin{cases}x=f(t),\\y=g(t)\end{cases}$ 所确定的点 $P(x, y)$ 都在曲线 C 上，则方程 $\begin{cases}x=f(t),\\y=g(t)\end{cases}$ 叫曲线 C 的参数方程，变量 t 是参变数，简称参数.

在平面内取一定点 O，自 O 引一条射线 OX，同时确定一个长度单位和计算角度的正方向(通常取逆时针方向)，这样就建立一个极坐标系.有序数对 (ρ, θ) 称为点 M 的极坐标.

【本质提炼】

1. 参数方程是曲线的另一种(间接)代数表现形式，弥补了普通方程表示曲线的不足.

2. 极坐标是以极径、极角为变量的另一种坐标系，为研究一类较复杂的曲线提供了新工具，拓展了刻画几何图形的新途径.

【基本模型】

1. 参数方程与普通方程之间的转化：消参法.

2. 极坐标与直角坐标的转化：$\begin{cases} x=\rho\cos\theta, \\ y=\rho\sin\theta, \end{cases}$ $\begin{cases} \rho^2=x^2+y^2, \\ \tan\theta=\dfrac{y}{x}. \end{cases}$

例1 将下列参数方程化为普通方程：

(1) $\begin{cases} x=\dfrac{2t^2}{1+t^2}, \\ y=\dfrac{3-t^2}{1+t^2}; \end{cases}$ (t 为参数) (2) $\begin{cases} x=\sin\theta, \\ y=1+\cos^2\theta. \end{cases}$ (θ 为参数)

分析：(1)中 x、y 都是 t^2 的函数，可以用代入法进行消元；(2)中 x、y 分别用 $\sin\theta$、$\cos\theta$ 表示，可利用 $\sin\theta$、$\cos\theta$ 的平方关系.

解：(1) 由 $x=\dfrac{2t^2}{1+t^2}$，解得 $t^2=\dfrac{-x}{x-2}$.

同理 $t^2=\dfrac{3-y}{y+1}$. 因此 $\dfrac{-x}{x-2}=\dfrac{3-y}{y+1}$，化简，得 $2x+y-3=0$.

又由 $t^2=\dfrac{-x}{x-2}\geqslant 0$，解得 $0\leqslant x<2$.

所以，化为普通方程：$2x+y-3=0$，$x\in[0, 2)$.

(2) 因为 $\sin^2\theta+\cos^2\theta=1$，所以 $x^2+(y-1)=1$，即 $y=-x^2+2$.

又因为 $x=\sin\theta\in[-1, 1]$，所以化为普通方程：$y=-x^2+2$，$x\in[-1, 1]$.

说明：将参数方程化为普通方程，除了对参数进行消元，还要考虑 x、y 所受到的限制以及这些限制的表示.

例2 已知定点 $A(0, 2)$，M 是椭圆 $\dfrac{x^2}{2}+y^2=1$ 上的动点，$\overrightarrow{PA}=2\overrightarrow{AM}$，求点 P 的轨迹方程.

分析：由于椭圆的点的坐标不能用 x、y 中的一个变量来设定，因此考虑用椭圆的参数方程来设点 M 的坐标.

解：设 $M(\sqrt{2}\cos\theta, \sin\theta)$，$P(x, y)$，所以

$$\overrightarrow{PA}=(-x, 2-y),\ \overrightarrow{AM}=(\sqrt{2}\cos\theta, \sin\theta-2).$$

因为 $\overrightarrow{PA}=2\overrightarrow{AM}$，所以 $\begin{cases} -x=2\sqrt{2}\cos\theta, \\ 2-y=6-2\sin\theta, \end{cases}$ 解得 $\begin{cases} x=-2\sqrt{2}\cos\theta, \\ y=6-2\sin\theta. \end{cases}$

故点 P 的轨迹方程为 $\frac{x^2}{8}+\frac{(y-6)^2}{4}=1$.

说明：利用椭圆、双曲线或圆的参数方程的形式，可以用一个变量来表示该曲线上的点的坐标.

例3 已知直线 l 的极坐标方程为 $2\rho\sin\left(\theta-\frac{\pi}{4}\right)=\sqrt{2}$，点 A 的极坐标为 $A\left(2\sqrt{2},\ \frac{7}{4}\pi\right)$，求点 A 到直线 l 的距离.

分析：本题将直线方程和点的坐标均转化为直角坐标系的方程和坐标，利用点到直线的距离公式可以方便求解.

解：由 $2\rho\sin\left(\theta-\frac{\pi}{4}\right)=\sqrt{2}$，得 $2\rho\left(\frac{\sqrt{2}}{2}\sin\theta-\frac{\sqrt{2}}{2}\cos\theta\right)=\sqrt{2}$，所以 $y-x=1$，即直线方程为 $x-y+1=0$.

又可得到点 A 对应的直角坐标为 $A(2,\ -2)$.

所以点 A 到直线 l 的距离为 $\frac{|2+2+1|}{\sqrt{2}}=\frac{5\sqrt{2}}{2}$.

说明：在极坐标系下线段长、角、面积等的计算要注意利用极径、极角的几何意义.

【变式练习二】

1. 已知曲线方程 $4x^2+y^2-8x\cdot\cos\theta-4y\cdot\sin^2\theta-\sin^2 2\theta=0\ (\theta\in\mathbf{R})$.

(1) 判断这是什么曲线，当 θ 变化时它的形状、大小是否变化；

(2) 当 θ 变化时，求曲线中心的轨迹.

2. 已知椭圆 $\frac{x^2}{a^2}+\frac{y^2}{b^2}=1$ 的两条半径 OA、OB 互相垂直，求证：$\frac{1}{|OA|^2}+\frac{1}{|OB|^2}$ 为定值.

第三单元测试题

1. 方程 $\begin{cases}x=t+1,\\ y=3-t^2\end{cases}$ (t 为参数，$t\in\mathbf{R}$)所对应曲线的普通方程为____________.

2. 已知点 P 的极坐标是 $\left(2,\ \frac{\pi}{3}\right)$，则点 P 的直角坐标为________.

3. 圆心为 $A(2,\ 0)$，半径为 1 的圆的极坐标方程是____________.

4. 在直角坐标系中曲线 C 的极坐标方程为 $\rho=2\cos\theta-4\sin\theta$，写出曲线 C 的直角坐标方程：____________________.

5. 以平面直角坐标系的原点为极点，x 轴的正半轴为极轴建立极坐标系，两种坐标系中取相同的长度单位.已知直线 l 的参数方程是 $\begin{cases}x=t+1,\\ y=t-3,\end{cases}$ (t 为参数)圆 C 的极坐标方程是 $\rho=4\cos\theta$，则直线 l 被圆 C 截得的弦长为________.

6. 极坐标系中，两点 $A\left(3,\ \dfrac{\pi}{12}\right)$、$B\left(4,\ \dfrac{13\pi}{12}\right)$ 的距离 $AB=$________.

7. 曲线 C 是平面内到定点 $F(0,\ 1)$ 和定直线 l：$y=-1$ 的距离之和等于 4 的点的轨迹，给出下列三个结论：

① 曲线 C 关于 y 轴对称；

② 若点 $P(x,\ y)$ 在曲线 C 上，则 $|y|\leqslant 2$；

③ 若点 P 在曲线 C 上，则 $1\leqslant|PF|\leqslant 4$.

其中，正确结论的序号是________.

8. 在平面直角坐标系中，曲线 C 是由两个定点 $A(1,\ 0)$ 和点 $B(-1,\ 0)$ 的距离之积等于 2 的所有点组成的，对于曲线 C，有下列四个结论：

① 曲线 C 是轴对称图形；

② 曲线 C 上所有的点都在单位圆 $x^2+y^2=1$ 内；

③ 曲线 C 是中心对称图形；

④ 曲线 C 上所有点的纵坐标 $y\in\left[-\dfrac{1}{2},\ \dfrac{1}{2}\right]$.

其中，正确结论的序号是________.

9. 在平面直角坐标系 xOy 中，点 B 与点 $A(-1,\ 1)$ 关于原点 O 对称，P 是动点，且直线 AP 与 BP 的斜率之积等于 $-\dfrac{1}{3}$，求动点 P 的轨迹方程.

10. 已知曲线 C 的参数方程为 $\begin{cases}x=2\sqrt{3}\sqrt{1-t^2},\\ y=2t,\end{cases}$ (t 为参数)直线 l 的极坐标方程为 $\rho\cos\left(\theta-\dfrac{\pi}{4}\right)=4\sqrt{2}$，以坐标原点 O 为极点，x 轴的正半轴为极轴建立极坐标系.

(1) 求曲线 C 的普通方程和直线 l 的直角坐标方程；

(2) 设点 P 在曲线 C 上，求点 P 到直线 l 的距离的取值范围.

第十章
高中数学核心知识的评价

第一节　高中数学核心知识学习水平划分

高中数学核心知识认知方法决定了认知水平的高低，而对于认知水平的评价，课程标准作出了新的界定，以水平层次划分教学要求.本章我们进一步界定核心知识的水平层次，明确核心知识的考查要求，给出部分单元知识的检测试题.

一、数学核心知识学习水平界定

我们依据《普通高中数学课程标准(2017 年版)》学业质量水平划分，认为核心知识的学习水平等同于学业质量水平.

1. 水平层级及基本特征

水平层级	基　本　特　征
水平一	能够在熟悉的情境中，直接抽象出数学概念和规则；能够在特例的基础上归纳并形成简单的数学命题，能够模仿学过的数学方法解决简单问题；能够用归纳或类比的方法，发现数量或图形的性质、数量关系或图形关系；了解熟悉的数学模型的实际背景及其数学描述，了解数学模型中的参数、结论的实际含义；能够建立实物的几何图形，能够建立简单图形与实物之间的联系；体会图形与图形、图形与数量的关系；能够了解运算对象，提出运算问题；能够了解随机现象及简单的统计或概率问题. 能够在熟悉的情境中，解释数学概念和规则的含义，了解数学命题的条件与结论，抽象出数学问题；能够在熟悉的数学内容中，识别归纳推理、类比推理、演绎推理；知道通过归纳推理、类比推理得到的结论是或然成立的，通过演绎推理得到的结论是必然成立的，能够通过熟悉的例子理解归纳推理、类比推理和演绎推理的基本形式；了解熟悉的数学命题的条件与结论之间的逻辑关系；能够证明简单的数学命题并有条理地表述论证过程；知道数学建模的过程包括：提出问题、建立模型、求解模型、检验结果、完善模型.能够在熟悉的实际情境中，模仿学过的数学建模过

（续表）

水平层级	基　本　特　征
水平一	程解决问题；能够在熟悉的数学情境中，借助图形的性质和变换（平移、对称、旋转）发现数学规律；能够描述简单图形的位置关系和度量关系及其特有性质；能够了解运算法则及其适用范围，正确进行运算；能够在熟悉的数学情境中，根据问题的特征建立合适的运算思路，解决问题；能够对熟悉的概率问题，选择合适的概率模型解决问题；能够对熟悉的统计问题，选择合适的抽样方法收集数据，掌握描述、刻画、分析数据的基本统计方法，解决问题. 能够了解用数学语言表达的推理和论证；能够在解决相似的问题中感悟数学的通性通法，体会其中的数学思想；能够了解熟悉的概念、定理之间的逻辑关系；对于学过的数学模型，能够举例说明建模的意义，体会其蕴含的数学思想；感悟数学表达对数学建模的重要性；能够通过图形直观认识数学问题；能够用图形描述和表达熟悉的数学问题，启迪解决这些问题的思路，体会数形结合；在运算过程中，能够体会运算法则的意义和作用，能够运用运算验证简单的数学结论；能够结合熟悉的实例，体会概率是对随机现象发生可能性大小的度量，可以通过定义的方法得到，也可以通过统计的方法进行估计；能够用统计和概率的语言表达简单的随机现象. 能够在交流的过程中，结合实际情境解释相关的抽象概念；在交流过程中，明确所讨论问题的内涵，有条理地表达观点；在交流的过程中，能够借助或引用已有数学建模的结果说明问题；能够在日常生活中利用图形直观进行交流；在交流的过程中，能够用运算的结果说明问题；在交流的过程中，能够用统计图表和简单概率模型解释熟悉的随机现象.
水平二	能够在关联的情境中抽象出一般的数学概念和规则，能够将已知数学命题推广到更一般的情形，能够在新的情境中选择和运用数学方法解决问题；能够在关联的情境中，发现并提出数学问题，用数学语言予以表达；能够理解归纳、类比是发现和提出数学命题的重要途径；能够在熟悉的情境中，发现问题并转化为数学问题，知道数学问题的价值与作用；能够在关联情境中，想象并构建相应的几何图形；借助图形提出数学问题，发现图形与图形、图形与数量的关系，探索图形的运动规律；能够在关联的情境中确定运算对象，提出运算问题；能够在关联情境中，识别随机现象，知道随机现象与随机变量之间的关联，发现并提出统计或概率问题. 能够用恰当的例子解释抽象的数学概念和规则；理解数学命题的条件与结论；能够理解和构建相关数学知识之间的联系；能够对与学过的知识有关联的数学命题，通过对条件与结果的分析，探索论证的思路，选择合适的论证方法予以证明，并能用准确的数学语言表述论证过程；能够通过举反例说明某些数学结论不成立；能够选择合适的数学模型表达所要解决的数学问题；理解模型中参数的意义，知道如何确定参数，建立模型，求解模型；能够根据问题的实际意义检验结果，完善模型，解决问题；能够掌握研究图形与图形、图形与数量之间关系的基本方法，能够借助图形性质探索数学规律，解决实际问题或数学问题；能够针对运算问题，合理选择运算方法、设计运算程序，解决问题；能够针对具体问题，选择离散型随机变量或连续型随机变量刻画随机现象，理解抽样方法的统计意义，能够运用适当的统计或概率模型解决问题. 能够理解用数学语言表达的概念、规则、推理和论证；能够提炼出解决一类问题的数学方法，理解其中的数学思想；能够理解相关概念、命题、定理之间的逻辑关系，初步建立网状的知识结构；能够在关联的情境中，经历数学建模的过程，理解数学建模的意义；能够运用数学语言，表述数学建模过程中的问题以及解决问题的过程和结果，形成研究报告，展示研究成果；能够通过直观想象提出数学问题；能够用图形探索解决问题的思路；能够形成数形结合的思想，体会几何直观的作用和意

（续表）

水平层级	基　本　特　征
水平二	义；能够理解运算是一种演绎推理；能够在综合利用运算方法解决问题的过程中，体会程序化思想的意义和作用；能够在运用统计方法解决问题的过程中，感悟归纳推理的思想，理解统计结论的意义；能够用统计或概率的思维来分析随机现象，用统计或概率模型表达随机现象的统计规律. 在交流的过程中，能够用一般的概念解释具体现象；能够在交流的过程中，始终围绕主题，观点明确，论述有理有据；在交流的过程中，能够用模型的思想说明问题；在交流的过程中，能够利用直观想象探讨数学问题；在交流的过程中，能够借助运算探讨问题；在交流的过程中，能够用数据呈现的规律解释随机现象.
水平三	能够在综合的情境中抽象出数学问题，并用恰当的数学语言予以表达；能够在得到的数学结论基础上形成新命题；能够针对具体问题运用或创造数学方法解决问题；能够在综合的情境中，用数学的眼光找到合适的研究对象，提出有意义的数学问题；能够在综合情境中，运用数学思维进行分析，发现情境中的数学关系，提出数学问题；能够在综合情境中，借助图形，通过直观想象提出数学问题；在综合情境中，能把问题转化为运算问题，确定运算对象和运算法则，明确运算方向；能够在综合情境中，发现并提出随机问题. 能够通过数学对象、运算或关系理解数学的抽象结构，能够理解数学结论的一般性，能够感悟高度概括、有序多级的数学知识体系；能够掌握常用逻辑推理方法的规则，理解其中所蕴含的思想.对于新的数学问题，能够提出不同的假设前提，推断结论，形成数学命题.对于较复杂的数学问题，通过构建过渡性命题，探索论证的途径，解决问题，并会用严谨的数学语言表达论证过程；能够运用数学建模的一般方法和相关知识，创造性地建立数学模型，解决问题；能够综合利用图形与图形、图形与数量的关系，理解数学各分支之间的联系；能够借助直观想象建立数学与其他学科的联系，并形成理论体系的直观模型；能够对运算问题，构造运算程序，解决问题；能够针对不同的问题，综合或创造性地运用统计概率知识，构造相应的统计或概率模型，解决问题；能够分析随机现象的本质，发现随机现象的统计规律，形成新的知识. 在现实问题中，能够把握研究对象的数学特征，并用准确的数学语言予以表达；能够感悟通性通法的数学原理和其中蕴含的数学思想；能够理解建构数学体系的公理化思想；能够理解数学建模的意义和作用；能够运用数学语言，清晰、准确地表达数学建模的过程和结果；能够通过想象对复杂的数学问题进行直观表达，反映数学问题的本质，形成解决问题的思路；能够用程序化的思想理解与表达问题，理解程序化与计算机解决问题的联系；能够理解数据分析在大数据时代的重要性.能够理解数据蕴含着信息，可以通过对信息的加工，得到数据所提供的知识和规律，并用统计或概率的语言予以表达. 在交流的过程中，能够用数学原理解释自然现象和社会现象；能够合理地运用数学语言和思维进行跨学科的表达与交流；在交流的过程中，能够通过数学建模的结论和思想阐释科学规律和社会现象；在交流的过程中，能够利用直观想象探讨问题的本质及其与数学的联系；在交流的过程中，能够用程式化思想理解和解释问题；在交流的过程中，能够通过数学建模的结论和思想阐释科学规律和社会现象.

2. 核心知识认知水平分层次命题说明

【案例 1】函数的单调性

水平一：

1. 函数 $y=(x-1)^2$ 的单调递增区间是　　　　　　（　　）

A. $[0, +\infty)$　　B. $[1, +\infty)$　　C. $(-\infty, 0]$　　D. $(-\infty, 1]$

（2017 年上海市学业水平考第 13 题）

2. 下列函数中，是奇函数且在区间 $(0, +\infty)$ 上单调递增的为　　（　　）

A. $y=x^2$　　B. $y=x^{\frac{1}{3}}$　　C. $y=x^{-1}$　　D. $y=x^{-\frac{1}{2}}$

（2015 年上海市学业水平考第 16 题）

水平二：

1. 证明：函数 $y=x^2+x$ 在区间 $(-\infty, +\infty)$ 上不是单调函数.

2. 证明：函数 $y=x^3+x$ 在区间 $(-\infty, +\infty)$ 上为增函数.

3. 已知函数 $y=a\cdot 2^x+b\cdot 3^x$，其中常数 a、b 满足 $ab\neq 0$. 若 $ab>0$，判断函数的单调性.　　（2014 年上海市高考理第 20(1)题、文第 21(1)题）

4. 设常数 $a\geqslant 0$，$f(x)=\dfrac{2^x+a}{2^x-a}$. 根据 a 的不同取值，讨论函数 $y=f(x)$ 的奇偶性，并说明理由.　　（2014 年上海高考理第 20(2)题）

水平三：

1. 解不等式：$\left(\dfrac{3x}{x^2+1}\right)^3+\dfrac{3x}{x^2+1}>2$.

2. 已知 $x^3+x+(y-1)^3+y=1$，求 $x+y$ 的值.

3. 已知 $f(x)=\begin{cases}x^2, & x\geqslant 0,\\ -x^2, & x<0.\end{cases}$ 若对任意的 $x\in[a, a+2]$，不等式 $f(x+a)\geqslant 2f(x)$ 恒成立，则实数 a 的取值范围是________.

【案例 2】空间角

水平一：

1. 已知在空间中，两条直线 a、b 平行，直线 c 与 a 成 $\dfrac{\pi}{6}$ 角，直线 c 与 b 不相交，那么直线 c 与 b 所成角的大小为________.

2. 如果一条直线与一个平面内共点的三条直线所成角都相等，那么此直线与这个平面所成角的大小为________.

水平二：

1. 若直线 l 与平面 α 所成角的大小为 $\dfrac{\pi}{3}$，直线 a 在平面 α 上，且 a 与 l 异面，则直线 l 与 a 所成角的大小的范围为________.

2. 已知空间一个平面与一个正方体的 12 条棱的所成角都等于 α，则 α

＝________.

3. 如图 10-1-1，已知正三棱柱 $ABC\text{-}A_1B_1C_1$ 的体积为 $9\sqrt{3}$，底面边长为 3，求异面直线 BC_1 与 AC 所成的角的大小.

（2016 年上海市学业水平考第 26 题）

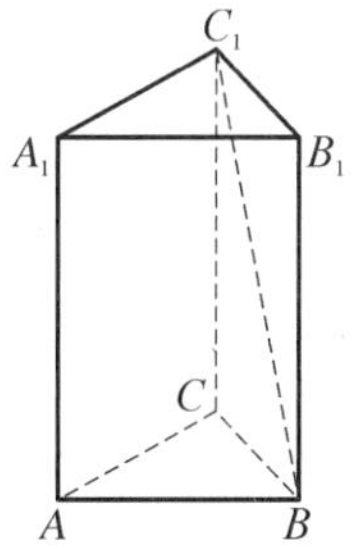

图 10-1-1

水平三：

1. 设点 P 到平面 α 的距离为 $\sqrt{3}$，点 Q 在平面 α 上，使得直线 PQ 与 α 所成角不小于 $30°$ 且不大于 $60°$，则这样的点 Q 所构成的区域的面积为________.（2018 年全国高中数学联赛第 2 题）

2. 如图 10-1-2，设 P 为一圆锥的顶点，A、B、C 是其底面圆周上的三点，满足 $\angle ABC=90°$，M 为 AP 的中点.若 $AB=1$，$AC=2$，$AP=\sqrt{2}$，则二面角 $M\text{-}BC\text{-}A$ 的大小为________.（2016 年全国高中数学联赛第 5 题）

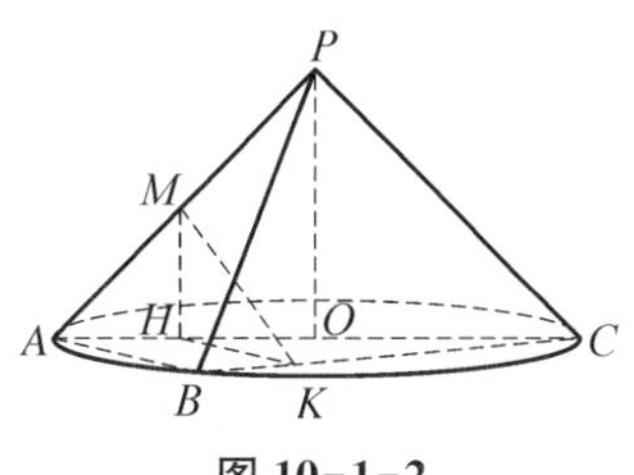

图 10-1-2

【案例 3】排列组合

水平一：

1. 某个城市的电话号码是八位数，其中首位是 8，则各位数字都不相同的电话号码的个数为________.

2. 用数字组成无重复数字的三位数，其中奇数的个数为________.（结果用数值表示）（2015 年上海市学业水平考第 11 题）

水平二：

1. 设 $1!,2!,3!,\cdots,n!$ 的和为 S_n，则 S_n 的个位数是（　　）

A. 1　　B. 3

C. 5　　D. 7

2. 设 $a_1,a_2,\cdots,a_6$ 为 1、2、3、4、5、6 的一个排列，则满足 $|a_1-a_2|+|a_3-a_4|+|a_5-a_6|=3$ 的不同排列的个数为________.

（2017 年上海市春季高考第 11 题）

水平三：

1. 袋子 A 中装有 2 张 10 元纸币和 3 张 1 元纸币，袋子 B 中装有 4 张 5 元纸币和 3 张 1 元纸币.现随机从两个袋子中各取出两张纸币，则 A 中剩下的纸币面值之和大于 B 中剩下的纸币面值之和的概率为________.

（2016 年全国高中数学联赛第 4 题）

【案例 4】数学建模

水平一：

1. 某学校要召开学生代表大会，规定各班每 10 人推选一名代表，当各班人数除以 10 的余数大于 6 时再增选一名代表. 那么，各班可推选代表人数 y 与该班人数 x 之间的函数关系用取整函数 $y=[x]$（$[x]$表示不大于 x 的最大整数）可以表示为（　　）

A. $y=\left[\frac{x}{10}\right]$　　B. $y=\left[\frac{x+3}{10}\right]$

C. $y=\left[\frac{x+4}{10}\right]$　　D. $y=\left[\frac{x+5}{10}\right]$

2. 某船在海平面 A 处测得灯塔 B 在北偏东 $30°$ 方向，与 A 相距 6.0 海里，船由 A 向正北方向航行 8.1 海里到达 C 处，这时灯塔 B 与船相距多少海里（精确到 0.1 海里）？B 在船的什么方向（精确到 $1°$）？　（2015 年上海市学业水平考第 27 题）

水平二：

1. 如图 10-1-3，汽车前灯反射镜与轴截面的交线是抛物线的一部分，灯口所在的圆面与反射镜的轴垂直，灯泡位于抛物线的焦点 F 处. 已知灯口直径是 24 cm，灯深 10 cm，求灯泡与反射镜的顶点 O 的距离.　（2016 年上海市学业水平考第 28 题）

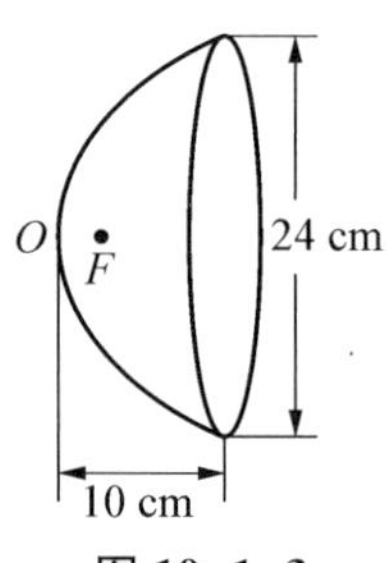

图 10-1-3

2. 改革开放 40 年，我国卫生事业取得巨大成就，卫生总费用增长了数十倍. 卫生总费用包括个人现金支出、社会支出、政府支出，下表为 2012 年～2015 年我国卫生费用中个人现金支出、社会支出和政府支出的费用（单位：亿元）和在卫生总费用中的占比.

年份	卫生总费用（亿元）	个人现金卫生支出		社会卫生支出		政府卫生支出	
		绝对数（亿元）	占卫生总费用比重（%）	绝对数（亿元）	占卫生总费用比重（%）	绝对数（亿元）	占卫生总费用比重（%）
2012	28 119.00	9 656.32	A	10 030.70	35.67	8 431.98	29.99
2013	31 668.95	10 729.34	33.88	11 393.79	35.98	9 545.81	30.14
2014	35 312.40	B	31.99	13 437.75	38.05	10 579.23	29.96
2015	40 974.64	11 992.65	29.27	16 506.71	40.29	12 475.28	30.45

（该表中数据不包含我国的港、澳、台地区的数据）

(1) 计算 A、B 的数据，并指出 2012 年到 2015 年之间我国卫生总费用中个人现金支出占比和社会支出占比的变化趋势.

(2) 设 $t=1$ 表示 1978 年，第 n 年的卫生总费用与年份 t 之间的拟合函数 $f(t)=\frac{357\ 876.605\ 3}{1+e^{6.442\ 0-0.113\ 6t}}$. 研究函数 $y=f(t)$ 的单调性，并预测我国卫生总费用首次超过 12 万亿的年份. （2019 年上海市春季高考第 19 题）

水平三：

1. 如图 10-1-4 是一个跨度和高都为 2 米的半椭圆形拱门，则能通过该拱门的正方形玻璃板（厚度不计）的面积范围用开区间表示是________.

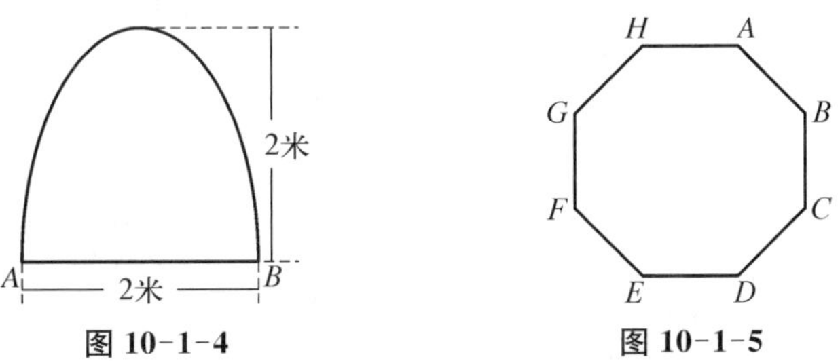

图 10-1-4　　图 10-1-5

2. 如图 10-1-5，设 A、E 为正八边形的相对顶点，顶点 A 处有一只青蛙，除顶点 E 外青蛙可以从八边形的任一顶点跳到两相邻顶点中任一个，落到顶点 E 时青蛙就停止跳动. 设青蛙从顶点 A 恰好跳 n 次后到 E 的方法数为 a_n，求 a_n.

二、高中数学核心知识学习水平划分

必修主题 1：预备知识

内容			要求		
内容名称		核心知识	水平一	水平二	水平三
01	集合	集合及其表示方法	知道集合的意义，认识一些特殊集合的记号，感受集合语言的意义和作用. 能在简单的问题情境中使用特殊集合的符号.	懂得元素与集合的关系符号，初步掌握基本的集合语言，能在关联的问题情境中理解集合语言.	会用“列举法”和“描述法”表示集合，掌握用区间表示数集的方法. 能在较复杂的问题情境中正确使用集合语言表述.

（续表）

内容			要求		
内容名称		核心知识	水平一	水平二	水平三
01	集合	集合之间的关系	知道集合的基本关系，能在简单的问题情境中正确判断集合的基本关系.	理解集合之间的包含关系，能在关联的问题情境中正确判断集合的基本关系.	掌握集合之间的包含关系，掌握子集的概念，能在较复杂的问题情境中正确判断子集关系，会用子集关系正确判断条件的充分性、必要性.
		集合的运算	知道集合基本运算性质.能在简单的问题情境中进行“交”“并”“补”等集合运算.	理解集合的“交”“并”“补”等运算的意义.能在关联的问题情境中进行“交”“并”“补”等集合运算.	掌握集合的“交”“并”“补”等运算.能在较复杂的问题情境中进行“交”“并”“补”等集合运算.
02	常用逻辑用语	充分条件与必要条件	知道充分条件、必要条件、充分必要条件的意义，能在简单的问题情境中判断条件的充分性、必要性、充分必要性.	理解充分必要条件的意义，能在关联的问题情境中判断条件的充分性、必要性、充分必要性.	会证明必要条件，能在较复杂的问题情境中判断条件的充分性、必要性、充分必要性.
		全称量词和存在量词	知道全称量词与存在量词，能在简单的问题情境中使用全称量词与存在量词.	理解全称量词与存在量词，能在关联的问题情境中使用全称量词与存在量词.	
		命题的否定	知道命题的否定的含义，能在熟悉的问题情境中正确使用存在量词对全称量词命题进行否定，能正确使用全称量词对存在量词命题进行否定.	能在关联的问题情境中正确使用存在量词对全称量词命题进行否定，能正确使用全称量词对存在量词命题进行否定.	
03	相等关系与不等关系	等式与不等式的性质	了解现实世界和日常生活中的一些不等关系.能在简单的问题情境中判断相等与不等关系.	理解用两个实数差的符号规定两个实数大小的意义，理解等式与不等式的基本性质，并能加以证明.能在关联的问题情境中正确运用性质处理问题.	会用不等式基本性质判断不等关系.能在较复杂的问题情境中运用基本性质证明不等式.
		基本不等式	知道基本不等式的意义，能在简单的问题	理解基本不等式，能在关联的问题情境中	掌握基本不等式、含简单的含绝对值不等

（续表）

内容			要求		
内容名称		核心知识	水平一	水平二	水平三
03	相等关系与不等关系	基本不等式	情境中运用基本不等式解决简单问题.	运用基本不等式解决简单的问题.	式、平均值不等式、三角不等式，能在较复杂的问题情境中运用上述不等式解决问题.
		证明不等式的基本方法	知道比较法、综合法、分析法，能在简单的问题情境中模仿比较法、综合法、分析法证明简单不等式.	领会比较法、综合法、分析法、反证法、放缩法.能在关联的问题情境中用这些方法证明简单的不等式.	能在较复杂的问题情境中会用比较法、综合法、分析法、反证法、放缩法证明不等式.
		从函数观点看方程与不等式	知道以二次函数为例的函数的零点与方程的根的概念，能够在简单问题情境中进行一元二次不等式的求解.	理解用函数理解一元二次方程和一元二次不等式的方法，能够在一般问题的情境中进行一元二次不等式、分式不等式的求解.	领会数学的整体性，能够在较复杂的情境中理解不等式、方程和函数之间的联系，借助图形，通过直观想象，会从整体的角度解决不等式相关的问题.

必修主题 2：函数

内容			要求		
内容名称		核心知识	水平一	水平二	水平三
01	幂、指数、对数及幂函数、指数函数与对数函数	幂、指数、对数	知道有理指数幂的含义，了解实数指数幂的含义，理解对数的意义，初步掌握换底公式的基本运用.能够在简单的问题情境中，解释指数幂、对数的意义，会进行简单的指数、对数的运算.	理解对数的意义，掌握换底公式的基本运用.能够在一般的问题情境中理解和构建指数幂、对数知识之间的联系.	掌握积、商、幂的对数的性质，会用计算器求对数.在综合情境中，能把问题转化为运算问题，确定运算对象和运算法则，明确运算方向.
		幂函数、指数函数图像与性质	知道幂函数的概念（会研究的幂函数的幂指数 $\alpha \in \{-2, -1, -\frac{1}{2}, \frac{1}{3}, \frac{1}{2},$	理解简单的幂函数、二次函数的性质，掌握指数函数的性质和图像，能够在一般的问题情境中理解和构建相关函数知识之间的联系.	掌握简单的幂函数、二次函数的性质，掌握指数函数的性质和图像，能够感悟高度概括、有序多级的函数知识体系，能够在解决相似的问题中感

(续表)

内容			要求		
内容名称		核心知识	水平一	水平二	水平三
01	幂函数、指数函数、对数函数	幂函数、指数函数图像与性质	1，2，3}))，理解指数函数的应用价值，能够在简单的问题情境中，借助图像解决简单问题.		悟数学的通性通法，体会其中的数学思想.
		对数函数图像与性质	知道对数函数的意义、对数函数的应用价值.能够在熟悉的、简单的问题情境中，借助图像解决简单的对数函数图像与性质问题，有条理地表达观点.	理解互为反函数的两个函数之间的关系，理解对数函数的性质和图像.能够理解和构建对数函数与指数函数知识之间的联系，能够提炼出解决一般问题的数学方法，理解其中的数学思想.	掌握互为反函数的两个函数之间的关系，掌握对数函数的性质和图像.能够在综合情境中，借助图形，通过直观想象提出数学问题，能够在解决相似的问题中感悟数学的通性通法，体会其中的数学思想.
02	函数的概念、性质及应用	函数的概念和图像	了解简单的分段函数，函数的形成和发展.能够在简单的问题情境中，理解函数模型的建立.	理解函数的概念.能够用一般的函数概念解释具体现象.会建立一般的函数模型.	
		函数的表示方法	熟悉函数表达的解析法、列表法和图像法，懂得函数的抽象记号以及函数定义域和值域的集合表示.能够在熟悉的情境中，模仿学过的数学方法解决简单问题.	理解函数表达的解析法、列表法和图像法，理解函数的抽象记号以及函数定义域和值域的集合表示.理解函数相关概念之间的逻辑关系，初步建立网状的知识结构，会求一般的函数解析式、定义域、值域.	掌握求函数定义域的基本方法，在较复杂的情形下能通过观察和分析确定函数的值域.能够感悟高度概括、有序多级的数学知识体系.能够在综合情境中，运用数学思维进行分析，发现情境中的数学关系.
		函数性质	知道函数的单调性、奇偶性的概念及它们的几何意义.能够在简单的问题情境中，判断函数的单调性、奇偶性.	能利用函数的奇偶性描绘函数的图像，能从解析的角度理解函数的奇偶性、单调性、零点、最大和最小值等基本性质.能够在关联的情境中选择和运用恰当的数学方法解决函数的性质问题.	会对函数的奇偶性、单调性、零点、最大和最小值等基本性质进行解析研究，掌握函数的基本性质以及反映这些基本性质的图像特征.在综合问题的情境中，能把问题转化为运算问题，确定运算对象和运算法

（续表）

内　容			要　　求		
内容名称		核心知识	水平一	水平二	水平三
02	函数的概念、性质及应用	函数的概念和图像			则，明确运算方向，能够在解决相似的问题中感悟数学的通性通法，体会其中的数学思想.
		函数应用	知道研究函数性质的方法，会利用函数的性质来解决简单的实际问题. 能够在熟悉的情境中，用“二分法”求函数的零点.	在一般问题情境中能用“二分法”求函数的零点. 能够提炼出解决问题的数学方法，理解其中的数学思想.	掌握研究函数性质的方法，会利用函数的性质来解决简单的实际问题. 能够在综合情境中，借助图形，通过直观想象提出数学问题，能够感悟通性通法的数学原理和其中蕴含的数学思想.
03	三角函数	任意角、弧度制	知道有关概念，能够在简单的问题情境中会进行弧度制与角度制的互化.	理解有关概念，会一般的问题情境中进行弧度制与角度制的互化. 能够理解和构建相关数学知识之间的联系.	
		任意角的三角函数概念	知道任意角三角函数的定义（含正弦、余弦、正切、余切），能够在熟悉的情境中，解释任意角三角函数的含义，求简单问题情境中的三角函数值.	理解任意角三角函数的定义（含正弦、余弦、正切、余切），在一般问题情境中，能够理解各三角函数之间的逻辑关系，初步建立网状的知识结构，会解三角函数的简单问题.	掌握任意角三角函数的定义（含正弦、余弦、正切、余切），会求复杂问题情境下的三角函数问题，能够感悟通性通法的数学原理和其中蕴含的数学思想.
		同角三角函数关系	知道同角三角函数的关系式. 能够模仿学过的数学方法解决简单问题.	理解同角三角比的关系式. 能够理解同角三角函数之间的逻辑关系，初步建立网状的知识结构.	掌握同角三角比的关系式. 能够感悟通性通法的数学原理和其中蕴含的数学思想. 能够感悟高度概括、有序多级的数学知识体系.
		诱导公式	知道 $\frac{\pi}{2}\pm\alpha$、$\pi\pm\alpha$、$2k\pi\pm\alpha$ $(k\in\mathbf{Z})$ 的正弦、余弦、正切公式；	理解 $\frac{\pi}{2}\pm\alpha$、$\pi\pm\alpha$、$2k\pi\pm\alpha$ $(k\in\mathbf{Z})$ 的正弦、余弦、正切公式；	掌握 $\frac{\pi}{2}\pm\alpha$、$\pi\pm\alpha$、$2k\pi\pm\alpha$ $(k\in\mathbf{Z})$ 的正弦、余弦、正切公式；

（续表）

内容			要求		
内容名称		核心知识	水平一	水平二	水平三
03	三角函数	诱导公式	能够在熟悉的情境中，用这些公式进行恒等变形和解决简单问题.	能够在关联的情境中，用这些公式进行恒等变形和解决一般问题.能够提炼出解决一类问题的数学方法.	能够在综合问题情境中，运用数学思维进行分析，发现情境中的数学关系，会用这些公式进行恒等变形和解决有关问题.能够在解决问题中感悟数学的通性通法，体会其中的数学思想.
		三角函数的图像及性质	知道一般周期函数的解析描述和图像特征.能够在熟悉的情境中，模仿学过的数学方法解决简单问题.	理解正弦函数和余弦函数的概念，理解和构建正弦、余弦、正切函数之间的联系.在一般的问题情境中，会研究正弦、余弦、正切函数的图像与性质.	掌握正弦函数、余弦函数、正切函数的图像，会用“五点法”画正弦函数和余弦函数的图像，掌握正弦函数、余弦函数、正切函数的奇偶性、周期性、单调性、最大值和最小值等性质.能够在复杂问题情境中，借助图形解决较难的三角函数性质问题，从中感悟数学的通性通法，体会其中的数学思想.
		正弦型函数 $y=A\sin(\omega x+\varphi)$	知道正弦型函数 $y=A\sin(\omega x+\varphi)$ 的物理意义及其对图像的影响，了解三角函数的实际应用.能够模仿学过的数学方法解决简单问题.	会求形如 $y=A\sin(\omega x+\varphi)$ 等一般三角函数的周期.能够理解和构建相关数学知识之间的联系，解决一般的数学问题.	掌握一般正弦函数的图像和性质，能用函数的周期性去观察和解释一些自然现象，并能作出一些预测.能够在综合情境中，运用数学思维进行分析，发现情境中的数学关系，提出数学问题；能够掌握常用逻辑推理方法的规则，理解其中所蕴含的思想.
04	常用三角公式	两角和与差的正弦、余弦、正切	知道两角和与差的余弦、正弦、正切公式；初步会用这些公式进行恒等变形和解决简单问题.	理解两角和与差的余弦、正弦、正切公式；会用这些公式进行恒等变形和解决一般问题情境中的变形问	掌握两角和与差的正弦、余弦、正切公式；会用这些公式进行恒等变形和解决有关问题.在综合问题情境

（续表）

内容			要求		
内容名称		核心知识	水平一	水平二	水平三
04	常用三角公式	两角和与差的正弦、余弦、正切		题.构建相关公式之间的联系，能够提炼出解决一般问题的数学方法，理解其中的数学思想.	中，能把问题转化为运算问题，确定运算对象和运算法则，明确运算方向.
		二倍角的正弦、余弦、正切	知道简单的恒等变形.知道二倍角公式.初步会用这些公式进行恒等变形和解决简单问题.	理解二倍角公式，会用二倍角公式进行一般问题情境中的恒等变形，能够提炼出解决一类问题的数学方法，理解其中的数学思想.	掌握二倍角公式.感悟通性通法的数学原理和其中蕴含的数学思想，在综合情境中，能把问题转化为运算问题，确定运算对象和运算法则，明确运算方向.
		积化和差、和差化积、半角公式、万能公式	高考不作要求.		
05	解三角形	正弦定理、余弦定理及实际应用	初步会用正弦定理、余弦定理以及有关三角知识解三角形和解决简单的实际问题.	初步会用正弦定理、余弦定理以及有关三角知识解三角形和解决一般问题情境中的实际问题.理解和构建三角知识之间的联系，能够在新的情境中选择和运用合适的数学方法解决一般的三角形问题.	掌握正弦定理、余弦定理以及有关三角知识解三角形和解决实际问题.能够在综合情境中，借助图形，通过直观想象把问题转化为运算问题，确定运算对象和运算法则，明确运算方向.能够在解决相似的问题中感悟数学的通性通法，体会其中的数学思想.

必修主题3：几何与代数

内容			要求		
内容名称		核心知识	水平一	水平二	水平三
01	平面向量	平面向量的概念	知道相等向量，共线向量的概念，单位向量、零向量等概念及相关概念之间的逻辑关系，初步建立网状	理解相等向量，共线向量的概念，单位向量、零向量等概念.能够理解相关概念、命题之间的逻辑关系，	

（续表）

内　容			要　求		
内容名称		核心知识	水平一	水平二	水平三
01	平面向量	平面向量的概念	的知识结构.在简单的问题情境中，会用概念进行判断、解决简单问题.	在一般问题情境中用相关知识解决关联问题.	
		平面向量的线性运算	知道加法、减法、数乘及其几何意义，含共线向量定理.了解运算法则及其适用范围，能够在熟悉的情境中正确进行运算.	理解加法、减法、数乘及其几何意义，含共线向量定理.能够在关联的情境中能够理解和构建相关数学知识之间的联系，建立合适的运算思路.借助图形的性质和变换(平移、对称、旋转)发现数学规律.	掌握加法、减法、数乘及其几何意义，含共线向量定理.能够在综合情境中，借助图形，建立合适的运算思路，通过直观想象提出数学问题.
		平面向量的坐标表示	知道平面直角坐标系中的向量的坐标表示，向量运算的坐标表示，理解平面向量分解定理.能够在熟悉的情境中，解释规则的含义，了解运算法则及其适用范围，正确进行运算.	理解平面直角坐标系中的向量的坐标表示，向量运算的坐标表示，理解平面向量分解定理.能够在关联的情境中能够理解和构建相关数学知识之间的联系，建立合适的运算思路.	掌握平面直角坐标系中的向量的坐标表示，向量运算的坐标表示，掌握平面向量分解定理.在综合情境中，能把问题转化为运算问题，确定运算对象和运算法则，明确运算方向.
		平面向量的数量积	知道向量的数量积运算及其性质.能够在熟悉的情境中，解释规则的含义，了解运算法则及其适用范围，正确进行运算.	理解向量的数量积运算及其性质.能够理解和构建相关数学知识之间的联系，建立合适的运算思路.	掌握向量的数量积运算及其性质.在综合情境中，能把问题转化为运算问题，确定运算对象和运算法则，明确运算方向.
		平面向量的应用	会用向量方法解决简单的平面几何问题、力学问题以及其他实际问题.借助向量的运算，探索三角形边角关系，能够模仿学过的数学方法解决简单问题.	会用向量方法解决一般的平面几何问题、力学问题以及其他实际问题.借助向量的运算，探索三角形边角关系，能够在一般的问题情境中选择和运用向量方法解决问题.	会用向量方法解决较复杂的平面几何问题、力学问题以及其他实际问题.探索三角形边角关系，能够在综合情境中，借助图形，直观想象提出数学问题，能够在解决问题中感悟数学的通性通法，体会其中的数学思想.

（续表）

内　容			要　求		
内容名称		核心知识	水平一	水平二	水平三
02	复数	复数的概念	知道数集扩展的意义和基本原理，能用复平面上的点表示复数.能够在熟悉的情境中，解释复数概念.	理解复数相等的充要条件，含复数的代数表示及其几何意义.理解相关概念、法则之间的逻辑关系，建立网状的知识结构.	
		复数的四则运算与几何意义	理解复数加、减法的几何意义.解释规则的含义，了解运算法则及其适用范围，正确进行运算，能够模仿学过的数学方法解决简单问题.	掌握复数加、减法的几何意义.理解和构建相关数学知识之间的联系，建立合适的运算思路.	掌握复数的四则运算及其运算性质，会用复数方程表示平面区域和线段的垂直平分线、圆等，并会用来解决较难的问题.在综合情境中，能把问题转化为运算问题，确定运算对象和运算法则，明确运算方向，能够感悟通性通法的数学原理和其中蕴含的数学思想.
		复数的三角形式*	高考不作要求.		
03	立体几何	平面及其基本性质	熟悉平面的基本性质.能够在简单的问题情境中用文字语言、图形语言、集合语言表述平面的基本性质，并会用于进行简单的推理论证，掌握确定平面的方法.	理解平面的基本性质.能够在关联的情境中会用文字语言、图形语言、集合语言表述平面的基本性质，并会用于进行一般的推理论证，掌握确定平面的方法.能够理解相关概念、命题、定理之间的逻辑关系，建立网状的知识结构.	
		直观图	知道平行投影原理.理解用斜二测法画出简单空间图形（长方体、球、圆柱、圆锥、棱柱及其简单组合）的直观图.	会用斜二测法画出简单空间图形（长方体、球、圆柱、圆锥、棱柱及其简单组合）的直观图.	

（续表）

内容			要求		
内容名称		核心知识	水平一	水平二	水平三
03	立体几何	平行直线与异面直线，直线与平面平行，直线与平面垂直，两平面平行，两平面垂直	知道用文字语言、图形语言、符号语言表示空间直线与平面的位置关系，初步会将平行线的传递性、等角定理等由平面推广到空间，并对等角定理进行证明.知道线面平行与垂直关系的命题，能直观解释命题的含义和表述证明的思路，并证明其中一些简单的命题.能够模仿学过的数学方法解决简单的问题.	会用文字语言、图形语言、符号语言表示空间直线与平面的位置关系，初步会将平行线的传递性、等角定理等由平面推广到空间，并对等角定理进行证明.理解线面平行与垂直关系的命题，能直观解释命题的含义和表述证明的一般思路，并证明其中一些一般的命题.能够在关联的情境中理解相关命题、定理之间的逻辑关系，能建立网状的知识结构，能够提炼出解决一类问题的数学方法，理解其中的数学思想.	会求简单情形下的异面直线所成角，会用反证法证明两条直线，会用演绎法对空间有关问题（如平面基本性质的推论、等角定理、两条直线是异面直线等）进行证明和推算.能够掌握常用逻辑推理方法的规则，理解其中所蕴含的思想.能够在综合情境中，借助图形，通过直观想象提出数学问题.能够在综合情境中，运用数学思维进行分析，发现情境中的数学关系，提出数学问题.
		简单几何体	认识棱柱、棱锥、棱台、圆柱、圆锥、圆台和球的基本特征.能够借助图形的性质，模仿学过的数学方法解决简单问题.	理解棱柱、棱锥、棱台、圆柱、圆锥、圆台和球的有关概念以及正棱锥的有关性质.理解化“曲”为“直”、祖暅原理和图形割补等思想方法.能够运用数学思维进行分析，发现情境中的数学关系，解决一般的数学问题，能够提炼出解决一类问题的数学方法，理解其中的数学思想.	掌握棱柱、棱锥、棱台、圆柱、圆锥、圆台和球的有关概念以及正棱锥的有关性质.能够在综合情境中，借助图形，通过直观想象，理解化“曲”为“直”、祖暅原理和图形割补等思想方法，提出数学问题.能够在综合情境中，运用数学思维进行分析，发现情境中的数学关系，解决较难数学问题.
		柱、锥、台、球的表面积和体积	知道柱、锥、台、球的表面积、体积的计算公式.能够利用公式计算简单的面积、体积问题.	初步会解决柱、锥、台、球的表面积、体积的计算问题.能够在一般问题的情境中，运用数学思维进行分析，发现情境中的数学关系，解决一般的数学问题，能够提炼出解决一类问题的数学方法，理解其中的数学思想.	会解决柱、锥、球的表面积、体积的计算问题.能够在综合情境中，运用数学思维进行分析，发现情境中的数学关系，解决较难的数学问题.

必修主题 4：概率与统计

内容			要求		
内容名称		核心知识	水平一	水平二	水平三
01	概率	随机事件及其概率	知道随机事件及其概率的意义，理解随机事件发生的不确定性及其频率的稳定性.能够在熟悉的情境中解释概率的含义.	理解随机事件及其概率的意义，理解随机事件发生的不确定性及其频率的稳定性.能够用一般的概念解释具体现象.	
		古典概率模型	了解概率模型及其简单应用.能够在简单的问题情境中求等可能事件概率.	理解求等可能事件概率的一些常用方法(如枚举法).能够在解决相似的问题中感悟数学的通性通法，体会其中的数学思想.	掌握求等可能事件概率的一些常用方法(如枚举法).能够提炼出解决一类问题的数学方法，掌握其中的数学思想，能够在一般的问题情境中选择和运用数学方法解决问题.
		频率估计概率	知道频率可以作为概率的估计值.了解概率模型及其简单应用.能够分析随机现象的本质，发现随机现象的统计规律，形成新的知识.		
		随机事件的独立性	知道互斥事件、对立事件、加法公式.初步会用这些公式解决简单问题.	理解互斥事件、对立事件、加法公式.理解运算法则及其适用范围，正确进行运算.能够在一般问题的情境中建立合适的运算思路，选择和运用方法解决问题.	掌握两个互斥事件和的概率计算方法.在综合情境中，能把问题转化为运算问题，确定运算对象和运算法则，明确运算方向.能够运用数学思维进行分析，发现情境中的数学关系，在解决问题过程中感悟数学的通性通法，体会其中的数学思想.
02	统计	总体与样本及数据的获取	知道用样本估计总体的思想，会选用合适的统计量去估计总体.能够模仿学过的数学方法解决简单问题.	理解总体与样本的概念，会用样本估计总体，能对样本观测值进行整理和分析.能够理解和构建相关数学知识之间的联系，	

（续表）

内　容			要　求		
内容名称		核心知识	水平一	水平二	水平三
02	统计	获取数据的基本途径		能够分析随机现象的本质，发现随机现象的统计规律，形成新的知识.	
		抽样方法	知道简单随机抽样、分层随机抽样.掌握随机抽样的方法.在简单的问题情境中能够模仿学过的数学方法解决问题.	理解简单随机抽样、分层随机抽样.掌握随机抽样的方法.能够理解和构建相关数学知识之间的联系，感悟方法的数学原理和其中蕴含的数学思想.	
		统计图表	知道统计图、表，茎叶图.了解熟悉的数学模型，能够模仿学过的数学方法解决简单问题.	理解统计图、表，茎叶图.理解数学模型，能够模仿学过的数学方法解决一般的数学问题.	
		统计估计	知道估计总体分布、平均数、方差、百分位数.知道相关的公式及含义，会用公式解决简单的问题.	理解估计总体分布、平均数、方差、百分位数.掌握相关的公式，会利用公式解决一般的问题.能够构建相关知识之间的联系.	

必修主题 5：数学建模活动与数学探究活动

内　容			要　求		
内容名称		核心知识	水平一	水平二	水平三
01	数学建模	数学建模活动的基本过程	了解数学建模活动的基本过程.知道数学建模的方法，会进行简单的数学建模.	理解数学建模活动的基本过程.掌握数学建模的方法、过程.在一般问题情境中会进行基本的数学建模活动，解决一般的数学问题.	
		数学建模课题	了解建模课题概念（除了课题，问题解决及项目也是常见的建模方式）.		

（续表）

内　　容			要　　求		
内容名称		核心知识	水平一	水平二	水平三
02	数学探究	数学探究活动	了解数学探究活动的方法、过程，学会科学的数学探究方法、技能，能够在简单问题的情境中，运用数学思维进行分析、探究，发现情境中的数学关系，提出简单的探究结论.	理解数学探究活动的方法、过程，学会科学的数学探究方法、技能，能够在关联的问题情境中，自觉运用数学思维进行探究活动，能够发现情境中的数学关系，提出探究的一般结论或方法或新的数学问题.	
		数学探究课题			

注：数学建模与探究的必修和选择性必修课程可以连续进行课题研究，在选择性必修不再列出.

选择性必修主题 1：函数

内　　容			要　　求		
内容名称		核心知识	水平一	水平二	水平三
01	数列	等差数列	知道数列、数列的项、通项、有穷数列、无穷数列、递增数列、递减数列、摆动数列、常数列等概念，知道数列的表示法.知道相关概念之间的逻辑关系，初步建立网状的知识结构.在简单的问题情境中，会用概念进行判断、解决简单问题.	理解数列、数列的项、通项、有穷数列、无穷数列、递增数列、递减数列、摆动数列、常数列等概念，理解数列的表示法.会用通项公式及前 n 项和公式解决问题.能够构建相关数学知识之间的联系，理解相关概念、命题、定理之间的逻辑关系，建立网状的知识结构.	掌握等差数列的通项公式及前 n 项和公式.能够在综合情境中把问题转化为运算问题，确定运算对象，明确运算方向.运用数学思维进行分析，感悟通性通法的数学原理和其中蕴含的数学思想.
		等比数列	知道等比数列的通项公式及前 n 项和公式.能够在熟悉的情境中，感知相关概念之间的逻辑关系，初步建立网状的知识结构.在简单的问题情境中，会用概念进行判断、解决简单问题.	理解等比数列的通项公式及前 n 项和公式.会用通项公式及前 n 项和公式解决问题.能够构建相关数学知识之间的联系，理解相关概念、命题、定理之间的逻辑关系，建立网状的知识结构.	掌握等比数列的通项公式及前 n 项和公式.能够在综合情境中把问题转化为运算问题，确定运算对象，明确运算方向.运用数学思维进行分析，感悟通性通法的数学原理和其中蕴含的数学思想.

(续表)

内容			要求		
内容名称		核心知识	水平一	水平二	水平三
01	数列	数列的概念	了解递推数列.能够模仿学过的数学方法解决简单的递推数列问题.会用数列知识解决简单的实际问题.	初步会解决简单的递推数列的有关问题(简单的递推数列主要指一阶线性递推数列),会用数列知识解决一般的实际问题.能够在关联的问题情境中选择和运用数学方法解决一般性问题,能够提炼出解决问题的数学方法,理解其中的数学思想.	会解决简单的递推数列的有关问题(简单的递推数列主要指一阶线性递推数列),会用数列知识解决较复杂的问题,体会其中的数学思想.
		数学归纳法*	高考不作要求.		
02	一元函数导数及其应用	导数概念及意义	了解平均变化率、瞬时变化率.在简单问题情境中解释数学概念和含义.	理解平均变化率、瞬时变化率.在一般问题情境中能够理解和构建相关数学知识之间的联系.	
		导数的运算	知道常见函数的导数、导数的四则运算法则.了解运算法则及其适用范围,在简单问题情境中正确进行运算,解决简单问题.	理解常见函数的导数、导数的四则运算法则.在关联的问题情境中建立合适的运算思路,理解和构建相关数学知识之间的联系,解决一般的问题.	掌握常见函数的导数、导数的四则运算.在综合情境中,能够构造运算程序进行运算,能够用程序化的思想理解与表达问题,解决较难的问题.
		导数在研究函数中的应用	知道导数研究函数的单调性、极值、最值的方法.在简单问题情境中能够模仿学过的导数方法解决简单问题.	理解导数研究函数的单调性、极值、最值的方法.在关联的问题情境中选择和运用导数方法解决问题.	会用导数研究函数的单调性、极值、最值.在综合情境中,能够解决较难的函数问题,体会其中的数学思想和方法.
		利用导数解决实际问题	知道导数解决生活中的优化问题的方法.在简单问题情境中,能够解决简单问题.	初步会用导数解决生活中的优化问题.在关联的问题情境中能够解决一般问题.	

选择性必修主题 2：几何与代数

内容			要求		
内容名称		核心知识	水平一	水平二	水平三
01	空间向量及其应用	空间向量及其运算	知道空间向量的有关概念，知道坐标表示空间向量，知道空间向量运算化为坐标运算.在简单问题情境中进行正确的运算.	理解空间向量的有关概念，会用坐标表示空间向量，会把空间向量运算化为坐标运算.在关联的问题情境中能够理解相关概念、运算、定理之间的逻辑关系，建立网状的知识结构，理解和构建相关数学知识之间的联系.	掌握空间向量的线性运算.能够在综合情境中，借助图形，建立合适的运算思路，通过直观想象提出数学问题.能够对运算问题，构造运算程序，解决较难的几何问题.
		空间向量的基本关系	知道空间共线向量定理、共面向量定理，空间向量基本定理及其运用.在简单问题情境中能用向量的坐标方法解决简单的问题.	理解空间共线向量定理、共面向量定理，空间向量基本定理及其运用.在空间直角坐标系中，能够运用向量与空间直角坐标之间的联系，提炼出向量的坐标解决一般问题的数学方法，理解其中的数学思想.	掌握空间共线向量定理、共面向量定理，空间向量基本定理及其运用.在空间直角坐标系中，能够理解和构建向量与空间直角坐标之间的联系，能够提炼出向量的坐标解决一般问题的数学方法，理解其中的数学思想.
		空间向量数量积运算	知道空间向量垂直的充要条件.能够在熟悉的情境中，解释规则的含义，了解运算法则及其适用范围，正确进行运算.	理解空间向量垂直的充要条件.能够理解和构建相关数学知识之间的联系，能够在一般问题情境中构建相关数学知识之间的联系，建立合适的运算思路解决问题.	掌握空间向量的数量积.在综合情境中，能把问题转化为运算问题，确定运算对象和运算法则，明确运算方向，能够在解决的问题中感悟数学的通性通法，体会其中的数学思想.
		空间向量与空间位置关系	了解直线的方向向量和平面的法向量的概念，会用直线的方向向量、平面的法向量判断并运用线面平行、垂直.在简单问题情境中能够用向量方法解决简单问题.	理解直线的方向向量和平面的法向量的概念，会把线面的平行及垂直关系转化为向量关系，会用向量方法证明简单空间图形中直线和直线、直线和平面、平面和平面的平行与垂直，以及解决一些简单的几何	掌握直线的方向向量和平面的法向量的概念，会把线面的平行及垂直关系转化为向量关系，会用向量方法证明简单空间图形中直线和直线、直线和平面、平面和平面的平行与垂直，以及解决一些简单的几何

（续表）

内容			要求		
内容名称		核心知识	水平一	水平二	水平三
01	空间向量及其应用	空间向量与空间位置关系		证明问题.在关联的问题情境中，能够构建相关数学知识、方法之间的联系，能够提炼出解决问题的数学方法，运用数学方法解决问题.	证明问题.在综合情境中，能把问题转化为运算问题，确定运算对象，明确运算方向，能够在解决较难的几何问题中，感悟数学的通性通法，体会其中的数学思想.
		空间向量在立体几何中的应用	知道平行线面间距离、平行了解平面间距离的含义及其与点到平面距离的转化关系.在简单问题情境中，能够用向量方法解决问题.	理解异面直线间的距离、理解点到直线的距离、点到平面的距离等概念.能够在一般问题情境中构建相关数学知识之间的联系，建立合适的运算思路解决问题.	在简单的空间图形中会用向量方法进行有关距离的计算，掌握直线和平面所成的角、二面角等概念，会在简单的空间图形中用向量方法进行有关角(包括异面直线所成角)的度量计算.在综合情境中，借助图形的性质把问题转化为运算问题，确定运算对象和运算法则，明确运算方向，能够用程序化的思想理解与表达问题.
		空间直角坐标系	了解空间两点间的距离.能够模仿学过的数学方法解决简单问题.	理解空间两点间的距离.能够理解和构建相关数学知识之间的联系.	
02	直线与方程	直线的倾斜角与斜率，直线的方程	了解确定直线位置的几何要素.在简单问题情境中能够解释概念和规则的含义，解决简单的问题，初步建立网状的知识结构.	理解倾斜角、斜率的概念，理解方程中字母系数的几何意义，懂得二元一次方程的图形是直线.在关联的问题情境中，能够理解相关概念、命题、定理之间的逻辑关系，建立网状的知识结构，能够在关联的情境中能够理解和构建相关数学知识之间的联系.	会求直线的点斜式方程、一般式方程.能够在综合情境中，借助图形，通过直观想象分析和解决较难的问题.能够感悟通性通法的数学原理和其中蕴含的数学思想.

（续表）

内　容			要　　求		
内容名称		核心知识	水平一	水平二	水平三
02	直线与方程	两条直线的位置关系	了解平行与垂直、两直线的交点.在简单问题情境中能够模仿学过的利用直线方程方法解决简单问题.	初步会利用直线方程讨论两条直线的平行关系或垂直关系.初步会求两条相交直线的交点坐标和夹角.在关联的问题情境中借助图形的性质和变换(平移、对称、旋转)发现数学规律,理解相关概念、命题、定理之间的逻辑关系解决问题.	会利用直线方程讨论两条直线的平行关系或垂直关系.会求两条相交直线的交点坐标和夹角.在综合情境中,能够对运算问题,构造运算程序,解决问题.能够感悟高度概括、有序多级的数学知识体系.
		点到直线的距离	了解两条平行直线间的距离.在简单问题情境中能够模仿学过的方法求解简单的距离问题.	理解点到直线的距离公式,在关联的问题情境中借助图形的性质和变换(平移、对称、旋转)发现数学规律,理解相关概念、命题、定理之间的逻辑关系解决问题.	掌握点到直线的距离公式,在综合情境中,能够对运算问题,构造运算程序,解决问题.能够感悟高度概括、有序多级的数学知识体系.
03	圆与方程	圆的方程	知道用代数方法研究几何问题的方法原理.理解圆的标准方程和一般方程.能够在简单的问题情境中,解决简单圆的方程问题.	理解圆的标准方程和一般方程.能够在一般问题情境中借助图形,通过直观想象构建相关数学知识之间的联系,建立合适的运算思路解决问题.	掌握圆的标准方程和一般方程.能够在综合情境中,借助图形,通过直观想象能把问题转化为运算问题,确定运算对象和运算法则,明确运算方向,解决较难数学问题.
		直线与圆的位置关系	在熟悉的情境中,能够模仿学过的数学方法解决一些简单的直线与圆的位置关系问题.	理解直线与圆的位置关系,在关联的问题情境中会解决一般的直线与圆的位置关系问题与实际问题.能够提炼出解决问题的数学方法,理解其中的数学思想.	掌握直线与圆的位置关系,在综合情境中,能够对问题构造运算程序,解决问题.能够感悟高度概括、有序多级的数学知识体系.能够运用数学思维进行分析,发现情境中的数学关系,解决数学问题.
		圆与圆的位置关系	能够在熟悉的情境中,能够模仿学过的数学方法解决一些简单的圆与圆的位置关系问题.	理解圆与圆的位置关系,在关联的问题情境中会解决一般的直线与圆的位置关系问题与实际问题.能够	掌握圆与圆的位置关系,在综合情境中,能够对问题构造运算程序,解决问题.能够感悟高度概括、有序多

（续表）

内　容			要　　求		
内容名称		核心知识	水平一	水平二	水平三
03	圆与方程	圆与圆的位置关系		提炼出解决问题的数学方法，理解其中的数学思想.	级的数学知识体系.能够运用数学思维进行分析，发现情境中的数学关系，解决数学问题.
04	圆锥曲线与方程	椭圆	知道椭圆的定义、标准方程和几何性质.能够模仿学过的数学方法解决简单的椭圆问题.	理解椭圆的定义、标准方程和几何性质.在关联的问题情境中，借助图形的性质，通过直观想象，构建相关数学知识之间的联系，建立合适的运算思路，选择和运用数学方法解决问题.能够提炼出解决一般问题的数学方法，理解其中的数学思想.	掌握椭圆的定义、标准方程和几何性质.能够在综合情境中，借助图形，通过直观想象能把问题转化为运算问题，确定运算对象和运算法则，明确运算方向，解决较难数学问题.能够感悟高度概括、有序多级的数学知识体系，运用数学思维分析问题、解决问题.
		双曲线	知道双曲线的定义、标准方程和几何性质.能够模仿学过的数学方法解决简单的椭圆问题.	理解双曲线的定义、标准方程和几何性质.在关联的问题情境中，借助图形的性质，通过直观想象，构建相关数学知识之间的联系，建立合适的运算思路，选择和运用数学方法解决问题.能够提炼出解决一般问题的数学方法，理解其中的数学思想.	掌握双曲线的定义、标准方程和几何性质.能够在综合情境中，借助图形，通过直观想象能把问题转化为运算问题，确定运算对象和运算法则，明确运算方向，解决较难数学问题.能够感悟高度概括、有序多级的数学知识体系，运用数学思维分析问题、解决问题.
		抛物线	知道抛物线的定义、标准方程和几何性质.能够模仿学过的数学方法解决简单的椭圆问题.	理解抛物线的定义、标准方程和几何性质.在关联的问题情境中，借助图形的性质，通过直观想象，构建相关数学知识之间的联系，建立合适的运算思路，选择和运用数学方法解决问题.能够提炼出解决一般问题的数学方	掌握抛物线的定义、标准方程和几何性质.能够在综合情境中，借助图形，通过直观想象能把问题转化为运算问题，确定运算对象和运算法则，明确运算方向，解决较难数学问题.能够感悟高度概括、有序多级的数学知识体

（续表）

内　容			要　求		
内容名称		核心知识	水平一	水平二	水平三
04	圆锥曲线与方程	抛物线		法，理解其中的数学思想.	系，运用数学思维分析问题、解决问题.
		直线与圆锥曲线	知道数形结合的思想，熟悉的直线与圆锥曲线模型.在熟悉的情境中，能够模仿学过的数学方法解决一些简单的直线与圆锥曲线的位置关系问题.	理解直线与圆锥曲线位置关系的研究方法、数学模型，会用数形结合的思想.在关联的问题情境中会解决一般的直线与圆锥曲线的位置关系问题与实际问题.能够提炼出解决问题的数学方法，理解其中的数学思想.会用数形结合的思想.	掌握直线与圆锥曲线位置关系的研究方法、数学模型，会用数形结合的思想.在综合情境中，能够对问题构造运算程序，解决问题.能够感悟高度概括、有序多级的数学知识体系.能够运用数学思维进行分析，发现情境中的数学关系，帮助解决数学问题.能够在解决相似的问题中感悟数学的通性通法，体会其中的数学思想.
		曲线与方程	知道曲线与方程的概念，初步掌握求曲线方程的一般方法和步骤，知道适当选取坐标系的意义，会在简单的情况下画方程的曲线和求两条曲线的交点.	理解曲线与方程的概念，理解求曲线方程的一般方法和步骤，掌握适当选取坐标系的意义，会在一般问题情境中画方程的曲线和求两条曲线的交点.	会通过坐标系建立曲线的方程，再用代数方法研究曲线性质.能够在综合情境中，借助数形结合的思想，运用数学思维进行分析，发现情境中的数学关系，帮助解决数学问题.
05	坐标系与参数方程*	坐标系的有关概念	了解坐标系的有关概念，解释数学概念和规则的含义.		
		简单图形的极坐标方程	知道极坐标方程与直角坐标方程的互化，知道圆锥曲线统一极坐标方程.在熟悉的情境中能够模仿学过的数学方法解决简单问题.	理解极坐标方程与直角坐标方程的互化，理解圆锥曲线统一极坐标方程.在关联的问题情境中能够理解和构建相关数学知识之间的联系，解决一般的问题.	
		简单的参数方程	知道参数方程的意义，知道一些常见曲	理解参数方程的意义，初步掌握建立曲	

（续表）

内容			要求		
内容名称		核心知识	水平一	水平二	水平三
05	坐标系与参数方程	简单的参数方程	线的参数方程(直线、圆及椭圆的参数方程).了解简单的参数方程的数学模型,在熟悉的情境中,能够模仿学过的数学方法解决简单问题.	线的参数方程的方法,掌握一些常见曲线的参数方程(直线、圆及椭圆的参数方程).初步掌握参数法的基本运用.	
		参数方程与普通方程的互化	知道参数方程与直角坐标方程的互化,掌握圆与椭圆的参数方程,能够在熟悉的情境中,能够模仿学过的数学方法解决简单问题.	理解参数方程与直角坐标方程的互化,理解圆与椭圆的参数方程,并能用于解决一些简单的几何问题.在关联的问题情境中,能够理解和构建相关数学知识之间的联系,理解其中的数学思想.	掌握参数方程与直角坐标方程的互化,掌握圆与椭圆的参数方程.在综合情境中,能用参数法解决一些较复杂的几何问题.

选择性必修主题 3：概率与统计

内容			要求		
内容名称		核心知识	水平一	水平二	水平三
01	计数原理	乘法原理与加法原理,排列,组合	知道计数原理,理解排列、组合的概念及其计算,运用计数原理及排列组合解决简单的实际问题,特别是解决古典概率中的某些问题.在简单问题情境中解释数学概念和规则的含义,了解熟悉的排列组合计数模型,能够模仿学过的数学方法解决简单问题.	理解计数原理,理解排列、组合的概念及其计算,运用计数原理及排列组合解决一般的实际问题,特别是解决古典概率中的某些问题.能够理解相关概念、命题、定理之间的逻辑关系,理解和构建相关数学知识之间的联系,初步建立网状的知识结构,掌握熟悉的排列组合计数模型.	掌握计数原理,掌握排列、组合的概念及其计算,运用计数原理及排列组合解决较难的实际问题,特别是解决概率中的某些问题.能够在解决相似的问题中感悟数学的通性通法,体会其中的数学思想,能够感悟高度概括、有序多级的数学知识体系.
02	二项式定理	二项式定理	知道二项式定理,理解组合数的性质,能够在熟悉的情境中,解决简单的问题.	理解二项式定理,理解组合数的性质.在关联的问题情境中,能够理解相关概念、命题、定理之间的逻	掌握二项式定理,掌握组合数的性质,在综合情境中,能够运用数学思维进行分析,发现情境中的数

（续表）

内　容			要　　求		
内容名称		核心知识	水平一	水平二	水平三
02	二项式定理	二项式定理		辑关系，构建相关数学知识之间的联系，解决一般的问题.	学关系，帮助解决较难的数学问题.能把问题转化为运算问题，确定运算对象和运算法则，明确运算方向.能够用程序化的思想理解与表达问题.
03	概率	随机事件的条件概率	了解条件概率与独立性的关系.能够在熟悉的情境中，解决简单的问题.	理解条件概率与独立性的关系.在关联的问题情境中能够理解和构建相关数学知识之间的联系，解决一般的问题.	掌握条件概率、两个相互独立事件积的概率计算方法.在综合情境中能够运用数学思维进行分析，发现情境中的数学关系，帮助解决较难的数学问题.能够感悟通性通法的数学原理和其中蕴含的数学思想.
		离散型随机变量及其分布	了解二项分布与超几何分布.能够在熟悉的情境中，解决简单的问题.		
		离散型随机变量的数字特征	了解期望、方差的概念.能够在熟悉的情境中，模仿学过的数学方法解决简单的问题.	理解期望、方差的概念.在关联的问题情境中能够分析随机现象的本质，发现随机现象的统计规律，形成新的知识.能够理解和构建相关数学知识之间的联系，解决一般的问题.	
		正态分布	了解正态分布的期望（均值）与方差含义.了解熟悉的数学模型，能够在熟悉的情境中，能够模仿学过的数学方法解决简单问题.		

(续表)

内容			要求		
内容名称		核心知识	水平一	水平二	水平三
04	统计	成对数据的相关分析	了解成对数据的统计相关性.能够在熟悉的情境中,解决简单的问题.		
		一元线性回归分析	了解线性回归.能够在熟悉的情境中,解决简单的问题.		
		2 × 2 列联表	了解独立性检验及其简单应用.能够在熟悉的情境中,解决简单的问题.		

第二节 高中数学核心知识考查要求

对于高中数学核心知识的考查,课程标准中有明确的实施建议,中国高考评价体系中也提出了明确的要求,对高考的核心功能(根本任务——立德树人、基本功能——服务选才、现实要求——引导教学)、考查内容(核心价值、学科素养、关键能力)、考查要求(基础性、综合性、应用性、创新性)作了详尽的说明.根据要求精神,高考命题总的方向应该是继承与创新,即在继承中创新,在创新中发展,在发展中前进.几十年积累下来的高考命题的大量成功经验将被有选择、有重点地继承下来,作为新高考命题的基础,新高考命题也一定在此基础上进行不断创新.在一定时间内,无论全国还是上海的高考命题,都将呈现“大稳定、小变化;遵课标、循教学;重基础、有层次”的特点.因此,对近年来的高考试卷作统计和分析显得十分必要.

一、2017—2019 年上海高考试卷考点分布汇总

题号 \ 年份	2017	2018	2019
1	集合交集运算	行列式(二阶行列式的定义、运算法则)	集合(数集交集运算)
2	排列数的方程	双曲线(标准方程、几何意义(渐近线))	复数(除法运算)

（续表）

题号＼年份	2017	2018	2019
3	分式不等式	二项式定理（二项展开式的通项公式）	空间向量（夹角）
4	球体积、三视图、圆面积	反函数（反函数的概念、对数方程）	二项式定理（二项展开式的通项公式）
5	复数方程、复数运算	复数（除法运算、模）	线性规划
6	双曲线的定义	等差数列（性质、前 n 项和）	函数（周期、求对数函数值）
7	空间向量的坐标	幂函数（图像与性质）	条件最值（基本不等式求最大值）
8	反函数（分段函数）	平面向量（坐标表示、模、数量积、二次函数的最值）	数列（前 n 项和与通项递推公式、等比数列前 5 项的和）
9	古典概率	概率（古典概型）	抛物线（标准方程、性质、平面向量）
10	数列、对数	等比数列（通项公式、前 n 项和公式、数列极限、方程）	概率（古典概型）
11	三角函数、三角方程	函数（性质、指数方程）	双曲线、数列极限
12	点到直线的距离	解析几何（直线、点到直线的距离、圆、向量的数量积的坐标表示）	函数（图像、性质）
13	行列式	椭圆（标准方程、定义）	直线（方向向量）
14	数列极限	充分条件、必要条件（不等式的性质）	圆锥（定义、体积）
15	等差数列、必要条件	排列、组合（正六棱柱、正六边形、正四棱锥概念、性质、计数原理）	三角函数性质（偶函数、三角方程）
16	椭圆、向量数量积	函数（定义）	三角（正切函数）
17	立体几何（直三棱柱体积、线面角）	立体几何（圆锥的体积、异面直线所成的角）	立体几何（长方体、线面角、点到平面的距离）
18	三角（两倍角的余弦公式、余弦函数的单调递增区间、解三角形（三角方程、余弦定理、面积公式））	三角（三角函数的性质（偶函数）、三角比的化简与求值（两倍角的余弦公式、辅助角公式）、三角方程）	函数（不等式、零点、方程）

（续表）

题号＼年份	2017	2018	2019
19	数列应用题（等差数列前 n 项和公式）	函数应用题（分段函数的表达式、单调性、分式不等式）	三角应用题（弧长公式、三角形面积）
20	解析几何（椭圆、圆、直线、向量）	解析几何（抛物线、直线与抛物线的位置关系、向量）	解析几何（椭圆、焦点弦、直线与椭圆的位置关系、向量、三角形面积公式）
21	函数（函数的性质（周期、最大值））	数列（两个数列“接近”的定义、等差、等比数列的定义、通项公式）	数列（性质 P 的定义、等差数列的通项公式、前 n 项和公式）

二、2017—2019 年上海高考命题方式分析

2017—2019 年高考命题的主要依据是《普通高等学校招生全国统一考试（上海卷）数学科目考试说明》（简称《考试说明》），严格按照《考试说明》中关于考试性质、目的和对象，考试目标，考试内容和要求，考试形式与试卷结构的要求进行命题.

1. 命题原则.

全面贯彻党的教育方针，践行社会主义核心价值观，坚持立德树人，有利于促进每一个学生的终身发展，有利于科学选拔和培养人才，有利于维护社会公平、公正为基本出发点，增强基础性、综合性，着重考查学生独立思考和运用所学知识分析问题、解决问题的能力.

2. 命题要求.

(1) 突出考查学科必备知识；

(2) 题量适中，学科能力结构、题型结构等试卷结构设计兼顾考试选拔功能和中学教学实际，整卷难度控制在 0.65 左右；

(3) 春季、秋季高考分别考查相应年级课程内容；

(4) 数学不分文理，考查各类人才所需的共同知识基础、通性通法.

3. 考试目标和内容占比.

考试目标中，数学基础知识与基本技能占 40%左右，逻辑推理能力、运算能力、空间想象能力占 40%左右，数学应用与探究能力占 20%左右.

考试内容中，数与运算、方程与代数、函数与分析、数据整理与概率统计占 65%左右，图形与几何占 35%左右.

试卷满分 150 分,考试时间 120 分钟.

4. 题型结构.

试卷的题型、题量和分值:

大题号	题　型	题　量	分　　值
一	填空题	12 题	第 1—6 题,每题 4 分;第 7—12 题,每题 5 分;共 54 分
二	选择题	4 题	每题 5 分,共 20 分
三	解答题	5 题	共 76 分(14+14+14+16+18)

5. 内容结构与能力结构.

内容结构:

内容领域	2017 年		2018 年		2019 年	
	分　值	比　值	分　值	比　值	分　值	比　值
方程与代数	42	28%	40	26.7%	35	23.3%
函数与分析	42	28%	43	28.6%	44	29.3%
图形与几何	53	35.3%	54	36%	58	38.7%
数据整理与概率统计	9	6%	9	6%	9	6%
数与运算	4	2.7%	4	2.7%	4	2.7%

能力结构:

测量目标	2017 年			2018 年			2019 年		
	题　号	分值	比值	题　号	分值	比值	题　号	分值	比值
基础知识和基本技能	1, 2, 3, 5, 6, 9, 10, 11, 13, 14, 18(1), 19(1), 20(1)	61	40.7%	1, 2, 3, 4, 5, 6, 7, 8, 9, 12, 13, 16, 19(1), 20(1)	60	40%	1, 2, 3, 4, 5, 6, 7, 8, 9, 10, 13, 18(1), 19(1), 20(1), 21(1)	64	42.6%
逻辑思维能力	8, 12, 15, 21(2)	21	14%	10, 14, 18(1), 21(2)	22	14.6%	11, 15, 16, 21(2)	21	14%
运算能力	16, 18(2), 20(2)	18	12%	11, 18(2), 20(2)	19	12.7%	12, 18(2), 20(2)	19	12.7%
空间想象能力	4, 7, 17(1), 17(2)	23	15.3%	15, 17(1)(2)	19	12.7%	14, 17(1)(2)	19	12.7%
数学应用和探究能力	19(2), 20(3), 21(1)(3)	27	18%	19(1)(2), 20(3), 21(1)(3)	30	20%	19(2), 20(3), 21(3)	27	18%

6. 均分.

年　　份	均　　分
2017	106.13
2018	104.64
2019	105.12

注：去掉缺考及零分卷，选取四类学校考分在前95%的所有考生作为全体.四类学校指：市示范高中、区示范高中、普通高中、民办高中.

三、核心知识水平检测卷

为了方便读者的使用，本书免费提供一套核心知识水平检测卷.读者可通过扫描二维码的方式获取.

水平检测卷

变式练习与单元测试题的参考答案

参考文献

1. 巴班斯基.论教学过程最优化[M].吴文侃，等译.北京：教育科学出版社，2001.
2. 卞红艳.关注核心知识　凸显教学价值[J].小学教学参考，2016(08)：87.
3. 白姝园.初中数学核心知识与思维导图的设计与实践研究[D].上海师范大学，2017.
4. 布鲁纳.布鲁纳教育论著选[M].邵瑞珍，张渭城，等译.北京：人民教育出版社，1989.
5. 贲友林.关于小学数学核心知识的三点思考[J].江苏教育，2011(01)：9-10.
6. 陈晓燕.基于核心知识的微课设计[J].教育评论，2015(07)：115-116+119.
7. 第斯多惠.德国教师培养指南[M].袁一安，译.北京：人民教育出版社，2001.
8. 邓志伟.当代美国核心知识课程述析[J].外国教育研究，2006(02)：42-45.
9. 郭华.70年：课堂教学改革之立场、思想与方法[J].中小学管理，2019(09)：20-24.
10. 高沈，贡莲菲.基于小学数学核心知识建构的“长教学”设计策略[J].新课程研究(上旬刊)，2018(01)：25-28.
11. 何凤英.围绕核心知识展开教学——以“有趣的测量”为例[J].小学数学教育，2017(05)：22-23.
12. 夸美纽斯.大教学论·教学法解析[M].任钟印，译.北京：人民教育出版社，2006.
13. 龙宝新.走向核心知识教学：高效课堂教学的时代意蕴[J].全球教育展望，2012，41(03)：19-24+62.
14. 李步良.学导课堂：指向核心知识教学[J].新课程研究(上旬刊)，2016(03)：40-43.
15. 林风.数学教学要重视核心知识的“核效应”[J].中学数学，2016(01)：39-41.
16. 凌丽.核心知识，让“核心素养”落地生根[J].数学教学通讯，2019(01)：11-12.
17. 李新.缄默知识视阈下数学核心知识的教学策略初探[J].小学教学参考，2016(14)：35-36.
18. 刘晓萍.基于学科关键能力发展的核心知识教学研究——以“加法交换律和结合律”一课教学为例[J].小学数学教育，2018(22)：30-32.
19. 刘正强.刍议小学数学“核心知识”教学[J].数理化解题研究，2015(11)：45.
20. 刘正松.小学数学核心知识“慢教学”与“长教学”课例研究[J].新课程研究(上旬刊)，2018(01)：35-41.
21. 潘修銮.聚焦核心知识　优化学习活动[J].小学教学参考，2016(32)：36-37.
22. 邱冬玲.从“起点”出发：核心知识教学的必然路径[J].江苏教育研究，2018(31)：73-76.
23. 秦海华.小学数学“核心知识”教学的探讨[J].陕西教育(教学版)，2011(10)：48.
24. 宋守奎.浅谈初中数学课堂核心知识点的把握与设计[J].数学学习与研究，2013(18)：27.
25. 斯宾塞.斯宾塞教育论著选[M].胡毅，王承绪，译.北京：人民教育出版社，2005.
26. 孙宇浩，傅小兰.核心知识系统及其对相关研究的启示[J].心理科学进展，2003(01)：12-21.
27. 王红，吴颖民.放慢知识的脚步，回到核心基础[J].人民教育，2015(07)：18-21.
28. 王毓珣，刘健.改革开放四十年中小学减负政策变迁及走向分析[J].教育理论与实践，2018，38(31)：17-23.
29. 王群.摭谈数学核心知识的发掘与生长[J].基础教育参考，2014(20)：72-73.

30. 魏光明.走近数学“核心知识”教学[J].江苏教育,2011(01)：7-9.
31. 魏光明,王俊亮.基于小学数学核心知识教学的课堂实践[J].江苏第二师范学院学报,2014,30(02)：6-9.
32. 魏光明.产出导向：指向未来的数学核心知识教学[J].江苏教育,2016(17)：12-14.
33. 魏光明.拉长建构过程：核心知识教学的应然选择[J].江苏教育研究,2017(11)：8-13+2.
34. 魏光明,王俊亮.小学数学“起点型核心知识”教学初探[J].江苏教育研究,2018(10)：61-65.
35. 吴玲.“起点型”核心知识教学路径探寻[J].数学教学通讯,2019(16)：57-58.
36. 荀步章.“核心知识”基点：认知块　问题串　思维场——基于省市小学数学质量监测数据分析[J].教育科学论坛,2014(01)：28-31+4.
37. 希尔斯,赵中建.核心知识课程的成功之所在[J].外国教育资料,1995(06)：68-71+80.
38. 新华社.中共中央　国务院　关于深化教育教学改革全面提高义务教育质量的意见[DB/OL].2019-07-08. http：//www.gov.cn/zhengce/2019-07/08/content_5407361. html.
39. 许强.抓住核心知识,突出引领价值[J].内蒙古教育,2016(09)：34.
40. 姚佳胜,方媛.政策工具视角下我国减负政策文本计量研究[J].上海教育科研,2019(02)：10-15.
41. 于正军.目标评价：从“概念表象”走向“核心知识”——例谈教学目标评价的把握[J].中小学数学(小学版),2016(10)：4-5.
42. 赵红婷.寻找核心知识教学的着力点——以“垂线与平行线的整理与练习”教学为例[J].数学教学通讯,2019(04)：26-27.
43. 张奠宙.中国数学双基教学[M].上海：上海教育出版社,2006.
44. 张奠宙.中国数学双基教学理论框架[J].数学教育学报,2006(03)：1-3.
45. 张奠宙,郑振初.“四基”数学模块教学的构建——兼谈数学思想方法的教学[J].数学教育学报,2011,20(05)：16-19.
46. 朱慧.例谈数学核心知识作用的展现[J].小学教学参考,2015(18)：46.
47. 章建跃.数学基础知识及其教学的再认识[J].中学数学教学参考,2008(10)：1-3.
48. 章建跃.数学基础知识及其教学的再认识(续)[J].中学数学教学参考,2008(12)：1-2+5.
49. 张立昌.基于核心知识导图的高效课堂创建[J].课程・教材・教法,2014,34(08)：26-31.
50. 赵蒙成.公平与优异：美国中小学核心知识运动述评[J].教育发展研究,2011,31(04)：76-79.
51. 朱小平.由经验式走向学科化——谈核心知识的教学跨度[J].江苏教育,2011(01)：14-15.
52. 赵中建.美国核心知识课程的理论和实践(上)[J].外国教育资料,1996(05)：27-32.
53. 赵中建.美国核心知识课程的理论和实践(下)[J].外国教育资料,1996(06)：18-23.
54. 周振羽.数学核心知识主题式探究的有效教学策略研究[J].中国教育技术装备,2013(11)：27-28.
55. 曹才翰,章建跃.数学教育心理学[M].北京：北京师范大学出版社,2006.
56. 约翰・安德森.认知心理学及其启示(第7版)[M].秦裕林,译.北京：人民邮电出版社,2012.
57. 加涅.教学设计原理[M].皮连生,等译.上海：华东师范大学出版社,1999.
58. 皮连生,卞春麒.论知识的分类与教学设计[J].铁道师院学报,1991(02)：81-89.
59. 章建跃,宋莉莉,王嵘,周丹.美国高中数学核心概念图[J].课程・教材・教法,2013(11).
60. 孙维刚.孙维刚导学高中数学[M].北京：教育科学出版社,1999.
61. 上海市教育委员会教学研究室.高中数学单元教学设计指南[M].北京：人民教育出版社,2018.7.
62. 任升录,黄根初,沈全洪等.数学作业的设计与评价[M].上海：华东师范大学出版社,2009.10.
63. 中华人民共和国教育部.普通高中数学课程标准(2017年版)[S].北京：人民教育出版社,2018.
64. 史宁中,王尚志.普通高中数学课程标准(2017年版)解读[M].北京：高等教育出版社,2018.
65. “中小学数学课程核心内容及其教学的研究”课题组,章建跃.数学・信息技术・数学教学[J].课程・教材・教法，2012，32(12)：62-66＋94.
66. 马旭，欧阳尚昭."集合的概念"教学设计、教学反思与点评[J].中学数学教学参考(上旬)，2019(8)：17-23.
67. 恩德滕.集合论基础[M].北京：人民邮电出版社，2016.
68. 曹一鸣.基于学生核心素养的数学学科能力研究[M].北京：北京师范大学出版社，2017.
69. 克莱因.高观点下的初等数学[M].舒湘芹，陈义章，等译.上海：复旦大学出版社，2008.
70. 蒲仕波.处理平面向量数量积问题的常见策略[J].数学学习与研究，2019(06)：105-107.
71. 上海市教育委员会教学研究室.上海市高中数学学科教学基本要求[M].上海：华东师范大学出版社，2016.
72. 上海市中小学课程改革委员会.高级中学课本　数学建模与算法实现 拓展型课程 高中二年级(试验本)[M].上海：华东师范大学出版社，2017.

后　记

《高中数学核心知识的认知与教学策略》出版了，由衷地感谢上海新编高中数学教材副主编鲍建生教授为本书作序.这本书和由上海科学技术出版社出版的《高中自主招生与初高中衔接学习(数学)》是类似的系列作品，分别从高中和初中两个学段采用了同一种数学学习认知策略编著，都由王华主编并汇集了一批上海市初高中数学骨干教师撰写而成，是作者团队30多年数学教学、研究、思索和不断实践的结晶，也是对曾经帮助过、指导过我们的先辈们的告慰.

本书依据《普通高中数学课程标准(2017年版)》，主要参考上海市新编高中数学教材编写.编撰的过程也是对新课标、新教材不断学习与领会的过程.作者队伍中，两位主编亲自参与了上海高中数学新教材的编写；有四位特级教师、三位正高级教师、一位数学教育博士和王华数学工作室的部分成员.我们从2018年10月开始，借鉴心理学认知理论，关注数学核心知识的认知与教学策略，形成了每个核心知识点明确"本质属性"、归纳"基本模型"、实施"变式训练"的"三步骤"认知范式，每个单元进行检测，编写经历了将近两年时间.全书各章以新课程标准序列进行内容划分，包含了必修、选择性必修课程的内容；每一章又分单元设计，提炼各单元的核心知识；最后一章对评价的水平划分进行解释并给出相应的综合测试题.书稿付印之际，传来了好消息，由复旦大学李大潜院士、华东师范大学王建磐教授担纲主编的上海新编高中数学教材正式通过国家教材局审定，2020年9月在上海市各高中学校高一年级正式使用，这意味着将开启上海高中数学教育的新时代.为这个新时代作出贡献是每一个上海高中数学教育工作者的追求与责任，本书的出版与使用也希望能发挥这样的作用.

王　华

2020年8月20日于上海